マネジメント入門
グローバル経営のための理論と実践
Fundamentals of Management

スティーブン P. ロビンス
デービッド A. ディチェンゾ ＋ メアリー・コールター 著
Stephen P. Robbins + David A. DeCenzo + Mary Coulter

髙木晴夫 監訳

ダイヤモンド社

Fundamentals of Management:
Essential Concepts and Applications, 8th Edition
by
Stephen P. Robbins, David A. DeCenzo, Mary Coulter

Copyright © 2013, 2011, 2008, 2005, 2004 Peason Education, Inc.,
publishing as Prentice Hall,
One Lake Street, Upper Saddle River, New Jersey 07458.
All rights reserved.
No part of this book may be reproduced or transmitted in any form or by any means,
electronic or mechanical,including photocopying,
recording or by any information storage retrieval system,
without permission from Pearson Education,Inc.
Translation copyright © 2014 by Diamond, Inc.
All rights reserved. This translation published under license.
Japanese translation rights arranged with Peason Education, Inc.,
through Tuttle-Mori Agency, Inc., Tokyo

マネジメント入門

グローバル経営のための理論と実践

スティーブン P . ロビンス
デービッド A . ディチェンゾ
メアリー・コールター ［著］

髙木晴夫 ［監訳］

目次

監訳者まえがき vi
著者について ix
監訳者について xi
日本語版ケース執筆者について xi
謝辞 xii

パート1　イントロダクション　1
第1章　マネジャーとマネジメント　2
マネジャーは何をする人で、どんなところで働いているのか　4
マネジメントとは何か　7
マネジャーは具体的にどんな仕事をしているのか　8
なぜマネジメントを学ぶ必要があるのか　19
マネジメントのあり方や定義を変える要因とは何か　20

歴史講座　マネジメントのルーツを探る旅　28

第2章　マネジメント環境　38
なぜ外部環境は重要なのか　40
外部環境はどのようにしてマネジャーに影響を与えるか　46
組織文化とは何か、なぜ重要なのか　51
組織文化はどのようにしてマネジャーに影響を与えるか　55

第3章　マネジメント全般に関わる課題　62
グローバリゼーションとそれによる組織への影響　64
社会の期待は、マネジャーや組織にどのような影響を与えるか　72
組織における倫理的行動、非倫理的行動につながる要素　77
働く人々はどう変化し、組織のマネジメント手法にどんな影響を与えるか　81

パート2　計画する　91
第4章　意思決定の基礎　92
マネジャーはどのように意思決定するのか　94
マネジャーによる意思決定の3つのアプローチとは何か　101
意思決定の種類と意思決定の条件とは何か　106
集団ではどのように意思決定するのか　111
マネジャーが直面する意思決定の現代的課題　116

定量分析講座　定量的意思決定を理解するためのヒント　124

第5章　計画策定の基本　140
  計画策定の本質とその狙い　142
  戦略的マネジメントのプロセスにおいて、マネジャーは何をするのか　146
  目標設定および計画策定の手法　158
  計画策定という活動の現代的課題　169

パート3　組織する　175
第6章　組織の構造と設計　176
  組織設計における6つの重要な要素　178
  機械的な組織設計と有機的な組織設計に適した条件　191
  広く使われている組織設計は、どのようなものか　196
  組織設計の現代的課題　204

第7章　人材を管理する　214
  人材管理プロセス、およびそのプロセスに影響を及ぼす要素とは何か　216
  マネジャーはどのように優秀な人材を特定し、選抜するか　218
  従業員に必要なスキルと知識をどのようにして与えたらよいか　227
  業績の優れた有能な従業員をどのように維持するか　232
  マネジャーが直面する人材管理の現代的課題　238

キャリア講座　キャリアを築く　246

第8章　変革とイノベーションのマネジメント　252
  組織変革と変革プロセスについての考え方　254
  変革への抵抗のマネジメント　262
  従業員のストレスについてマネジャーが知っておくべきこと　265
  どうすればマネジャーは組織のイノベーションを活発化できるのか　271

パート4　リーダーシップを発揮する　279
第9章　個人行動の基礎　280
  組織行動（OB）の狙いと目標は何か　282
  職務遂行能力において態度が果たす役割とは　285
  マネジャーは従業員の性格の何を知っておかなければならないか　289
  認知とは何か、何が認知に影響を与えるか　299
  学習理論は行動をどう説明しているか　304
  マネジャーが直面するOBの現代的課題　308

第10章　グループを理解し、業務チームをマネジメントする　314
グループ、そしてグループの発展過程におけるステージとは何か　316
グループ行動の主要概念とは何か　319
グループはどのようにして有効性を発揮するチームになるか　325
チームマネジメントの現代的課題　337

第11章　従業員のモチベーションを高める　346
モチベーションとは何か　348
初期のモチベーション理論　348
現代のモチベーション理論　354
マネジャーが直面するモチベーションの問題　365

第12章　リーダーシップと信頼　376
リーダーとリーダーシップ　378
初期のリーダーシップ理論　379
リーダーシップの条件適応理論　384
リーダーシップとリーダーが直面している現代的課題　393
なぜリーダーシップには信頼が不可欠なのか　402

第13章　マネジメント・コミュニケーションと情報　408
マネジャーにとって効果的なコミュニケーションとは　410
テクノロジーがマネジメント・コミュニケーションに与える影響　422
コミュニケーションの現代的課題　425

パート5　コントロールする　437

第14章　コントロールの基礎　438
コントロールの本質と重要性　440
マネジャーによるコントロールがもたらすもの　442
マネジャーは何をコントロールすべきか　449
コントロールの現代的課題　455

第15章　オペレーション・マネジメント　466
なぜオペレーション・マネジメントは組織にとって重要なのか　468
バリューチェーン・マネジメントの特性と目的　473
バリューチェーン・マネジメントの手法　476
オペレーション・マネジメントの現代的課題　483

起業家精神講座　ベンチャー企業のマネジメント　500

参考文献　517
用語解説　563
索引　579
フォトクレジット　583

監訳者まえがき

　本書の最大の特色は、副題に「グローバル経営のための理論と実践」を追加したことである。もともと本書はグローバル経営が当たり前となっているアメリカの教科書であり、原書名はシンプルに"Fundamentals of Management"となっており、ことさらグローバル経営を書名にうたわなくてもよい。
　しかしこれを日本で翻訳出版するとなると、本書がグローバル経営のための教科書であることが一目瞭然とならねばならない。日本にとって、グローバル経営はようやく本番である。グローバル経営で必要となる戦略、組織、人間をどのようにマネジメントするか。この教科書から極めて多くのことが学べる。

　そもそも本書が世界中の大学のマネジメント科目で、教科書として使われる最大の理由は次の点にある。グローバル経営での最新のマネジメントの理論が丁寧に、分かりやすく書かれていることであり、企業のグローバルな仕事場面でその理論がどのように活用されるかが豊富な事例をもとに記述されている。これは、教科書として、マネジメントを学ぶための重要な条件をカバーしているからこそ言える。つまり、マネジメントは「静的」な学問ではなく「動的」な学問である。今、世界のそこここで、人々が様々に仕事をし、活躍し、動いているからこそ、マネジメントが必要になる。だから大学の教室でマネジメントを学ぶときは、動きのある学び方をせねばならない。そのための教科書は、最新の理論と豊富な事例を示せなければ意味がない。本書はこれを高いレベルで実現している。
　著者のロビンスは、この分野で高品質の教科書を書く学者として日本でもよく知られている。拙訳『新版 組織行動のマネジメント』（ダイヤモンド社）もその1つで、組織行動学の教科書として定番である。

　この教科書がもっとも役に立つのは、次の3種類の人々にとってである。第1は、大学でマネジメントの科目（およびこの名称を一部に持つ科目）を履修する学生である。この教科書はきわめて明瞭にこの学生のために書かれている。学生は卒業して就職し、仕事の現場に立った時、マネジメントされる人材として仕事をする。その時、多少にかかわらずグローバルなビジネスの動きに関係

する。卒業後たいした時間が経っていなくとも、そのようなビジネスでのマネジメント業務とはどのようなものであるかを知っている者は、知らない者に比べて、どれほど仕事がやりやすく、よく見通せ、仕事の成果を上げられることか。就職してから知ることを、大学にいる間に学んでおくべきである。

第2の種類の読者は、就職して仕事をするようになって数年たち、マネジメントとは何か、どうあるべきかを考えるようになり、企業人として経験を少し積んだ人々である。社会人となって仕事をして、よいも悪いも少し分かるようになった。国内の仕事と海外の仕事はなぜあのようなままなのか。そして、上司はなぜああなのか、会社はなぜこうなのか、理解できない。この時、この教科書が目を開かせてくれる。そして、まがりなりにも数名の部下を持つようになった時、どのようにして部下をマネジメントし、仕事をマネジメントすべきか、悩む。この時、この教科書が新しい扉を開いてくれる。

第3の種類の読者は、この教科書で授業する教師である。学部で経営やマネジメントの科目を担当する大学教師の、大学教員となるためにしてきた研究的専門は、ほとんどの場合、経営やマネジメントの全体をカバーしていない。もっと狭い学問領域としての、会計学、人事管理論、あるいは生産管理論を専攻していたりする。また統計学を専攻していたり、経済学、心理学、社会学を専攻していたりする。このような専攻で研究している大学教員が学部でマネジメントの科目を担当するとき、この教科書はおおいに役立つ。マネジメントはたくさんの関連分野からなる。この教科書はそれらを丁寧に記述し、実際の企業事例を伴わせて解説している。これは講義準備に必要な詳細なルートマップとなる。とくに各章の参考文献リストは、学部生に講義するために、教師が事前に勉強すべき内容となる。

最後に、翻訳に際して注意した点を述べておく。原書はアメリカの経営土壌と文化を基礎にして書かれている。したがって、そのまま日本に向けて翻訳すると、ずれを起こす箇所があった。マネジメントの理論知識については大きくずれないものの、とくに企業事例について注意が必要であった。原書文中にたくさん出てくる企業の紹介では、あまりにも日本になじみがない企業名については削除した。また各章の扉に記載されている事例のうち、日本の仕事の仕方、組織や就業の慣行とあまりに異なってアメリカ的な事例については、新たに日本の事例と入れ替えることとした。この日本版ケース執筆は、香川大学の八木

陽一郎先生に担当していただいた。さらに、原書文中で記述が細かすぎたり冗長であったりした箇所は、訳文としての読みやすさを優先し、意味のないページ数増を避けるため、翻訳を短くしたり削除した。このような配慮を行ったことでアメリカ教科書的な度合いを低めることができ、日本で十分に役立つ教科書とすることができた。

髙木晴夫
経営学博士　名古屋商科大学ビジネススクール教授

著者について

スティーブン・P・ロビンスは、アリゾナ大学で博士号を取得。かつてはシェル石油とレイノルズメタルズで働いており、また、ネブラスカ州立大学オマハ校、モントリオールのコンコルディア大学、ボルティモア大学、南イリノイ大学エドワーズビル校、サンディエゴ州立大学で教鞭をとっていた。現在は、サンディエゴ州立大学の経営学名誉教授。

ロビンス博士は、組織内の衝突・権力・政治、行動的意思決定、効果的な対人能力の開発について研究してきた。また、経営学と組織行動学に関していくつもの教科書を作成し、世界的なベストセラーとなっている。彼の教科書は500万部以上も売られ、20言語に翻訳されている。現在は、アメリカ国内の1,500以上の大学をはじめ、カナダ、南米諸国、オーストラリア、ニュージーランド、アジア、ヨーロッパ諸国の数百の大学でも使用されている。

デービッド・A・ディチェンゾ（ウエストバージニア大学博士）は、サウスカロライナ州コンウェイのコースタル・カロライナ大学学長を務めている。2002年にE・クレイグ・ウォール・シニア・カレッジの経営学部長に就任。彼の就任後、同カレッジは経済学部を設置してMBAプログラムを展開し、入学者数と教員数はほぼ倍増している。メリーランド州タウソン大学ビジネス経済学カレッジでは、パートナーシップ開発の責任者を務めていた。業界コンサルタント、企業研修トレーナー、講演者の経験もある。彼が執筆した多数の教科書は、国内外の多くの大学で広く使用されている。

メアリー・コールター（アーカンソー大学博士）は、ドゥルーリー大学、アーカンソー大学、トリニティ大学、ミズーリ州立大学で教鞭をとってきた。現在は、ミズーリ州立大学経営学部名誉教授。非営利芸術機関の競争戦略、教育課程における新しいメディアの利用などの研究を進めてきた。本書のほかにも、『Management』（スティーブン・P・ロビンスとの共著）、『Strategic Management in Action』『Entrepreneurship in Action』を出版している。

監訳者について

髙木晴夫（たかぎはるお）

名古屋商科大学ビジネススクール教授。
1973年慶應義塾大学工学部管理工学科卒業、75年同大学院工学研究科修士課程、78年同博士課程修了。84年ハーバード大学経営大学院（ビジネス・スクール）博士課程卒業、同大学より経営学博士号を授与される。1978年、慶應義塾大学大学院経営管理研究科助手、85年助教授、94年教授。2014年法政大学経営大学院イノベーション・マネジメント研究科教授。2018年より現職。専門は組織行動学、組織とリーダーシップ。
主要著作：『組織能力のハイブリッド戦略』(2012年、ダイヤモンド社)、『ケース・メソッド教授法』(訳、ダイヤモンド社、2010年)、『新版　組織行動のマネジメント』(訳、ダイヤモンド社、2009年)、『トヨタはどうやってレクサスを創ったのか』(ダイヤモンド社、2007年)、『実践！日本型ケースメソッド教育』(共著、ダイヤモンド社、2006年)、『組織マネジメント戦略』(監修、有斐閣、2005年)、『人的マネジメント戦略』(監修、有斐閣、2004年)、『組織の経営学』(訳、ダイヤモンド社、2002年)、『慶應ビジネス・スクール髙木晴夫教授のMBA授業Live〈リーダーシップ論〉』(中経出版、2002年)

日本版ケース執筆者について

八木陽一郎（やぎよういちろう）

香川大学大学院地域マネジメント研究科（香川大学ビジネススクール）客員教授。ケースウェスタンリザーブ大学大学院（ビジネススクール）客員研究員。ユニティガードシステム株式会社代表取締役社長。
1994年学習院大学法学部政治学科卒業。広告会社勤務を経て、2003年慶應義塾大学大学院経営管理研究科修士課程修了、08年同博士課程修了、同年慶應義塾大学博士（経営学）。
主要著作：『内省とリーダーシップ』(白桃書房)

謝辞

教科書を執筆・出版するには、表紙に名前は載らないものの多くの人たちのサポートが欠かせない。本書出版にあたってスキルと能力を惜しみなく提供してくれた優秀で素晴らしいチームに感謝の意を表したい。

チームのメンバーは、新規案件主任編集者のキム・ノアブタ、シニア生産プロジェクトマネジャーのケリー・ワルサク、シニアマーケティングマネジャーのニッキ・ジョーンズ、シニア編集プロジェクトマネジャーのクラウディア・フェルナンデス、編集ディレクターのサリー・イェーガン、そして才能豊かな写真・資料作成責任者のナンシー・ムードリー。

また、絶えず意見やアイデアを提供してくれた多くの方々にも感謝したい。

David Adams, *Manhattanville College*
Lorraine P. Anderson, *Marshall University*
Maria Aria, *Camden Community College*
Marcia Marie Bear, *University of Tampa*
Barbara Ann Boyington, *Brookdale Community College*
Reginald Bruce, *University of Louisville*
Elena Capella, *University of San Francisco*
James Carlson, *Manatee Community College*
Pam Carstens, *Coe College*
Casey Cegielski, *Auburn University*
Michael Cicero, *Highline Community College*
Evelyn Delanee, *Daytona Beach Community College*
Kathleen DeNisco, Erie Community College, *South Campus*
Jack Dilbeck, *Ivy Tech State College*
Fred J. Dorn, *University of Mississippi*
Myra Ellen Edelstein, *Salve Regina University*
Deborah Gilliard, *Metropolitan State College, Denver*
Robert Girling, *Sonoma State University*
Patricia Green, *Nassau Community College*
Gary Greene, *Manatee Community College, Venice Campus*
Kenneth Gross, *The University of Oklahoma*
Aaron Hines, *SUNY New Paltz*
Edward A. Johnson, *University of North Florida*
Kim Lukaszewski, *SUNY New Paltz*
Brian Maruffi, *Fordham University*

Mantha Vlahos Mehallis, *Florida Atlantic University*
Christine Miller, *Tennessee Technological University*
Diane Minger, *Cedar Valley College*
James H. Moore, *Arizona State University*
Francine Newth, *Providence College*
Leroy Plumlee, *Western Washington University*
Pollis Robertson, *Kellogg Community College*
Cynthia Ruszkowski, *Illinois State University*
Thomas J. Shaughnessy, *Illinois Central College*
Andrea Smith-Hunter, *Siena College*
Martha Spears, *Winthrop University*
Jeff Stauffer, *Ventura College*
Kenneth R. Tillery, *Middle Tennessee State University*
Robert Trumble, *Virginia Commonwealth University*
Philip Varca, *University of Wyoming*
Margaret Viets, *University of Vermont*
Lucia Worthington, *University of Maryland University College*
Seokhwa Yun, *Montclair State University*

日本語版謝辞

　日本語版のレビューには下記の方々にお世話になった。この場を借りて感謝の意を表したい。また、制作にあたっては、ピアソン桐原の村田豪さんには企画段階から、後藤隆行さんには編集段階でご尽力いただいた。また高橋京子さんには原稿完成まで、編集段階では blueprint の橋川良寛さん、麦倉正樹さんにお世話になった。あわせて感謝したい。

日本語版レビュー

大阪大学大学院経済学研究科　関口倫紀先生
慶應義塾大学商学部　横田絵理先生
専修大学経営学部　廣石忠司先生
法政大学大学院イノベーション・マネジメント研究科　高田朝子先生
グロービスマネジメントスクール　佐藤剛先生
静岡県立大学経営情報学部　国保祥子先生
県立広島大学経営情報学部　平野実先生
和光大学現代人間学部　坂爪洋美先生
豊橋創造大学情報ビジネス学部　加藤尚子先生

Part 1

パート1

イントロダクション

第1章
マネジャーとマネジメント

本章での学習ポイント

- **1-1** マネジャーは何をする人で、どんなところで働いているのか　p.4
- **1-2** マネジメントとは何か　p.7
- **1-3** マネジャーは具体的にどんな仕事をしているのか　p.8
- **1-4** なぜマネジメントを学ぶ必要があるのか　p.19
- **1-5** マネジメントのあり方や定義を変える要因とは何か　p.20

第 1 章 マネジャーとマネジメント 3

実例にみるマネジメント

シマンテック：世界を守る仕事

　作っている製品が完成しない。仕事が終わらない。市場が日に30回も変わってしまう……。そんな状況を想像してみてほしい[1]。むちゃくちゃな話だと思うかもしれないが、ソフトウエア会社シマンテックでコンピュータウイルスと戦う「ウイルスハンター」にとって、これは職場の日常である。アイルランドのダブリンにある、目立たないよう工夫された施設（世界に3つある施設のうちの1つ）では、業務部長のパトリック・フィッツジェラルドが、不心得者によって仕掛けられたウイルス攻撃を特定し、対抗措置を取るべく24時間態勢で技術者や研究者を配備している。目下、最大の脅威である「スタックスネット」の先手を打つべく奮闘中だ。スタックスネットは、発電所の温度や配管圧力、オートメーション設備のタイミングといった産業施設の環境管理システムを攻撃するウイルスである。管理システムが悪意を持った人間に攻撃されると、極めて深刻な事態が起こる。それゆえ、ウイルスハンターたちの仕事に終わりはない。また、だからこそ、ウイルスハンターたちを管理するマネジャーという仕事も責任重大なのだ。（p.25 に続く）

....

　有能なマネジャーとは、業務に携わっている従業員たちをきちんと指揮するマネジャーのことだ。前述のシマンテックのパトリック・フィッツジェラルドは、その有能マネジャーの代表格である。ただし、あくまでひとつの例としての「代表」だ。有能なマネジャーに定型モデルはないし、マネジャーの年齢も18歳未満から80歳以上までと幅広い。男性はもとより女性マネジャーもいるし、あらゆる業種、あらゆる国にマネジャーはいる。中小企業、大企業、政府機関、病院、美術館、学校、非営利法人でも働いている。経営トップの仕事をする者もあれば、組織の中間層を担う者もおり、仕事の第一線で従業員を管理・監督する立場の者もいる。
　もちろん、すべてのマネジャーが、実際に世界を救おうとする部下たちを指揮するわけではない。でも、彼らが重要な仕事を担っていることに変わりはない。本書で扱

うのは、そうしたマネジャーたちの仕事だ。本章では、まず、マネジャーとマネジメントについて考えることから始める。具体的には、マネジャーとは何をする人で、どんなところで働いているのか、マネジメントとは何か、マネジャーはどんな仕事をしていて、なぜマネジメントを学ぶ必要があるのかといったことを見ていく。そして、章の最後では、マネジメントのあり方や定義に影響を与える要因について考えていく。

1-1 マネジャーは何をする人で、どんなところで働いているのか

　マネジャーは組織で働いている。そこで、マネジャーとはどんな役目を持ち、何をする人かを明らかにする前に、**組織**の定義を明確にしておく必要があるだろう。組織とは、特定の目的を達成するために集められた人々を、意図的に配置した集団のことである。大学も組織である。ユナイテッド・ウェイ（アメリカのNPO資金調達機関）も近所のコンビニも、アメフトのプロリーグNFLのダラス・カウボーイズや大学の友愛会も、クリーブランド・クリニックも、ネスレやノキア、日産といった世界的企業も組織である。また、こういった組織には、3つの共通する特徴がある（図表1-1参照）。

組織に共通する3つの特徴とは

　組織の1つ目の特徴は、目標あるいは目標設定といった形で言い表される、はっきりとした目的があることだ。ディズニーの社長兼経営最高責任者（CEO）ボブ・アイガーは、ディズニーの目標を「質の高い創造的な満足と経験を生み出し、社の伝統を守ることと革新的であることとのバランスをとること。そして、

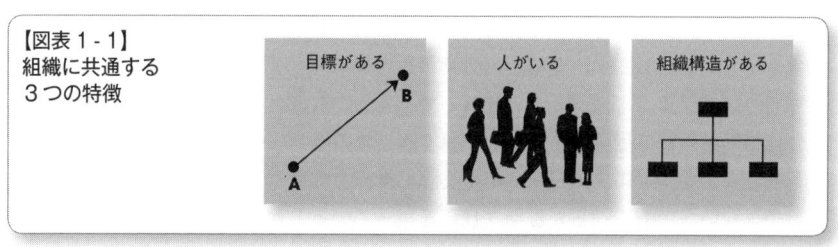

【図表1-1】
組織に共通する
3つの特徴

スタッフと製品の水準を維持することを通して、株主に最大利益を創出すること」[2]だと語っている。こういった目的あるいは目標は、人がいてこそ達成できる。そしてこの「人が組織を構成している」というのが、共通する特徴の2つ目である。組織で働く人々はさまざまな決断をし、業務に従事して目標を実現させる。3つ目の特徴は、どの組織も、構成員の行動を決定・制限する系統的な組織構造を意図的に作っているという点だ。組織においては、構成員が行っていいことと行ってはいけないことは、規則や規定によって決められている。ほかの構成員を監督する立場の人間や作業チームの立ち上げも決められ、組織構成員が何をすべきか自分で把握できるように職務説明書が作成される場合もある。

マネジャーと一般の従業員はどこがどう違うのか

　マネジャーは組織で働いているが、組織で働いている人々全員がマネジャーだとは言えない。端的に言えば、組織の構成員は、一般従業員とマネジャーの2種類に分けられる。**一般従業員**(注2)は、直接作業や仕事に携わる従業員のことで、ほかの社員の仕事を監督する責任は負わない。ファミリーレストランで調理をするのも、大学の教務課で受講手続きを行うのも、みな非管理職の従業員たちだ。こういった一般従業員たちは、同一組織で働く仲間、チームメンバー、補助業務者、協力社員などと呼ばれることもある。一方、**マネジャー**(注3)とは、組織のほかの構成員たちの活動を指示・監督する立場にある人のことである。しかし、こう区別したからといって、マネジャーは直接的な仕事を行わないということではない。ほかの構成員の仕事を監督しつつ直接仕事をするマネジャーもいる。たとえば、モトローラ社の地域販売マネジャーは、担当地域内のほかの販売員の仕事を監督する以外に、自ら顧客も受け持つ（訳注：日本ではこの種のマネジャーをプレイングマネジャーと呼ぶことがある）。

マネジャーの肩書

　組織のなかでマネジャーが誰であるかを特定するのは難しくないが、マネジャーはさまざまな肩書で呼ばれることに注意しよう。マネジャーは、一般的な

---

1) **組織**　ある特定の目的を達成するために集められた、人々を系統的に配置した集団。
2) **一般従業員**　直接作業や仕事に携わる従業員。ほかの社員の仕事を監督する責任は負わない。
3) **マネジャー**　組織のほかの構成員たちの活動を指示・監督する立場にある個人。

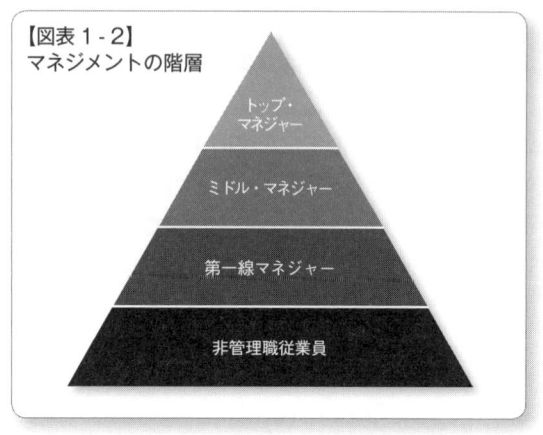

【図表1-2】
マネジメントの階層

分類として、トップ・マネジャー、ミドル・マネジャー、第一線マネジャーの3つに分けられる（図表1-2参照）。**トップ・マネジャー**(注4)は、経営トップ、あるいは組織の最上層に近い立場にあるマネジャーたちだ。食品・飲料会社クラフトフーヅ社を例にするならば、最高経営責任者がトップ・マネジャーであり、組織の方向性を決め、メンバー全員が従うべき方針や理念を定める責任を負う。一般的に、トップ・マネジャーたちの肩書には、社長、副社長、会長、業務執行取締役、最高経営責任者（CEO）、最高執行責任者（COO）、取締役会会長などがある。**ミドル・マネジャー**(注5)は、組織の下位からトップのあいだの地位にあるマネジャーたちだ。アメリカのミズーリ州にあるクラフトフーヅ社の製造工場工場長は、ミドル・マネジャーである。彼らはほかのマネジャーや、場合によっては一般従業員をも管理する。さらに、トップ・マネジャーが設定した目標を具体的な形にして、第一線マネジャーが実施できるようにするのもミドル・マネジャーの主な仕事である。ミドル・マネジャーの肩書には、局長、事業部長、部長、課長、プロジェクトリーダー、地区マネジャー、店長などがある。
第一線マネジャー(注6)とは、一般従業員たちの日々の仕事を指示する責任者である。ミズーリ州にあるクラフトフーヅ社の製造工場の夜勤シフトマネジャーが、これにあたる。第一線マネジャーは、監督、チームリーダー、コーチ、シフトマネジャーあるいはユニットコーディネーターなどと呼ばれることが多い。

1-2 マネジメントとは何か

簡単に言ってしまえば、マネジメントとは、マネジャーが行う仕事のことだ。しかし、これではとうてい説明不十分だろう。もう少し詳しく言うなら、**マネジメント**とは、人を動かし共に働いて、効率的かつ有効に物事を行う活動プロセスのことである。より理解するために、マネジメントにおけるキーワードを詳しく見ていこう。

プロセスとは、相互に関係しながら進行していく一連の活動のことである。本書でマネジメントという場合には、マネジャーが行う主な活動や機能を指す。マネジャーの果たす機能については次のセクションで詳しく見ていくことにする。

効率性と有効性は、行う仕事、また、それがどのように行われるかに関わっている。**効率性**とは、仕事を正確に（作業を適切に）行って、最小のインプットで最大のアウトプットを引き出すことである。マネジャーは、人員、予算、装

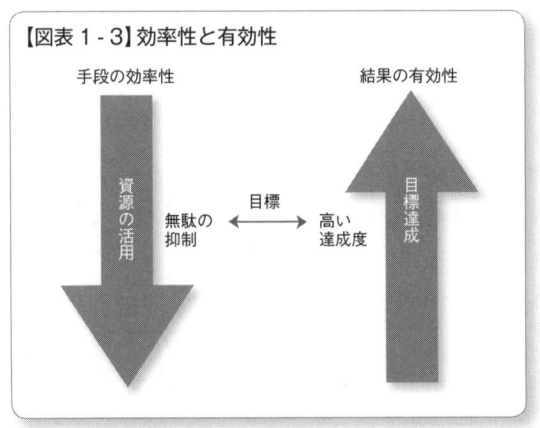

【図表1-3】効率性と有効性

4）**トップ・マネジャー** 組織の方向性について決断を下し、組織の構成員全員が従うべき方針を定める責任を負う個人。
5）**ミドル・マネジャー** トップ・マネジャーが設定した目標を具体的な形にして、第一線マネジャーが実施できるようにする責任を負う個人。
6）**第一線マネジャー** 非管理職従業員の日々の仕事を指示する責任を負う管理職。
7）**マネジメント** 人を動かし共に働いて、効率的かつ有効に物事を行うプロセス。
8）**効率性** 作業を適切に行い、最小限のインプットで最大限のアウトプットを作り出すこと。

置など限られた資源をやりくりしなければならないから、それらの資源を有効に活用することを心がける。マネジャーは、資源利用、つまり資源コストを最小限に抑える努力をする。

だが、効率的であるだけでは不十分だ。マネジャーは、仕事が円滑になされるようにも力を尽くさなければならない。マネジメントでは、これを**有効性**と呼ぶ[注9]。有効性とは、組織が目標を達成できるようにする作業を行うことを通し、「するべきことをする」ということだ。物事が行われる手段に関わるのが効率性であり、一方、有効性は、組織の結果、すなわち目標達成に関わっている（前頁の図表1-3参照）。

効率性と有効性はそれぞれ異なるものの、相互に関係している。たとえば、効率性を度外視すれば、有効性を保つのはたやすい。ヒューレット・パッカード（HP）社が人件費や材料費を無視すれば、より高品質で長持ちするレーザープリンター用のトナー・カートリッジを生産することが可能だろう。政府機関も、適度に効果を出しているが非常に非効率的だと批判を受けがちだ。まずいマネジメントというのは、非効率的で効果もないか、効率性を無視して有効性を達成しているかのどちらかの場合がほとんどだ。そして、目標の達成（有効性）と作業をできるだけ効率的に行うこと、このどちらもおろそかにしないのが優れたマネジメントなのだ。

1-3 マネジャーは具体的にどんな仕事をしているのか

マネジャーの仕事を説明するのは難しい。同じ組織が1つとしてないように、マネジャーたちの仕事も一様ではないからである。ただし、マネジャーの仕事には共通の要素がある。マネジメントの研究者たちは、マネジャーの仕事を「機能」「役割」「能力・適性」の3つの側面から説明してきた。これらを個別に見ていくことにしよう。

マネジメントの機能とは

機能的側面から見ると、マネジャーは部下の仕事を指示・監督することで機能を果たしている。その機能とは何だろう。20世紀初頭、アンリ・ファヨー

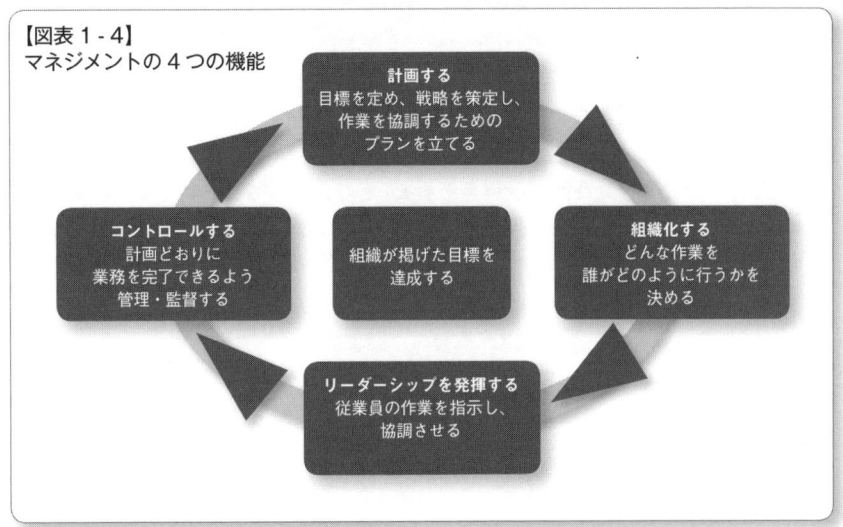

【図表 1-4】マネジメントの 4 つの機能

計画する
目標を定め、戦略を策定し、作業を協調するためのプランを立てる

組織化する
どんな作業を誰がどのように行うかを決める

リーダーシップを発揮する
従業員の作業を指示し、協調させる

コントロールする
計画どおりに業務を完了できるよう管理・監督する

組織が掲げた目標を達成する

ルというフランスの企業経営者が、すべてのマネジャーが行うべき行動を、「計画する」「組織化する」「リーダーシップを発揮する」「調整する」「コントロールする」の 5 つに分類した[3]。現在は、「計画する」「組織化する」「リーダーシップを発揮する」「コントロールする」の 4 つに集約されている（図表 1-4 参照）。マネジメント分野のほとんどのテキストで、この 4 つの機能によるアプローチが用いられている。では、これら 4 つを簡単に説明していこう。

組織というものは何らかの目標を達成するためにあるのだから、誰かがその目標を定め、その目標達成のための手だてを見出す必要がある。マネジャーこそその誰かであり、計画することでそれを行う。**計画する**[10]という活動には、目標を定め、戦略を策定し、活動を協調するためのプランを立てることなどがある。目標を定め、戦略を練り、プランを立てれば、従業員をやるべきことを集中させ、何が最重要課題かを常に意識させることができる。

さらに、マネジャーは、組織目標を達成すべく作業を配分し、スケジュールを立てなければならない。これが、**組織化する**[11]という活動である。組織化する

---

9) **有効性**　するべきことをし、組織の目標を達成できるよう業務を遂行すること。
10) **計画する**　目標を定め、戦略を策定し、活動を協調させるためのプランを立てるなど。
11) **組織化する**　どんな作業を誰が行い、仕事をどう色分けするか、報告系統をどうするか、誰が決定を下すのかを決めるなど。

コラム：マネジメントいまむかし

マネジメント、あるいはマネジャーという言葉のルーツは何だろう[4]。実は、これらの言葉には何百年もの歴史がある。一説では、マネジャーという言葉は、1588年にマネージする（処理、管理する）人を説明するのに初めて使われたということだ。「会社や公的機関の運営をする人」を特に指して使われるようになったのは、1705年だそうである。とはいえ、組織のメンバーを指示・監督し、事を動かしていくという現在の意味で使われるようになったのは、20世紀初頭になってからのようだ。50年にもわたりマネジメントを研究してきた、今は亡きマネジメント研究の第一人者ピーター・ドラッカーは、著書『マネジメント＜上＞』でこう言っている。「20世紀初頭にアメリカで開校されるようになった初期のビジネススクールには、マネジメント講座は1つとしてなかった。ほぼ同じ頃、フレディック・ウィンズロー・テイラーがマネジメントという言葉を初めて世に広めた」。では、現在とらえられているマネジメントという考え方に、テイラーがどのように寄与したか見てみることにしよう。

1911年、技術者で経営学者のテイラーは『科学的管理法』を上梓し、**科学的管理法**の理論を提唱した。その理論とは、科学的方法を使って仕事をこなすための「唯一最善の方法」を見つけ出すというものだった。ペンシルベニア州にあるミッドベール・スチールとベツレヘム・スチールの2社で働いていたテイラーは、機械工という立場から、従業員たちの効率の悪さに愕然とする毎日だった。彼らの大抵は仕事を「適当に」やっつけるという有様で、労働成果は見込まれる成果の3分の1ほどだと彼は見ていた。実際、従業員には作業標準もなく、作業に求められる能力や適性がほとんどあるいは全く顧みられることなく、彼らは現場への割り振りを決められていた。このような状況のなか、テイラーは、作業現場の仕事に科学的方法を導入して改善に乗り出した。「唯一最善の方法」をひたすら求め、20年以上を費やした。そして、科学的原理を用いて作業員を管理する画期的な研究の基礎を築き、テイラーは科学的管理法の「父」として知られるようになったのである。彼の考え方は、やがてアメリカ全土や世界各国に広まり、刺激を受けたほかの人々も科学的管理の手法の研究と発展に取り組み始めた。

私たちがマネジメントを学ぶことができるのも、テイラーのような初期の研究者が先鞭をつけたおかげである。本書で学ぶうち、連綿と受け継がれるその努力の成果に触れることになるだろう。

という活動では、作業を誰が行い、仕事をどう結びつけ、報告系統をどうするか、誰が決定を下すかなどを決める必要がある。

　人がいてこそ組織は成り立つ。だから、そこで働く人たちの作業を指示し、協調させることもマネジャーの仕事の1つだ。これが、**リーダーシップを発揮する**ことである。社員のやる気を引き出し、行動を指示し、最も効果的な意思疎通手段を選択し、スタッフ間のもめ事を解決する。

　最後の機能は、**コントロールする**ことだ。コントロールとは、作業成果をチェック・比較し、修正することである。目標を決めて計画を練り、組織を調整して従業員を採用し、研修を実施して士気を高めたなら、計画どおりに進んでいるかどうかを確認するための何らかの評価基準が必要になってくる。活動が目標から著しく逸脱している場合には、マネジャーはそれを正しい軌道に戻さなければならない。

　さて、マネジメントの機能に焦点を当てることで、マネジャーの仕事をうまく説明できただろうか？　機能はマネジャーの実際の仕事を正確に説明できているだろうか？　もちろんそれには否定的な見解もある[5]。そこで、マネジャーの具体的な仕事を別の角度、「役割」から見てみよう。

マネジャーの役割とは

　実は、ファヨールが提唱した5つの機能は、組織で働くマネジャーを綿密に調査して導き出したものではない。というより、単にフランス鉱業界における自らの見聞と経験を反映したものにすぎない。これに対し、経営学者のヘンリー・ミンツバーグは1960年代後半、5人の最高経営責任者を対象に実証検証を行っている[6]。その研究結果は、マネジャーの仕事についてこれまで正しいとされてきた考えとは矛盾するものだった。たとえば、当時の一般的な見解では、マネジャーというものは思慮深く、慎重かつ体系的に情報を処理してから意思決定するとされていた。しかしミンツバーグは、調査対象のマネジャーたちが、多種多様で方法も異なる短時間の活動を数多くこなしていることを突き止めた。

---

12) **科学的管理法**　科学的方法を使い、仕事をこなすための「唯一最善の方法」を見つけ出すこと。
13) **リーダーシップを発揮する**　社員のやる気を引き出し、行動を指示し、最も効果的な意思疎通手段を選択し、スタッフ間のもめ事を解決するなど。
14) **コントロールする**　業務を管理・監督し、目標から逸脱していないか確認し、大きなずれがある場合には軌道修正するなど。

【図表 1-5】
ミンツバーグが示したマネジャーの役割

対人関係における役割
・看板的役割
・リーダー的役割
・リエゾン（組織内外の連絡係）的役割

情報に関わる役割
・管理・監督者
・配布者
・スポークスパーソン

意思決定に関わる役割
・企業家
・妨害対処者
・資源配分者
・交渉・折衝係

資料：Mintzberg, Henry, The Nature of Managerial Work, 1st edition, © 1973

そのようなマネジャーたちはひっきりなしに仕事を中断され、1つの作業を続ける時間が9分に満たないケースも多いため、物思いにふける時間などほとんどなかった。さらに、ミンツバーグはマネジャーの具体的な仕事をその職務で担う役割に則して定義した分類法を提起した。**マネジャーの役割**とは、マネジャーに求められる管理者としての行動や振る舞いを指す（この考え方を理解するために、読者は自分に当てはめて、学生、社員、ボランティア、ボーリングチームのメンバー、兄弟や姉妹の1人といったさまざまな役割を考えてみるといい。その役割に求められる行動や振る舞いは自ずと異なってくるはずだ）。

マネジャーは、相互に関係する10の異なる役割を果たしているとミンツバーグは結論づける。図表1-5は、これらの10の役割を、「対人関係における役割」「情報に関わる役割」「意思決定に関わる役割」の3つに大別したものである。**対人関係における役割**とは、人（部下や組織外の人々）に関わることや儀礼的および象徴的性質の役割のことであり、そのなかには、「看板的役割」「リーダー的役割」「リエゾン（組織内外の連絡係）的役割」の3つの役割がある。**情報に関わる役割**には、情報を収集し、受け取り、伝達することが求められ、具

体的には、「管理・監督者」「配布者」「スポークスパーソン」の３つがある。最後の**意思決定に関わる役割**(注18)には、意思決定や選択することが求められ、マネジャーは「企業家」「妨害対処者」「資源配分者」「交渉・折衝係」という４役を果たさなければならない。

　近年ミンツバーグは、実際のマネジャーを対象とした別の詳細な研究を行い、「マネジメントとは、要するに、影響を与える行動のことである。物事を成し遂げるために組織や部署を補佐すること、それがマネジャーの行動である」と結論づけている[7]。この実証研究を基に、ミンツバーグは、マネジメント手法を次の３つに分類している。１つ目は、行動を直接管理する手法（契約交渉やプロジェクト管理など）。２つ目は、行動するスタッフを管理する手法（やる気を起こさせたり、チームを結成したり、組織文化を醸成するなど）。３つ目は、情報を管理してスタッフの行動を促す手法（予算や目標、権限の委譲等の活用）だ。またミンツバーグによればマネジャーは、ほかに２つの役割も担う。その１つは、マネジャーとしての仕事へのアプローチ方法を決める枠組み作りという役割。もう１つは、マネジャーによって異なる固有の仕事を通し、「枠組みに命を吹き込む」スケジュール作りの役割である。マネジャーは、直接的な行動の管理や行動するスタッフの管理、情報の管理を行いながら、これらの役割を「演じている」のだ。ミンツバーグの最新の研究結果は、マネジャーの仕事の具体的な内容だけでなく、マネジャーの仕事の新たな一面をも明らかにしている。

　さて、機能面からのアプローチと役割面からのアプローチでは、どちらが適切だろうか？　いずれもマネジャーの仕事の内容をうまく説明しているが、やはり機能の面からのアプローチのほうが、マネジャーの仕事の説明として広く受け入れられているようだ。その変わらぬ支持の理由は、わかりやすさと簡潔さにある。「従来の機能面からのアプローチは、マネジャーたちが行う何千もの行動と、目標達成のための行動における機能面でのテクニックをわかりやすく明確に説明できる」[8]。ただし、ミンツバーグが最初に提唱した役割面からと

---

15) **マネジャーの役割**　マネジャーの行動を特定のカテゴリーに分類したもの。「対人関係における役割」「情報に関する役割」「意思決定に関する役割」の３つに分類されることが多い。
16) **対人関係における役割**　部下や組織外の人々に関わることや儀礼的・象徴的役割など。
17) **情報に関する役割**　情報の収集や受け取り、配信など。
18) **意思決定に関する役割**　意思決定や選択を伴う役割。

らえる方法や、その後構築したマネジメントについての新たなモデルによって、別の視点からもマネジャーの仕事を見ることができるようになった。

マネジャーに求められる能力と適性とは

　マネジャーの仕事を理解するための最後のアプローチは、マネジメントするうえで求められる能力と適性を見る方法だ。例えばパソコンメーカーのデルは、マネジメント能力を重視している[9]。同社の第一線マネジャーたちには5日間のオフサイト技能訓練集中プログラムが課せられる。同社の研修・開発マネジャーの1人は、このプログラムが、「第一線で働く社員たちと強固な人間関係を結ぶことのできるリーダー」を養成する最善の方法だと考えている。では、この技能訓練でどんなことを学ぶのだろう？　聞くところによると、より効果的なコミュニケーションの取り方や、何らかの問題について従業員と話す場合に結論を急がないようにする方法などを学ぶということだ。ロバート・L・カッツをはじめとするマネジメントの研究者たちは、マネジャーには次に示す4つの重要なマネジメント能力が求められ、マネジメントにおいてその能力が試されると提唱している[10]。

　概念化スキル(注19)とは、複雑な状況を分析・判断する能力である。この能力によって、複数の個別の事象を結びつけることができ、正しい判断を下すことが容易になる。**対人スキル**(注20)とは、個人でもグループでも他者と協調して仕事ができる能力である。人を動かし共に働いて業務を行うマネジャーには、コミュニケーションをとり、士気を高め、指導し、任せることのできる優れた対人スキルが求められる。さらに、すべてのマネジャーには、業務を行うために必要な、該当分野の知識や技術といった**技術スキル**(注21)も必要になってくる。この能力は専門知識で裏打ちされる。トップ・マネジャーの技術スキルは、業界に関する知識、さらに工程や製品への全般的な理解に大いに関わってくるし、ミドルおよび第一線マネジャーの場合には、金融、人的資源、マーケティング、コンピュータシステム、製造、情報技術といった業務の専門分野で求められる専門的知識に関わってくる。また、マネジャーには、権力基盤を築いてしっかりとした人脈を作り上げる**政治スキル**(注22)も必要だ。組織というのは、資源の争奪戦が繰り広げられる政治の場である。政治スキルが高く、その能力を使いこなせるマネジャーは、自らのグループがより多くの資源を獲得できるようにしようとする。

　別のごく最近の研究は、組織の成功に大きく寄与する要因であるマネジャー

として必要な資質に重点を置き、また別の研究では、マネジャーの9つの能力が明らかになっている。その能力とは、伝統的機能を果たすこと（意思決定、短期計画の策定、目標設定、管理・監督、チームをまとめるといった包括的作業）、仕事の方向づけをすること（迅速さ、決断力、イニシアチブといった要素）、自分自身を方向づけること（思いやりがある、自己主張できる、丁寧である、顧客を第一に考えるといったこと）、信頼できること（個人として責任を負う、信頼できる、誠実である、プロ意識が高いなど）、柔軟であること（忍耐力、適応力がある、創造的思考ができるといった総合的要素）、感情をコントロールできること（立ち直り能力とストレス管理能力のどちらにも優れていること）、コミュニケーション能力があること（人の話を聞く、言葉で直接伝える能力、公の場でのプレゼンテーション能力があるといった要素）、自分を磨き、他者を育成できること（部下の仕事を評価する、自己開発を怠らない、建設的なフィードバックを返すといったこと）、そして業務に対する感覚の鋭さを持っていること（技術的熟達度を見極める、品質や数量に敏感である、財政的な面に注意を払うといった要素）の9つである[11]。以上のこともわかるように、マネジャーの仕事というのは実に幅広く、多岐にわたっている。

　最後に、約8,600人のマネジャーの仕事を対象にした最近の研究では、マネジャーの仕事は、概念化能力、対人能力、技術力・運営管理力の3つの能力カテゴリーに分類できるとしている[12]。この研究結果は、カッツらが明らかにしたマネジメント能力と一致することがわかるだろう。

マネジャーの仕事は共通か

　ここまで、マネジャーの仕事を一括りにして説明してきた。つまり、どこで働いているかに関係なく、マネジャーはマネジャーとして十把ひとからげに論じてきたことになる。マネジメントが1つの確立した分野であるなら、トップ・マネジャーであろうと第一線マネジャーであろうと、企業で働こうと政府機関で働こうと、大企業だろうと中小企業だろうと、マネジャーの仕事は本質的には同じということになる。果たしてそのとおりなのか、根本的な事柄について

19）**概念化スキル**　複雑な状況を分析・判断する能力。
20）**対人スキル**　個人でもグループでも他者を理解し、指導し、士気を高め、協調して仕事ができる能力。
21）**技術スキル**　作業を行うのに必要な特定の知識や技術。
22）**政治スキル**　権力基盤を築いてしっかりとした人脈を作り上げる能力。

より詳細に見ていくことにしよう。

組織における地位　組織での地位が上がるにつれ、計画するという活動の比重が増し、マネジャーは、従業員をコントロールすることが少なくなっていく（図表1-6参照）。どのマネジャーも、計画する、組織化するという活動を行い、リーダーシップを発揮し、作業活動をコントロールしている。だが、それぞれの活動に費やす時間は必ずしも一致しない。さらに、その活動の中身は地位によって異なってくる。たとえば、第6章でも示すが、トップ・マネジャーは全体の組織構造の設計に関わる一方で、第一線マネジャーの仕事は、主に従業員や部署で行う仕事の計画作りである。

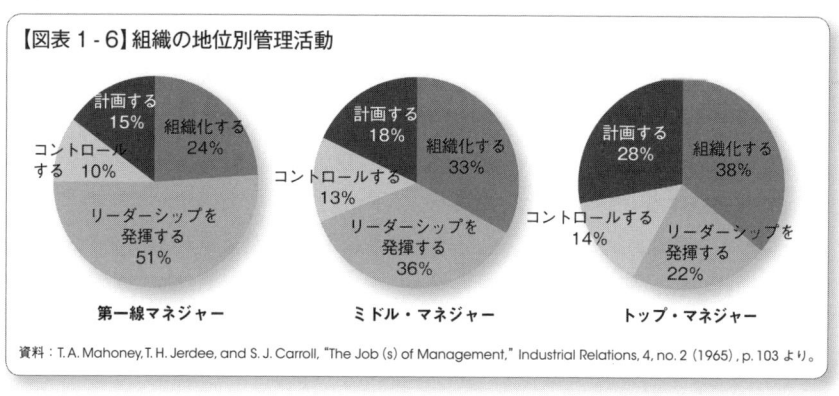

営利団体と非営利団体　アメリカ郵便公社や赤十字で働くマネジャーも、インターネットセキュリティ大手のシマンテックやアマゾンのマネジャーと同じ仕事をしているのだろうか。要するに、マネジャーの仕事に、営利・非営利による違いはないと言えるのだろうか。その大半は同じと言っていい。どのマネジャーも何らかの決断を下し、目標を定め、実行性のある組織構造を構築し、従業員を採用して彼らの士気を高め、組織の存在の正当性を確保し、計画を実行するため組織内の権力基盤を築き上げる。そして、両者の決定的な違いは、言うまでもなく、業績の評価指標である。利益、すなわち最終損益が、企業の有効性を測る明確な指標だ。非営利団体にはそういった共通の指標がなく、そのため、非営利団体の業績評価を一層難しくしている。しかし、だからといって、非営利団体のマネジャーが財政的な問題を無視してもいいなどということには

ならない。非営利団体であっても、業務を継続するためには収益をあげなくてはならない。非営利団体では、「オーナー」に利益をもたらすことに主眼が置かれるわけではないというだけである。

組織の規模　従業員12人の地方の印刷所と、1,200人体制の『ワシントン・タイムズ』紙の印刷工場とでは、マネジャーの仕事に違いはあるだろうか。この質問に答えるには、中小企業のマネジャーの仕事に目を向け、それを先に示したマネジャーの役割の説明に照らし合わせてみるのが一番いい。まずは、中小企業とは何かを明らかにしておこう。

「中小」企業の決まった定義がないため、中小企業とは何かについての広く一致した見解というものはない。たとえば、従業員数、年商や総資産といった基準に基づいて中小企業を分類することもできる。本書で**中小企業**という場合には、従業員500人未満で、必ずしも新事業や革新的事業を行っているわけではなく、業界に与える影響が比較的小さい独立した企業を指すことにする[13]。では、

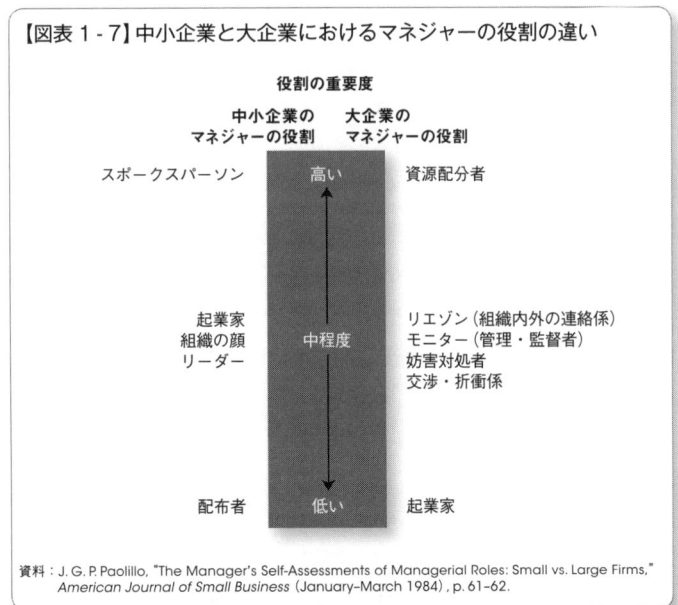

【図表1-7】中小企業と大企業におけるマネジャーの役割の違い

資料：J. G. P. Paolillo, "The Manager's Self-Assessments of Managerial Roles: Small vs. Large Firms," *American Journal of Small Business* (January-March 1984), p. 61-62.

---

23) **中小企業**　従業員500人未満で、必ずしも新事業や革新的事業を行っているわけではなく、業界に与える影響が比較的小さい独立した企業。

> ### テクノロジーとマネジャーの仕事
>
> ## 管理しているのがロボットであっても、マネジメントと言えるのか？
>
> 「これからの職場には、より迅速で賢く、責任能力の高い労働者が採用される可能性が高い。その労働者とはロボットである」[14]。ある研究では、その姿も話し方も人とは違っていても、人は難なくロボットと交流できるとしている。テレプレゼンス・ロボット（遠隔存在ロボット）が普及するようになるにつれ、ロボットはより人間らしくなっている。アメリカのバージニア州にある小さな会社、レイマーズ・エレクトラ・スティームの電気技師、アーヴィン・ダイニンガーは、妻の転勤に合わせてドミニカ共和国に引っ越したが、VGo という遠隔参加ロボットを介し、クリアブルックの会社に「存在」し続けている。現在も「デスクからデスク、作業現場へと移動し、質問に答え、設計をチェック」している。同社の社長は、「ロボットがここまで実利的と知って驚いた」が、ダイニンガーが実際にロボットを使って動き回っている様子を見てさらに驚いた。「あまりにリアルでダイニンガーそのものであるそれがロボットとは思えず、ついには、これはロボットなんかじゃないと言った」そうだ。
>
> 今後、ロボット技術が組織環境のなかに取り入れられていくことは間違いない。人と機械が組織目標の達成のために共に働くようになるにつれ、マネジャーの仕事もますます面白く、やりがいのあるものになっていくだろう。

中小企業と大企業では、マネジャーの仕事に違いはあるだろうか。何らかの違いはあるようだ。前頁の図表1-7に示すように、中小企業のマネジャーの最も重要な役割は、スポークスパーソンとしての役割である。顧客とのミーティング、銀行担当者との融資の折衝、新たなビジネスチャンスの開拓やビジネスの流れを変えるといった外向きの行動に多くの時間を費やしている。一方、大企業のマネジャーの最重要課題は、利用可能な資源をどの部署にどれだけ割り当てるかなどを決定することで、内方向に向いている。したがって、大企業のマネジャーにとっては、ビジネスチャンスの開拓や業績アップのための活動を計画化するといった起業家的役割は、特に第一線マネジャーやミドル・マネジャーにおいては、ほとんど重視されないようである。

大企業のマネジャーと比べると、中小企業のマネジャーは万能選手である場合が多い。中小企業のマネジャーの仕事は、大企業の最高責任者の活動に第一

線マネジャーが行う日々の活動の多くを合わせたものと言える。さらに、大企業ではマネジャーの仕事を組織構造や形式が特徴づけているが、中小企業では形式にとらわれない傾向にある。計画するという作業が決まったやり方で緻密に練り上げられることは少ないし、組織設計も単純で、きっちり決められているわけではない。コントロールすることにおいても、最新のコンピュータ化された監視システムではなく、人が直接的に管理・監督する方法をとっている。地位別に見た場合と同様、優先順位やどこに重点が置かれるかは変わっても、活動そのものが変わるわけではなく、中小企業でも大企業でも、マネジャーの本質的な活動は変わらないということがわかる。しかし、その活動への取り組み方や、それぞれの活動に振り分けられる時間配分は異なっている。

マネジメントの概念と国境　最後に、マネジメントの概念に国境はあるかという問題について考えてみよう。マネジメントの概念が真に普遍的概念であるなら、経済、社会、政治、文化の違いに関わらず、世界中どこの国でもその概念を例外なく当てはめることができるはずだ。だが、実際に行われているマネジメント業務を国ごとに比較した大半の研究では、マネジメント概念の普遍性は裏づけられてはいない。国によって異なる考え方と、それがマネジメントに及ぼす影響については第3章で取り上げる。現段階では、以降の章で説明するマネジメントの概念のほとんどが、主にアメリカ、カナダ、イギリス、オーストラリアおよびほかの英語圏の国々で取り入れられているもので、これらの国はいわゆる市場経済民主主義の国である。したがって、経済的、政治的、社会的、文化的に条件の異なるインド、中国、チリといった国々でその概念を取り入れる場合には、修正しなければならない可能性が高いことを覚えておいてほしい。

1-4 なぜマネジメントを学ぶ必要があるのか

　このタイトルを読んで、マネジメントの科目を履修しなければならなかった理由を思い出している人もいるだろう。会計やマーケティング、情報技術を専攻している人もいるかもしれないし、マネジメントを学ぶことがこれから仕事をしていくうえでどう役立つかわからないという人もいるかもしれない。ここ

では、マネジメントについてもっと知りたくなるような理由を説明しよう。

第1に、組織を運営するためのより良い方法について誰もが強い関心を抱いているということがある。なぜか。私たちは生活するなかで、毎日何らかの組織と関わり合いを持っているが、マネジメントを理解することで、組織のさまざまな側面に気づくことができるようになるからだ。免許を更新する際、単純に思える手続きにどうしてこんなに時間がかかるのかとイラついた経験はないだろうか。絶対安泰だと思っていた有名企業が倒産して驚いたり、業界全体が政府の財政支援措置に頼って存続を図り、経済状況が一変してしまったことに憤りを感じたりしたのではないだろうか。航空会社に3度電話をかけ、同じ路線にもかかわらず3度とも違う価格を提示されてむっとしたことは？　こういった問題は、ほとんどの場合、マネジャーが行うマネジメントのまずさによるものなのだ。

アップル、スターバックス、グーグルといったマネジメントの行き届いた組織は、忠実な顧客を開拓し、不況であっても業績を伸ばす方策を見つけ出している。一方、マネジメントの悪い組織は、顧客基盤の減少に陥り、収益が落ち込み、破産申請にまで追い込まれる可能性もある。マネジメントを学ぶことで、どういう経営が悪い経営かがわかり、優秀なマネジャーは何をしなければならないかを知ることができる。

マネジメントを学ぶ第2の理由は、大学を卒業すれば、ほとんどの人が働き始め、管理する側にもされる側にもなりうるという現実があることだ。マネジャーを目指す人にとっては、マネジメントを学ぶことで、マネジメントのスキルや能力を高めるための基礎が築かれる。マネジャーになるとは考えていない人であっても、やはりマネジャーの下で働かなければならない可能性が高い。食べていくために何らかの組織で働く可能性が高いことも考えると、マネジャーにはならないとしても、おそらくある程度の管理責任は負うようになるだろう。

1-5 マネジメントのあり方や定義を変える要因とは何か

現代社会で働くマネジャーたちは、職場の変化、倫理的な問題や信用問題、

世界経済や政治に対する不安、技術の変化に直面し、そのなかでマネジメントのあり方を模索している。たとえば、不況時には、食料品店は顧客基盤の維持とコストダウンに必死の努力をする。アメリカ南東部でチェーン展開する大型食料品スーパーのパブリックス・スーパーマーケッツでは、マネジャーをはじめとする全員が常により良い接客法を求めて努力している。トッド・ジョーンズ社長は、フロリダのニュー・スムーナ・ビーチの同店で、食料品の袋詰から始めた叩き上げだ。ジョーンズ社長は、袋詰め担当からレジ係、在庫係に至るまで、すべてのスタッフの意識を卓越した顧客サービスという課題に向けさせ、さまざまな難局を乗り切っている [15]。

次に、当時アメリカの名門誌シアトル・ポスト－インテリジェンサー（P-I）の発行人兼編集人であったロジャー・オグレスビが直面した経営問題について見てみよう。他の新聞社同様 P-I も、読者数と収益の激減に悩む業界で生き残りをかけた道を必死で模索していた。すべてオンライン新聞に切り替えるという決断がなされ、2009 年の初め、P-I はインターネット専門のニュースメディアに生まれ変わった。その後、ニューススタッフを 165 人から約 20 人に減らすという苦渋の選択も行った。デジタルニュースメディアに生まれ変わり、P-I は新たな問題に直面している。マネジャーのミシェル・ニコロージは、目下、大きく変わった環境の下、計画化、組織化、コントロールとリーダーシップの力を試されている [16]。

どの職場で働くマネジャーも、変化する環境の下でマネジメントを行わなければならなくなる。そして、マネジャーがどうマネジメントするか、それ自体も変化している。これから本書では、これらの変化についてと、その変化が、計画化、組織化、リーダーシップの発揮やコントロールの方法にどのような影響を与えるのかについて考えていく。その際に、ますます高まる顧客の重要性と変革の重要性という 2 つの変化に注目しよう。

マネジャーの仕事における顧客の重要性

ネットワーク機器大手シスコシステムズの CEO ジョン・チェンバースは、不満を抱く顧客から送られてくるボイスメールを聞くのが楽しみだ。「E メールのほうが効率はいいかもしれないが、私は声から顧客の感情の動きや不満を感じたい。我々が用いた戦略で客がどの程度態度を軟化させたかも感じたい。メールではそこまでわからない [17]」。これは、顧客の重要性を理解しているマネ

ジャーの好例だ。組織には顧客が必要であり、顧客がいなくなったら、組織は生き残ることができない。にもかかわらず、顧客に注意を払うのは、マーケティングの仕事だと長い間信じられてきた。「客についての心配はマーケティングの人間のすることだ」と考えているマネジャーがいかに多いか。しかし、私たちは、顧客の満足度が従業員の態度や振る舞いで大きく左右されると知っている。応対の際、従業員から粗末な扱い（あるいは丁寧な）扱いを受けたとき、従業員のどんな態度によってどんな気分になったか思い出してみよう。

マネジャーの仕事に変革が必要な理由

「変革しないことほど危険なものはない[18]」。変革とは、新たな分野を開拓し、リスクを負いつつ物事をこれまでとは違う方法で行うことだ。おまけに、変革が求められるのは、ハイテクや他の高度な技術を用いる組織だけではない。あらゆる組織で革新的努力が必要とされる。世界の革新的企業50選に、アップル、フェイスブック、グーグル、ナイキといった企業が選ばれていても驚くにはあたらないし、学用品を必要としている子どもたちと支援を贈りたいドナー（提供者）とをオンラインで結ぶ非営利組織、ドナーズ・チューズも50選に選ばれている。2010年には、ウェブサイトでのドナー数は25万人に達し、およそ3000万ドルを寄付して6万の学級プロジェクトをサポートした。現在のような厳しい環境では、変革は決定的な意味を持つ。そのうえでマネジャーは、組織においてどのような変革が、いつ、どこで、どうやって、何ゆえに生まれ、育まれていくのかということを理解しなければならない。たとえば、ウォルマートの国際事業担当マネジャーは、ある社内プレゼンテーションで、もっと良い仕事をするための新たな方法を常に追求し、革新的であることで、マネジャーとしての自分と組織全体を成功に導く処方箋について説明した。マネジャーは、自らが革新的であるだけではなく、従業員たちにも変革を促す存在でなければならないのである。

ここまで見てきたように、マネジャーというのは大変な仕事であるとともに、やりがいのある仕事でもある。特に言えるのは、マネジャーは組織にとって重要な存在だということだ。アメリカの世論研究所ギャラップは、数百万人の従業員と数万人のマネジャーに対し調査を行い、従業員の生産性と組織への忠誠心に最も影響を与える要因が、報酬や福利厚生、職場環境といったものではなく、従業員と直属の上司との人間関係の質であることを突き止めた。さらに、

従業員エンゲージメント（従業員と組織が良い関係にあり、従業員が仕事に満足し、熱心に仕事に取り組む状態）(注24)の最大の要素が、マネジャーとの人間関係であることもわかった。マネジャーとの人間関係は、従業員エンゲージメントの少なくとも7割を占めている[19]。ところがここ最近、先の見えない世界同時不況が、この結果に影響を与えている。確かに国際的コンサルティング企業であるタワーズワトソンの報告によれば、会社側が従業員の離職理由として挙げる理由の第1位は「上司あるいはマネジャーとの人間関係」である。だが、マネジャーとの人間関係は、従業員たちの挙げる離職理由の5位以内にすら入っていない。従業員たちはストレスや基本給といった要因を挙げているのである[20]。景気の低迷が組織の存続を大きく脅かしているため、従業員たちにはマネジャーよりもそちらのほうが気がかりのようだ。しかし、タワーズワトソンは、マネジャーが従業員を管理・監督する方法が組織の業績に驚くほど影響を与えることも突き止めている[21]。こういった調査結果から、どんなことが言えるだろう。それは、マネジャーは組織にとってなくてはならない存在であり、これからもそれは変わらないということだ。

理解を深めよう

1. 組織とは何か。マネジャーの存在が組織の成功に欠かせないのはなぜか。
2. マネジャーと非管理職従業員はどう違うか。
3. 現代社会の組織にとって重要なのは、効率性と有効性のどちらか。理由も説明してみよう。
4. よく読まれているビジネス関連の新聞や雑誌（『ビジネスウィーク』誌、『フォーチュン』誌、『ウォールストリートジャーナル』紙、『日本経済新聞』、『週刊ダイヤモンド』誌など）を読み、4つのマネジメント機能を実践しているマネジャーの例を探してみよう。概要を記述し、例としてふさわしい理由を述べよう。
5. 教えを受けている教授や講師はマネジャーに該当するだろうか。計画する、組織化する、リーダーシップの発揮、コントロールするという観点から論じてみよう。ミンツバーグの役割の面からも論じてみよう。
6. マネジメントに、唯一最善の"スタイル"は存在するだろうか。そう思

24）**従業員エンゲージメント** 従業員と組織が良い関係にあり、従業員が仕事に満足し、熱心に仕事に取り組む状態。

う理由は。
7. 企業のマネジメントは職業か。そう考える理由は何か。調査を行って、答えを導き出してみよう。
8. マネジャーは組織にとってなくてはならない存在か。なぜ、なくてはならないのか。みんなで話し合い、具体的に説明しよう。
9. 現在発行されているビジネス関連の新聞や雑誌から、"名マネジャー" 5人を探し、そのマネジャーぶりを説明し、そう認めた理由をまとめよう。
10. 『ハーバード・ビジネス・レビュー』誌2009年4月号（日本語版）に掲載された記事のなかで、ゲイリー・ハメルは、マネジメントは現代社会により適した形に変える必要があると述べている。この記事を入手し、指摘されている25の大きな課題の1つを選び、その内容を論じ、また、それが組織の管理手法にとってどんな意味を持つかについても論じよう。

実例にみるマネジメント （p.3 から続く）

シマンテック：世界を守る仕事

　世界各国にいるシマンテックのウイルスハンターたちは、月に2万個もの（そのすべてが新型やスタンドアローン・ウイルスではないが）ウイルスの処理にあたっている。ウイルスハンターの仕事に多くの関心が集まるのには、企業データであろうと個人のユーザーアカウント情報であろうと、それらを詐欺に利用しようとする犯罪が世界中に広がり、コンピュータ攻撃を仕掛けてくるからだ。

　2003年の夏、極めて悪質なウイルス、ブラスターBウォームが出現したことにより、企業のウイルス対策アプローチは一変した。ブラスターBや他のウイルスによるドミノ効果が引き起こされ、ソフトウェアアナリストたちは、夜昼なしにぶっ通しで2週間働くはめに陥った。シマンテックでは、レスポンスセンター・チームのメンバーは現在数百人に達する。マネジャーはメンバーを（1）不意に襲いかかる新たなセキュリティの脅威に対応する任務を負う最前線と、（2）新たな製品開発を手助けするグループへと交互に振り分ける。さらに細かく見ると、社内の研究報告書を書くメンバーもいるし、新たな脅威の波と闘う仲間を援護する新ツールの開発に割り当てられるメンバーもいる。さらに、ウイルス製作者の製作意図の究明を専門にするメンバーも1人いる。ウイルスハンターたちの闘いに終わりはない。ダブリン・チームが1日を終えると、サンタモニカ・チームが後を引き継ぐ。アメリカのチームが1日を終えると、今度は東京のチームにバトンが手渡され、そのバトンはまたダブリンへと返される。世界規模の、熱気と混沌とやりがいにあふれる職場だ。そして、ここでマネジャーに求められるのは、ウイルスに対処するための予測可能で明確なプロセスを確立するため、ウイルスハンターたちに「面白くてたまらないルーティンワークを作ること」だ。それが、シマンテックのすべてのマネジャーたちの共通課題なのだ。

設問1　仕事が面白くてたまらないとウイルスハンターたちに感じ続けさせ、その状態をルーティンにし、標準にする。そのうえで、混沌とした環境を整えることがシマンテックのマネジャーたちの大きな課題だ。マネジャーたちは、技術スキル、概念化スキル、対人スキルをどのように用いて、ウイルスハンターたちにイノベーションを促し、その心にプロ意識を育ませるような環境を維持しているのだろうか。シマンテックのマネジャーたちにとって、なくてはならない能力とは何だろう。その理由についても説明しよう。

設問 2 シマンテック業務部長のパトリック・フィッツジェラルドが次の3つの職務を行った。その際に果たした役割とは何だろう。
　　　a) 世界各地で働く同僚たちと、週1回セキュリティに関する簡単な電話会議を行った。
　　　b) ネットワークセキュリティに関するコンサルティングサービスの追加の可能性を評価した。
　　　c) 顧客サービス第一を従業員たちに徹底させた。

設問 3 シマンテックのウェブサイト（www.symantec.com）にアクセスし、会社の全体像をつかもう。顧客サービスの重視、イノベーションについてどう説明しているだろう。従業員の顧客サービスやイノベーションを、どんな方法でサポートしているか。

設問 4 パトリック・フィッツジェラルドやシマンテックの会社としてのアプローチ法から、他社のマネジャーたちはどんなことを学べるだろうか。

歴史講座
マネジメントのルーツを探る旅

かつてアメリカの起業家ヘンリー・フォードは、「歴史なんてものは、ほとんどでっちあげだ」と言ったが、決してそんなことはない。現在の活動を大局的に見ることができるという意味で、歴史は重要だ。ここでマネジメントの歴史を紹介するのは、それが、現在のマネジャーの仕事を理解する一助になるからだ。このコーナーでは、マネジメント理論の発達の歴史をたどる重要な道しるべを時系列に述べ、解説をつけてある。さらに、各章の【マネジメントいまむかし】で取り上げた重要人物にスポットライトを当て、彼らが、現代のマネジメントの考え方にどのように寄与したか、また、重要な歴史的要因や、それらが与えた影響についても見ていく。これらを読み歴史的にとらえることで、現代の多くのマネジメントの考え方がどこから来たかについての理解が進むだろう。

紀元前3000年－1776年
初期のマネジメント

マネジメントは昔から行われてきた。活動を計画し、組織し、コントロールし、リーダーシップを発揮する。この責任を負った人々の活動は、何千年も昔からある。その人物が何と呼ばれていたとしても、これらの役割を果たしていたことは間違いない。

紀元前3000－2500年

古代において超巨大規模のプロジェクトが何万人もの人々を動員して成し遂げられたことを、エジプトのピラミッド（写真）は証明している[1]。1つのピラミッドを完成させるのに、10万人以上の人夫と20年以上の歳月を要した。何をやるべきかの計画を立て、人々を組織し、材料を調達し、仕事がきちんと行われているか確認し、計画どおりにすべて行われるように管理していた人物がいたはずだ。その人物こそがマネジャーである。

大勢の人々が協力して作り上げた古代エジプトのピラミッド。その管理者は、今の世のマネジャーと同じように悩み、同じように仕事に達成感を感じていたかもしれない。

歴史講座　マネジメントのルーツを探る旅　29

世界でも稀な水上都市ヴェネツィア。運河を利用した武器庫は、この都市ならではのもの。

1400年代

運河を利用したベニスの武器庫では、浮かべられた軍艦が各ポイントへ進み、そこで器具や作業具が取り付けられた^2。まるで、車の製造ラインのようではないか。さらに、ベニスの人々は、倉庫と在庫システムによって材料の流れを記録し、人材管理機能を用いて労働力（割れたワインの数も管理していた）を管理し、会計システムを用いて収益と原価を記録していた。

1780年代－1800年代の中頃

20世紀以前で、マネジメントに最も大きな影響を与えた出来事は、**産業革命**だ。(注25) なぜか。それとともに会社組織が誕生したからだ。効率化を図った大規模工場が製品を生み出すにつれ、需要を予測し、それに見合った材料が入手可能であることを確認し、労働者に仕事を割り振るなどの活動を行う人間が必要になってきた。そう、それがマネジャーだ！　マネジャーの誕生が歴史的な出来事であるのには

2つの理由がある。1つは、組織のあらゆる側面（職階層を作ること、コントロールすること、仕事の専門化など）が、仕事のやり方のなかに組み込まれたこと。2つ目は、マネジメントが、企業の成功を確かなものにするのに欠かせない要素になったからだ。

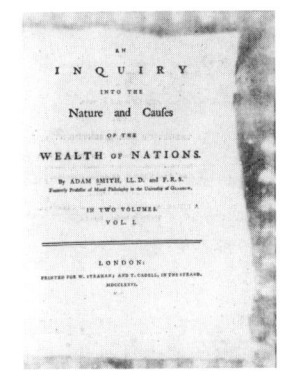

価格の自動調整機能を神の「見えざる手」と例えたことでも有名な、アダム・スミスの『国富論』。

1776年

1776年はアメリカが独立した歴史的な年であるが、アダム・スミスの『国富論』（写真）が出版された意味でも重要である。アダム・スミスは、この本のなかで、**分業**（あるいは**仕事の専門化**）、(注26) すなわち、仕事を細かな繰り返し作業に分けることの経済的利点について論じている。仕事を分業すれば、個人の生産性が劇的に上がるとしている。仕事の分業による専門化は、現在でも組織における仕事のやり方を決定する最も一般的な方法である。だが、第6章で触れるが、これにはマイナス面もある。

25）**産業革命**　18世紀の終わりにイギリスで起こった機械化、大量生産、効率的な輸送の始まりのこと。
26）**分業（仕事の専門化）**　仕事を細かな繰り返し作業に分けること。

1911-1947年

古典的アプローチ

20世紀への変わり目に、マネジメントという学問分野は、1つのまとまった知識体系として発展し始める。さまざまな組織で広く指導し活用できるよう、ルールや原則が生み出された。初期のマネジメントの提唱者を古典論者と呼ぶ。

1911年

この年、フレディック・ウィンズロー・テイラーの『科学的管理法』が出版された。この画期的な著書は、科学的管理法（仕事を行う「唯一最善の方法」を見つけ出す科学的方法）を説いたものだった。テイラーの理論は広く受け入れられ、世界中のマネジャーたちがこの理論を取り入れ、テイラーは科学的管理法の「父」として知られるようになった[3]。科学的管理法に寄与した人物として、ほかにフランク・ギルブレスとリリアン・ギルブレス（時間動作研究の初期の提唱者）、ヘンリー・ガント（彼の考案したガントチャートと呼ばれるスケジュール表は、現在のプロジェクト管理の基礎になっている）がいる。

1916-1947年

工場労働者の仕事に焦点を当てたテイラーと異なり、アンリ・ファヨールとマックス・ウェーバー（写真）は、マネジャーの仕事とそれを構成している要素に注目することで組織活動をとらえた。このアプローチは、**一般管理理論**として知られる[注27]。ファヨールについては、第1章で、5つのマネジメント機能を最初に定義した人物として紹介した。ファヨールは、さらに**マネジメントの14の原理**も提示した[注28]。これは、すべての組織に当てはめることのできるマネジメントの基本的ルールである[4]（この14の原理については図表1を参照）。ウェーバーは、特に大きな組織においては、官僚制が理想的で合理的な組織構造であると想定し、官僚制についての説明と分析を行ったことで知られる。第6章では、マネジメント分野において重要なこの2人のパイオニアについて詳しく取り上げる。

マックス・ウェーバー

【図表1】
ファヨールによるマネジメントの14の原理

1. **分業** この原理は、アダム・スミスの提唱した「分業」と同じである。分業によって従業員はより効率的に働くことができるようになり、生産量が上がる。
2. **権限** マネジャーは、命令を行使できなければならない。これを正当に行使することを可能にするのが権限だ。だが、権限には責任が伴う。権限が行使されるところ、必ず責任が生じる。
3. **規律** 従業員は、組織を管理しているルールに従い、遵守しなくてはならない。マネジャーが効果的にリーダーシップを発揮し、経営側と従業員とが組織のルールについて互いに明確に理解し合い、ルール違反の罰則を慎重に行うようにすれば、規律は守られる。
4. **命令の一元化** 各従業員は、ただ1人の上司から命令を受けるようにしなければならない。
5. **指示の一元化** 同じ目的を達成すべく活動する組織内の各部署に対し、1人のマネジャーが、1つの計画の下に指示を出す。
6. **個人利益の全体利益への従属** 従業員個人あるいは従業員グループの利益は、組織全体の利益に優先してはならない。
7. **報酬** 従業員には、行った仕事に見合った正当な報酬を支払わなければならない。
8. **集権** 集権とは、部下が意思決定にどの程度関与できるかの度合いを指す。つまり、意思決定権限のマネジャーへの集中と部下への分散（分権）のバランスをどうとるかということである。状況に応じて集権の適切な度合いを見つけ出さなければならない。
9. **命令系統** 命令系統はトップマネジメントから最下層の従業員にまで至る。情報伝達はこの権限の系統に沿って行なわれなければならない。ただし、それに従うことで遅れが生じるようであれば、当事者全員が同意し、責任者には知らせることを条件に、中抜きが許される。
10. **秩序** 人も物も、しかるべき時に、しかるべき場所になければ（いなければ）ならない。
11. **公平さ** マネジャーは、部下に対し、公平かつ好意的に接しなければならない。
12. **従業員の在職率の安定** 従業員の離職率が高いと、非効率になる。経営者側はきちんとした人員計画を立て、欠員を埋める交代要員を準備しておかなければならない。
13. **主導** 発案し実行することが認められた従業員は、努力を惜しまない。
14. **団結心（チームスピリット）** 団結心を育むことで、組織内に調和がもたらされ、組織がまとまる。

27) **一般管理理論** マネジャーの仕事を構成している要素についての理論。
28) **マネジメントの14の原理** マネジメントを実行するための根本的、すなわち普遍的原理。ファヨールが提唱した。

1700年代終わり－現在
行動的アプローチ

行動的アプローチとは、従業員の行動に着目する方法だ。高い実績を挙げるためには、どうやって従業員の士気を高め、導いていけばいいのだろうか。

ウエスタン・エレクトリック社のホーソン工場で行われたホーソン研究では、従業員の生産性に関して驚くべき結果が出た。

1700年代　1900年代の初め

マネジャーは、従業員とともに働くことで物事を成し遂げる。初期の研究者たちは、組織の成功のカギは組織で働く人々にあることに気づいていた[5]。過酷な労働条件に懸念を抱いていたイギリスの社会革命家ロバート・オーウェンは、理想的な職場について提言した。産業心理学のパイオニアであるヒューゴ・ミュンスターバーグは、従業員採用の際に心理テストを行うこと、社員教育の理論を学ぶこと、また、従業員の士気を高めるために人間行動学を学ぶことを提唱した。さらに、経営学者のメアリー・パーカー・フォレットは、組織は、個人行動と集団行動の2つの見地から見ることができると最初に気づいた人物の1人である。フォレットは、組織は個人主義ではなく、集団倫理に基づくべきだと考えていた。

1924－1930年代半ば

個人行動と集団行動に新たな知見をもたらした一連の研究が、**ホーソン研究**である。これこそマネジメントの行動的アプローチに最も寄与した研究である[6]。イリノイ州のシセロにあったウエスタン・エレクトリック社のホーソン工場（写真）で行われたこの研究は、当初、科学的管理法の実験を行う予定であった。

しかし、ウエスタン・エレクトリック社の技術者たちは、照明の明るさの違いが従業員の生産性に与える効果を確かめたいと考えた。そこで、従業員を対照群および実験群に分けて照明実験を行うことにした。技術者たちは、個人の生産性は照明の明るさが強いほど上がると予想していた。しかし、驚くべきことに、対照群、実験群ともに生産性は照明を明るくするだけでなく暗くしても上がったのだった。この結果に困惑した技術者たちは、ハーバード大学のエルトン・メイヨー教授を招いた。こうして始まった調査は1932年まで続き、職場で働く従業員たちの行動に関する数多くの実験が実施された。どんな結果が出たのか。実験の結果、集団内のさまざまな圧力が個人の生産性に有意な影響を与え、また、人々は、観察されているときには普段と違う行動をとるということがわかった。ホーソン研究は、組織における人々のマネジメントの考え方に劇的な影響を及ぼし、組織で働く人々の行動要因に目を向けさせることになったという点で、研究者の見解はほぼ一致している。

1930年代－1950年代

人間関係論は、マネジメントの歴史にとって重要な意味を持つ。それは、人間関係論を支持する人たちの主張「マネジメントをより人間的な行いにする」という考えに迷いがないからだ。この理論の提唱者たちは一様に、従業員が満足していることが重要（満足している従業員が生産性の高い従業員であるとする）だと考えている[7]。したがって、従業員の満足度を上げるためには、従業員を経営に参加させたり、ほめたり、思いやりを持って接することが必要だとしている。たとえば、人間性心理学者で、人間の欲求を5つの階層で示した理論（従業員の士気を高めるための理論としても知られている）で有名なアブラハム・マズローは、欲求が十分満たされると、その後は、その欲求が行動の動機づけになることはないと述べている。一方、アメリカの心理・経営学者のダグラス・マグレガーはXY理論を提唱した。これは、従業員の働く動機についてマネジャーがどう考えるかに関する理論である。マズローの理論もマグレガーの理論も、実証研究によって十分に裏づけられているわけではないが、どちらも、現代の動機づけ理論が発展していく基礎をなした点で重要だ。これらの理論については、11章で詳しく説明する。

1960年代－現在

マネジメント研究は、依然として組織で働く人々に注意を向け続けている。職場で働く人々の行動を研究する分野を**組織行動学（OB）**[注30]と呼ぶ。OBの研究者たちは、組織内で働く人々の行動について実証研究する。マネジャーが従業員を管理・監督する場合に行う活動（士気を高める、導く、信頼を築く、チームで仕事をする、もめ事を処理するなど）がどうであるかは、OB研究によって明らかになった。これらの活動については、第9〜13章で詳しく見ていくことにする。

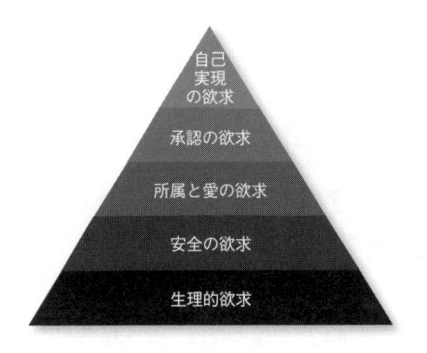

```
         自己
        実現
        の欲求
       承認の欲求
      所属と愛の欲求
        安全の欲求
        生理的欲求
```

---

29) **ホーソン研究** ウエスタン・エレクトリック社の技術者によって考案され、1920年代の終わりから1930年代の初めにかけて行われた、職場の異なる環境変化が従業員の生産性にもたらす影響を調べた研究。この研究によって、組織の機能の仕方や目標達成における人的要因が重要視されるようになった。
30) **組織行動学（OB）** 職場で働く人々の行動を研究する分野。

1940年代−1950年代

定量的アプローチ

マネジャーの活動に統計分析、最適化モデル、情報モデル、コンピュータシミュレーションやその他の定量的技術を取り入れるのが定量的アプローチである。このアプローチは、マネジャーの仕事の負担を軽くするためのツールを提供する。

1940年代

マネジメントに対する**定量的アプローチ**、すなわち、定量的技術を用いてより良い意思決定を行うことは、第2次世界大戦時における軍隊の諸問題の解決手段として開発された数学的手法や統計的手法から発展したものである。第2次世界大戦終結後は、軍隊の問題解決に使われていたこれらの技術が、ビジネスの世界に取り入れられた[8]。たとえば、「天才児たち」と呼ばれていた陸軍将校のあるグループは、1940年代半ばにフォード・モーターに入り、すぐさま統計的手法を用いてフォードの意思決定を改善させた。定量的手法の応用例については、第15章で詳しく紹介しよう。

1950年代

第二次世界大戦後、日本企業は、品質管理の専門家のW. エドワーズ・デミング（写真）とジョセフ・M・デュランらの理論を積極的に取り入れた。この教えを受けた日本の製造業者たちは、アメリカの競争相手に勝る高品質の製品を作るようになっていった。西洋のマネジャーたちもその後を追うように、デミングやデュランの考え方に真剣に目を向けるようになった[9]。彼らの考え方は、**総合的品質管理（TQM）**の基礎となった。これは、一貫して継続的改善を行うことを目指し、顧客のニーズと期待に応える経営哲学でもある。デミングとそのTQMについての考え方については、第15章で詳しく見ていく。

従業員の賃金を計算するために導入された、イギリスの外食・ホテル産業 J. Lyons & Company の計算機。同社は商用コンピューター導入のパイオニアとして知られている。

W. エドワーズ・デミング

---

31) **定量的アプローチ**　より良い意思決定を行うために定量的技術を用いること。
32) **総合的品質管理（TQM）**　一貫して継続的改善を行うことを目指し、顧客のニーズと期待に応える経営哲学。

1960年代－現在
現代的アプローチ

初期のアプローチのほとんどは、マネジャーの組織内の課題に的が絞られていた。マネジメントの研究者たちは、1960年代以降、組織の外で何が起こっているかにも目を向けるようになった。

1960年代

電話会社社長のチェスター・バーナードが、1938年に『経営者の役割』のなかで組織は協調システムとして機能すると書いた。しかしマネジメントの研究者たちが、システム理論と組織の関係に注目し始めるのは、1960年代になってからだった[10]。システムという考え方は、物理化学の基本概念である。「一つの全体として、相互に関係・依存するパーツを配置したシステム」として組織を見るのが、**システムアプローチ**である。**オープンシステム**(注33)としての組織の機能とは、組織が環境の影響を受け、環境と作用し合うということである。図表2は、オープンシステムとしての組織を説明したものだ。マネジャーは設定された目標を達成するため、システムの各パーツを効率的かつ効果的に管理しなければならない。組織がどのように管理されるかに影響を与える外部的、内部的要因については、第2章でも見ていくことにする。

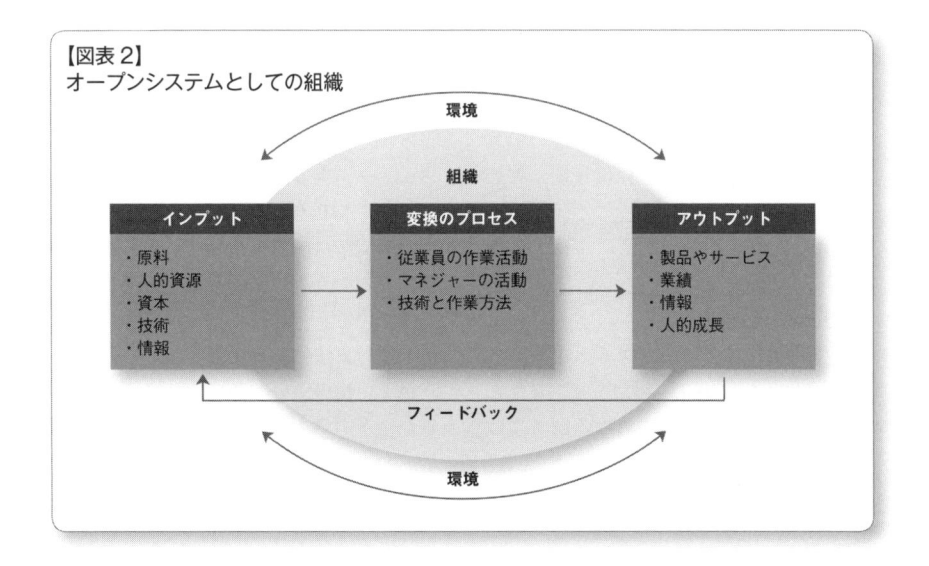

【図表2】
オープンシステムとしての組織

環境

インプット	変換のプロセス	アウトプット
・原料 ・人的資源 ・資本 ・技術 ・情報	・従業員の作業活動 ・マネジャーの活動 ・技術と作業方法	・製品やサービス ・業績 ・情報 ・人的成長

フィードバック

環境

---

33) **システムアプローチ** システムアプローチは、「一つの全体として、相互に関係・依存するパーツを配置したシステム」として組織を見る。
34) **オープンシステム** 環境と動的に作用し合うシステム。

現代的アプローチ

1970年代

　初期の提唱者たちによるマネジメントの原理は、一般に広く当てはまると思われたが、のちの研究者たちはその原理の多くに例外があることを発見した。**コンティンジェンシー・アプローチ（状況適合アプローチともいう）**(注35)では、組織、従業員、状況はそれぞれに異なり、それに合わせてマネジメントの方法も変える必要があるとしている。状況適合性（コンティンジェンシー）を説明するには、「もしも……」と仮定してみるのがいい。「もしも自分がこのような状況にあったら、自分にとってのベストのマネジメントはこうだ」と思考してみる。状況適合性についてのごく初期の研究はフレッド・フィードラーによってなされ、状況に応じた最も効果的なリーダーシップのあるべき姿を探っている[11]。状況適合性の要素としては、組織の規模、作業技術がどの程度繰り返されるか、環境の不確実性や個人差などが一般的である。

1980年代－現在

　情報化時代は、サミュエル・モールスの電報とともに1837年にやって来たと言われるが、情報技術における劇的変化の多くは20世紀後半に起こっている。

情報化時代の到来は、仕事のやり方に大きく影響を与えた。インターネットやスマートフォンはもはや仕事に不可欠なものになりつつある。

それはマネジャーの仕事に直接的な影響を与えている[12]。現代におけるマネジャーは、在宅で働く従業員や地球の裏側にいる従業員たちを管理している場合もある。かつて組織のコンピュータ資源は、ホストコンピュータとして恒温室にしまい込まれ、専門家でなければアクセスできなかった。現在では、有線無線にかかわらず、組織の誰もが手の平サイズのコンピュータ機器とつながっている。マネジメントの出現に影響を与えた1700年代の産業革命同様、情報化の時代は、組織管理のやり方に劇的な変化をもたらし続けている。情報技術がマネジャーの職務の遂行方法に与えた影響は一筋縄ではいかない根の深い問題である。これらは、いくつかの章の【テクノロジーとマネジャーの仕事】で取り上げる。

35）**コンティンジェンシー・アプローチ（状況適合アプローチ）**　組織、従業員、状況はそれぞれに異なり、それに合わせてマネジメントの方法も変える必要があるとする理論。

Chapter 2

第2章
マネジメント環境

本章での学習ポイント

- **2-1** なぜ外部環境は重要なのか　p.40
- **2-2** 外部環境はどのようにしてマネジャーに影響を与えるか　p.46
- **2-3** 組織文化とは何か、なぜ重要なのか　p.51
- **2-4** 組織文化はどのようにしてマネジャーに影響を与えるか　p.55

実例にみるマネジメント

ザッポス・ドット・コム：成長を続ける大人気企業

　アメリカのオンライン小売業者のザッポス・ドット・コムで買い物をしたことのある人は、ザッポスが『フォーチュン』誌の「働きたい企業100社」ランキングで2007年から4年連続でベスト30に選ばれていることを驚かない[1]。ザッポスで買い物をしたことのない人でも、この会社がそれほど高い評価を受ける理由を理解するのに時間はかからないだろう。ザッポスは品揃えがよく、出荷が極めて速く、返品も利く。しかし、成功した真の秘密は社員たちにある。彼らがザッポスでの顧客の買い物体験を、ユニークで秀でたものに作り上げたのだ。ザッポスは1999年に靴などの商品のオンライン販売を開始し、「気持ちのいい企業文化を構築するために多大な努力を払い、ビジネス成功への確かな道筋を作った」。企業文化の1つとして、ザッポスは10のコア・バリューを採用している。そのなかで最も重要視しているのが、「サービスを通してワオ（感動）を届けろ」だ。同社の社員は絶えず顧客に感動を届けている。そして、近年の厳しい経済状況のなかでさえ、ザッポスは成長を続けている。これは、企業は組織文化の構築に力を注げば成果が得られるという、確かな印である（p.59に続く）。

　組織のマネジャーたちが、組織を取り巻く常に変化する内部・外部環境を把握し、巧みに対処しながら運営できなければ、組織の成功はあり得ない。今日のマネジャーが犯している最も大きな間違いの1つは、この変化し続ける世界に対応できていないことだ。最近、ある企業の重役は、現在の経済危機について、「ここ半年の間に、マネジメントとリーダーシップについて過去10年間に学んだよりも多くを学んだ」[2]と発言した。世界が激しく揺れ動く昨今、慣習にひどく縛られている組織や、変わらない組織（もしくは変化を拒む組織）が、生き残れる可能性は低い。この問題をより深く理解するためには、マネジメント環境における重要な力——この力は今日の組織管理の仕方に影響を与える——について見てみる必要がある。

2-1 なぜ外部環境は重要なのか

　2010年4月14日、アイスランドのエイヤフィヤトラヨークトル火山が噴火した。このとき、日本にある日産自動車の組み立て工場が操業停止に追い込まれると誰が想像しただろうか[3]。しかし、グローバル化し相互につながった私たちの世界において、このような事態は想定外のことではない。火山灰がヨーロッパ中の飛行機を立ち往生させ、アイルランドの企業は日産の工場にスケジュール通りタイヤ空気圧センサーを届けることはできなかった。このように、私たちは互いに「つながった」世界に生きているので、組織のマネジャーは外部環境が組織に及ぼす影響に気を配る必要がある。
　外部環境とは、組織の業績に影響する組織外の要因、力、状況、出来事である[注1]。図表2-1にあるように、外部環境はいくつかの異なる要素からなる。経済的要素は、利率、インフレ、可処分所得の変化、株式市場の変動、景気循環などの要因だ。人口構成要素は、年齢、人種、性別、教育水準、居住地、所得、

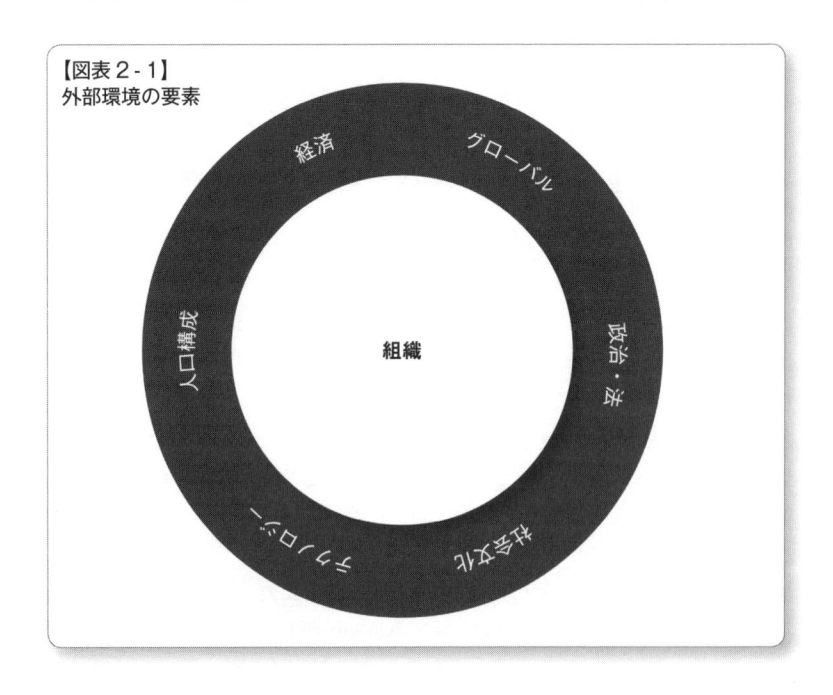

【図表2-1】
外部環境の要素

経済　グローバル　政治・法　社会文化　テクノロジー　人口構成　組織

家族構成といった人口の特性が示す傾向に関係する。テクノロジー要素は、科学や産業の技術革新に関することだ。社会文化的要素は、価値、姿勢、トレンド、慣習、ライフスタイル、信条、趣向、行動パターンといった社会的・文化的要因に関わる。政治的・法的要素は、国の法律に加え、他国の法や国際法に関わること、また、国の政治的状況や安定性に関することなどである。グローバル要素は、グローバル化や世界経済に関連する問題についての要因である。これらすべての要素はマネジャーの意思決定や行動を潜在的に束縛する可能性がある。ここでは、このうち経済と人口構成の2要素のみに絞って詳しく見てみよう。

経済はどのように変わったか

　近年、経済の流れは大きく変わった。ゼネラルモーターズ（GM）のような優良企業が破綻し、経済協力開発機構（OECD）は世界で2,500万人もの失業者が生まれると予測し、アメリカでも失業率は9％前後という高い数値になった。一部の専門家らが「大恐慌」と呼ぶ近年の経済危機（2008年に発生したリーマンショックがその代表事例）は、アメリカにおける住宅ローン市場の混乱に端を発している。多くの住宅所有者がローンを返済できない状況に陥り、信用市場が崩壊し、企業も事業活動の資金を調達するための融資を受けられなくなった。そして、相互につながったグローバル世界において、アメリカの経済問題が他国に広がるのに時間はかからなかった。

　なぜ、このように大きな問題に発展してしまったのだろうか。専門家は、過度に低い利率の長期化、アメリカ住宅市場の根本的な欠陥、大規模なグローバル化など、多くの要因を並べ立てた。実際のところ、これらすべての要因により、企業と消費者は自己資本や資産に比べて高い割合の借金をするに至ったのである。融資を受けやすく経済が流動していた頃には、このようなことは問題にならなかった[4]。しかし、流動性が止まったとき、世界経済は失速し始め、ほとんど崩壊寸前になった。アメリカの経済システムは基本的に資本主義原理に基づいており、そのなかで貿易および産業をコントロールしているのは民間企業である。政府ではない。しかし、これまで幾度となく目にしてきたように、そうしたシステムのなかで、人間というものは大惨事を引き起こすとんでもな

1）**外部環境**　業績に影響する組織外の要因、力、状況、出来事。

い判断をすることがある。経済学の大家ジョン・メイナード・ケインズは、かつてこう言った。「資本主義とは、最もあくどい人間たちが、すべての人の最大幸福のためと言って、最もよからぬことをするという驚くべき考え方だ」[5]。このような皮肉な見方がある一方、現代の資本主義は、「私たちの生きる時代において先例のない富を生み出し、人々を貧困から抜け出させる力を見せつけ、コンペティティブ・ジーニアス（競争力がある天才たち）の文化を広めた」という見方もある[6]。コンペティティブ・ジーニアスは、「作り出された最も生産性の高い経済エンジン」とも言われている[7]。1900年代初め以来、アメリカがとるアプローチは、事業活動を組織化するための最も重要なモデルであった。そしてこれが、所有権と組織、大量生産技術に基づく大規模経営、開かれた市場、階層制度を採用し多くの事業部門を持つ形式張った組織構造、労使間の団体交渉に関する企業モデルとして世界へ広がった。しかし、過去数年の経済問題が示しているように、このモデルは決して完璧ではない。

　専門家たちは、アメリカ経済が不況から抜け出すとき、企業の経営方法がこれまでとは違う形になっているだろうと考えている。アメリカ財務長官も「近い将来、資本主義は違った形になるだろう」と発言している[8]。最も大きく変わるのは政府の役割、特に金融市場と消費者保護に関する役割だろう。今後政府は介入を強め、さらに多くの規制を生み出す可能性がある。少なくとも、現行の規制について施行と監督を強化するだろう。しかしながら、政府が監督を強化しても解決にはならないと考える人たちもいる。社会科学者のアミタイ・エツィオーニはこのように言っている。「世界の取引のすべて、すべてでなくともその大部分が、適切に行われていることを確認するのに十分な調査官や警察を確保するのは不可能だ。しかも、規制を行う権限を委ねられている彼ら自身が汚職と無縁ではなく、彼らもまた誰かに監督されなければならない。要するに、規制は経済を改善する試みの要にはなり得ない。必要とされているのは、次のようなもっと抜本的なことだ。すなわち人は、どのように行動しなければならないのかを考え、現在の感覚とは異なる感覚を身につけること。その感覚に基づいて行動すること。そして、その感覚や行動が正しいと信じることだ」[9]。マネジャーにとって重要なのは、経済が今どんな状況にあるのかを常に把握するだけではなく、それ以外の外部環境の状況についても把握することである。ここで、もう1つの重要な外部要素、人口構成について見てみよう。

コラム：マネジメントいまむかし

　2010年2月、ゼネラルモーターズ（GM）は、過去50年間ではじめて、売り上げをフォード・モーターに抜かれ、経営陣の刷新を表明した。GMの北米社長は、「経営陣の構造や調和が適切でなかった。GMが組織の動きを円滑にし、競争に勝つために、今回行うような変化が求められているのは火を見るよりも明らかであった」と発言している[10]。組織が円滑に機能するうえで、マネジャーの役割はどれだけ重要なのだろうか。この疑問に答えるために、マネジメント理論は2つの観点を提案している。万能的観点と象徴的観点である。

　第1章で、組織にとってマネジャーがどれほど重要であるかを論じた。マネジメント理論において優勢なのは、組織の成功と失敗における直接的責任がマネジャーにあるとする見方で、**マネジメントにおける万能的観点**と呼ばれる。この見方では、組織の業績に違いが生じるのは、マネジャーの意思決定と行動によるところが大きいと推測される。良いマネジャーは、変化を予測し、好機を逃さず、業績が悪ければ立て直しを図り、リーダーシップを発揮して組織を率いる。利益が上昇すると、マネジャーはその功績を自分のものだと考え、ボーナスや自社株購入権などの報酬を得る。たとえ、良い成果にマネジャー自身がほとんど貢献していなかったとしても、マネジャーが功績を自分のものにする。一方、利益が下降しているときは、「新しい血」が良い成果をもたらすという考えのもとに、解雇されることが多い。理由を問わず、組織の業績が悪い場合は誰かが責任をとらなければならないのだが、その「誰か」がマネジャーということになるのだ。このような見方は、企業組織に限ったことではない。たとえば、大学やプロスポーツのコーチ（監督）があっという間に解雇されることがある。彼らがチームの「マネジャー」と見なされているからだ。負けが込んだチームのコーチは当たり前のように解雇され、成績を上げることを期待された新コーチが代わりにやって来る。

　対照的に、組織の成功と失敗は、マネジャーがコントロールできない外部の力によってほぼ決まると主張する人たちがいる。このような見方は、**マネジメントにおける象徴的観点**と呼ばれる。この象徴的観点は、マネジャーが業績を上げることができるかどうかは外部要因によって影響を受け、制約されるとする。この観点からすると、組織の業績を大幅に上げることをマネジャーに期待したり、業績が下がったことでマネジャーをとがめたりするのは理不尽ということになる。業績は、マネ

2）マネジメントにおける万能的観点　マネジャーに組織の成功と失敗の直接的責任があるとする見方。
3）マネジメントにおける象徴的観点　組織の成功と失敗は、マネジャーがコントロールできない外部の力によってほぼ決まるとする見方。

ジャーがほとんどコントロールできない経済、顧客、国などの政策、競争相手の行動、産業の状況、前任マネジャーが行った意思決定といった要因に影響される。このような見方は、マネジャーが支配と影響力を象徴する存在だという考えに基づいて「象徴的」と言われている。では、どのように象徴しているのだろうか。それは、規則性のない不明瞭で混乱した状況を把握するために、計画を練り、意思決定をし、その他のマネジメント活動に従事することによって、象徴しているのである。しかしながら、組織の成功と失敗においてマネジャーが何らかの役割に実質的に関わる部分は限られている。

実際は、マネジャーは全能でもないし、反対に、まったくの無力でもない。マネジャーの意思決定と行動は制約を受ける。外部からの制約があれば、原因は組織の外部環境である。また、内部からの制約は組織文化にその原因がある。

信用市場が崩れたとき、アメリカでは住宅ローン問題が起こり、産業界に影響を与えた。この問題は、世界経済のシステムをほとんど崩壊寸前に追い込むほどの巨大な経済的衝撃であった。今回の世界的不況では、これまでにない水準まで失業率が上昇した。失業者の数は世界で2,500万人にのぼる。写真は、失業率が急上昇した東京の職業安定所で求人情報を探している日本の失業者たちである。グローバル化した世界では、マネジャーは経済全体について把握していなければならない。なぜなら、仕事と雇用の分野では、経済の動向によって自らが制約を受け、難問に直面するからだ。

人口構成による影響とは

「人口とは宿命だ」というフレーズを耳にしたことがあるだろうか。この言葉が意味するところは、国の人口の多さと特性が、その国のさまざまな可能性に多大な影響力を持つということだ。専門家たちは、2050年までに、「インドや中国など、新興国の経済規模がトータルで先進国の経済規模よりも大きくなる」と言う[11]。オーストリア、ベルギー、デンマーク、ノルウェー、スウェーデンのような出生率の低い小さなヨーロッパの国々は経済力を徐々に落とし、経済規模が大きい上位30カ国から姿を消すことだろう。そして社会研究で用いられる人口の特性、つまり**人口構成**は、マネジャーの仕事の仕方に多大な影響を与える可能性がある。人口の特性には、年齢、収入、性別、人種、教育水準、

民族構成、雇用状況、居住地などがある。これらの情報の大半は国勢調査によって集められる。

　年齢はマネジャーにとってとりわけ重要な人口構成要素である。なぜなら、職場では往々にしてさまざまな年齢グループがともに働いているからだ。たとえばアメリカでは、ベビーブーマー世代、X世代、Y世代、ポストミレニアム世代、という具合だ。ベビーブーマー世代とは1946～1964年に生まれた人たちである。「（ベビー）ブーマー」は人数が非常に多く、さまざまなライフステージにおいて、（教育制度から娯楽や生活スタイルに関する選択、社会保障制度などに至るまで）外部環境のあらゆる面に大きな影響を与えてきた。X世代は1965～1977年に生まれた人たちである。この年齢グループは、ベビーブーム直後の、人数が比較的少ない世代で、「出生率激減期の世代」(baby bust generation) と呼ばれている。Y世代（もしくは「ミレニアム世代」）は、一般的に1978～1994年に生まれた人たちが入る年齢グループだとされている。この年齢グループは、ベビーブーマーの子ども世代にあたるので、数が多く、ベビーブーマーと同様、外部環境に多大な影響を与える。テクノロジーからファッションスタイル、仕事に対する姿勢まで、Y世代は職場組織において影響力を持っている。その後の世代としては、ポストミレニアム世代がある。最も若い年齢グループで、10代の若者、中学生や小学校高学年が入る[12]。このグループはi世代と呼ばれる。あらゆるものを「自分用にカスタマイズする」IT技術と共に育ったことがその主たる理由だ。この年齢グループにはさらに、C世代という別名もある。いつもデジタルでつながっている (connected) からだ。このグループの特徴は、「コミュニケーションの多くがインターネット上で行われ、ネット上で自由に意見や態度を示す」ことである。「インターネットやモバイル機器、ソーシャル・ネットワークを通して可能になる現実、理解できる現実以外の、インターネット世界にはない現実をまったく知らない」初めての世代グループだ[13]。人口に関する専門家たちが言うには、小学生くらいの年齢の子どもたちやそれより幼い子どもたちがポストミレニアム世代に入るか、それとも、現在とは全く異なる世界に生きる別の人口グループを形成するかどうかを判断するのは時期尚早とのことだ。

4）**人口構成**　社会研究で用いられる人口の特性。

こうした人口構成における年齢グループは、マネジメント研究において重要である。なぜなら、特定の年齢層の数が多ければ、その人口グループに属する人たちが、企業や政府、教育機関などの組織が行う意思決定や行動を制約する可能性があるからだ。人口構成の研究では、現在の統計値を検討するだけではなく、将来の予測も行う。たとえば、最近の出生率の分析では、世界の新生児の80%以上がアフリカとアジアで生まれていることを示している[14]。また、ここに興味深い事実がある。インドは、世界で若い人口が最も多い国の1つであり、5歳未満男児の人口がフランスの全人口よりも多い。さらに、2050年までに中国の65歳以上の人口が、それ以外の世界中のすべての人々を合わせた人口よりも多くなると予測されている[15]。これらの人口に関する経年動向がグローバルな組織にどのような影響を与えるか考えねばならない。

2-2 外部環境はどのようにしてマネジャーに影響を与えるか

外部環境のさまざまな要素が何であるかを知ることと、それらの特質を考察することはマネジャーにとって重要である。しかし、外部環境がどのようにしてマネジャーに影響を与えるかを理解することも、同じくらい重要である。外部環境によって、マネジャーは制約を受け難問に直面するが、そのパターンには3通りある。1つ目は、仕事と雇用への影響を通して。2つ目は、現在の環境の不確実性を通して。そして3つ目は、組織とその利害関係者についてだ。この3つについて詳しく見ていこう。

仕事と雇用

外部環境の一部またはすべてが変化するとき、マネジャーが受ける最も大きな制約の1つは、良い場合でも悪い場合でも、外部環境の変化が仕事と雇用に及ぼす影響である。現在の世界的不況で、数百万人が職を失い、失業率がこれまでにない水準まで上昇し、マネジャーが受ける影響の大きさが明らかになった。現在、経済学者たちは、この不況によってアメリカにおいて失われた840万の雇用のうち、約4分の1が回復困難であり、代わりに、成長産業における別のタイプの仕事がそれに置き換わるだろうと予測している[16]。他の国々もま

【図表 2-2】
環境の不確実性　マトリクス表

	変化の度合い	
	安定的	動的
単純	**セル1** ・安定的かつ予測可能な環境 ・環境の要素が少ない ・要素がある程度類似していて、基本的に同じ状態を維持 ・要素について高度な知識はあまり必要ない	**セル2** ・動的かつ予測不可能な環境 ・環境の要素が少ない ・要素はある程度類似しているが、常に変化している ・要素について高度な知識はあまり必要ない
複雑	**セル3** ・安定的かつ予測可能な環境 ・環境の要素が多い ・要素が互いに異なっているが、基本的に同じ状態を維持 ・要素について高度な知識が非常に必要	**セル4** ・動的かつ予測不可能な環境 ・環境の要素が多い ・要素が互いに異なっており、常に変化している ・要素について高度な知識が非常に必要

（縦軸：複雑さの度合い）

た同じ問題に直面している。このような再調整が行われること自体は悪くないが、マネジャーには対処すべき課題が持ち上がる。というのも、マネジャーは、今後要求される仕事の量と質、組織の仕事を行う適切な技能を持つ十分な人員の確保を見極めてバランスをとらなければならないからだ。

　外部環境の変化によって、求人職種が変わるだけではなく、その職の空きがどのようにしてでき、どのようにして補われるかも変化する。多くの雇い主は、柔軟に雇用形態を選んで人を雇う。必要に応じて仕事を任せるフリーランス、フルタイムで働いてはいるが正社員ではない臨時従業員、ワークシェアリングなどである[17]。柔軟に雇用形態を変える手法が使われているのは、外部環境から制約を受けているためだという点に留意しよう。マネジャーは、そのような雇用形態が、計画する、組織化する、リーダーシップを発揮する、コントロールするというマネジメント手法に、どのようにして影響を与えるかについて明確に理解していなければならない。柔軟な雇用形態の活用は広がっており、このことについては別章でまた取り上げて論ずる。

環境の不確実性を判断する

　外部環境によって持ち上がるもう1つの制約が、環境の不確実性である。こ

の不確実性は組織の成果に影響する可能性がある。**環境の不確実性**とは、組織の環境の変化・複雑さの度合いのことである。図表2-2にあるマトリクス表が、その変化と複雑さという2つの側面を説明している。

　不確実性の1つ目の側面は、予測不可能な変化の度合いである。組織の環境要素が頻繁に変化するなら、それは動的環境である。反対に、変化が非常に小さいなら、安定的環境である。安定的環境では、新しい競争相手がいなかったり、既存の競争相手のテクノロジーの進歩がほとんどなかったり、組織に影響を与えるような圧力団体による活動などがほとんどなかったりする。オイルライターで知られるジッポー社を例に挙げてみよう[18]。競争相手がほとんどいなく、テクノロジーの変化もほとんどない。この会社にとって、外部環境から来る最たる懸念は、おそらく、たばこ消費者の減少傾向である。対照的に、音楽業界は常に変化する動的環境（不確実性が高く、予測が難しい環境）下にある。デジタル形式のデータ、アプリケーション、音楽ダウンロードサイトがこの業界をひっくり返し、不確実性を高くした。

　不確実性の2つ目の側面が**環境の複雑さ**の度合いである。これは、組織の環境要素の数、およびそれらの要素について、組織がどの程度よく知っているかについてである。対処すべき競争相手、顧客、供給業者や政府機関が少ない組織や、外部環境についての情報をほとんど必要としない組織は、それほど複雑ではなく、それゆえ、不確実性がより低い環境にある。

　環境の不確実性はマネジャーにどのような影響を与えるのだろうか。再度、図表2-2を見てみよう。4つのセルの各々が、複雑さの度合いと変化の度合いについて異なる組み合わせを示している。セル1（安定的かつ単純な環境）は環境の不確実性が最も低く、セル4（動的かつ複雑な環境）が最も高い。当然のことであるが、マネジャーは、セル1の状態のとき、組織の成果に最大の影響力を持ち、セル4の状態のとき、その影響力は最小となる。不確実性は、組織の有効性に対する脅威であるために、マネジャーはそれをなるべく小さくしようと試みる。選ぶことができるなら、マネジャーは不確実性が最も低い環境で仕事をしたいだろうが、そのような選択ができることはまずない。加えて、ほとんどの産業が以前より激しい変化にさらされており、このことが一層環境の不確実性を高めている。今日の外部環境にはこうした性質がある。

利害関係者との関係を管理する

　なぜ、MTVは年を追うごとに、若者の間で人気のケーブルテレビ・チャンネルになったのだろう。理由として、視聴者、リアリティ番組の参加者、有名ミュージシャン、広告主、提携テレビ局、公共サービス団体など、さまざまな利害関係者と良好な関係を築く重要性をMTVが理解していることが挙げられる。さらに、MTVは利害関係者との関係がマネジャーに影響を与える環境要因であることを認識している。利害関係者との関係が明確かつ確実なものになっていくほど、マネジャーは組織に成果をもたらすのだ。

　利害関係者とは、組織の環境における関係者のうち、組織が行う意思決定や行動によって影響を受けるあらゆる人たちのことである。利害関係者は組織の行動に大きく影響される。また逆に、利害関係者が組織に影響を与える場合がある。組織が利害関係者を持つという考え方は、マネジメント分野の学者と現役のマネジャーによって、いまや広く受け入れられている[19]。

　図表2-3は、組織が対処しなければならない可能性のある利害関係者を示

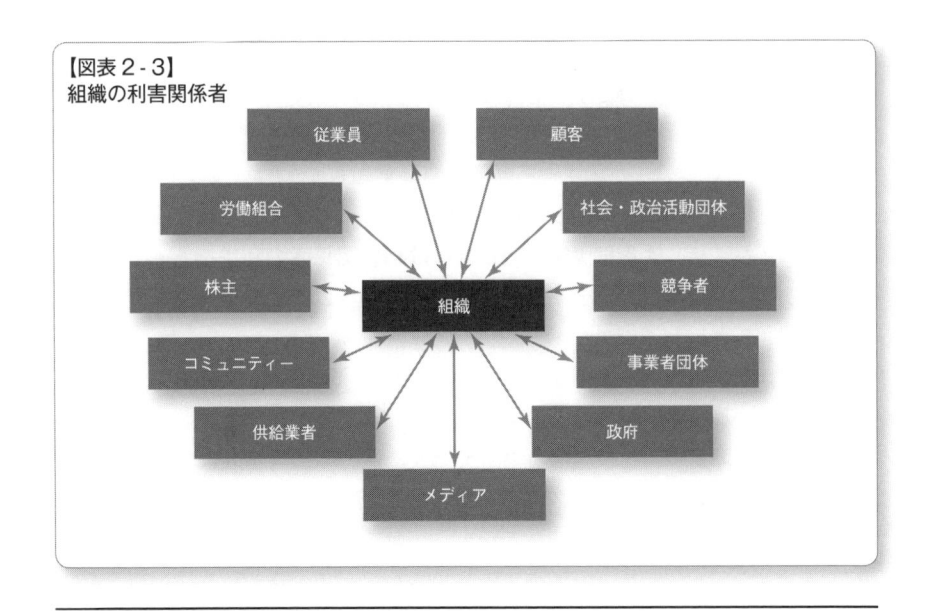

【図表2-3】
組織の利害関係者

（従業員、顧客、労働組合、社会・政治活動団体、株主、競争者、コミュニティー、事業者団体、供給業者、政府、メディア ― 組織）

5）**環境の不確実性**　組織の環境の変化・複雑さの度合い。
6）**環境の複雑さ**　組織の環境要素の数、およびそれらの要素について組織が持つことになる知識の度合い。
7）**利害関係者**　組織の環境における関係者のうち、組織が行う意思決定や行動によって影響を受けるあらゆる関係者。

したものである。気をつけなければならないのは、これらの利害関係者には内部と外部、どちらの関係者も含まれていることだ。どうしてだろうか。それは両者ともに、組織の行動や、組織の運営の仕方に影響を与えるからである。

なぜ、マネジャーは利害関係者の管理についても気を配るべきなのか[20]。理由の1つは、気を配ることによって環境の変化を予測する能力が向上したり、技術革新がうまくいったり、利害関係者の絶大な信頼を集めたり、変化の影響を軽減する組織の柔軟性が高まったりするからだ。これは組織の望ましい成果につながる。ソーシャルメディア企業のフェイスブックを例にとってみよう。この会社は、議員や規制当局がオンラインプライバシー法の抜本的改革を検討しているなか、政府関係者に働きかけ、話し合いの場を設けることに精力を注いでいる。また、フェイスブックは、「アメリカ議会で会社のイメージを方向づけるために、そして、自らの情報共有ビジネスが損失を被る可能性のある法規制が成立する事態を避けるために尽力」している[21]。

利害関係者を管理することが、組織の業績に影響を及ぼし得るのだろうか。答えはイエスだ。マネジメント研究者による調査の結果、高い業績を上げる会社のマネジャーが意思決定を行うとき、すべての主要な利害関係者の利益について考える傾向にあることがわかってきている[22]。

外部の利害関係者との関係を管理するもう1つの理由は、そうすることが「正しい」からだ。組織は、インプット（資源）の源泉として、また、アウトプット（財およびサービス）の提出先としても機能するこれらの外部関係者に依存しているので、マネジャーは意思決定するときには利害関係者の利益を考えるべきなのである。この問題は、第3章で企業の社会的責任について検討する際にも詳しく見ていこう。

外部環境を把握し、対処することは、マネジャーにとって「通常のビジネス」のようにはいかない。彼らはその場面で難しい決断を迫られる。しかし、外部環境の変化が、どのように組織とマネジャーの能力に影響を及ぼすかを理解することは重要である。次のセクションでは見方を変え、組織の内面、特に、その文化について見ていくことにしよう。

2-3 組織文化とは何か、なぜ重要なのか

　私たちにはそれぞれ固有の人格がある。人格とは、私たちの行動の仕方、人との関わり方に影響を与える特性や個性である。私たちが誰かについて、温かい人、あけっぴろげな人、ざっくばらんな人、シャイな人、攻撃的な人などと言うとき、人格の特性について話していることになる。組織にも人格に相当するものがあり、これを組織文化と呼んでいる。

　投信会社バンガード・グループCEOのウィリアム・マクナブは最近、営業担当者の1人から、長年付き合いのある顧客が彼と一緒に昼食をとりたがっているという電子メールを受け取った[23]。「メールの終わりには、ビジネススーツを着ないでいらして下さいと書いてあった」。CEOがビジネススーツを着ると緊張してしまうので、顧客が特にそう頼んだのである。これまでバンガード社は、形式を重んじる堅苦しいウォールストリートから100マイル以上離れているにもかかわらず、男性はジャケットとネクタイ、女性はプロとして適切な服装というように、世界中の従業員に対してビジネスにふさわしい服装をするよう求めていた。しかし、今は違う。マクナブは、自身のブログに、顧客に会う予定がない限り従業員がスーツを着る必要はもうないという意味で、バンガード社は"ビジネスを行う状況にふさわしい"方向性で行くと発表した。そして、従業員はこの新しい服装規定を受け入れた。仕事をする際に適切な服装が求められることは、組織文化の目に見える大きな要素の1つである。

組織文化とは何か

　組織文化とは、共有されている価値基準、主義、慣習、そして、組織構成員[注8]の行動の仕方に影響を与える物事のやり方のことをいう。ほとんどの組織において、共有されているこうした価値基準や習慣は、時間をかけて形成される。そして、どのようにして「組織で物事がなされる」かは、大部分がこの価値基準や習慣によって決まるのだ[24]。ここでいう組織文化の定義には次の3つがある。

8）**組織文化**　共有されている価値基準、主義、慣習、そして、組織構成員の行動の仕方に影響を与える物事のやり方。

1つ目に、組織文化は認識されるものだということ。物理的に触ったり見えたりするものではなく、従業員が組織のなかで経験したことを基にして認識するものなのだ。2つ目に、組織文化は言葉にすることができるものである。好きであっても嫌いであっても、構成員がどのように組織文化を認識し、どのような言葉にしているかに関するものである。3つ目は、個人がそれぞれ異なる経歴を持ち、異なる役職で働いているとしても、似たような言葉や言い方でその組織文化を表わす傾向にあることだ。これが共有されている組織文化の一面ということになる。

組織文化はどのように評価されるか

組織文化に関する研究によると、組織文化には7つの側面がある[25]。(図表2-4に示す) それぞれの側面は、組織によって度合いが低い場合もあれば、高い場合もある。この7つの側面を使って組織を説明すると、組織文化の複合的な特性を図にできる。多くの組織では、組織文化のある側面が他の側面よりも強調されることが往々にしてある。そして、つまるところ、強調されるその1つの側面が組織の人格と組織構成員の働き方を形作っている。たとえば、サム

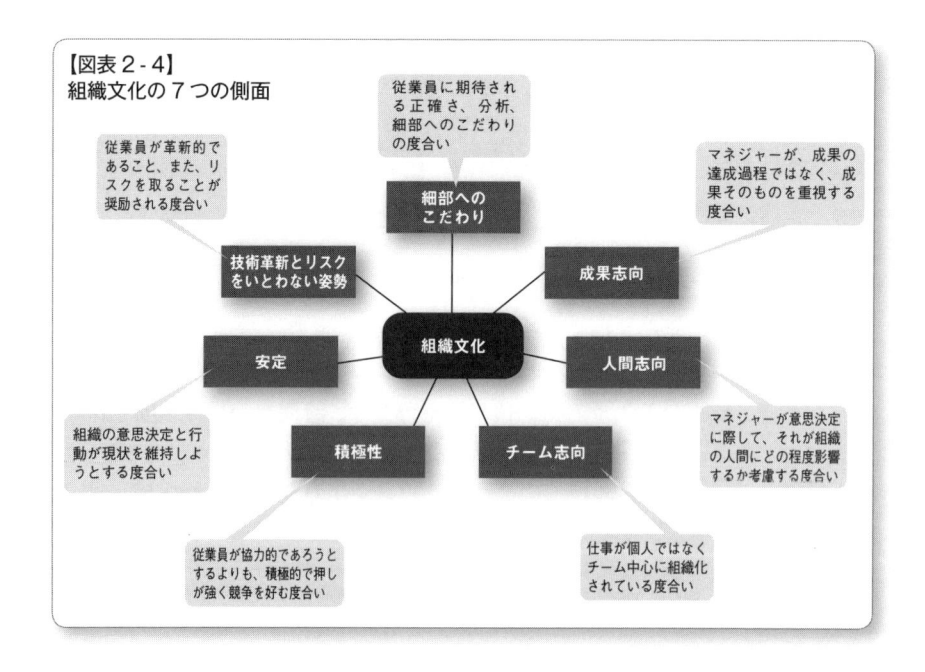

【図表2-4】
組織文化の7つの側面

- 従業員に期待される正確さ、分析、細部へのこだわりの度合い → 細部へのこだわり
- 従業員が革新的であること、また、リスクを取ることが奨励される度合い → 技術革新とリスクをいとわない姿勢
- マネジャーが、成果の達成過程ではなく、成果そのものを重視する度合い → 成果志向
- マネジャーが意思決定に際して、それが組織の人間にどの程度影響するか考慮する度合い → 人間志向
- 仕事が個人ではなくチーム中心に組織化されている度合い → チーム志向
- 従業員が協力的であろうとするよりも、積極的で押しが強く競争を好む度合い → 積極性
- 組織の意思決定と行動が現状を維持しようとする度合い → 安定

中心:組織文化

スンが重視しているのは製品の革新性（技術革新とリスクをいとわないこと）だ。サムスンは新製品開発に対し「熱意と時間を注ぎ」、従業員の働きぶりがその目標を支えている。対照的に、サウスウエスト航空は従業員を組織文化の中心部分に置いており（人間志向）、従業員の待遇にそれが表れている。

組織文化はどこから来るのか

組織文化はたいてい、組織の創立者のビジョンや使命感を反映している。創立者というのは、それまでの慣習やイデオロギーにとらわれない。彼らは、その組織のあるべき姿、また、その組織の価値基準に関するイメージを投影することによって初期の組織文化をつくる。新しい組織は規模が小さいことが多いので、創立者はビジョンをすべての組織構成員に浸透させやすい。組織創立の初期段階において、組織文化は次の2つの相互作用から生ずる。(1) 創立者の独創性と権力、(2) 創立当初の従業員たちが自らの経験から学ぶ、ことである。実例をいくつか挙げてみよう。IBM の創立者トーマス・ワトソンは、「卓越した質を追求する、顧客に最高のサービスを提供する、従業員を尊重する」を基礎にした組織文化を作り上げた。そして、それから約85年後、CEO のルイス・ガースナーは、業績不振に苦しむ IBM を生き返らせるために、創立者の掲げた顧客の期待に添うという市場ニーズの緊急性を再認識し、鋭い「顧客志向の感性」で当初の組織文化を再強化した。

従業員はどのようにして組織文化を学ぶか

従業員は多くの方法を通して組織文化を「学ぶ」。最も一般的なのが、話、慣例、組織文化を象徴するもの、用語を通してだ。

組織の「話」とは、大体が重要な出来事の話、組織の創立者のような人にまつわる話、ルールを破る話、過去の失敗をどう乗り越えたかについての話などだ[26]。具体例を挙げてみよう。ナイキのマネジャーたちは、会社の過去を語る話が未来を方向づけるための一翼を担っていると感じている。可能なときはいつでも、話の上手い「語り役（上級幹部）」が、会社が受け継いできたものを説明し、何かを成し遂げた人を賛美する話をする。共同創立者の (故) ビル・バウワーマンは妻のワッフル焼き器にゴムを流してより優れたランニングシューズを作った、というエピソードを幹部たちが語る際、彼らはナイキの革新精神を賛美し、彼のような精神を持つよう奨励する。会社にまつわるこの手の話から

人々は組織文化を学ぶことができる[27]。スリーエムにおける、製品の革新性をめぐる話も伝説的である。スリーエムの研究員アート・フライは、教会の賛美歌集のページに印をつける良い方法を探していて、そのときにポスト・イットを考えついたという。この話には、スリーエムという会社がなぜ優れているのか、成功し続けるには何が必要かを知るヒントが盛り込まれている[28]。このように、組織の話は従業員が組織文化を学ぶのに役立つ。そして、現在を過去につなぎ現在の慣習について説明すると同時に、その慣習に正当性を与え組織にとって何が重要かを例証し、組織の目標について説得力のあるイメージを描く[29]。

会社の慣例とは、組織の重要な価値基準や目標を表現し、強化する活動であり、この活動は繰り返され、継続される[30]。違う企業の職場に入るとき、どんなタイプの職場環境と感じるだろうか。フォーマルかカジュアルか、楽しい雰囲気か真面目かなど。これらの感じ方は、組織の人格を形成する組織文化を象徴するものの効果を実証している[31]。施設の配置、従業員の服の着こなし、最高幹部用の自動車の車種、社用飛行機の使用が組織文化を象徴するものの例だ。ほかにオフィスの大きさ、調度品の優雅さ、幹部の「特典」（マネジャーに与えられるフィットネスクラブ会員資格、会社所有施設の使用などの特別な権利）、従業員用の運動施設、社員食堂、従業員用の駐車スペースがある。組織文化を象徴するものは従業員に、誰が重要かを伝え、また、どんな行為が期待され、適切で、報われるか（たとえば、リスクをいとわない、保守主義的、権威主義的、参加的、個人主義的行為など）を伝える。

サウスウエスト航空会長兼CEOのゲイリー・ケリー（写真右）が、『トイ・ストーリー』の主人公・ウッディに扮し、本社で年に1度開かれるハロウィンパーティーでの寸劇を楽しんでいる。このパーティーを通じて「温かみ、親しみ、個人の誇り、会社の精神と共に提供される最高の顧客サービスに専念したい」という会社の使命感が強化される。年8回ある会社行事の1つで、従業員の結束を高め、楽しむことが好きなサウスウエスト航空の組織文化を維持するための一翼を担っている。

個々の構成員が同じ組織文化を共有していることを確認し、結束を高める方法として、組織内の多くの集団やグループ、チームは用語を使う。用語の意味を知ることによって、

構成員はその組織文化を受け入れたことを証明し、それを組織が受け継ぐ一翼を担う意志を示す。シアトルのボードゲーム会社クレイニアムでは、すべての行動は常に革新的でなければならないということを従業員に思い起こさせるために、「chiff」という造語を用いている。「chiff」とは、「賢い (clever)、質が高い (high-quality)、革新的 (innovative)、友好的 (friendly)、面白い (fun)」の頭文字をとったものだ[32]。組織では、事業に関係のある設備、主要人員、供給業者、顧客、プロセス、製品などを言い表すために時間をかけて独特の用語ができる場合が多い。新しい従業員は、たびたび頭字語や訳のわからない専門用語などに圧倒されるが、少し時間が経てば、自然に自分の言葉として馴染む。1度習得してしまえば、そうした用語は構成員の結束を高める共有文化として働く。

2-4 組織文化はどのようにしてマネジャーに影響を与えるか

　米国のネットワーク企業、アニマルプラネット・アンド・サイエンス・ネットワークスの社長マージョリー・カプランは組織文化の影響力を認識しており、それがマネジャーとしての彼女にどのように影響するかについて理解している。会社で定められた目標の1つは、「出勤する従業員が、会社を自分の最高の力を発揮できる場所だと感じると同時に、最高の力を発揮する気を起こさせるような場所だと感じられるようにすること」と彼女は言う[33]。従業員とマージョリー自身のために、このような組織文化を彼女はつくり、維持しようとしている。

　組織文化がマネジャーへ影響を及ぼすには2通りのパターンがある。(1) 従業員の行為や行動の仕方に影響を与える場合と、(2) マネジャーの行為に影響を与える場合である。

組織文化は、従業員の行為にどのような影響を与えるのか

　組織文化は従業員の行為に影響を与える。そして、その組織文化の強さによって影響の度合いは変わる。**強い組織文化**、つまり、重要な価値基準が深く浸
(注9)

---

9) **強い組織文化**　重要な価値基準が深く浸透し、かつ広く共有されているような組織文化。

透し、かつ広く共有されているような組織文化は、弱い組織文化よりも大きな影響力を従業員に対して持っている。より多くの従業員が組織の重要な価値基準を受け入れ、それらの価値基準に傾倒していくほど、組織文化は強くなっていく。ほとんどの組織では中〜強程度の組織文化を持っている。このことは、何が重要か、「良い」従業員の行為を定義するのは何か、成功するには何が必要か、などについて比較的高い割合で意見が一致していることを意味している。組織文化が強くなるほど、その文化は従業員の行為に影響を与え、マネジャーが計画し、組織化し、リーダーシップを発揮し、コントロールする方法に影響を与える[34]。

また、強い組織文化は、従業員を正式に統制する規則や規定の代わりになり得る。本質的に、強い組織文化のなかでは、文書を作って示さなくても、予見性、秩序性、一貫性が生まれる。したがって、組織文化が強ければ強いほど、マネジャーが正式な規則や規定を作る必要性もなくなる。規則や規定を作る代わりに、従業員が組織文化を受け入れることで、組織文化のなかにある実質的な規則や規定のようなものを従業員が自分のものとする。しかし、組織文化が弱い場合、つまり、共有している有力な価値基準が存在しない場合は、組織文化が従業員の行動に与える影響はより小さくなる。

組織文化は、マネジャーの仕事にどのような影響を与えるか

ヒューストンに拠点を置くアパッチ社は、リスクをいとわない姿勢と迅速な意思決定を重視する組織文化を作り上げ、石油掘削業界で最高の業績を誇る独立系企業の1つになった。同社の人材採用基準は、ほかでプロジェクトを行ったときにどれほどイニシアチブを発揮したかである。また同社では、従業員が利益目標や生産目標を達成した場合に、報酬が気前よく与えられる[35]。組織文化は、マネジャーができること、そして、マネジャーが行う管理の方法に制約を与えるので、マネジャーにとって特に重要だ。しかし、そのような制約が表に出ることはめったにない。文書化されているわけでもなく、誰かが口頭で伝えるということもありそうもない。しかし、制約はそこに存在する。そして、すべてのマネジャーが、組織において何をすべきか、そして何をすべきでないかを迅速に学ぶ。例えば、次に挙げるような価値基準は、組織内で文書になっているのを実際に見かけることはないかもしれない。しかし、実在する組織の価値基準である。

◆たとえ忙しくなくても、忙しく見えるようにしよう。
◆もしあなたがリスクを取ってこの組織で失敗すれば、あなた自身が大きな代償を払うことになる。
◆後で上司が驚かないように、あなたが意思決定する前に、上司には先に話を通しておこう。
◆競争のなかで求められる最低限の品質を満たす商品しか、私たちは作らない。
◆過去に私たちを成功に導いた者が将来も私たちを成功に導く。
◆この組織で頂点まで行きたいなら、チームの一員として働く人にならなければならない。

　このような価値基準とマネジャーの行動のつながりは非常にわかりやすい。例えば、「準備し、目標を定め、実行する」という組織文化があるとしよう。この組織のマネジャーは、提案された事業について、実行に移すかどうかを決める前に延々と調査・分析を行う。反対に、「準備し、実行し、目標を定める」という組織文化を持たない組織のマネジャーは、先に行動し、その後で結果を分析する。では、コスト削減で利益を増加させることができるという信念に加え、歩みがゆっくりだとしても確実に四半期ごとの収益を増加させることが会社最

【図表2-5】
組織文化によって影響を受けるマネジャーの意思決定

計画する
- 計画が持つリスクの度合い
- 計画を策定するのは個人かチームか
- マネジャーが環境の分析に関わる度合い

組織化する
- 従業員の仕事に対し、どの程度の自由裁量権を従業員自身に与えるべきか
- 仕事を行うのは個人かチームか
- 各部門のマネジャーが互いに関わり合う度合い

リーダーシップを発揮する
- 従業員の仕事に対する満足度を上げることにマネジャーが関わる度合い
- 適切なリーダーシップの形とはどういうものか
- 反対意見は、たとえそれが建設的であったとしても、すべて駆逐されるべきか

コントロールする
- 外部からコントロールすべきか。また、従業員が活動を自分でコントロールすることを許すべきか
- 従業員の業績を評価するとき、どのような基準を重視すべきか
- 予算を超過した場合、どのような結果になるか

大の利益になるという信念の組織文化を持つ場合はどうだろうか。こうした組織では、マネジャーが革新的な事業やリスクの高い事業、また、長期間かかる事業や拡張を図るような事業を遂行する可能性は低い。基本的に従業員を信頼していない組織文化を持つ組織では、マネジャーは民主的なリーダーシップよりも権威主義的なリーダーシップをとる可能性が高い。それはなぜか。そのような組織文化がマネジャーの適切な行動を制限してしまうからである。前頁の図表2-5で示しているように、マネジャーの意思決定は、彼らが働いている組織の文化によって影響を受ける。組織文化、とりわけ強い組織文化は、マネジャーが計画し、組織化し、リーダーシップを発揮し、コントロールする方法に影響を及ぼし、制約を与える。

理解を深めよう

1. マネジャーは実際に組織の成功と失敗にどの程度影響を与えるか。
2. 6つの外部環境要素を述べてみよう。マネジャーがこれらの要素を理解することが重要な理由は。
3. 現在の経済変化は、マネジャーの行為に対しどのような影響を与えているか。組織が行っている活動や慣習の例を、ビジネス関連の新聞や雑誌から2〜3例探してみよう。また、環境変化の観点から、それらを検討してみよう。
4. マネジャーが人口構成の傾向や変化に注意することが重要な理由は何か。
5. 環境の不確実性とは何か。それはマネジャーと組織にどのような影響を与えるか。ビジネス関連の新聞や雑誌から、環境の不確実性がどのように組織に影響を与えているかを示す例を2つ探してみよう。
6. 「企業はさまざまな関係の上に築かれている」。この言葉は何を意味するか。外部環境を管理することとの関わりは何か。
7. 組織文化は組織にとって財産か、説明してみよう。また、厄介なものになる可能性はあるか、説明してみよう。
8. 組織文化はどのようにして形成され、維持されるか。
9. 強い組織文化が組織とマネジャーに及ぼす影響を論じてみよう。
10. あなたが(従業員や顧客として)関わることの多い組織を2つ挙げてみよう。また、図表2-4にある組織文化の側面に従ってその組織文化を評価してみよう。

実例にみるマネジメント（p.39 から続く）

ザッポス・ドット・コム：成長を続ける大人気企業

　ザッポスは、ナンバーワンのオンライン小売業者の栄誉を手にするだけにとどまらず、2011年の『フォーチュン』誌による調査、「働きたい企業100社」のランキングで第6位を獲得している。それでは、ザッポスの文化が優れている理由は何か、詳しく見ていこう。

　ザッポスは、1999年にオンラインで靴などの商品の販売を開始した。4年後には利益を出し、2009年までには10億ドルを超える売り上げを記録している。また、2009年に同社は『ビジネスウィーク』誌の顧客サービス・チャンピオンのランキングリストに名前を連ね、商業改善協会からAプラスの評価を受けている。そして、同年、あのアマゾンが自社の株式1000万株と引き換えにザッポスを買収した。当時で約9億2800万ドルの価値であった。このとき、ザッポスの従業員に総額4000万ドルの現金が分配され、さらに制限付き株式（訳注：時間の経過や業績の向上など一定の条件が満たされない限り、売却できないという特徴を持つ株式。この株式には企業の成長を後押しするというメリットがある）も与えられた。また、ザッポス経営陣は現職にとどまることが保証された。

　ザッポスで「ちょっとした奇抜さや謙虚さなどを、高く評価するような組織文化を作りあげていく」ことを決心した人物とは、2000年にCEOに就任したトニー・シェイである。トニーはまさに彼が目指す組織文化を象徴する人物だ。それを証明するかのようなエピソードがある。彼は2010年4月1日、つまりエイプリルフールに次のようなプレスリリースを行った。「ザッポスはウォルト・ディズニー社を訴えています。同社はディズニーランドが『地球上で最も幸せな場所』と言って人々をだましているのです。でも、その場所は明らかにほかにあります」。彼はザッポスこそがまさにその場所であると主張したのである。

　トニー・シェイは、ザッポスに入る前はウェブ広告を扱うリンク・エクスチェンジ社の共同創立者であった。その会社で彼は「技術スキルを最も重要視する会社を作り上げることから生じる機能不全」を直接目の当たりにした。この経験からザッポスでは違う方法で会社を作ろうと心に決めたのである。彼はザッポスに来て最初に、300人の従業員に対し、この会社の文化を形作る中核的価値基準をリストにするよう求めた。この作業を通して10の価値基準が導き出された。この10の価値基準は、今や約1,400名の従業員を抱える会社組織を牽引する原動力になっている。

　ザッポスの文化を特別にしているものがもう1つある。組織文化は単なる紙上のリストではないという認識だ。文化は実際に「息づいて」いなければならない。同社は、「人

的交流の複雑なネットワーク」を維持することで文化を実際に息づかせている。ザッポスでは、ソーシャルメディアを自由に使って従業員同士が、そして従業員と会社の顧客がつながっている。例えば、「ヘアードライヤーを職場に持って来ている人いない?」とツイートするなど、仲間意識を育てる環境があることで、従業員の積極的な会社への関わりが維持される。

　さらに、ザッポスは毎月、会社文化の「活気」や「健全度」を調査する。この調査では従業員の幸福度を測る必要性があるため、従業員は次のような質問に答える。「この会社には利益よりも大事な目的があると考えるか、自分の役割には意味があると思うか、自分の仕事や出世の将来像が描けていて、その将来像に向かっていくことができていると思うか、同僚を家族や友人のように感じているか、今の仕事に満足しているか」。調査結果は部や課ごとに分析され、問題があれば改善策を見つけて実行していく。例えば、ある月の調査で、ある特定の部の人たちが「進むべき方向から逸れ、組織から孤立していると感じている」とわかったときは、その部に属する従業員の仕事がどれだけ会社にとって必要不可欠であるかを彼らに示すための措置がとられた。

　ザッポスにはもう1つ特徴的なことがある。それは、毎年、1年間の業務をやり遂げたことを祝って『カルチャーブック』という本を発行することだ。この本はザッポスの文化が持つ力をたたえ、目に見える形にしたものだ。本は次のように述べる。「ザッポスは、適切な価値基準を持つ適切な文化はいつも組織に最高の業績をもたらすという信念を持ち、この信念はほかの何よりも勝ると考えている」。

設問1　ザッポスの10の価値基準のリストを探してみよう。そのうちの2つを選び出し、それらが従業員の仕事の仕方にどのような影響を与えるかを説明してみよう。

設問2　ザッポスの10の価値基準のリストと図表2-4を使って、ザッポスの組織文化について述べてみよう。ザッポスの文化は、どの側面の度合いが目立って高い(または普通)と考えるか。また、その理由は。

設問3　ザッポスの企業文化はどのようにして始まったか。

設問4　ザッポスの企業文化はどのように維持されているか。

設問5　「適切な価値基準を持つ適切な文化はいつも組織に最高の業績をもたらす」という主張についてどう思うか。賛成するかなら、その理由は何か。

設問6　トニー・シェイとザッポスの経験から他社が学べることは何か。

Chapter 3

第3章
マネジメント全般に関わる課題

本章での学習ポイント

- **3-1** グローバリゼーションとそれによる組織への影響　p.64

- **3-2** 社会の期待は、マネジャーや組織に
どのような影響を与えるか　p.72

- **3-3** 組織における倫理的行動、非倫理的行動に
つながる要素　p.77

- **3-4** 働く人々はどう変化し、組織のマネジメント手法に
どんな影響を与えるか　p.81

実例にみるマネジメント

日産：リバイバルプラン

　1999年3月、巨額の有利子負債を抱え倒産寸前にまで追い込まれていた日産自動車は、ルノーとの資本提携に合意した。そして、同年6月、同社がルノーからCOO（最高執行責任者）として迎え入れたのが、現在ルノーの会長兼CEO（最高経営責任者）と日産の社長兼CEOを兼務するカルロス・ゴーン氏であった。

　ゴーン氏によって日産リバイバルプラン（NRP）が発表されたのは同年10月。その内容は、2000年から3年間で1兆円のコスト削減や有利子負債の半減、黒字化及び営業利益率4.5%を達成するという大胆な数値目標を盛り込んだものであった。

　当初は、日産が抱えるあまりも大きな負債、ルノーと日産の企業文化の違い、日産の労働組合の強さなどさまざまな理由から、両社の提携効果およびリバイバルプランの実現性には疑問の声が少なくなかった。しかし、5工場の閉鎖、2万1000人の人員削減等大胆なコスト削減策が断行された結果、財務面は急ピッチで改善され、2002年2月には計画を1年前倒ししてNRPの達成が宣言された。

　NRPの推進において重視されたのは、高い目標を必達しようとするコミットメントの精神と社内外の多様性を活かすことであった。コミットメントの大切さについて、かつてゴーン氏はミケランジェロの言葉「私たち皆にとって最大の危険は、高きを目指して失敗することではなく、低きを目指して達成することである」を引用して社内外に説明した。[1]（p.89に続く）

　日産では高い目標を達成するために、従来の常識的な考え方や仕事のやり方の多くが見直された。例えば、部品の購入である。前述のNRP以前は、株式持ち合いによって形成されてきた系列企業を中心に調達されてきたが、NRP後は株式持ち合いや系列内の天下りの多くが解消され、世界中の企業からコストと品質の面で最適な部品を調達するという姿勢に転換された。

また、硬直化しがちな縦割りの組織構造にもメスが入れられた。会社の価値を高め、問題を迅速に解決するために部門を超えたクロスファンクショナルチーム（CFT）が積極的に導入されたのである。CFT の唯一のルールは「聖域、タブー、制約は一切設けない」。CFT に集められたメンバーは各部門の精鋭中の精鋭とされる若手から中堅層の社員達だった。それまで部門ごとの縄張り意識や風土の違いから取り上げられることのなかった問題も、CFT のメンバー達はとことん突き詰めて話し合うように要請され、抜本的な改善策を経営陣に提案した。これと並行して、日産では優秀な若手や女性は次々と抜擢され、必要な人材が社内にいない場合は社外からスカウトし、外国人の登用も含めて、企業戦略に対する適材適所が積極的に推進されるようになったのである。

3-1 グローバリゼーションとそれによる組織への影響

「今は救急救命室で患者の選別（トリアージ）を行っているような状況だ」。ヒューレット・パッカード（HP）のオペレーション担当副社長トニー・プロフェットは、日本での巨大地震と津波の発生を知り、そう答えた。ニュースを聞いたプロフェット副社長は、すぐに「オンライン上に危機管理室（シチュエーションルーム）を立ち上げ、日本、台湾、アメリカのマネジャーたちが同時に情報を共有できるようにした」。専門家も、「救急救命室」というのは的確な表現だと話す。というのも「現代のグローバルなサプライチェーンは複雑な生態系のようなもので、基本的には瞬時に回復して自然治癒するが、ある特定の何でもないような弱点に対しては、きわめて脆弱な場合がある」からだ。平常時であれば、グローバルな財の流れはあらゆる問題や障害に日々対処している。ところが大規模災害が起こると（たとえば日本やニュージーランドでの地震、アイスランドの火山噴火、中国での労働争議、中東の政情不安、タイの洪水、アメリカのハリケーンなど）、グローバルなサプライチェーンのもろさが目立つようになる[2]。

グローバリゼーションは、マネジャーが対処しなければならない重要な課題の1つにあげられる。第2章で議論したように、世界情勢は外部環境の大切な要素であり、この数年間の大規模な自然災害や世界経済の低迷などの深刻な事

態は、マネジャーがグローバルにビジネスを行う上での課題も生じさせている。グローバリゼーションが後退する気配はない。数十年前からは、ほぼ全世界で操業する企業が急増し、ビジネスを行う上で国境はあまり意味がなくなっている。たとえばアメリカの企業エイボンの場合、年間利益の79％は北米以外での営業活動によるものである。また、ドイツの企業BMWはサウスカロライナで車を製造し、マクドナルドは中国でハンバーガーを販売、インド企業のタタは、元はイギリス企業としての創業であったジャガーブランドをフォード・モーターから買収している。このように世界は**グローバルビレッジ**であり、国境に関係なく財・サービスの生産や販売が行われている。そのボーダレスな世界でマネジャーが能力を発揮するためには、環境変化に適応するだけでなく、自らと異なる文化やシステム、技術への理解を深める努力を続けなければならない。

「グローバル」であるとはどういう意味か

　グローバルだと認識されている組織は、さまざまな国々の消費者と、財やサービスの取引をしている。このように市場を世界に拡大することは、グローバル化の最も一般的な手法である。それに対して、ハイテク企業に代表される多くの組織は、さまざまな国のマネジャーや技術者を採用し活用していることからグローバルな組織と認識されている。人材のグローバリゼーションを左右する要素の１つは、移民に関する法律や規制であるため、マネジャーはそれらの変化に注意しておく必要がある。また、資金や資源を自国以外から調達している場合も、グローバルな組織とされる。つまり、金融面のグローバリゼーションである[3]。世界的な景気低迷はグローバルな資金調達力に深刻な打撃を与えた。しかも各国経済が少しずつ回復を始めても、その影響が消えることはなかった。

さまざまなタイプのグローバル組織

　1960年代中頃、**多国籍企業（MNC：multinational corporation）**が増え、国際貿易の急拡大を主導した。MNCとは、数多くの国々で事業を行う国際企業の総称である。現在ではプロクター・アンド・ギャンブル、ウォルマート、エクソン、コカ・コーラ、アフラックをはじめとする数々のアメリカ企業が、海

1）グローバルビレッジ　国境に関係なく財・サービスの生産や販売が行われている世界。
2）多国籍企業（MNC）　数多くの国々で事業を行う国際企業の総称。

コーラを飲む日本人の男の子。多国籍なメーカーであり流通業者、販売業者でもあるコカ・コーラ社は、ソフトドリンクから飲料水、ジュースおよびジュース類、スポーツドリンク、栄養ドリンク、炭酸飲料、紅茶、コーヒーまで 400 ブランド 3,500 種類以上の製品を生産している。営業拠点は 200 カ国を超え、利益のほぼ 80％がアメリカ国外での事業によるものである。

外事業から多くの年間利益をあげている。

　MNC の一形態が**マルチドメスティック企業**である。そのマネジメントや意思決定は、事業を行う現地の国に分散している。海外の事業を本国からマネジメントして本国内の成功事例を適用しようとはせず、通常は各国で採用したマネジャーが、それぞれの国の特性に合わせた事業戦略やマーケティング戦略を策定する。消費財メーカーがこの手法でグローバルに事業展開する事例が多いのは、地元市場のニーズに合わせた製品を作らなければならないからだ。スイス企業のネスレもマルチドメスティック企業として世界のほぼすべての国で事業を行い、それぞれの国のマネジャーが責任を持って各国の消費者にふさわしい製品作りを目指している。そのためヨーロッパで販売されているネスレ製品は、アメリカ国内や中南米では購入できない。

　MNC のもう 1 つの形態として**グローバル企業**があり、そのマネジメントと意思決定は、本国で一元的に行う。この形態の企業の場合、世界市場を一体的にとらえ、世界全体で効率を上げるために必要なことを重点的に考える。世界中にかなりの数の事業所を持つ場合もあるが、企業の方向性を左右する経営判断は、本国にある本部が行う。代表的企業事例としては、ソニー、ドイツ銀行 AG、メリルリンチ（現在はバンクオブアメリカの 1 部門）などが挙げられる。

　そのほかにも人為的な地理的国境を排除する方法をとる企業もあり、そのような MNC は**トランスナショナル組織**あるいは**ボーダレス組織**と呼ばれることが多い[4]。たとえば IBM は、国単位の組織構造をやめて業種別グループに再編

した。また、法的にはフランス企業であり、主に世界8カ所でビジネスを展開しているトムソンSAのCEOは、「私たちは、特定の場所に拠点を置く企業だと思われたくない」と話している[5]。このような形態を選ぶのは、競争の激しい世界市場で効率的かつ効果的にビジネスを進めるためである[6]。

組織はどのようにグローバル化するのか

　組織のグローバル化には、いくつかの手法が用いられる（図表3-1参照）。まずマネジャーは、最低限の投資でグローバル市場に参入しようとするだろう。その場合、**グローバルソーシング**（グローバルアウトソーシングとも呼ばれる）[注6]が導入され、原材料や労働力を世界で最も低価格の場所から調達する。その目的は、コストを抑えて競争力を強化することである。たとえばアメリカのマサチューセッツ総合病院では、インドにいる放射線技師がCTスキャンされた画像を解析している[7]。多くの企業がグローバル化の第一歩としてグローバルソーシングを始め、そのままグローバル化の次の段階に進むケースが少なくない。ただし、現在のように経済情勢の悪化が進むと、組織は原材料や労働力のグローバルな調達手法を見直し始める。たとえば、デル、アップル、アメリカン・エキスプレスなどは、海外でのカスタマーサービスの規模を一部縮小した。あ

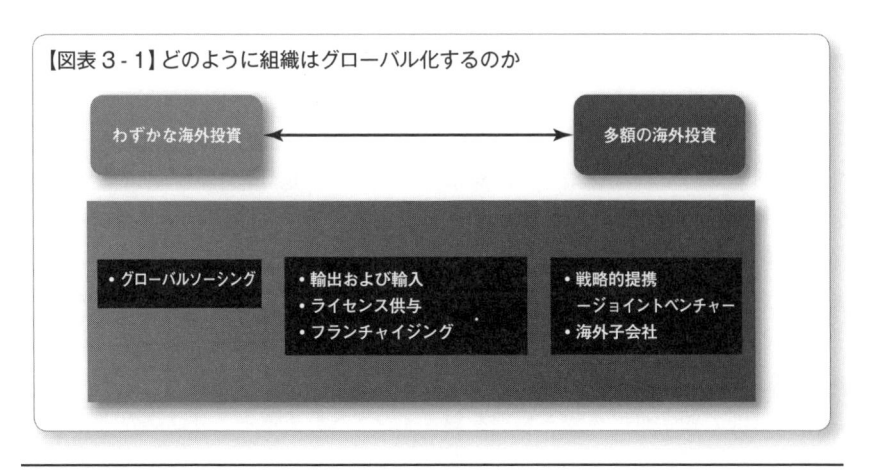

【図表3-1】どのように組織はグローバル化するのか

わずかな海外投資 ←→ 多額の海外投資

- グローバルソーシング
- 輸出および輸入
- ライセンス供与
- フランチャイジング
- 戦略的提携
  - ジョイントベンチャー
- 海外子会社

3）マルチドメスティック企業　MNCの一形態であり、マネジメントやさまざまな意思決定は、事業を行う現地の国に分散している。
4）グローバル企業　MNCの一形態であり、マネジメントをはじめとする意思決定は本国で一元的に行う。
5）トランスナショナル組織（ボーダレス組織）　国際企業のなかで人為的な地理的国境を排除した組織編制。
6）グローバルソーシング　原材料や労働力を、世界で最も低価格の場所から調達すること。

るアナリストは、「グローバルソーシングを見直している企業は、『仕事をするための最適な場所探し』をしている」と話す。「それは海外あるいは国内、隣国かもしれないが、このような移行のなかで仕事は世界中に拡散し、それに伴って企業のグローバル化も進む」[8]。こうしたグローバルソーシングの次のステップでは投資の増額が必要になり、組織にとってのリスクも高まる。

　グローバル化の第2段階は、自社製品の海外への**輸出**(注7)の事例が多い。国内で生産した製品を海外で販売するのである。同時に、海外で生産された製品を購入して国内で販売する**輸入**(注8)が行われることもある。通常は、輸出や輸入に必要な投資やリスクはわずかなので、小規模な企業のグローバル化の手法として用いられやすい。

　また、**ライセンス供与**(注9)や**フランチャイジング**(注10)によるグローバル化もある。それらの手法は類似しており、ある組織が別の組織に対してブランド名や技術、製品規格の利用を許可し、報酬や売上に応じた手数料を受け取る。ただ、ライセンス供与は、主にメーカーが別の企業の製品を生産あるいは販売する場合に用いる手法であり、フランチャイジングはサービス組織が別の企業名やオペレーション手法を導入したい場合に用いる手法である。たとえばニューデリーでサブウェイのサンドウィッチを食べることができ、ナミビアでケンタッキーフライドチキンを楽しめるのは、それらの国々のフランチャイジー（加盟店）のおかげである。一方、ベルギーの酒類メーカー、アンハイザー・ブッシュ・インベブは、ビールメーカーであるカナダのラバット、メキシコのモデロ、日本のキリンビールにバドワイザーの醸造および販売の権利をライセンスしている。

　しばらく海外で事業を続け、国際市場での経験を重ねた組織のマネジャーは、直接投資を拡大する意思決定をすることがある。その1つの方法が**グローバルな戦略的提携**(注11)であり、海外のパートナー企業（1社または複数社）と協力関係を結び、資源や知識を共有して新製品の開発や生産施設の建設を進める。本田技研工業とゼネラル・エレクトリック（GE）の事例では、新型ジェットエンジンを共同生産している。戦略的提携のなかでも、何らかの事業目的でパートナー企業とは別の独立組織を作る形態を**ジョイントベンチャー**(注12)と呼ぶ。たとえばヒューレット・パッカード（HP）は、世界各国のさまざまなサプライヤーと多くのジョイントベンチャーを立ち上げ、コンピュータのための数々の部品を開発している。そのような協力関係を結べば、比較的簡単にグローバルな競争に参加できる。

さらに、本国の組織とは別の独立した施設あるいはオフィスとして**海外子会社**を設立し、海外直接投資を行うケースもある。海外子会社はマルチドメスティック組織として各地ごとにマネジメントされる場合もあれば、グローバル組織として連携する形でマネジメントされる場合もある。読者にも想像できると思うが、この手法は、投入資源とリスクが最も大きくなる。

ベトナムのホーチミン市に新設されたインテルの工場とテスト施設がオープンする日、写真撮影をする若い従業員たち。インテルのマネジャーたちは、従業員の採用および研修の際、アメリカとベトナムの文化の違いから数々の問題に直面した。たとえばベトナムでは、権力や地位、権限の序列に基づいて仕事をする文化が根付いているが、インテルの基本はチームワーク。そのような違いを理解し、ベトナムの若者がアメリカのポップカルチャーを好きだということを知ったマネジャーたちは、カラオケ大会などをチーム作りの練習の場として活用した。

グローバル組織におけるマネジメントに関して、マネジャーは何を知らなければならないのか

グローバリゼーションによって、マネジャーは新たな課題に直面している。なかでも異文化の国でのマネジメントは、容易ではない[9]。個々の問題の背景には、そもそも違いがあることが認識できていないため、その違いから効果的な相互作用を生み出させる方法も見つけ出せていないことがある。

7）輸出　国内で生産した製品を海外で販売すること。
8）輸入　海外で生産された製品を購入して、国内で販売すること
9）ライセンス供与　ある組織が別の組織に対して、自社の技術や製品規格を利用した製品の生産や販売を許可し、手数料を受け取る契約。
10）フランチャイジング　ある組織が別の組織に対して、自社のブランドやオペレーション方法の利用を許可し、手数料を受け取る契約。
11）グローバルな戦略的提携　海外のパートナー企業（1社または複数社）と協力関係を結び、資源や知識を共有して新製品の開発や生産施設の建設を進めること。
12）ジョイントベンチャー　戦略的提携のなかでも、何らかの事業目的で、パートナー企業間の合意に基づいて別の独立組織を作る形態。
13）海外子会社　本国の組織とは別の独立した施設あるいはオフィスを設立し、海外直接投資を行うこと。

かつてアメリカのマネジャーは、ビジネス世界についてかなり偏狭な見識を持っていた（いまも一部残っている）。マネジャーが、物事を自分自身の視点や考え方からしか見ない視野の狭い状況を**偏狭主義**と言う。そのようなマネジャーは、他国の人たちは行動様式が異なることや、アメリカ人と生活様式が違うことを認識できていない。そうなると、グローバルビレッジでの成功は望めない。その態度を改めるには、国によって文化や環境に違いがあることを理解する必要がある。

国が違えば価値、倫理、習慣、政治や経済のシステム、法律が異なり、それらすべてがマネジメント手法に影響しうる。一例を挙げると、アメリカでは従業員が年齢だけを理由に雇用主から不利な扱いを受ければ、法律によって保護されるが、ほかの国々には同様の法律はない。そのようなケースに備えて、マネジャーは、事業を行う国の法律にも精通していなければならない。

しかし、マネジャーが一番理解しづらい重要な違いとは、国の社会状況や文化に関係することである。たとえば社会的地位をどのように評価するのかは、国によって違う。フランスでは、年功や学歴など、組織にとって重要な要素に応じて社会的地位が決まることが多い。それに対してアメリカでは、一人一人が個人として達成した成果によって社会的に評価される。マネジャーは海外での事業運営に影響しそうな社会的事情（社会的地位など）を把握し、組織の成功は、数多くのマネジメント手法に左右されることを意識しておかなければならない。幸い、その役に立ちそうな、文化の違いをテーマとする調査がすでに行われている。

ホフステードの指標　社会学者ヘールト・ホフステードの指標は、文化的違いを分析するための代表的手法である。国家間の文化の違いに関する理解に大きな影響を与えたその内容は、コラム「マネジメントいまむかし」で取り上げている。

"グローブ"プロジェクトの研究結果　ホフステードの研究は、国家間の文化の違いを特徴づける基本的指標となっているが、データの多くは30年以上前のものである。それに対して**"グローブ"(GLOBE：Global Leadership and Organizational Behavior Effectiveness)** と呼ばれる研究プロジェクトは、現在のリーダーシップと文化についての新たな異文化研究である。研究チームは（代表：ロバート・ハウス）、世界62カ国の1万7000人を超えるマネジャーから

集めたデータを使って、国家間の文化の違いに影響する9項目を明らかにした[10]。それらの項目が「強い」国、「ふつう」の国、「弱い」国は、次のとおりである。

◆**自己主張力** 社会が国民に対して、謙虚で思いやりがあるよりも、不屈で対立を辞さない、自己主張と競争意識の強い姿勢であることを期待している傾向（強い国：スペイン、アメリカ、ギリシャ、ふつうの国：エジプト、アイルランド、フィリピン、弱い国：スウェーデン、ニュージーランド、スイス）。

◆**未来志向** 現状に満足することなく、将来について計画を立て、投資するような未来志向の行動が、社会的に期待され、評価される傾向（強い国：デンマーク、カナダ、オランダ、ふつうの国：スロベニア、エジプト、アイルランド、弱い国：ロシア、アルゼンチン、ポーランド）。

◆**性差** 社会が男女間の役割の違いを助長している傾向（強い国：韓国、エジプト、モロッコ、ふつうの国：イタリア、ブラジル、アルゼンチン、弱い国：スウェーデン、デンマーク、スロベニア）。

◆**不確実性の回避** ホフステードの代表的研究と同じように、"グローブ"プロジェクトの研究チームもこの項目を挙げている。社会的規範や社会的手続きを作って、未知な状況や不確実な状況をできるだけ避けようとする度合い（強い国：オーストリア、デンマーク、ドイツ、ふつうの国：イスラエル、アメリカ、メキシコ、弱い国：ロシア、ハンガリー、ボリビア）。

◆**権力の格差** ホフステードの代表的研究と同じように、"グローブ"プロジェクトの研究チームもこの項目を挙げている。社会の構成メンバーが、権力が不平等に配分されてもよいと考えている度合い（強い国：ロシア、スペイン、タイ、ふつうの国：イギリス、フランス、ブラジル、弱い国：デンマーク、オランダ、南アフリカ）。

◆**個人主義／集団主義** ホフステードの代表的研究と同じように、やはり"グローブ"プロジェクトの研究チームもこの項目を挙げている。社会制度を通じて、個人が組織や社会内のグループに所属する傾向。社会制度による強制傾向が弱ければ、個人が主体的に社会に一体化することで集団主義になる（強い国：ギリシャ、ハンガリー、ドイツ、ふつうの国：香港、アメリカ、エジプト、弱い国：デンマーク、シンガポール、日本）。

---

14) **偏狭主義** マネジャーが物事を自分自身の視点や考え方からしか見ない、視野の狭い状況。
15) **グローブ** 現在のリーダーシップと文化についての新たな異文化研究。

◆**集団への帰属意識**　社会制度によるのではなく、人々が、家族や友人グループ、職場など小グループの構成員であることに誇りを持っている度合い（強い国：エジプト、中国、モロッコ、ふつうの国：日本、イスラエル、カタール、弱い国：デンマーク、スウェーデン、ニュージーランド）。

◆**成果志向**　社会が成果の向上や高品質を期待し、評価している傾向（強い国：アメリカ、台湾、ニュージーランド、ふつうの国：スウェーデン、イスラエル、スペイン、弱い国：ロシア、アルゼンチン、ギリシャ）。

◆**人道志向**　社会文化として、個人が相手に対して公平、自己犠牲的、寛大、好意的、親切であることを期待し、評価している傾向（強い国：インドネシア、エジプト、マレーシア、ふつうの国：香港、スウェーデン、台湾、弱い国：ドイツ、スペイン、フランス）。

この"グローブ"プロジェクトの研究から、今もホフステードの指標が有効なのは明らかである。"グローブ"の研究結果は内容の充実が図られたものであり、最近の国家間の文化的違いをこれまで以上に理解できる。そのため人間の行動や組織慣行の異文化研究では、今後"グローブ"の指標を使って国家間の違いを調べる機会が増えるだろう。実際、国際的な広告の製作や評価では、"グローブ"の研究成果が活かされている[11]。

3-2 社会の期待は、マネジャーや組織にどのような影響を与えるか

それは信じられないほど簡単だが、世界を変える可能性を秘めたアイデアである[12]。顧客が靴1足を買うたびに、トムズシューズから子どもに靴が1足プレゼントされるのだ。2006年、トムズの創業者ブレイク・マイコスキーはCBSのリアリティ番組『アメージングレース』の参加者としてアルゼンチンを訪れたとき、「多くの子どもたちが靴を履いておらず、足にけがをしている光景を目にし」、その衝撃から何かしたいと思った。その何かというのが、いまのトムズシューズの慈善活動と営利販売との融合である。この靴の寄付活動は100万足を突破し、トムズブランドの成功の鍵となっている。社会は、組織やマネジャーにいったい何を期待しているのだろう？　答えにくい質問かもしれない

が、ブレイク・マイコスキーにとっては簡単だ。社会は組織やマネジャーが責任を果たし、倫理的であることを期待しているという信念を持っている。ところが倒産したアメリカの大企業エンロンやバーナード・マドフ証券投資会社などによる巨額粉飾決算事件の報道を見ると、すべてのマネジャーが責任ある行動、倫理的行動をしているわけではない。

どうすれば組織は社会的に責任ある行動を示すことができるのか？

　社会的責任ほど、多様な定義がある用語は少ない。そのなかでも一般的なものは、利潤の最大化、利潤の追求にとどまらないこと、社会貢献活動、広範な社会システムに対する配慮などである[13]。従来の純粋な経済学的立場からすれば、企業の社会的責任とは、最大利潤の追求だけである[14]。一方、社会経済的見地からすれば、その社会的責任とは利潤の追求にとどまることなく、社会の幸福を守り、育むことである[15]。

　本書で**社会的責任**（**企業の社会的責任、CSR：corporate social responsibility** [注16]とも言う）について取り上げる場合は、企業が法的および経済的義務にとどまることなく正しく行動し、社会に役立とうとすることを意味する。ただ注意しなければならないのは、その定義では企業が法律を守り、経済的利益を追求することは当然の前提としているということだ。また、企業は道徳意識の高い組織でもあると考える。企業が社会の役に立つためには、善悪の判断が欠かせないものである。

　社会的責任について理解を深めるには、類似する2つの考え方との比較が効果的である。企業が一定の経済的、法律的責任を果たすために行う行動を、**社会的義務の履行**[注17]と呼ぶ。そのためには、法律で定められている最低限のことを行い、社会的目標は、経済成長に貢献することだけである。それに対して**社会的責任の対処**[注18]は、社会的ニーズを受けて、企業が社会的行動を起こすことを意味する。そのような場合には、マネジャーは社会的規範や価値観に従って、実際に効果のある市場志向の行動判断をする[16]。アメリカの企業が連邦排出基準や安全包装規制を守るのは、法律で義務づけられているからであり、社会的義

---

16) **社会的責任（企業の社会的責任、CSR）**　企業が、法的および経済的義務にとどまることなく正しく行動し、社会に役立とうとすること。
17) **社会的義務の履行**　企業が一定の経済的および法的責任を理由に、社会活動に参加すること。
18) **社会的責任の対処**　社会的ニーズが高い事柄に対して企業が社会的行動を起こすこと。

コラム：マネジメントいまむかし

1970年代から1980年代にかけて、ヘールト・ホフステードは文化的環境の違いを解明する研究を行っている[17]。そのなかでIBMの40カ国11万6000人以上の社員を対象に仕事に関連する価値観を調査し、マネジャーやスタッフのそれぞれの国の文化には、次の5つの価値観に違いがあることがわかった。

- **権力の格差**　制度上の権限や組織内の権力の配分が不平等であることを、どれだけ国民が容認しているのか。格差をあまり容認していない国（権力格差の小さい国）から、かなり不平等が許される国（権力格差の大きい国）までさまざまである。
- **個人主義／集団主義**　個人主義とは、国民がグループのメンバーとしてではなく一個人として行動することを好む傾向であり、その傾向が小さければ集団主義的傾向が強い。
- **量的生活志向／質的生活志向**　量的生活志向が強ければ、自己主張や金銭および物的な要求、競争での勝利を求め、質的生活志向が強ければ絆を大切にし、他人の幸福に対する気づかいや思いやりが深い。
- **不確実性の回避**　国民が不確実な社会状況を避けようとする傾向と、リスクに対する前向きな姿勢。
- **長期志向／短期志向**　長期志向の文化では将来に目を向け、成長や持続性が重視される。それに対して過去や現在を大切にする短期志向の文化では、伝統を尊重し、社会的義務を果たすことが重要な意味を持つ。

次の表は、ホフステードが指摘した文化的違いのなかから4項目を取り上げ、国別に評価したものである。

国名	個人主義／集団主義	権力の格差	不確実性の回避	要求・成熟度
オーストラリア	個人主義	小さい	ふつう	強い
カナダ	個人主義	ふつう	低い	ふつう
イギリス	個人主義	小さい	ふつう	強い
フランス	個人主義	大きい	高い	弱い
ギリシャ	集団主義	大きい	高い	ふつう
イタリア	個人主義	ふつう	高い	強い
日本	集団主義	ふつう	高い	強い
メキシコ	集団主義	大きい	高い	強い
シンガポール	集団主義	大きい	低い	ふつう
スウェーデン	個人主義	小さい	低い	弱い
アメリカ	個人主義	小さい	低い	強い
ベネズエラ	集団主義	大きい	高い	強い

図表：G. Hofstede, "Motivation, Leadership, and Organization: Do American Theories Apply Abroad?" *Organizational Dynamics*, Summer 1980, pp. 42-63.

務を履行しているのである。一方、従業員のための企業内保育所の設置や再生紙を使った包装は、仕事を持つ親やリサイクルにつながる行動を求めている環境活動家に対する、社会的責任の対処である。おそらく多くの企業は社会的責任のある行動を取っているのではなく社会的責任の対処をしているにすぎないが、それらも社会の役には立っている。社会的責任のある行動は、さらに倫理規範を高め、社会にとって有益な行動を促し、社会に悪影響のある行動を抑制することにつながる。

組織は社会と関わるべきなのか

企業の社会的責任の重要性が注目されるようになったきっかけは、1960年代に社会問題に取り組む人たちが、企業の利益至上主義に疑問を投げかけたことである。いまでも企業が社会的責任を果たすことの賛否については、有意義な議論が続いている（図表3-2参照）。しかし、それらの議論の一方で時代は

【図表3-2】社会的責任に対する賛否

賛成意見	反対意見
社会の期待 　いまの社会では、経済的および社会的目標を追求する企業が支持されている。	利潤の最大化との対立 　企業の社会的責任は、経済的利益の追求だけである。
長期的利益 　社会的責任を果たしている企業は、安定した長期的利益を得ている傾向がある。	企業目的からの逸脱 　社会的目標を追求すれば、企業にとって何よりも大切な経済的生産性が低下する。
倫理的責任 　責任ある行動は正当な行為であるため、企業は社会的責任を果たすべきである。	費用 　社会的責任を果たす行動は費用超過になることが多く、その費用は誰かが負担を求められる。
社会的イメージ 　社会的目標の追求は、企業イメージの向上につながる。	過大な権力 　強力な力を持つ企業が社会的目標まで追求すれば、その力がさらに強化される。
環境の改善 　企業が参加することによって、難しい社会問題を解決しやすくなる。	技量不足 　企業経営者には社会問題に対処するための技量がない。
政府の規制強化の抑制 　企業が社会的責任を果たせば、政府規制の抑制が期待できる。	不明確な説明責任 　社会的行動には説明責任の明確な方針が存在しない。
責任と権力のバランス 　企業は強大な力を持っているので、その力とのバランスを図るために同等の責任を果たすべきである。	
株主の利益 　社会的責任を果たす企業の株価は、長期的には上昇が予想される。	
資源の保有 　企業には、支援が必要な公共プロジェクトや慈善活動をサポートする資源がある。	
事後対応に対する事前予防の優位性 　企業は社会問題が深刻化し、問題解決に多額の費用が必要になる前に対処すべきである。	

変化し、いまやマネジャーは日常的に社会的責任に関係する判断を求められている。慈善事業や価格設定、労使関係や資源保護、製品品質や圧政国家における事業をはじめとする数多くの問題に対処するために、マネジャーはパッケージデザインや製品のリサイクル性、環境にやさしいビジネス手法、アウトソーシングの判断、海外からの調達手法、採用方針などを見直すこともある。

企業の社会との関わりが業績に影響するかどうかという別の視点もある。その評価については、すでに数多くの研究が行われており[18]、業績にわずかにプラスになるというのが多くの結論だが、一般化はできない。なぜなら、その相関関係は企業規模、業種、経済情勢、規制状況など多くの要因に左右されることがわかっているからだ[19]。また、その因果関係に疑問を投げかけ、社会との関わりと企業業績の間にプラスの相関関係があるという研究結果があったとしても、必ずしも社会との関わりが好調な業績の要因であることにはならないという研究者もいる。潤沢な利益をあげている企業は、社会と関わりを持つ「贅沢」が許されているだけかもしれない[20]。そのような危惧は軽視すべきでない。実際に、それらの研究における実証分析の問題点を「修正すれば」、社会的に責任のある行動は企業業績には影響しないという見解もある[21]。さらに、組織の主要株主と関係のない社会問題に関与することは、株主価値の低下につながるという分析もある[22]。一方、複数の研究を再分析し、マネジャーは社会的に責任のある行動をしてもよい（しかもすべきである）とする研究者もいる[23]。

サスティナビリティ（持続可能性）とは？
なぜサスティナビリティは重要なのか

世界最大の小売業者であるウォルマートは、2010年初め、次のように発表した。「2015年末までに、サプライチェーンからの温室効果ガス排出量を約2000万トン削減する。それは、走行する車の台数を、年間380万台以上削減する量に相当する」[24]。このウォルマートの行動から、明らかにサスティナビリティはマネジャーにとっての主要課題になっていることがわかる。

持続可能な方法でのマネジメントという考え方は、21世紀になって注目されるようになった。それによって企業の社会的責任は、効率的かつ効果的経営にとどまらず、さまざまな環境問題や社会問題への戦略的対応にまで広がっている[25]。2005年に開催された「持続可能な開発のための経済人会議」によると、実質的な「サスティナビリティ」の意味は、万人に共通とは言えないが、「いま

の人々のニーズを満たすために、将来世代が彼等自身のニーズを満たす力を犠牲にしないこと」である。企業の立場からは、**サスティナビリティ**(注19)とは、事業戦略策定において経済、環境、社会面のメリットに配慮することによって、業績目標を達成し長期的な株主価値を向上させる企業力である[26]。いまやサスティナビリティの問題は、数多くの企業経営者ならびに経営陣にとって優先度の高い問題になりつつある。ウォルマートのマネジャーたちが気づき始めているように、これまでよりも持続可能な組織経営のためには、あらゆる利害関係者との十分なコミュニケーションを通じてそのニーズを理解し、業績目標の達成手法にも経済、環境、社会に配慮した幅広い視点からの経営判断が必要になる。

　実際にサスティナビリティを考えると、事業の数々の面に影響し、製品・サービスの生産から始まって、消費者による使用、廃棄にいたるまで、さまざまな配慮が欠かせない。そのことは、責任ある組織になるという決意表明にもなる。企業が人々からの敬愛を失いつつあるなかで、社会的責任を果たしていないというマイナス報道や業績へのマイナス効果に耐えられる組織は少ない。マネジャーたちも倫理的だと評価されることを求めている。次のセクションでは、そのことを取り上げよう。

3-3 組織における倫理的行動、非倫理的行動につながる要素

どのように倫理的だと判断するのか

　マネジメント上の**倫理**(注20)について理解を深めるには、まずマネジャーが倫理的判断をする3つの基準に注目しよう[27]。①**功利主義的倫理規範**(注21)では、成果や結果が唯一の倫理的な判断基準になる。功利主義が目指すのは、最大多数の最大幸福の実現である。②**権利の倫理規範**(注22)では、承諾の自由、プライバシー、言論の自由をはじめとする個人のさまざまな自由や権利が尊重され保護されていることを重要とする。このため、倫理的判断はきわめてわかりやすい。その判断

---

19) サスティナビリティ　事業戦略策定において経済、環境、社会面のメリットに配慮することによって、業績目標を達成し長期的な株主価値を向上させる企業力。
20) 倫理　行動の善悪を決める基準や原則。
21) 功利主義的倫理規範　成果や結果が唯一の倫理的な判断基準になる。
22) 権利の倫理規範　個人のさまざまな自由や権利が尊重され、保護されていることが倫理的な判断基準になる。

によって影響を受ける恐れのある人々の権利が、侵害されないようにすればよいのだ。③**正義論の倫理規範**では、公正公平にルールを導入してそれに従う。(注23)たとえば、技術レベルや業績、責任が同じレベルのスタッフを同一賃金とし、性別や性格、個人的な好き嫌いなどによる気まぐれな判断をしないというマネジャーの判断は、その1事例である。この倫理規範の場合、平等で公平公正な判断をしようとする。

　どの倫理規範を一番ふさわしいと判断するにしても、マネジャー（あるいは主体となる従業員）の行動が倫理的か非倫理的かは、いくつかの要素に左右される。それは、個人の道徳意識や価値観、性格や経験、組織の文化、対象となっている問題などである[28]。例えば、あなたのクラスメートが最終試験の問題を盗み、コピーを50ドルで販売しているとしよう。あなたは、その試験で高得点を取らなければ単位が取得できない恐れがあり、しかも一部のクラスメートがすでにコピーを購入しているようだ。担当教員は相対評価をするので、自分自身の評価に影響するかもしれない。この場合、あなたはコピーがなければ不利になることを恐れてコピーを購入するだろうか、コピーを買わずに全力を尽くすだろうか、あるいは担当教員に通報するだろうか？　この最終試験のケースは、何が倫理的なのかがあいまいなためにマネジャーが問題に直面する様子を、表している。

倫理的な行動を促すためにマネジャーは何をすればよいか

　ウォール街の企業ゴールドマン・サックスが住宅市場の暴落時に顧客を欺いたという告発をめぐる上院の聴聞会で、アリゾナ州選出のジョン・マケイン上院議員は「ゴールドマンに何らかの違法行為があったかどうかはわからないが、その行動が非倫理的だったことは疑いようがない」と発言している[29]。そのような倫理的に問題のある判断や行動が行われようとしているとき、マネジャーは何を考え、何をしていたのかと不思議に思うはずだ。きっとマネジャーには、倫理的行動をするような心がけがなかったにちがいない！

　倫理的な行動の促進をマネジャーが本気でやるなら、できることはいくつもある。高い倫理観を持つ従業員を採用し、倫理規定を作り、模範を示し、業務目標と業績評価を連動させ、倫理研修を実施し、倫理上のジレンマに直面した従業員を保護する施策を導入すればよい。そのような取り組み自体による効果はそれほど大きくないかもしれないが、組織として倫理に関する幅広い対応を

することによって、組織の倫理観が向上する可能性がある。ただし、その可能性は、企業側の対応次第で大きく変わる。倫理に関する取り組みを充実させれば、必ず思い通りの成果が期待できるわけではない。また、そのような企業の取り組みのなかには、マスコミ対応を主な目的としており、マネジャーや従業員への効果がほとんどないものもある。企業不祥事の「典型」とされるエンロンでさえ、一般的に倫理的だと判断される要素であるコミュニケーション、尊敬の気持ち、誠実さ、卓越性を年次報告書に書き連ねていた。しかし経営陣の行動には、そのような価値観がまったく見られなかった[30]。ここでは、マネジャーが倫理的な行動を促し、幅広く倫理に関する取り組みを行うための3つの手段を紹介しよう。

倫理規定 何が倫理的で、何が非倫理的なのかについての従業員のあいまいさを解消するために、倫理規定が作成されることが多い[31]。**倫理規定**は、組織が [注24] マネジャーおよび従業員に守ってもらいたい基本的価値観や倫理基準を記した正式文書である。理想的な倫理規定は、組織の構成員の明確な行動指針になるとともに、自由裁量も認めるものである。調査によれば、従業員1万人以上の組織の97％、それを下回る従業員数の企業でも93％近くが倫理規定を明文化している[32]。また、世界的にも倫理規定の作成は一般化しつつあり、世界的な倫理観の向上を目指すグローバル・エシックス研究所（Institute for Global Ethics）による調査では、誠実、公平、敬意、責任、親切という価値観は世界中で共有されていることがわかっている[33]。

倫理規定の効果は、その内容をマネジャーが尊重し、企業文化として根付かせているかどうか、どのように規定違反に対処するかによって大きく変わる[34]。マネジャーが倫理規定を大切にして日常的に内容を確認し、その規定を守るとともに規定違反を公然と処罰すれば、倫理規定に基づいて、企業倫理の向上に向けた効果的な取り組みができる[35]。

倫理面のリーダーシップ 2007年にピーター・ロッシャーがドイツの企業シーメンスのCEOに就任したのは、世界的な収賄事件で過去最高額となる13億

---

23) **正義論の倫理規範** 公正公平にルールを導入してそれに従うことが倫理的判断基準になる。
24) **倫理規定** 組織がマネジャーや従業員に守ってもらいたい基本的価値観や倫理基準を記した正式文書。

> **【図表 3 - 3】**
> **倫理的なリーダーになるために**
> - 倫理的かつ誠実な態度で模範を示す
> - 決して嘘をつかない
> - 情報の隠ぺいや改ざんをしない
> - 間違いは素直に認める
> - 従業員との日常的な会話を通じて自分の価値観を理解してもらう
> - 組織やチームにとって大切な共通の価値観を尊重する
> - 報酬制度を導入して全員に価値観についての意識を持たせる

4000万ドルの罰金を科されたイメージを払拭するためである。そこで、「自らの原則にこだわること。明確な倫理基準を持つこと。信頼され企業内の模範となること。本当のリーダーには、守ると公言し、好調なときも不調なときも大切にする本質的価値観がある」と呼びかけた[36]。倫理的に事業を進めるためには、マネジャーの決意が欠かせない。なぜか？ 共通の価値観を支え、企業文化を決めるのはマネジャーだからだ。また、マネジャーは言葉だけでなく、さらに重要な行動で模範を示さなければならない。従業員を倫理的な行動に導くには、行動が言葉よりはるかに大切である。もしマネジャーが経営資源の私的流用や経費の水増し、知人への特別扱いをすれば、すべての従業員がそのような行為をしてよいと思うようになる。

　また、マネジャーの評価や処罰の方法は、組織の雰囲気に影響する。どのような人物や行為を昇給や昇進の対象にするのかは、従業員への強いメッセージになる。先に述べたように、倫理的に問題のある方法で好業績をあげた従業員が評価されれば、ほかの従業員は、そのような手法は容認されるのだと判断する。従業員の非倫理的な行為に対しては、マネジャーが対象者を処罰すると同時に事実を公表し、組織全体に経緯を明らかにしなければならない。そうすれば不正行為には代償が伴い、非倫理的な行動は従業員にはまったく利益にならないというメッセージを伝えることができる（倫理的なリーダーになるための指針は、図表 3 - 3 を参照）。

倫理研修　かつてヤフーは、オンラインで既成の倫理研修を実施していた。ところが、そのなかで使われている例証は典型的な国内企業や平均的な従業員年齢を想定していたので、従業員が若いグローバル企業であるヤフーでの実務とは異なっていた。そのためヤフーは、倫理研修を変更して、アニメーションや

対話形式を増やし、業界の実態に近い内容にした。その45分間の研修プログラムには、企業としての行動基準や、従業員が理解を深めるための参考図表も含まれている[37]。

ヤフーと同じように、セミナーやワークショップをはじめとする倫理研修を導入し倫理的行動を促す組織は、次々と増えている。ただそのような研修には賛否両論があり、一番の争点は、倫理を教えられるのかどうかである。研修に反対の人たちは、個人の価値観は若い年齢の時期に確立するので、研修には意味がないと強調する。それに対して賛成の人たちは、複数の研究で価値観は幼児期以降も学習できることが明らかになっていると反論する。また、倫理的問題の解決手法を教育することによっての倫理的行動に差が生まれ[38]、研修によって道徳水準が改善し[39]、ビジネスにおける倫理的な問題を意識するようになると主張する[40]。

3-4 働く人々はどう変化し、組織のマネジメント手法にどんな影響を与えるか

職場における多様性とは

教室（あるいは職場）を見渡してみよう。おそらく若者、高齢者、男性、女性、背が高い人、低い人などさまざまな人がいて、それぞれ服装も異なるだろう。また教室には、積極的に発言する学生もいれば、ただノートをとることに集中している学生、寝ている学生もいる。読者は、いま自分自身がいる小さな場所の多様性に気づいているだろうか？　ここからは職場における多様性がテーマなので、まず職場における多様性とは何かを見ていきたい。

多様性は、「20年あまり前から、ビジネスに関する話題として取り上げられることの多いテーマになっており、近年は品質やリーダーシップ、倫理観などと同じように、企業が取り組むべき課題とされている。一方で、賛否両論が激しく、理解が進んでいない問題でもある」[41]。「多様性」は人権に関する法律や社会正義で認められているものであり、言葉そのものは態度や感情的反応の違いをイメージさせる。かつて多様性は、人材担当の部署において、公正な採用、差別、不平等に関連すると認識されていたが、いまではそれだけにとどまらない。

【図表3-4】
職場で見られる多様性

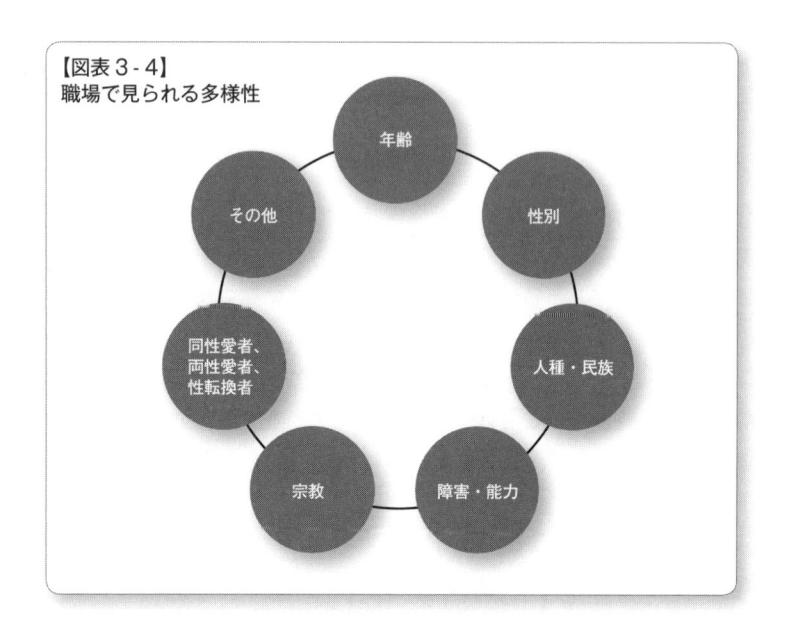

- 年齢
- 性別
- 人種・民族
- 障害・能力
- 宗教
- 同性愛者、両性愛者、性転換者
- その他

　本書では、**労働力の多様性**を、職場の従業員に違いと類似点がある状態と定義する[注25]。従業員の違いだけでなく類似性にも注目し、マネジャーや組織は従業員には違いだけでなく共通の資質があることを認識すべきだという考えであるを強調しておきたい。それは従業員同士の違いの重要性が低いという意味ではなく、マネジャーが強い人間関係を築き、すべての労働力を活かすための方法を見つけ出すことが大切ということである。

職場には、どのような多様性があるのか

　現在の職場では、多様性は大きな問題であり、重要性も高い。では実際の職場には、どのような多様性があるのだろう？　図表3-4は、そのいくつかを表している。

年齢　高齢化は、職場における深刻で重要な変化である。たとえばアメリカの職場には8,500万人近いベビーブーム世代が現役で働いているため、マネジャーはそのような従業員が年齢を理由に差別されないように注意する必要がある。アメリカの年齢による差別禁止の根拠となっているのは、1964年公民権法第Ⅶ編と1967年雇用における年齢差別禁止法である。年齢差別禁止法では、特定

の年齢での定年退職も制限している。組織では、それらの法律を順守するだけでなく、高齢の従業員に公平公正な待遇を提供する仕組みや規定を作らなければならない。

性別　アメリカにおいて、現在の労働力の男女比は、ほぼ半数ずつである（女性49.8％、男性50.2％）[42]。しかし、この章の初めに紹介したとおり、女性の積極的な登用の問題は、まだ解決していない組織が非常に多い。その問題には、男女間の賃金差別や登用ならびに昇進、女性が男性と対等に仕事をこなすかどうかについての誤解なども付随する。マネジャーおよび組織は、組織にとっての男女の強みや、組織側の対策が十分な成果につながっていない原因を探ることが大切である。

人種・民族　人種の違いや人種が異なる人たちへの対応については、アメリカ国内外で長く激しい対立の歴史があり、組織における人種および民族の多様性には重要な意味がある。ここでの**人種**とは、生物学的に受け継ぎ（皮膚の色など外見上の特徴や共通の習性など）、自らを特徴づけるものである。大半の人々は、自分がある人種に属していると考えており、そのような人種グループが一国の文化や社会、法律についての環境の形成に大きく影響している。それに対して**民族**は、人種に関連する概念だが、集団内で共有されている、個人の文化的背景や忠誠心という社会的特徴を意味する。

　アメリカ国内における人種および民族の多様性は急速に高まっており、その状況は、労働力の構成にも表れている。職場に関係のある人種および民族の研究では、採用判断、業績評価、賃金、職場差別が検証対象になることが多い。マネジャーや組織が労働力の多様性をうまく活かすためには、人種および民族の問題も重視する必要がある。

障害・能力　障害を持つ人たちにとって、1990年は分岐点となった。アメリカでは、その年にアメリカ障害者法（ADA：the Americans with Disabilities Act）

---

25) **労働力の多様性**　職場の従業員に、性別、年齢、人種、性的指向、民族、文化的背景、身体的能力・障害の違いと類似点がある様子。
26) **人種**　生物学的に受け継ぎ（皮膚の色など外見上の特徴や共通の習性など）、自らを特徴づけるもの。
27) **民族**　特定の集団に共通する、文化的背景や忠誠心などの社会的特性。

が成立したのである。ADAは障害者差別を禁じ、障害者に対する合理的な配慮を雇用主に求めている。その結果、肉体的あるいは精神的障害のある人々が働く場を探して、能力を発揮できるようになっている。実際、ADAの成立後は、アメリカの労働者のうち障害者の数や比率が増えている。

　障害を持つ従業員を効果的に活用するには、そのような従業員が必要としている対応を整えやすくなるように、マネジャーが常に環境作りをしなければならない。障害者に対する法的な優遇措置によって、障害者は仕事ができるようになるが、一方で、健常者に不公平感を抱かせない配慮も必要である。そのためマネジャーはバランスのとれた行動を求められる。

宗教　大学2年生のハニ・カーンは、サンフランシスコにあるアパレルショップのホリスターで3カ月前から在庫管理をしていた[43]。ところがある日、イスラムの習慣で髪を覆っていたスカーフ（ヒジャブ）が会社の定めた「ルックポリシー」に反するので、はずすよう上司から言われた（その規定では、職場で許される服装、ヘアスタイル、メーク、アクセサリーが指導されている）。それを宗教上の理由から拒否したカーンは、1週間後に解雇された。そのため、ほかのイスラム教徒女性と同じように、職場差別だとして連邦裁判所に告訴した。（ホリスターの親会社である）アバクロンビー＆フィッチの広報担当者は、「アバクロンビーの社員が、会社の方針は宗教上の差別だと判断しても、（中略）ともに和解の方法を探るつもりである」とコメントしている。

　アメリカの公民権法第Ⅶ編は、宗教（あるいは人種・民族、出身国、性別）を理由とする差別を禁じている。ところが、読者は驚かないと思うが、アメリカ国内における宗教差別の訴えは増え続けている[44]。宗教上の多様性を受け入れるためには、マネジャーたちが、さまざまな宗教やその信仰を十分理解して意識を高め、宗教上の祭日には特別注意しておかなければならない。ほかの従業員から「特別待遇」と思われないように、もし特別なニーズや要請に応じることができるのであれば、企業側にも自然な形で職場差別のリスクをなくすというメリットはある。

GLBT（又はLGBT）——性的指向と性同一性　性的指向と性同一性の多様性を表す言葉として、ゲイ（Gay）、レズビアン（Lesbian）、両性愛者（Bisexual）、性転換者（Transgender）の頭文字を組み合わせたGLBTが使われることが多

くなった[45]。性的指向は、これまで「最後まで受け入れられない偏見」と呼ばれてきた[46]。その言葉の意味は、人種や民族による特徴は「踏み込んではいけない」領域だと理解されているにもかかわらず、同性愛者に対しては無礼な発言を聞くケースが少なくないということだ。アメリカの連邦法では、性的指向を理由に従業員を差別することは禁じられていないが、州や自治体レベルでは、そのような差別を禁じている事例が多い。一方、EU加盟国では、一般雇用均等指令によって性的指向による差別を違法とする立法措置を講じなければならない[47]。このように、同性愛者を許容する職場作りに向けた動きは進んでいるが、さらなる改善が必要なのは明らかである。ある研究によると、同性愛者の40％以上が性的指向を理由に不当な処遇を受けたり、昇進できなかったり、退職を迫られたりしたと回答している[48]。

　ここで説明した多くの多様性と同様に、GLBTの従業員のニーズにどうすれば最善の対応ができるのかを、マネジャーは考えなければならない。必要なのは、従業員の心配に対処しながら、すべての従業員にとって安心で生産的な職場環境を作ることである。

その他　先に述べたように、多様性とは職場に存在しうるあらゆるずれや違いのことである。これまで挙げた項目のほかに、マネジャーが直面して対処を求められる可能性がある多様性には、社会経済的背景（社会的階層や所得に関する要素）、チームの構成員の出身部門や出身部署、身体的特徴、体格、職歴、知的能力などがある。これらの多様性も職場での処遇に影響する可能性があるので、やはりマネジャーは、類似していることが理由であっても、類似していないことが理由であっても、決して従業員を不公平に処遇することなく、公平に機会を与えるようにし、仕事に最大限の能力が発揮されるよう支援すべきである。

組織やマネジャーは、働く人々の変化にどう対応しているのか

　組織は、従業員がいなければ事業活動ができない。そのためマネジャーたちは、働く人々の変化への対応を求められ、ワーク・ライフバランスの推進、非長期雇用型労働の導入、世代間格差の理解といった多様性対策を進めている。

ワーク・ライフバランスの推進　1960年代と1970年代は、従業員は月曜日か

ら金曜日まで職場に出勤し、8時間あるいは9時間仕事をするのが一般的だった。当時、職場と労働時間は明確に決められていた。だが現在、多くの労働力の状況は一変している。仕事時間と仕事以外の時間の線引きがあいまいになり、それが心の葛藤やストレスの原因になっていると訴える従業員が増えている[49]。

仕事とプライベートの区分があいまいになっている要因は、いくつかある。1つは、グローバルにビジネスが行われるようになったために、仕事が終わらないことである。たとえばアメリカ企業キャタピラーの何千人もの従業員は、毎日いつでも、どこかの職場で働いている。時差が8〜10時間離れた同僚や顧客からの問い合わせに応じなければならないとすれば、グローバル企業の従業員の多くは、1日24時間いつでも「待機」していることになる。もう1つの要因は、通信技術の進化によって、自宅や車内、タヒチの海岸でも仕事ができるようになったことである。それによって技術職や専門職は、いつでもどこでも仕事ができるようになった。が、同時に仕事から逃げられなくなっている。さらに別の要因は、景気低迷によって組織が従業員を解雇しなければならなくなり、「生き残っている」従業員は労働時間が長くなってしまうことである。労働時間が週45時間を上回る従業員も例外ではなく、50時間以上の場合もある。最後の要因として挙げられるのは、働き手が1人だけの家庭が減っていることである。現在、既婚の従業員は多くが共働きなので、家庭や配偶者、子ども、親、友人との約束を守るための時間を見つけにくくなっている[50]。

このように仕事が個人的な時間を圧迫しつつあり、幸せではないと感じる従業員が増えてきている。先進的な職場にするためには、多様化した労働力のあらゆるニーズを受け入れなければならない。そのため**家族思いの福利厚生**を用意し、従業員が柔軟に仕事時間を決められるように大幅に日程調整の自由を認め、ワーク・ライフバランスに必要な要求を受け入れる企業が増えている。たとえば企業内保育所やサマーキャンプを提供したり、フレックスタイムやワークシェアリングを導入したり、学校行事のための休暇や在宅勤務、パートタイム勤務を認めたりしている。特に仕事よりも家庭を優先する若年層は、できるだけ柔軟な働き方ができる組織を求めている[51]。
(注28)

需給調整可能型労働力　「企業は、必要に応じて働く人々の数を増減できることを望んでいる」[52]。このコメントには驚きを感じるかもしれないが、すでに従来のフルタイムの仕事から**需給調整可能型労働力**への移行が始まっており、必
(注29)

要に応じて雇用するパートタイム労働者や臨時労働者、契約労働者にシフトしつつあるのが実態である。また、現在の経済情勢を反映し、すでに多くの組織がフルタイムの正規労働から需給調整可能型労働に転換している。予想では、アメリカでは10年後には需給調整可能型労働力が全体の約40％を占めるようになる（現在は30％である）[53]。さらに報酬や福利厚生の専門家からは「今後は、そのような環境でのキャリア形成が必要になる労働者が増えてくる」という意見も聞かれ、読者もその1人になるかもしれない！[54]

　では、マネジャーや組織にはどのような影響があるのだろうか。需給調整可能型労働者は、従来の定義の「従業員」ではないため、そのマネジメントには独自の課題やなすべき事がある。正規雇用者のように安定した長期雇用が保証されているわけではないので、組織に対する帰属意識はなく、仕事に対する熱意や意欲も欠けているかもしれないということを認識しておくべきである。場合によっては、正規雇用者とは別の施策や方針が必要かもしれない。しかし、十分なコミュニケーションをはかり、リーダーシップを発揮すれば、正規社員と同じように組織にとって貴重な人材になる可能性はある。現在のマネジャーが理解しなければならないのは、フルタイム型と需給調整可能型のすべての労働力の意欲を高め、素晴らしい仕事をするという意識を持たせるのは、自分たちの責任であるということだ。

世代間格差の理解　世代間格差への対応には、独自の難しさがある。なかでもアメリカのベビーブーム世代とそのジュニア世代であるY世代との格差は、対応が容易ではない。服装やハイテク技術への対応、マネジメント手法をめぐって、意見の違いや激しい対立が起こることもある。

　客観的に考えて、オフィスではどのような服装がふさわしいのか？　その答えは質問する相手によって違うかもしれないが、さらに重要なことは、職種や組織規模によって答えに差があることだ。何を適切と考えるかについての世代間格差を受け入れるためには、柔軟性が大切である。具体的事例を紹介すると、組織外の人物と会う予定のない従業員は、（一定の制約はあるが）カジュアルな服装でもかまわないという規定を作ればよい。

28）**家族思いの福利厚生**　従業員が柔軟に仕事時間を決められるように大幅に日程調整の自由を認め、ワーク・ライフバランスに必要な要求を受け入れること。

29）**需給調整可能型労働力**　必要に応じて雇用してもらえるパートタイム、臨時、契約の労働者。

ハイテク技術についてはどうだろう？　Y世代は、ATMやDVD、携帯電話、電子メール、携帯メール、ノートパソコン、インターネットとともに成長してきた。必要な情報を求めるには、数回キーをたたけばよい。問題解決にはオンラインでのやりとりで十分だ。しかしベビーブーム世代は、重要な問題は直接会って解決するものだと思っている。また、ベビーブーム世代はジュニア世代が1つの仕事に集中できないことに不満を持っているが、逆にジュニア世代はいくつもの仕事を同時にこなすことを、まったく問題がないと思っている。このような事例でも、両方の世代を理解して柔軟に対応すれば、うまく効率的に共同作業ができる。

最後にマネジメント手法についてはどうだろう？　Y世代が上司に望む条件は、心が広いこと、ハイテク機器に精通していなくても自社の業界のエキスパートであること、てきぱきしていること、教師でありコーチでありメンターであること、権威主義者や温情主義者でないこと、自分たちの世代を尊重してくれること、ワーク・ライフバランスの必要性を理解していること、常に評価を聞かせてくれること、はっきりと説得力のある話し方をすること、刺激的で新たな知識を学べることである[55]。

団塊ジュニア世代の知識、情熱、能力面での組織への貢献は大きい。そのためマネジャーは、その行動を理解して容認し、効果的かつ効率的に仕事が進み、非建設的な対立が生じない環境を整備しなければならない。

理解を深めよう

1. グローバルビレッジの概念は、組織やマネジャーにどのような影響を与えるのか。
2. グローバルな組織の種類と、組織をグローバル化する手法について説明しよう。
3. 文化の多様性についてのホフステードの研究は、マネジメントにどのような影響を与えるか。また、グローブの研究プロジェクトはどうか。
4. 社会的責任、社会的義務、社会的対応はどう違うのか。どのような共通点があるのか。
5. 持続可能性とは何か。組織はどのようにそれを実践できるのか。
6. 3種類の倫理規範に基づいて、マネジャーの倫理的な判断手法を説明しよう。
7. マネジャーが倫理的行動を促すための具体的な方法について議論してみよう。
8. 労働力の多様性とは何か。なぜマネジャーにとって労働力の多様性は重要な問題なのか。
9. 職場で見られる6種類の多様性について説明しよう。
10. 組織やマネジャーが労働力の変化に対応するために行っている3種類の対策について説明しよう。

実例にみるマネジメント (p.63から続く)

日産：リバイバルプラン

　1999年、破綻寸前であった日産の体質を欧米や日本といった巨大市場、そして当時台頭しつつあった中国やインドといった新興市場でも十分に戦い抜ける程の強さに変えていくためには、経営の国際化が1つのカギを握っていた。日産とルノーの資本提携交渉をまとめあげた日産自動車の塙義一社長（当時）は、摩擦覚悟で異文化を導入しなければ日産に未来は無いと考えていた。

　2001年、ルノーと日産の提携についてゴーン氏は次のように述べている。「大切なのはお互いのアイデンティティ（独自性）を尊重し合うことだ。自動車産業において『価値』を作り出す原材料は、アイデンティティである。お互いのアイデンティティを尊重するということは、価値創造という意味でビジネス上、大きな意味を持つ。我々にとって大きな課題だったのは、アイデンティティを尊重しながら、同時に相乗効果を創出していくということだ。この2つをバランス良く達成することは非常に難しい」[56]。ゴーン氏は、多様なアイデンティティから価値を創造するために、単にどちらかの考えを押しつけるようなやり方を否定しつつも、その実現の難しさに直面し続けてきたのである。

　また、提携当時、日産は国内市場におけるマーケティングでも苦戦していた。その理由は、当時の組織内の多様性の低さにもあると考えられていた。社員の組織内での地位は年功序列によって決定されることが多く、若い社員が自由闊達に意見を言える空気はなかった。また、管理職層のほとんどは男性によって占められており、女性が活躍出来る場は限られていた。こうした組織内の風土や人員構成は、日産がマーケットのニーズをとらえる上で弱みにつながっていた。例えば、日本の自家用車購入の意思決定においては女性の意見も強く反映されるにもかかわらず、女性の意見や視点が十分に反映されない開発やマーケティングが行われていたのである。

　ゴーン氏は「人間は自分と共通点の多い人間と仕事をしたがる傾向がある。日本人同士やフランス人同士、年齢が近い人同士といったつき合いは、ある意味その典型だ。しかし、そうした傾向は企業の中で正しいとは言えない」と述べている[57]。多様な個性がそれぞれの独自性を発揮しつつ、相互作用を通じてより高い価値を共に創造する難しさは個人レベルでも組織間のレベルでも共通の課題と言える。

　ゴーン氏はこれまで、日産社員に対し社員として従うべき指針を示し続けてきた。それらは、一人ひとりが目標の達成責任を負うこと、異なった意見を取り入れること、情報をわかりやすく共有化することなどであり、これらは現在、「日産ウェイ」として整理され、研修等の機会を通じて社員全体への浸透が図られている。

設問1 日産はなぜ多様性の低さを克服しようとしたのだろうか。人材の多様化を促進することのメリットは何か。

設問2 国籍、年齢、性別など人材の多様化が進んだ組織をマネジメントする上で重要な点は何だろうか。単に多様な人材を採用し配置するだけでなく、彼・彼女らが力を十分に発揮できるためにはどのような工夫が必要だろうか。

設問3 ゴーン氏が強調するコミットメントの精神や日産ウェイといった行動指針を浸透させることにはどのような効果やメリットがあるだろうか。逆にデメリットが生じることはあるだろうか。効果やメリットを十分に引き出すにはどのような工夫が必要だろうか。

Part 2

パート2

計画する

Chapter 4

第 4 章
意思決定の基礎

本章での学習ポイント

- **4-1** マネジャーはどのように意思決定するのか　p.94
- **4-2** マネジャーによる意思決定の3つのアプローチとは何か　p.101
- **4-3** 意思決定の種類と意思決定の条件とは何か　p.106
- **4-4** 集団ではどのように意思決定するのか　p.111
- **4-5** マネジャーが直面する意思決定の現代的課題　p.116

実例にみるマネジメント

NASA：未来への計画

　長年にわたり、NASA（米国航空宇宙局）は数々の素晴らしい瞬間を人々に提供してきた。ニール・アームストロングが月面に第一歩をしるした瞬間も、ハッブル宇宙望遠鏡が遠く離れた星や銀河の魅力的な画像を公開した瞬間も[1]。そして、NASAのビジョンである私たちが住むこの惑星を理解し守ること、宇宙を探索し生命の起源を探ること、次世代の探索者たちに刺激を与えること、はプロジェクトやプログラムに関する意思決定を行ううえで、NASAのマネジメントチームの指針となってきた。

　2011年、主要な任務であったスペースシャトル計画が終了すると、NASAは混乱に陥る。あるプログラム・マネジャーが、将来のNASAは「あいまいな時代が続く」と発言したほどだ。NASAが新たな進路を必要としていることは明らかだった。そこでアメリカ大統領は、NASAの新たな目標として、2025年までに小惑星、2030年までに火星への有人探査などを発表した。このように、ある組織を望ましい方向に効果的かつ効率的に導く進路を計画するのに、マネジャーの意思決定は欠かせないものである。(p.120に続く)

　意思決定、特に、前例がない不確かな状況での意思決定は、簡単ではないだろう。だからと言って、マネジャーが意思決定を忘れたり怠ったりしてもよいというわけではない。NASAのケースで紹介したように、意思決定が困難だったり複雑だったりするときでも、できるだけ最高の情報を集めて実行に移すのがマネジャーの任務だ。マネジャーは、大小さまざまな意思決定を行う。そして意思決定の全体のクオリティは、組織の成功と失敗に大きく影響する。この章では、意思決定の基本的な事柄について検討していく。

4-1 マネジャーはどのように意思決定するのか

　一般に、意思決定とはいくつかの代替案のなかから選択すること、と言われる。しかし、これはあまりに安易な考え方だ。なぜなら、意思決定においては、結果的になされる選択よりも、その途中のプロセスが重要だからだ。図表4-1に、8つのステップから成る**意思決定のプロセス**を示す。まずは問題を特定し、問題を軽減する代替案を選択し、決定の有効性を評価して締めくくる。このプロセスは、春休みの計画を立てるときにも、NASAのトップが組織の将来像を描くときにも当てはまる。つまり、個人にも集団の意思決定にも適用できるのだ。では、意思決定のプロセスについて詳しく調べ、それぞれのステップには何が必要かを理解していこう。

意思決定の問題を特定するには

　意思決定のプロセスは**問題**、つまり、現状と望ましい状況の矛盾を特定することからスタートする（ステップ1）[2]。このセクションでは、ある例に沿って説明していこう。話を分かりやすくするため、多くの人が遭遇すると思われる車の購入のケースを取り上げる。ある食品会社のマネジャーA氏は、この数年間、車の修理に6,000ドル近くを費やしてきた。今度はエンジントラブルが発生し、見積もりによると修理には大きな費用がかかる。

　このケースではきちんと走る車がほしいA氏のニーズと、車が故障しているという事実の矛盾から、問題が生じている。エンジントラブルは新しい車が必要だという明確な合図だが、現実の世界ではこれほど分かりやすい問題は珍

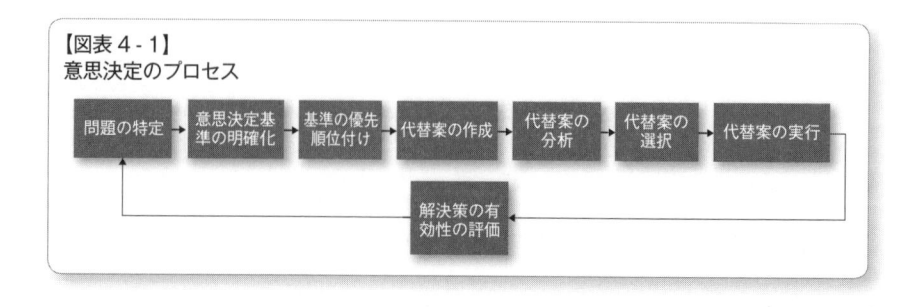

【図表4-1】
意思決定のプロセス

問題の特定 → 意思決定基準の明確化 → 基準の優先順位付け → 代替案の作成 → 代替案の分析 → 代替案の選択 → 代替案の実行 → 解決策の有効性の評価

しい。どちらかというと、問題の特定は困難だ。しかも、問題を誤って特定してそれを完ぺきに解決するマネジャーは、正しい問題を特定できずに何も行動しないマネジャーと同じくらい能力が低い[3]。では、マネジャーは問題をどのように認識するのだろうか。そのためには、現状と一定の基準とを比較する必要がある。基準としては、過去のパフォーマンス、事前に設定した目標、組織内のほかの部門やほかの組織の成績などがある。前述のケースでは、過去のパフォーマンス、つまり「走る車」が基準となる。

意思決定のプロセスのわかりやすい例として、車を購入するときのステップがある。このプロセスは、個人の意思決定にも集団での意思決定にも利用できる。この女性は、まず「新しい職場に行くのに車が必要」という問題を特定。次に、意思決定の基準（価格、色、大きさ、性能）を明らかにして、それぞれに優先順位をつけ、代替案を作成、分析、選択し、それを実行に移す。そして最後のステップとして、自分が選んだ解決策の有効性を評価する。

意思決定プロセスに関連する要素とは

　注目するべき問題の特定ができたら、問題の解決に欠かせない**意思決定基準**[注3]を明らかにしなければならない（ステップ2）。

　車を購入する際、A氏は意思決定に関連するさまざまな要素、たとえば価格、モデル（2ドアか4ドアか）、大きさ（小型車か中型車か）、メーカー（フランス製、日本製、韓国製、ドイツ製、アメリカ製など）、オプション装備（カーナビゲーション、側面衝突保護、革張りの内装など）、修理履歴といった基準を検討する（訳注：A氏は中古車を購入しようとしているので修理履歴という基準が含まれてくる）。意思決定の際にA氏が何を考慮するかによって、基準とする要素は異なってくる。たとえば、A氏が燃費を重視していない場合は、燃費という基準は車の選択に影響しない。つまり、意思決定者がある要素を選ばないと

1）**意思決定のプロセス**　問題の特定、代替案の選択、解決策の有効性の評価などから成る8つのステップ。
2）**問題**　現状と、望ましい状況のズレ。
3）**意思決定基準**　意思決定に関連するさまざまな要素。

いうことは、それは意思決定に無関係なものだとみなされる。

基準の重要度と代替案の分析

　意思決定を行うとき、どの基準も等しく重要というわけではなく、[4] ステップ2で挙げた基準を比較して優先順位をつける必要がある（ステップ3）。簡単な方法として、最も重要な基準に10の重要度を設定し、残りの基準にもそれぞれの重要度を設定するとよい。つまり、重要度10の基準は重要度5の2倍の重みがある、ということになる。自分の好みにこの方法を当てはめて、意思決定に関連する基準に優先順位をつけたり、それぞれの基準に重要度を設定してその重要性を明らかにしたりできる。車を買い替える判断を下す際に関連する基準と重要度について、マネジャーA氏が作成したリストを図表4-2に示す。最も重要なのは価格であり、性能と操作性の基準は低い。

【図表4-2】
車の購入に関する基準と重要度

基準	重要度
価格	10
内装	8
耐久性	5
修理履歴	5
性能	3
操作性	1

　次に、問題を解決できそうな代替案をリストアップする（ステップ4）。このステップでは、代替案は評価せず、リストを作成するだけでよい[5]。マネジャーA氏が12種類の車をピックアップしたとしよう。ジープ　コンパス、フォード　フォーカス、ヒュンダイ　エラントラ、フォード　フィエスタSES、フォルクスワーゲン　ゴルフ、トヨタ　プリウス、マツダ　3MT、キア　ソウル、BMW 335、ニッサン　キューブ、トヨタ　カムリ、ホンダ　フィットスポーツMTに絞る。

　代替案をリストアップしたら、それぞれの案をじっくりと分析しなければならない（ステップ5）。ステップ2とステップ3で定めた基準の重要度に照らし合わせて評価すると、それぞれの長所と短所が明らかになる。マネジャーA氏はそれぞれの車に試乗して、図表4-3のように評価している。これはあくま

【図表4-3】
車の選択肢の評価

車の種類	価格	内装	耐久性	修理履歴	性能	操作性	合計
ジープ　コンパス	2	10	8	7	5	5	37
フォード　フォーカス	9	6	5	6	8	6	40
ヒュンダイ　エラントラ	8	5	6	6	4	6	35
フォード　フィエスタSES	9	5	6	7	6	5	38
フォルクスワーゲン　ゴルフ	5	6	9	10	7	7	44
トヨタ　プリウス	10	5	6	4	3	3	31
マツダ　3MT	4	8	7	9	8	9	45
キア　ソウル	7	6	8	6	5	6	38
BMW　335	9	7	6	4	4	7	37
ニッサン　キューブ	5	8	5	4	10	10	42
トヨタ　カムリ	6	5	10	10	6	6	43
ホンダ　フィットスポーツMT	8	6	6	5	7	8	40

でもA氏の評価であることを覚えておいてほしい。1から10までランクをつけた。なかにはどちらかといえば客観的に評価したものもある。たとえば、価格は地元のディーラーで得られた最低価格、修理履歴は中古車雑誌のデータに基づいている。一方で、操作性は明らかに個人的な基準だ。ここで大切な点は、ほとんどの意思決定は個人の判断を伴うということである。つまり、ステップ2で明らかにした基準、その基準の重要度、そして代替案の評価にも、個人の判断が反映されている。個人の判断はそれぞれ異なるため、同じ予算で車を購入したい人が2人いたら、まったく異なる代替案を選ぶだろうし、同じ代替案を選んだとしても異なる評価をするだろう。

　図表4-3は、12の代替案を意思決定基準に照らし合わせて評価したものであり、ステップ3の重要度は加えていない。仮にすべての基準で10のランクを得た代替案があるとすると、重要度を考慮する必要はない。また、どの重要度も等しければ、各行の数値を合計するだけで代替案を評価できる。たとえば、フォード　フィエスタSESの合計は38で、トヨタ　カムリの合計は43になる。これに重要度を掛けたものが図表4-4である。キア　ソウルの耐久性40という数値は、A氏の評価8に重要度5を掛けて得られる。これらの数値を合計した結果が、基準と重要度を考慮した代替案の評価となる。重要度を考慮すると代替案の順位が変わる点に注目してほしい。例えば、フォルクスワーゲン　ゴルフは2位から3位に後退している。価格と内装の数値が低いことが分析から判明し、フォルクスワーゲンの評価を低くしたのだ。

【図表 4 - 4】
車の選択肢の分析：基準×重要度

車の種類	価格 [10]	内装 [8]	耐久性 [5]	修理履歴 [5]	性能 [3]	操作性 [1]	総合評価
ジープ　コンパス	2　20	10　80	8　40	7　35	5　15	5　5	195
フォード　フォーカス	9　90	6　48	5　25	6　30	8　24	6　6	223
ヒュンダイ　エラントラ	8　80	5　40	6　30	6　30	4　12	6　6	198
フォード　フィエスタSES	9　90	5　40	6　30	7　35	6　18	5　5	218
フォルクスワーゲン　ゴルフ	5　50	6　48	9　45	10　50	7　21	7　7	221
トヨタ　プリウス	10　100	5　40	6　30	4　20	3　9	3　3	202
マツダ　3MT	1　40	8　64	7　35	9　30	8　24	9　9	202
キア　ソウル	7　70	6　48	8　40	6　30	5　15	6　6	209
BMW　335	9　90	7　56	6　30	4　20	4　12	7　7	215
ニッサン　キューブ	5　50	8　64	5　25	4　20	10　30	10　10	199
トヨタ　カムリ	6　60	5　40	10　50	10　50	6　18	6　6	224
ホンダ　フィットスポーツMT	8　80	6　48	6　30	5　25	7　21	8　8	212

最良の選択をするには　ステップ6は、評価結果を踏まえて最適な代替案を選ぶ、という非常に重要なステップだ。意思決定に関連するすべての要素を明らかにして、それぞれに重要度を設定し、実行可能な代替案を特定したら、あとはステップ5で最高点を得たものを選択すればよい。車の例では（図表4-4参照）、トヨタ　カムリが選ばれることになるだろう。基準と重要度に基づいてそれぞれの車を評価した結果、トヨタ　カムリが224ポイントの最高点を得た。つまり、これが最良の選択となる。

代替案を実行するには　選択のプロセスが完了しても、適切に実行できなければその意思決定は失敗に終わってしまう（ステップ7）。このステップでは、代替案を実行に移す方法を考える。**代替案の実行**ステップでは、代替案の影響を受ける人たちにその内容を伝え、代替案の実行に関与してもらう[6]。代替案を実行する義務のある人たちが意思決定のプロセスに参加していれば、代替案を熱心に支持する可能性が高くなる。また、この章の後半でも説明するが、グループや委員会を結成すると、マネジャーA氏は協力を得やすくなる。

意思決定のプロセスの最後のステップ　意思決定のステップ8では、マネジャーA氏は意思決定の結果を評価して、問題が解決されたかどうかを判断する。ステップ6で選択してステップ7で実行した代替案から、望ましい結果が得られただろうか。意思決定の結果を評価することは、マネジメントの機能の1つ、

「コントロールする」の一部でもある。これについては第14章で詳しく取り上げる。

意思決定のプロセスによく見られる過ちとは

意思決定のプロセスを進めるとき、マネジャーは独自のスタイルに従うだけでなく、プロセスを簡素化するために「経験則」つまり**ヒューリスティックス**に従うことがある[7]。経験則は、複雑で不確かであいまいな情報を理解するのに役に立つため、意思決定に効果的だ。ただし、経験則はいつも信頼できるというわけではない。なぜなら、経験則は、情報を処理して評価するときに過ちとバイアスを伴うことがあるからだ。図表4-5は、意思決定のプロセスによく見られる12個の過ちとバイアスを示している。それぞれについて簡単に見ていこう[8]。

意思決定者が自分の知識を過信したり、自分自身とその能力について非現実的なほどプラスの見解を持っていたりすると、「自信過剰バイアス」がかかる。「安易な満足感バイアス」は、意思決定者がすぐに報酬を求めて目の前の代償を

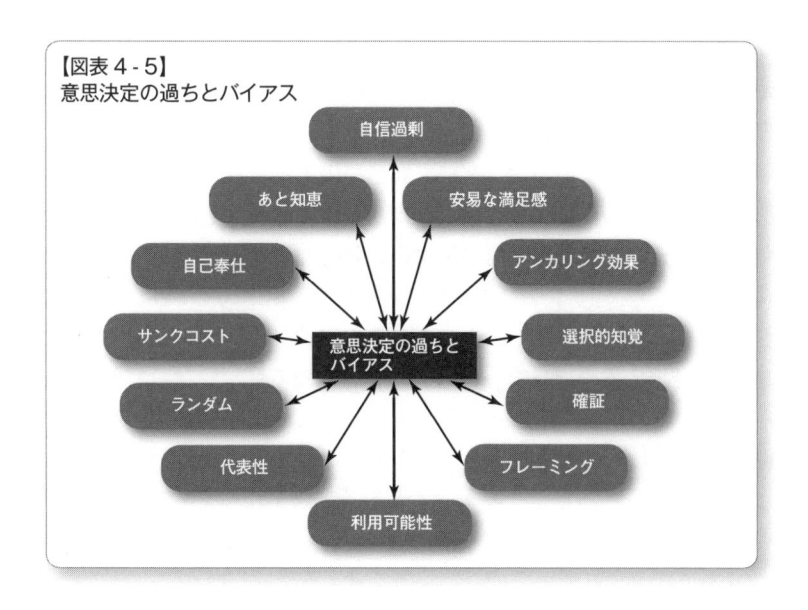

【図表4-5】
意思決定の過ちとバイアス

- 自信過剰
- あと知恵
- 安易な満足感
- 自己奉仕
- アンカリング効果
- サンクコスト
- 選択的知覚
- ランダム
- 確証
- 代表性
- フレーミング
- 利用可能性

（中央：意思決定の過ちとバイアス）

4）**代替案の実行**　意思決定を実行に移すこと。
5）**ヒューリスティックス**　意思決定のプロセスを簡素化するための判断の近道。経験則とも呼ばれる。

避けようとする傾向のことだ。こういったバイアスを持つ人は、長い目で見てプラスになる代替案よりも、即座に見返りが得られる代替案に魅力を感じてしまう。「アンカリング効果」とは、最初に得られた情報にとらわれてしまい、それ以降の情報に適切に対応できなくなることを指す。第一印象、つまり最初のアイディアや価格や予測のほうが、のちに得られる情報よりも重要だと考えてしまうのだ。バイアスのかかった認識に基づいて選択的に物事を整理・解釈するときには、「選択的知覚バイアス」が働いている。このバイアスは、意思決定者がどのような情報に注目するか、どのような問題を特定するか、どのような代替案を考え出すか、に影響する。過去の判断を再び肯定し、過去の判断に矛盾する情報を軽視するときには、「確証バイアス」が働く。すると、先入観を確証するような表面的な情報を受け入れ、その見解に反する情報に批判的・懐疑的になる。「フレーミングバイアス」がかかると、状況の一定の側面だけに注目し、ほかの側面を軽視したり除外したりする。すると、自分の見方をゆがめてしまい、間違った基準を参考にしてしまう。「利用可能性バイアス」は、記憶が鮮明な直近の出来事を思い出すときに生じる。その結果、客観的に出来事を思い起こすことができず、判断や可能性の予測がゆがんでしまう。ほかの出来事や型通りの出来事にどれだけ似ているかを判断基準にして、特定の出来事が起こる可能性を評価することを、「代表性バイアス」という。このバイアスがあると、類似点を探し、本来は存在しないのになんとかして似たような状況を見つけようとする。「ランダムバイアス」とは、偶然の出来事に意味を見出そうとすることだ。偶然というのは誰にでも起こりうるものであり、その予測はできないのだが、意思決定者の多くは偶然の出来事に対応しようとしてこのようなバイアスを持ってしまう。「サンクコストバイアス」は、過去の過ちを正すために現在の選択を行う、という考えから生じる。このバイアスがかかると、選択を行う際に将来を見据えるのではなく、過去に費やした時間、資金、努力（訳注：これらのコストがサンクコストと呼ばれる）にとらわれてしまう。サンクコストを無視できず、いつまでも忘れることができない。成功は自分の手柄だが失敗は外的要因によるものだ、と考えることを「自己奉仕バイアス」と呼ぶ。最後のバイアス、「あと知恵バイアス」は、結果が明らかになってから、その結果を自分は正しく予測できていたのだと誤って考える傾向をいう。

　これらの過ちやバイアスのマイナスの影響を避けるために、マネジャーはバイアスを認識し、それにとらわれないようにする必要がある。さらに、自分の

意思決定の「スタイル」に注目し、どのようなヒューリスティックスを用いることが多いかを認識し、それらが適切かどうかを厳しく評価しなければならない。最後に、自分の意思決定スタイルの欠点について周囲に尋ね、それを改善するように努力しなければならない。

4-2 マネジャーによる意思決定の3つのアプローチとは何か

　組織では誰もが意思決定を行うが、マネジャーにとっては特に重要な行動だ。図表4-6に示すように、4つのマネジメント機能を果たすときには必ず意思決定を行う。実際、意思決定はマネジメントに欠かせない任務である[9]。計画し、組織化し、リーダーシップを発揮し、コントロールする。マネジャーが意思決定者と呼ばれる理由は、ここにあるのだ。

　マネジャーは、来週のシフトでは誰を任務に就かせようか、顧客の不満にどのように対応しようかなど、たくさんの意思決定を日常的に行っている。ここで、意思決定の3つのアプローチについて見ていこう。

【図表4-6】
マネジャーによる意思決定

計画する
- 組織の長期的な目標は何か。
- 目標を達成するのに最適な戦略は何か。
- 組織の短期的な目標は何か。
- 個人の目標はどの程度困難であるべきか。

組織化する
- 直属の部下は何人必要か。
- 組織をどの程度集中管理したらよいか。
- 個々の職務をどのようにデザインしたらよいか。
- いつ組織改革を行ったらよいか。

リーダーシップを発揮する
- モチベーションの低い従業員にどのように対応したらよいか。
- この状況で最も効果的なリーダーシップのスタイルは何か。
- 特定の変化が起きたとき従業員の生産性にどのように影響するか。
- 従業員間に緊張関係を生み出すのに適切なタイミングは何か。

コントロールする
- 自分がコントロールするべき活動は何か。
- それをどのようにコントロールしたらよいか。
- パフォーマンスの差が顕著になるのはどのタイミングか。
- どのような種類の経営情報システムを採り入れたらよいか。

意思決定の合理的なモデルとは

　ヒューレット・パッカード（HP）がコンパックを買収したとき、同社は顧客がコンパック製品をどのように見ているかをきちんと調査していなかった。そして当時のCEO、カーリー・フィオリーナがコンパックの吸収合併を発表し、「この案件への反対意見を聞きたくないと経営陣にひそかに通告」[10] してから数カ月後、やっと調査を開始した。顧客はHP製品のことは一流だと思っているが、コンパック製品のことは二流だと思っているとHPの経営陣が悟ったときは、すでに遅し。HPの業績は悪化し、フィオリーナは辞任を余儀なくされた。

　マネジャーは**合理的な意思決定**(注6)を行うだろう、とみなされている。つまり、論理的で一貫した意思決定を行うことで価値の最大化を目指すだろう、と考えられているのだ[11]。しかし、HPのケースからも分かるように、マネジャーがいつも合理的とは限らない。では、「合理的」な意思決定とは、どのようなことを指すのだろうか。

　合理的な意思決定者とは、きわめて客観的で論理的な性質をもつ。直面する問題を明確にして、明白で具体的な目標を立て、あらゆる代替案とその結果を理解している。そして、合理的に意思決定することで、目標達成の可能性を最大にする代替案を常に選ぶことができる。これらの前提は、個人的なものでもマネジメントに関することでも、あらゆる意思決定に当てはまる。ただし、マネジメントに関する意思決定については、前提をもう1つ付け加えなければならない。それは、組織にとって最大の利益を考慮して意思決定する、ということだ。この合理的な意思決定のモデルはあまり現実的とは言えないが、次に紹介するコンセプトは、組織で一般に見られる意思決定方法を理解するのに役立つ。

限定合理性とは

　マネジャーは合理的に意思決定することを周りから期待されている[12]。「よい」意思決定者とは、問題を特定し、代替案を考え、情報を集め、断固とした態度ではあるが慎重に動くという行動をとるべきだと、マネジャー自身も認識している。しかし、これは非現実的な前提である。マネジャーの意思決定方法にはもっと現実的なアプローチとして、**限定合理性**(注7)がある。つまり、マネジャーは

6）**合理的な意思決定**　一定の制約のなかで、価値を最大限にして一貫性のある選択をすること。
7）**限定合理性**　マネジャーの情報処理能力の範囲内で、合理的に意思決定すること。

テクノロジーとマネジャーの仕事

テクノロジーを利用して意思決定能力の向上を図る

　エキスパート・システム、ニューラル・ネットワーク、グループウェアや特定の問題解決ソフトウェアなど、さまざまな情報技術がマネジャーの意思決定をサポートしている[13]。エキスパート・システムとは、専門家が持つ情報をソフトウェア化し、非構造的な問題をあたかもその専門家が分析・解明するかのように働かせるシステムのことだ。このシステムには、（1）あらゆる問題に適用できる一般的な知識ではなく、特定の問題に関する専門知識を利用する、（2）数値計算ではなく、定性推論を行う、（3）専門知識のない人間よりも高い能力水準を持つ、という特徴がある。マネジャーはこのシステムを使って、状況に関する質問を次々に投げかけ、得られた答えに基づいて結果を引き出す。その結果は、類似する問題に対処した経験のある専門家の、実際の推論過程に基づいてプログラム化されたルールに従っている。このシステムを利用すると、これまではトップの経営陣が行っていたような質の高い意思決定を、従業員と中間管理職も行うことができるようになる[14]。

　ニューラル・ネットワークとは、エキスパート・システムよりもさらに一歩進んだテクノロジーである。ソフトウェアを利用して、脳細胞と、それを結合させる組織構造を再現する。ニューラル・ネットワークは、人間の脳では見つけられないような微妙で複雑なパターンと傾向を見極めることができる。たとえば、人間が1度に理解できる変数はせいぜい2、3個だが、ニューラル・ネットワークは数百もの変数の相互関係を認識できる。そのため、多くのオペレーションを同時に実行し、パターンを認識し、関連性を見つけ、これまで明らかにされていなかった問題を法則化し、経験から学習することができるのだ。たとえば、現在、ほとんどの銀行がニューラル・ネットワークを利用して、クレジットカード詐欺の可能性を検出している。かつてはエキスパート・システムを利用して何百万件というクレジットカードの取引履歴を追跡していたが、取引金額といった数種類の要因しか検証できなかった。その結果、詐欺行為の可能性がある多数の条件に「警告」を発し、そのほとんどが「偽陽性」と判断されてしまった。ニューラル・ネットワークを利用すれば、疑わしい案件の検出件数が圧倒的に減り、しかもそれが本当に詐欺である可能性が高くなる。さらに、ニューラル・ネットワークによって、これまで発見するのに2、3日かかっていたクレジットカード詐欺を、ほんの数時間で暴くことができる。これは、情報技術によって組織の意思決定能力——さらにはマネジャーの意思決定能力——をアップさせるほんの一例にすぎない。

合理的に意思決定するが、情報を処理する能力には限界がある（限定的）[15]という考え方だ。すべての代替案に関するすべての情報を分析することはおそらく不可能であるため、マネジャーは最良よりも**満足**を選ぶ。すなわち「まずまず」の解決策を受け入れるのだ。では、例を挙げて説明しよう。[注8]

　大学でファイナンスを専攻したあなたは、卒業後は地元からさほど遠くない場所で、できれば給料4万5000ドル以上の個人ファイナンシャルプランナーの仕事に就きたいと考えているとしよう。企業金融アナリストとしてのオファーがあったので、それを受け入れた。個人ファイナンシャルプランナーではないが金融関連の仕事で、勤務地の銀行は家から80キロほど、初任給は3万9000ドルである。もっと幅広く仕事を探していたら、家から40キロほどの信託銀行で初任給4万3000ドルの個人ファイナンシャルプランナーの仕事を見つけられた可能性もあった。あらゆる代替案を調査して最適な仕事を選ぶ、ということを怠ったので、あなたの意思決定は完全合理的ではない。それでも、オファーは満足できるものであったため（まずまず）、それを受け入れることで限定合理的に行動したと言える。

　完全合理的なアプローチで意思決定を行うことは難しいため、マネジャーは満足できる結果を選ぶ。ただし、企業文化、社内の政治や力関係、そして**過剰固執**と呼ばれる現象に意思決定が左右されることを覚えておいてほしい。過剰固執とは、以前の判断が間違っていたかもしれないのにその判断に肩入れしてしまうことをいう[16]（P.122の「実例にみるマネジメント」では、NASAの意思決定について紹介しつつ、過剰固執の実際例を説明する）。意思決定者が誤った判断に固執すると、その行動は破壊的な結果を生み出すことになる。なぜこのような行動をとってしまうのだろうか。それは、過去の判断が間違っていたと認めたくないからだ。新たな代替案を探すのではなく、最初の解決策を正当化してしまうのである。[注9]

経営上の意思決定において直感が果たす役割とは

　イタリアの高級ブランド、トッズグループの会長、ディエゴ・デッラ・ヴァッレは、新しいスタイルの靴が市場に受け入れられるかどうかを判断するとき、フォーカスグループも世論調査も利用しない。それよりも自分で身に着け、数日経ってみて気に入らなければ「生産は開始しない」と判断を下す。このような彼の直感手法によって、トッズは海外展開に成功し、数十億ドル規模の企業

に成長した[17]。デッラ・ヴァッレのように、マネジャーは意思決定の際に直感を利用することがある。では、**直感的な意思決定**とは何か。それは、経験、感情、蓄積された判断などに基づいて意思決定することだ。かつては「潜在意識の推論」と呼ばれていた[18]。マネジャーの直感的な意思決定について研究した学者らは、直感には5つの側面があることを発見した（図表4-7参照）[19]。直感的な意思決定は一般的なaのだろうか。ある調査によると、経営陣のほぼ半数が「会社を経営するうえで、正式な分析よりも直感に従うことが多い」ことが分かった[20]。

直感的な意思決定は、合理的な意思決定と限定合理的な意思決定の両方を補うものである[21]。第1に、似たような問題や状況を経験したことのあるマネジャーは、限られた情報しかなくても、経験に基づいて迅速に行動をとることができる。さらに、最近の研究から、意思決定のときに何か強いものを感じた経験がある人は意思決定の能力が高いことが明らかにされている。特に、意思決

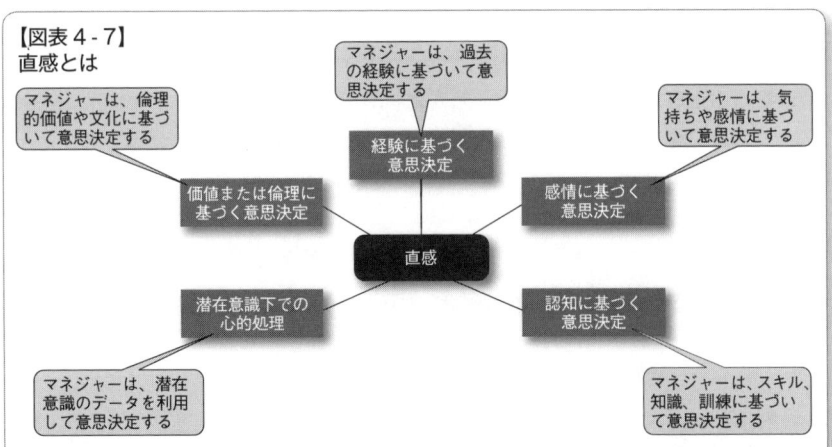

【図表4-7】
直感とは

- 経験に基づく意思決定：マネジャーは、過去の経験に基づいて意思決定する
- 感情に基づく意思決定：マネジャーは、気持ちや感情に基づいて意思決定する
- 認知に基づく意思決定：マネジャーは、スキル、知識、訓練に基づいて意思決定する
- 潜在意識下での心的処理：マネジャーは、潜在意識のデータを利用して意思決定する
- 価値または倫理に基づく意思決定：マネジャーは、倫理的価値や文化に基づいて意思決定する

資料："Exploring Intuition and Its Role in Managerial Decision Making," *Academy of Management Review*, January 2007, pp. 33～54; M. H. Bazerman and D. Chugh, "Decisions Without Blinders," *Harvard Business Review*, January 2006, pp. 88～97; C. C. Miller and R. D. Ireland, "Intuition in Strategic Decision Making: Friend or Foe in the Fast-Paced 21st Century," *Academy of Management Executive*, February 2005, pp. 19～30; E. Sadler-Smith and E. Shefy, "The Intuitive Executive: Understanding and Applying 'Gut Feel' in Decision-Making," *Academy of Management Executive*, November 2004, pp. 76～91; L. A. Burke, and J. K. Miller, "Taking the Mystery Out of Intuitive Decision Making," *Academy of Management Executive*, October 1999, pp. 91～99; and W. H. Agor, "The Logic of Intuition: How Top Executives Make Important Decisions," *Organizational Dynamics*, Winter 1986, pp. 5-18に基づく。

8) 満足　「まずまず」の解決策を受け入れること。
9) 過剰固執　以前の判断が間違っていたかもしれないのに、その判断に固執してしまうこと。
10) 直感的な意思決定　経験、感情、蓄積された判断などに基づいて意思決定すること。

> **コラム：マネジメントいまむかし**
>
> 　意思決定に関する研究でノーベル経済学賞を受賞したハーバート・A・サイモンは、論理学と心理学が意思決定に果たす役割を考察した[14]。彼の理論によると、個人は「現在を理解して将来を予測する」能力に限界があり、このような「限定合理性」があるため、人は「最良の意思決定を行う」のが難しい。したがって、人間は「まずまず」または「満足できる」選択をする。さらに、すべての管理活動は集団行動であると述べ、組織は個人から意思決定の自主性を取り上げ、代わりに組織的な意思決定プロセスを行っている、と論じている。サイモンは、一個人が「高度な客観的合理性」を持つのは不可能なのでこのような組織的なプロセスが必要なのだ、と考えた。
>
> 　組織について研究し理解するとは、意思決定のプロセス固有の複雑なネットワークを研究することだ、というサイモンの考えは、マネジメントの考え方に大きく影響を及ぼしている。「限定合理性」というコンセプトは、情報処理能力に限界があったとしても、マネジャーがどのように合理的に行動して満足のいく意思決定を行うのかを理解するのに役立っている。

定しているときに自分の感情ときちんと向かい合える人に、この傾向が見られる。意思決定を行うときにはマネジャーは感情を無視しなければならない、というかつての考えは、最適なアドバイスとはいえない[22]。

4-3 意思決定の種類と意思決定の条件とは何か

　意思決定の状況でマネジャーが直面する問題の種類は、問題の対処方法に影響することが多い。このセクションでは、マネジャーの問題と意思決定の種類を分類する方法を紹介し、次に、問題の特徴と意思決定の種類がどのように関わっているのかを説明する。

さまざまな問題

　マネジャーが直面する問題のなかには、直接的で明快なものもある。たとえば、大事な配達に遅れてしまった納入業者、インターネットを解約したい顧客、展

開の速い予期せぬニュースに対応しなければならないTVニュースチーム、学資援助を申し込んだ学生を支援する大学などがそうだ。こういった状況を**構造化された問題**と呼ぶ。これらの問題に対しては、完全な合理性に基づいて取り組むことができる。

ところが、マネジャーが直面する状況は、**構造化されていない問題**であることが多い。こういった問題についての情報は、あいまいだったり不完全だったりする。たとえば、新たな市場分野に参入するとき、新しいオフィスパークを設計するために建築士を採用するとき、2つの組織を合併させるときなどがこれに当てはまる。また、証明されていない新テクノロジーに投資するときもそうだ。

定型的に意思決定を行うには

問題を2つに分類したように、意思決定も2つに分類することができる。構造化された問題に最も効果的に取り組むには、定型的に意思決定する、つまり手順に従って意思決定を行う。ところが問題が構造化されていない場合は、マネジャーは非定型的な意思決定に基づいて独自の解決策を考えなければならない。

ある自動車修理工が、タイヤ交換中に車のリムを傷つけてしまった。マネジャーはどのような行動をとるだろうか。おそらく、このようなトラブルに対処する標準的な方法が定められているため、**定型的な意思決定**を行うと考えられる。たとえば、会社の費用でリムを交換するかもしれない。定型的な意思決定は比較的シンプルであり、以前の解決策に従うことが多い。意思決定のプロセスのなかで、代替案作成のステップは省略されるか、あったとしてもほとんど注意が払われない。それはなぜか。構造化された問題を特定すると、解決策は自ずと明らかになるか、あるいは、少なくともかつて成功した身近な代替案をいくつか考えればよいからだ。傷ついたリムを交換するのに、マネジャーは問題を特定したり基準に重要度をつけたり、いくつもの解決策を考えたりする必要はない。体系立てられた手順、規則、方針に従えばよいのだ。

---

11) **構造化された問題** 直接的で、なじみがあり、簡単に特定できる問題。
12) **構造化されていない問題** 未知または特殊な問題で、情報があいまいで不完全。
13) **定型的な意思決定** 決められた手法で対処できる反復的な意思決定。

定型的な意思決定のための方針があると、マネジャーの考えを特定の方向に導くガイドラインを定めることができる。ネスレでは、栄養と健康、消費者コミュニケーション、品質の保証と製品の安全性の分野で、意思決定に関する企業方針を定めている。スイスのネスレ工場で生産される牛型のチョコレートなど、ネスレの全製品について品質方針が定められているのだ。その品質方針とは「消費者の期待と嗜好に見合った製品とサービスを提供することで信頼関係を築き、社内外の食品安全性基準、規制、品質要件をすべて満たすこと」である。

手順 **手順**とは、相互に関連する一連のステップであり、マネジャーはこれに従って明確に構造化された問題に対応することができる。たとえば、購買マネジャーがコンピュータサービス部門から、ノートンのアンチウイルス・ソフトウエアを250本インストールするライセンス契約を結んでほしいと依頼されたとする。購買マネジャーは、この種の決定を処理するための明確な手順が定められているのを知っている。その依頼は正しく記入され、承認されているか？　承認されていなかったら、マネジャーは、不十分な点を明記してその依頼を送り返す。承認が通ったら、コストの見積もりを概算する。8500ドルを超えていたら、3件の業者から相見積もりを取らなければならない。8500ドルを下回る場合は、1件の業者を特定して注文を出す。意思決定のプロセスでは、一連のシンプルなステップを実行するだけでよい。

規則 **規則**とは、マネジャーがするべきこと、またはするべきではないこと、を明示したものをいう。規則は簡単に従うことができ、一貫性があるため、構造化された問題に直面したマネジャーは規則をよく利用する。前の例では、見積もりが8500ドルを下回ればその業者に決めてよいという規則があるため、複数の業者から相見積もりを得ないでよいよう購買マネジャーの意思決定を簡素化することができる。

方針　3つ目の指針は**方針**だ。方針では、マネジャーの考えを特定の方向に導くガイドラインを定めている。「できる限り、社内の人材を昇進させる」というのも方針の1つだ。規則では、するべきことやするべきでないことを具体的に

示すが、方針では、意思決定の「尺度」を定めている。これに従って意思決定するときは、意思決定者の倫理的基準が関わってくる。

非定型的な意思決定と定型的な意思決定の違い

別の組織と合併するとき、潜在性が最も高い海外市場を特定するとき、採算の合わない部門を売却するとき、**非定型的な意思決定**を行うことになる。この意思決定は独自のものであり、繰り返し行われることはない。構造化されていない問題に直面したとき、型にはまった解決策は使えない。その問題に合わせた非定型的な対応が必要になる。

組織の新戦略を考案するときには、非定型的な意思決定を行う。新しい課題であるため、これまでの組織的な意思決定とは異なる。全く新しい環境要因が存在し、そのほかの条件も違う。たとえば、アマゾンCEOのジェフ・ベゾスが掲げた「早いシェアの拡大」戦略は、同社の急成長に貢献した。ただし、この戦略には財政的な損失という犠牲が伴った。そこで、利益を上げるため、ベゾスは「注文を整理し、需要を予測し、発送を効率化し、海外と提携し、ほかの販売業者がアマゾンで本を売ることができるような市場を作る」という意思決定を行った。その結果、アマゾンは創業以来初めて利益を上げることができた[23]。

問題の種類、意思決定の種類、組織内での地位の関係

次頁の図表4-8は、問題の種類、意思決定の種類、そして組織内での地位の関係を示している。構造化された問題には定型的な意思決定で対応し、構造化されていない問題には非定型的な意思決定で対応する。第一線マネジャーは、繰り返し生じる身近な問題に直面することが多いため、通常は、標準作業手順などに従って定型的な意思決定を行う。ただし、組織のなかでの地位が上がると、構造化されていない問題に直面するようになる。なぜなら、第一線マネジャーは定型的な意思決定は自分で行うが、特異な、あるいは難しい問題に直面

---

14) **手順** 相互に関連する一連のステップ。これに従って、構造化された問題に対応することができる。
15) **規則** 従業員がするべきこと、またはするべきではないことを明示したもの。
16) **方針** 意思決定のためのガイドライン。
17) **非定型的な意思決定** 繰り返し行われることのない独自の意思決定であり、問題に応じた解決策を必要とする。

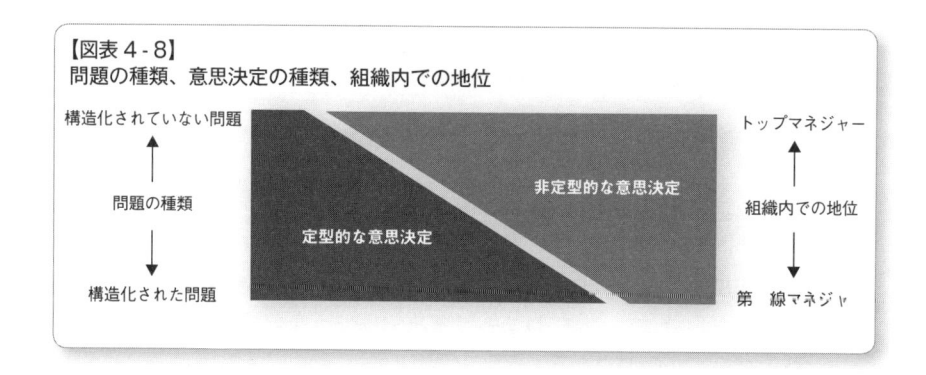

【図表4-8】
問題の種類、意思決定の種類、組織内での地位

構造化されていない問題 — 問題の種類 — 構造化された問題

非定型的な意思決定
定型的な意思決定

トップマネジャー — 組織内での地位 — 第一線マネジャー

するとより上位のマネジャーの指示を仰ぐからだ。同様に、マネジャーはより難しい案件に対応するために、定型的な問題を部下に回す。

　現実の世界では、完全に定型的な意思決定や完全に非定型的な意思決定を行う場面はほとんど生じない。その中間のほうがはるかに多い。そして、定型的な意思決定を行うときでも、個人の判断を完全に取り除くことはできない。逆に、非定型的な意思決定を必要とする特別な状況でも、決められた手順が役立つことも多い。また、定型的な意思決定によって組織は効率化を図ることができる。したがって、トップレベルのマネジャーが直面する真に前例のない問題は別として、経営上の意思決定は定型化できる傾向がある。

　定型的な意思決定を行うことで、マネジャーは、自ら判断を下す場面を最小限にすることができる。逆に、非定型的な意思決定を行わなければならない場面が多くなるほど、マネジャーには多くの判断が必要とされ、金銭的に高くつく。常に安定した判断を下すことは難しいため、そのような能力を持つマネジャーを獲得するのにコストがかかるからだ。

マネジャーが直面する意思決定の条件とは

　マネジャーが意思決定するとき、3つの異なる条件に直面する。それは、確実性、リスク、不確実性だ。それぞれの特徴について見ていこう。

　意思決定において理想的な条件、それは**確実性**だ。すべての代替案の結果が明らかであれば、マネジャーは的確に意思決定を行うことができる。たとえば、サウスダコタ州の財務担当官が州の余剰資金をどこに預けるかを判断するとき、各銀行の金利と、預金によって得られる金額を正確に認識している。すべての

代替案の結果が確実なのだ。ただし、おわかりだろうが、経営上の判断の多くはこれほど簡単ではない。

より一般的な条件として、**リスク**がある。リスクがある状況で意思決定するときは、特定の結果が起こる可能性を予測する。マネジャーは、自分の経験や補助的な情報から過去のデータを引き出し、それぞれの代替案について確率を割り当てる。

結果が確実ではなく、可能性を合理的に予測することもできない状況ではどうしたらよいか。このような状況を**不確実性**と呼ぶ。このような状況での意思決定に直面すると、限られた情報量や意思決定者の心理的傾向によって、代替案の選択は左右される。

4-4 集団ではどのように意思決定するのか

マネジャーは、集団でも多くの意思決定を行うだろうか。もちろん、その通り。特に、組織の活動や人事など広範囲に影響するような重要なものの場合、意思決定の多くは集団で行われる。集団というのは、状況に応じた専門委員会、特別チーム、調査委員会、作業チームなどのことである。なぜこのような集団が使われるのか。それは、こういった集団は意思決定の影響を最も強く受ける人たちの代表者の集りだからだ。また専門知識があるため、自分たちに影響する意思決定を行うのに最適な人材だと言えよう。

さまざまな調査によると、マネジャーはミーティングに膨大な時間を費やしている。間違いなくその大半は、問題の特定、解決策の考案、解決策を実施する手段の決定に関連している。意思決定プロセスの8つのステップを、集団に任せることもできる。

集団意思決定の利点

個人での意思決定にも集団での意思決定にも、それぞれ利点がある。ただし、

---

18) **確実性** すべての代替案の結果が明らかであるため、的確に意思決定を行うことができるような状況。
19) **リスク** 特定の結果が起こる可能性を意思決定者が予測できる状況。
20) **不確実性** 結果が確実ではなく、意思決定者が可能性を適切に予測することができない状況。

どちらもすべての状況に適しているわけではない。では、個人の意思決定よりも集団の意思決定が優れている点を見ていこう。

まず、集団の意思決定は、個人の意思決定よりも詳細な情報が多く得られる[24]。「三人寄れば文殊の知恵」と言うように、1人よりも集団のほうが、多様な経験と見解が得られる[25]。また、集団のほうが多くの代替案が生まれる。集団で得られる情報は量も種類も多いため、個人よりも多くの代替案を見つけることができるのだ。さらに、集団意思決定で考案された解決策は、承認を得やすい[26]。最終的に解決策を選んでも、それが承認されなければ意思決定は失敗に終わってしまう。しかし、ある特定の解決策の影響を受け、その実施をサポートする人が意思決定に関与すると、解決策を受け入れやすくして、ほかの人にもそれを推奨しようとする。最後に、このプロセスは正当性を向上させる。集団意思決定プロセスは民主主義の理念に一致しているため、集団意思決定は一個人の意思決定よりも正当性があるとみなされるのだ。個人の意思決定者には強い権限があるのであり、他の人には相談しないため、独裁的に判断が下されたとみなされてしまう。

集団意思決定の欠点

集団による意思決定がそれほど優れているなら、なぜ「船頭多くして船山に上る」と言うのだろうか。その答えは、もちろん、集団意思決定にも欠点があるからだ。まず、時間がかかりすぎる。集団を編成するのに時間がかかるうえ、集団で行動すると意思の疎通が非効率になる。また、集団の構成員が完全に平等ではなく、少数支配の現象が起こりやすい[27]。組織内での地位、経験、問題に関する知識、ほかの構成員への影響力、話術、発言力などがそれぞれ異なる。こういった不均衡があると、集団内で特定の構成員が支配力を持つ可能性が生じる。少数派が集団を支配すると、最終的な決定に不適切な影響が及んでしまいがちだ。

また、集団には支持へのプレッシャーがかかることがある。あるテーマについて複数の人が討論しており、あなたは多数派の意見とは違う考えを持っているのに黙っていた、という経験はないだろうか。ほかの構成員もあなたと同じ考えを持っていたのにやはり黙っていた、とあとから聞かされて驚いた経験はないか。このような経験を、心理学者のアービング・ジャニスは**集団思考**(訳注：日本では集団浅慮とも訳される)と名付けた[28]。こうした心理が働くと、
(注21)

集団の構成員は、突飛な意見や、少数意見、あるいは不評を買うような意見を語らず、合意の態度を示してしまう。その結果、集団思考は批判的な議論を抑制することになり、最終判断の質を低下させてしまう。最後に、あいまいな責任の問題が生じることがある。集団の構成員は責任を共有するが、最終的な結果に実際に責任を負うのは誰だろうか[29]。個人の意思決定では責任の所在が明らかだが、集団の意思決定では、各構成員の責任は希薄化されてしまう。

集団思考は、代替案を客観的に評価する能力に影響し、質の高い判断を下すのが難しくなることもある。集団には支持へのプレッシャーがあるため、少数意見やほかとは異なる意見、不評を買うような見解を批判的に評価しにくくなる。その結果、ややもすれば個人の精神的効率、現実検討能力、道徳的判断が損なわれる。では、集団思考はどのようにして生まれるのだろうか。明らかな集団思考の例をいくつか紹介したい。

◆集団の構成員が、すでに決まっている前提には抵抗しないようにする。
◆集団の総意に疑念を表出した構成員や、多数派が賛成する主張に異を唱える構成員に対して、他の構成員がプレッシャーをかける。
◆疑念を抱いたり異なる見解を持ったりしても、集団の総意だと思われる意見から外れないように努める。
◆満場一致している、という錯覚が広がる。意見を言わない人は賛成している、とみなされる。

集団思考は、本当に意思決定の妨げになるのだろうか。いくつかの研究からは、集団思考によって意思決定の質が低下してしまう、ということが明らかにされている。ただし、集団に結束力があり、オープンな話し合いを促進し、全ての構成員から意見を求める公平なリーダーがいれば、集団思考の影響を最小限に抑えることができる[30]。

集団が最も効果を発揮する状況は

集団のほうが個人よりも優れるかどうかは、「有効性」の基準によって異なる。

---

21) **集団思考** 集団内で同意が形成されていると見せるため、異なる意見を控えるようにプレッシャーがかかること。

これには正確性、スピード、創造性、容認など、さまざまな基準がある。まず、集団意思決定は正確性が高い。集団思考が生じるかもしれないが、概して、集団は個人よりも、より良い判断を下す傾向がある[31]。ただし、スピードを重視する場合には、個人の意思決定のほうが適している。また、創造性を重視すると、集団のほうが個人よりも効果的だ。最後に、最終的な解決策が容認されるかどうかを基準とする場合には、集団のほうに分がある。

　集団意思決定の有効性は、集団の大きさによっても左右される。集団が大きくなると多様な意見が出る可能性が高くなる一方で、集団内の調整が必要になり、全ての構成員に関与してもらうには時間もかかる。こういったことを考えると、集団はあまり大きくないほうがいい。最低5人、最高でも15人程度が望ましい。5、あるいは7人の集団が最も効果的だと思われる。奇数であるため、白黒もつけやすい。また、効率性を考慮せずして有効性を語ることはできない。効率性の点では、集団の意思決定はほぼ必ずと言っていいほど個人の意思決定に劣る。ほとんど例外なく、集団の意思決定は個人の意思決定よりも多くの時間を費やすからだ。そのため、集団で意思決定するかどうかを決めるうえで、効果アップが効率ダウンの影響を相殺できるかどうかを考えることが最も大切になってくる。

集団意思決定の効果を高めるには

　集団意思決定をより創造的にするための3つの方法を紹介する。それは、ブレインストーミング、ノミナルグループ手法、そして電子会議だ。

ブレインストーミングとは　ブレインストーミング(注22)は、アイディアを創出するための比較的シンプルなプロセスであり、あらゆる代替案を出すよう促すが、それに対する批判はしない[32]。一般的なブレインストーミングのセッションでは、6～12人程度のメンバーがテーブルに集まる。もちろん、テクノロジーによって「テーブル」の場所も変わりつつある。参加者全員が理解できるように、集団のリーダーが問題を明確に示す。次に、メンバーは、一定の時間内にできるだけたくさんの代替案を「自由に」生み出す。批判はしないという規則で運営され、のちに検証・分析するためにすべての代替案を記録しておく[33]。ただし、ブレインストーミングはアイディアを創出するためのプロセスにすぎない。次の方法、ノミナルグループ法は、望ましい解決策を生み出すのに役立つ[34]。

ノミナルグループ法の機能　ノミナルグループ法では、意思決定の途中の話し合いを制限している。集団の構成員は、通常のミーティングのように出席しなければならないが、個々に行動するよう求められる。一般的な問題点や考えられる解決策を、誰にも相談せずに書き出す。この手法の主な利点は、集団の構成員は表向きには集まっているが、独自に考えることが認められている点にある。そのため、一般的なディスカッショングループで利用されることが多い[35]。

電子会議によるグループの意思決定の強化　集団意思決定の最新の手法は、ノミナルグループ手法にコンピュータ技術を採り入れたもので、これを**電子会議**と呼ぶ。

　テクノロジー環境が整えば、会議の進行はシンプルだ。大勢の参加者が端末の前に座ってテーブルを囲み、それぞれに議題が送られ、参加者は自分の意見をコンピュータに入力する。個人のコメントや得票数などが会議室のスクリーンに表示される。

　電子会議の主な利点は、匿名性、誠実性、そしてスピードだ[36]。参加者は匿名でメッセージを入力でき、コンピュータのキーをたたくだけで誰もがそれを見ることができる。罰則がないので、本音が言える。また、無駄話や脱線がなくなり、多くの参加者がほかの人に遮られることなく一度に「話す」ことができるため、会議進行のスピードがアップする。

　電子会議は、従来の対面型の会議よりもはるかにスピードが速くコストが安い[37]。たとえばネスレでは、特にグローバルミーティングなどでこの手法を活用している[38]。ただし、ほかの集団活動と同じように、電子会議にも欠点がある。キー入力が速い人は、それが苦手な人よりも優位に立ってしまう。また、優れたアイディアを持っていてもそれが個人の功績として認められない。さらに、対面型の口頭によるコミュニケーションと比べて情報量が少ない。それでも、集団意思決定では電子会議を広範囲に活用する傾向がある[39]。

　電子会議を少し変化させたものが、テレビ会議だ。異なる場所をメディアで結び、はるか遠く離れた場所にいても対面型の会議に参加できる。この機能は、メンバー間のフィードバックを促進し、出張にかかる膨大な時間を節約し、企

---

22) **ブレインストーミング**　代替案を批判せずに、代替案を出すよう促すアイディア創出プロセス。
23) **ノミナルグループ法**　集団の構成員が集まるが、実際には独自に行動する意思決定手法。
24) **電子会議**　ノミナルグループ法の1つで、参加者はコンピュータで結ばれている。

業のコスト削減にもつながる。実際、ネスレやロジテックでは数十万ドルのコストを削減している。その結果、会議の効果も意思決定の効率もアップした[40]。世界的な景気後退の時期には、多くの企業がこの手法を採り入れた。

4-5 マネジャーが直面する意思決定の現代的課題

　現代のビジネス環境は、意思決定を中心に展開している。しかし、不十分で不確かな情報しかなく、時間も限られたなかで意思決定しなければならない、という場面も多い。このような不適切な意思決定は、何百万ドルもの損失につながりかねない。このセクションでは、グローバルで目まぐるしく変化する世の中で現代のマネジャーが直面する2つの重要な問題、国の文化と創造性について検討していく。

国の文化はマネジャーの意思決定にどのように影響するか

　研究によると、意思決定の手順は国ごとにある程度の違いがあることが明らかにされている[41]。国の文化環境は、意思決定の方法——集団で行うか個人で行うか、参加者が行うか個々のマネジャーが独断的に行うか——や意思決定者が受け入れるリスクの程度などに大きく左右する。まず、インドでは、権力の格差と不確実性の回避（第3章を参照）が高い。非常に高いレベルのマネジャーのみが意思決定を行い、安全な解決策を選ぶ可能性が高い。これに対してスウェーデンでは、権力の格差と不確実性の回避が低く、マネジャーはリスクのある意思決定を行うのを恐れない。スウェーデンのトップ・マネジャーは、部下に意思決定の権限を委譲する。第一線マネジャーや従業員が影響を受けるような問題については、自分たちで判断するように促す。また、エジプトなど時間のプレッシャーが低い国では、アメリカと比べてマネジャーの意思決定のスピードは遅く、慎重に考える。歴史や伝統を重んじるイタリアでは、マネジャーは、十分に試行された代替案を選ぶ傾向がある。

　日本では、アメリカよりも集団意思決定の傾向が強い[42]。日本人は適応と調和を重んじるからだ。日本のCEOは、意思決定の前に十分な情報を集め、それを利用して合意形成のための集団意思決定を行う。これは**稟議制**（注25）と呼ばれる

手法だ。日本の組織では雇用が安定しているため、マネジャーは、アメリカのように短期的な利益に注目するのではなく、長期的な視野に立って経営上の意思決定をする。

　フランスやドイツのトップマネジャーも、国の文化に合わせた意思決定スタイルをとっている。フランスでは、独裁的な意思決定が広く行われており、マネジャーはリスクを避ける傾向がある。またドイツでは、体制や秩序を重んじる文化が反映されている。そのためドイツの組織は、一般的に、厳しい規則と規制の下で運営される。マネジャーには明確な責任があり、しかるべき手続きを踏んで意思決定を行う。

　多種多様な文化を持つ従業員に対応しなければならないマネジャーは、従業員に意思決定を委譲するときに、それぞれの文化で広く受け入れられている行動を知る必要がある。意思決定に深く関与することを快く思わない人もいるかもしれないし、まったく異なる経験を受け入れたくない人もいるかもしれない。意思決定における多様な哲学と実施手法に順応しなければならない場面でも、マネジャーは、それぞれの従業員の考え方や長所を理解できれば、それに見合った十分な見返りが期待できる。

意思決定になぜ創造性が重要か

　意思決定者には**創造性**が必要だ。創造性とは、斬新で役立つアイディアを生み出す能力である。こういったアイディアは、これまでとは異なる視点を持っており、当該の問題や機会に生かすことができる。では、意思決定においてなぜ創造性が重要なのだろうか。それは、創造力のある意思決定者は、問題を十分に評価・理解することができ、ほかの人には見えない問題を「見る」ことができるからだ。そして、創造性の最も大切な点は、意思決定者が実行可能なあらゆる代替案を見つけるのに役立つことだ。

　多くの人には創造力が備わっており、意思決定の場面に遭遇したらそれを生かすことができる。しかし、その潜在能力を十分に発揮するには、心理的なワンパターンから抜け出し、異なる視点で問題に取り組む方法を学ぶ必要がある。

　分かりやすい例を紹介しよう。人にはそれぞれ固有の創造性がある。アイン

---

25) 稟議制　日本で行われる、合意形成のための集団意思決定。
26) 創造性　斬新で役立つアイデアを生み出す能力。

シュタイン、エジソン、ダリ、モーツアルトは、類まれな創造性の持ち主だった。当たり前のことだが、こういった人物は非常に例外的だ。461人の男女を対象に行った創造性の調査によると、類まれな創造力のある人は全体の1%にも満たなかった。ただし、10%は非常に創造的、60%はある程度創造的だった。これらの結果から、大半の人が創造力を持っているということが分かる。そのような潜在能力を発揮する方法が分かれば、の話だが。

　大半の人が中程度の創造性を持っているなか、マネジャーや組織は従業員の創造性をどのように刺激したらよいだろうか。この質問に答えるため、3つの要素から成る創造性のモデルを紹介しよう[43]。これは、広範囲にわたって行われた調査に基づいて作成されたものである。このモデルによれば、個人の創造性の発揮には原則的に、専門知識、創造的思考力、および内発的動機づけが必要である。さまざまな調査から、3つの構成要素の水準が高いと創造性も高いことが分かっている。

　1つ目の要素、専門知識は、あらゆる創造的な任務の基礎となる。ダリは芸術を理解し、アインシュタインは物理学を理解していた。それぞれの分野で創造性を発揮するには、こういった知識が必要になる。プログラミングについて最低限の知識しか持たない人は、ソフトウエアのエンジニアになっても創造性を発揮できないだろう。活動しようとしている分野の能力、知識、スキル、専門知識があると、創造性の発揮はより強化される。

　2つ目の要素は創造的思考力だ。創造性に関連する人格特性、類似性をとらえる能力、なじみのある事柄でも違った視点で見ることのできる才能などがこの要素に当てはまる。創造的なアイディアの創出に関連するとされている人格特性とは、知性、独立心、自信、リスク許容性、内部統制力、あいまいさの耐性、フラストレーションへの耐性であるなど。また、類似性を見つける能力を発揮できると、1つのアイディアを複数の状況に当てはめることができる。この能力が創造的な大発明に結びついた例として、耳の機能を「話す箱」に適用できないかと考えたアレクサンダー・グラハム・ベルが有名だ。彼は、耳の繊細で薄い膜の振動が骨に伝わることに気づいた。そこで、この膜をもっと厚く強くすれば金属片を動かすことができるのではないかと考えた。この類似性の発見によって、電話のアイディアを思い付いたのだ。さらに、問題を新たな視点で考えるスキルを身に着けている人は、未知の事柄のなかに身近な点を見出し、身近な事柄のなかに未知の点を見つけることができる。たとえば、多くの人は

ニワトリが卵を産むと考える。でも、ニワトリは卵が増殖するための単なる手段にすぎないと考える人は、いったいどのくらいいるだろうか。

　最後の要素は内発的動機づけだ。これは面白いから、興味があるから、刺激的だから、満足できるから、あるいは自分にとってやりがいがあるからという理由で仕事に取り組みたいという欲求のことである。この動機づけ要素は、潜在的な創造力を、実際の創造的アイディアに変えることができる。個人がその専門知識と創造的思考力をどれだけ生かせるかどうかは、内発的動機づけが大きく関わっている。そのため、創造性のある人は得てして、取りつかれているのではないかと思えるほど仕事が大好きだ。何よりも、個人の職場環境と組織の文化（組織の文化については次の章で詳しく見ていく）は、内発的動機づけを大きく左右する。個人の創造力を妨げる具体的な5つの組織的要因が明らかになっている。(1) 期待される評価――仕事の成果がどのように評価されるかに注目する (2) 監視――仕事中に監視される (3) 外発的動機づけ――目に見る外的な報酬を重視する (4) 競争――同僚と勝敗を争わなければならない (5) 強制選択――任務のやり方が制限されている、である。

理解を深めよう

1. 意思決定は、なぜマネジャーに欠かせない任務だと言われるのだろうか。
2. 意思決定のプロセスの8つのステップを述べよう。
3. 意思決定にはバイアスがつきものだ。バイアスの欠点は何だろうか。あるいは、バイアスに利点はあるのだろうか。説明してみよう。バイアスは、経営上の意思決定にどのように影響するだろうか。
4. 「ソフトウエアというツールを利用して、マネジャーはより合理的な意思決定を行うべきだ」。この意見に賛成か反対か。その理由も説明しよう。
5. 誤った意思決定と不適切な意思決定の違いは？　優れたマネジャーでも誤った意思決定や不適切な意思決定を行うことがあるのはなぜか。意思決定のスキルを向上させるには、マネジャーは何をしたらよいか。
6. 完全に合理的な前提に厳密に従って意思決定をした経験を挙げてみよう。大学を選んだときの意思決定のプロセスと比べてみよう。大学を選んだとき、それは合理的なモデルから外れていたか。説明してみよう。
7. 不確実な状況でマネジャーはどのように意思決定を行うことができるか、述べてみよう。
8. なぜ組織は集団意思決定を積極的に採用するのだろうか。あなただった

ら、どのような場面で集団意思決定を推奨するか。
9. 手順、規則、方針の例を2つずつ挙げてみよう。クラスでそれを発表し、ほかの人と意見を交換しよう。
10. 「仕事での最悪の失態（Dumbest Moments in Business）」をウェブ検索して、最新版を調べてみよう。そのなかから3つ選び、何があったのか説明しよう。あなたならどのように対応するか。それぞれのケースのマネジャーは、どのようにしたら状況を改善できただろうか。

実例にみるマネジメント（p.93から続く）

NASA：未来への計画

　NASAは1958年7月29日、国家航空宇宙法に基づいて設立された。それ以来、アメリカは、アポロ計画における月面着陸、スカイラブ計画における宇宙滞在、再使用可能なスペースシャトルなど、さまざまな宇宙開発の努力を進めてきた。しかし、章の冒頭で述べたように、NASAはその目的と予算に関して不確実な問題に直面している。「NASAが方向性を失っていることを暗黙のうちに認めたホワイトハウスは、深呼吸をして、司令官の援助を受け、新たな指針を描くようにNASAに指示した」。評論家たちは、NASAの宇宙計画は進みが遅くて費用がかかりすぎる、と訴えている。他国と協力して宇宙開発を行うこと、一定の任務を民間に委託すること、といった考えも提案されている。このように、NASAのマネジャーは将来について重要な判断を迫られているが、ここでは、期待した結果が得られなかった過去の意思決定について見て行きたい。

　NASAのように、設備費用が何百万ドルにものぼり、人々の生命に危険を及ぼしかねない組織では、常に適切な判断を下すことが求められているだけでなく、そうすることが必須である。長年にわたり、NASAは多くの試みを成功させてきた。1度だけでなく、6度も人類を月面に着陸させたことは素晴らしい技術の賜物であり、他国をはるかにしのいでいる。スペースシャトルを宇宙に打ち上げ、地球に無事帰還させたことは、NASAの優秀な人材があってこその偉業だ。ところがさまざまな成功を収めたにもかかわらず、NASAは幾度か大惨事に見舞われている。その原因は、意思決定の誤りだと考えられる。

　「1967年のアポロ1号の火災、1986年のチャレンジャー号の爆発、2003年のコロンビア号の事故で17人の宇宙飛行士の命と3機の宇宙船が失われた。いずれの事故においても、NASAは大きな悲しみに包まれた。なぜこのような事故が起こったのか、防ぐことはできなかったのか、という疑問が生じたのはいうまでもない。最先端の技術と開発によって成功を収めた組織でも、このようなことは起こるのだろうか」。

チャレンジャー号の悲劇に結びついた出来事については、多くの人たちがさまざまな観点——技術的なミス、不適切な意思決定、組織文化などから調査・研究を行った。1986年1月28日、運命の打ち上げの日のフロリダは、快晴だったが異常なほどの低温だった。打ち上げは完璧だった。73秒後までは。大統領委員会による事故調査で、ロケットブースターの請負業者、モートン・サイオコール社のエンジニアたちは、あのような寒さのなかで打ち上げるのは危険だとの警告を繰り返していたことを明らかにした。異常な低温下では、ロケットブースターの接合部をふさぐシールの安全性が保証できないと予測していたのだ。さらに、経営陣の同意を受け、モートン・サイオコールのエンジニアたちは打ち上げの中止を公式に提案していた。NASAのチームが「飛行危険」という慎重な提案を拒否すると、サイオコールのマネジャーたちはエンジニアたちの発言を封じて最初の判断を覆し、打ち上げにゴーサインを出した。NASAの職員たちは、なぜサイオコールの警告を高い命令系統に伝えて、打ち上げ可否の判断を仰がなかったのだろうか。「最終的に、打ち上げ基準には違反していなかったと全当事者が同意し」、「適切な手順を踏んでいた」ため、ほぼ全員が右にならえの対応をしたという。のちにサイオコールのあるエンジニアが語ったところによると、「あの晩、連絡ミスはなかった。われわれは、打ち上げは安全ではないとNASAにはっきりと伝えたのに、彼らは聞く耳を持たなかった」のだ。

一方、コロンビア号の場合は、打ち上げ時に生じたトラブルが帰還時の事故につながった。外部燃料タンクの発泡断熱材が剥がれ落ち、わずかブリーフケースほどのサイズの破片が左主翼の耐熱システムを損傷させたのだった。NASAの当初のシャトルの仕様では、(発泡剤を含む) いかなる破片も「打ち上げ許可前に解決しておくべき」安全性の問題である、と明らかにしていた。ところが、エンジニアたちは発泡剤が剥がれ落ちて破片が機体にぶつかるのは不可避で解決できないと判断するようになり、そのような状況でもしばしば打ち上げが許可されていた。実際、ほとんどのシャトル打ち上げで、発泡剤や破片は耐熱タイルに当たっていたのだ。しかもNASAのトップ・マネジャーたちは、そのリスクを大目に見るようになっており、コロンビア号の打ち上げのときも例外ではなかった。2003年2月1日、コロンビア号は任務を終えて地球に帰還するところだったが、高温によってシャトルの主翼の内部構造が破壊され、テキサス州とルイジアナ州の上空で空中分解し、7人の乗組員全員が亡くなるという痛ましい事故を引き起こした。事故調査委員会は、「予算の削減という窮地に立たされた宇宙機関は、7人の宇宙飛行士の命を奪った1986年のチャレンジャーの爆発から少しも学習せず、意思決定は絶対確実だという考えを曲げられなかった」と結論づけた。またある調査員は次のように記している。「NASAは、コスト、スケジュール、安全性の目標が対立していた。残念ながら、安全性が軽視されてしまった」。

設問1　NASAが任務を遂行するとき、マネジャーはより構造化された問題または構造化されていない問題のどちらに対処する機会が多いだろうか。見解を述べてみよう。

設問2　NASAの意思決定条件は、確実性、リスク、不確実性のどれに当てはまるだろうか。見解を述べてみよう。

設問3　このケースには、集団思考と過剰固執のどのような現象が見られるか。こういった意思決定の問題は防ぐことはできたか。ほかの組織はNASAの意思決定ミスから何を学ぶことができるか。

設問4　シャトルの時代以降の計画を立てるとき、NASAのマネジャーは意思決定プロセスをどのようにして最適に活用できるか。

設問5　他国と協力して宇宙開発を行い、一定の任務を民間に委託すると、NASAの意思決定にどのように影響するだろうか。

定量分析講座
定量的意思決定を理解するためのヒント

この講座では、意思決定に役立つヒントや技法、そしてプロジェクトの管理によく用いられるツールを紹介する[1]。具体的には、ペイオフ・マトリックス（利得表）、ディシジョン・ツリー（決定木）、損益分岐点分析、比率分析、線形計画法、待ち合わせ理論、そして経済的発注量について見ていく。これらの手法は、マネジャーの意思決定プロセスを向上させ、情報に基づいたよりよい意思決定をサポートすることを目的としている。

ペイオフ・マトリックス

第4章において、不確実な状況では、利用できる情報が限られるため、意思決定に大きな影響を及ぼすと説明した。もうひとつ、心理的姿勢という要因も意思決定を左右する。たとえば、楽観的なマネジャーは、「マクシマックス」（最大の見返りを最大限にする）の選択をするが、悲観的なマネジャーは、「マクシミン」（最小の見返りを最大限にする）の選択をする。また、「機会損失」を最小限に抑えたいマネジャーは、「ミニマックス」（最大の損失を最小限にする）の選択をする。ある例に沿って、これらの3つのアプローチについて簡単に説明しよう。

ニューヨークにあるビザ・インターナショナルのマーケティング・マネジャーのケースを見ていこう。彼は、アメリカ北東部でのビザカード販売促進のた

【図表4-9】
ビザカードの利益マトリックス

ビザの マーケティング戦略	アメリカン・エキスプレスの戦略 （単位：百万ドル）		
	CA1	CA2	CA3
S1	13	14	11
S2	9	15	18
S3	24	21	15
S4	18	14	28

めに4つの戦略（S1、S2、S3、S4と呼ぶことにする）を考えた。ところが、最大の競争相手の1つであるアメリカン・エキスプレスも、同じエリアで自社カードの販売促進戦略（CA1、CA2、CA3と呼ぶことにする）を立てていることが分かった。このケースでは、4つの戦略が成功する確率をビザのマネジャーが知らなかった、と仮定する。これらの条件を踏まえ、マネジャーは図表4-9のようなマトリックスを作成し、アメリカン・エキスプレスの3つの戦略ごとに、ビザの戦略とビザにもたらす利益を書き込んだ。

ビザのマネジャーが楽観主義者だとしたら、予想される最大の利益（2800万ドル）を生み出すS4を選ぶだろう。これは、最大の利益を最大限にするマクシマックスの選択だ。一方、悲観主義者のマネジャーならば最悪の結果を想定する。それぞれの戦略の最悪の結果は、S1 = 1100万ドル、S2 = 900万ドル、S3 = 1500万ドル、S4 = 1400万ドルとなる。マクシミンの選択に従い、最小の利益を最大限にするS3を選ぶ。

3つ目のアプローチでは、マネジャーは、意思決定を行ったからといって必ずしも最大の利益が得られるわけではないということを認識している。そこで、捨てた（あきらめた）利益、つまり「機会損失」を最小限に抑えようとする。機会損失とは、ほかの戦略を選んでいれば得られたであろう金額のことを意味する。機会損失は、それぞれの既知の事実（このケースでは、ライバル社の3つの戦略）を考慮した最大の報酬から、各カテゴリーで予想される報酬を差し引いて算出する。アメリカン・エキスプレスがCA1、CA2、CA3のいずれかの戦略を実施すると、ビザの最大の利益は、それぞれ2400万ドル、2100万ドル、2800万ドルとなる（各列の最大値）。この最大利益から、図表4-9のそれぞれの利益を差し引くと、図表4-10のようになる。

【図表4-10】
ビザの機会損失マトリックス

ビザの マーケティング戦略	アメリカン・エキスプレスの 戦略（単位：百万ドル）		
	CA1	CA2	CA3
S1	11	7	17
S2	15	6	10
S3	0	0	13
S4	6	7	0

最大の機会損失は、S1 = 1700万ドル、S2 = 1500万ドル、S3 = 1300万ドル、S4 = 700万ドルとなる。ミニマックスに従うと最大の機会損失を最小限にするため、ビザのマネジャーは、S4を選択するだろう。このマネジャーがあきらめる機会損失は700万ドルを超えることはない。これに対して、ビザがS2を選択してアメリカン・エキスプレスがCA-1を選択していたら、機会損失は1500万ドルになってしまう。

ディシジョン・ツリー

ディシジョン・ツリーとは、雇用、マーケティング、投資、機器購入、価格設定など、進行しながら意思決定するケースでの分析に役立つ。図示したときに、枝分かれした1本の木(ツリー)に見えることから、ディシジョン・ツリーと呼ばれる。一般的なディシジョン・ツリーは、それぞれの結果が起こり得る確率を想定し、それぞれの意思決定に対する見返りを計算して、期待される値の分析を行う。(注27)

図表4-11は、ウォールデン・ブックスの中西部地区の立地選択マネジャー、ベッキー・ハリントンの意思決定のプロセスを示している。ベッキーは少人数の専門家グループを管理している。このグループは、店舗候補地の立地条件を分析し、中西部地区の責任者にそれを提案することになっていた。フロリダ州ウィンターパークにある店舗の賃貸契約がもうすぐ満了を迎えるのだが、貸主は契約を更新しないと言う。そこで、ベッキーとグループのメンバーは、地区責任者に新たな候補地を提案しなければならない。オーランドにある近くのショッピングモールに、素晴らしい条件の候補地を見つけた。モールの経営者は2カ所を用意してくれた。1つは1万2000平方フィート(1100平方メートル、これまでの店舗と同じ広さ)で、もう1つは2万平方フィート(1800平方メートル)。ベッキーはまず、広いほうと狭いほうのどちらを提案するかを考えた。広いほうを選択して、しかも経済が好況であれば、32万ドルの利益が期待できる。しかし不況の場合には、広い店舗では運営費が高くなるため利益は5万ドルしか期待できない。狭い店舗では、好況のときは24万ドル、不況のときは13万ドルの利益がそれぞれ期待できる。

図表4-11から分かるように、広い店舗の期待値は23万9,000ドル [(0.7 × 320) + (0.3 × 50)]。狭い店舗の期待値は20万7,000ドル [(0.7 × 240) + (0.3 × 130)] となる。この予測を踏まえ、ベッキーは広いほうの店舗を提案するこ

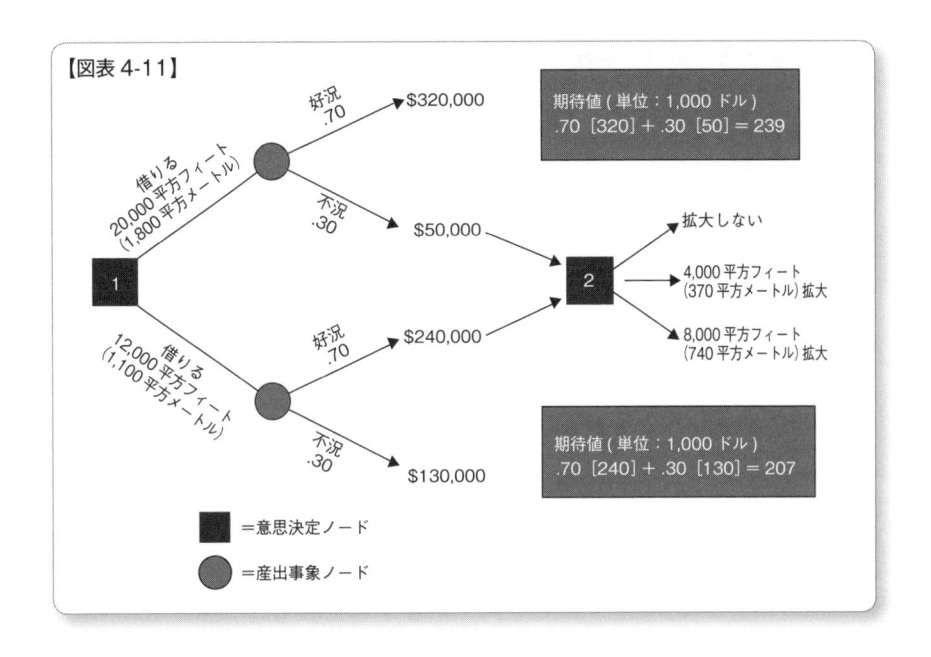

【図表4-11】

- 借りる 20,000平方フィート (1,800平方メートル)
  - 好況 .70 → $320,000
  - 不況 .30 → $50,000
  - 期待値（単位：1,000ドル）
    .70 [320] + .30 [50] = 239
- 借りる 12,000平方フィート (1,100平方メートル)
  - 好況 .70 → $240,000
    - 2 → 拡大しない
    - 4,000平方フィート (370平方メートル) 拡大
    - 8,000平方フィート (740平方メートル) 拡大
  - 不況 .30 → $130,000
  - 期待値（単位：1,000ドル）
    .70 [240] + .30 [130] = 207

■ =意思決定ノード
● =産出事象ノード

とにした。しかし、最初は狭い店舗を借りて、景気が好転したら拡大するという選択肢もあるのではないか。ベッキーは2つ目の意思決定ノードを追加して、ディシジョン・ツリーをさらに伸ばした。選択肢は、拡大しない、4000平方フィート（370平方メートル）の拡大、8000平方フィート（740平方メートル）の拡大の3つである。1つ目の意思決定ノードと同じように、枝を伸ばしてそれぞれの選択肢について期待値を計算することができる。

損益分岐点分析

採算が合うようにするには、つまり、収支をとんとんにするには、ある製品を何個販売したらよいだろうか。マネジャーは、利益目標を達成するには最低でも何個販売しなければならないか、あるいは、その製品を販売し続けるべきか生産をストップするべきかを分析したいと考えるだろう。**損益分岐点分析**は、収益を予測するのに幅広く利用されている技法である[2]。(注28)

---

27) ディシジョン・ツリー　意思決定の進行を分析する方法。図示したときに、枝分かれした1本の木（ツリー）に見える。
28) 損益分岐点分析　総費用と総収益がちょうど等しくなるポイントを明らかにする手法。

損益分岐点分析は非常に単純な公式だが、収入と費用と利益の関係が明らかになるため、マネジャーにとって有益な手法だ。損益分岐点（BE）を算出するには、販売する製品の単価（P）、製品1個あたりの変動費（VC）、固定費総額（TFC）が必要となる。

総収益が総費用と一致すれば収支が合う。ただし、総費用は固定費と変動費の2つの要素で構成される。固定費とは、保険料や固定資産税など、販売量にかかわらず変動しない費用のこと（これはあくまでも短期の話であり、当然、契約が終了したりすると変動する）。変動費は生産量に比例して変動する費用で、原料費、労働費、光熱費などがこれにあたる。

損益分岐点は、図を使って導き出すか、あるいは次の公式を使って求めることができる。

損益分岐点（数量）＝［固定費総額／（販売する製品の単価 − 製品1個あたりの変動費）］

この公式から、(1) すべての変動費を埋め合わせる価格で十分な数量の製品を売ることができれば、総収益と総費用が等しくなる (2) 価格と変動費の差に販売数量を掛けると、固定費に等しくなる、ということが分かる。

では、損益分岐点分析はどのような場面で役に立つのだろうか。たとえば、あるカフェは、エスプレッソコーヒーを1杯1.75ドルで提供しているとしよう。固定費（給与、保険料など）は年間4万7,000ドルで、エスプレッソ1杯の変動費は0.40ドルだとすると、4万7,000ドル／（1.75 − 0.40）＝年間34,815杯（毎週約670杯）の販売量、または60,926ドルの年間収入（総収益）のときに損益分岐点となる。これを図示すると図表4-12のようになる。

計画策定や意思決定に、損益分岐点分析をどのように役立てたらよいか。計画策定のツールとして、損益分岐点分析を利用して売上目標を立てることができる。たとえば、あるマネジャーは収益目標を立て、そこからさかのぼって売上目標を決定した。意思決定のツールとしては、現在損失を出している場合には、収支を合わせるには販売数をどれだけ伸ばす必要があるか、あるいは現在利益を上げている場合には、販売数がどれだけ減っても採算が合うかを決定する。また、プロスポーツチームを運営しているようなケースでは、損益分岐点分析によって、すべての費用を補うには非現実的なほど大量のチケットを販売

【図表4-12】

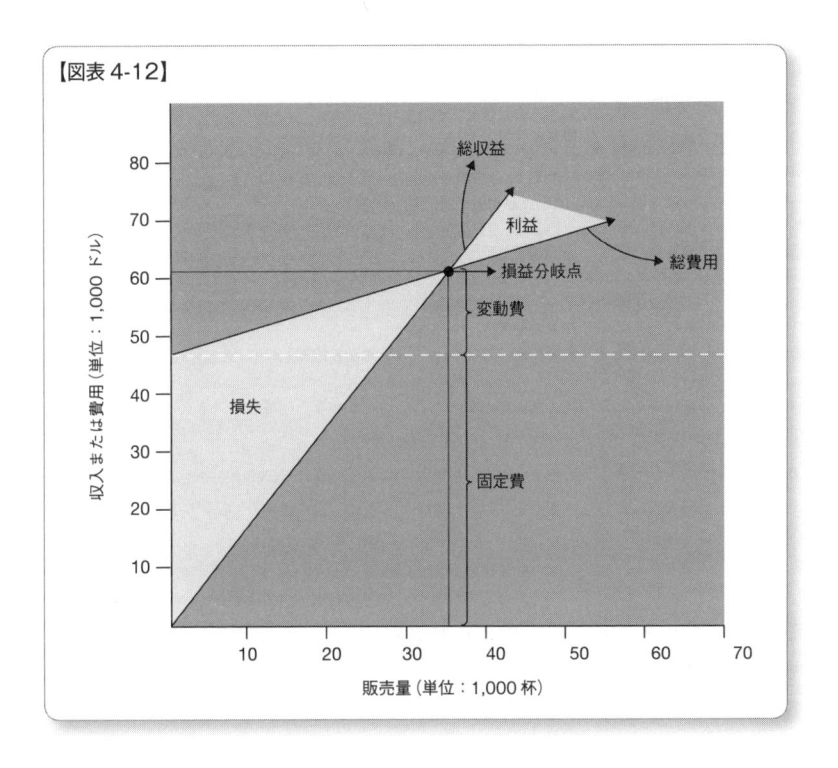

縦軸：収入または費用（単位：1,000ドル）
横軸：販売量（単位：1,000杯）

総収益、利益、総費用、損益分岐点、変動費、固定費、損失

しなければならないことが分かり、マネジャーは事業の売却または廃業を選択することもある。

比率分析

　投資家や株式アナリストは、対象とする組織の財務諸表を定期的に分析してその組織の価値を判断している。マネジャーも、これらの資料を分析して計画策定や意思決定に役立てることができる。

　多くのマネジャーは、貸借対照表と損益計算書を調べて重要な比率を分析したい、つまり財務諸表の2つの重要な数字を比較してそれを比率（％）で表したいと考える。それによって、現在の財務状況と、過去の財務状況や同業他社の財務状況を比較することができる。流動性、負債、操業度、収益性などを評価する比率が役に立つ。それぞれの比率について、次頁の図表4-13に簡単にまとめている。

　流動性の比率とは何か。流動性とは、債務を返済するために資産を現金化で

【図表4-13】
一般的な財務管理指標

評価する指標	比率	計算式	指標の目的
流動性	流動比率	流動資産／流動負債	短期的な債務の支払い能力を示す
	当座比率	(流動資産－棚卸資産)／流動負債	在庫の回転が遅かったり現金化できなかったりした場合に、組織の流動性をより正確に表す
負債	資産負債比率	総負債／総資産	この比率が高いほど、財務レバレッジを効率的に利用していることになる
	利息負担倍率	利子・税引き前利益／総支払利息	支払い利息に対して利益がどのくらい必要なのかを示す
操業	棚卸資産回転率	売上原価／棚卸資産	この比率が高いほど、棚卸資産を効率的に利用していることになる
	総資産回転率	売上高／総資産	一定水準の利益を確保するのに必要な資産が少ないほど、組織の総資産を効率的に利用していることになる
収益性	収入利益率	税引き後利益／総収益	さまざまな製品によって生み出される利益を示す
	投資収益率	税引き後利益／総資産	利益を生み出すために資産をいかに効率的に利用しているかを示す

きる能力のことを指す。最もよく使われる流動性の比率は、流動比率と当座比率である。

「流動比率」は、流動資産を流動負債で割って算出する。絶対に安全なマジックナンバーというのは存在しないが、会計の経験則から、2：1が安全圏だと言える。この比率が高すぎると、その組織は資産に対する利益が十分ではないと判断できる。1：1またはそれを下回ると、短期的な負債（買掛金、利払い、給与、税金など）の支払いが厳しいことを意味する。

「当座比率」は流動比率と同じコンセプトだが、流動資産から、棚卸資産などすぐに現金化できないものを除いて計算する。在庫の回転が遅かったり現金化できなかったりした場合に、当座比率は組織の流動性をより正確に表す。つまり、流動比率が高くても、現金化しにくい棚卸資産が多いと、組織の真の流動性は良好とは言えない。そのため、一般的に当座比率は1：1が望ましいとされる。

「負債比率」とは、組織を運営・拡大するために利用する借入資金の比率のことであり、借入資金で稼いだ利益が負債費用を上回ると、負債を有効に利用していると言える。たとえば、8％の利子で借り入れて12％の利益を上げたらその借入は有効である。しかし、借り入れすぎのリスクがあることに注意しないとならない。債務の利子が組織の現金資源の出費の原因になり、極端なケース

では、倒産に追い込まれることもある。そのため、債務を賢く利用することが重要だ。「資産負債比率」（総負債÷総資産）や「利息負担倍率」（利子・税引き前利益÷総支払利息）などの負債比率は、負債のレベルを管理するのに役立つ。

「営業比率」は、組織がその資源をいかに効率的に利用しているかを測る指標であり、最もよく使われるのが棚卸資産回転率と総資産回転率だ。「棚卸資産回転率」は、売上原価÷棚卸資産で算出される。この比率が高いほど、棚卸資産を効率的に利用していることになる。売上高÷総資産で求められるのが「総資産回転率」であり、保有する資産がどれほどの利益を生み出しているのかを示す。一定水準の利益を確保するのに必要な資産が少ないと、組織はその総資産を効率的に利用していることになる。

営利組織は、その有効性と効率性を評価しようとする。そのためには、収益性に関する比率が役に立つ。一般に利用されているのが、収入利益率と投資収益率だ。

多様な製品を扱う組織のマネジャーは、最も収益性の高い製品に資源を注入したいと考える。「収入利益率」は税引き後利益÷総収益で得られ、収入あたりの利益を測る指標である。

組織の収益性を測るのに最も広く使われている指標の1つが「投資収益率」で、税引き後利益÷総資産で得られる。この指標から、十分な利益を生み出すには資産を効率的に活用するべきだということが認識できる。

線形計画法

マット・フリーは、ソフトウェア開発会社を経営し、1つの製品ラインでウイルスを検出・除去するソフトウェアの設計と生産を行っている。ソフトウェアのフォーマットはWindowsとMacの2種類であり、どちらのバージョンの製品も生産すれば売れることは分かっているが、それがジレンマになっている。2つの製品は、同じ生産部門で扱っているため、同時生産ができないからだ。利益を最大にするには、それぞれの生産量をどのように配分したらよいか。

フリーの資源配分ジレンマを解決するには、**線形計画法**と呼ばれる数学的手法を利用することができる。後述するが、線形計画法はこのケースには適用できるが、あらゆる資産配分の状況に適用できるというわけではない。限られた

---

29) **線形計画法**　資源配分の問題を解決する数学的手法。

資源を最大限に利用することを目的とする、という制約条件のほかに、多数の製品ミックスを生産するために資源の組み合わせ選択肢が複数可能である、という条件もある。また、変数に線形関係があることも必要であり、1つの変数が変動するともう一方の変数もそれに比例して変動しなければならない。フリーのケースでは、(フォーマットに関係なく) 2枚のディスクを生産するのに2倍の時間がかかっているとしたら、この条件を満たしていることになる。

　線形計画法は、さまざまな種類の問題を解決することができる。たとえば、発送コストを最小限に抑える輸送ルートの選択、さまざまなブランドへの限られた広告予算の配分、複数のプロジェクトへの人材の最適配置、資源が限られている場合の製品生産量の判断など、多数の状況に適用できる。線形計画法がいかに役立つかを理解するため、フリーのケースに話を戻そう。彼の問題は比較的シンプルであるため、簡単に解決することができる。より複雑な問題を線形計画法で解決するような場合のために、特別なソフトウェアが設計されている。

　まず、フリーの事業についていくつかの事実を明らかにする必要がある。利益率を計算したところ、Windowsについては18ドル、Macについては24ドルであった。したがって、目的関数は最大利益＝18Rドル＋24Sドルとなる。ここで、RはWindowsバージョンのCDの生産数、SはMacバージョンのCDの生産数とする。さらに、各バージョンを設計するのに必要な時間と、月間生産能力が分かっている。図表4-14に示すように、それぞれ、設計に2,400時間、生産に900時間要する。このケースでは、生産能力の数値が、全体の能力の「制約」となっている。フリーの場合では、次のような制約条件を定めることができる。

【図表4-14】
ウイルスソフトウェアの生産データ

求める項目	Windowsバージョン	Macバージョン	月間生産能力（時間）
設計	4	6	2,400
生産	2.0	2.0	900
1ユニットあたりの利益	$18	$24	

1ユニット生産するのに必要な時間

【図表 4-15】

Mac バージョン生産数 / Windows バージョン生産数

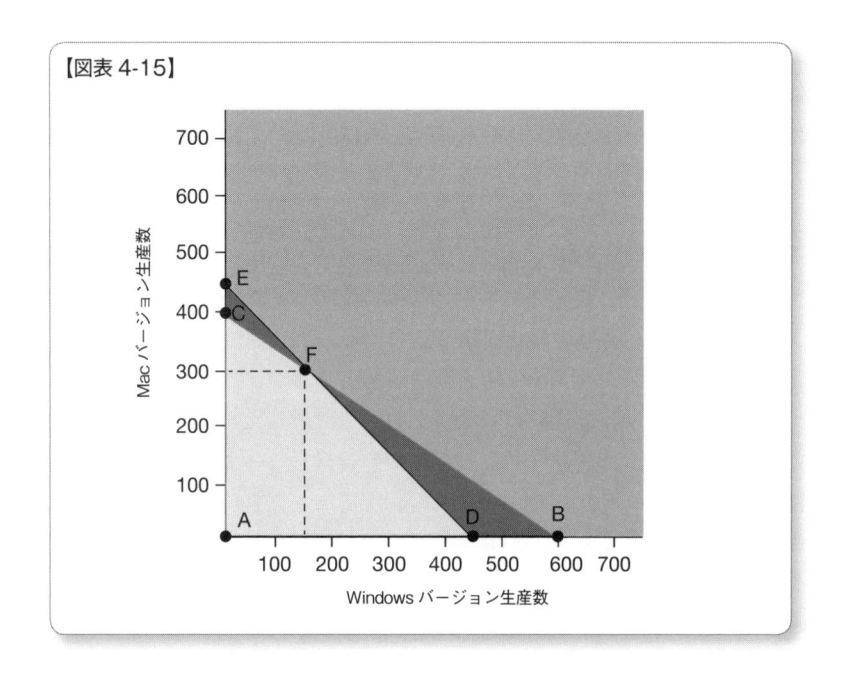

$$4R + 6S < 2,400$$
$$2R + 2S < 900$$

　当然のことだが、ソフトウェアの生産数は0以下にはならないため、R＞0、S＞0という制約条件も満たさなければならない。解決策を求めるため、フリーは図表4-15のようなグラフを作成した。ベージュ色の部分は、両方のバージョンの制約条件を満たす選択肢を表す。このグラフから何が分かるだろうか。設計能力合計は2400時間であるため、Windowsのみを生産する場合、最大生産数は600（2,400時間÷4時間（Windowsバージョン1ユニットあたりの設計時間））、Macのみを生産する場合、最大生産数は400（2,400時間÷6時間（Macバージョン1ユニットあたりの設計時間））となる。この設計上の制約は、図表4-15の線BCで表される。生産にも制約条件がある。ソフトウェアのコピー、検証、パッケージに2時間かかるため、各バージョンの最大生産数は450になる。この生産上の制約は、図表4-15の線DEで表される。
　これらの結果から、最適な資源配分は実現可能領域ACFD内にあることが分かる。点Fは、制約条件内で得られる最大利益となる。点Aでは、どちら

のバージョンも生産しないため利益は0になる。点Cと点Dでは、それぞれ9,600ドル（400ユニット×24ドル）と8,100ドル（450ユニット×18ドル）の利益になる。点Fでは、9,900ドル（Windows150ユニット×18ドル＋Mac300ユニット×24ドル）の利益を上げることができる[3]。

待ち合わせ理論

　行列ができたことで生じるコストと行列に提供するサービスのコストとのバランスを図るには、**待ち合わせ理論**（待ち行列理論とも呼ばれる）が有効だ。たとえば、ガソリンスタンドには給油設備が何台必要か、銀行の窓口をいくつオープンしたらよいか、高速には料金所をいくつ設置したらよいか、空港の発券カウンターにはチェックインの窓口をいくつ設置したらよいか、といった状況で待ち合わせ理論を利用する。いずれの状況でも、経営陣は、窓口をできるだけ少なくしつつ顧客が行列に不満を持たない程度にオープンして、コストを最小限に抑えたいと考える。もしあなたが6カ所窓口のある銀行の支店長だったら、一定の日（月初や金曜日など）にすべてをオープンして待ち時間を最小限に抑えるか、あるいは1カ所だけオープンしてコストをできるだけ抑えて顧客の猛反対に遭うか、どちらを選択するだろうか。

　待ち合わせ理論の数学的説明については本書では省略するが、銀行の例でこの理論の用法を理解することができる。窓口は6カ所あるが、通常の日の朝は1カ所オープンさせるだけでうまく機能するかどうかを知りたい。顧客が我慢できる待ち時間は最長で12分だと考える。顧客1人の対応時間を平均4分とすると、行列の人数は3人を超えてはならない（12分÷顧客1人あたり4分＝3人）。過去の経験から、朝は1分間に平均2人来店すると仮定して、行列に並ぶ顧客の待ち確率（P）を次のように算出できる。

$$P_n = [1-到着率／サービス率] \times [到着率／サービス率]^n$$

ここで、n＝顧客3人、到着率＝1分あたり2人、サービス率＝顧客1人あたり4分とする。

　これらの数字を公式に当てはめると、次の式が得られる。

$$P_n = [1-2／4] \times [2／4]^3 = (1/2) \times (8/64) = (8/128) = 0.0625$$

P が 0.0625 とは何を意味するか。つまり、通常の日の朝に行列に3人を超える顧客が並ぶ確率が、16回に1回ある、という意味だ。4人以上の顧客が並ぶ確率が6％の銀行に行きたいと思うだろうか。顧客が不満を持たないようなら1つの窓口だけをオープンすればよいが、不満を持った場合は、スタッフを配置してオープンする窓口を増やさなければならない。

経済的発注量

アメリカでは小切手帳を3分の2ほど使用すると、再注文フォームが綴じ込まれていて、それにより注文する時期を知らせるようになっている。これは、**固定点発注方式**の身近な例である。プロセスのあらかじめ決められたポイントで、在庫を補充する必要があるという「合図」を出すように設計されているのだ。このシステムは、在庫維持費を最小限に抑えると同時に、在庫が欠品になる確率を低くすることを目的としている。近年では、在庫や再注文の管理にコンピュータを利用する小売店が増えている。レジをコンピュータに接続し、売り上げを在庫記録に自動的に反映させる仕組みだ。在庫が一定点に達すると、コンピュータは再注文が必要だという合図を出す。

最適な発注量を数学的に導き出す際に最もよく知られている技法の1つに、**経済的発注量（EOQ：economic order quantity）**モデル（図表4-16を参照）がある。EOQモデルでは、発注と在庫に関連する4つの費用のバランスをとる。4つの費用とは、購入費用（購入価格＋発送料金−割引）、発注費用（事務処理、フォローアップ、商品が到着したときの検査や、その他の処理費用）、在庫費用（在庫、保管、保険、税などの資金）、欠品費用（注文を受けられなかったために失った利益、信用を再構築する費用、発送遅延を補うための追加支出）である。4つの費用が分かれば、このモデルによって最適発注量を明らかにすることができる。

経済的発注量（EOQ）モデルの目的は、発注と在庫に関連する総費用を最小

---

30) **待ち合わせ理論** 待ち行列理論とも呼ばれ、行列ができたことで生じるコストと行列に提供するサービスのコストとのバランスを図る方法。経営陣は、窓口をできるだけ少なくしつつ顧客が行列に不満を持たない程度にオープンして、コストを最小限に抑えたいと考える。
31) **固定点発注方式** プロセスのあらかじめ決められたポイントで、在庫を補充する必要があるという「合図」を出すシステム。
32) **経済的発注量（EOQ）** 発注と在庫に関連する費用のバランスをとるためのモデル。つまり、発注と在庫に関連する総費用を最小限に抑えることを目的としている。

【図表 4-16】

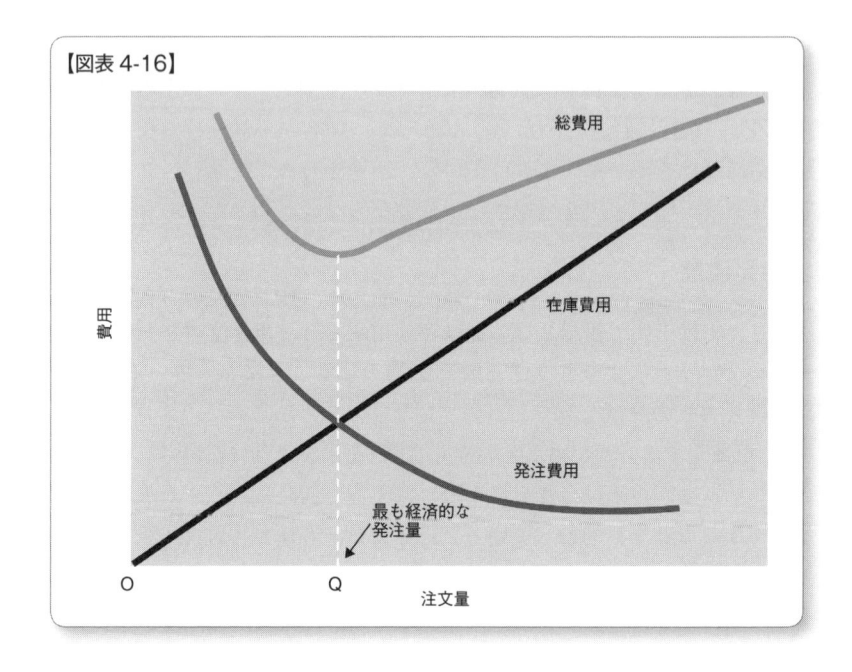

費用／総費用／在庫費用／発注費用／最も経済的な発注量／O／Q／注文量

にすることである。発注量が増えると平均在庫量が増え、在庫維持費用も増える。たとえば、ある商品の年間需要量が2万6,000個で、ある企業が毎回500個を注文するとしたら、この企業は年間52回（26,000÷500）注文することになる。この注文頻度から、企業の平均在庫は250（500÷2）個であることが分かる。発注量が2,000個に増えたら、注文回数は13回（26,000÷2,000）になる。ただし、手元の平均在庫は1,000個（2,000÷2）に増える。このように、在庫費用が増えると発注費用が減り、在庫費用が減ると発注費用が増える。最適な経済的発注量は、総費用曲線の最低点にある。この点が、発注費用と在庫費用が等しい、つまり経済的発注量（EOQ）となる（図表4-16のQ点）。

最適な発注量を計算するには、次の数値が必要になる。一定期間内の需要予測（D）、1回あたりの発注費用（OC）、購入価格（V）、総在庫を維持する在庫費用（CC）（％で表す）。これらの数値から、EOQの公式は次のようになる（待ち合わせ理論と同様、EOQモデルの数学的説明についても本書では省略する）。

$$EOQ = \sqrt{\frac{2 \times D \times OC}{V \times CC}}$$

例を使って EOQ を求めてみよう。バーンズ・エレクトロニクスは、高品質の音響映像機器を販売している。オーナーのサム・バーンズは、高品質音響映像機器、ソニーのコンパクト・ボイスレコーダーの経済的発注量を明らかにしたいと考えている。そこで、年間 4,000 台の売り上げを予測した。音響システムの価格は 50 ドル。予測される発注費用は注文 1 回あたり 35 ドル。年間保険料、税、その他の維持費用はレコーダーの 20％。経済的発注量（EOQ）の公式にこれらの数値を当てはめると、次のようになる。

$$EOQ = \sqrt{\frac{2 \times 4,000 \times 35}{50 \times 0.2}}$$

$$EOQ = \sqrt{28,000}$$

EOQ = 167.33、つまり 168 台

在庫モデルから、最も経済的な発注量（ロット）は 168 であることが分かる。別の言い方をすると、バーンズは 1 年に約 24 回（4,000 ÷ 168）注文しなければならない。ところが、納入業者が、最小ユニット（250）を注文したら 5％ディスカウントすると提案してきたらどうなるだろうか。168 台と 250 台のどちらを選択するべきか。ディスカウントを受けずに毎回 168 台注文すると、レコーダーの年間費用は次のようになる。

購入費用：50 ドル × 4,000 = 200,000 ドル
在庫費用(平均在庫数×商品価格×維持費用(％))：168/2 × 50 ドル × 0.2 = 840 ドル
発注費用（発注回数×発注にかかる費用）：24 × 35 ドル = 840 ドル
総費用：201,680 ドル

250 台注文して 5％のディスカウントを受けると、商品価格は［50 ドル ×（50 ドル × 0.05)］= 47.5 ドル。その場合の年間費用は次のようになる。

購入費用：47.50 ドル × 4,000 = 190,000.00 ドル
在庫費用：250/2 × 47.50 ドル × 0.2 = 1,187.50 ドル
発注費用：16 × 35 ドル = 560.00 ドル
総費用：191,747.50 ドル

これらの結果から、バーンズは5%ディスカウントで注文するべきだということが分かる。在庫量が多くなるかもしれないが、年間約1万ドル節約できる。ただし、注意点を付け加えておくと、EOQモデルでは需要とリードタイムが既知で一定であると仮定している。これらの条件を満たさなければ、EOQモデルを利用することはできない。たとえば、製造部品の在庫には利用できない。製造部品というのは、一定のペースではなく、在庫から一度に全部使用されることもあれば、塊やばらで使用されることもあるからだ。この制約は、需要が変動的な場合にはEOQモデルが役に立たないという意味だろうか。そうではない。費用とロットサイズ管理の損得評価に役立てることができる。ただし、需要と特別な状況を評価するケースでは、さらに複雑なロットサイズモデルが存在する。

Chapter 5

第5章
計画策定の基本

本章での学習ポイント

- **5-1** 計画策定の本質とその狙い　p.142
- **5-2** 戦略的マネジメントのプロセスにおいて、マネジャーは何をするのか　p.146
- **5-3** 目標設定および計画策定の手法　p.158
- **5-4** 計画策定という活動の現代的課題　p.169

実例にみるマネジメント

キリンホールディングス：10年先を見据えた経営構想

　国内ビール系市場が縮小する中、キリンビールは2006年5月、現状を飛躍的に超えるべく10年後を見据えた長期経営構想「キリン・グループ・ビジョン2015（KV2015）」を発表した。KV2015では、キリングループの純粋持株会社体制への移行によるグループ経営体制の構築、当時1.6兆円であった売上高を2015年に3兆円へと引き上げるといった大胆な目標が示された。同時にKV2015の中には、成長実現への3つのシナリオとして、酒類と飲料など事業の垣根を越えた連携強化を目指す「綜合飲料グループの展開」、今後成長が見込まれるアジアでの地盤確保を核とした「国際化の推進」、酒類・飲料・医薬に次ぐ主力事業としての「健康・機能性食品事業の構築」などが盛り込まれていた。

　それまでのキリングループは、キリンビールがグループ本社として国内酒類や医薬などの主要事業を持ち、キリンビバレッジなどの上場企業を含むいくつかの事業会社を傘下に持つという体制であった。それが2007年からは、持株会社のキリンホールディングスをグループ本社とし、キリンビバレッジを完全子会社化した上で他の主要事業も分社化し、主要な事業会社を全て並列に位置づけ、それぞれの事業会社に一定の責任と権限を移管する体制へと移行した。

　このような経営体制への移行は、巨大な企業グループとなったキリンが、グループ内の大胆な資源配分、グループ内のシナジー拡大、各事業会社の自主性・機動性の発揮を可能にするためであった。（p.173に続く）

　多くの上場企業にとって、10年後を見据えた経営構想を持ち、それを経営の柱に位置づけることは必ずしも容易なことではない。1つの理由は、現経営陣の多くが

10年後には会社にいないということが挙げられる。一般論として、自分がいなくなる未来のことよりも、自分が評価される任期中の短期的な経営成果を優先しやすい。

その点で、当時のキリンビール社長であった荒蒔康一郎氏は違っていた。「我々は10年後、キリンにいない。将来に何を残すべきかだ[1]」と主張し、社長特命で40代前半を中心とするメンバーにKV2015の策定を指示した。結果、既に上場させていたキリンビバレッジの完全子会社化など同社の過去の取り組みの否定につながる大胆な改革案が出されたのである。

5-1 計画策定の本質とその狙い

　計画策定は、マネジメントの主要機能であると言われることが多い。なぜなら、計画策定によって、マネジャーは、組織化する、リーダーシップを発揮する、コントロールするといったその他のすべての機能を果たすための基礎を築くからだ。「計画策定」とはどういうことか。第1章で説明したように、計画策定する活動は、組織の目的や目標を設定することに始まり、それらの目標を達成するために包括的な戦略を策定すること、そして活動を統一・協調させるためのプランについて理解しやすい道筋を示すといったことまで多岐にわたる。計画策定は、目標（何がなされるか）と方法（それがどのようになされるか）の双方に関わっている。

　さらに計画策定は、それが公式か非公式かによっても定義できる。非公式の計画策定は、一般に、中小企業の多くで行われる計画策定と言える。目指すべき目標とそこへ到達する方法についてオーナー経営者が考える。だが、その計画は大まかで一貫性に欠ける。ごく限られた人の頭のなかに、達成すべき事柄が思い描かれるだけである。本書で計画策定と言った場合には、公式の計画策定を指す。公式の計画策定においては、ある一定期間に達成すべき具体的な目標が定められる。これらの目標は文書で示され、組織の構成員なら誰でも見ることができる。そして、これらの目標の達成に向け、マネジャーは、ある場所から目的の場所へ組織が向かうべき道筋をはっきり示す具体的な計画を策定する。

なぜマネジャーは、計画策定を行わなければならないか

　少なくとも4つの理由から、マネジャーは計画策定を行わなければならない（図表5-1参照）。第1に、計画策定は、組織的な取り組みの方向性を決める。計画策定によって、管理職および非管理職従業員に対し組織の方向性を示すのである。組織が目指すべき目標を皆に示し、そこに到達するためにどう貢献すべきかを組織の構成員一人ひとりが理解すれば、それぞれの活動を協調させられるようになる（チームワークと協力）。一方、計画策定という活動が行われない場合には、組織の構成員同士、部署同士が互いに足を引っ張り合い、組織は効率的に目標へ向かうことができなくなってしまう。

　第2に、マネジャーの目が未来に向くことで変化を予測し、その変化による影響について考慮することができる。そして、適切な策を講じ、不確定要素を減らすことを可能とする。また、変化に応じてマネジャーがとる行動によって、どんな結果がもたらされるかについても明らかにできる。まさに、計画策定とは、変化する環境においてマネジャーが何をすべきかということなのだ。

　第3に、計画策定によって、活動の重複を避けたり、無駄な活動を減らした

【図表5-1】
計画策定を行うべき理由

環境の変化によって

コントロールしやすいよう基準を設ける
方向性を示す
マネジャーが計画策定を行う目的
無駄や重複を最小限に抑える
変化による影響を軽減する

りすることができる。手段や目標が明らかになれば、非効率的な事柄も極力少なくすることができる。

　最後の理由は、計画策定によって目標や基準が定まれば、組織をコントロールしやすくなるということだ。組織の構成員たちが何を達成しようとしているのかマネジャー自ら把握できなければ、その目標を達成できたかどうか、どうやって判断できるだろう。マネジャーが計画策定という活動を行うとき、目標とスケジュールを策定する。そして、コントロールするという活動を行うとき、スケジュール通りに進んでいるか、目標は達成できているかを確認する。著しい逸脱が認められた場合には、それを修正する措置が取られる。計画策定という活動なくしては、作業成果を測定または評価する目安となる目標もないのである。

計画策定に対する批判

　組織が目標や方向性を定めるのは理にかなったことではあるが、計画策定のいくつかの基本前提に関しては、下記のような批判がある[2]。

1. 計画策定は組織の柔軟性を失わせる可能性がある　公式の計画策定への取り組みは、組織を一定の期限内に達成すべき目標にがんじがらめにする可能性がある。この種の目標は、環境が変化しないという前提の下に設定されるので、環境が変わりやすく予測不可能な場合に、既定の行動を強いることは、最悪の事態を招く行為となりうる。マネジャーは柔軟に対応しなければならず、それが計画だからという理由だけで縛られてはいけない。

2. 公式の計画策定は、直感や創造性に取って代わることはできない　組織の成功は、組織内の特定の人物のビジョンの結果である場合が多いが、こういったビジョンは、その進行段階で単なる形式と化してしまいがちである。公式の計画策定を通ることが、ビジョンをパターン化された仕事へと変えてしまうのであれば、やはり惨事につながる可能性がある。計画策定は直感や創造性を鼓舞し支えるものでなくてはならず、それらに取って代わることはできない。

3. 計画策定は、マネジャーの目を、将来どう生き残るかではなく、現在の競争をどう勝ち抜くかに向けさせてしまう　公式の計画策定、特に戦略的計画策定（このあとすぐに取り上げる）は、業界内に今あるビジネスチャンスにどう投資すれば一番いいかということに注意を向けがちである。マネジャーが、業界をどう立て直すかや改革するかについて考えていない可能性もある。計画策定

するという活動を行う場合には、今を見るだけでなく、手つかずのチャンスがあるかもしれないと考え、未知の領域に進出することに積極的でなければならない。

4．計画策定は、倒産に到るかもしれない成功に固執する　成功が成功を生むという考え方、つまり、「壊れていないなら直すな」というのがアメリカの伝統だ。しかし、不確実な環境においては、成功は失敗を生む可能性だってある。成功プランをあえて変更するのは、不安から身を守ってくれる居心地のいい場所から抜け出すようで難しいが、マネジャーはより一層の成功を収めるために新たなやり方で物事を進めることに積極的でなければならない。

公式の計画策定は、組織の業績アップにつながるのか

　計画策定には、やるだけの価値があるか。それとも、批判の方が正しいのか。例を挙げて見ていくことにしよう。

　計画策定と業績の関係を調べた研究のほとんどが、計画策定が概ね業績アップに結びついていることを示しているが、公式の計画策定を行う組織が、公式の計画策定を行わない組織より業績がいいとは一概には言えない[3]。では、どういうことが言えるのだろう。

　第1に、公式の計画策定とは一般に、高い収益や自己資本利益率やその他のプラスの財務実績などを目指すものだということが言える。第2に、業績アップに向けて貢献度が高いのは、計画策定の規模ではなく、計画策定におけるプロセスの質と計画の適正な実施である。最後に、公式の計画策定が業績アップにつながらない組織においては、環境の変化が原因である場合が多い。公的規制、予期せぬ経済問題やその他の環境的な制約が、組織の業績に計画策定が与える影響を目減りさせてしまうのである。なぜか。それは、マネジャーに実行可能な代案が少ないからだ。

　組織の公式の計画策定が重要性を持つのは、マネジャーが戦略的マネジメントの一部として行う戦略的計画策定においてである。次節でこのマネジメントについて述べよう。

5-2 戦略的マネジメントのプロセスにおいて、マネジャーは何をするのか

　ドイツの巨大機械機器メーカー、シーメンスは、原子力産業においてトップの座を勝ち取るという戦略目標の見直しを図っている。バーバリーグループは、中国で展開する店舗に顧客用のタッチスクリーン、スタッフ用にiPadというように最新のデジタル技術を導入し、若者を誘い込む狙いだ[4]。これらは、ある週のビジネスニュースのほんの一握りであるが、どれも戦略に関するものだ。戦略的マネジメントは、まさにマネジャーの仕事の一部なのだ。

戦略的マネジメントとは

　戦略的マネジメントとは、マネジャーが組織の戦略を立てるために行う仕事のことである。では、組織としての**戦略**とは何だろう。目標を達成するために、ビジネスにおいて何を行い、いかにして競争に打ち勝ち、どうやって顧客を惹きつけ満足させるかについての組織的な取り組み方法のためのプランのことである。

なぜ戦略的マネジメントは重要なのか

　ショッピングセンターを中心に展開する衣料品チェーン店は、ほとんどが深刻な売り上げ減少に悩んでいる。しかし、アメリカのバックルが店舗の売り上げ減少に苦しんだのは、リーマンショックによる景気後退が最終段階に入った時期だけで、立ち直るのにもそれほど時間はかからなかった。バックルの戦略とは何なのだろう。重要な戦略の1つが、立地戦略である。アメリカ国内にあるのは、総数400店舗以上ある店舗のうちの数店舗のみで、景気後退のあおりをまともに受けたのはこの数店舗だけだった。もう1つの戦略は、体型に合わせたパンツの手直しや、無料でジーンズの裾上げサービスを行うといった特別サービスの提供である。こういった「顧客サービスへの投資によって、バックルは、過当競争のティーン市場における差別化に成功した」[5]。バックルのマネジャーたちは、戦略的マネジメントの重要性を理解していたに違いない。

　なぜそれほど戦略的マネジメントは重要なのか。第1の理由は、戦略的マネジメントによって、組織の業績アップの度合いが変わってくるからだ。研究に

よると、戦略的計画策定は概ね業績アップに結びつくという[6]。戦略的計画策定を行う企業は、行わない企業に比べ財務実績が良いようだ。

2つ目の理由として、どんな形態や規模を持つ組織で働くマネジャーたちも、変化する状況にさらされ続けていることが関係する（第2章の内容を思い出してほしい）。戦略的マネジメントの1段階として、今後の具体的な行動を計画するうえでの関係要因を調べ、マネジャーは状況の不確実性に対処する。

最後に、戦略的マネジメントが重要なのは、組織は複雑で、さまざまに異なるためだ。組織目標を達成するため、各部署が協調して作業を行う必要があり、戦略的マネジメントはこれを後押しする。例えば、さまざまな部署や機能分野、店舗で働く210万人以上の従業員たちを全世界に擁するウォルマートは、戦略的マネジメントを用いて従業員の取り組みを協調させ、重要な事柄に作業努力を傾注させる。

戦略的マネジメントは、企業組織だけで行われるわけではない。政府機関、病院、教育施設や社会福祉機関といった組織でも戦略的マネジメントは必要だ。例えば、高騰を続ける大学の教育費、新たな教育機会を提供する営利企業との競争、税収減少が続くことで削減される国家予算、また、連邦政府の学資援助や研究助成金のカットなどの影響で、多くの大学管理者は大学のあり方を再検討せざるを得なくなり、生き残りと成功を賭け、市場の隙間を見つけようと努力するようになった。

イギリスのファッションブランド、バーバリーのCEOアンジェラ・アーレンツは、世界の高級品産業の成長を牽引しているのは中国の若者たちだと認識している。そして、若い消費者をターゲットにした世界規模のキャンペーンでデジタルリテール・モデルを立ち上げる最初の市場に、中国を選んだ。中国は、2020年までに最大の高級品市場になると期待されている。写真は、世界小売業者会議において演説を行うアーレンツ。店舗内のデジタル技術と自社のショッピング・サイト、中国のソーシャルネットワークサイトなどを活用して中国の若者層をいかに取り込むかを語った。

戦略的マネジメントのステップとは

戦略的マネジメントのプロセス（次頁の図表5-2参照）は戦略計画に始まり、
(注3)

---

1) **戦略的マネジメント** 組織の戦略を立てるためにマネジャーが行う職務。
2) **戦略** 目標を達成するため、ビジネスにおいて何を行い、いかにして競争に打ち勝ち、どうやって顧客を惹きつけ満足させるかについて組織が取り組む方法。
3) **戦略的マネジメントのプロセス** 戦略的計画策定に始まり、計画の実施、評価にまで及ぶ6つのステップのプロセス。

【図表5-2】戦略的マネジメントのプロセス

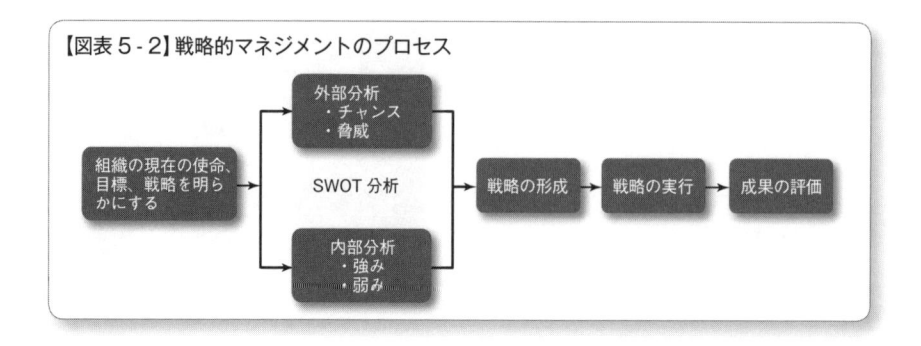

```
組織の現在の使命、    外部分析
目標、戦略を明らか    ・チャンス
にする              ・脅威
         ↘         ↗
          SWOT 分析      → 戦略の形成 → 戦略の実行 → 成果の評価
         ↗         ↘
                    内部分析
                    ・強み
                    ・弱み
```

計画の実施、評価にまで到る6つのステップのプロセスである。最初の4つのステップは、行われるべき計画策定のステップだが、計画の実行と評価も同様に重要である。マネジメントによって戦略の実行や評価が適切に行われなければ、素晴らしい戦略も宝の持ち腐れとなってしまう。

ステップ1：組織の現在の使命、目標、戦略を明らかにする　どんな組織にも**使命**、すなわち社是や経営理念が必要だ。使命を明確にすることは、企業がビジネスにおいて何を行うかを明らかにすることだ。例えば、エイボン・プロダクツの社是は、「製品、サービス、世界規模で女性が求めている自己実現を最も理解し満足させる企業であること」、フェイスブックの社是は、「周りの人とあなたとを結ぶソーシャルユーティリティー」である。こういった文書は、そ
(注4)

【図表5-3】
社是・経営理念に書かれていること

　顧客：顧客は誰か？
　市場：どの地域で他社と競うか？
　生き残り、成長、収益性に対する意欲：成長と財務の安定性に全力で取り組むか？
　哲学：基本理念、価値観、倫理的優先順位は何か？
　対外的なイメージに対する懸念：社会的関心事や環境への配慮に対しどう応えるか？
　製品またはサービス：主たる製品、またはサービスは何か？
　技術：最新の技術を用いているか？
　自己評価：競争上の最大の優位性およびコア・コンピタンスは何か？
　従業員に対する懸念：従業員は会社の貴重な財産か？

資料：F. David, Strategic Management, 11th ed. (Upper Saddle River, NJ: Prentice Hall, 2007), p.70に基づく。

の組織が何を目的としているかを知る手掛かりになる。社是・経営理念にはどのようなことが書かれているのだろう。図表5-3に代表的な例を示した。

　社是・経営理念は、マネジャーが現在の目標と戦略を明らかにするためにも重要だ。なぜか。それは、社是や経営理念は、マネジャーが目標や戦略を変える必要があるかどうかを測る基準になるからである。

ステップ２：外部分析を行う　外部環境については第２章で取り上げた。外部環境の状況を分析することは、戦略的マネジメントのプロセスにおける重要なステップである。マネジャーは、競合内容、審理中の法案のうち組織に影響を及ぼす可能性のあるもの、事業を行う場所の労働力の供給状態といったことを理解したうえで外部分析を行う。現在の状況を作り出しているすべての構成要素（経済的、政治／法的、社会・文化的、技術的要素、世界的規模や人口統計などから見た要素）を調べ、動向や変化を読み取らなければならない。

　状況分析によって、初めて、ものにできそうなチャンスや対抗措置、緩和策を講じる必要のある脅威を特定できるようになる。**チャンス**は外部環境における有利な動向、**脅威**は不利な動向のことである。
(注5)
(注6)

ステップ３：内部分析を行う　次は、内部分析について見ていこう。内部分析は、マネジャーに組織固有のリソースや能力について重要な情報を提供する。**リソース**とは、製品の開発、製造、顧客への出荷に使われる金融、物的、人的および無形の資産を指す。つまり、組織が持っている「モノ」のことである。一方、**能力**は、事業を行うなかで求められるスキルや能力、つまり、作業をこなす「ノウハウ」のことだ。組織の価値を創造する能力のなかでも特に重要なものを**コア・コンピタンス**と呼ぶ[7]。リソースもコア・コンピタンスも、どちらも組織の競合対抗手段と位置づけられている。
(注7)
(注8)
(注9)

　内部分析によって、初めて、組織の強みと弱みを特定できるようになる。組織が得意とする活動や他社にないリソースは**強み**と呼ばれ、反対に、**弱み**は、組織が苦手とする活動や、必要だが持っていないリソースのことをいう。
(注10)
(注11)

---

4)**使命**　組織の目標を書き表したもの。
5)**チャンス**　外部環境における有利な動向。
6)**脅威**　外部環境における不利な動向。
7)**リソース**　製品の開発、製造、顧客への出荷に使われる組織の資産。
8)**能力**　事業を行うなかで求められるスキルや能力。
9)**コア・コンピタンス**　組織の価値を創造する能力のなかでも特に重要なもの。
10)**強み**　組織が得意とする活動や他社にないリソース。
11)**弱み**　組織が苦手とする活動や必要だが持っていないリソース。

外部分析と内部分析を合わせたものを**SWOT分析**と呼ぶ。強み(Strengths)、弱み(Weaknesses)、チャンス(Opportunities)、脅威(Threats)を分析することからこう呼ばれる。SWOT分析をすることで初めて、適切な戦略が策定できるようになる。その戦略とは、組織の強みを伸ばしてチャンスを開拓すること、外部からの脅威を減らす、あるいは対抗措置をとって組織を守ること、致命的な弱点を是正することの3つである。

ステップ4：戦略を形作る　マネジャーは、外部環境および利用可能なリソースと能力を見定めたうえで、組織の目標達成を促す戦略を形成しなければならない。一般的に戦略には、主に、企業戦略、事業戦略、機能戦略の3つのタイプがある。これらについては、このあとすぐ見ていくことにする。

ステップ5：戦略を実行する　戦略が形成されたら、それを実行に移さなければならない。いかに効果的な戦略を形成したとしても、実行されなければ、実績は伸びない。

ステップ6：成果を評価する　戦略的マネジメントプロセスの最後のステップは、成果の評価である。その戦略が組織の目標到達にどれだけ効果があったか、どのような調整が必要かといったことを評価する。例えば、ゼロックスの前CEOアン・ムルカイは、CEOに就任した際、それまでの戦略の成果の評価を行い、変更すべき点を洗い出した。人員の削減、資産の売却やマネジメントの再編成といった戦略の立て直しを行い、市場シェアを奪還し、収益をアップさせたのである。

マネジャーはどのような戦略を用いるのか

　企業レベル、事業競争レベル、機能レベルにおいてそれぞれ戦略は異なって

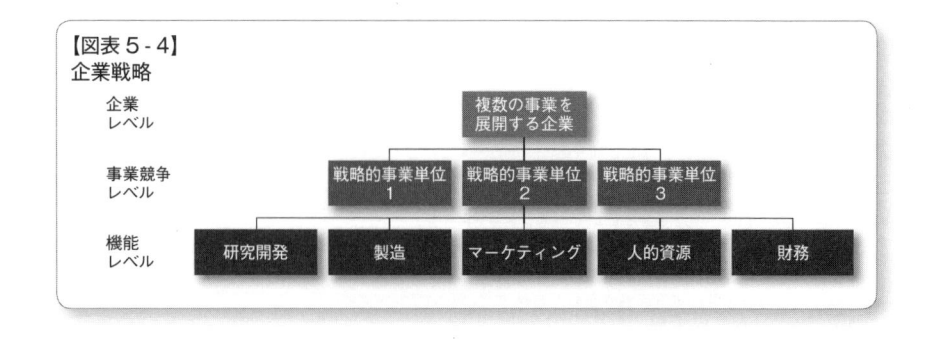

【図表5-4】
企業戦略

企業レベル	複数の事業を展開する企業
事業競争レベル	戦略的事業単位1／戦略的事業単位2／戦略的事業単位3
機能レベル	研究開発／製造／マーケティング／人的資源／財務

くる(図表5-4参照)。個別に見ていくことにしよう。

企業戦略

　企業戦略とは、企業としてどんな事業を続け、どういった事業を新たに目指すか、またその事業で何を達成したいかを明確にする組織全体としての戦略である。企業戦略は、使命や目標およびそれぞれの部署が果たす役割に基づく。ペプシコーラで知られるペプシコの例で見てみよう。ペプシコの社是は、「便利で手軽な食品や飲料に特化した、消費者製品のトップ企業であり続けること」だ。ペプシコは、ペプシコ・アメリカズ・ビバレッジズ、ペプシコ・インターナショナルやフリトレー・ノースアメリカ、クエーカーフーズ、ラテンアメリカ・フーズなど異なる事業に進出するという企業戦略を打ち出し、この使命を追求している。企業戦略は、トップマネジャーが事業で何を目指すかを決定する場合にも用いられる。企業戦略には、主に成長戦略、安定戦略、再生戦略の3つがある。

成長戦略

　世界一の小売業者であるウォルマートでさえも、アメリカ内外でのさらなる成長を図っている。**成長戦略**とは、既存事業、新規事業に拘わらず、参入する市場数や提供する製品数を増やす戦略である。成長戦略を行うことで、収益アップや市場シェア拡大の可能性があり、増員する必要も出てくる。組織は成長するために、集中、垂直統合、水平統合や多角化といった戦略を用いていく。

　集中戦略を用いて成長する組織は、主力の事業に集中し、その事業において製品の供給数や供給市場を増やしていく。カリフォルニア州フラートンに本拠を置く年商約37億ドルのベックマン・コールターは、集中戦略によって医療診断用機器や研究用装置のメーカーとして世界でも有数の企業に成長した。その成長戦略は目覚ましく、最大のライバル企業がベックマン・コールターを約70億ドルで買収したほどであった。

　また、企業は、垂直統合戦略によって成長する道を選ぶこともできる。垂直

---

12) **SWOT分析**　外部分析と内部分析を合わせたもの。強み(Strengths)、弱み(Weaknesses)、チャンス(Opportunities)、脅威(Threats)を分析する。
13) **企業戦略**　企業としてどんな事業を続け、どういった事業を新たに目指すか、またその事業で何を達成したいかを明確にする組織全体としての戦略。
14) **成長戦略**　既存事業、新規事業に拘わらず、参入する市場数や提供する製品数を増やす企業戦略。

統合には、後方型、前方型、またその両方がある。後方垂直統合では、インプット（原材料や情報など）をコントロールできるよう組織自体がその供給先となる。例えば、eBayは、より安全な電子商取引を行えるよう、また、最も重要な工程の1つを管理できるよう、オンライン決済事業を所有している。前方垂直統合においては、組織自体が流通業者となってアウトプットをコントロールできるようにする。例えば、アップルは世界各国に380店舗を所有し、自社製品を流通させている。

一方、水平統合においては、フランスの巨大化粧品企業ロレアルがザ・ボディショップを買収したように、企業は、競合先と合併することで成長していく。水平統合は、ここ数年、金融サービス、消費者製品、航空会社、百貨店、ソフトウェアなど、さまざまな業界で行われている。この種の合併について、アメリカ連邦取引委員会や日本の公正取引委員会は、競争の低下によって消費者に不利益が及ぶ可能性がないか綿密な調査を行う場合が多い。

最後に、組織は、多角化戦略を通して成長することもできる。多角化には、関連型と非関連型がある。関連型多角化とは、業種は異なるが関連する企業と合併を行う戦略である。アメリカン・スタンダード・カンパニーズは、バスルーム用品、空調・暖房器具、配管部品、トラックのエアブレーキなど多様な事業を展開している。これらの事業には整合性がないように思われるが、同社の戦略は、主力事業であるバスルーム用品で培った効率性重視の製造技術を生かすという「戦略的整合性」を有しており、その技術は他のすべての事業に受け継がれている。非関連型多角化とは、業種も異なり、関連もない企業と合併を行う戦略である。例えば、インドのタタ・グループは、化学、通信およびIT、消費者製品、エネルギー、工学、素材、サービスなどの事業を行っている。やはり整合性のない事業の寄せ集めのようだが、タタ・グループの場合には、各事業間に戦略的整合性はなくとも、それぞれの事業は単体で競争力があり、成功を収めている。

安定戦略

不安定な経済状況が続くときには、多くの企業が現状を維持する選択をする。これが安定戦略であり、この戦略においては、組織は現状路線を維持する。**安定戦略**[注15]としては、これまでと同じ製品とサービスを提供することで既存顧客に応える、市場シェアを維持する、現状の事業活動を維持するなどがある。組織

の成長は望めないが、遅れをとることもない。

再生戦略

日立は2009年に80億ドル以上、2010年に11億ドルの損失を出した。組織の業績が悪化した場合には、何らかの策を講じなければならない。マネジャーには、業績悪化に対処するための戦略が必要になってくる。これが**再生戦略**と呼ばれる戦略で、主に2つのタイプがある。1つは縮小戦略で、それほど深刻でない問題に対して用いられる短期の再生戦略である。この戦略によって事業が安定し、組織のリソースや能力が活性化し、再び競争に加わる準備ができる。組織の問題がより深刻な場合には、より抜本的な対策である転換戦略を行う必要がある。どちらの戦略の場合にも、マネジャーは、コストの削減と事業の合理化の2つを行う。ただし、縮小戦略に比べ、転換戦略においてはコストの削減と事業の合理化がより広範囲に適用される。

競争戦略

競争戦略とは、競争状況にあるビジネスで勝ち抜くための方法である。1つの事業のみの中小企業や、異なる製品や市場で事業展開していない大企業にとっての競争戦略とは、その会社にとっての主要市場で勝ち残る方法を明らかにするものだ。一方、多角化経営の組織にとっては、事業ごとの競争上の優位性、提供することになる製品やサービス、ターゲットとする顧客層などを明確にした個別の競争戦略がある。例えば、フランスの企業LVMHモエ・ヘネシー・ルイ・ヴィトンS.A.は、化粧品のブリス、ファッションブランドのダナ・キャラン、皮革製品のルイ・ヴィトン、香水のゲラン、高級時計のタグ・ホイヤー、シャンパンのドン・ペリニヨンやその他高級品それぞれに異なる競争戦略を持つ。またLVMHのセレクティブ・リテーリング部門には、化粧品のセフォラ、百貨店のボン・マルシェなどがあり、免税店チェーンのDFSグループの過半数の株を所有している。多角経営の企業の場合、独立した独自の競争戦略を策定する個別の事業のことを**戦略的ビジネスユニット（SBU：stragic business**

---

15) **安定戦略**　現状路線を維持する企業戦略。
16) **再生戦略**　業績悪化に対処するための戦略。
17) **競争戦略**　ビジネスで勝ち抜くための企業戦略。
18) **戦略的ビジネスユニット（SBU）**　独立した独自の競争戦略を策定する個別の事業のこと。

unit)と呼ぶ。

競争上の優位性の果たす役割

　効果的な競争戦略を立てるには、**競争上の優位性**を把握する必要がある。競争上の優位性とは企業を競合他社と差別化してくれるもの、つまり、際立った優位性のことであり、他社にはできないことができる、あるいは他社よりうまくできることを利用したコア・コンピタンスから生まれる。例えば、サウスウエスト航空は競争上の優位性を持っている。便利さ、信頼性や安さといった搭乗客が望むものを提供できる能力があるからだ。また、競争上の優位性はリソース（競合他社が持っていないものを持っている）からも生まれる。例えば、ウォルマートは、その最先端の情報システムによって、競合他社よりさらに効率的に在庫管理や納入業者とのやり取りを監視・監督でき、それがウォルマートのコスト優位性となっている。

最適な競争戦略を選ぶ

　ハーバード・ビジネス・スクールのマイケル・ポーターは、戦略策定研究の第一人者である。ポーターの競争戦略フレームワークによれば、マネジャーには競争戦略において3つの基本的選択肢があるという[8]。また、すべての人にすべてのことをして平均以上の利益性を達成するのは不可能であり、むしろ、組織の強みを生かし、その業界にいることをフルに利用して際立った優位性を作り出すような戦略を選ぶ必要があると主張している。その競争戦略とは、コスト・リーダーシップ戦略、差別化戦略、集中戦略の3つである。

　業界最低コストを実現して競争力を発揮している企業は、**コスト・リーダーシップ戦略**を導入している。低コストで優位に立つ企業は、非常に効率性が高い。諸経費を最低限に抑え、コスト削減のためのあらゆる努力をする。そのような企業の事務所には、高価な芸術作品や室内装飾の類は一切ない。例えば、アーカンソー州ベントンビルにあるウォルマート本社のインテリアは手の込んだものではなく、機能的なものばかりである。これがあの世界最大手の小売業者の本社かと意外に思うほどだ。また、低コストで優位に立つ企業は、「余分な機能やサービス」にほとんど力を入れないが、製品は、競合他社の提供する製品に品質の点で引けを取らないと見なされるもの、あるいは少なくとも買い手に認められるものでなくてはならない。

消費者から広く支持される独自の製品を提供して競争力を発揮している企業は、**差別化戦略**(注21)を取り入れている。差別化された製品は、群を抜いた高品質、特別なサービス、あるいは、画期的デザイン性、技術力や飛び抜けて有利なブランドイメージなどから生み出される。よって、成功を収めている消費者製品は差別化戦略の成功事例と見ることもできる。ノードストローム（顧客サービス）、スリーエム（製品品質と画期的デザイン性）、コーチ（デザインとブランドイメージ）、アップル（製品デザイン）などがその例だ。

消費者に広く支持される独自の商品を提供するという差別化戦略を用いて、ホールフーズ・マーケットは小売食品業界で競争力を発揮している。創業以来、持続可能な農業に励む地元の農家から体にいい最高品質の自然食品や有機栽培農産物を仕入れ、顧客に提供し続け、環境に優しい業務慣行を守り続けている。同社の競争戦略は、その社是「あるがままの食品──あるがままの人々──あるがままの地球」を反映したものだ。

先の2つの戦略は広範な市場に照準を合わせているが、3つ目の競争戦略である**集中戦略**(注22)は、狭いセグメントやニッチな市場でのコスト優位や差別化優位に関わる戦略である。セグメントについては、商品の多様性、顧客のタイプ、流通経路、地理的位置などによる区分けが可能である。例えば、デンマークのバング＆オルフセンは収益が4億5500万ドル超で、高性能のオーディオ機器販売に集中している。集中戦略が実現可能かどうかは、セグメントの規模およびそのセグメントに製品を提供してどれだけ収益を得られるかによる。

組織がコスト優位や差別化優位を確立できない場合にはどうなるのだろう。ポーターはそれを「にっちもさっちもいかない」状況と呼び、事業にとってふさわしくない市場であると警告している。

---

19) **競争上の優位性** 競合他社と差別化してくれるもの、つまり、特徴的な優位性。
20) **コスト・リーダーシップ戦略** 業界最低コストを実現して競争力を発揮するための戦略。
21) **差別化戦略** 消費者から広く支持される独自の製品を提供して競争力を発揮するための戦略。
22) **集中戦略** 費用集中や差別化集中を用いて狭い区分やニッチ市場で競争力を発揮するための戦略。

競争戦略を支えるもの

　どんな組織にもリソース（資産）や能力（仕事のやり方）がある。しかし、これらを有効に生かしてコア・コンピタンスを開発するのは困難だ。さらに、組織は競合他社の動きや業界の画期的な変化に動じず、その優位性を持続できなければならないが、これも容易なことではない。市場の不安定さや、新たな技術の開発、その他の変化が、長期の持続可能な競争戦略を策定しようとするマネジャーを阻むからだ。このような状況のなか、戦略的マネジメントを活用することで、マネジャーは組織をより優位な位置につけ、競争上の優位性を維持させることができる。

機能戦略

　マネジャーが用いる3つ目の戦略は**機能戦略**である。競争戦略を支えるためさまざまに機能する部署がそれぞれに用いる戦略もこれに含まれる。例えば、マクドナルドやダンキンドーナツとの競争激化にさらされたスターバックスは、マーケティング、製品の研究開発、顧客サービス戦略にこれまで以上に力を入れた（具体的な機能戦略については読者が履習する他のビジネス科目でも取り上げるだろうから、ここでは詳しく論じない）。

マネジャーが戦略に用いる武器とは

　非常に競争が激しく混沌とした今日の市場で生き残るため、組織は、事業でやるべきことをやり、目標を達成するために使える「武器」ならどんなものでも手に入れたい。その武器とは、顧客サービス、従業員の能力や忠誠心、イノベーションや品質などだ。顧客サービスについてはすでに先の章で取り上げた。従業員に関する事柄については第7章と9－13章で見ていくことにする。イノベーションと戦略に関する議論は、「テクノロジーとマネジャーの仕事」を参照されたい。残るは品質だ。これを見ていくことにしよう。

戦略的武器としての品質

　1906年にW.K.ケロッグがコーンフレークの製造を開始したとき、美味しくて高品質で栄養価の高い製品を顧客に提供するというのが彼の目標だった。その品質重視の精神は、今日でも健在だ。従業員一人ひとりが、製品の高い品質を維持する責任を負う。

多くの企業が、競争上の優位性を確立し、忠実な顧客基盤を呼び込んでそれを維持するため、品質管理システムを採用している。それが適切に行われれば、品質は持続可能な競争上の優位性を作り上げる方法となりうる[9]。さらに、製品の品質や信頼性を向上し続けることができるなら、押しも押されもしない競争上の優位性を確立することになる[10]。段階的な改善が、組織の業務のなかに組み込まれるようになれば、それは、かなりの優位性に発展する可能性がある。

品質改善のためのベンチマーキング

ヘルスケアや教育、金融サービスなどさまざまな業界で仕事をするマネジャーたちは、製造業者がずっと以前に気づいてきたことにようやく気づき始めている。それは、競合、非競合企業にかかわらず、優れた業績を達成している成功事例を調査する方法である**ベンチマーキング**の効用である。さまざまな業種の優良企業のやり方を分析し真似ることで、マネジャーが品質改善を図れるようにするというのが、ベンチマーキングの基本的な考え方だ。

ゼロックスが、アメリカで最初の取り組みと広く認められているベンチマーキングを行ったのは1979年のことだった。ゼロックスのマネジャーたちは、ゼロックスの製品価格よりもずっと安い価格で、日本のコピー機メーカーが中型のコピー機をアメリカ国内で販売できる理由がどうしても分からなかった。そこで、ゼロックスの製造部長が調査チームを編成して日本へ行き、日本のライバル企業のコストと工程を徹底的に調べ上げた。それらの情報の多くは、業界での競争を熟知している自身の合弁企業である富士ゼロックスから入手した。調査から衝撃的な事実が分かった。日本のライバル企業は、効率性の点でゼロックスのはるか先を行っていたのだ。そして、その効率性についてベンチマーキングを行うことをきっかけに、コピー機の製造分野でゼロックスは立ち直った。今日、同様に、多くの組織がベンチマーキングを実践している。例えば日産のCEOカルロス・ゴーンは、ウォルマートの購買、輸送、ロジスティックスにおける業務のベンチマーキングを行った。サウスウエスト航空は、搭乗口の係員がどうやったら搭乗口の人の流れをもっと早くできるかを探るため、15秒でレースカーのタイヤを交換することのできるインディ500のピットクルー

---

23) **機能戦略** 競争戦略を支えるためさまざまに機能する部署がそれぞれに用いる戦略。
24) **ベンチマーキング** 競合、非競合企業を問わず、優れた業績を達成している成功事例を調査する方法。

> **テクノロジーとマネジャーの仕事**
>
> ## IT（情報技術）と戦略
>
> 　企業の戦略にとって IT は非常に重要なものである[11]。2 つ例にとって説明しよう。カジノホテルをチェーン展開するカジノ業界最大手のシーザーズ・エンターテイメントは、客商売であるがゆえ、顧客サービスには異常なほど熱を入れる。同社の調査では、カジノのサービスに満足した客はカジノで 10% 多く金を使い、非常に満足した客は 24% 多く使うという結果が出ている。超高機能情報システムを駆使したおかげで、顧客サービスと出費のあいだに重要な関わりがあることがわかったのだ。しかし、組織の情報技術がいつもこのようにプラスの結果をもたらすわけではないことを、次の例が示している。マンハッタンにあるプラダのフラッグシップ・ショップの店舗設計者たちは、「最先端の建築と 21 世紀的顧客サービス」を一体化させた「まったく新しいショッピングの形を体験」してもらいたいと考えていた。ともかくそれが彼らの戦略だった。プラダは、新店舗の予算のほぼ 4 分の 1 を在庫データベースと直結した無線ネットワークなどの情報技術につぎ込んだ。計画では、販売員たちは商品の在庫の確認できるよう携帯端末を装備して店内を回り、顧客は試着室のタッチスクリーンで同様に在庫確認ができるはずだった。しかし、この戦略は計画どおりにはいかなかった。機器に不具合が生じ、スタッフは詰めかけた客、動作しない機器への対応にてんてこ舞い。数百万ドルの投資が最良の戦略とならなかったことは言うまでもない。組織の情報技術は「機能」してこそ、非常に強力な戦略ツールになりうるのだ。

を調査した[12]。

　マネジャーが組織の戦略を据えたときが、目標を設定し、戦略を推進するための計画を立てるときなのだ。

5-3 目標設定および計画策定の手法

　計画策定には、目標と計画という 2 つの重要な要素がある。**目標（方針）**とは、望まれる成果やターゲットのことで、これらによってマネジャーは意思決定を下し、作業結果を測定する基準も作られる。**計画**とは、目標をどうやって達成

していくかのあらましを文書化したもので、リソースの配分、予算、スケジュール、目標達成に必要な行動などが含まれる。マネジャーは計画策定を行うことで目標と計画の両方を策定するのである。

組織の目標にはどんなタイプがあるか、その設定方法とは

営利組織も非営利組織も1つの目標だけでは成功を手にすることはできず、あらゆる組織は複数の目標を設定している。例えば、市場シェアを拡大する、従業員のやる気を保つ、より環境に優しい作業を行う努力をするなどである。また、教会は宗教的実践の場であるだけでなく、経済的に恵まれない地域の人々を支え、また教会員の懇親の場としても機能する。

目標のタイプ

企業の目標のほとんどは、戦略目標か財務目標のいずれかである。財務目標は財務実績に関わる一方、戦略目標は、財政以外の組織の業績全般に関わるものである。例えばマクドナルドの財務目標は、年間売上高の平均3－5％アップと年間営業利益の平均6～7％アップ、10代後半市場への投下資本利益率を上げることなどである[13]。戦略目標の例としては、日産のCEOが課したポルシェ911ターボの性能に比肩するかもしくはそれを凌ぐスーパーカーとしてのGT-Rの生産が挙げられる[14]。このような目標は、組織の主張、利害関係者に納得してもらいたい事柄、目標の具体的な内容を公式に発表する**公言目標**(注27)である。だが、組織の設立趣意書や年次報告書に記されたり、マネジャーによる広報発表や公式声明などで語られる公言目標は、さまざまな利害関係者が期待する組織の姿と矛盾したり、それらから影響を受けたりすることが多い。そういった公式発表はあいまいになる可能性があり、組織が実際何を達成しようとしているかを示す重要な指針というよりも、マネジャーの広報スキルを示すものとなりがちである。したがって、実際に行っていることと組織の公言目標が食い違うことが多いとしても驚くにはあたらない[15]。

組織が実際に達成しようとしている**真の目標**(注28)を知りたい場合には、組織の構

---

25) **目標（方針）** 望まれる成果やターゲット。
26) **計画** 目標をどうやって達成していくかのあらましを文書化したもの。
27) **公言目標** 組織の主張、利害関係者に納得してもらいたい事柄、目標の具体的な内容についての公式の発表。
28) **真の目標** 組織の構成員が行っていることで示される、組織が実際に達成しようとしている目標。

成員が何をしているかを観察することだ。組織が何を優先するかは行動に現れる。真の目標と公言目標が異なるかもしれないと認識することは、そうでなければ矛盾ととらるような事柄に気づくことができるという意味で、重要だ。

目標の設定

先に述べたように、目標はマネジャーの意思決定や行動に方向性を与え、実際の成果を測る基準を形作る。組織の構成員が行うことのすべては、目標達成に向けたものでなければならない。これらの目標は、伝統的な目標設定の方法によっても、目標によるマネジメントによっても設定することが可能である。

伝統的な目標設定

伝統的な目標設定においては、トップマネジャーによって設定された目標は下達され、組織の各領域のサブ目標となる（図表5-5参照）。この伝統的なアプローチは、「全体像」の見えているトップマネジャーが、何が最善かを知っていることが前提となる。そして、目標は下位部署へと次々に伝えられ、割り当てられた目標を達成するため働く従業員の指針となる。製造業を例にとると、社長が製造担当の副社長に翌年度の製造コストの目標値を伝え、マーケティング担当副社長には翌年度の売り上げ達成目標値を伝えたとする。これらの目標は、下の階層の部署へ伝えられ、目標値達成の責任を明らかにするために文書化され、さらに目標はその下の部署へ伝えられ、と続いていく。その後しばら

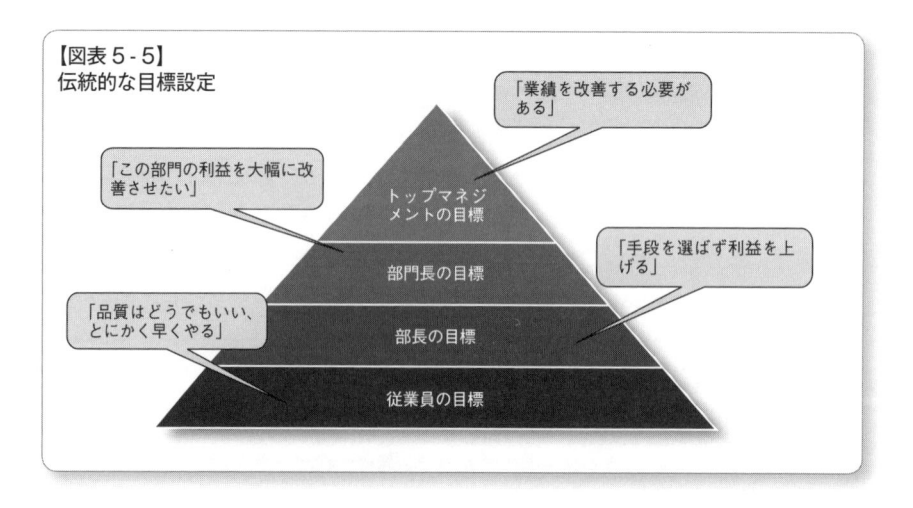

【図表5-5】
伝統的な目標設定

「業績を改善する必要がある」

「この部門の利益を大幅に改善させたい」

トップマネジメントの目標

部門長の目標

「手段を選ばず利益を上げる」

部長の目標

「品質はどうでもいい、とにかく早くやる」

従業員の目標

くすると、割り当てられた目標が達成できたかどうかを判断するために業績の評価が行われる。これは、こうあるべきだと考えられている方法であり、実際にこのように行われるとは限らない。全体的な戦略目標を部署、作業チーム、個人それぞれの目標へと変化させるのは困難かつストレスのたまる作業である。

　伝統的な目標設定におけるもう1つの問題は、トップマネジャーが、全体的な視点で組織の目標を決めた場合（「十分な」利益を上げる、あるいは「市場でのリーダーシップ」を強めるなど）、こういった具体的でない目標は、組織で下達されるなかでより具体的な目標にしなければならない。組織のそれぞれのレベルのマネジャーは、それぞれの目標を決めてより具体的なものにすると同時に独自の解釈と先入観を加える。目標が組織のトップから下位部署へ下達されるなかで正確さが失われてしまうのである。例えば、米国ティファナに本拠を置くメキシコ・ディージェイ・オーソペディクスの各部署の従業員たちは日々の作業成果が会社の目標に及ぼす影響を理解している。同社の人事部長はこう言う。「従業員が、自分の仕事の成果を人ごとではなく自分のこととしてとらえ、日々何をなすべきで、どうやって目標を達成するかを理解していると、会社や仕事との強い結びつきが生まれる」。

　メキシコ・ディージェイ・オーソペディクスのように組織目標の階層がはっきりと示されているとき、目標の統合ネットワーク、すなわち**手段・目的チェーン**が形作られる。組織の高位の目標（目的）は下位の目標とつながり、それが目標達成のための手段としての機能を果たす。言い換えれば、組織の下位で達成された目標は、その上のレベルの目標（目的）に到達する手段となり、その目標達成が次のレベルの目標（目的）達成の手段となり、と組織の階層を上りながら続いていく。これが、伝統的な目標設定の仕方である。
(注30)

目標によるマネジメント

　伝統的な目標設定を用いる代わりに、多くの企業は、相互合意に基づいた目標設定をし、その目標を用いて従業員の仕事ぶりを評価する方法**目標管理制度（MBO：manegement by objectives）** を採用している。マネジャーがこの手法
(注31)

29）**伝統的な目標設定**　トップマネジャーの上意下達による目標設定。組織内の各階層ではサブ目標となる。
30）**手段・目的チェーン**　高位の目標が下位の目標と結びつく目標の統合ネットワークで、目標達成の手段として機能する。
31）**目標管理制度（MBO）**　相互合意に基づいた目標設定をし、その目標を用いて従業員の仕事ぶりを評価する方法。

を用いる場合には、マネジャーは部署のメンバーそれぞれと話し合いの場を持ったうえで目標を設定し、目標達成に向け前進しているかどうかを定期的に確認する。MBOには、目標の具体性、参加型意思決定、明確な期限設定、業務に関するフィードバックの4つの要素がある[16]。目標によって従業員にやるべきことをやっていると自覚させる代わりに、MBOは目標によって従業員の士気をも高める。この手法の魅力は、従業員が自ら設定に参加した目標を達成すべく働くということに焦点を合わせている点だ。

現在行われているMBOに関する研究では、MBOは従業員の作業成果や組織の生産性を高めるとしている。MBOについてのある報告書によれば、ほぼすべての事例で生産性が向上したとの結果が出ている[17]。だが、MBOは現代の組織にふさわしい手法なのだろうか。MBOを目標設定の手段として見るなら、答えはイエスとなる。目標設定は従業員の士気を高める有効な方法の1つになることは研究でも裏づけられている[18]。

わかりやすく記述された目標の特徴

どの手法を用いようとも目標は文書化されるべきで、目標によっては望まれる結果をより明確に具体的に示す必要がある。マネジャーは、目標をわかりやすくまとめなければならない。図表5-6にわかりやすくまとめられた目標の特徴を示した[19]。これらの特徴を考慮することで、マネジャーは実際に目標の設定を行うことができる。

目標設定のステップ

目標設定をする際、マネジャーは次の6つのステップを踏むようにするのがよい。

1. 組織の使命と従業員の仕事の重要課題を再確認する　組織の社是や経営理

【図表5-6】
わかりやすく記述された目標

- 行動ではなく結果の観点に立って書かれている
- 測定可能で、定量化できる
- 期限を明確に示す
- 難易度は高いが、達成可能である
- 文書化されている
- 組織にとってなくてはならないすべての構成員に伝えられている

念は、組織の構成員が重要だと考える事柄についての包括的な指針となる。目標はその使命を反映させたものでなくてはならないから、マネジャーは目標を文書化するにあたって使命を再確認する必要がある。さらに、業務を行うことで従業員に何を達成させたいかを明確にすることが重要である。

2. **利用可能なリソースを評価する**　利用可能なリソースを前提に、達成できないような目標は設定すべきではない。目標の難度は高くすべきとはいえ、現実的なものでなければならない。つまるところ、どれだけ自分が努力しても、どれだけの努力を他者に強いても、利用可能なリソースで目標の達成が不可能ならば、その目標は設定すべきではない。

3. **目標を設定する**　1人で決めることもあれば他者の意見を参考にすることもあるが、いずれにせよ、目標は、望まれる結果を反映しするものでなければならない。また、組織の使命や組織のほかの領域の目標とも一致するべきである。目標は測定可能かつ具体的であり、目標達成の期限も明確にしなければならない。

4. **目標をわかりやすくまとめること、また、知る必要のある者全員に知らせることを徹底する**　目標を文書化し伝えることで、皆がその目標について十分考えるようになる。さらに、目標に向かって働くことの重要性を示すことにもなり、目に見える証拠ともなる。

5. **目標の進捗状況を評価するフィードバック・システムを組み込む**　目標が達成されなければ、必要に応じて目標を変更する。

6. **報奨を目標達成に結びつける**　「私にどんな得があるのですか」と従業員が訊ねるのは普通のことだ。報奨を目標達成に結びつけることで、この質問への答えになるだろう。

　目標が定まり、文書化され、伝えられれば、目標を達成するための計画の策定を行う準備が整ったことになる。

マネジャーが用いる計画の種類と、その策定方法

　マネジャーは、目標の達成方法をはっきりと具体的に示すために計画を用いる。まず、マネジャーが用いる計画の種類を見ていくことにしよう。

計画の種類

　計画の種類については、**適用範囲**（戦略的か戦術的か）、**期間**（長いか短いか）、

【図表5-7】
計画の種類

適用範囲	期間	特定性	利用頻度
戦略的	長期	方向づけ	1回限り
戦術的	短期	具体的	継続的

特定性（方向性を示すか具体的か）あるいは**利用頻度**（1回限りか継続的か）の観点から説明する方法が最も一般的である。次頁の図表5-7に示すように、これらの種別は単独で成り立つものではない。すなわち、戦略的計画は長期的であり、方向性が示され、1回限りの利用というのが一般的である。これらの種類を個別に見ていこう。

適用範囲

戦略的計画は、組織全体に適用され、組織の全体的な目標を盛り込んだ計画のことである。(注32)**戦術的計画**（実施計画と呼ばれる場合もある）は、全体的な目標の達成方法の詳細を具体的に示した計画のことである。(注33)マクドナルドがレンタル会社大手レッドボックスのキオスク事業に投資したのは、戦略的計画手続きによるものである。一方で、いつ、どこで、どのようにその事業を実際に運営するかを決めるのは、マーケティング、ロジスティックス、財務などにおける戦術的計画によるものである。

期間

何年を短期計画とするか何年を長期計画とするかは、環境の不確実性により非常に短くなっている。以前は、長期は7年以上にわたる事柄を意味していた。7年のあいだに自分がどんなことをするか想像してほしい。ずいぶん長いように思われるのではないだろうか。ずっと遠い未来についての計画を立てなければならないマネジャーの苦労が分かるだろう。環境が不確実な今日では、**長期計画**は3年を超える期間の計画とされている。**短期計画**は、1年以内の計画を指す。(注34)(注35)

特定性 大まかな方向性を示した方向づけ計画よりは、具体的な計画のほうが

コラム：マネジメントいまむかし

目標によるマネジメント（MBO）は目新しいものではない。この概念は経営学者ピーター・ドラッカーに遡る。ドラッカーは、1954年初版の自著『現代の経営』（邦訳ダイヤモンド社）のなかで初めてこの概念を世に広めた[20]。その魅力は、組織の全体目標を、部署や個々の構成員のための特定の目標へと変換することに重きを置いている点にある。

　MBOでは、組織の全体目標は、部門から部、部から個人へというように組織の上層から下層へ伝わるなかで特定の目標に変換される。それにより、あるレベルの目標とその次のレベルの目標とを結ぶ階層が生み出される。個々の従業員に対し、MBOは業務に関する特定の目標を提供する。部の従業員すべてが目標を達成すれば、そのとき部の目標も達成されることになる。同様に、すべての部が目標を達成すれば、そのとき部門の目標が達成され、組織の全体目標が達成されるまでそれは繰り返される。

　MBOは本当に機能するのか。MBOの有効性を評価するのは複雑な作業である。しかし、目標設定研究によって何らかの答えが導き出される可能性はある。例えば、達成しがたい具体的目標は、目標設定がない場合や、「ベストを尽くせ」といった具体性のない目標を設定した場合に比べ、高水準の労働成果を生み出すことが研究によって示されている。また建設的なフィードバックは、それを伝える相手に努力の度合いが十分か、もっと努力すべきかを知らせることになるため、業務に影響を及ぼす。これらの研究結果は、特定の目標やフィードバックに重きを置くMBOの概念と一致する。MBOは、目標は共同作業によって設定すべきと強く主張しているが、目標設定への参加という点についてはどうなのだろう。共同作業で設定された目標とあてがわれた目標とを比較した研究では、業務との一貫した強固な結びつきは裏づけられていないが、MBOプログラムの成功の重要な要素の1つは、トップマネジメントがMBOのプロセスに関わることにある。トップマネジメントがMBOに深く関わり、自らその実施に取り組めば、関わらない場合に比べ生産性が向上するのだ。

32）**戦略的計画**　組織全体に適用され、組織の全体的な目標を盛り込んだ計画。
33）**戦術的計画**　全体的な目標の達成方法の詳細を具体的に示した計画。
34）**長期的計画**　3年以上の期間にわたる計画。
35）**短期的計画**　期間1年以内の計画。

好ましいように思われる。**具体的計画**とは、明確に規定され、解釈の余地のない計画のことである。例えばあるマネジャーが、今後12カ月で担当部署の生産高を8％アップしたいと考えた場合、目標達成に向け、具体的な作業手順や予算配分を決めたり、仕事のスケジュールを立てたりするだろう。だが、不確実性が高く、予期せぬ変化に対応できるようマネジャーに柔軟性が求められる場合、全般的な指針を定めた融通の利く**方向づけ計画**を活用する可能性が高い。例えばレコードレーベルのモータウン社長シルビア・ローンは、「大物アーティストと契約する」というシンプルな目標を設定した[21]。もちろん、「その年度に新たなアーティストたちのアルバム10作品を製作し売り出す」という具体的な計画を立てることもできる。また、「契約を結ぶアーティストの数を増やせるよう、世界中の人々のネットワークを利用して有望で新しい才能について知らせてもらうようにする」という方向づけ計画を策定することも可能だろう。シルビア社長も計画手続きに携わるマネジャーたちも、方向づけ計画の持つ柔軟性と具体的計画から得られる明確性とを天秤にかけることを覚悟しなければならない。

利用頻度　マネジャーが策定した計画が継続的に使われる場合もあれば、1回限りの計画もある。**1回限りの計画**は、特殊な状況のニーズに合うよう特別に策定された1度だけの計画である。例えばデルが、インターネットに接続できるポケットサイズの機器の開発を開始したとき、マネジャーたちは1回限りの計画を活用して判断の指針とした。一方、**継続的計画**は、繰り返し行われる活動に指針を与える継続的な計画のことである。翌学期の受講手続きを行う際に、標準化された大学の履修システムを利用するのがこれにあたる。日付は変わっても、そのスケジュールは毎学期同じように機能する。

計画の作成

　計画作成のプロセスは、3つの不確定要因と、次に挙げる計画策定の手法に左右される。

計画策定における不確定要因　組織レベル、環境の不確実性の度合い、フューチャーコミットメントの3つの不確定要素は、どのような計画を選択するかに影響を及ぼす[22]。

図表5-8に示すように、マネジャーの組織における地位と、行われた計画策定の種類とのあいだには相関関係はある。ほとんどの場合、下位のマネジャーが実施計画（戦術的計画）の策定を行い、上位のマネジャーが戦略的計画の策定を行う。

　2つ目の不確定要素は、環境の不確実性である。不確実性が高い場合、計画は具体的かつ柔軟でなければならない。マネジャーは、実施するなかで、計画を変更・修正できる状態になければならない。例えば、コンチネンタル航空の前CEOとそのマネジメントチームは、不確実性が非常に高い航空業界においてより競争力のある企業になるため、「時間どおりの運航」という顧客が最も求めているものに焦点を合わせた具体的な目標を設定した。

　3つ目の不確定要素もまた、計画の期間に関わっている。**コミットメント概念**では、計画は、計画が作成されたときになされたコミットメントを果たすに足る十分な期間を設定すべきだとしている。期限設定が長すぎたり短すぎたりする計画は、効率が悪く、効果もない。コミットメント概念の重要性を、コンピュータ機能を向上させるという計画を立てた企業の例で見てみよう。企業のコンピュータが収容されているデータセンターでは「多量に電力を消費するコ

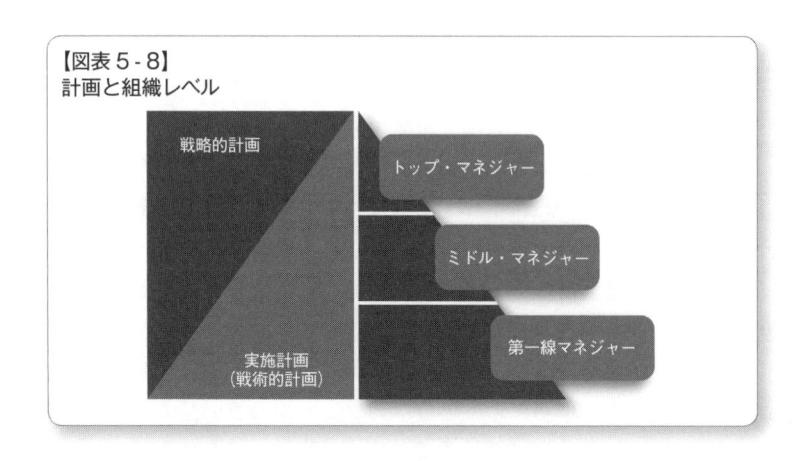

【図表5-8】
計画と組織レベル

戦略的計画 ─ トップ・マネジャー
　　　　　　　ミドル・マネジャー
実施計画　　　第一線マネジャー
（戦術的計画）

---

36) **具体的計画**　明確に規定され、解釈の余地のない計画。
37) **方向づけ計画**　柔軟で全般的な指針が示された計画。
38) **1回限りの計画**　特殊な状況のニーズに合うよう特別に策定された1度だけの計画。
39) **継続的計画**　繰り返し行われる活動に指針を与える継続的な計画。
40) **コミットメント概念**　計画は、計画が策定されたときになされたコミットメントを果たすのに十分な期間を設定するべきだとする考え方。

ンピュータ」があまりに大量の熱を作り出すため、エアコンの必要性が増し、電気代が異常に高くなっている[23]。この例はコミットメント概念をどう説明するだろう。すなわち、コンピューター技術を向上させるのに伴い、この企業は、その計画によって将来的な費用がいくらかかってもいいと「約束」したことになり、計画も、それによってもたらされる結果も受け入れなければならないのである。

計画策定の手法 誰が計画策定の作業を行うかを見れば、その組織の計画策定についてよくわかることになる。アメリカ北西部における天然のサケの生息数を増やすための計画作りに、連邦政府、州、地方自治体の職員たちが一丸となって取り組んでいる。スリーエムのグローバル・フリートグラフィックス事業部（訳注：トラックやバスなどの車体に広告を描く事業）のマネジャーたちは、ますます高まる顧客の要求を満たすための、また、激しく攻めてくる競合他社に立ち向かうための詳細な計画を策定中である。中南米の大手メディア企業、テレビサの会長、社長、CEOを務めるエミリオ・アスカラガ・ジャンは、会社の目標の設定に際しさまざまな人たちの意見を取り入れ、その目標を達成するための計画作りについては幹部たちに委ねた。これらの企業では、それぞれがいささか異なったやり方で計画策定の作業を行っている。

　伝統的な手法では、計画策定はすべてトップレベルのマネジャーたちが行う。これらのマネジャーたちは、大抵、組織のさまざまな計画の文書化をサポートすることを唯一の義務とする計画策定の専門家集団、**公式計画作成部門**の手を借りる。(注41) この手法の下では、トップレベルのマネジャーたちによって作成された計画は、伝統的な目標設定の場合と全く同じように下位部署へと次々に伝えられていく。下位部署へ伝えられていく過程で、計画は、それぞれのレベルで特定のニーズに合わせて調整される。この手法によって、マネジメントの計画策定は徹底的、体系的、協調的に行われるが、「計画」作成に注力しがちで、出来あがった意味のない情報だらけの分厚いファイルは遠い棚にしまい込まれたままになる。事実、トップダウン方式の公式計画のプロセスについてマネジャーに尋ねた調査によると、75％以上が会社の計画策定の手法に不満があると答えている[24]。最も多かった不満は、「計画は、計画の作成に関わる部署のために用意する書類にすぎず、そのうち内容も忘れてしまう」というものだった。このトップダウン方式の伝統的な計画策定の手法が有効になるのは、インパク

トはあっても使われないような代物ではなく、組織の構成員がきちんと使う書類を作成することが重要だとマネジャーが理解している場合だけである。

　もう1つの手法は、計画策定のプロセスに組織のより多くの構成員を巻き込むものである。この手法では、計画を上から下のレベルへ伝える代わりに、さまざまなレベルや部署の組織構成員によって特定のニーズに合うよう作成される。例えばデルでは、製造と資材管理、流通管理の従業員たちが毎週会合を開き、そのときの製品需要や資材供給に基づいた計画を作成する。さらに、作業チームが独自に日課表を作り、スケジュールに対する進捗状況を追跡していく。遅れているチームがあれば、そのチームの構成員は「リカバリー」計画を作成して再びスケジュールどおりに進められるよう努力する[25]。組織の構成員がより積極的に計画策定に関わるとき、紙に書かれたものにすぎない計画が構成員たちにとってそれ以上の存在になるのである。彼らは実際に、仕事を方向づけしてくれ、協調させてくれるものとして計画をとらえることができるようになる。

5-4 計画策定という活動の現代的課題

　計画策定という活動における2つの現代的課題を取り上げ、本章を締めくくろうと思う。具体的には、動的環境における効果的な計画策定にまず目を向け、次に、マネジャーが環境スキャニング、なかでもコンペティティブ・インテリジェンスをどう活用しているかについて見ていこう。

マネジャーは動的環境の下、どうやって効果的な計画を立てるのか

　第2章で見たように、外部環境は常に変化している。例えば、航空機や車の製造からスーパーマーケットに至るまでのあらゆる産業にWi-Fiが革命をもたらし、企業がソーシャルネットワーキングサイトを利用して顧客とのつながりを保ち、家で料理する代わりの外食に使う金額は減少していくだろうと見られている。さらに専門家は、中国とインドが21世紀のグローバル経済を変えつ

---

41) **公式計画作成部門**　組織のさまざまな計画の文書化をサポートすることを唯一の義務とする計画手続きの専門家集団。

つあると見ている。

　外部環境が常に変化していくなかで、マネジャーはどうやって効果的な計画を立てることができるのだろうか。環境の不確実性については、マネジャーが立てる計画の種類に影響を及ぼす不確定要素の1つとしてすでに見てきた。動的環境は、例外などではなくごく普通のことであるわけだから、そのような環境でマネジャーたちがどうやって効果的な計画を立てるのか見てみよう。

　不確実な状況においては、マネジャーは具体的かつ柔軟な計画を立てなければならない。これは矛盾するように思われるが、そうではない。実用的であるために、計画にはある程度の具体性が必要だ。しかし、変更ができないようでは困る。

　計画策定とは継続していくプロセスだということにマネジャーは気づく必要がある。また、環境が極めて不確実な場合でも、組織の業績に及ぼす影響を見るには、公式の計画を続けていくのも大切だということを忘れてはいけない。計画に対する粘り強さこそが、業績を著しく改善させるのである。なぜか。多くの活動と同様、マネジャーは「学びながら計画し」、計画策定の質は、計画を実施し続けることで向上するようなのだ[26]。

　最後に、動的環境の下で効果的な計画を立てるためには、組織の階層をよりフラットにすることが必要だ。組織には目標や計画をトップから下位部署へと悠長に伝えていく時間的余裕はないから、階層をよりフラットにすることで、組織の低層も目標設定に参加でき、計画を立てられるようになるのである。マネジャーは、目標設定と計画の作成の方法を従業員に指導し、実行を委ねなければならない。このことを実によく理解している企業が、他でもない、インドのバンガロールにある。ちょうど10年前、ウィプロは、「調理油やパソコンを主としてインドで販売する無名の複合企業」だった。現在、その事業のほとんど（75％以上）はITサービスという、年間60億ドルの収益を上げるグローバル企業である[27]。アクセンチュアやエレクトロニック・データ・システムズ、IBMやアメリカの大手会計事務所は、ウィプロが示す競争の脅威をひしひしと感じている。ウィプロの従業員は賃金が安いうえに、知識も豊富で有能だ。そのうえ、企業の計画策定において重要な役割を果たしている。情報サービス産業は変化し続けているから、従業員たちは、顧客に最善の解決策を提案できるよう状況を分析し、顧客の問題の規模や範囲を特定するよう叩き込まれている。従業員が最前線で顧客に接し、何をすべきか、それをどういう方法でやる

かを決める責任を負う。これが、IT産業がいかに変化しようとウィプロが常に成功する場所にいる秘訣である。

マネジャーは環境スキャニングをどう活用しているのか

マネジャーの外部環境分析は、最新動向を見抜くために膨大な情報を精査する**環境スキャニング**によってさらに向上する可能性がある。最も急速に普及しつつある環境スキャニングの1つが**コンペティティブ・インテリジェンス**だ。これはマネジャーが競合他社の行動に先手を打つことを可能にする情報[28]である。競合相手は何者か、何をしているのか、競合相手がやっていることは自社にどのような影響を及ぼすかといった基本情報が収集される。

コンペティティブ・インテリジェンスの研究者によるとが、マネジャーが極めて重要な戦略的意思決定を行うために必要とする競合先の情報のほとんどは、一般に公開され、入手可能なものだとしている[29]。つまり、コンペティティブ・インテリジェンスは組織の諜報活動などではないのだ。広告、販促資料、プレスリリース、政府機関に提出される報告書、年次報告書、求人広告、新聞報道、ネット上の情報や業界調査などは、容易に入手可能な情報源である。また、業界とその関連企業についての具体的な情報は、電子データベースからますます入手しやすくなっている。展示会への出展や営業社員の報告から、競合他社についての耳寄りな情報がもたらされることもある。さらに、多くの企業が競合他社の製品を定期的に購入することまでして自社の従業員たちの意見を聞き、技術革新を学びとろうとしている[30]。

変化し続けるグローバルビジネスで環境スキャニングを行い、コンペティティブ・インテリジェンスを入手することは、世界中から情報を集めることであり、非常に手間がかかる。だが、マネジャーは通信社と契約して、世界中の新聞や雑誌を精査して自分の企業にその要約の提供を受ければよいのだ。

合法か倫理的かの不安を抱かなくてもすむよう、マネジャーは、情報、特にコンペティティブ・インテリジェンスの収集方法については注意する必要がある。例えば、スターウッドホテル＆リゾートは、2人の元従業員が企業秘密を盗み出し、ヒルトンホテルが若年層をターゲットとした一連の瀟洒な高級ホテ

---

42) **環境スキャニング** 最新動向を見抜くために膨大な情報を精査する外部環境の分析方法。
43) **コンペティティブ・インテリジェンス** マネジャーに競合他社の正確な情報を提供する環境スキャニングの1形態。

ルを開発する手助けをしたと主張し、ヒルトンを訴えた[31]。申立書にはこう書かれている。「これは、企業スパイ活動、企業秘密の盗み出し、不当競争、コンピュータ不正行為のあまりに明らかな事例である」。手段を選ばずに所有物や企業秘密を盗んだ場合、コンペティティブ・インテリジェンスは違法な企業スパイ活動になる。経済スパイ活動法では、アメリカで経済スパイ活動に関わることや企業秘密を盗み出すことは犯罪である[32]。何が合法かつ倫理的とみなされ、何が合法だが非倫理的とみなされるかは紙一重であるため、コンペティティブ・インテリジェンスについては難しい決断を迫られる。あるコンペティティブ・インテリジェンス企業で働くトップマネジャーは、コンペティティブ・インテリジェンスの収集は99.9%合法であると強く主張するが、競合先の情報を入手するのに、それが非合法でも手段を選ばない人や企業があることは疑いようがない[33]。

理解を深めよう

1. 本式と略式の計画を比較してみよう。なぜ計画が組織にとってプラスになるのか論じてみよう。
2. 6つのステップから成る戦略的マネジメントのプロセスを詳しく説明しよう。
3. SWOT分析とは何か。マネジャーにとってSWOT分析が重要な理由は何か。
4. 「計画を立てない組織は、失敗するのを計画していることになる」。この意見に賛成(反対)か。賛成(反対)の理由を説明しよう。
5. どのような状況なら、MBOが最も有用か。議論しよう。
6. 現在発行されているビジネス関連の雑誌から、マイケル・ポーターの競争戦略の例を探し出し、その企業名を挙げ、4つのうちのどの戦略かを特定し、その戦略の例として挙げた理由を説明しよう。必ず出典を示すこと。
7. 「競争上の優位性を支える基本的手段は、競合他社よりも早く新たな環境に適応することだ」。この意見に賛成か反対か。その理由を説明しよう。
8. 生活のなかで自分はどのタイプの計画を行っているだろう。次の観点から説明しよう。
    a) 戦略的か戦術的か
    b) 短期か長期か
    c) 具体的か方向づけか
    d) 1回限りか継続的か
9. SWOT分析を使って、自分を分析してみよう。自分の強みや弱み(スキル、素質、能力)を評価しよう。得意なもの、不得意なもの、やるの

が楽しいこと、あまり気が進まないことなどを吟味し、興味のある業界での就職の見通しを調査し、そこでキャリアをつむ機会と脅威を特定しよう。動向や予測に目を向けること。厚生労働省の統計情報部が提供する雇用見通しについての情報をチェックするといいだろう。情報がすべて揃ったら、具体的な職業活動計画を書こう。5年間の職業上の目標とその目標を達成するために何をする必要があるかまとめよう。

10. 「競争上の優位性の概念は、営利団体と同じように非営利団体にとっても重要である」。この意見に反対か賛成か。例を挙げて説明しよう。

実例にみるマネジメント（p.141 から続く）

キリンホールディングス：10年先を見据えた経営構想

　キリンホールディングスの連結従業員数は 40,348 人であるのに対し、キリンホールディングス単体の従業員数は 251 人（2011 年 12 月 31 日[34]）。比率としてはごく僅かな従業員が、グループ全体の司令塔となり戦略や財務面の計画を立て、各事業会社の個別戦略についても事業会社と協働で立案している。一方、戦略の遂行については各事業会社の自主性に任されており、本社はそれぞれの経営成果を四半期ごとに目標の達成度合いによって確認する仕組みになっている。

　僅かな人員でグループ全体の戦略を担っているキリンホールディングスであるが、キリンホールディングス自体は新卒社員を採用しているわけではない。キリンホールディングスの社員は全て各事業会社で十分な経験を積んだ出向者である。出向期間は3～5年。本社と事業会社間の人材交流を通じて現場感覚が共有されるようになっている。

　また、キリンの特徴として、キリンホールディングスの役員は各事業会社の役員を原則的に兼務しないことが挙げられる。各事業会社の役員は、自分の事業の利益代表者にもなりやすい。あくまでキリンホールディングスは、利益代表者同士の政治的な調整の場ではなく、グループ全体の成長戦略を策定する場なのである。

　もう1つ大きな特徴がある。それはキリングループでは、各事業会社の純利益は一度全てキリンホールディングスが吸い上げ、資金を一括で管理・再配分する仕組みを採用していることだ。これもグループ全体の成長戦略を考えた投資を優先するための仕組みとなっている。

設問1　キリンホールディングスが、グループ全体あるいは各事業会社の計画を立てるうえで行っている工夫はどのようなものだろうか。また、それらはどのような目的でなされているだろうか。

設問2　計画を立案するメンバーはどのように選ばれることが望ましいだろうか。また、それはなぜか。

設問3　キリングループのような大規模な組織が経営計画を立てる場合、どのようなところに難しさがあるだろうか。

Part 3

パート3

組織する

Chapter 6

第6章
組織の構造と設計

本章での学習ポイント

- **6-1** 組織設計における6つの重要な要素　p.178
- **6-2** 機械的な組織設計と有機的な組織設計に適した条件　p.191
- **6-3** 広く使われている組織設計は、どのようなものか　p.196
- **6-4** 組織設計の現代的課題　p.204

実例にみるマネジメント

ベライゾン：ボランティア人材と企業

ボランティアが会社組織の一員だと考えたことなど、ないかもしれない。しかし、多くの組織にとって、ボランティアは大いに必要な人材となっている[1]。もし、ボランティアの無償の仕事が営利企業のためのもので、仕事内容が「1日に数時間、インターネット接続のためのホームネットワークを構築する方法や、新しいハイビジョンテレビ対応のプログラミングなどの技術的なことについて、お客様の質問にオンラインで答えること」となっていたらどうだろう？ 実際、多くの大企業や新興企業、ベンチャー企業投資家は「Webに精通した助っ人たちの新勢力が、カスタマーサービスの分野を変えていくだろう」と予想している。(p.211に続く)

　21世紀の組織構造・組織設計の素晴らしい世界へようこそ。従業員以外の人が、組織の仕事を、無償でしてくれる可能性を考えたことがあるだろうか。この章では、組織構造と組織設計の基礎を学ぶ。その概念と主な構成要素を定義し、マネジャーがどのようにそれらを活用して体系的な環境を作り出し、組織の構成員が各自の仕事を効率的かつ効果的に行うことができるようにするのかを述べる。組織の目標、計画、戦略が設定されたら、マネジャーはその目標の達成を最も容易にする構造を構築していかなくてはならない。

6-1 組織設計における6つの重要な要素

　第1章では、組織を構築するマネジメント機能を「**組織化する**」と定義した。そして、マネジャーが構造を作り上げたり変更したりすることは、**組織設計**である。この過程には、経営活動に必要な専門的な職務はどうあるべきか、従業員の行動の規範と規則についてどのように意思決定するか、それらはどの職位で意思決定がなされるべきかが含まれる。組織設計に関わる意思決定はトップレベルのマネジャーが下すのが一般的だが、関わるすべての人がそのプロセスを理解することも重要だ。なぜなら、一人ひとりが何らかの種類の組織部門に属して働き、仕事がどのように行われ、どのような意義を持つのか理解する必要があるからだ。さらに、変化する環境に組織が適応する必要があることを考えると、将来、自分が働くことになる組織の構造がどのようになるのか理解していかなければならない。

　マネジメント分野で、組織化することおよびその結果の組織構造ほど、近年大きく変化した主題はない。マネジャーたちは、従来の取り組み方を評価し直し、従業員が組織の仕事をしやすいように支援する最適な新しい構造設計——効率を実現しながら、柔軟でもある設計——を模索している。

　アンリ・ファヨールやマックス・ウェーバーといった歴史に登場したマネジメントの専門家は、組織設計の基本概念を定式化し、マネジャーがならうべき構造の原則を提示した。これら当初の多くの原則が示されてから80年近くが経過したが、その原則から、今でも効果的かつ効率的な組織を設計するための貴重な知識を得ることができる。以下の節で、組織構造の6つの要素である職務の専門化、部門化、権限と責任、管理の幅、集権と分権、および定型化について議論していく。

職務の専門化とは何か

　アメリカのオハイオ州エイダにあるウイルソン・スポーティング・グッズの工場では、ナショナル・フットボール・リーグ（NFL）で使われるボールのすべてと、大学や高校のアメリカンフットボールで使われるボールのほとんどが生産されている。毎日の生産目標を達成するために、従業員は成形、縫う、ひ

もで締めるなどといった職務を専門化している[2]。これは**職務の専門化**(注3)の一例である。すなわち、組織の業務を個別の職務に分割することだ。各従業員は、業務全体を行うのではなく、部分的な業務を「専門」に行い、業務の成果を向上させている。職務の専門化は、分業とも呼ばれる。

　職務の専門化によって、組織は従業員の多様な能力を効率的に使うことができる。たいていの組織には、高度な能力が必要とされる業務もあれば、比較的能力の低い従業員によって行われてもよい業務もある。例えば製造業の工程で、すべての従業員が全行程に関与するとなると、全員が最も必要性の高い業務と最も必要性の低い業務を行うために必要な能力の両方を身につけなくてはならない。その結果、最高水準の能力が求められる業務や、高度に洗練された業務を遂行する場合を除き、従業員は自分の能力より低い仕事をすることになる。さらに、能力の高い従業員は能力の低い従業員よりも給与が高く、給与は一番高い能力によって決まるため、従業員全員が、簡単な業務をする場合でも高い能力を考慮した給与が支払われることになる。これでは、リソースを効率的に活用できない。

　職務の専門化が提案され始めた頃は、それによって生産性が格段に高まるだろうと信じられていたし、20世紀初頭には、そうした一般論は妥当だった。というのも、専門化はまだ広く行われていなかったため、導入すると、ほぼすべての場合に生産性の向上が見られたのだ。しかし、良いことも度を超してしまう場合がある。ある時点で、退屈、疲労、ストレス、低い生産性、低品質、欠席率の増加、高い離職率といった人間が持つ不経済な性質が、業務の経済上の利点を上回ってしまうのだ（次頁の図表6-1参照）[3]。

現代における専門化とは　現在でも、多くのマネジャーは、職務の専門化を重要な組織化の手法と見なしている。専門化により従業員がより効率的に働くからだ。しかし、専門化には限界があることも覚えておかなければならない。フォード・オーストラリア、ホールマーク、アメリカン・エキスプレスといった企業は、職務の専門化を最小限に抑え、代わりに幅広い職務を従業員に与えている。

1）**組織化する**　どんな作業を誰が行い、仕事をどう色分けするか、報告系統をどうするか、誰が決定を下すのかを決めるなど。
2）**組織設計**　マネジャーが組織構造を作り上げたり変更したりすること。
3）**職務の専門化**　組織の業務を個別の仕事に分割すること。分業とも言う。

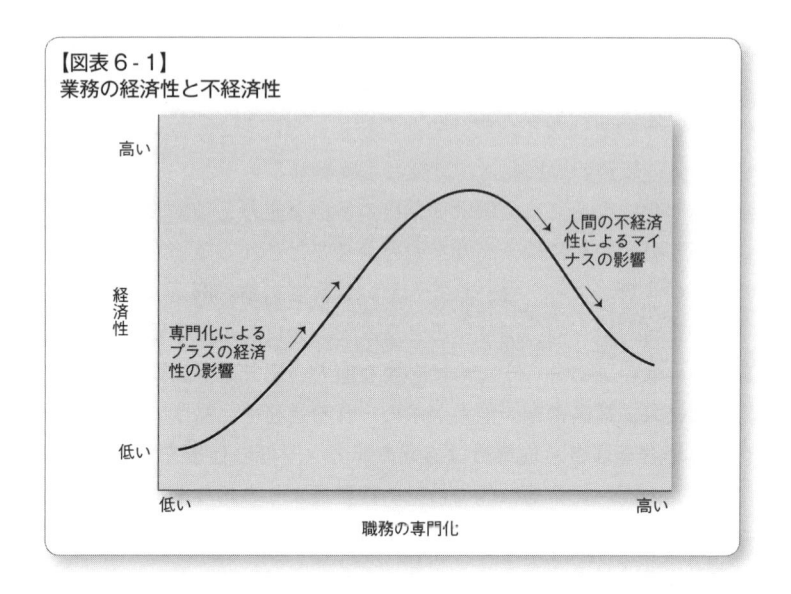

【図表6-1】
業務の経済性と不経済性

(経済性: 高い／低い、職務の専門化: 低い／高い)
専門化によるプラスの経済性の影響
人間の不経済性によるマイナスの影響

部門化の5つの種類

　マネジメント論の初期の著者たちは、誰がどの業務を行うかを決めた後で、共通する業務はもう一度グループにまとめ、一体化された統合的な方法で行うべきであると主張した。このような、業務をグループにまとめる方法を**部門化**(注4)と言う。一般的に部門化の形には5つの種類（図表6-2参照）があるが、独自の分類方法を採用する組織もある。

業務はどのようにグループ分けされるのか　業務をグループ分けする最も一般的な方法の1つは、実行される職務によるもので、**職能別部門化**という。これに(注5)よって、エンジニアリング、会計、情報システム、人事、購買の専門家を部門ごとに分けて職場を組織化する。職能別の部門化はどんなタイプの組織でも適用することができる。この場合、組織の目的や業務を反映することで、職能だけが変更される。職能別の部門化の主な長所は、共通するスキルを持つ従業員を集め、共通のグループで専門化することによって規模の経済性が得られることだ。

　製品別部門化は、企業の主要な製品分野に注目して行う。各従業員は、その(注6)製品ラインに関連することすべてを専門にし、責任を負う1人のマネジャーの権限下におく。ナイキは製品別部門化を採用している企業だ。ナイキの組織構

> **【図表6-2】**
> **部門化の種類**
> - 職能別　業務の種類によって従業員をグループ分けする（例えば、エンジニアリング、会計、情報システム、人事など）
> - 製品別　企業の主要な製品分野によって従業員をグループ分けする（例えば、婦人靴、紳士靴、衣料・小物）
> - 顧客別　顧客が持つ課題やニーズによって従業員をグループ分けする（例えば、卸売、小売、政府）
> - 地域別　地域によって従業員をグループ分けする（例えば、北部、南部、中西部、東部）
> - 工程別　業務の流れあるいは顧客の流れによって従業員をグループ分けする（例えば、試験、支払い）

造は、運動靴およびドレス・カジュアルシューズ、スポーツウェアおよび小物、スポーツ用品を含む各種製品ラインに編成されている。製品別にグループ分けすると、特定の製品に関わるすべての業務が1人のマネジャーの指揮下に入るため、製品性能への責任度が増す。

　組織がターゲットする特定の種類の顧客によっても、従業員のグループ分けが決まってくる。例えばオフィス用品を販売する企業の営業業務は、「小売」向け「卸売」向け「官公庁」向けを担当する3つの部署に分けられる。大規模な法律事務所では、法人向けサービスか個人向けサービスかをもとに、従業員を分けることができる。**顧客別部門化**(注7)という方法の根底には、「各部署の顧客が抱える課題やニーズは共通のもので、専門的に対応するのが最善だ」という前提がある。

　部門化の方法には、地理・地域に基づいた**地域別部門化**(注8)もある。販売機能を西部、南部、中西部、東部地域といった地域で分けるケースが、地域別の部門化に該当する。顧客が広い地域にまたがっている場合、組織にとってこの種の部門化に価値があるだろう。例えば、コカ・コーラの組織構造はその地域の企業活動を反映して大きく2つの地域別——北米部門と国際部門（環太平洋地域、欧州共同体地域、欧州北東部およびアフリカ、ラテンアメリカ）——になっている。

---

4) 部門化　業務をグループにまとめる方法。
5) 職能別部門化　実行される職務によって業務をグループ分けすること。
6) 製品別部門化　主要な製品分野によって業務をグループ分けすること。
7) 顧客別部門化　顧客によって業務をグループ分けすること。
8) 地域別部門化　地理・地域に基づいて業務をグループ分けすること。

最後の部門化は、業務や顧客の流れに基づいて業務をグループ分けする**工程別部門化**で、アメリカの各州の運転免許試験場や病院で採り入れられている。各部門は特定の工程を遂行するのに必要とされる共通のスキルをもとに組織化される。運転免許試験場に運転免許を取りに行ったことがある人ならば、工程別の部門化を経験したことがあるだろう。申請書受付、試験、情報と写真の登録、会計が分かれており、利用者は免許を得るために各部門を順に「流れて」いく。

現代における部門化 現代の大部分の大規模な組織は、初期のマネジメント論の著者らが提唱したほとんどの部門化の形を採用している。例えば電動工具などの製造販売を行うブラック・アンド・デッカーでは、事業部門は職能別、製造部門は工程別、販売部門は地域別、そしてその中の地域販売は顧客別に組織化している。しかし、一方で多くの組織は多様な部門の人材で構成され、従来の部門間の垣根を越える**機能横断型チーム**(クロスファンクショナルチーム)を採り入れている。クロスファンクショナルチームは、特に課題が複雑になるほどその効果を発揮する編成で、職務の遂行のためには多様な能力が求められる[4]。

最後に、競争の激しい現代の環境においては、顧客をマネジメントすることに再び関心が向けられている。顧客のニーズをもっとよく観察し、ニーズの変化に対応できるよう、多くの組織では、顧客別の部門化に特に力を注いでいるのだ。

権限と責任

権限と責任を理解するには、**指揮系統**についてもよく理解しなくてはならない。組織の上層から下層へと広がる権限の経路

コンピューター企業のデルでは、顧客別の部門化のおかげで、顧客への理解がより深まり、ニーズにもよく対応できるようになっている。デルは顧客を次のように分けている。個人およびホームオフィス、中小企業、大企業、州・地方政府、連邦政府、K-12教育機関(訳注:幼稚園から日本の高校3年生にあたる、第12学年までの期間に対応する教育機関)、高等教育機関、医療機関の8つである。個人およびホームオフィスのユーザーを取り込むために、デルは、顧客が同社のパソコンを世界中の小売店で購入できるような販売戦略を採用。また、中国の家電販売最大手、国美電器との提携により、ラップトップおよびデスクトップの販売拡大を図っている。写真は、北京の国美電器で陳列されているデル製品。

で、誰が誰の部下であるかを明確にさせるものだ。マネジャーは「私は誰の直属の部下ですか？」「問題が起きたとき誰のところへ行けばいいですか？」といった従業員からの質問があったときに困らないためにも、組織化する際には、この指揮系統を考慮しなくてはならない。では、権限および責任とは何だろう。

権限(注12)とは、命令を与え、その命令が実行されることを期待する、管理職のポストに固有の権利をいう。マネジメント論の初期の著者たちは、権限について盛んに議論していた。それが組織内の結びつきを強めるものだと考えていたからだ[5]。権限は、適用範囲内で、一定の制限を規定しながら一定の権利を与えるかたちで、下層のマネジャーに委任された。各管理職のポストには、等級や肩書に応じて特定の固有の権利があり、ポストに就いた者にその権利が与えられていた。従って、権限は組織内でのポストに関連するもので、個々のマネジャーの個人的な特質とはまったく関係がないということだ。権限のあるポストが空いた場合、そのポストを去った個人に権限はなくなる。権限はポストに属しており、新たにそのポストに就く者に属することになる。

マネジャーがある従業員に権限を委任する場合、権限に見合った**責任**(注13)を割り当てなくてはならない。つまり、従業員が権利を与えられるときには、それに応じた任務を実行する義務も発生する。そして、その成果にも責任を持たなければならない。責任や責務のない権限を割り当ててしまうと、濫用の機会を作ることになる。同様に、権限が与えられていない仕事について、責任や責務を負わされることがあってはならない。

種類の異なる権限の相互関係　初期のマネジメント論では、権限をライン権限とスタッフ権限の２つの形式に分類していた。**ライン権限**(注14)では、マネジャーに従業員の職務を管理する権限が与えられる。ライン権限は、組織の最上層から最下層へと指揮系統に従って流れる（次頁の図表６-３参照）、雇用者と被雇用者の権限関係だ。ライン権限では、マネジャーには従業員の業務を管理し誰にも相談せずに一定の意思決定をする権利があり、指揮系統の中で従業員との繋

---

9) **工程別部門化**　業務あるいは顧客の流れに基づいて業務をグループ化すること。
10) **機能横断型チーム**　多様な部門の人材で構成され、従来の部門間の垣根を越えるチーム。
11) **指揮系統**　組織の上層から下層へ広がる権限の経路で、誰が誰の部下であるかを明確にする。
12) **権限**　命令を与え、その命令が実行されることを期待する、管理職のポストに固有の権利。
13) **責任**　割り振られた任務を実行する義務。
14) **ライン権限**　マネジャーに与えられる、従業員の職務を管理する権限。

**【図表6-3】
指揮系統とライン権限**

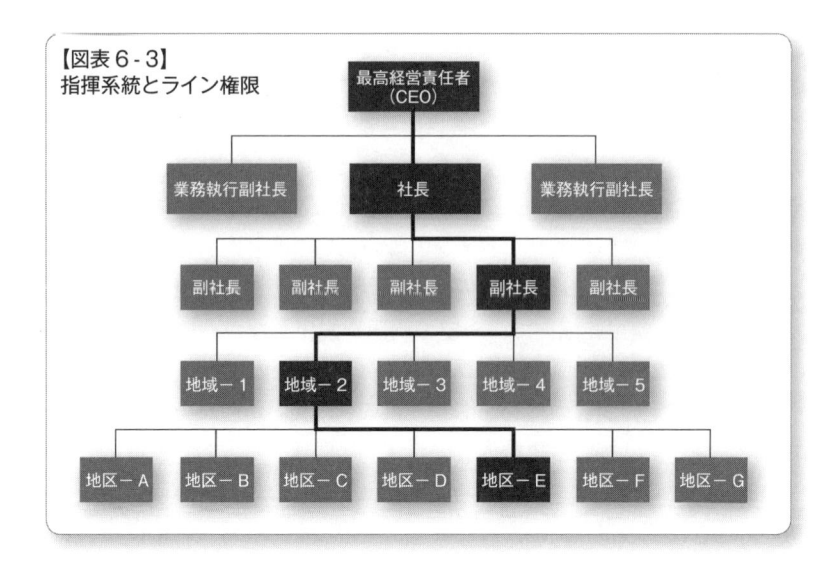

```
                        最高経営責任者
                            (CEO)
                              │
        ┌─────────────────────┼─────────────────────┐
   業務執行副社長              社長              業務執行副社長
                              │
        ┌──────────┬──────────┼──────────┬──────────┐
      副社長     副社長     副社長     副社長     副社長
                              │
        ┌──────────┬──────────┼──────────┬──────────┐
      地域−1     地域−2     地域−3     地域−4     地域−5
                              │
        ┌──────┬──────┬──────┼──────┬──────┬──────┐
     地区−A  地区−B  地区−C  地区−D  地区−E  地区−F  地区−G
```

ぎ役を果たしている。もちろん、指揮系統の中では、各マネジャーは自分の上司の管理下にある。

「ライン」という用語は、ラインマネジャーとスタッフマネジャーの違いを明確にするために用いられていることに注意しよう。この文脈でのラインとは、組織の目標達成に直接関係する組織的職務を持つマネジャーを指している。製造業では、ラインマネジャーは通常、製造および販売職務の部門に属する。これに対し、スタッフ権限を持つスタッフマネジャーが所属するのは、人事や給与課となる。マネジャーの職務をラインとスタッフのどちらに分類するかは、組織の目標によって違ってくる。例えば、人材派遣を行うスタッフ・ビルダーズでは、面接官の派遣用に人材を面接して採用する職務がラインだ。同様に、給与支払業務を行うアウトソーシング会社のADPでは、給与支払いがライン職務となる。

組織の拡大と複雑化が進むと、ラインマネジャーは業務を効果的に遂行するための時間、専門知識、あるいは資源の不足を感じる。これに応じて、**スタッフ権限**の職務が作られ、ラインマネジャーのために協力、支援、助言を行い、情報を処理する負荷を軽減する。病院の管理者は、病院に必要なすべての備品の購買に効率よく対応することはできないため、スタッフ部門の購買部を作る。もちろん、購買部の部長には、配下で働く購買担当者に対するライン権限がある。

病院の管理者とは、自分にかかる負担が大きすぎ、支援が必要になるものなのだ。管理者を助けるポストを作ることは、スタッフ権限を持つポストを作ることだ。ライン権限とスタッフ権限については図表6-4を参照しよう。

命令の統一性とは　2人以上の上司がいる従業員は、要求や優先順位に矛盾が起こりやすく、それの対処が必要となるだろう[6]。そのため、初期のマネジメント論では、それぞれの従業員に上司が1人だけいる構造にするべきだと信じられていた。これは**命令の統一性**(注16)と呼ばれる。稀に、やむを得ず命令の統一性に反する場合があったなら、業務は完全に分離され、それぞれの業務に責任を持つ管理者がいることが、常に明確に示される。

　組織が比較的単純なときは、命令の統一性は理にかなっていた。状況によっては、命令の統一性は現在でも有効な考えで、組織はこれを固守し続けている。しかし、例えばテクノロジーの進歩によって、かつては上層部にしか許されていなかった組織情報へのアクセスが、現在ではどの従業員にも可能になっている。従業員は、命令の統一性に従った正式なコミュニケーション経路を通さなくても、コンピュータで組織内の誰とでもコミュニケーションをとることができる。このような場合に命令の統一性を厳密に維持すると、それ自体が柔軟性

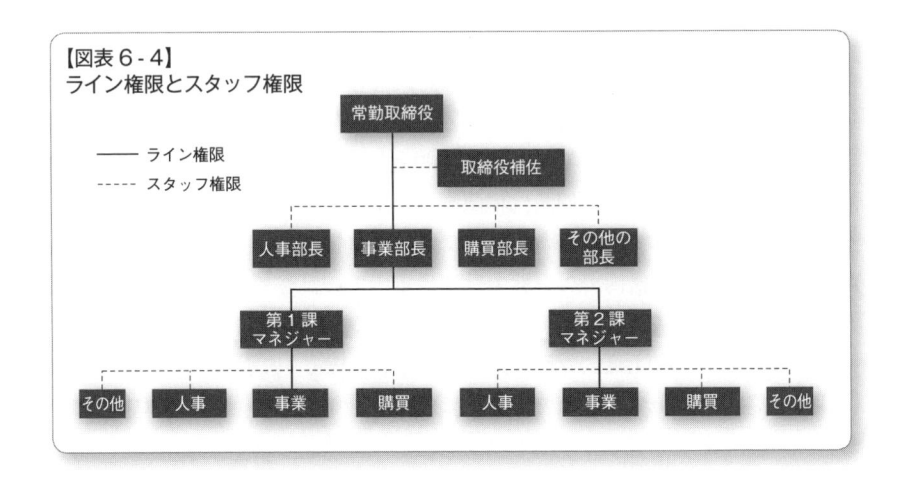

【図表6-4】
ライン権限とスタッフ権限

―― ライン権限
---- スタッフ権限

（組織図：常勤取締役—取締役補佐／人事部長・事業部長・購買部長・その他の部長／第1課マネジャー・第2課マネジャー／その他・人事・事業・購買・人事・事業・購買・その他）

15) **スタッフ権限**　ライン権限を持つマネジャーのために協力、支援、助言を行うポストに付随する権限。
16) **命令の統一性**　それぞれの従業員に上司が1人だけいる構造。

を損なうことになり、組織の業績の妨げになることもある。

権限と責任について、従来の見方と現在の見方の違い　初期のマネジメント論では、権限を盛んにとりあげていた。組織内での正式な地位に属する権利以外には、影響力を持つ要素はないという前提があり、マネジャーならばすべての権力を掌握していると信じられていた。この想定は60年前、あるいは30年前でも正しかったかもしれない。組織は現在よりも単純であったし、スタッフは今ほど重要でなかった。また、組織内でマネジャーの地位が高くなるほど、そのマネジャーの持つ影響力は高まった。しかし、今やマネジメントの研究者や実践者は、権力を握るためには必ずしもマネジャーになる必要はなく、権力は組織内の地位と完全な相関関係があるわけではないと考えている。

　権限は組織での重要な概念だが、権限のみに注目すると、影響力についての考え方が非現実的で狭いものになってしまう。現在では、権限は、権力というより広い概念に含まれる要素の1つにすぎないと見なされている。

権限と権力の違い　権限と権力は同じものだと見なされがちだが、両者は異なるものだ。権限は権利であり、その正当性は、権限を持つ人間の組織内での地位に基づいている。権限は職務に伴うものだ。一方で**権力**とは、意思決定に及ぼす個人の持つ影響力のことだ。権限は、広い意味での権力の概念に含まれる。つまり、個人が組織内で得るポストには正式な権利が伴っており、その権利が意思決定の過程に影響を与える1つの方法となっている。

　図表6-5は、権限と権力の違いを図で視覚的に表したものだ。「A：権限」の部分に平面的に並べられた四角は権限を示している。権限が適用される範囲は、水平方向で定義されている。水平方向でグループにまとめられた部分は、職能別の範囲を表す。組織内での影響力は、構造内での高さで定義されている。組織の中で高い場所にあるほど、権限は大きくなる。

　一方権力は、三次元風に表現されている（「B：権力」に示された円錐）。円錐には、職能別や階層になった要素だけではなく、第3の要素である中核性が含まれている。権限は階層での上下の位置によって定義されていたが、権力は上下の位置および組織権力の中核あるいは中心からの距離を合わせたものとなっている。

　この円錐を組織だと考えよう。円錐の軸が権力の中核となる。権力の中核に

【図表6-5】
権限と権力

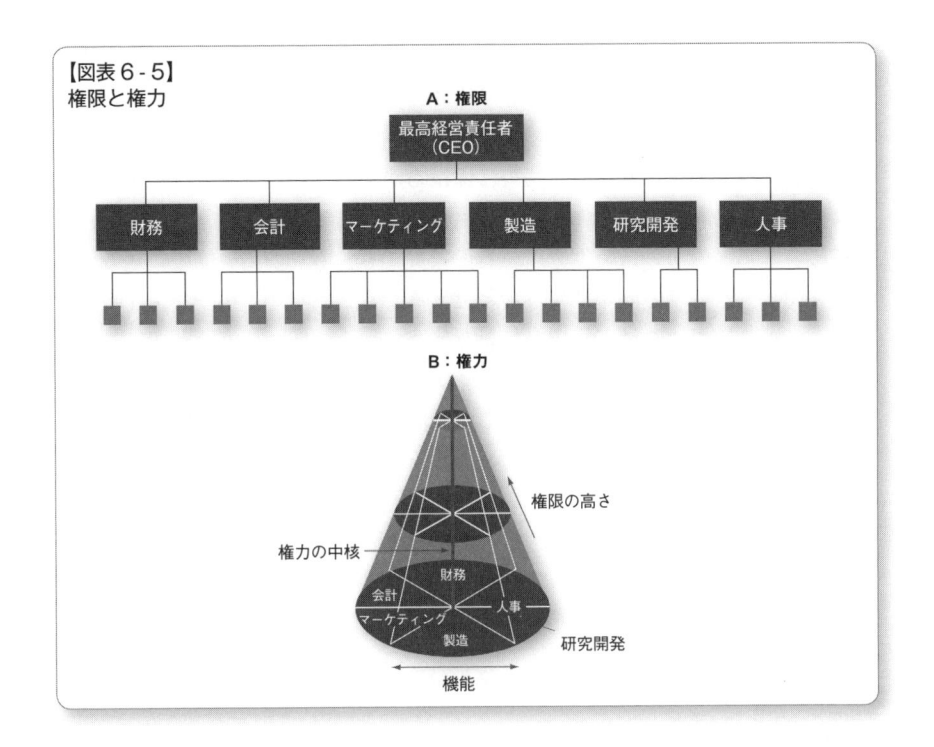

A：権限

B：権力

近いほど、意思決定に及ぼす影響力は大きくなる。図中のAとBの違いは、権力の中核があるかないかだけだ。Aの高さで示された階層は、単に円錐の側面に示される高さでしかない。円錐の頂点は階層の頂点で、円錐の中間部は階層の中間部と対応している。同じように、Aの職能別のグループは、円錐を縦に切り分けた立体となる。この立体が、それぞれ機能の範囲を表す。

円錐の例から、2つの事実がはっきりと見て取れる。1つ目は、組織内での地位が高くなる（権限が増える）と権力の中核に近づくこと。2つ目は、権限は、権力を行使するために必ずしもなくてはならないものではないということだ。地位を上げなくても、権力の中核へ向かって水平に移動することができるからだ。例えば企業では、権限のあまりない補佐役が大きな権力を持っている場合がよくある。補佐役は、上司の門番役として、上司がいつ誰に会うのか決めるのに、相当な影響力を持っている。さらには、上司への情報伝達も補佐役が担

---

17) **権力**　意思決定に及ぼす個人の持つ影響力。

っているので、上司が耳に入れる内容について何らかのコントロールをすることができる。年収10万5,000ドルのミドル・マネジャーが、その上司を担当する年収4万5,000ドルの秘書の機嫌を損ねないよう細心の注意を払うのは、珍しいことではない。なぜなら、秘書には権力があるからだ。秘書は権限の階層では低い位置にあるかもしれないが、権力の中核への距離が短い。

同じように、階層の低い位置にいる従業員でも、階層の高い位置に親戚、友人、仲間がいれば権力の中核に近いと言えるかもしれない。稀少なスキルや重要なスキルを持つ従業員も同様だ。製造部門で地位の低い技術者が、その会社で20年の経験を持っている場合、旧式の製造装置の内部構造をすべて知っているただ1人の人間かもしれない。この装置が故障したら、この技術者だけが修理方法を知っていることになる。この技術者はたちまちにして、縦の階層でもっと高い位置にいる従業員よりもはるかに大きな影響力を持つのだ。この例が権力について示しているのは、それがさまざまな領域から発生するということだ。社会学者のフレンチとレイブンは、権力の源となり基礎となるものを強制、報酬、正当性、専門力、同一視の5つに特定した[7]。これらを図表6-6にまとめている。

管理の幅とは何か

1人のマネジャーは、何人の従業員を効率的かつ効果的に管理できるだろうか。**管理の幅**(注18)は、初期のマネジメント論の頃から大いに注目されてきた。その人数について一致した意見として具体的な数値は得られていないものの、きめの細かい管理をするために、たいていは6人以下の小さめの数字が好まれた[8]。しかし、組織の中での地位の高さも条件変数として挙げられる場合もあった。マネジャーの組織内の地位が上昇すると、構造化されていない問題を解決しなければならない場面が増える。従って、トップ・マネジャーの管理の幅はミドル・

【図表6-6】
権力の種類

強制の権力	恐怖に基づいた権力。
報酬の権力	他人にとって価値があるものを分配する能力に基づいた権力。
正当性の権力	正式な階層での地位に基づいた権力。
専門力による権力	専門技術、特殊なスキル、知識に基づいた権力。
同一視による権力	魅力的な才能や個性を持った個人への同一視に基づいた権力。

マネジャーよりも狭くなければならない。しかし、この10年で、効果的な管理の幅についての理論の一部は変化している[9]。

多くの組織は管理の幅を拡大している。ゼネラル・エレクトリック（GE）やカイザーアルミナムはこの10年間でマネジャーの管理の幅を大幅に広げた[10]。また、管理の幅は、状況変数を考慮して決められることが多くなっている。従業員が訓練と経験を豊富に積んでいれば、直接監督する必要は明らかに少なくなる。高い訓練を受けた、経験の豊富な従業員を部下に持つマネジャーは、管理の幅を広げて職務を果たすことができる。適切な幅を決めるその他の状況変数には、従業員の職務の類似性、職務の複雑さ、従業員が物理的に接近しているか、工程の標準化がどれほど適切に進められているか、組織のマネジメント情報システムが洗練されているか、組織の価値体系は強固か、そしてマネジャーが好むマネジメントのスタイルが含まれる[11]。

ノードストローム百貨店チェーンの成功の鍵となったのは、分権だった。写真は新店舗オープンの際のマネジャーと販売員の様子だが、同社は、顧客のために意思決定ができるよう、バイヤー、店長、部門マネジャー、販売員に権限を与える強固な企業文化を築いてきた。バイヤーは、地域のライフスタイルや好みを反映した商品を仕入れる自由を与えられ、販売員は返品された商品を受け入れる権限を与えられ、部門マネジャーには、雇用、研修、販売チームの評価に関して意思決定をする権限がある。

集権と分権の違い

「組織する」場合に答えを出さなければならないことの1つに、「どの階層で意思決定させるのか」という問題がある。**集権**とは、意思決定が行われるのが(注19)組織の上層に集中している度合いを言う。**分権**は、広く下層のマネジャーが意見を出す度合い、あるいは実際に意思決定する度合いのことだ。集権と分権は、(注20)二者択一のものではない。というより程度の問題だ。つまり、完全な集権あるいは完全な分権という組織はどこにもないのである。たとえ、すべての意思決定が何人かの特定の人間によって行われたり（集権）、すべての意思決定が問題

---

18) **管理の幅**　マネジャーが効率的かつ効果的に管理できる従業員の数。
19) **集権**　意思決定が行われるのが、組織の上層であるかどうかの度合い。
20) **分権**　下層のマネジャーが意見を出す度合い、あるいは実際に意思決定する度合い。

の起きた現場に最も近い階層にまで下げられたりするようなことがあったとしても（分権）、その組織が効果的に機能することはまずない。では、初期のマネジメント論では集権はどのように考えられていたのか、また今日の集権のあり方はどうなのか見ていこう。

初期のマネジメント論では、組織における集権は状況によると考えられた[12]。集権の目標は、従業員を最適な条件で効率よく使うことだった。従来の組織の構造はピラミッド形で、権力と権限は組織の上層に集中していた。こうした構造の場合、集権的な意思決定は最も優れた方法だった。しかし現代の組織はより複雑になり、ダイナミックな環境変化に対応するものとなった。そのような場合、問題に最も近い人間が、その組織内の地位に関わりなく意思決定する必要があると、多くのマネジャーは確信している。事実、少なくともアメリカとカナダの組織では、この数十年で組織の分権化を推し進める傾向にある。

現代における集権と分権　現代のマネジャーは、意思決定に最も適したバランスで、組織の目標を達成できる集権と分権の程度を選択することが多い[13]。ある組織でうまくいっても、別の組織では必ずしもうまくいくわけではないので、マネジャーはそれぞれの組織や作業単位ごとに分権の程度を決めなくてはならない。マネジャーが従業員に対して、業務に影響する事項に関し意思決定を行う権限を与え、業務についての考え方を変える権限を与えることが分権と言える。だからといって上層のマネジャーが意思決定を行わなくなるわけではないことに注意したい。

定型化とは何か

組織の業務がどれほど標準化されているか、また、従業員の行動の手引きとなる規則と手続きがどれほど定められているかが、**定型化**だ。定型化が大幅に進んでいる企業には、明確な職務説明書や膨大な組織規則があり、業務の工程をすべてカバーする明確に定義された手続きがある。従業員には、何を遂行するか、いつ遂行するか、どのように遂行するかに関しての自由裁量がほとんどない。一方、定型化の度合いが低い場合、従業員は各自の職務をどう遂行するかについて、より多くの裁量が与えられている。初期のマネジメント論では、定型化が官僚的なスタイルの組織と密接に結びついていることもあって、組織の定型化が強く求められた。

現代における定型化　一貫性とコントロールのために、ある程度の定型化が必要とされるものの、現代の多くの組織では、従業員の行動を規定し規制するための厳格な規則と標準化はあまり導入されていない。例えば、以下の状況について考えよう。

　大規模な全国チェーンのドラッグストアのある店舗に来店した顧客が、写真フィルムを現像に出したが、同日仕上げの締め切り時間を 37 分過ぎていた。店員は規則に従うべきだと分かっていたが、フィルムを問題なく現像できることも分かっており、顧客を満足させたいと考えた。そこで、店員はフィルムの現像を受け付け、上司には気づかれないことを願った[14]。

　この従業員は何か間違ったことをしたのだろうか。店員は確かに規則に「違反」した。しかし「違反」することによって、実際に収入をもたらし、優良な顧客サービスを提供したのである。

　規則が厳しすぎる状況が数多くあることを考慮し、多くの組織が従業員にある程度の自由裁量を許し、実際の状況のもとで最善だと思われる意思決定をするために十分な自主性を与えている。だからといって、すべての規則を廃止するというわけではない。なぜなら、従業員が守らなければならない重要な規則は常にあるものだからだ。そのような規則については、なぜその規則を順守することが重要なのか、従業員に説明して理解させなければならない。しかし、その他の規則については、従業員に多少の自由を与えてよい[15]。

6-2 機械的な組織設計と有機的な組織設計に適した条件

　どの構造を採用するのが最も適当なのかは、状況要素にかかっている。このセクションでは、2 つの一般的な組織構造モデルについて述べ、それから、より広く知られたコンティンジェンシー変数としての戦略、規模、テクノロジー、環境について考察する。

---

21) **定型化**　組織の業務がどれほど標準化されているか、また、従業員の行動の手引きとなる規則と手続きがどれほど定められているかの度合い。

機械的組織は有機的組織とどのように違うのか

図表6-7は、2つの組織形態を表している[16]。**機械的組織**（官僚的組織）は、(注22) 組織構造の6つの要素を合わせて得られる当然な結果である。指揮系統の原則を固守すると、1人の従業員に対してコントロールと監督を行う管理者が1人という、正式な形の権限の階層が維持される。組織の上層になるほど管理の幅が狭くなるようにすると、縦に長く、人間味のない構造になる。組織の最上層と下層の距離が広がると、経営陣は規則や規制を定めるようになる。上層のマネジャーは、下位のレベルの活動を直接観察してコントロールすることや標準的な業務の遂行を確実に実施することができないので、代わりに規則や規制を利用する。初期のマネジメント論では、職務の専門化にむける信頼が非常に高かった。そのため、業務は単純化され、機械的になり、標準化された。そして部門化を採用してさらに専門化を推し進めると、非人間性が増し、専門化された部門を調整するための詳細なマネジメントが必要になった。

有機的組織は融通性の高い形式で、機械的組織が厳格で安定しているのに対(注23) して、ゆるやかで柔軟性に富んでいる。有機的組織は、標準化された業務や規定を採用せず、代わりにゆるやかな構造を持っているので、変化が必要になったときには迅速に対応できる[17]。分業もあるが、従業員が行う業務は標準化されていない。従業員は専門家である傾向が強く、熟達した技術を持っていたり、

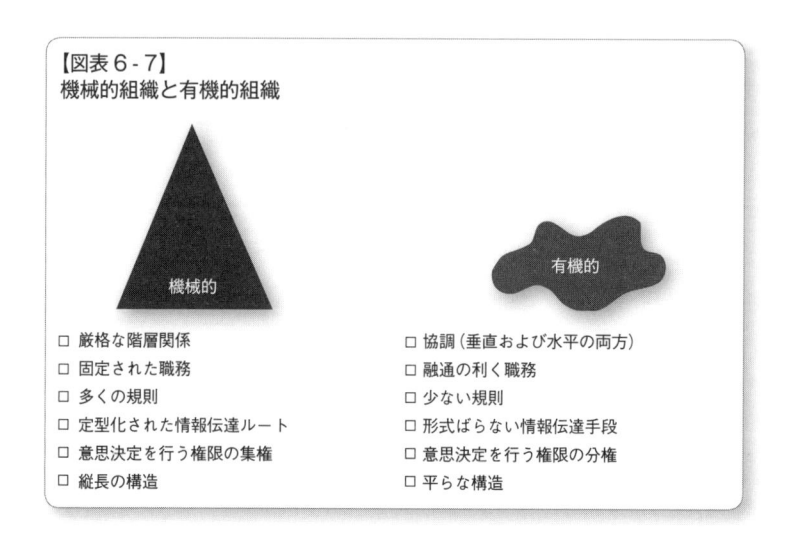

【図表6-7】
機械的組織と有機的組織

機械的
- 厳格な階層関係
- 固定された職務
- 多くの規則
- 定型化された情報伝達ルート
- 意思決定を行う権限の集権
- 縦長の構造

有機的
- 協調（垂直および水平の両方）
- 融通の利く職務
- 少ない規則
- 形式ばらない情報伝達手段
- 意思決定を行う権限の分権
- 平らな構造

多様な問題に対処できるよう訓練されていたりする。そうした従業員には、訓練で専門的な行動の規範が植え付けられているので、形式ばった規則や直接的な監督はほとんど必要ない。例えば、石油産業の技術者に対して、遠い沖合の油田の位置を確認する手続きを指示する必要はない。技術者は、自力あるいは同僚と打ち合わせをして、ほとんどの問題を解決することができる。専門家としての知識が行動の指針となるのだ。有機的組織では集権の程度が低いため、専門職が問題にすばやく対応できる。また、上層部のマネジャーは必要とされる意思決定を下すための専門知識を持つことは期待されていないので、集権の程度は低い。

　一般的に、上層部のマネジャーは適切な構造を設計することに多大な労力を使う。適切な構造が決めるのは何かといえば、4つの状況変数である、組織の戦略、規模、テクノロジー、環境の不確実性だ。これらの状況変数が何であるかを見てみよう。

戦略は組織構造にどう影響するか

　組織の構造は、目標達成を進めるものでなくてはならない。目標は、組織の戦略の重要な部分なので、戦略と構造は密接に関係しているというのは、まったくもって理にかなっている。アルフレッド・チャンドラーが最初にその関係について研究を行い[18]、数社のアメリカ大企業を調査した結果、企業戦略に変更が加えられると、組織構造の変化につながるという結論に至った。具体的には、組織は通常、単一の製品やラインから始めることが分かった。戦略が単純なら、それを実行するためには単純な形態あるいはゆるやかな形態の構造しか必要ないからだ。そのような場合、意思決定が1人の上層部のマネジャーの手に委ねられる集権にすることができ、複雑さと定型化の程度は低くなる。しかし、企業の成長に伴い戦略はより大がかりで精巧なものになるのであり、従って組織構造も複雑になる。

　研究結果から、構造設計にはそれに最も適した組織戦略があることが示されている[19]。例えば、柔軟性があり、情報が自由に行き交う有機的な構造は、組織が独自の意義ある革新を追求している場合に有効だ。効率性、安定性、厳格

---

22) **機械的組織**　官僚的組織。専門化、定型化、集権が非常に進んでいる構造。
23) **有機的組織**　専門化、定型化、集権の程度が小さい構造。

なコントロールが特徴の機械的組織は、コストを厳しくコントロールしたい企業に有効だ。

組織の規模やテクノロジーは構造にどう影響するか

組織の規模が構造に影響を与えることについては、かなりの証拠がある[20]。通例、従業員が2,000人以上の大規模な組織になると、小規模な組織よりも専門化、部門化、および集権が進み、規則と規制が増える。しかし、組織がある一定の規模を超えると、規模が構造に与える影響は小さくなる。なぜだろう。要するに、従業員が2,000人くらいなら、すでにその組織の構造はかなり機械的だ。そこに500人の従業員が増えても、構造に与える影響はあまりない。一方で、従業員が300人しかいない組織に500人の従業員が加われば、組織はより機械的になる可能性が高い。

テクノロジーは構造にどう影響するか

構造に対するテクノロジーの影響についての初期の研究は、1960年代のジョアン・ウッドワードにさかのぼることができる[21]。ウッドワードの画期的な研究について、詳しくはコラム「マネジメントいまむかし」を参照のこと。

環境は構造にどう影響するか

第2章では、組織の環境がマネジメントの決定権への制約になると論じた。環境は、組織構造にも大きな影響を及ぼす。安定した環境では機械的組織が効果を発揮するし、動的で不確実な環境には有機的組織が適している。

環境と構造の関係を示す証拠を見れば、これほど多くのマネジャーが無駄のない、スピードと柔軟性のある組織を目指して再構成を行ったのも納得できる[22]。動的な環境の力には、グローバル競争、競合により加速する製品改革、知識管理、顧客による品質向上と配送の迅速化の要求の高まりが例として挙げられる[23]。機械的組織は、環境の変化が速いと、反応する力が十分ではない傾向がある[24]。

コラム：マネジメントいまむかし

　ジョアン・ウッドワードはイギリスのマネジメント研究者で、イギリス南部の小規模な製造会社を調査し、構造設計の要素と組織としての成功の関連性を明らかにした[25]。ウッドワードは当初、一貫性のあるパターンを見つけ出すことができなかったが、会社を明確に異なる３つのテクノロジーによって分類すると、パターンが浮かびあがった。３つのテクノロジーは、複雑さと洗練の段階がだんだんと増えていくものだった。第１の分類は、**ユニット製造**で、製品をユニット単位、つまり少量で生産するものだ[注24]。第２の分類は、**マス製造**で、大量生産の製造業だ[注25]。第３の分類は、技術的に最も複雑な**プロセス製造**であり、連続工程の製造業だ[注26]。テクノロジーとそれにふさわしい組織構造についてのウッドワードの研究結果は、図表6-8にまとめられている。

　テクノロジーと組織構造についてのウッドワードの研究は、コンティンジェンシー理論（条件適応理論）に関する研究の先駆けだ。「条件による」という問に対するウッドワードの答えは、最適な組織設計は、組織がどのようなテクノロジーを持っているかに依存するというものだった。その他の最近の研究では、組織は、インプットからアウトプットを作り出すのに、テクノロジーのルーチン化がどれほどであるかに応じて、テクノロジーに合う構造を選ぶことが分かった。一般的に、テクノロジーがルーチン化されるほど機械的な構造になり、テクノロジーがルーチン化されていないほど有機的な構造を持つことが多いと言える。

【図表6-8】
ウッドワードのテクノロジーと組織構造についての研究結果

	ユニット製造	マス製造	プロセス製造
構造の特徴	縦方向の分化が小さい 横方向の分化が小さい 定型化が進んでいない	縦方向の分化が中程度 横方向の分化が大きい 定型化が進んでいる	縦方向の分化が大きい 横方向の分化が小さい 定型化が進んでいない
最も有効な構造	有機的	機械的	有機的

---

24) ユニット製造　ユニット単位、すなわち少量の製品生産。
25) マス製造　大量生産。
26) プロセス製造　連続フロー生産あるいはプロセス製造。

6-3 広く使われている組織設計は、どのようなものか

　組織の構造について意思決定する場合、マネジャーはいくつかの広く使われている設計――旧来の設計と現代の設計――から選ぶことができる。様々な種類の組織設計からいくつかを見てみよう。

マネジャーが用いることのできる旧来の組織設計はどのようなものか

　組織構造を設計する場合、マネジャーは旧来の組織設計を選ぶこともできる。これらの構造は、単純、職能的、部門的で、もともと機械的な特徴がある（それぞれの長所と短所については図表6-9参照）。

単純構造とはどのようなものか　ほとんどの企業は設立当初、**単純構造**を採り入れたベンチャー企業である。単純構造の組織設計は部門化の程度が低く、管理の幅は広く、権限は1人の人間に集中する集権で、定型化はほとんどされていない[26]。単純構造は、より規模の小さな企業で広く採用されていて、その長所は明らかだ。スピードがあり、柔軟で、維持するコストが低く、責任が明確なのである。しかし、組織が成長すると単純構造はしだいに最適ではなくなる。というのも、業務の手引きとなる方針や規則がほとんどなく、集権が進んでい

【図表6-9】
旧来の組織設計

単純構造
- 長所：迅速、柔軟、維持費が低い、責任が明確。
- 短所：組織が成長すると適さない。1人の幹部への依存度が高く、リスクがある。

職能別構造
- 長所：専門化によりコストを抑えられる（規模の経済、人材や設備の重複を最小限に抑える）。類似した業務を行う従業員をグループ化できる。
- 短所：職能的目標を求めると、マネジャーは組織全体にとって何が最善かを見失うことがある。職能的な専門家は孤立するようになり、他の部署が何を行っているかほとんど理解しなくなる。

事業部制構造
- 長所：結果に注目することができる。部門マネジャーは、扱う製品やサービスに起こりうることに責任を持つ。
- 短所：業務や資源の重複がコストを増大させ、効率を低下させる。

て、上層部で情報過剰になってしまうからだ。規模が大きくなると、意思決定が遅くなり、相変わらず1人の幹部がすべての意思決定を行おうとするため、しまいに行き詰まりの状態になることもある。

　もしも構造を変えずにその規模だけ拡大していくと、企業は勢いを失い、ついには倒産してしまいかねない。単純構造のもう1つの短所は、すべてを1人に頼っているという危険性だ。もし、オーナー経営者に何かがあれば、組織の情報と意思決定の中心が失われる。従業員が増えると、ほとんどの小規模企業は単純構造を保てなくなる。構造はより専門化され定型化されることが多い。規則と規制が導入され、職務は専門化され、部門が作られ、マネジメントの階層が加えられ、組織はしだいに官僚的になっていく。官僚的設計の選択肢の中で最も一般的なのは、職能別および製品別の部門化から生まれるもので、職能別構造、事業部制構造と呼ばれる。

職能別構造とはどのようなものか　**職能別構造**とは、職務上、類似するあるいは関係のある専門分野をグループにまとめる組織設計のことを言う。これは、職能別部門化を組織全体に適用した構造だと考えてもいい。例えばレブロンは、経営、財務、人事、製品の研究開発といった職能ごとに組織されている。

　職能別構造の強みは、職務の専門化から生じる利点にある。類似する専門分野をまとめると、規模の経済が生じ、人材および設備の重複が最小限になる。また、同僚と話が通じやすいので、従業員の働きやすさと満足感を高めることになる。一方、職能別構造の最も明白な欠点は、職能的目標を追求すると、しばしば組織としての最大の関心事を見失うことだ。成果全体に対する責任を持つ職能がないので、それぞれの職能に属する従業員は孤立し、他の職能に属する人が何をしているのか、ほとんど理解できなくなってしまう。

事業部制構造　**事業部制構造**は、個別のビジネス事業体あるいは事業部で作られた組織構造だ[27]。この構造では、各事業部が制限付きだが自治権を与えられ、事業部長は部門に対する権限を持ち、業績に責任を有する。しかし、事業部制

---

27) **単純構造**　部門化の程度が低く、管理の幅は広く、権限は1人に集中し、定型化はほとんどされていない組織設計。
28) **職能別構造**　職務上、類似するあるいは関係のある専門分野をグループにまとめる組織設計。
29) **事業部制構造**　個別のビジネス事業体あるいは事業部で作られた組織構造。

構造では概して、各事業部の調整とコントロールを行うために本社が外部監督者として行動し、財務や法務といった支援サービスを提供する場合が多い。ヘルスケアの巨大企業ジョンソン・エンド・ジョンソンは、医療用医薬品、医療機器・診断薬、一般向け製品の3つの事業部を持つ。さらに、幅広いヘルスケア製品の製造販売を行う系列会社もいくつかある。

　事業部制構造の大きな利点は、結果を出すのに注力できることだ。事業部のマネジャーは製品あるいはサービスに関する全面的な責任を負っている。事業部制構造であれば、本社スタッフは日々の運営にまつわる詳細な事柄に関わらずにすむので、長期的な問題や戦略プランに集中できる。事業部制構造の大きな欠点は、業務と資源の重複だ。それぞれの部門に、例えば、市場調査部があるかもしれない。もし部門にそれがまったくなかったとしたら、組織の市場調査はすべて中央で集中的に行われ、しかも、事業部ごとの調査に必要なコストのうちのほんのわずかな金額でできてしまう。従って、事業部形態における機能の重複は、組織のコスト負担を増やし、効率性をそぐ。

マネジャーが使用できる現代の組織設計とはどのようなものか

　ますますダイナミックで複雑になる現代の環境に、旧来の設計が適さない場合があることをマネジャーは理解しつつある。組織は無駄を省き、柔軟性に富み、

【図表6-10】
現代の組織設計

チーム組織
- 定義　全体が作業チームでできている組織。
- 長所　従業員の関わりがより強く、自由裁量権も多く与えられる。職能分野間の壁が低い。
- 短所　明確な指揮系統がない。業務遂行のプレッシャーがチームにかかる。

マトリックス組織およびプロジェクト組織
- 定義　マトリックス組織は、異なる職能分野から集められた専門家がプロジェクトを組んで働くが、プロジェクトが完了すると、もとの分野に戻る。プロジェクト組織というのは、そのメンバーになるとプロジェクトに専属になって働く形態である。1つのプロジェクトが完了すると、メンバーは次のプロジェクトへ移る。
- 長所　流動的で柔軟性のある設計で、環境の変化に反応することができる。意思決定が迅速になる。
- 短所　プロジェクトへ従業員を配属するのが複雑になる。職務と個性が衝突する。

バウンダリーレス組織
- 定義　水平方向の境界、垂直方向の境界、外部との境界によって制約されない組織。バーチャル組織やネットワーク組織が含まれる。
- 長所　柔軟性があり、反応が良い。才能が発見されれば、どこであろうと活用できる。
- 短所　コントロールに欠ける。コミュニケーションが困難。

革新的であること、つまりは有機的であることが必要とされる。そのため、マネジャーは業務を組織化し構造化する独創的な方法をあみだした。それらはチーム組織構造、マトリックス・プロジェクト組織、バウンダリーレス組織といった形態を利用している（これらの組織設計のまとめは図表6-10を参照）[28]。

チーム組織とは何か チーム組織(注30)では、組織全体がチームで構成される[29]。この組織では、従業員に権限を与えることが重要だ。なぜなら、上層から下層への管理権限のラインがないからだ。むしろ、チームは自分たちが最適だと考える方法で業務を設計し実行すると同時に、それぞれの分野ですべての業績に責任を持つ。大きな組織では、チーム構造は典型的な職能別あるいは事業部制構造を補足することができる。その結果、組織は、チームの柔軟性を出しながら官僚的な効率性を得ることができるのだ。例えば、アマゾン、ヒューレット・パッカード(HP)、ルイ・ヴィトン、モトローラ、ゼロックスといった企業が、生産性を上げるために従業員のチームを大規模に利用している。

　チーム組織には良い点があるが、従業員をチームに配属するだけでは不十分だ。従業員は、チームで働くための訓練や、クロスファンクショナルのスキル研修を受け、それに応じた報酬を得なくてはならない。チームの体制に基づいた給与体系を適切に実施しなければ、チーム構造の多くの利点は失われてしまう[30]。チームについては、第10章で詳しく説明する。

マトリックス組織およびプロジェクト組織とは何か チーム組織に加えて、マトリックス・プロジェクト組織が現代の組織設計として一般的になっている。

写真は、アイルランドのダブリンにあるインターネット・サーチ・エンジン、グーグルの欧州本部オフィスで、従業員がチームミーティングのために集まっているところだ。世界各地のオフィスで、目的に集中する少人数のチームで働き、組織としての任務を果たし、新しいアイデアを生み出し、問題を解決している。チームの構成員は自由裁量権と意思決定の権限を与えられているため、革新的な新商品をできる限り迅速に市場へ投入できる。

---

30)**チーム組織**　全体が、チームで構成されている組織。

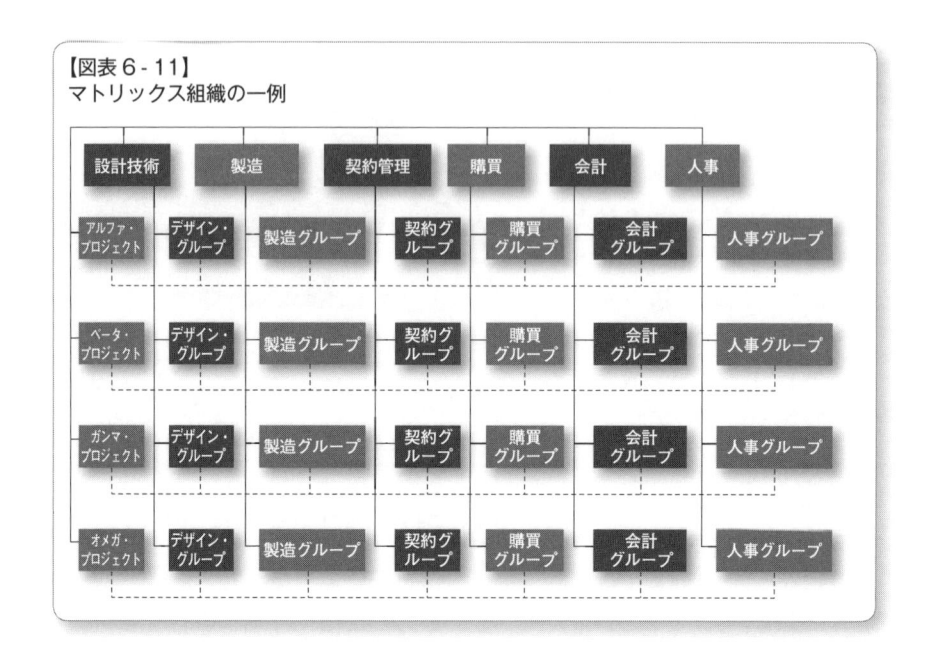

【図表6-11】
マトリックス組織の一例

	設計技術	製造	契約管理	購買	会計	人事
アルファ・プロジェクト	デザイン・グループ	製造グループ	契約グループ	購買グループ	会計グループ	人事グループ
ベータ・プロジェクト	デザイン・グループ	製造グループ	契約グループ	購買グループ	会計グループ	人事グループ
ガンマ・プロジェクト	デザイン・グループ	製造グループ	契約グループ	購買グループ	会計グループ	人事グループ
オメガ・プロジェクト	デザイン・グループ	製造グループ	契約グループ	購買グループ	会計グループ	人事グループ

マトリックス組織では、異なる職能部門に属する専門家が、プロジェクト・マネジャー率いるプロジェクトの業務に配属される[注31]。配属されたプロジェクトの仕事を終えると、従業員はもとの職能部門に戻る。この設計に特有なのは、二重の指示系統があることで、従業員はマトリックス組織のなかで、出身元である職能分野のマネジャーと、配属されたプロジェクトのマネジャーという、権限を共有する2人の上司を持つ（図表6-11参照）。プロジェクト・マネジャーは、プロジェクトの目標に何らかの関わりを持つ分野でプロジェクトチームに加わっている職能別構造の構成員に対して権限を持っている。しかし、昇進、給与の提示、年次業績評価などについての意思決定は、通常は職能別マネジャーの責任として残る。効果的に業務を行うために、双方のマネジャーは定期的にコミュニケーションをとり、従業員へ課す業務上の要求を調整し、摩擦があれば協力して解決する。

マトリックス組織の1番の強みは、複数の複雑で相互依存するプロジェクトの調整を得意としながらも、専門家を職能別にグループにまとめた結果、経済性も得られることである。マトリックス組織の主な短所は、混乱が生じることや権力闘争を助長する傾向があることだ。

マトリックス組織と似ているが異なるものもある。それはプロジェクト組織である。**プロジェクト組織**（注32）では、従業員はプロジェクトで継続的に働く。マトリックス組織と違い、プロジェクト組織ではプロジェクトが完了したときに従業員が戻るべきもともとの部門がない。その代わり、従業員は独自のスキル、能力、経験を生かして、別のプロジェクトへ移っていく。また、プロジェクト構造でのすべての業務は、従業員のチームによって遂行される。例えば、デザイン事務所の IDEO は、業務の必要性に応じてプロジェクトチームの結成、解散、再結成を行う。プロジェクトが完了すると、従業員は次のプロジェクトへと移っていく[31]。

プロジェクト組織は、より柔軟性に富んだ組織設計となる傾向がある。主な長所は、環境の変化に応じて従業員を素早く配置できることだ。また、部門化や厳格な階層がないので、意思決定や行動を妨げない。プロジェクト構造では、マネジャーがファシリテーター、助言者、コーチの役目をする。マネジャーは組織にとって障害物となるものを取り除くか最小限にとどめ、チームが効果的かつ効率的に業務を完了させるために必要な資源を確保する。プロジェクト組織の2つの主な短所は、プロジェクトに人材を配置するのが複雑なこと、避けられない雑務と個人間の軋轢が起こることだ。

バウンダリーレス組織とは何か　現代の組織設計の1つ、**バウンダリーレス組織**（注33）は、横方向、縦方向、あるいは外部との境界で定義されたり制限されたりする構造を持たない[32]。ゼネラル・エレクトリック（GE）の元会長のジャック・ウェルチがバウンダリーレスなる造語を生み出した。ウェルチはゼネラル・エレクトリック（GE）内にある縦および横の境界を取り除き、会社と顧客、会社とサプライヤー間にある外部の壁を崩したいと考えていたのだ。境界を取り除くというアイデアは奇妙に思えるかもしれないが、今日、大きな成功を収めている組織の多くは、自分たちの組織が最も効果的に活動できているのは、柔軟性があり構造化されていない状態のときだと気づいている。つまり、理想的なのは、あらかじめ定義された、厳格で境界のある構造がないことだ[33]。

---

31) マトリックス組織　異なる職能別部門に属する専門家が、プロジェクト・マネジャー率いるプロジェクトの業務に配属される組織。
32) プロジェクト組織　従業員が継続的にプロジェクト単位で働く組織。
33) バウンダリーレス組織　過去に定義されてきた「境界」では、定義も限定もできないような設計の組織。

「境界」とはどういう意味なのだろう。2種類が考えられる。(1) **内部にある境界**。水平方向の境界は職務の専門化、部門化によって定められる。垂直方向の境界は、従業員を組織化されたレベルや階層に分ける。(2) **外部との境界**。組織を顧客、サプライヤー、その他の利害関係者と分ける境界。これらの境界を取り除く、または最小限に抑えるには、マネジャーはバーチャル組織あるいはネットワーク組織を使うことができる。

バーチャル組織では、コアとして少人数の常勤従業員、そして必要に応じて臨時雇用の外部専門家がプロジェクトの業務を行う[34]。例えば、グローバル展開する広告代理店のストロベリー・フロッグは、ニューヨーク、アムステルダム、ムンバイ、サンパウロに事務所を持ち、最小限の管理スタッフと、各クライアントの仕事に割り当てられるフリーランサーのグローバルなネットワークで業務を行う。ストロベリー・フロッグは、こうしたフリーランサーを活用し、一切の不要な諸経費をかけず、複雑な構造の組織を持たずに、才能ある人材のネットワークの恩恵を受けている[35]。この構造を生み出すインスピレーションを与えたのは、映画業界だ。映画業界で働く人は、本質的にプロジェクトからプロジェクトへと移り渡る「フリーエージェント」で、監督、キャスティング、衣装、メーキャップ、美術担当といったスキルを、必要とされるときにプロジェクトで活用する。

組織の境界を取り除く、あるいは最小限にするためにマネジャーが利用できるもう1つの組織構造は、**ネットワーク組織**だ。これは、何らかの業務を行う自社の従業員と、その他の必要な部品や業務工程を提供する外部のサプライヤーのネットワークを利用するものだ[36]。この組織形態は、製造業ではモジュラー組織とも呼ばれる[37]。この構造では、組織は自らの最も得意とすることに集中できる。その他の作業はそれを最も得意とする企業へ下請けに出すからだ。こうしたアプローチは、多くの企業が、特定の組織業務に利用している。例えば、ボーイング787型機の開発部門の長は、何千人もの従業員と諸外国の100カ所を超える地域に点在するおよそ100社のサプライヤーのマネジメントを行う[38]。

テクノロジーとマネジャーの仕事

変化するビジネスの世界

　ビジネスの世界は10年前とはまったく違うものになっていると言っても、差し支えないだろう[39]。ITのおかげでパタゴニアのような遠隔地やシアトルのダウンタウンの中心といった場所で仕事ができるようになり、従業員は新たな可能性を手にすることになった。組織と従業員は、モバイルコンピューティングやモバイルコミュニケーションのおかげで、いつでも連絡がつき、生産性が高まった。仕事のやり方を変えるテクノロジーを、いくつか見てみよう。

- ワイヤレスネットワークがあれば、どこでも電子メール、カレンダー、アドレス帳付きの携帯用デバイスを使うことができる。こうした機器で、社内データベースや社内イントラネットにログインすることもできる。
- 従業員は、ブロードバンドネットワークとウェブカメラでビデオ会議を行える。
- 多くの企業は従業員に、常に異なる暗証番号を生成する小型のパスワード生成機を与えている。インターネットに接続されたコンピュータがあれば、従業員は社内ネットワークへログインし、電子メールや社内データへアクセスできる。
- 携帯電話は、携帯電話網と社内Wi-Fi接続をシームレスに切り替える。

　場所や時間を選ばずに仕事をするときの最大の問題は、セキュリティだ。企業は重要情報や機密情報を守らなくてはならない。とはいうものの、ソフトウェアやその他の情報漏洩防止機器のおかげで、セキュリティ問題はきわめて最小限にまで抑えられた。保険会社においてさえ、定着率が低い従業員が情報にアクセスすることへの不安が和らいでいる。

---

34) **バーチャル組織**　中核となる少数の常勤従業員と、プロジェクトの業務に必要なときに雇われる非常勤の外部専門家からなる組織。
35) **ネットワーク組織**　業務の一部を担当する組織所属の従業員と、その他で必要な部品製品や業務プロセスを提供する外部サプライヤーのネットワークからなる組織。

6-4 組織設計の現代的課題

　マネジャーが対処すべき現代の組織設計の課題は何か。それは、従業員同士の結びつきを保つ、グローバル構造の問題をマネジメントする、学習する組織を築く、柔軟性のある就労形態を作る、という4点である。

どのようにして従業員同士の結びつきを保つか

　多くの組織設計の概念は20世紀に生み出されたもので、その時代の業務はかなり予測が可能で、安定していた。業務が行われる場所とは、すなわち従業員の就業場所を意味し、マネジャーの監督下にあった[40]。これまでの議論にあったバーチャル組織やネットワーク組織で見てきたように、現在、多くの組織はそのような状況にはない。マネジャーにとっての課題は、広域に分散する流動性の高い従業員を、組織として結びつけておく方法を探すことだ。

グローバル社会における文化の違いは組織構造にどう影響するだろうか

　グローバル社会の中で、組織構造に違いは見られるだろうか。オーストラリアの組織はアメリカの組織と同じような構造だろうか。研究者の出した結論は、世界中の組織の構造と戦略は類似したものだが、「それぞれの組織の中での人々の行動には、地域の文化的特徴が維持されている[41]」ということだ。効果的で効率的な構造を設計するために、これはどのような意味を持つのだろう。組織の構造を設計、または変更する場合、マネジャーは特定の設計要素の文化的意味について考慮する必要があるはずだ。例えば、ある研究によると、定型化は経済が比較的発展していない国では重要さが増すが、経済が比較的発展している国では従業員の専門性とスキルが高水準であり、あまり重要ではないようだ[42]。その他の組織設計の要素も文化的な違いの影響を受ける場合がある。

どのようにして学習する組織を築くか

　学習する組織(注36)とは、組織構成員が理念を共有しながら、行動と学習を自発的に継続することで、組織全体の能力が高まっていく組織である。従業員は常に新しい知識を得たり共有したりする知識マネジメントを実践し、その知識を意

思決定や業務の遂行に活用する意欲を持っている。組織設計の理論家の中には、組織がその業務を行うとき、学習し、かつ学習したことを活用する能力が、競争優位を持続的に発生させる唯一の源になるとまで述べている人もいる。

　学習する組織とはどのようなものだろうか。図表6-12は、学習する組織の重要な特徴として、組織設計、情報共有、リーダーシップ、そして組織文化を示している。それぞれを詳しく見てみよう。

　学習するという行動が起こるには、どのような種類の組織設計要素が必要だろうか。学習する組織では、異なる職能分野の間でも、あるいは異なる組織レベルでも組織全体で構造的・物理的境界を最小化または排除することによって、構成員が情報を共有し業務で協力することが不可欠だ。学習する組織では、従業員同士がこのように協調する必要があるため、チームも重要な特徴になる傾向がある。何であれ作業を完了しなければならない場合、従業員はチームで働き、チームには作業や問題解決に関して意思決定する権限が与えられている。従業員およびチームに権限が与えられていれば、指揮・コントロールする「リーダー」はほとんど必要ない。その代わりにマネジャーは、従業員のチームにとってのファシリテーター、支援者、そして代弁者の役割を果たす。

　組織が「学習する」ためには、情報は組織の構成員で共有されなければなら

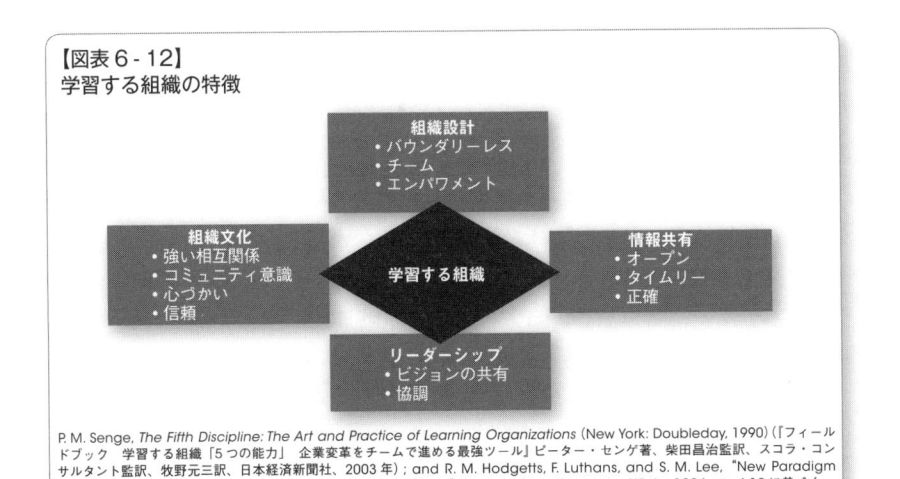

【図表6-12】
学習する組織の特徴

組織設計
- バウンダリーレス
- チーム
- エンパワメント

組織文化
- 強い相互関係
- コミュニティ意識
- 心づかい
- 信頼

学習する組織

情報共有
- オープン
- タイムリー
- 正確

リーダーシップ
- ビジョンの共有
- 協調

P. M. Senge, *The Fifth Discipline: The Art and Practice of Learning Organizations* (New York: Doubleday, 1990) (『フィールドブック　学習する組織「5つの能力」　企業変革をチームで進める最強ツール』ピーター・センゲ著、柴田昌治監訳、スコラ・コンサルタント監訳、牧野元三訳、日本経済新聞社、2003年); and R. M. Hodgetts, F. Luthans, and S. M. Lee, "New Paradigm Organizations: From Total Quality to Learning to World Class," *Organizational Dynamics*, Winter 1994, pp. 4-19 に基づく。

36）**学習する組織**　継続して学び、受け入れ、変化する能力を生み出す組織。

ない。つまり、従業員は、情報をオープンに、迅速に、できる限り正確に共有することによって、知識マネジメントを行わなければならない。

　リーダーシップは、組織が学習する組織になるために重要な役割を果たす。リーダーは、学習する組織で何をすべきか。最も重要な役割の1つは、組織の将来について構想することを容易にし、組織の構成員がその構想を目指して取り組み続けられるようにすることだ。さらにリーダーは、学習には不可欠な共同作業のための環境を支援・奨励しなくてはならない。組織全体に、力強くひたむきなリーダーシップがない場合、学習する組織になることは極めて難しいだろう。

　最後の組織文化は、学習する組織になるための重要な側面だ。学習する組織の文化では、一人ひとりがビジョンを共有する。そして、組織の手続き、業務、機能、外部環境との間に、本来はどのような関係があるべきかを認識している。また、強いコミュニティ意識、互いへの気づかいや信頼が育まれる。学習する組織では、批判や懲罰を恐れることなく、従業員はオープンなコミュニケーションをとり、共有し、試み、学習する。

マネジャーはどのようにして、効率的かつ効果的な柔軟性のある就労形態を設計できるか

　アクセンチュアのコンサルタント、ケユール・パテルの就労形態は、例外というより標準になりつつある[43]。最近担当しているコンサルタントの仕事にあたる際、パテルは机に3つの時計を置く。1つはマニラ（フィリピン）時間（彼のソフトウェアプログラマーがいるところ）、1つはバンガロール（インド）時間（別のプログラミング・サポート・チームが働いているところ）、そして3つ目がサンフランシスコ（アメリカ）時間。ここにはパテルが週4日、売上の動きを追い、売上増加を図るITシステムの実施を支援している大手小売店がある。そしてパテルの携帯電話は、自宅のある、木曜日の夕方に帰るアトランタ（アメリカ）の時刻に合わせてある。

　この新種の専門職の生活には、家庭と会社、仕事と余暇が混ざり合っている。テクノロジーのおかげで、今や、いつでもどこでも好きなように働くことができる。これらの新しい現実に適応させるに伴い、柔軟性のある就労形態を採り入れる組織が増えていくだろう。このような形態は、テクノロジーの力を活用しているだけではなく、組織に必要な時と場所に従業員を配置できる柔軟性を

持たせている。このセクションでは、異なる種類の柔軟な就労形態をいくつか見ていくが、その中には在宅勤務、圧縮労働日数（訳注：1週あたり労働日数を減らし、1日あたり労働時間を増やすなどによる変形労働時間制度）、フレックスタイム、ジョブシェアリング、需給調整可能型労働力が含まれる。これまでに見てきた他の構造の選択肢と同様、マネジャーがこれらの就労形態を評価する際は、意思決定、コミュニケーション、権限の関係、業務目標の達成などへの影響を十分に考慮しなくてはならない。

在宅勤務では何が起こるのか　情報技術はコンピュータを使った在宅勤務を可能にした。そして、外部環境の変化によって多くの企業が在宅勤務という就労形態を必要とするようになった。**在宅勤務**とは、従業員が自宅で仕事をし、コンピュータで職場につながっている就労形態を指す。言うまでもなくすべての仕事が在宅勤務の対象になるわけではないが、それでも多くの仕事を在宅勤務でこなすことは可能だ。

　自宅で仕事をすることは、かつては一握りの従業員に許された「気楽な仕事」と思われ、そのような形態はそうそう許されるものではなかった。今では、多くの企業が在宅勤務をビジネスにとってなければならないものと考えている。例えば、SCANヘルスプランの最高財務責任者（CFO）によると、在宅勤務の従業員が増えると、オフィスの建物、備品、駐車場といった追加の固定費を負担することなく会社が成長できるという[44]。さらにこの就労形態を、ガソリンの高騰と戦う方法であり、自分の仕事により多くの自由とコントロールを求める優秀な従業員にアピールする方法だとみなす企業もある。

　在宅勤務には、明らかな魅力があるにもかかわらず、多くのマネジャーは、自分の従業員が「ノートパソコン放浪者」になることを歓迎しない[45]。従業員が、仕事もしないでネットサーフィンやオンラインゲームをして時間を無駄にし、顧客を無視し、職場の仲間や人間関係をひどく恋しがるだろうと言うのだ。さらに、マネジャーは在宅勤務の従業員をどう「マネジメント」すればいいのか心配している。物理的に目の前にいない相手と、どうやって交流し、信頼を得るのだろうか。また、在宅勤務の従業員の勤務成績が基準に達していなかったらどうすればいいのか。どのような改善点を提案したらいいのか。在宅勤務の

---

37) **在宅勤務**　従業員が自宅で仕事をし、コンピュータで職場につながっている就労形態。

間に、企業情報が確実に安全に守られるようにするのも重要な課題だ。

　遠隔地から仕事をすることについて、従業員の方も同じ心配をすることが多々ある。特に、「職場にいない」という孤立感に関する不安が大きい。アクセンチュアでは従業員が世界中に散らばっているので、団結心を保つのは簡単なことではないと人事部門の部長は述べている[46]。しかし同社は、社員の帰属感を生み出す多くのプログラムやプロセスを採り入れた。例えば、Web会議システムを導入し、従業員全員にキャリア・カウンセラーをつけ、社屋で四半期に一度のコミュニティ・イベントを開催している。一方、在宅勤務は、仕事と家庭の線引きがよりあいまいになり、従業員のストレスの原因ともなる[47]。これらは組織化の重要な問題であるため、在宅勤務の制度を導入する場合、マネジャーおよび組織はそういった点を従業員に説明しなければならない。

組織は、どのように圧縮労働日数、フレックスタイム、ジョブシェアリングを活用できるか　イギリスで起きた直近の経済危機の際、会計事務所のKPMGは経費を削減しなくてはならず、フレックスタイム制を導入すると決めた[48]。同社のプログラムでは従業員に対して「柔軟な未来」と呼ばれる4つの選択肢が与えられた。週4日勤務にして20%の給与減を受け入れる、2週間から12週間の長期休暇で給与の30%をもらう、両方の選択肢を選ぶ、通常のスケジュールのままというものだ。イギリスの従業員のうち、およそ85%が週4日に短縮されたプランに同意した。「非常に多くの従業員がフレックス勤務プランに同意したので、KPMGはその年、ほとんどのケースで給与削減額をおよそ10%まで削減することができた」。それよりも最大のメリットは、フレックスタイム制を導入した結果、KPMGは大規模なレイオフをしなくてすんだことである。

　この例が示すように、組織は時に、柔軟性のある就労形態を使って、仕事の再編成をしなければならないことがある。方法の1つは**圧縮労働日数**(注38)で、従業員の1日の勤務時間は長くなるものの1週間の勤務日数は少なくなる。最も一般的なのが、週4日、10時間勤務する方法だ (4-40プログラム)。また、**フレックスタイム** (変形労働時間制の一つ)(注39) という方法もある。これは従業員が1週間で一定時間の勤務を求められるが、一定の制限内で、従業員自身が勤務時間を変更してもいいシステムだ。フレックスタイムのスケジュールでは、ほとんどの企業が共通のコアタイムを示し、その時間にはすべての従業員が勤務して

いなくてはならないが、就業開始・終了時間や昼休みの時間は自由に決められる。さらに、**ジョブシェアリング**という方法もある。2人以上の従業員で常勤の仕事を分け合う方法だ。働きたいが常勤のポストにつきまとう要求や苦労は避けたいという専門家にジョブシェアリングを提示することができるだろう。

需給調整可能型労働力とは何か　ジュリア・リーは初めてトンガルのプロジェクトの話を聞いたとき、詐欺だと思った。アメリカ企業のトンガルは企業向けオンラインビデオを作る良いアイデアを一般に募集し、採用者に報酬を払うというのだ[49]。リーは初めて応募したとき、1000ドルを手に入れた。しかも作業時間はたった3時間だった。別の作品では4000ドルを獲得した。1年のうちに、リーはおよそ100時間の作業で6000ドルほどを稼ぎ出した。こうしたビジネスを展開している企業はトンガルだけではない。業務を小さな作業に分割し、インターネットを利用してその作業を行う労働者を探すというアイデアは、ライブ・オプスが10年ほど前に開拓したもので、2005年にはアマゾンのメカニカル・ターク（訳注：英語の意味は機械仕掛けのトルコ人。アマゾンがその名称をつけて始めたインターネット上の労働者募集サイト）がこれに続いた。

「企業は、必要なときにスイッチを入れたり切ったりできる労働力を求めている[50]」。こんなことを言ったらショックを受けるかもしれないが、労働力はすでに旧来の常勤職から**需給調整可能型労働力**へと移り始めている。需給調整可能型労働力とは臨時、フリーランス、あるいは契約の労働者で、その雇用は企業側の必要度しだいで決まる。多くの組織が、常勤・終身雇用から需給調整可能型雇用への転換を図り、現在の経済状況に対応している。今後10年以内に、需給調整可能型従業員はアメリカの労働力のおよそ40％にまで増加すると予想されている（現在は30％）[51]。実際、ある給与と福利厚生の専門家は「ますます多くの労働者が、このモデルに沿ってキャリアを構築する必要が出てくるだろう」と述べている[52]。あなただってその1人かもしれない！

---

38) **圧縮労働日数**　従業員の1日の勤務時間を長くして、1週間の勤務日数を減らす就労形態。
39) **フレックスタイム**　従業員は1週間で一定時間の勤務を求められるが、一定の制限内で勤務時間を変更してもいいスケジュール制のシステム。
40) **ジョブシェアリング**　2人以上の従業員で常勤の仕事を分け合うこと。
41) **需給調整可能型労働力**　臨時、フリーランス、あるいは契約の労働者で、その雇用は企業側の需要しだいで決まる。

マネジャーや組織にとっては、これはどのような意味があるのだろう？　需給調整可能型従業員は旧来の文字どおりの意味における「被雇用者」ではないので、そのマネジメントには独特の課題と期待がある。また、終身雇用労働者のように仕事が安定せず雇用も保障されていない。そのため組織と一体化しないかもしれないし、責任感やモチベーションに欠けるところがあるかもしれないことを、マネジャーは認識しなければならない。需給調整可能型労働者は、実務のうえでも方針上でも異なる扱いをしなければならない可能性がある。しかし、マネジャーがコミュニケーションを十分にとり、優れたリーダーシップを発揮すれば、需給調整可能型従業員は組織にとって終身雇用の従業員と同様に価値あるリソースとなり得る。今日において、常勤だろうと需給調整可能型だろうとすべての労働力のモチベーションを上げ、良い仕事をするという意識を持たせるのもマネジャーの責任になることを自覚しなければならない。

理解を深めよう

1. 「組織設計」という用語が何を意味するか、言い表してみよう。
2. 組織設計に重要な6つの要素のそれぞれについて、旧来の見方と現在の見方を論じてみよう。
3. 組織構造は素早く変更できるだろうか。なぜできるのか、あるいは、なぜできないのか。組織構造は、素早く変更するべきだろうか。それは、なぜか。
4. 「構造のない組織もある」という意見には賛成だろうか、反対だろうか。説明しよう。
5. 機械的組織と有機的組織を比較しよう。
6. 組織設計に影響を与える状況要素を説明してみよう。
7. 従業員がいつでもどこでも働くことを可能にする情報技術がある場合でも、組織化することは重要なマネジメント機能だろうか。それはなぜか。
8. 現在、研究者たちは、業務の単純化を図る努力が、実際は企業にも従業員にも悪い結果を与える、と言う。賛成だろうか、反対だろうか。それはなぜか。
9. 「バウンダリーレス組織は、私たちの働き方に大きな変化を与える可能性がある」という意見には賛成だろうか、反対だろうか。説明しよう。
10. あなたがよく知っている組織（働いている組織、所属している学生組織、通っている大学など）の組織図を描こう。部門（あるいはグループ）の配置関係、そして特に指揮系統が正しくなるように注意しよう。クラスで組織図を発表する準備をしよう。

> **実例にみるマネジメント**（p.177 から続く）

ベライゾン：ボランティア人材と企業

　スーパーにあるセルフ式レジ、飛行機のセルフ・チェックイン、ガソリンスタンドのセルフ給油……。多くの業界が、顧客にただで仕事をさせることに成功してきた。今やさらに進んだ構想が採用され、特にカスタマー・サービスの分野では「ボランティア」に専門的な業務を実行させている。

　これらの「熱血」ボランティアが、特に研究開発の取り組みのなかで果たす役割について、近年、綿密な研究が行われてきた。スケートボードやマウンテンバイクの用具が、ボランティアの利用者の意見によって微調整されたり、また、オペレーティング・システムの Linux などのソフトウエアがボランティアのプログラマーに支えられている事例に対してだ。研究で明らかにされたのは、この種の「ボランティア」にとって動機となる報酬は、主に楽しさや仲間からの尊敬であり、またある程度は、ボランティアをすることにより獲得できるスキルだということだ。

　ボランティアで業務を行うという概念が、いまやカスタマー・サービスの分野にまでおよんでいるが、それはうまくいくのだろうか。そして、マネジャーにとってどのような意味があるのだろうか。

　例えばアメリカの大手電機通信事業者ベライゾンのウェブ上のカスタマー・サービスでは、オンライン・コミュニティで、「ボランティア」が技術的な問題について顧客の質問に無償で答えている。これは、ベライゾンの電子商取引グループの部長マーク・スタッドネスが思いついたものだ。彼は、インターネットの技術的な問題に一般ユーザーが無償で答えるウェブサイトに詳しく、そうした潜在的な資源をカスタマー・サービスに利用したいと考えたのだ。さらに、スタッドネスはこのコミュニティで最適な答えを提供するボランティアを指導的ユーザーとし、「スーパーユーザー」と名付けた。このベライゾンの取り組みは「カスタマー・サービスを目的としたオンライン・コミュニティは、適切に運用されれば、かなり期待できることを示した」。

　スタッドネスは、「世界中のスーパーユーザーたちにとって魅力的な環境を作らなければならない。なぜなら、そういう場所で奇跡が起こるのだから」とも述べている。また、ベライゾンと協力してコミュニティの設計をした会社は、「スーパーユーザーの精神構造は、熱烈なゲーマーの精神構造と似ている」と考えた。そのため、同社はボランティアの貢献度を評価するために、精巧なレーティング・システムを持つ構造を構築した。今のところ、スタッドネスは、このシステムの出来に満足している。「ボランティアが支えるカスタマー・サービスのサイトは、非常に生産的なツールである。このサイトがなければ、ベライゾンのコールセンターで高いコストをかけて、顧客の

問い合わせを処理しなければならなかった、というのが理由の1つだ」と、彼は述べる。

設問1 同じことをして給料を受け取っている人がいる仕事に、「ボランティア」を利用することをどう考えるか。

設問2 ベライゾンの電子商取引グループの部長マーク・スタッドネスの立場だとしたら、この計画で最も懸念されることは何だと思うか。その懸念をどのように「管理」するだろう。

設問3 これらの「ボランティア」は、どのようにして組織に溶け込むだろう。組織設計の6つの要素のそれぞれについて、この手法に与える影響を話し合おう。

設問4 この手法は、異なる種類の業務、あるいは異なる種類の組織でもうまくいくだろうか。

Chapter 7

第7章
人材を管理する

本章での学習ポイント

- **7-1** 人材管理プロセス、およびそのプロセスに影響を及ぼす要素とは何か p.216
- **7-2** マネジャーはどのように優秀な人材を特定し、選抜するか p.218
- **7-3** 従業員に必要なスキルと知識をどのようにして与えたらよいか p.227
- **7-4** 業績の優れた有能な従業員をどのように維持するか p.232
- **7-5** マネジャーが直面する人材管理の現代的課題 p.238

実例にみるマネジメント

しまむら：効率的な人的資源管理術

　顧客が低価格志向を強め、物が売れないと言われる時代にあっても堅実な成長を遂げる企業は存在する。低価格な衣料品チェーンを展開する「しまむら」もその1つだ。

　かつて、同社の主な顧客は20代から50代迄の女性だった。店舗もほぼ地方だけに立地し、店舗のない都心部での知名度は不十分。イメージ的には安さが売りで、それほどおしゃれではないお店。しかし、近年では「しまらー」というしまむら愛好者を自認する女性タレントとのコラボレーション商品や高機能素材を使ったプライベートブランドの発売、都心部への出店攻勢などで、顧客層を10代から60代以上にまで拡大し、男性向け商品の勢いも好調だ。

　厳しい衣料品業界で「しまむら」が着実な成長を遂げてきた理由の1つに同社の効率的な人的資源管理がある。約1万人の従業員のうち、正社員は1,585人、定時社員（パート社員）は8,288人、実に8割以上がパート社員という人員構成。毎年スピーディーに新規出店をし、店舗数はこの5年で約500店増加。現在では全国に1707店舗を構える[1]。そんな同社では店長も必ずしも正社員とは限らず、パート社員の店長も決して珍しくない（p.243に続く）。

....

　どのような人材を採用し、どのように教育し、配置し、評価し、処遇するか。このような「人」についての経営上の意思決定と実践の領域を人的資源管理（HRM：Human Resources Management）と呼ぶ。こうした意思決定は、企業の戦略や理念、人材市場、労務に関連する様々な法規、地域性など様々な要因の影響を受けながらなされていく。低価格の衣料品を販売し、全国でスピーディーな出店攻勢を続けるしまむらにとってパート社員の活用は戦略的に不可欠である。パート社員を、短期間で戦力化し、同時に離職率を減らし、モチベーションを高めることが同社にとって人的資源管理上の具体的な課題であり、同社の成長を支えるノウハウが蓄積されてきた部分でもある。

....

7-1 人材管理プロセス、およびそのプロセスに影響を及ぼす要素とは何か

　組織の質は、雇用する人材の質に左右される部分が大きい。ということは、組織の成功は、組織の戦略目標を達成するのに必要な任務を、首尾よく遂行する人材を見つけられるかどうかにかかっている。そして適切な人材を採用し、維持するには、人材配置と人材管理の意思決定と方法が重要な役割を果たす。「人事の意思決定は重要だ。だから、主に人事の意思決定を下すのは、人事の人たちではないか」と考える人がいるかもしれない。確かに多くの組織では、**人的資源管理（HRM）**[注1]と呼ばれる任務の多くは、人事の専門の人たちが行っている。なかには、国内外の HRM 専門会社に HRM の業務をアウトソーシングするケースもある。ただし、HRM のサポート制度が整っている組織であっても、マネジャーは、各自の部門で人事に関する決定を行わなければならない[2]。

　図表7-1では、組織の HRM プロセスの鍵となる要素を紹介している。8つの活動（黄色の枠）を適切に実施すると、優秀で業績が良く、その業績を長期的に維持できる従業員を組織に配置することができる。

　組織の戦略を立て、組織の構造を設計したら、次に、人材をそこに配置する。これは HRM の最も重要な役割の1つであり、この役割こそが、組織における人事マネジャーの重要性を高める要因の1つである。HRM プロセスの最初の3つの活動は、採用を計画し、募集によって従業員を追加しつつ不必要な従業員を削減し、優秀な従業員を選抜することだ。これらのステップを適切に実施すると、優秀な従業員を特定・選抜し、組織の戦略方針の達成に向けて前進できる。

　優秀な人材を選抜したら、彼らを組織に適応させ、最新のスキルや知識を維持できるようにサポートしなければならない。そのためには、オリエンテーションと研修という2つの活動を実施する。HRM プロセスの最後のステップでは、業績目標を明らかにし、問題が生じたらそれを軌道修正し、従業員が高い成績を長期的に維持できるようにサポートする。具体的には、業績を評価し、給与と福利厚生の充実を図る。従業員の安全と健康の確保も HRM の活動だが、これについては本書では取り上げない。

　図表7-1を見て、全体のプロセスは外部環境の影響を受けていることに注意

【図表7-1】
人的資源管理プロセス

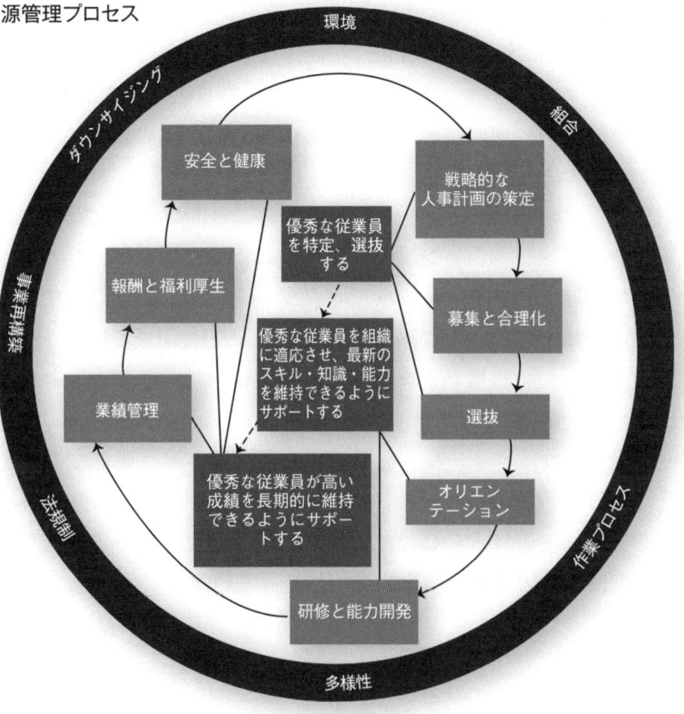
環境
組合
作業プロセス
多様性
法規制
事業再構築
ダウンサイジング
安全と健康
戦略的な
人事計画の策定
優秀な従業員
を特定、選抜
する
報酬と福利厚生
募集と合理化
優秀な従業員を組織
に適応させ、最新の
スキル・知識・能力
を維持できるように
サポートする
業績管理
選抜
優秀な従業員が高い
成績を長期的に維持
できるようにサポー
トする
オリエン
テーション
研修と能力開発

してほしい。第2章で取り上げた環境要因の多くはあらゆるマネジメント業務に直接影響するが、組織の人材管理においてそれが最も強くみられる。なぜなら、組織で生じるあらゆる事柄は、最終的に、従業員に生じる事柄に影響するからだ。そこで、HRMプロセスを確認する前に、HRMプロセスに影響するある重要な環境要因を見ていくことにする。それは、法規制、特に、従業員と差別に関する法だ。

1）**人的資源管理（HRM）**　従業員を採用し、訓練し、やる気を与え、その能力を維持することに関連するマネジメントの機能。

HRM の法規制とは

　HRM の業務は法に従っているが、法は国によってそれぞれ異なる。同じ国であっても、その中での地域条例・規制が個々の HRM 業務に影響を及ぼす。マネジャーは、法的に何が認められているのか、何が認められていないのかを知ることが大切である。

　法において「するべきこととしてはいけないこと」のバランスを図ることは、**アファーマティブ・アクション・プログラム**[注2]の領域だ。アメリカの多くの組織はアファーマティブ・アクション・プログラムを策定し、マイノリティや女性など、保護の対象となる人々の雇用、向上、確保を強化する決定や実施に努めている。こういった組織は差別を排除し、保護の対象となる人々の地位向上を積極的に進めている。

　アメリカでは、マネジャーは、誰を採用し、昇進させ、解雇するかを完全に自由に決定できるわけではない。こういった規制は、雇用上の差別や不公平な雇用慣行を削減するのに大いに役立ってきたが、それと同時に、人事の決定に関するマネジメント側の裁量権を弱めてしまっている。

7-2 マネジャーはどのように優秀な人材を特定し、選抜するか

　どの組織も、事業を行う上で必要な任務を遂行する人材が必要だ。では、こういった人材をどのように獲得したらよいだろうか。優秀で有能な人材を確保するにはどうしたらよいだろうか。HRM のプロセスの最初の3つの活動は、採用計画、募集と合理化、そして選抜である。

採用計画とは

　シリコンバレーで新たにインターネット関連の企業を立ち上げようとすると、優秀な人材を採用するのに苦労する。というのも、フェイスブック、ツイッター、ジンガなど、すでにその地位を確立した企業がさらなる成長を目指して、従業員を確保しようとしているからだ。

　採用計画[注3]とは、適切な数の適切な人材を適切な場所に適切なタイミングで確

保するプロセスであり、この任務を効果的かつ効率的に遂行できると、マネジャーは組織全体の目標達成に貢献できる。また組織全体で採用の目標を達成するには、組織の使命と目標を人事計画に組み入れる。このプロセスは、(1) 現在の人材と将来の人材のニーズを判断する、(2) これらのニーズを満たすための計画を策定する、という2つのステップにまとめることができる。

人材のニーズをどのように判断するか　まずマネジャーは、組織内の現在の人的資源の状況を把握する。通常は、**人材インベントリー**（管理表）を作成する。(注4)マネジャーは、従業員がフォームに記入した情報を利用することができるため、インベントリーの作成はさほど難しくない。インベントリーには、従業員の氏名、学歴、研修や訓練の履歴、職歴、使用言語、能力や特別スキルなどの項目がある。マネジャーはこのインベントリーを利用して、現在、組織内にどのような人材がいるかを評価する。

　評価の際には、**業務分析**も行う。人材インベントリーから個々の従業員の能(注5)力を知ることができるのに対して、業務分析からはより根本的な事柄が分かる。ただし、ワークフローを分析し業務を遂行するのに必要なスキルや行動を明らかにするため、業務分析には時間がかかる。例えば、『ウォール・ストリート・ジャーナル』紙の海外レポーターは何をするのだろうか。この任務を適切に行うには、最低限どのような知識、スキル、能力が必要だろうか。国内レポーターや新聞編集者と比べたとき、海外レポーターにはどのような職務要件を定めたらよいか。業務分析を行うと、これらの疑問に答えることができる。業務分析の最終的な目的は、それぞれの業務を首尾よく遂行するのに必要なスキル、知識、態度を決定することである。そしてこの情報を利用して、職務記述書と職務明細書を作成または改訂する。

　職務記述書とは、その職務の従事者は何をするべきか、どのように遂行する(注6)か、なぜその職務を遂行するのかなど、職務全般について説明した資料のこと。

---

2) アファーマティブ・アクション・プログラム　保護を必要とする人々の採用、能力向上、維持のための取り組み。
3) 採用計画　適切な数の適切な人材を適切な場所に適切なタイミングで確保するプロセス。
4) 人材インベントリー　従業員の氏名、学歴、研修や訓練の履歴、スキル、使用言語などの重要な情報をまとめた管理表。
5) 業務分析　業務と、業務を遂行するのに必要な行動を明確にする評価プロセス。
6) 職務記述書　職務について説明した資料。

通常は、職務の内容、環境、雇用条件を明らかにする。**職務明細書**では、特定の職務を首尾よく遂行するのに持つべき最低限の資格について説明する。これは個人という観点から作成するもので、職務を効果的に遂行するのに必要な知識、スキル、態度を明らかにする。マネジャーが募集と選抜に着手する際には、職務記述書と職務明細書は欠かせない。例えば、応募者に職務内容を説明するときは、職務記述書を使用する。また、現職従業員が職務を遂行するのに必要な資格はどのようなものであるかに注意したり、応募者がその職務に適しているかどうかを判断したりするときは、職務明細書を使用する。さらに、これら2つの資料の情報をもとにして採用すると、採用プロセスで起こりやすい差別を排除することができる。

今後の人材のニーズをどのように判断するか　今後どのような人材が必要かは、組織の戦略的方向性に基づいて判断する。人的資源（従業員）に対する需要は、組織の製品やサービスに対する需要から生じる。事業収益の計画に基づき、マネジャーは、その収益を達成するのに必要な人材の数や人材ミックスを明らかにすることができる。ただし、これとは逆方向のケースも考えられる。特定のスキルが必要とされ、それに見合う人材が少ないときは、必要な人材を確保できるかどうかによって事業収益が左右される。例えば、高所得者向けの介護付き住宅を経営している組織では、ビジネスチャンスは豊富なのだが、居住者のニーズを十分に満たす介護スタッフを採用できるかどうかによって、事業収益の伸びが制約されてしまう。とは言うものの、ほとんどのケースでは、組織全体の目標と事業収益計画は、組織の人事要件を判断するうえで重要な要素となる。

　現在の適正規模の人員と今後の人材のニーズを評価したら、マネジャーは、従業員の人数と種類の不足を見積もり、余剰人材のいる部門を探す。次に、これらの見積もりと将来の労働力供給の予測とを一致させる計画を立てる。採用計画は、現状の人材配置に何が必要かを明らかにするだけでなく、将来どのような人的資源が必要か、そしてその利用可能性を計画するのにも役立つ。

どのように従業員を募集するか

　現在の要員レベル（人材が不足しているか過剰か）を把握したら、マネジャーは、それに対処する行動をとる。欠員があれば、業務分析で得た情報を利用して**募集**を行う。募集とは、能力のある応募者を見つけ、特定し、呼び込むプロ

セスのことである。これに対して、人員過剰であることが分かったら、マネジャーは組織内の労働力供給を削減し、合理化やリストラに着手する。

どこで従業員を募集するか　応募者を見つけるには、インターネットなど、さまざまなソース（供給源）を利用することができる。地域の労働市場、募集する職務の種類と職位、組織の規模によって、使用するソースは異なる。

　優秀な人材を集めるには、どのソースが効果的だろうか。アメリカの調査によると、優秀な人材を集めるには「紹介」が最も効果的だということが明らかにされている[3]。それはなぜか。第1に、現職の従業員から紹介された応募者は、その従業員の事前チェックを受けている。推薦者は職務についても応募者についても知っているため、適切な人材を紹介する傾向がある[4]。第2に、現職の従業員はふつう、どのような人材を紹介するかによって組織での自分の評価が左右されると考えるため、自信を持って紹介できる人材を連れてくる傾向がある。ただし、従業員が紹介する人物が常に採用されるわけではない。紹介に頼り過ぎると、従業員の多様性やバランスが失われてしまう可能性があるからだ。

ダウンサイジング（人員削減）にどのように対応したらよいか

　ノキアは、世界中で労働者を7,000人（全従業員の5%）削減した。日本最大の家電メーカーのパナソニックは、「変化するグローバル環境に適応するために」1万7,000人を削減した。マイスペースは500人、なんと47%の従業員を解雇した[5]。

　この10年、特にここ2、3年で、多くのグローバル組織や政府機関、小規模企業が、人員整理やスキル再構成を余儀なくされた。めまぐるしく変化する環境で需要を満たすには、ダウンサイジングは欠かせない戦略となっている。

ダウンサイジングにはどのような方法があるか　従業員を解雇するという選択肢の他にも、組織にとってよりメリットの大きい方法がある。次頁の図表7-2に、ダウンサイジングの方法をまとめている。どの方法を選んでも、従業員は苦痛を強いられるということを覚えておいてほしい。本章の後半で、ダウンサイジングの被害者と残された従業員についてより詳しく考察する。

7）**職務明細書**　特定の職務を首尾よく遂行するのに持つべき最低限の資格について説明した資料。
8）**募集**　能力のある応募者を見つけ、特定し、呼び込むプロセス。

【図表7-2】
ダウンサイジングの方法

解雇	会社側からの契約終了
レイオフ	会社側からの一時的な契約停止。数日のこともあれば、数年に及ぶこともある
人員の自然減	辞職または自然退職した従業員の欠員を埋めない
異動	横方向または下方向の職務に従業員を配置がえする。通常、コストは削減できないが、組織内の人材の需給バランスを図ることができる
勤務時間の削減	週の労働時間を短くしたり、業務を共有したり、一時休暇を与えてパートタイムベースで任務に就かせたりする
早期退職	高齢または勤労年数の長い従業員にインセンティブを提示し、正規の退職時期より前に退職を促す
ワークシェアリング	複数の従業員（通常は、2人のパートタイム労働者）に1つのフルタイムの任務に就かせる

マネジャーは応募者からどのように選抜するか

　募集活動で候補者プールを作ったら、HRMプロセスの次のステップは、その中の誰がその職務に最適かを判断することだ。この**選抜プロセス**では、基本的に予測を行う。どの応募者を採用したら「成功する」だろうか、つまり組織の従業員評価基準に照らして、優れた業績を上げそうな人材を予測する。例えば、ネットワーク管理者を採用する場合は、選抜プロセスでは、コンピューターネットワークのインストール、デバッギング、そして管理能力を持つ者を予測しなければならない。販売員を採用するとしたら、売上に貢献できそうな人材を予測する。ここで、採用によって4つの結果が導き出されることに注目してほしい。図表7-3からも分かるように、2つの結果は正しい判断を、残りの2つの結果は誤った判断を示す。

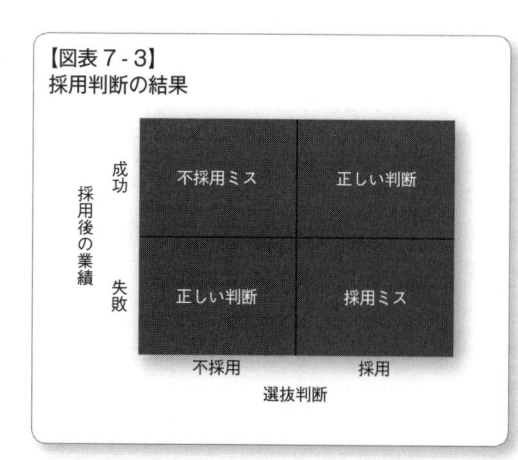

【図表7-3】
採用判断の結果

採用後の業績	不採用	採用
成功	不採用ミス	正しい判断
失敗	正しい判断	採用ミス

選抜判断

　(1) 応募者が良い業績を上げると予測され（採用）、のちに成功した場合、または(2) 応募者が十分な業績を上げないと予測され（不採用）、採用したとしても任務を果たせなかったであろうと思われる場合、判断は正しい。前者

のケースでは応募者を正しい判断で採用し、後者のケースでは正しい判断で不採用にしている。ところが、採用していれば良い業績を上げたであろう応募者を不採用にしたり（不採用ミス）、のちに任務を果たせなかった応募者を採用したりする（採用ミス）と、問題が生じる。残念ながら、これらの問題は決して無視できないほど大きい。一世代前であれば、不採用ミスは、より多くの応募者をふるいにかけなければならないため選抜のコストが増える、という問題だけで済んだ。ところが現代は、不採用ミスを行った組織は雇用差別で告発される恐れがある。特に、保護の対象となるグループの応募者が不適切に拒否された場合には、問題はさらに深刻だ。一方で、採用ミスを行うと、従業員の研修、不適切な従業員が生み出したコストまたは不適切な従業員を採用したことで失った利益、契約解除のコスト、追加で募集・選抜を行うことで生じるコストなど、明白なコストがかかる。したがって、選抜プロセスの主な目的は、不採用ミスと採用ミスの確率を下げ、正しい判断の確率を上げることである。そのためには、信頼性と妥当性のある選抜手段を利用する必要がある。

信頼性とは何か　**信頼性**とは、ある選抜手段を使用したとして、同じ特性を一貫して評価できることである。例えば、信頼性のあるテストを実施した場合、評価する特性も安定していると考えられるため、どの対象者のスコアも時間が経っても変わらず安定しているはずである。信頼性が大切だというのは、誰の目にも明らかだ。信頼性の低い選抜方法は効果的とは言えない。そのような方法を使用するというのは、毎日不規則な体重計に乗っているようなものだ。体重計が信頼できないと、例えば、乗るたびに5〜8kgほどの誤差があると得られた結果には何の意味もない。効果的に予測するには、ある程度一貫性のある選抜手段を使用しなければならない。

妥当性とは何か　応募書類、テスト、面接、健康診断など、マネジャーが使用する選抜手段については、**妥当性**も重要な要素となる。妥当性は、使用する選抜肢と評価の関係に基づいて判断される。例えば、車いすの消防員の例を採り上げよう。消防員には一定の身体的条件があるため、車いすを使用している人

9）選抜プロセス　最適な応募者を雇用するために、応募者をふるいにかける手続き。
10）信頼性　ある選抜手段を使用した場合に同じ特性を一貫して示せること。
11）妥当性　選抜手段と評価基準の関係が実証されていること。

は身体持久力のテストに合格するのは難しい。この場合、不採用にするのは妥当だと考えられるが、出動指令係の募集に同じ身体持久力のテストを行うことは妥当だとは言えない。連邦法では、仕事の能力に直接関係がないと考えられる選抜手段の使用を禁止している。この制約は、入社テストにも当てはまる。マネジャーは、入社テストで高得点を得た人物は低得点の人物よりも優れていることを実証できなければならない。つまり組織は、応募者を区別する際に、職務能力に直接関連する選抜手段を使用する必要があるのだ。

テストと面接は効果的な選抜手段だろうか　マネジャーは、さまざまな選抜手段を利用して採用ミスや不採用ミスを減らすことができる。最もよく知られているものに、筆記試験、能力シミュレーションテスト、面接がある。職務能力を予測するうえでの妥当性に注目しながら、それぞれの手段について簡単に説明しよう。

　一般的な筆記試験では、知性、適性、能力、関心などをテストする。筆記試験への注目度は変わるものの、古くから使用されてきた選抜手段だ。第2次世界大戦後は広く使用されていたが、1960年代後半になると人気がなくなり始めた。差別的だと評されるようになり、多くの組織が、筆記テストと職務との関係を実証できなくなった。しかし現在、インターネットベースではあるが、筆記試験は復活の兆しがある[6]。マネジャーの間では、採用判断を誤るとコストがかかり、適切に考案されたテストを使用することで判断ミスの可能性を減らすことができる、という認識が高まってきている。さらに、職務に固有の筆記試験を考案してその妥当性を証明するコストは、大幅に少なくなっている。

　知的能力や空間能力、機械に関する知識、知覚精度、運転能力などのテストは、スキルがそれほど必要とされない製造企業の任務の予測には比較的有効であることが明らかにされている[7]。ところが、知性やその他の特性をテストしても実際の職務遂行能力とは関係ないのではないか、という根強い批判もある[8]。例えば、知能テストで高得点をとったからといって、必ずしもコンピューターのプログラマーとして優れた業績を上げられるという指標にはならない。こういった批判があることから、能力シミュレーションテストの使用が増えた。

　アップルの技術文書作成の職務に応募した人に対して、マニュアルを作成できるかと直接質問するよりも有効な判断方法があるだろうか。こういったことを考慮して、**能力シミュレーションテスト**に対する関心が高まっている。その
(注12)

人気の理由は、業務分析データに基づいているため、筆記試験を行うよりも職務要件に見合った人材を見つけられることにある。能力シミュレーションテストは、他の試験とは異なり実際の職務行動に基づいて作成されている。最もよく知られているのは、ワークサンプリング（実際の職務の縮小版を利用してテストする）とアセスメントセンター（業務で直面するであろう実際問題を利用してテストする）だ。前者はルーチンワークの応募者に適しており、後者はマネジメント業務の応募者に適している。

能力シミュレーションテストが、従来のテストよりも優れているのは明らかだ。テストの内容は実際の職務内容と本質的に一致しているため、短期的な職務能力を予測し、また雇用差別という批判を受ける可能性を最小限に抑えることができる。さらに、十分に練られた能力シミュレーションテストは内容も手法も現実に即しているため、妥当な予測材料となる。

応募書類を見ながら面接を行うのも一般的な選抜手段だ。面接を受けずに就職が決まったという人はほとんどいないだろう。ただし皮肉なことに、選抜手段としての面接の重要性は、大きな論議を引き起こしてきた[9]。

面接は信頼性も妥当性もあるはずなのだが、そうでないケースも見られる。面接のプロセスがきちんと構成されていて、関連する質問に沿って面接官が面接を進めれば、応募者の能力を適切に予測することができる[10]。ところが、このような特徴を持たない面接が多い。一般的に行われている面接では、比較的カジュアルな環境でさまざまな質問を成り行きで聞くため、価値のある情報を十分に引き出すことができない。

また、適切に構造化・標準化されていない面接では、あらゆる種類のバイアスが生じる可能性がある。調査の結果、次のような傾向が明らかにされている。

◆応募者に対する事前の知識が、面接官の評価に影響する。
◆面接官は、好ましい応募者に対する固定観念を持っていることが多い。
◆面接官は、自分と似た態度を持つ応募者を好む傾向がある。
◆面接の順番が評価に影響を及ぼす。
◆情報が面接で得られる順番が、評価に影響を及ぼす。
◆ネガティブな情報ほど過度に強い影響力を持つ。

12）能力シミュレーションテスト　実際の職務行動に基づいて行われる選抜手段。

◆面接開始から4〜5分以内に、面接官は応募者の適性を判断する。
◆面接終了から数分以内に、面接官は面接の内容の大半を忘れてしまう。
◆面接の妥当性が最も高いのは、応募者の知性、やる気、対人スキルを判断するときだ。
◆きちんと構成された面接は、まとまりのない面接よりも信頼性が高い[11]。

　では、どのようにしたらより妥当で信頼できる面接を行うことができるか。長年にわたって提案されてきた多数のアイデアとして、応募者を評価するときに職務記述書と職務明細書をもう一度確認する、すべての応募者への一連の質問をきちんと構成する、面接の前に応募者の履歴書を見直す、応募者の答えに注意深く耳を傾ける、面接の記憶が鮮明なうちに評価を書きとめておく、などが挙げられる。

　最近よく実施される面接の変型版として、状況面接や行動面接がある[12]。これらの面接では、応募者の発言だけでなく行動も評価の対象となる。応募者に状況が提示され——通常は、ロールプレイングによって複雑な問題を解決する場面が与えられる——その問題に取り組むように求められる。面接官は、応募者の行動と、プレッシャーへの対応を観察する。行動面接が支持されるのは、応募者が自分の経験を述べるだけの面接よりも、行動面接のほうが、応募者の能力をより適切に判断できる、と評価されるからである。実際、この分野の研究によると、行動面接のほうが仕事の能力を8倍近く効果的に予測できる、ということが明らかになっている[13]。

どのように「契約を成立」させるか　応募者はその職務に採用されることに向け必死になっているはずだ。だから応募者には組織のよい面だけ見せればよい、という考えを持った面接官が臨むと、採用された人はやがて不満を持ち、離職する確率も高くなる[14]。

　採用プロセスでは、どの応募者も、面接を受ける企業と任務について期待を抱いている。ところが、誇張されたイメージを応募者が持っていると、組織にマイナスの影響を及ぼしかねないさまざまな事柄が生じる。第1に、職務に不適合な応募者を選考プロセスから抜き出すことが難しくなる。第2に、イメージが膨らみすぎると非現実的な期待を抱いてしまうため、新規採用者はすぐに不満を持ち、退職してしまう。第3に、新規採用者は幻滅を感じ、期待と違っ

た厳しい現実に直面すると組織に貢献しなくなってしまう。多くの場合、こういった新規採用者は、採用プロセスで自分は勘違いをしていたと感じ、問題のある従業員になってしまうかもしれない。

　従業員の仕事に対する満足度を高め、離職率を低くするには、**現実的な職務情報の事前開示（RJP：Realistic Job Preview）** を行う必要がある[15]。RJPでは、(注13)
任務と組織についてプラスの情報もマイナスの情報も明らかにする。例えば、面接では通常、プラスのコメントが応募者に示されるが、そのほかに、任務の厳しい側面についても明らかにする。勤務中は同僚と交流する機会が少ない、昇進のチャンスは低い、勤務時間は不規則でオフの時間帯（夜や週末など）でも働かなければならないことがある、などを説明する。調査によると、誇張された情報だけを与えられた応募者と比べ、現実的な職務情報の事前開示を受けた応募者は、任務に対して現実的で高すぎない期待を抱き、不満要素にも耐えられることが多い。その結果、新規採用者の退職率も低くなる。マネジャーも、RJPによってHRMプロセスの本質をより深く理解することができる。つまり、良い人材を採用するのと同じくらい、良い人材を維持することも重要なのだ。プラス面だけを示せば、応募者を組織に呼び込むことはできるかもしれないが、採用側も応募側もすぐに後悔することになるだろう。

7-3　従業員に必要なスキルと知識をどのようにして与えたらよいか

　募集と選抜を適切に行ったら、任務をうまく遂行する能力のある人材を採用できるはずだ。ただし、特定のスキルを持っているだけでは十分とは言えない。新規採用者には、組織の文化に適応してもらい、研修を受けさせ、組織の目標からぶれることなく任務を遂行するのに必要な知識を習得させなければならない。そのためには、オリエンテーションと研修が効果的だ。

---

13) **現実的な職務情報の事前開示（RJP）**　職務の内容を示し、職務と組織のプラス面とマイナス面を知ってもらうこと。

テクノロジーとマネジャーの仕事

人事のデジタル化

　人事の世界ではデジタル化が進んでいる[16]。募集、選抜、オリエンテーション、研修、人事考課、そして従業員に関する情報の格納と検索など、多くの基本的な人事プロセスを自動化するソフトウェアを使用して、人事部門はコストを削減しサービスの最適化を図ってきた。ITを活用してきた人事の分野の1つが、採用前評価だ。例えば、オハイオ州クリーブランドを拠点とする金融サービス組織のキーバンクでは、入社から90日で離職する人を減らし、人材配置の決定に一貫性を持たせるため、バーチャルの「入社シミュレーション」を行っている。このシミュレーションでは、双方向のマルチメディアを使ったシミュレーションの場を設け、クライアントへのサービス、変化への対応、チーム構成員に対するサポート、手続きの順守、作業の効率化などの仕事の疑似体験をする。バーチャルのシミュレーションを採り入れる前は、キーバンクでは、新規採用の窓口係とコールセンター要員の13％が90日以内に辞めていた。ところがシミュレーションを行うようになってから、離職率は4％にまで減少した。

　研修の分野でも、ITは重要な役割を果たしている。アメリカ人材開発機構の調査によると、回答企業の95％が何らかのeラーニング（PCやインターネットを利用した教育システム）を行っていると報告している。ITを使って必要な知識、スキル、態度を教育することには、さまざまな利点がある。ある研究者は「eラーニングの最終的な目的は、研修コストの削減ではなく、事業の進め方を改善することである」と述べている。例えば、ヒューレット・パッカード（HP）では、教室での研修ではなく、eラーニングとその他の教育方法を組み合わせて実施すると顧客サービスにどのように影響するかを調べた。その結果、販売員は顧客からの質問に迅速かつ的確に答えられるようになり、顧客とサービス提供者の関係を強化することができた。また、ユニリーバでは、販売員のeラーニング研修を実施したところ、売り上げが数百万ドルも伸びた。

新規採用者をどのように組織に順応させたらよいか

　候補者を選抜したら、任務と組織に順応させる必要がある。この導入活動を**オリエンテーション**と呼ぶ[17]。オリエンテーションの主な目的は、すべての新規採用者が仕事を始めるにあたって感じている不安を和らげ、新規採用者を職

務や職場や組織全体に慣れさせ、部外者の立場から部内者の立場へ意識を変えさせることである。職務のオリエンテーションでは、募集・採用のプロセスで従業員が得た情報にさらに追加する。新規採用者のそれぞれの役割と責任、ならびに従業員の評価方法を明らかにする。またオリエンテーションは、新規採用者が職務に対して抱いているかもしれない非現実的な期待を軌道修正する場でもある。職場のオリエンテーションでは、各部門の目標を周知してもらい、目標達成における自分の役割を理解してもらい、ほかの同僚に紹介する。組織のオリエンテーションでは、組織の目標、歴史、哲学、制度、規則などを伝える。勤務時間、給与制度、残業要件、福利厚生といった人事方針についても、このプロセスで伝える。組織の施設を案内することも、オリエンテーションの一環として行われている。

　マネジャーは、新規採用者の不安を和らげ、できるだけスムーズに組織に適応させる責任を負っている。公式でも非公式でも、オリエンテーションがうまく行くと、部外者の立場から部内者の立場へ、新規採用者の意識を変えさせることができる。その結果、新規採用者は組織に適応して快適に感じ、業績不振の可能性が低くなり、ほんの数週間で突然退職するような確率も低くなる[18]。

従業員研修とは何か

　総体的に見ると、飛行機事故の原因は機体にあるのではなく、人間が引き起こしている。衝突や墜落といった不運な事故のほぼ4分の3は、パイロットや航空管制官のミスや不適切な整備による。残りの原因は、悪天候と構造上の欠陥である[19]。これらの統計結果から、航空業界における研修の重要性について説明したい。整備ミスや人的ミスは、従業員訓練の強化によって防いだり大幅に減らしたりすることができる。2009年1月、USエアウェイズ1549便はニューヨークのハドソン川に奇跡的に「着水」し、乗員乗客全員が助かった。チェズレイ・サレンバーガー機長は、このような結果となったのは、すべてのパイロットと乗員が大規模な集中訓練を受けていたおかげだと述べている[20]。

　従業員研修とは、従業員の職務遂行能力を向上させることで従業員に長期的な変化をもたらそうとする学習経験である。研修では、従業員のスキル、知識、
(注15)

---

14) オリエンテーション　新規採用者を組織と職務に適応させる活動。
15) 従業員研修　従業員の職務遂行能力を向上させることで、従業員に長期的な変化をもたらそうとする学習経験。

態度、行動などを改めさせる[21]。すると、従業員の知識が広がり、仕事のやり方が変わり、任務、同僚、マネジャー、組織との関わり方も変わってくる。例えば、アメリカの企業は、従業員のスキル開発のための講座や研修プログラムに、毎年数十億ドルを費やしていると推定されている[22]。もちろんマネジャーは、従業員に研修を受けさせるタイミングや研修の種類を決定する責任を負う。

研修が必要かどうかは、いくつかの質問によって判断できる。研修を重視してきたマネジャーは、これから紹介する質問に心当たりがあるだろう。組織の戦略的目標の達成を目指してマネジャーが組織を構築するときには、まさにこういったタイプの分析を行うのであり、研修の場合では、人間に注目することになる[23]。

図表7-4の質問は、研修が必要だという合図を示している。分かりやすい例として、生産性に直接関係する合図について考えてみよう。生産数の低下、クオリティの低下、事故の増加、廃棄率の増大、不良品発生率の増大は、職務能力が低下していることを示す。これらの結果は、従業員のスキルを手直しする必要があるという合図だ。もちろん、職務能力の低下の原因は従業員の努力不足にある、と言っているのではない。職場環境は日々変化しているため研修が必要になる場合がある、ということをマネジャーは認識しなければならない。また、職務の再設計や技術革新によって変化が生じた場合も、研修が必要になる。

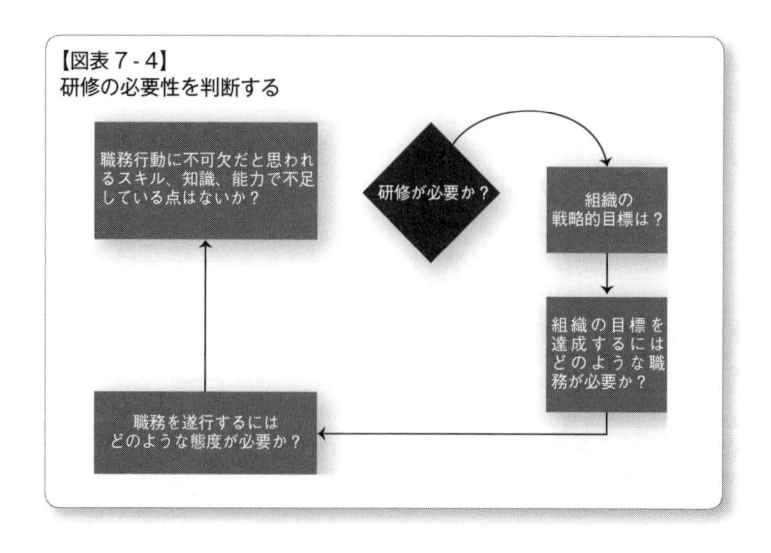

【図表7-4】
研修の必要性を判断する

研修が必要か？
- 職務行動に不可欠だと思われるスキル、知識、能力で不足している点はないか？
- 組織の戦略的目標は？
- 組織の目標を達成するにはどのような職務が必要か？
- 職務を遂行するにはどのような態度が必要か？

どのように研修を行ったらよいか　通常、研修は職場内で行われる。それはなぜか。そのほうが簡単でコストも削減できるからだ。ただし、職場内研修は職場を混乱させ、ミスを増やしかねない。また、あまりに複雑なスキルについては職場内研修に向かないものもある。そのような場合には、職場以外で研修を行う必要がある。

研修にはさまざまな方法があるが、ほとんどは、職場内研修と職場外研修に分けられる。図表7-5では、広く利用されている研修方法を紹介している。

研修の効果を高めるには　新しい研修プログラムを考えるのは簡単だが、効果が見られない研修は省かれてしまう可能性がある。

では、一般的にはどのように研修を評価しているのだろうか。おそらく、次のアプローチはどの組織にも当てはまるだろう。数人のマネジャー、HRMの代表者、研修プログラムを終えたばかりのグループにアンケートを行い、意見を聞いてみるというものだ。ポジティブな意見が得られたら、プログラムの成果は良好で何らかの理由で中止または変更の判断が下されない限り、その研修を続行してもよいだろう。

しかし、研修参加者やマネジャーからのこういった反応は、アンケートゆえ簡単に得られるのだがあまり有効とは言えない。彼らの意見は、研修が厳しかったか楽しかったか、あるいはインストラクターの個性など、研修の効果を測るのにあまり関連性のない要因に大きく影響されているからだ。ただし、研修参加者の反応は、研修の価値を測るうえでフィードバックになりうる。

【図表7-5】
一般的な研修方法

職場内研修の方法

ジョブ・ローテーション	従業員を計画的に異動させ、さまざまな職務を経験させる。
マンツーマン指導	ベテランの従業員やコーチや指導者と一緒に働き、サポートや刺激を得る方法。見習い制度と呼ばれることもある。

職場外研修の方法

研修室での授業	特定の技術、対人スキル、問題解決スキルを学ぶための講座。
映像講座	メディアを利用して、ほかの研修方法ではうまく伝えられないような技術的スキルを分かりやすく指導する。
シミュレーション演習	実地（またはシミュレーション）で仕事を学ぶ。ケース分析、経験的演習、ロールプレイング、グループ交流などを行う。
前段階訓練	実際に職場で使用するのと同じ機器を、シミュレーション用の施設で使用して学習する。

一般的な反応のはかに、参加者がどれほどたくさんの事柄を学んだか、新しいスキルを職場でどのように生かせるか（行動に変化が生じたか）、研修プログラムから好ましい成果が得られたか（離職率の低下、顧客サービスの向上など）、といった点からも研修を評価しなければならない[24]。

7-4 業績の優れた有能な従業員をどのように維持するか

募集、選抜、オリエンテーション、研修に多額の投資を行ったならば、組織は、業績の優れた有能な従業員を維持したいと考えるだろう。そのためには、2つのHRM活動、つまり従業員の業績管理と適切な報酬・福利厚生制度を確立する必要がある。

業績管理制度とは何か

マネジャーは、組織が望む能力水準に従業員が到達できるようにサポートしなければならない。従業員に確実に期待通りの業績を上げさせるには、マネジャーは何をしたらよいだろうか。このための正式な評価手段として、業績管理制度がある。

業績管理制度とは、客観的な人事判断（昇給、研修の必要性など）を下し、人事活動をサポートする資料を作成するため、業績基準を定めて業績を評価するプロセスである。では、マネジャーは従業員の業績をどのように評価したらよいか。具体的な評価方法を図表7-6に紹介する。

評価所見書の作成では、複雑なフォームも大々的な研修も必要としない。ただし、「良い」「悪い」の判断は、従業員の実際の業績だけでなく、評価者の文章能力によっても左右されることがある。重要行動観察では、評価者は重要な行動に注目し、従業員の効果的または効果の薄い行動を書き出す。ここで重要なのは、人格といったあいまいな特徴ではなく、具体的な行動に注目することだ。古くから使われている一般的な評価方法の1つに、図式評定尺度法がある。この方法では、仕事の量と質、職務知識、協力姿勢、忠誠心、出勤率、誠実さやる気といった要素を書き出し、評価者はそれぞれに点数をつけて図表で示す。新たに注目を集めているのが行動重視式評定法（BARS：Behaviorally Anchored

【図表 7-6】
人事考課の方法

方法	利点	欠点
評価所見書作成	簡単に実施できる	従業員の実際の業績よりも評価者の文章能力の影響を受ける
重要行動観察	参考にする例題が多い。行動に基づく	時間がかかる。定量化するのが難しい
図式評定尺度法	定量的データが得られる。ほかの方法と比べて時間がかからない	職務行動を深く評価することができない
行動重視式評定法（BARS）	数値で評価できる具体的な職務行動に注目する	時間がかかる。基準を作成するのが難しい
360度評価法	徹底的に評価できる	時間がかかる
多人数比較法	従業員同士を比較できる	従業員が多すぎると評価するのが難しい
MBO	最終目標に注目し、結果を重視する	時間がかかる

Rating Scales) だ[25]。これは、重要行動観察と図式評定尺度法の主な要素を組み合わせた手法であり、評価者は、一般的な説明や資質ではなく特定の仕事における実際の行動例を観察して、数値スコアに基づいて従業員を評価する[26]。

最後に、多くの組織では、評価の対象者について上司、同僚、チーム構成員、顧客、取引業者などからの業績に関するフィードバックを求める方法を採り入れるようになってきている。これは**360度評価法**と呼ばれる方法であり[27]、ファイザー、エクソンモービル、ゼネラル・エレクトリック（GE）、ノキアなど、『フォーチュン』誌が選んだ100社の約9割の企業で採用されている[28]。

現代の組織は変化の激しい環境に置かれているため、従来の評価制度では時代にそぐわないケースもある[29]。ダウンサイジングによって監督者の責任が重くなり、直属の部下も増えた。したがって、監督者が従業員一人ひとりについて幅広い知識を持つのは至難の業だ。さらに、プロジェクトチームが大きくなり、従業員の関与も高まると、従業員を正確に評価するという責任も重くなる[30]。

360度評価法は、従業員開発に対処するのにも適している[31]。従業員が自分自身のことをどのように見ているのか、そして従業員がどのような仕事を成し遂げたのかを知らないマネジャーが多い。360度評価法に関する調査によると、より正確なフィードバックが得られる、従業員に権限を付与できる、評価プロセスで主観的要素を弱めることができる、組織内でリーダーシップが生まれる、という利点があることが分かっている[32]。

---

16) 業績管理制度　従業員の業績を評価するため、業績基準を定める制度。
17) 360度評価法　評価される従業員についてさまざまな関係者からフィードバックを求める評価方法。

従業員同士を比較するべきか、基準に照らして評価するべきか　これまでに説明したさまざまな方法には、1つの共通点がある。それは、確立した基準または絶対的な基準と、従業員の業績とを比べて従業員を評価している点だ。これに対して、多人数比較法では、1人の従業員の業績をほかの人の業績と比較する。これは絶対的な評価ではなく相対的な評価だ。この方法のなかでも特に一般的な3つの方法は、グループ分け順位法、個人順位法、そして一対比較法だ。

　グループ分け順位法では、評価者は、従業員を「上位5分の1」「全体の5分の2」などに分類する。20人の従業員を評価する場合、上位5分の1と下位5分の1にはそれぞれ4人ずつ分類される。個人順位法では、従業員を最高位から最低位まで分ける。「最高位」は1人だけとする。30人の従業員を評価する場合、1位と2位の差も21位と22位の差も同じだとみなされる。評点が非常に近い従業員がいても、同順位にはならない。一対比較法では、各従業員を比較グループ内のほかの全従業員と1対1で比べ、優劣をつける。すべての対を比較したら、「優れている」という評価の数に基づいてランキングを作成する。この手法ではどの従業員もお互いに比較することができるが、従業員の数が多すぎると評価が難しくなる。

MBO評価手法とは　第5章で「計画策定」について論じたとき、目標管理制度（MBO：Management by Objectives）のアイデアを紹介した。実は、MBOは業績評価の方法でもある。

　従業員は、職務の目標をどれほど達成できたか、という観点で評価される。第5章で学習したように、これらの目標は具体的で、検証可能で、評価可能なものでなければならない。管理職の間でMBOが注目されている理由は、おそらく、最終目標を重視している点にあるのだろう。マネジャーは、利益、売上、コストなどの結果を重視する。業績の定量的評価を重視するMBOは、そのニーズに合っている。MBOでは手段よりも結果を重視するため、マネジャーは目標達成への最善の道を選ぶことができる。

従業員の業績が基準をクリアしない場合

　ここまで、業績管理制度について論じてきた。では、従業員が十分な業績を上げられなかったらどうなるだろうか。マネジャーは何をしたらよいか。

　何らかの理由で従業員が業績目標を達成できなかったら、マネジャーは、そ

の理由を突き止めなければならない。職務のミスマッチまたは研修不足が原因であれば、比較的簡単に解決できる。その従業員のスキルにあった職務に就かせたり、職務をより効果的に遂行できるように研修を受けさせたりすればよい。従業員の能力ではなく、仕事に向ける態度が原因であれば、それは**規律**の問題だ。その場合、マネジャーは従業員にカウンセリングを受けさせ、必要であれば、口頭や書面で警告を与えたり、契約の停止や終了といった懲戒処分を行ったりする。

従業員カウンセリングは、業績に関連する問題を従業員が克服するのをサポートする活動のことだ。懲罰という観点（つまり規律）から業績の問題に対処するのではなく、職務を効果的に遂行する意欲や能力を失った理由を解明するのが従業員カウンセリングの目的だ。さらに重要なことに、問題を解決する方法を探るという目的もある。多くの場合、従業員の生産性はある日突然失われるわけではない。むしろ徐々に変化するものであり、プライベートと関係している可能性もある。従業員カウンセリングでは、従業員が悩みを解決するのをサポートする。その基本的な前提はきわめてシンプルだ。それは、組織と従業員の両方にメリットがあるということである。採用直後に従業員が辞めてしまうとコストが高くつくが、解雇するのもコストがかかる。従業員の募集、選抜、オリエンテーション、研修、能力開発にかけた時間をお金に換算してみてほしい。一方で、組織のサポートによって従業員が個人的な問題を解決してすぐに職場復帰してくれるなら、こういった無駄な出費を回避できる。もちろん、従業員カウンセリングは、従業員の成績不振や不適切な職務行動を見過ごすことを目的としているのではない。従業員がサポートを受け入れようとしない場合は、懲戒処分を行う必要がある。

どのように報酬を与えたらよいか

メディア関連企業ディスカバリー・コミュニケーションズの経営陣は、従業員の労働意識が低いという問題に悩まされていた。その背景には、成績優秀者もそうでない従業員も給与はほぼ同じであり、同社の給与体系では、同じ職務に就いている間は従業員に昇給を認めていなかったことがあった。経営陣は、

---

18) 規律　組織の基準や規則を強化するためにマネジャーが設定する方針。
19) 従業員カウンセリング　業績に関連する問題を従業員が克服するのをサポートする活動。

このようなやり方は不公平な方法であり、非生産的だということに気づいた。そして、ようやくこの報酬制度を徹底的に見直した[33]。

例外はあるものの、ほとんどの人がお金を得るために働いている。従業員の賃金と手当は、報酬・福利厚生制度で定められている。給与水準を決めるのは簡単ではない。ところが、ほとんどの従業員は雇用主から十分な報酬を受け取ることを期待している。効果的で適切な報酬制度を確立することは、HRMプロセスの重要な任務だ[34]。適切な報酬制度が確立されていると、組織の使命と目標の達成に貢献できる有能で優秀な人材を引き付け、維持できる。さらに、組織の報酬制度は、組織の戦略的成果に影響を及ぼすことが分かっている[35]。マネジャーは、従業員のモチベーションを維持するため、めまぐるしく変化する職務と職場の特性を反映した報酬制度を形成して行かなければならない。

給与水準をどのように決定するか　経営陣は、誰の時給を15.85ドルにするか、誰の年収を32万5,000ドルにするかを、どのように決めているのだろうか。それには、**報酬管理**が重要な役割を果たす。報酬管理のねらいは、優秀な従業員を魅了し、維持でき費用対効果のある給与体系を設計すること、そして精力的に仕事を遂行するインセンティブを与えることである。また報酬管理では、すべての従業員が公平だと認めるような給与水準を定めなければならない。公平とは、任務の要求と要件について適切で一貫した給与水準を確立することである。したがって、従業員の職務の種類は給与の第一の決定要因となる。職務が異なると、異なる種類のスキル、知識、能力が必要になり、またこれらの要因が組織にもたらす価値も異なる。職位によって責任と権限も異なる。つまり、スキル、知識、能力の水準が高く、そして、権限と責任が重い、と給与も高くなるのだ。

では、マネジャーは、誰がいくらの給与を受け取るかをどのように決定するのだろうか。従業員ごとに異なる給与・福利厚生を定めるには、いくつかの要因が影響する。図表7-7に、職務ベースまたは事業や業界ベースの要因を簡単にまとめている。重要な要因として、給与に対する組織の哲学が挙げられる。例えば、支払うべき十分な給与を従業員に支払っていない組織もある。また、賃金水準を規定した労働協約がないと、組織は最低賃金さえ支払えばよいことになる。これに対して、最高の人材プールを魅了・維持したいと考える組織は、その地域の賃金水準以上の賃金を従業員に支払うという哲学を持っている。

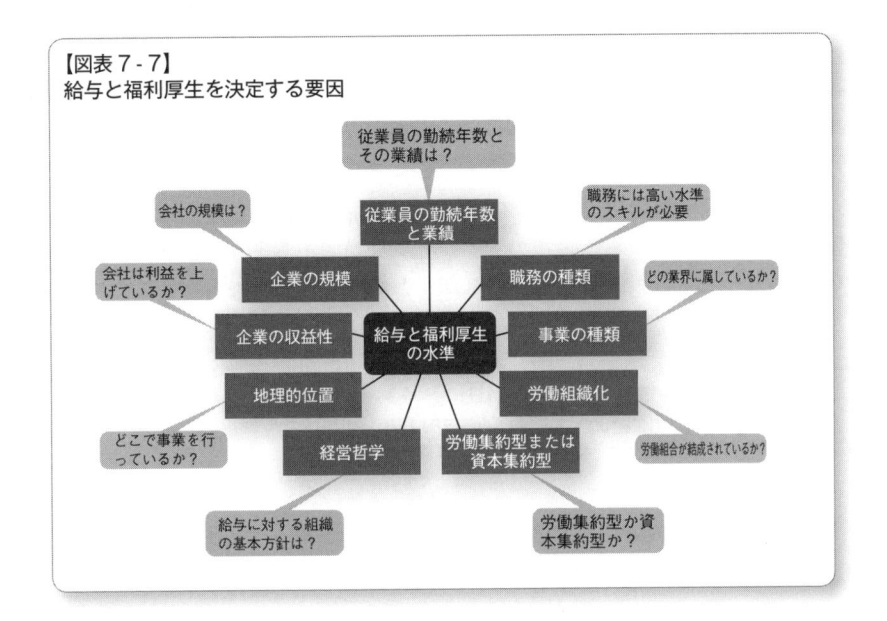

【図表7-7】
給与と福利厚生を決定する要因

- 従業員の勤続年数とその業績は？ → 従業員の勤続年数と業績
- 会社の規模は？ → 企業の規模
- 会社は利益を上げているか？ → 企業の収益性
- どこで事業を行っているか？ → 地理的位置
- 給与に対する組織の基本方針は？ → 経営哲学
- 労働集約型か資本集約型か？ → 労働集約型または資本集約型
- 労働組合が結成されているか？ → 労働組織化
- どの業界に属しているか？ → 事業の種類
- 職務には高い水準のスキルが必要 → 職務の種類

中心：給与と福利厚生の水準

　組織は通常、スキルに基づく給与制度や成果主義の給与制度など、いくつかの給与決定方法のなかから適切な方法を選んで給与を決定する。**スキルに基づく給与制度**(注21)では、従業員のスキルに対して給与を支払う。この制度では、従業員の職位ではなくスキルに基づいて給与水準を決定する[36]。調査によると、このタイプの制度は、サービス業の組織や技術革新を追求する組織よりも、製造業の組織でうまくいく傾向が見られる[37]。これに対して多くの組織が、個人の業績によって給与を決定する**成果主義の給与制度**(注22)を導入している。この制度を導入している組織は、アメリカでは90％、カナダと台湾では81％にものぼる[38]。

なぜ組織は福利厚生を提供するのか　給与・福利厚生制度を設計するとき、組織には時給や年収以外にも注目しなければならない要素がある。それは、従業員の生活を充実させるための非財務的報酬である**福利厚生**(注23)である。この数十年

---

20) **報酬管理**　優秀な従業員を魅了・維持し、精力的に仕事を遂行するインセンティブを与え、その給与水準が公平だと認められるような費用対効果のある給与体系を決定するプロセス。
21) **スキルに基づく給与制度**　従業員のスキルに対して給与を与える制度。
22) **成果主義の給与制度**　個人の業績によって給与を決定する制度。
23) **福利厚生**　従業員の生活を充実させるための、従業員限定の報酬的サービス。

で、福利厚生は重要性も多様性も高くなっている。組織が提供する便益は多岐にわたる。ほとんどの組織は、社会保障サービス、労働災害補償、失業手当を提供するように法で義務付けられている。また、有給休暇、生命保険や身体障害保険、退職貯蓄制度、健康保険など、さまざまな便益を提供している組織もある[39]。退職貯蓄制度や健康保険のように、雇用主と従業員の両方が費用を負担する制度もある。一方、最後のセクションで説明するように、費用のかかる従業員便益を停止したり、あるいは条件を定めたりしている組織もある。

7-5 マネジャーが直面する人材管理の現代的課題

　現代のマネジャーが直面する人事の問題には、ダウンサイジング（経営合理化）、労働力の多様化、セクシャルハラスメント、などがある。

マネジャーはダウンサイジングにどのように対応したらよいか

　ダウンサイジング(注24)とは、職務を計画的に削減することである。それは人員削減を伴うため、HRMにおいては重要な課題だ。財政危機、市場シェアの縮小、過度な成長、経営不振に直面すると従業員の余剰が生じ、収益を伸ばす方法として従業員を減らすことが考えられる。ここ数年で、フォルクスワーゲン、マイクロソフト、デル、ゼネラルモーターズ（GM）、トヨタなど、多くの有名企業が何度かダウンサイジングを図ってきた。マネジャーは人員削減（リストラ）にどのように対応したらよいだろうか。

　ダウンサイジングを実施したら、職場や従業員の生活に混乱が生じることが予測される。解雇された人にも残された人にも、ストレス、フラストレーション、不安、怒りが生じるのが普通だ。解雇された側にも残された側にもこういった感情が生じることに、あなたは驚かれたのではないだろうか[40]。多くの組織が、就職サポート、精神的カウンセリング、サポートグループ、退職金、医療保険給付の延長、詳細な情報の提供といったさまざまなサポートを、リストラされた従業員に提供している。リストラされた従業員のなかにはネガティブな反応を示す人もいるが（最悪のケースでは、以前の職場に戻って暴力行為に走ることもある）、組織は、サポートを提供してリストラした従業員のことを思いやる

リストラされた人は潔白な心で一から出直すが、残された側はそういうわけにはいかない。残念ながら、リストラの対象にはならずに組織の活性化を任された「残された人」は、注目を集めることがほとんどない。マイナスの影響として、**リストラ残存者の負の心理**と呼ばれる現象が生じる。これは、強制的な人員削減で残された従業員に生じる固有の態度、認識、行動を意味する[41]。仕事に対する不安、不公平性の認識、罪の意識、絶望、負担増によるストレス、変化への不安、忠誠心や責任の欠如、努力の低下、最低限の任務しか果たさないという無気力感、などの症状が現れる。

残された人を気遣うため、マネジャーは、罪の意識、怒り、不安についてカウンセラーに相談する機会を提供する[42]。グループ討論は、彼らの感情を表出させる場となるだろう。ダウンサイジングをきっかけに、権限付与や自主管理チームなど、従業員の参加を向上させるプログラムを実施する組織もある。つまり、残された従業員の士気と生産性を高く維持するため、マネジャーは、彼らが組織にとって貴重で必要とされていることを自覚できるように、あらゆる手を尽くさなければならない。図表7-8では、ダウンサイジングに伴うトラウマを軽減する方法をまとめている。

【図表7-8】
ダウンサイジングに対応するためのヒント
- 率直かつ正直に伝える
  - リストラ対象者であることをできるだけ早く伝える
  - 残された従業員に、新たな目標と期待を伝える
  - ダウンサイジングの影響を説明する
- 退職金や給付金に関する法に従う
- 残された従業員にサポートやカウンセリングを提供する
- 個々の才能と経歴に従って新たな役割を割り当てる
- 従業員のやる気を促す
  - 個々の従業員の不安を取り除く
  - 一対一で話し合う
  - 従業員のことを常に考え、いつでも応対する

---

24) ダウンサイジング　職務を計画的に削減し同時に人員も削減すること。
25) リストラ残存者の負の心理　人員削減で残された従業員に生じる固有の態度、認識、行動。

労働力の多様化にどのように対応するか

　第3章で労働力構成の変化について説明したが、労働力の多様化も、募集、選抜、オリエンテーションといったHRMの基本的な活動に影響を及ぼす[43]。

　労働力の多様化を高めるには、より幅広く人材を募集しなければならない。例えば、従業員の紹介によって新たな人材を集めるというよくある方法では、現職の従業員に似たような特徴を持つ人材に偏ってしまう傾向がある。そこでマネジャーは、これまで注目していなかった領域に目を移す必要がある。多様化を高めるため、女性のネットワーク、50歳以上のグループ、都市の職業あっせん所、障害者の訓練センター、外国語で書かれた新聞、ゲイの権利団体など、従来とは異なるソースにも注目が集まりつつある。ネットワークを広げると、組織は応募者のプールを拡大することができる。

　多様な応募者がそろったら、差別が生じないように選抜プロセスを進めなければならない。さらに、応募者には組織の文化に適応してもらい、組織が応募者のニーズに応えようとしていることを理解してもらう必要がある。最後に、女性とマイノリティに対するオリエンテーションは簡単には進まないことが多い。ロータスやヒューレット・パッカード（HP）をはじめとする多くの組織では、従業員の間に多様性の認識を深めるために特別なワークショップを設け、また、多様化の問題に注目した新規採用者向けのプログラムも実施している。これらの活動の目的は、職場で生じる違いに対する理解を深めることである。また、下位層の女性やマイノリティのマネジャーにはロールモデルが少ないという現実に対応するため、特別な教育プログラムを実施している組織も多い[44]。

セクシャルハラスメントとは何か

　セクシャルハラスメントは、公的組織でも民間組織でも深刻な問題である。アメリカでは毎年1万2,000件のクレームが雇用機会均等委員会（EEOC：Equal Employment Opportunity Commission）に寄せられており[45]、そのうち16％が男性からのクレームである[46]。こういった訴訟の解決には相当の費用がかかる場合もある。セクシャルハラスメントは、現代の企業が直面する唯一最大の財務リスクであると考えられ、株価の低下（株価が30％以上も下がることもある）にもつながりかねない[47]。例えば、米国三菱自動車は、日常的なセクシャルハラスメントが行われていたという判決を受け、300人の女性従業員に

3400万ドル以上の賠償金を支払った[48]。ところが、これは単なる賠償金の問題として片づけることはできない。職場のセクシャルハラスメントは、その影響により、常習欠勤、生産性の低下、離職などを引き起こし、多額の損失につながる[49]。しかも、これはアメリカだけの現象ではない。世界的な問題なのだ。例えば、インド、中国、サウジアラビア、スウェーデン、フランス、ベルギー、ドイツ、イギリス、ポーランドなどで実施した世界的調査の回答者の10%以上が、職場で性的または身体的嫌がらせを受けたと報告している[50]。セクシャルハラスメントの訴訟に関しては多額の賠償金に注目が集まるが、雇用主には別の懸念事項もある。セクシャルハラスメントによって不快な職場環境が生まれ、職務の遂行能力に支障をきたす場合があるのだ。では、セクシャルハラスメントとは、そもそもどのようなことを指すのだろうか。

　明示的にも非明示的にも、雇用や業績や職場環境に影響を及ぼす性的特性を持つ迷惑な行為を、**セクシャルハラスメント**と呼ぶ。これは、同性間でも異性間でも、また従業員間でも従業員と非従業員との間でも起こる[51]。セクシャルハラスメントに関してまず取り組むべき問題は、何が違法な行為にあたるのかを明らかにすることである[52]。1993年、EEOCはセクシャルハラスメントから生じる3つの状況について言及した。個人に対する口頭によるまたは身体的な行為は、次のような結果を招く。

1. 威圧的、攻撃的、または敵対的な環境を生み出す。
2. 従業員の仕事を不当に妨げる。
3. 従業員の雇用機会にマイナスの影響を及ぼす。

　多くの組織では、攻撃的または敵対的な環境が問題となっている[53]。攻撃的または敵対的な環境とはどういうことを指すのだろうか。敵対的環境については、メリター貯蓄銀行対ヴィンソン訴訟の最高裁判所の判例を参考にすることができる[54]。この訴訟は、ミス・ヴィンソンが上司から言い寄られたのを拒否したことが発端だった。ところが報復を恐れた彼女は、ついに折れてしまった。裁判所の記録によると、話はそれで終わらなかった。ヴィンソンの上司は嫌が

---

26) セクシャルハラスメント　明示的にも非明示的にも、雇用や業績や職場環境に影響を及ぼす性的特性を持つ迷惑な行為。

らせを続け、その強い敵意が彼女の仕事に影響を及ぼしてしまった[55]。メリターの判例では、敵対的な環境を認定しただけでなく、雇用主の責任についても明らかにした。つまり、セクシャルハラスメントの裁判では、組織は、マネジャー、従業員、さらには顧客によるセクシャルハラスメントの責任を負う可能性があるのだ[56]。

　メリターの判例は組織にとって重要な意味を持つものであるが、組織の構成員は、それが攻撃的かどうかをどのように判断したらよいだろうか。例えば、職場でのあからさまな性的発言は、敵対的環境を生み出すだろうか。際どい冗談はどうだろうか。全裸の女性の写真はどうだろうか。どれも、敵対的環境を生み出す可能性がある。実際にそういった環境が生じるかどうかは、組織の構成員と環境によって異なる。ここで大切なのは、ほかの従業員が何を不快に感じるかを敏感に察知しなければならない、ということだ。分からなければ、直接聞く必要がある。組織の成功は、従業員がお互いを思いやることができるかどうかにもかかっているのだ。例えば、デュポンは、企業文化と多様化のプログラムを作成し、全社員がセクシャルハラスメントについての認識を深めてお互いを尊重することで、セクシャルハラスメントを排除しようと努めている[57]。これは、お互いを理解することを意味しており、何よりも、他人の権利を尊重することを意味している。

　最後に、セクシャルハラスメントの問題においては、行為者にも権利があることを忘れてはならない[58]。徹底した調査が行われるまでは、誰も処分されることはない。さらに、実際に訴訟を起こす前に、独立した客観的な第三者が調査の結果を検証する必要がある。その場合でも、申し立てに応え、必要であれば懲戒委員会に審査を求める機会を行為者に与えなければならない。そのほかにも、訴えられた行為者には不服を申し立てる手段を与えなければならない。つまり、当該問題と無関係の上級経営者に不服を申し立てることができる。

理解を深めよう

1. HRM はすべてのマネジャーにどのような影響を及ぼすか。
2. 雇用主は政府に干渉されずに従業員を選抜する権利を有するべきか。あなたの意見を述べてみよう。
3. 企業の人事部門は本来の力を失っており、従業員をサポートするのではなく法的問題から組織を守ろうとしている、という批判がある。あなたはどう思うか。正式な HRM プロセスを確立するとどのような利点があるか。また、どのような欠点があるか。
4. 面接、テスト、経歴調査などによって応募者の生活を探るという雇用主の行動は、倫理にかなっていると思うか。フェイスブックやブログを見ることについてはどう思うか。あなたの意見を述べてみよう。
5. さまざまな募集ソースについて、利点と欠点を述べてみよう。
6. さまざまな選抜方法について、利点と欠点を述べてみよう。
7. 現実的な職務情報の事前開示（RJP）の利点と欠点は何か（組織の立場と従業員候補者の立場の両方から考えてみよう）。
8. 従業員の給与・福利厚生に影響を及ぼす要因を挙げてみよう。
9. セクシャルハラスメントとは何か、あなたの意見を述べてみよう。職場でのセクシャルハラスメントを最小限に食い止めるため、組織はどのような対策を講じることができるか述べてみよう。
10. 教育、スキル、経験などの点から、今のキャリアで成功するには何を身に着けるべきかを明らかにして、自分が選んだキャリアについて調べてみよう。この情報をさらに詳しく述べるため、自分のキャリアガイドを書き出してみよう。

実例にみるマネジメント（p.215 から続く）

しまむら：効率的な人的資源管理術

しまむらがパート社員の活用を本格的に開始したのは 80 年代からであった。当時、中堅企業であったしまむらにとって、優秀な新卒の採用はハードルが高かった。一方、パートとして採用した 30 代から 40 代を中心とした女性達には優秀な人材も多く含まれ、なおかつしまむらの主な顧客層とも合致していた。パート社員の本格的な活用を開始したしまむらは、女性のパート社員にとっても働きやすい環境を徐々に構築していった。例えば、フレキシブルな勤務時間、綺麗なバックヤードやトイレ、社会保障の充実や地域内で高水準の給与などである。

また、業務のマニュアル化を徹底してきた点もしまむらの特徴である。同社のある店長は「従業員の入れ替わりが激しい店では、誰でもすぐに最低限の仕事がこなせるようになるマニュアルの存在は大きい」と指摘する[59]。ただし、マニュアルによる業務の標準化は、業務のあり方を硬直化させ、考えない従業員を増やしてしまう危険性もある。しまむらの強みとなっているのはマニュアルを、現場からの改善提案によって次々と更新し、環境の変化に合わせて柔軟に変えていくことにある。こうした改善提案は毎年3,000件を超えており、パート社員を含む従業員達によって積極的に行われている。これは、改善提案によって自分達の仕事が改善されれば、より仕事が楽になるからだ。同社のマニュアルは3年もすると以前とはガラリと変わる。しまむらの従業員は、マニュアルを単に押しつけられる側ではなく、積極的に考え、マニュアルを作る側なのである。

設問1　しまむらにおけるパート社員の活用には同社のどのような戦略が影響を及ぼしているか。

設問2　しまむらが重視しているマニュアルは、人的資源管理の面でどのような役立ちをしていると考えるか。また、マニュアル化によるデメリットや弊害にはどのようなものがあり、同社はそれらにどのように対応しているか。

キャリア講座
キャリアを築く

　キャリアという用語には、いくつもの意味がある。一般的な用法としては、昇進（「彼女は管理職としてのキャリアを順調に歩んでいる」）、専門的職業（「彼は会計のキャリアを選んだ」）、生涯の一連の仕事（「彼は、6つの会社で12の仕事に就いたキャリアを持つ」）などの意味がある。本書では、**キャリア**とは、(注27)一個人が生涯で就いた一連の職業、と定義する。この定義によると、誰もがキャリアを持っている（あるいは今後キャリアを持つ）ことになる。さらに、このコンセプトは、熟練を要しない労働者にも、ソフトウエア設計者にも、医師にも当てはまる。ところがキャリア開発という言葉の意味は、以前とはまったく異なるものとなっている。

かつてのキャリア開発の特徴

　キャリア開発は、経営コースで学ぶときの重要なテーマであるが、その中身については大きな変化があった。かつてのキャリア開発プログラムは、特定の組織内で従業員が仕事の質を高めて前進できるようにサポートすることを目的としていた。このようなプログラムでは、従業員がキャリア目標を実現するのに必要な情報、評価、研修を提供することを主な柱としていた。また、組織が優秀な人材を魅了し、維持するためのツールとしても、キャリア開発が利用されていた。現代の職場では、こういった目的で利用されることはほとんどない（訳注：この記述はアメリカ企業についてであり、日本企業の場合はここまでの変化はまだ生じていない）。かつてのようなキャリアプログラムをもつ組織は、今や極めてまれなのである。ダウンサイジングやリストラといった組織の再構築は、キャリア開発に重大な変質をもたらした。自分のキャリアを設計し、指導し、開発する責任は、組織ではなく自分自身にあるのだ。

現代のキャリア開発の特徴

　キャリアに対する個人の責任が重くなるという考え方は、**バウンダリーレス・キャリア**と呼ばれてきた。ただしそこには課題がある。自分で自分のキャ
(注28)

リアを作っていくための確実ですぐに使える方法がほとんどないのだが、やっていかねばならない。

　最初に下さなければならない判断は、キャリアの選択である。最適な選択とは、自分が求めているものや興味のある事柄、自分の能力や個性、そして市場機会が見事に一致したキャリアを選択することだ。キャリアをうまく選択できると、優れた業績を上げ、自分のキャリアを維持する努力をしたくなり、極めて満足できる仕事に就き、仕事と生活のバランスを図ることができるような一連の職業を見つけられるだろう。キャリアの一致とは、前向きな自己概念を築き、自分が重要だと思う仕事をして、望ましい生活を送ることができるキャリアを選択することだ。

　キャリアを選択したら、仕事探しに取り掛かろう。ただし本書では、就職活動、履歴書の作成、面接のコツなどについて詳しく説明するところまでは扱わない（もちろん、これらの活動は重要だが）。むしろ、これらの活動が順当に進み、職探しに成功したとしよう。さあ、仕事が始まる。そのキャリアをどのように生き、能力を発揮できるだろうか。

輝かしいキャリアを手にするには

　キャリアで成功を収めるチャンスを広げるには、何をしたらよいか。本書を読んでいるあなたはすでに、最も重要なことをしている。それは、大学教育を受けていることだ。しかも大学教育は生涯収入を増やすのに最も確実な方法なのだ。現在、アメリカの高卒者の平均年収は2万7,915ドル。大卒者の平均年収は5万1,206ドルだ。生涯収入に換算すると、大卒者のほうが平均80万ドルも多く手にすることができる。教育・訓練への投資は、生涯で最高の投資の1つと言えるだろう。ではこれに加えて何をしたらよいか。キャリアマネジメントに関する幅広い調査に基づき、いくつかの行動をアドバイスしよう。

自分の長所と短所を評価する

　自分の持って生まれた才能は何か。ほかの人と比べてどのような強みがあるか。数字に強いか。対人能力があるか。手先が器用か。文章力があるか。誰もが、他人よりも優れる分野と劣る分野がある。自分の長所を存分に発揮しよう。

---

27) キャリア　一個人が生涯で就いた一連の職業。
28) バウンダリーレス・キャリア　自分のキャリアに対して自らが責任を負うこと。

市場機会を見つける

　未来の労働市場はどこにあるだろうか。あなたの長所に関係なく、今後縮小すると思われる職種がある——銀行の窓口係、小規模農家、映写技師、旅行代理店、秘書などだ。これに対して、高齢化が進み、テクノロジーが引き続き注目され、教育や研修への消費が増え、個人生活の保護に関する意識が高まると、有り余るほどの機会が創造されると考えられる職種がある。それらは、高齢者カウンセリング、ネットワーク管理者、研修コンサルタント、セキュリティーアラーム設置業者などだ。

自分のキャリア管理に責任を持つ

　かつては、企業が従業員のキャリアに責任を負っていた。現在は、これは例外的なケースだと言える。従業員は、自分のキャリアに自らが責任を負うことが求められるようになっている。

　自分のキャリアを自分の会社だと考えてみよう。自分はキャリアのCEOなのだ。そこで生き延びるには、市場のパワーを監視し、ライバルを阻止し、チャンスが到来したらすぐにとらえる準備を整えておく必要がある。自分のキャリアを危険から守り、環境の変化を利用できる態勢を整える必要がある。

対人能力を磨く

　対人能力、特にコミュニケーション能力は、ほぼすべての雇用主が「必須」スキルのリストの1番目に挙げている。新しい仕事に就くにしろ昇進するにしろ、対人能力が優れていると、それは競争上の強みになるだろう。

継続は力なり

　大成功を収めた人でも、基本的にはほかの人と大きな違いはないことを示す証拠がたくさんある。彼らは、熱心にそして賢明に努力をしただけなのだ。音楽、スポーツ、チェス、科学、ビジネスの分野で一流の成績を残している人たちについて研究したところ、タイガー・ウッズ、モーツアルト、ビル・ゲイツのような人物は、パフォーマンスが最高のレベルに達するまでおよそ1万時間（あるいは10年間、年1,000時間）もひたすらトレーニングや練習に打ち込んでいることが分かっている。どの分野でも一流になりたければ、計画的な練習をたくさん積まなければならない。自分の快適な能力レベルを超えて能力を伸ばすために計画した活動を、一貫して繰り返し行う必要がある。

時代に遅れない

　急激に変化する現代において、スキルはあっという間にすたれてしまう。キ

ャリアを順調に進めるには、生涯、学習を続ける必要がある。常に「学校に通う」のだ。正式なコースを受けなくても、本や雑誌を読み、時代遅れのスキルにいつまでも夢中にならないようにすること。

ネットワーク

ネットワーク作りとは、自分の目標を達成するために他人との有益な関係を構築・維持することを意味する。高い地位にいる友人を持つのもいいだろう。また、組織や業界で起こっている変化について常に知らせてくれる人脈を持つのもいいだろう。そのためには、専門的な会議に参加しよう。学生時代の友人や同窓生と連絡を取り続けよう。コミュニティーの活動に積極的に関わろう。広範囲にわたる関係を築こう。今日のますます「つながった世界」では、オンラインのビジネス・ネットワーク・グループに参加しよう。

常に目立つ存在でいる

ネットワークを作ると、知名度が高くなる。また、専門誌に投稿したり、講義を行ったり、自分の専門分野で講演をしたり、会議や業界ミーティングに参加したりして、成功を実現させようとすると、昇進が期待できる。フットワークを軽くして、常に目立つ存在でいることで市場での自分の価値を高めよう。

よいメンターを探す

従業員がよいメンター（指導者）を持つと、機動力が向上し、組織内の動きがよく分かり、経営幹部に近づくことができ、満足度が高くなり、知名度を高めることもできるだろう。女性やマイノリティにとって、よいメンターを持つことは、昇進や成功を進める上で大いに役に立つことが証明されている。

競争上の優位点を大いに利用する

市場で競争上優位に立てるスキルを身につけること。特に、雇用主が重視するスキル、珍しいスキル、競争のあまり激しくない分野に注目しよう。最悪のシナリオ（例えば、誰もが30分でマスターできるような仕事に就く）を避けるようにしよう。習得するのが難しく、高い評価が得られるスキルというのは、ほかの人もなかなか身につけることができない。概して、多くの訓練を要し、しかもその訓練を受けている人が少ないほど、あなたの立場は強固なものとなり、その影響力も強くなる。

学生として、そして教師としての長年の経験から、次のことが言える。学校で成功するには、万能選手であらゆることに長けている必要がある。しかし「現実の世界」では、専門知識が高く評価されるのだ。すべてのことが得意でなく

てもかまわない。ほかの人が苦手として、社会的に高く評価されていることを得意とすればよいのだ。コンピューター・プログラマーや電気工になるのに、国語に秀でる必要はない。人生で成功を収める秘訣は、競争上の優位点を見つけ、それを伸ばすことだ。前に述べたように、スキルを磨いて何かをマスターするには、1万時間もの時間を費やさなければならない。

リスクを避けない

リスクを冒すことを恐れてはならない。特に、まだ若くて失うものが少ないときは、リスクを冒してもかまわない。学校に行きなおす、別の州や国に引っ越す、仕事を辞めて自分でビジネスを始めるといった決断は、人生をまったく新しい方向に導いてくれるだろう。偉大な成功を収めるには、必ずと言っていいほど踏み固められていない道を進まなければならない。行き先のない道は、未知という不安が敷き詰められているものなのだ。

転職もいとわない

昔は、「よい仕事に就いたら辞めてはならない」と考えられていた。このアドバイスはもはや通用しない。現在のめまぐるしく変化する労働市場では、動かずにじっとしているのは取り残されているも同然だ。雇用主は長期的な忠誠心など期待していない。常に新しいスキルを身に着け、収入を増やし、仕事を面白いと感じるためには、仕事を変える必要性が高くなるだろう。

チャンス＋準備＋運＝成功

成功を収める人は、概して、野望があり、知的で、勤勉だ。しかも、彼らは運も味方につけている。マイクロソフトのビル・ゲイツやアップルのスティーブ・ジョブズなど、テクノロジーの分野での最大の成功物語の多くが1953年6月から1956年3月までの実に短い時期に生まれているのは決して偶然ではない。彼らはスマートでコンピューターとテクノロジーに興味を持っていた。そして、ラッキーだった。1975年、パソコン時代の幕開けに、10代から20代前半を迎えていたのだ。同じような関心を持ち、才能はあっても、1940年代半ばに生まれていた人は、大学を卒業してIBMのような企業に入り、メインフレームコンピューターに夢中になった。また、1960年代初めに生まれていたら、大革命に加わることはできなかっただろう。

成功は、チャンス、準備、そして運が調和して生まれるのだ。人生で大きなチャンスを何度もとらえる人などほとんどいない。運がよければ、チャンスに気づき、適切に準備して、よいタイミングで行動することができるだろう。

自分が生まれる時期も場所も、そして親の懐も、コントロールできない。これらは運で決まる。しかし、チャンスがドアをたたいているときに準備万端で行動を起こすかどうか、それをコントロールするのは自分自身なのだ。

資　料：Managing Your Career Module based on J. H. Greenhaus, V. M. Godstalk, and G. A. Callanan, *Career Management*, 3rd ed. (Cincinnati, OH: South-Western, 2000); K. A. Ericsson, "Deliberate Practice and the Modifiability of Body and Mind," *International Journal of Sports Psychology* (January-March 2007), pp. 4-34; J. P. Newport, "Mastery, Just 10,000 Hours Away," *Wall Street Journal*, March 14-15, 2009, p. W6; "Capital One Survey Highlights What Today's College Graduates Want from Employers," www.businesswire.com (June 10, 2008); M. Gladwell, *Outliers: The Story of Success* (New York: Little, Brown, 2008)(『天才！　成功する人々の法則』(マルコム・グラッドウェル著、勝間和代訳、講談社、2009年)); R. N. Boles, *What Color Is Your Parachute? 2009: A Practical Manual for Job-Hunters and Career-Changers* (Berkeley, CA: Ten Speed Press, 2009)(『あなたのパラシュートは何色？』(リチャード・ボウルズ著、リクルートワークス研究所監修、花田知恵訳、翔泳社、2002年)); D. E. Super and D. T. Hall, "Career Development: Exploration and Planning" in M. R. Rosenzweig and L.W. Porter (eds.), *Annual Review of Psychology*, vol.29 (Palo Alto, CA: Annual Reviews, 1978), p.334; and M. B. Arthur and D. M. Rousseau, *The Boundaryless Career: A New Employment Principle for a New Organizational Era* (New York: Oxford University Press, 1996).

Chapter 8

第8章
変革とイノベーションのマネジメント

本章での学習ポイント

- **8-1** 組織変革と変革プロセスについての考え方　p.254
- **8-2** 変革への抵抗のマネジメント　p.262
- **8-3** 従業員のストレスについてマネジャーが知っておくべきこと　p.265
- **8-4** どうすればマネジャーは組織のイノベーションを活発化できるのか　p.271

実例にみるマネジメント

フランステレコム：殺人的ストレス

　過度なストレスは、心身ともに良くない。実際、フランス通信最大手のフランステレコムで、痛ましい悲劇が起こった[1]。2008年初めから、従業員50人以上の自殺が続いたのだ。この悲劇が世界中のメディアに取り上げられ注目されたのは、ほとんどの自殺者と未遂者十数人の動機が仕事上の問題だったからである。顔が見えないよう仮面をかぶって会社側に抗議する従業員は、「ロンバールに殺された」と訴える。ロンバールとは、当時フランステレコムの会長兼CEOだった、ディディエ・ロンバールのことだ。フランスは主要西欧諸国のなかで自殺率が最も高い国だが、当時の状況はきわめて深刻だった。自殺の急増はフランス社会の根源的変化のあらわれであり、「たとえ手厚い労働者保護があっても、グローバリゼーションにさらされている労働者たちは強い不安を感じ、もう限界だ」と訴える声が大きい。そして、労働者の自殺問題を抱えているのはフランスだけではない。例えば、世界最大の電子部品メーカーでありiPhoneやiPadの部品を作っている中国のフォックスコンでも11人の従業員が自殺し、その労働環境が厳しい批判の対象になった（p.277に続く）。

　ストレスを感じてしまう要因は、公私における変化や不安である。だが組織にとって、つまりマネジャーにとって、変化は日常茶飯事であり、大企業、中小企業、新興企業、大学、病院、そして軍隊においてさえ、常に職務上の変化が起こっている。また、その任にあたるのは、いつもマネジャーであり、近年その責務がさらに強まりつつある。しかも変化を止めることはできないため、マネジャーは変化への的確な対処法を学ぶ必要がある。そこで本章では、組織変革への取り組み、組織に内在するストレスへの対処法、組織のイノベーションを活性化する方法を学んでいきたい。

8-1 組織変革と変革プロセスについての考え方

　ジョン・レックライターは、製薬会社イーライリリーのCEOを引き受けたとき、経営陣一人ひとりにある贈り物をした。それは「2011年10月23日まで1秒ごとにカウントダウンするデジタル時計」である。その日が来ると、年間売上50億ドルの統合失調症薬ジプレキサの特許が消失することになっていたのだ。さらに、同社は2016年末には3種類の主力製品の年間特許料収入100億ドルを失うことになっている。当然、新薬開発のスピードアップを図るため、何らかの組織変革が必要だ[2]。そこでマネジャーたちは、彼らすべてに求められていることを実行しようとしている。そう、変革である！

　変化がなければ、マネジャーの職務はそれほど難しくない。明日は今日と同じなので、計画も簡単になる。環境が不確実でなければ、対応する必要もないので、組織構造の問題も解決する。また、さまざまな戦略の結果もほぼ正確に予想できるため、意思決定も大幅に簡略化できる。しかし、現実はそうはいかず、マネジャーはいずれかの段階で職場に何らかの変革をもたらす必要がある。それらを本書では**組織変革**と呼び、組織の人材の変革、構造の変革、技術の変革に大別する（図表8-1参照）(注1)。それら3種類の変革について詳しく説明しよう。

　構造の変革とは、権力関係、協力体制、職務内容職務権限など組織の構造に関わる要素を変えることである。ここまでの章で説明したように、職務プロセスの作成および再編、権限の委譲は、分権化、職務権限および職務範囲の拡大、作業チームの誕生につながる。そうなると従業員が権限を持ち、職務プロセスを改善できる。例えば部署の垣根を越えたチームを作れば、問題を熟知している担当者がリードして、問題を解決できる。また、組織横断的作業チームの場

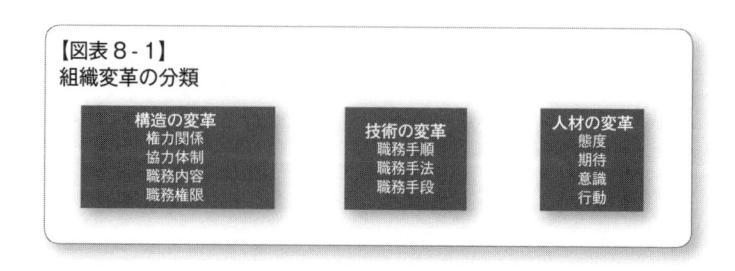

【図表8-1】
組織変革の分類

構造の変革	技術の変革	人材の変革
権力関係 協力体制 職務内容 職務権限	職務手順 職務手法 職務手段	態度 期待 意識 行動

合は「縄張り意識」がなくなり、問題解決のために協力しやすくなる。

技術の変革とは、職務の手順、手法、手段の変更である。技術の変革に取り組んでいる部署は、常にマネジャーが組織変革を主導し、柔軟な職務プロセスを導入して業務改善に貢献している。また、絶えず改善を心がけている従業員は、いつも改善点を探しているので、職務プロセスは、日々の変化や調整に対応しているはずである。そのような柔軟な対応を実現するためには、従業員に対する広範な教育および研修の実施が必要になる。具体的には、問題解決能力、意思決定能力、交渉能力、データ分析能力、チーム編成能力の研修を行い、データ分析に基づいた行動ができるようにすることが求められる。人材の変革とは、従業員の態度、期待、意識、行動を変えることである。

この変革には、品質向上にこだわって継続的に改善に取り組む人材が不可欠である。そのため、やはり従業員に対する適切な教育および研修が必要になる。また、改善を支援し、後押しするために業績評価や報酬制度も欠かせない。品質目標に連動した役員賞与や従業員報酬の導入は、その好例である。

なぜ組織変革が必要なのか

第2章では、マネジャーは組織内外からさまざまな制約を受けていることを説明した。ここからは、マネジャーに変革を迫る外的・内的要因について見ていこう。

どのような外的要因によって変革が必要になるのか　組織に変革を迫る外的要因は、数多くある。近年、通信大手のAT&Tや大型ホームセンターのローズなどは、市場における新たな競争にさらされている。AT&Tの場合、地元ケーブル会社やスカイプをはじめとする無料インターネットサービスと競合し、ローズも、ホーム・デポやメナーズなどからの強い攻勢を受けている。国の法律や規制も組織変革を加速させる。例えばアメリカ障害者法の成立によって、数千社の企業が出入り口の拡張、トイレの改良、スロープの設置を求められ、現在も障害者のアクセス改善に向けた要望への対応は続いている。

また、技術も組織変革の要因になる。インターネットの普及により情報収集や製品販売の方法、仕事の仕方も変わった。技術進化の結果、大幅に規模の経

1）**組織変革**　組織内の人材、構造、技術に関するあらゆる変化。

済性が向上した企業も少なくない。例えば、オンライン取引サービスを提供するスコットトレードは、技術の進化によって、ブローカーを必要としないオンライントレードを顧客に提供できるようになった。多くの業界の組み立て工程でも、人間に代わって技術的に進化したロボットが導入されるという劇的な変化が起きている。さらに、労働市場の変化も組織変革につながる。アメリカの場合、医師の指示を受けて医療行為ができる公認看護師の不足が原因で、多くの病院経営者が看護業務や看護師の報酬および福利厚生を見直すとともに、地元の大学と協力して看護師不足に対処しようとしている。

　ニュースの見出しを見れば、そのほかにも経済情勢の変化が、ほぼ例外なくすべての組織に影響することがわかる。例えば、2008年の住宅市場の崩壊前は、金利の低下によって住宅市場が急拡大した。その結果、雇用が創出されて雇用者数が増加し、建設業界を支える各種業界の売上も大幅に伸びた。ところが、2008年に経済情勢が低迷すると、住宅業界および関連業界は深刻な打撃を受け、信用市場が機能不全に陥り、企業が必要な運転資金を調達できなくなった。一方、航空業界では、アメリカ同時多発テロ事件から10年以上経過したにもかかわらず、安全対策の強化や燃料費の高騰をはじめとする環境要因によって、いまも組織変革が続いている。

どのような内的要因によって変革が必要になるのか　内的要因によって組織変革が求められることもある。その多くは、組織運営に関することや外部変化の影響によるものが多い（そのような組織変革は、組織の通常のライフサイクルであることも理解しておくべきである）[3]。

　マネジャーが戦略を見直したり、修正したりすると、数々の変革につながる。例えばノキアの新機種の導入は、内的要因として変革につながる。従業員の職務の見直しや新機種操作の研修、現場間の新たな連携方法の構築が必要になるからだ。また、年齢や学歴、性別、国籍をはじめとする組織内の人員構成の変化も変革の内的要因になる。マネジャーが長年同じポストを務めて組織に変化がない場合、意欲的な従業員を昇格できるようにして、離職を思いとどまらせるには、職務の再編が必要かもしれない。労働力の多様化や、特定の技能を持つ人材が不足している市場での競争力強化には、報酬や福利厚生の見直しが必要かもしれない。さらに、仕事に対する不満といった従業員の態度も長期欠勤、退職、さらにストライキの増加につながりかねない。そのような事態になると、

結果的に組織の方針や慣行を変更することが多い。

誰が組織変革を主導するのか

　組織変革には、推進力となる触媒が不可欠である。その触媒役を演じ、変革プロセスを責任持って進める人物を**変革推進者**と呼ぶ[4]。

　マネジャーであれば、誰でも変革推進者になれる。本書で組織変革を取り上げる場合、組織内のマネジャーが主導権を持って進めることを前提としているが、必ずしも変革推進者はマネジャーとは限らない。組織内の専門スタッフや、組織変革を専門とする外部コンサルタントの場合もある。大規模な組織全体の変革の場合、外部コンサルタントに助言やサポートを依頼することが多い。そのような組織外のコンサルタントは、客観的な視点から、内部関係者が見落としがちな指摘をする。ただし外部コンサルタントは、組織の歴史や文化、組織内の手続きや人員を理解していないことがある。また、変革後の反発を意識する必要がないため、組織内の人間よりも劇的な変革を進めようとする傾向があり、それがプラス効果になる場合もあれば、マイナス効果になる場合もある。それに対して組織内のマネジャーが変革推進者になる場合、変革後も組織内にとどまらなければならないため、外部コンサルタントに比べて綿密に（しかも多くの場合、慎重に）判断する。

どのように組織変革は起こるのか

　変革プロセスの説明には、2種類の比喩がよく使われる[5]。その1つ**「穏やかな海」の比喩**では、組織を穏やかな海を航行する大型船に例え、過去に繰り返し同じ航路を経験している船長と乗組員は、目的地を正確に把握していると考える。そこへ突然の嵐のように変革が起こり、穏やかで計画どおりだった航海が一時的に乱れる。それに対して**「渦巻く急流」の比喩**は、渦が続く急流を進行する小型いかだを、組織に見立てる。10名に満たない乗組員は過去に共同作業の経験がなく、川についてもまったく無知で、最終目的地も定かではなく、状況はそれほど深刻ではないかのように、夜も航行を続けている。この比喩では、変革が日常であり、変革のマネジメントは常に続いている。

---

2)**変革推進者**　組織変革の触媒役を演じ、変革プロセスを責任持って進める人物。
3)「**穏やかな海**」の比喩　組織変革を、大型船が穏やかな海を予定通り航行中、突然遭遇する嵐に例える。
4)「**渦巻く急流**」の比喩　組織変革を、激しい川を進行中の小型いかだに起こる変化に例える。

これら2種類の比喩は、変革とそれに対する対応をまったく異なるアプローチで説明している。それぞれをもう少し詳しく説明しよう。

「穏やかな海」の比喩とは　この比喩は、最近まで実際のマネジャーや学会の多数派の考え方だった。それを端的に表現したのが、心理学者クルト・レヴィンによる変革プロセスの3段階モデルである（図表8-2参照）[6]。

レヴィンの見解では、変革に成功するためには、まず現状を解凍し、新たな状態に変革し、さらに変革した状態が長く続くように再凍結しなければならない。「現状」は均衡状態と考えることができ、そこからの移行には解凍が不可欠になる。それは次の3つの方法で可能になる。
◆現状から離れるために推進力を強める。
◆既存の均衡状態からの動きに対する抑止力を弱める。
◆推進力強化と抑止力軽減の両方を行う。

現状が解凍されてしまえば、変革そのものを進めることはできる。しかし、単に変革を導入するだけでは、確実に変革が根づく保証はない。そのため長期にわたって持続するよう、変革された状況を再凍結しなければならない。この最終段階がなければ、変革が長続きせず、従業員も以前の均衡状態に逆戻りする恐れがある。つまり均衡状態として再凍結するのは、変革の推進力と抑止力のバランスを保つことによって、新しく生まれた状態を安定させるためである。

レヴィンの3段階モデルでは、変革を組織の均衡状態の打破としている点に注目してほしい[7]。旧態が打破されているからこそ、新たな均衡状態を形成するために変革が必要となる。この見解は、20世紀の多くの組織が経験した比較的穏やかな環境には当てはまるかもしれないが、現在のマネジャーたちが進

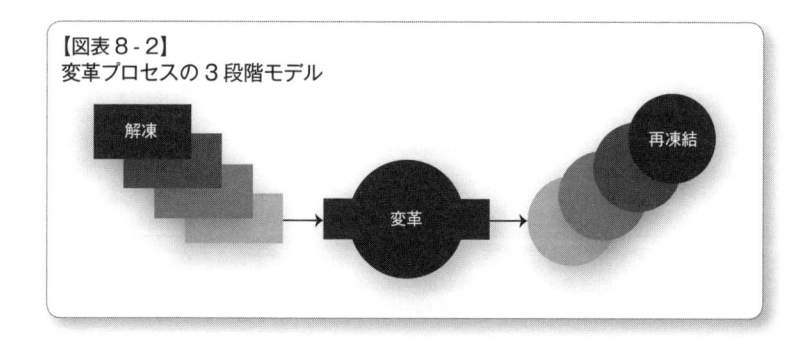

【図表8-2】
変革プロセスの3段階モデル

解凍 → 変革 → 再凍結

まなければならない「急流」に比べて、時代遅れの比喩になりつつある（レヴィンとその組織研究の内容については、コラム「マネジメントいまむかし」で詳しく説明している）。

「渦巻く急流」の比喩とは　スーザン・ホワイトニングが会長を務めるニールセンメディアリサーチは、テレビ視聴率の調査会社として知られている。視聴率データは、テレビCMの広告料算出基準として使われることが多い。近年、同社のメディア調査ビジネスでは、インターネットやオンデマンドの動画配信、携帯電話、iPod、デジタルビデオレコーダーなど次々と技術が進化した結果、データ収集が従来にくらべてかなり難しくなっている。ホワイトニングも「私の典型的な1週間を見てもらえば、自社で進行する変化と業界で進行する変化の両方に同時進行で対処していることが分かる」と語る[8]。それはまさに、2番目の渦巻く急流の比喩で起こっている変革を、かなり正確に表現している。また、情報やアイデア、知識にますます圧倒される世界のイメージとも一致する[9]。

その白波の急流のなかで変革をマネジメントしている感覚を実感するには、次のようなルールの大学にいると考えればよい。各科目の日数は、それぞれ異なる。登録時にはその日数は分からず、2週間の科目もあれば30週間の科目もある。しかも教員は、いつでも事前告知なく担当科目を打ち切ることができる。また、もし講義内容がそれほど難しくなければ、授業時間はいつでも変えられるため、20分のこともあれば、3時間に及ぶこともある。次の授業時間は、その前の授業中に教員が決める。さらにもう1つルールがある。試験はすべて事前告知なく実施されるので、常に準備を整えておかなければならない。このような状況で好成績をもらうには、変化する状況への迅速な対応が欠かせない。極端に計画的な学生や変化が苦手な学生は、好成績を期待できないだろう。

すべてのマネジャーが、混乱を伴う変革に常に向き合っているのか　決してすべてのマネジャーがそのような状況に直面しているわけではない。しかし、その数は増えており、穏やかな海に例えられるような、安定した予測可能な状況は存在しない。旧状が崩壊することは、一時的な例外ではなく、やがて穏やかな海に戻るわけでもない。多くのマネジャーは急流から一度も抜け出せず、先に登場したスーザン・ホワイトニングのように、日常的に周囲から（外部と内部の双方からの）圧力を受け、組織変革の必要に迫られている。

> **コラム：マネジメントいまむかし**
>
> 「すばらしい理論ほど実際に役立つものはない」
> 「何かを本当に理解したいのなら、それを変えようとしてみることである」
>
> 　これら2つの言葉には、クルト・レヴィン独特の人物像と、マネジメントの研究手法があらわれている[10]。社会心理学の父と呼ばれるレヴィンは、科学的手法を使って「人の思考、感覚、行動は、別の人の実際の存在、想像上の存在、暗黙の存在によってどのような影響を受けるのかを考察し、説明する」学問領域を確立した。そして、集団力学の研究によってマネジメント分野でも有名になった。その基本的発想は、「集団行動は、特徴的な相互作用と影響力の複雑な関係であり、それがグループの構造だけでなく、個人の行動にも作用する」というものである。
> 　第2次世界大戦中の家庭の食習慣を変えるための研究では、変化を受け入れることについての新しい重要な見解を提示している。それによると、「変化は言葉による説明や個人的な訴えよりも、集団として決定した場合のほうが受け入れられやすい」。この結論は何を意味しているのだろうか？　レヴィンの見解では、ただ変化を求められたり、命じられたりするのではなく、自分自身が変化に関わる機会があったと実感できる場合のほうが、変化を受け入れられやすい。そのことは、現代のマネジャーも理解して応用すべき、大切なポイントである。
> 　また、もう1つのレヴィンの功績は、「場」の力学の理論であり、それは状況に影響を与える要因（力）を分析する枠組みであった。場の力は、目標に向かう推進力と抑止力のいずれかである。この理論を変革のマネジメントに応用すれば、変革が起こる仕組みや変革への抵抗に対するマネジャーの対処法は、推進力の強化あるいは抑止力の軽減、あるいは両方の組み合わせであることが理解できる。

どのように計画的な変革を実行するか　アメリカ・ジョージア州のウィンダム・ピーチツリー・カンファレンス・センターでは、企業から派遣された従業員グループが参加し、中国古来の水上スポーツであるドラゴンボートレースが開催される。その本当の目的は、体力の強化ではなく、チームワークの研修である。参加者はコミュニケーション、共同作業、やり抜く姿勢という生涯役立つ能力を磨く[11]。

　組織内の従業員が経験する変革は、ほとんどの場合、偶然起こるものではない。多くはマネジャーたちが計画して生じさせた変革である。その結果は、構造的変革であっても、技術的変革であっても、最終的に組織内の構成員に影響

第8章　変革とイノベーションのマネジメント　261

する。このため、計画的に変革を進めることで構成員の変革に対する態度や意識をサポートする。この取り組みを**組織開発（OD、Organization Development）**と呼ぶ。(注5)

長期にわたる組織全体の変革を円滑に進めるために、ODは組織構成員の態度や意識を前向きに変えることを重視し、組織としての新たな方向性に速やかに対応し、うまく行動できるように仕向ける[12]。ODが計画されれば、実質的に組織のリーダーは組織文化を変えようとしていることになる[13]。しかもODの根本的な課題は、従業員に参加してもらうことによって自由なコミュニケーションと信頼感のある組織環境を作り出すことである[14]。ODに参加する人は、変革が従業員にとってストレスになり得ることを理解する。だからこそ、ODでは変革によって仕事に影響がある組織構成員に参加してもらい、変革による影響についての意見を求めることをする（レヴィンの助言どおりである）。

イギリスを拠点にデータ・ストレージ事業を展開するザイラテックスは、世界各国のマネジャーと従業員を集め、慈善活動を兼ねたチームワークの強化のためのイベントに参加している。この写真は、カリフォルニア州サクラメントで行われたチームワークの強化研修に参加したメンバーが、地元の青少年育成団体に寄贈するための自転車を組み立てている様子である。研修によって従業員同士の信頼が高まり、互いを受け入れるようになるとともに、「デジタルイノベーションの推進」という企業理念に対する前向きな姿勢が強まる。

計画的な変革の推進に役立つ組織活動は、すべてOD手法と見なすことができる。中でもODとしてよく使われるのは、グループの相互作用と連携を大いに活用し、調査報告（サーベイフィードバック）、進捗支援（プロセスコンサルテーション）、チームワークの強化、グループ間の関係強化に努める活動である。

調査報告（サーベイフィードバック）の目的は、従業員が実際の変革にどのような態度を示し、どのよう
(注6)

5）**組織開発（OD）**　計画的な変革を行うことによって、組織構成員の変革に対する態度や意識をサポートする取り組み。
6）**調査報告（サーベイフィードバック）**　従業員が実際の変革にどのような態度を示し、どのように感じているのかの確認作業。

に感じているかの確認である。通常は、従業員を対象に、組織の意思決定、リーダーシップ、効果的なコミュニケーション、職務内容や同僚ならびにマネジメントに対する満足度についてアンケートを実施する[15]。その回答は変革推進者が回収し、従業員が抱えている可能性のある問題を明らかにしたうえで、その解決に努める。

進捗支援（プロセスコンサルテーション）(注7)では、対処すべき組織プロセスにマネジャーが気づき、彼ら自身がその重要性を理解して行動するために、外部コンサルタントが支援する[16]。その具体的な支援項目には、作業手順、グループメンバー間の非公式な関係構築、正式なコミュニケーションチャネルの整備などが含まれる。コンサルタントは、何が起ころうとしているのかを暗に伝えるが、実際の問題解決には決して立ち会わない。コーチとしての役割を果たし、マネジャーが改善すべき対人プロセスを突き止めるための支援をする。それでもマネジャーが問題を解決できない場合は、問題を解決できる専門家を探すサポートをすることが多い。

組織は個人で構成され、その共同作業によって目標を達成する。組織の構成員はたえず仲間と協力し合わなければならないので、ODの基本的な役割はチーム作りの支援である。**チームワークの強化（チームビルディング）**(注8)には、作業するグループ自身で目標を設定し、構成員同士の協力関係を築き、それぞれの役割と責任を明確にする活動全般が含まれる。ただし、チームとしての意思統一ができており、それぞれのすべきことを理解できていれば、必ずしもお互いが個々の仕事に関わる必要はない。何よりも重要なのは、チームの信頼感を高め、互いを受け入れることである[17]。

そのようなチームワークの強化では、グループ内の結束力を高めることに注力するが、**グループ間の関係強化**(注9)では、グループ間で同じ成果を目指す。そのためにグループ相互の態度や偏見、認識を改めようとする。そうすればグループ間の関係が強まる。

8-2 変革への抵抗のマネジメント

健康的な食事と運動が望ましいことは分かっていても、その言葉どおりの生活をするのは限られた人たちである。ライフスタイルの変更は簡単なことでは

ない。そこでフォルクスワーゲン・スウェーデンと広告代理店のDDBストックホルムはある実験を行い、人々の行動を変え、エスカレーターの代わりに階段を使う健康的な選択をするようにできるかどうかを調べた[18]。どうやって？

ストックホルムにある地下鉄の駅の階段を、実際に音が出るピアノの鍵盤のデザインに変え（YouTubeの動画で確認できる（訳注："Piano Stairs"で検索する））、通行人が階段を使うかどうかを調べたのだ。その結果は大成功に終わり、階段利用者が66％増加した。そこから得られる教訓は、変革を興味深いものにできれば、抵抗を抑えられるということだ。

組織を効率的なものに変革したいマネジャーには、変革を主導する意欲が必要である。しかし、どんな組織でも変革は一筋縄では行かず、混乱を引き起こし、脅威を与えることもある。組織およびその構成員たちは、次第に惰性が強くなるため、たとえ自分にメリットがあっても変革に抵抗する。このセクションでは、なぜ組織の構成員たちが変革に抵抗するのか、その抵抗を抑えるために何ができるのかについて考えたい。

なぜ人々は組織変革に抵抗するのか

多くの人たちは、今までどおりに気楽に仕事ができなくなるので、変革を嫌うと言われる。そのような変革への抵抗についての文献も数多く発表されている[19]。では、いったいなぜ、組織変革は抵抗されるのか？　主な理由は、不安、習慣、個人的なデメリットについての心配、そして変革は組織にとって何の役にも立たないという思い込みである[20]。

変革は、それまでの知識を不安に変えてしまう。どんなに大学への通学（あるいは特定の授業への出席）が嫌いな学生でも、少なくとも自分に期待されていることは分かっている。ところが大学を卒業して働き始めると、それまで分かっていたことが、まったく分からなくなってしまう。組織の従業員も、変革によって同じように不安な状況になる。例えば統計モデルに基づく品質管理法が製造工場に導入されると、品質管理責任者は、その新たな手法を理解しなけ

7）進捗支援（プロセスコンサルテーション）　外部コンサルタントを活用し、作業手順、グループメンバー間の非公式な関係、正式なコミュニケーションチャネルなどの組織プロセスを評価すること。
8）チームワークの強化（チームビルディング）　さまざまな活動によって、作業するグループ自身で目標を設定し、構成員同士の協力関係を築き、それぞれの役割と責任を明確にすること。
9）グループ間の関係強化　グループ間の連携を強化するための活動。

ればならない。導入された手法に対応できないことに不安を感じ、変革に否定的な態度を示したり、その手法を用いるように求められると下手なふりをしたりするメンバーもいるかもしれない。

抵抗の原因の2点目は、習慣である。毎日の通学や通勤には、例外的事例を除けば、おそらく同じ手段を選ぶ。人は習慣の生きものだ。人生は複雑なので、毎日の数百回を数える意思決定のたびに、すべての選択肢を検討しなければならない状態は避けたい。そのために、習慣や決められた対応に頼る。ところが変革が起こると、慣れた方法で対応しようとする傾向が、抵抗につながる。

抵抗の理由の3点目は、すでに持っているものを失うことに対する恐怖心である。変革は、それ以前の状態に対する過去の投資を脅かすので、その投資が多ければ、それだけ変革への抵抗も強くなる。なぜか？ 地位や金銭、権威や友情、個人的便益や大切な経済的便益を失う恐れがあるからだ。このことは、比較的高齢の労働者が若年の労働者以上に変革に抵抗する理由でもある。高齢になるほど現行の方式でやってきた度合いが大きく、変革によって失うものが多いからだ。

抵抗の原因の最後は、変革が目標と矛盾し、組織利益に反するという思い込みである。例えば、新たな職務手順が製品の品質低下につながると思う従業員は、変革に反対する可能性がある。このような抵抗は、建設的な意見であれば、実際は組織の利益になる場合もある。

組織変革への抵抗を抑えるためのテクニックとは？

マネジャーが変革への抵抗が問題だと感じた場合、何ができるだろうか？ 変革に対する抵抗に対処するための戦略は、いくつか提唱されている。それらは説明と対話、参加への呼びかけ、円滑化への支援、交渉、抵抗者の巧みな取り込み、強制である（図表8-3）。マネジャーはそれらを問題解決手段と考え、抵抗の内容や背景に合わせて最適なものを選ばなければならない。

説明と対話とは、従業員に対する変革への取り組みの筋道の立った説明であり、変革への抵抗の緩和につながる。当然この手法は、抵抗の主な原因が誤解とコミュニケーション不足であることが前提になる。

参加への呼びかけでは、計画されている変革で直接影響を受ける人たちを意思決定のプロセスに加える。そうすれば、参加者たちは自分の思いを伝えられるので、意思決定プロセスも改善され、最終決定に対する思い入れも強まる。

【図表8-3】
変革への抵抗を和らげるためのテクニック

テクニック	使用するケース	メリット	デメリット
説明と対話	抵抗の原因が誤解の場合	誤解の解消	相互の信頼や信用がなければ、効果がないことがある
参加への呼びかけ	抵抗者が変革に役立つ知識を持っている場合	参加意識が高まり、変革が受け入れられやすくなる	時間がかかり、十分な成果を期待できないことがある
円滑化への支援	抵抗者が恐怖心や不安を抱いている場合	必要な調整が円滑に進む	費用がかかり、成功する保証はない
交渉	抵抗者が影響力の強いグループの場合	「賛成」の確約を取り付けられる	高額の費用がかかる可能性があり、当事者以外から圧力を受けることにもなる
抵抗者の巧みな取り込み	影響力の強いグループの同意が必要な場合	費用をかけずに簡単に賛同が得られる	逆効果になり、変革推進者が信用を失うことがある
強制	影響力の強いグループの同意が必要な場合	費用をかけずに簡単に賛同が得られる	違法行為になることがあり、変革推進者の信用が低下しかねない

　円滑化への支援では、従業員の変革に対する恐怖心や不安の解消をサポートする。場合によってはカウンセリングや治療、新たな技術研修を実施し、短期間の有給休暇を与えることもある。

　交渉は、何らかの代償と引き換えに変革への抵抗を抑える。この手法は、影響力を持つグループが抵抗している場合にきわめて有効になる。

　抵抗者の巧みな取り込みは、考えを変えさせて他の従業員も変革に巻き込む手法である。そのためには、やむをえず、事実の歪曲や曲解によって、変革への関心を高めることもある。

　変革への抵抗を抑える最終的な手段として、従業員に**強制**することもある。この場合、抵抗者を直接脅迫したり、威圧したりする。

8-3 従業員のストレスについてマネジャーが知っておくべきこと

　多くの従業員にとって、変革はストレスにつながる。事業の再構築、事業の縮小、権限移譲、個人的な問題による流動的で不確実な環境は、多くの人たちにとって負荷が大きすぎて「ストレスに圧倒される」。本章の初めに紹介したように、ストレスが強すぎると非常に大きな(そして悲劇的な)結果につながることもある。このパートでは、ストレスという言葉が具体的にどのような状態

を意味し、それによってどのような症状があらわれ、ストレスにはどのような原因があり、マネジャーはその不安解消に向けて何ができるのかを解説していきたい。

ストレスとは何か

ストレス(注10)は、限度を超えた要求、制約、場面によって生じる極端なプレッシャーに対する拒否反応である[21]。ただし、必ずしも害になるわけではない。悪影響が話題になることが多いが、潜在力を引き出すなどのプラス効果もある。例えば、スポーツ選手、役者、従業員が、役割を発揮する場面を与えられたことによってストレスを感じると、重大な局面で最大の能力を発揮する。

しかし、ストレスは制約や要求に伴うことのほうが多い。制約があると、思うようにことが運ばず、要求が強ければ、何かしら満足できないことが起こる。学校のテストや職場での年間業績評価でストレスを感じるのは、チャンス、制約、要求に向き合うからだ。業績評価が良ければ昇進、権限の拡大、昇給につながるかもしれないが、逆に評価が悪ければ昇格できないことにもなる。極端に評価が低ければ、解雇される恐れもある。

もう1つストレスについて理解しておくべきなのは、ストレスがあらわれる状況だからといって、必ずしもストレスになるわけではないことである。潜在的ストレスが現実のストレスになるためには、2つの条件が必要になる[22]。1点目は、結果の不確実性が必要なこと、2点目は、結果の重要性が高いことである。

ストレスの症状とは

ストレスは、さまざまな形であらわれる。従業員が強いストレスを感じると、うつ状態になったり、事故を起こしやすくなったり、理屈っぽくなったりする。また、日常業務の判断が困難になり、集中できないこともある。図表8-4は、ストレスのさまざまな症状を肉体的症状、心理的症状、行動にあらわれる症状の3つのグループに大別したものである。それらすべてが、従業員の職務に深刻な影響を与える危険性がある。

過大なストレスは、悲劇的な結果につながる恐れもある。日本にはストレスによる**過労死**(注11)と呼ばれる現象があり、文字どおり「働きすぎによる死亡」を意味している。1980年代後半、「まだ働き盛りの何人もの日本人役員が、まったく病気の予兆なく突然死亡した」[23]。社会の関心が高まるにつれて、厚生労働省

【図表8-4】
ストレスの症状

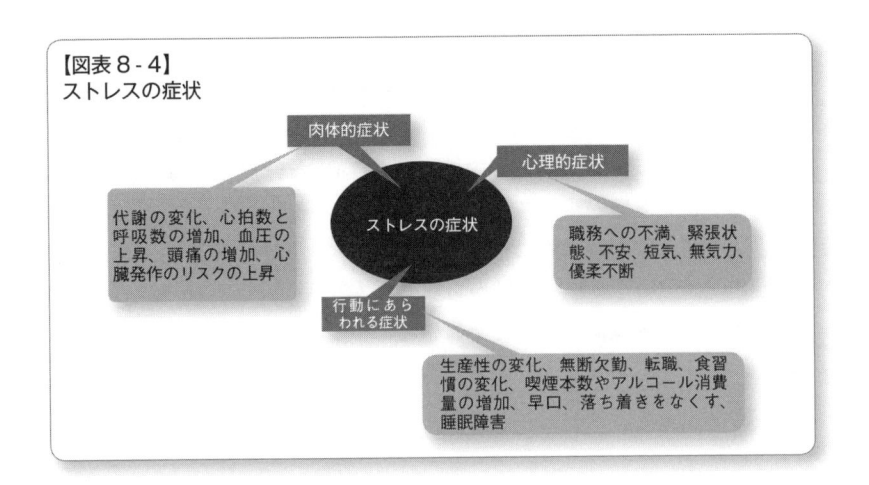

- 肉体的症状：代謝の変化、心拍数と呼吸数の増加、血圧の上昇、頭痛の増加、心臓発作のリスクの上昇
- 心理的症状：職務への不満、緊張状態、不安、短気、無気力、優柔不断
- 行動にあらわれる症状：生産性の変化、無断欠勤、転職、食習慣の変化、喫煙本数やアルコール消費量の増加、早口、落ち着きをなくす、睡眠障害

も対策を講じるようになり、現在では過労死の人数が公表されている。

ストレスの原因とは

　ストレスにつながる個人的な問題や仕事上の要因を**ストレッサー**と呼ぶ。個人的なことであっても、仕事に関することであっても、どんな変化にも要求や制約、チャンスがつきものなので、ストレスの誘因になることは間違いない。組織には、そのようなストレスを引き起こす原因があふれている。ミスなく、あるいは限られた時間内で職務を完了しなければならないプレッシャー、報告書の保管方法の変更、厳しい上司、不愉快な同僚などは、ほんの一握りの事例にすぎない。そこで組織におけるストレッサーを、職務上の要求、役割上の要求、人間関係上の要求、組織構造、組織内のリーダーシップの5項目に区分して見ていこう。

　職務上の要求は、仕事に関係する要因であり、仕事の形態（自主性、職務の種類、自動化のレベル）、労働環境、物理的な作業のレイアウトなどが挙げられる。職務割り当ても、その「結果」が重大だと感じられれば、プレッシャーを与えかねない[24]。従業員同士の職務の連携が強くなれば、それもストレスの誘因になりやすく、逆に**自主性**は、ストレスを和らげる傾向がある。また、気

---

10) **ストレス**　並外れた要求や制約、チャンスによって生じる極端なプレッシャーに対する拒否反応。
11) **過労死**　働きすぎによる突然死。世界でも「karoshi」と日本語を語源に使われる。
12) **ストレッサー**　ストレスの誘因。

温や騒音といった労働条件が過酷であったり、望ましくなかったりする仕事は、不安感を助長する。人が多すぎる部屋や、ひっきりなしに作業を中断させられる場所での仕事も同様である。

　役割上の要求とは、組織内で特定の役割を課せられたことによるストレスの原因である。**役割葛藤**(注13)が生じると、矛盾するあるいは両立し得ない期待に悩み、**役割超過**(注14)になると制限時間内に仕事を完了できず、**役割の曖昧性**(注15)が高いと、役割期待が不明確で何をすべきか分からなくなる。

　人間関係上の要求は、ほかの従業員からのプレッシャーである。同僚との人づきあいがうまく行かず、人間関係が希薄であれば、強いストレスを引き起こす危険がある。なかでも高い社交性が求められる人たちにとって、その傾向が強くなる。

　組織構造もストレスを高める。行き過ぎた規則や、従業員が本人に影響のある事柄の意思決定に参加できないことは、ストレスの原因となりうる。

　組織でのリーダーシップは、マネジャーたちの行う行動である。しかしマネジャーのなかには、緊張感、恐怖心、不安感があふれる雰囲気を作り出す人物もいる。彼らは、短期間で仕事を終えるよう非現実的なプレッシャーを与え、行き過ぎた厳しい管理体制を導入し、基準に達しない従業員は日常的に解雇する。そのようなマネジメントのやり方は、組織全体に知れ渡り、すべての従業員に影響を与える（訳注：アメリカ企業の場合、マネジャーは部下を解雇する制度上の権限を有している。しかし、その行使には恣意を排除するための法規則が付随している）。

　そのほかにも家族の問題や個人的な金銭問題、生来の性格など個人的な要因もストレスを引き起こす。従業員は職場に個人的な問題を持ち込むため、従業員のストレスを完全に理解しようと思えば、マネジャーが個人的な問題まで理解していなければならない[25]。実際のデータからも、従業員の性格によってストレスの感じ方に違いがあることが分かっている。なかでもよく使われる性格分類は、「タイプA」と「タイプB」である。

　タイプAの性格(注16)の人物は、いつも時間に追われ、競争心がきわめて強く、余暇時間を楽しむことができない。そのようなタイプAとは正反対の**タイプBの性格**(注17)の場合、時間に追われたり短気になったりすることがない。つい最近まで、タイプAの人物のほうが仕事でも仕事以外でもストレスを感じやすいと信じられていたが、データを詳細に分析した結果、答えはそうシンプルではない

と新たな結論が出されている。タイプ A の人物の行動の中でも、敵意と怒りを伴うものだけが、ストレスの悪影響であることが明らかになったのだ。加えて、タイプ A だけでなくタイプ B の人物も、不安感による影響を受けやすいことが分かった。ここでマネジャーにとって重要なのは、タイプ A の従業員はたとえ組織内や個人的なストレスが小さくても、ストレス症状があらわれやすいことである。

どうすればストレスを減らせるのか

　先に説明したように、すべてのストレスが有害というわけではない。ただマネジャーは、人生からすべてのストレスを排除することはできなくても、職場での行動に支障をきたす恐れのあるストレスは減らしたいと願う。どうやって？　仕事上のストレス軽減につながる組織内の要因を調整したり、限られた範囲内で個人的なストレスの改善をサポートしたりすればよい。

　仕事上のストレス要因に対してマネジャーができることは、まず従業員選びである。マネジャーは、従業員の能力が職務要件と一致するようにしなければならない。従業員にとって仕事が自分の能力を超えていると思えば、通常はストレスが強くなる。従業員の選抜過程で実際の職務内容を説明するならば、職務上期待されていることが明らかになるので、ストレスを最小限に抑えられる。職務があいまいなことによるストレスをできるだけ少なくしておくためには、組織内のコミュニケーションの充実も効果的である。また、MBO をはじめとする業績管理プログラムを導入すれば、職務上の責任や業績目標が明確になり、評価を通じた不明点の解消にも役立つ。職務の見直しもストレスの緩和に有効である。ストレスの原因が仕事に対する無気力さや過重労働の場合、やる気を高め、過重労働を軽減するように職務を見直すべきである。従業員が意思決定に参加する機会や周囲からの支援が増えるように職務を見直すことも、ストレス緩和に効果があることが分かっている[26]。イギリスの製薬会社グラクソ・スミスクラインが実施したチーム再生プログラムでは、従業員自身の手で、業務

---

13) **役割葛藤**　両立が難しい仕事上の期待。
14) **役割超過**　制限時間内に終えられない量の仕事を抱えること。
15) **役割の曖昧性**　役割期待がはっきりと理解できない状態。
16) **タイプ A の性格**　いつも時間に追われ、競争心がきわめて強い人物。
17) **タイプ B の性格**　あせらず落ち着いていて、簡単に変革を受け入れる人物。

負担の大きさや締切りまでの時間を考慮して、仕事量を変えることができるようにした結果、仕事上のストレスが60％減少した[27]。

ただし組織内のストレッサーをなくすため、あらゆることをしても、「ストレスで打ちのめされる」人はゼロにはならない。しかも仕事以外でのストレスには、2つの問題がある。1つは、マネジャーが直接管理できないこと。2点目は、倫理的問題である。それでも、マネジャーが倫理上問題ないと考え、従業員にも抵抗がなければ、マネジャーにできるいくつかの方法がある。

個人的な問題に対処するため、多くの企業が導入しているのが、従業員を対象としたサポートと健康管理プログラムである[28]。雇用主が費用を負担し、従業員が問題を抱えている資金計画、法律トラブル、健康や体調面の不調、ストレスなどの解決に協力する[29]。

現在の**従業員支援プログラム（EAP：Employee Assistance Program）**は、1940年代にアメリカの企業が始めた従業員支援を充実させた取り組みである(注18)[30]。当時、アメリカの化学会社デュポンや石油会社スタンダード・オイル、コダックなどが、一部の従業員がアルコール依存症であることに気づき、組織としての正式なプログラムを立ち上げた。そのプログラムでは、依存症の従業員にアルコールの危険性について社内で教育することによって、依存症の克服を支援した。その原理は今日でも通用し、従業員の生産性を速やかに回復させるのに役立っている。組織側にも投資効果はある。アメリカ企業のEAPプログラムの推定費用は年間約10億ドルとされ、それらの企業はEAP費用1ドルあたり最大5～16ドルの費用削減効果を上げているという研究報告がある[31]。かなりの投資利益率である。

EAPのほかにも健康管理プログラムを導入している企業は多い。**健康管理プログラム**の目的は、従業員の健康維持であり[32]、内容はさまざまである。禁煙や体重管理、ストレスのマネジメント、ダイエット、栄養指導、高血圧の解消、護身、職場のチーム内の問題の解決など多様なテーマに取り組んでいる[33]。その結果、健康に関する雇用主の費用負担が減少し、長期欠勤が少なくなるとともに、健康問題を予防することによる離職の回避につながっている[34]。

8-4 どうすればマネジャーは組織のイノベーションを活発化できるのか

「イノベーションは成功を続けるための鍵である」、「今日のイノベーションが将来を保証する」[35]。これら2つの言葉には、組織にとってのイノベーションの大切さがあらわれている（最初の言葉はマスターカードのCEOアジェイ・バンガ、2番目はゼロックスイノベーショングループの最高技術責任者ソフィー・ヴァンデブルックの発言）。今日のビジネスの成功にはイノベーションが不可欠である。流動的で混沌としたグローバルな競争世界で成功裡に勝ち抜くには、新たな製品やサービスを作り出し、最新の技術にも適応していかなければならない[36]。

では、イノベーションに成功している企業と言えば、どんな企業を思い浮かべるだろうか？ おそらく洗練された製品を開発したアップルや8億人を超えるユーザーを誇るフェイスブックなどの名が挙がるだろう[37]。それら最強のイノベーション企業の成功の秘訣は何だろう？ 他社のマネジャーたちは、組織のイノベーションを活発化するために何ができるだろうか？ ここからは、イノベーションの背景を探りながら、それらの疑問に答えていきたい。

創造性とイノベーションには、どのような関係があるのか

創造性とは、複数のアイデアを独創的な方法で組み合わせる能力、あるいはアイデアとアイデアの今までにない組み合わせを考え出す能力である[38]。創造的な組織は、独特の作業手順や新たな問題解決方法を開発する。例えば世界有数の玩具メーカーであるマテルは、「プロジェクト・カモノハシ」を立ち上げ、エンジニアリング、マーケティング、デザイン、セールスなどあらゆる部署から人材を集めた特別チームを作り、「固定概念にとらわれない柔軟な発想で」「子どもの遊戯パターンの背景にある、社会学や心理学を把握する」よう命じた。メンバーは、アイデアが浮かびやすいように、想像力の訓練や「ウサギのぬい

---

18) **従業員支援プログラム（EAP）** 組織が提供する、従業員の個人的な問題や健康に関する問題の解決支援プログラム。
19) **健康管理プログラム** 組織が提供する従業員の健康維持のためのプログラム。
20) **創造性** 新たな実用的アイデアを生み出す能力。

ぐるみ投げ」といった行動を試みた。「ウサギのぬいぐるみ投げ」は１種のジャグリングで、メンバーは２つのボールとウサギのぬいぐるみを空中に投げたり取ったりすることを繰り返す。大抵の人は２つのボールのジャグリングはできるが、３つ目が入るとうまくいかない。創造性はこのジャグリングの「何とかしてできるようになることの学習」と同じであり、そのため「ウサギのぬいぐるみ投げ」を練習することによって創造性を高めることにも効果が期待されるのだ。[39]。しかし、創造性だけでは十分ではない。創造的なプロセスの成果は、実用的な製品や作業手法に変換されなければならず、その作業が**イノベーション**である。つまり創造力に富む組織は、創造性を実用的な成果につなげることができるのだ。通常、マネジャーが組織の創造性を高めたいと言う場合は、イノベーションを喚起して創造力に富む組織にしたいという意味である。
(注21)

イノベーションには何が関係するのか

　創造性は先天性のものだという考えもあれば、訓練によって誰でも創造的になれるという見解もある。後者の場合、創造性は、知覚、培養、ひらめき、イノベーションの４段階のプロセスで成り立っていると考えられている[40]。

　知覚は、物事の見方を左右する。創造的であれば、独特の視点から物事を見る。誰も考えつかない、考えてもみない問題解決方法を見つける人物がいる。そして、知覚から現実への移行は、すぐに起こるわけではなく、**培養**のプロセスを進む。培養期間には大量のデータを集めて蓄積し、検索、分析、組み換えの作業を経て、最終的に新たなものが出来上がる。その期間が何年にも及ぶことも珍しくない。テストの答えに奮闘している状況を思い出してもらいたい。懸命に記憶をたどっても、何も思いつかない。ところが突然、閃光のように答えが頭に浮かぶ。そうなると解けたのだ！　創造的プロセスにおける**インスピレーション**とは、その状況であり、すべての努力が結実する瞬間である。

　ひらめきは幸福感につながるが、それで創造的な作業が終わるわけではない。イノベーションに向けた努力が必要である。イノベーションには、ひらめきを得て、それを実用的な製品やサービス、作業手法に変えるプロセスが求められる。「創造性は１％のひらめきと99％の努力」というメッセージは、トーマス・エジソンの言葉としてたびたび引用される。その99％がイノベーションであり、そこには試験、評価、ひらめいたことの再試験が含まれる。しかもその時点から、ほかのメンバーにも作業加わってもらうことが多い。ほかのメンバーの参加が

重要なのは、どんなに偉大な発見でも、周りの人たちと、創造的なアイデアの本来の姿を相互に理解し、ものにしていかなければ、放置されたり、消滅してしまったりする恐れがあるからだ。

マネジャーは、どのようにイノベーションを活性化できるのか

［インプット］→［変換プロセス］→［アウトプット］というモデルは、組織のイノベーションを活性化する方法を理解するのに便利である[41]。組織が革新的な製品や作業手法（アウトプット）を望む場合、そのためのインプットと、アウトプットを生み出すための変換プロセスが必要である。そのインプットに相当するのが、組織内の創造的な人材やグループである。ただし、先に説明したように、創造的な人材を確保できれば十分というわけではない。その変換プロセスとなる的確な環境において、インプットが革新的な製品や作業手法に生まれ変わらなければならない。ここで言う「的確な」環境とは、イノベーションを喚起する環境であり、それには組織構造、文化、人的資源という3つの要因が影響する（次頁の図表8-5参照）。

組織構造の違いは、どのようにイノベーションに影響するのか　組織構造の違いによるイノベーションへの影響に関する分析では、5つの点が指摘されている[42]。まず、自然発生の有機的な組織は、イノベーションにプラスに作用する。組織として十分に確立されておらず、集権化や作業の専門化も進んでいないので、イノベーションに欠かせない柔軟な発想が生まれやすく、アイデアの交流も進む。2点目は、潤沢な資源が手に入りやすいことで、イノベーションの重要な鍵になる。十分な資源があれば、マネジャーはイノベーションを購入することも、自らイノベーションを進めることも、失敗を埋め合わせることもできる。3点目は、組織内のグループ同士のコミュニケーションを充実させれば、イノベーションの障害を取り除くことにつながる[43]。組織横断的なチームや作業グループなどの組織編制は、部署の垣根を越えた積極的な交流が生まれる。イノベーションが活発な組織では、積極的にそのような組織を導入している。4点目は、イノベーションが活発な組織では、「渦巻く急流タイプ」の環境からの要

21）イノベーション　創造的なアイデアを生み出し、それを実用的な製品やサービス、作業手法に変換するプロセス。

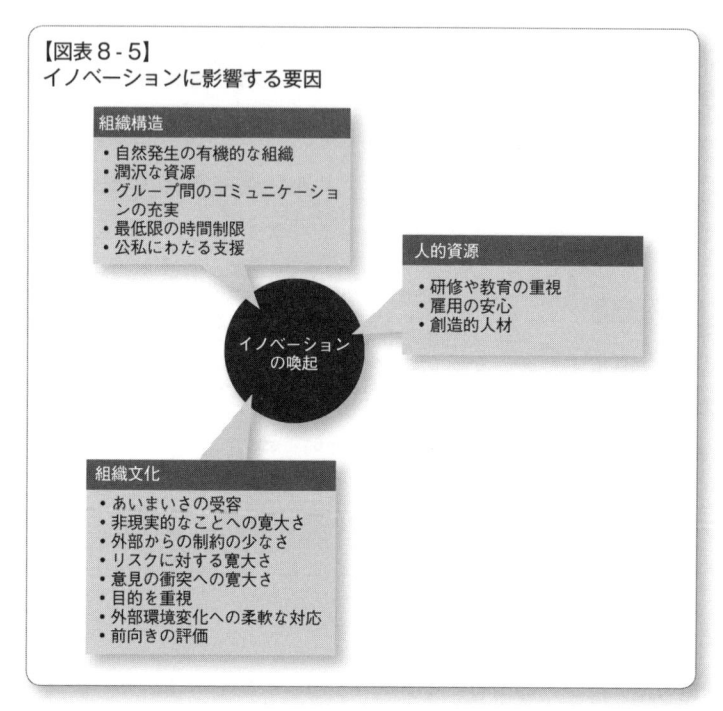

【図表8-5】
イノベーションに影響する要因

組織構造
- 自然発生の有機的な組織
- 潤沢な資源
- グループ間のコミュニケーションの充実
- 最低限の時間制限
- 公私にわたる支援

人的資源
- 研修や教育の重視
- 雇用の安心
- 創造的人材

イノベーションの喚起

組織文化
- あいまいさの受容
- 非現実的なことへの寛大さ
- 外部からの制約の少なさ
- リスクに対する寛大さ
- 意見の衝突への寛大さ
- 目的を重視
- 外部環境変化への柔軟な対応
- 前向きの評価

請があっても、創造的な活動には大きな時間制限を設けないようにしている。時間の制約があれば、懸命に作業に取り組み、創造的なアイデアが浮かぶと感じることもあるが、実際には創造性が低下することが分かっている[44]。最後の5点目は、組織構造が創造性を発揮しやすい仕組みであれば、従業員の創造性も高まることが分かっている。具体的には、創造性に対する評価、自由なコミュニケーション、意見を聞く体制、有効なフィードバックなどのサポートシステムが整っていることである[45]。

組織文化は、どのようにイノベーションに影響するのか イノベーションが活発な組織には、共通の文化が見られるケースが多い[46]。試行錯誤を奨励し、成功だけでなく失敗も評価し、間違いも称賛する。また、次のような特徴が見られる傾向がある。

◆**あいまいさを受け入れる** 客観性や正確さを強調しすぎると、創造性が発揮されにくい。

◆**非現実的なことに寛大** 仮定の質問に対する非現実的、あるいは馬鹿げた回答も排除しない。最初は非現実的に思えることが、革新的答えにつながることもある。
◆**外部からの制約が少ない** 規則、規制、方針などによる組織管理をできるだけ排除する。
◆**リスクに寛大** 失敗した場合の結果を恐れることなく、試してみることを従業員に勧める。失敗は学習のチャンスととらえる。
◆**意見の衝突に寛大** 多様な意見が求められる。人々の間の調和や同意は、高い成果につながるとは見なされない。
◆**手段よりも目的を重視する** 目標が明確になると、その目標達成に向けたさまざまな方法を考えるようになる。目的を重視することによって、特定の問題に対する答えがいくつもあることを認めることとなる。
◆**外部環境変化への柔軟な対応** マネジャーが組織を取り巻く環境を注視し、その変化に柔軟に対応する。例えばスターバックスでは、「顧客の様子やトレンドを観察するための現場視察でのひらめき」をもとに商品を開発している。ミシェル・ガスがマーケティング責任者だったとき(現在は、スターバックス傘下のシアトルズベストコーヒーの社長)、「チームメンバーと一緒にパリ、デュッセルドルフ、ロンドンを訪れ、地元のスターバックスだけでなくレストランも回り、各地の文化や顧客の行動、ファッションについての感覚を磨いた」。「雑誌やメールで見るよりも、さまざまなアイデアや考え方を吸収できる」とその効果を話している[47]。
◆**前向きの評価をする** 従業員は、マネジャーからの前向きな評価を受けて激励され、支援を受ければ、創造的なアイデアが注目されていると感じる。通信機器メーカーであるリサーチ・イン・モーションの社長兼共同CEOマイク・ラザリディスは、「当社にはイノベーションの組織文化があり、エンジニアたちはいつでも私に話しかけることができる。私の人生はイノベーションを生み出すためにあるようなものだ」と語っている[48]。

人的資源の違いは、どのようにイノベーションに影響するのか イノベーショ

---

22) **アイデアの先導者** 新しいアイデアを前向きに全力で支援し、支援体制を構築して抵抗を克服し、イノベーションを成し遂げようとする人材。

ンが活発な組織は、最新の知識についての研修や教育を積極的に実施し、従業員の雇用を保障して失敗による解雇の不安をなくしている。また、新しいアイデアを前向きに全力で支援する**アイデアの先導者**となることを奨励し、支援体制を構築して抵抗を克服し、イノベーションを成し遂げるようサポートしている。そのアイデアの先導者には共通の特性があり、きわめて強い自信の持ち主で粘り強く、行動力がありリスクを恐れない。また、リーダーシップを発揮し、イノベーションの可能性に対するビジョンや自分たちの使命に対する強い思いによって、周りの人たちを激励し、やる気を起こさせる。自分たちの使命を果たすことについての共感を得ることにも長けている。さらに、かなり自由に意思決定できる職務を与えられるので、組織内のイノベーションの導入や推進もスムーズである[49]。

理解を深めよう

1. なぜ変革のマネジメントは、各マネジャーの大切な職務なのか。
2. 変革の「穏やかな海」の比喩と「渦巻く急流」の比喩を比較してみよう。読者であるあなたの人生は、どちらの比喩に近いか。それはなぜか。
3. レヴィンの3段階の変革プロセスについて説明しよう。「渦巻く急流」の比喩の変革プロセスとは、どのように違うのか。
4. チャンス、制約、要求は、ストレスとどのような関係があるのか。それぞれの事例を挙げてみよう。
5. 一般的に、組織には受け入れられる変革の量に限界がある。マネジャーとして、どのような前兆から組織が変革の許容量を超えたかどうかを見抜くか。
6. なぜ組織開発では計画的に変革を推進するのか。現在の流動的な環境では、なぜ計画的な組織変革が重要なのか説明しよう。
7. 創造性とイノベーションには、どのような違いがあるのか。それぞれの事例を挙げてみよう。
8. 創造性を高める方法について調査しよう。その結果を箇条書きにし、クラスでプレゼンテーションできるように準備しよう。
9. イノベーションが活発な文化は、どのように組織効率を上げるのか。イノベーションが活発な文化が、組織を非効率にすることはあると思うか。それはなぜか。
10. ストレスによる悪影響を感じたとき、その原因、症状、対処法を記録しよう。その記録を続けて、どれだけストレス対策が有効で、どれだけうまくストレスに対処できたかを評価してみよう。最終的には、ストレスを感じても前向きな対応で克服できることを実感しよう。

実例にみるマネジメント（p.253から続く）

フランステレコム：殺人的ストレス

最近の従業員のストレスに関する調査では、次のようなデータが発表されている。

◆アメリカ人の75％が、自分自身のストレス度を高いあるいは中程度と答えている。
◆アメリカ人の44％が、過去5年間で自分自身のストレス度は高まったと答えている。
◆81％の人事担当マネジャーが、従業員の疲労は以前に比べて深刻な問題になっていると答えている。
◆アメリカとカナダの労働者の50％以上が、終業時には疲れを感じると答え、そのうちの少なくとも40％が、仕事が原因で憂鬱な気分になると答えている。
◆イギリスの労働者の20％がストレスによる病気欠勤の経験があると答え、90％が欠勤の本当の理由を言わなかったと答えている。
◆マネジャーの30％が、1年前より仕事でのストレスは増えていると答えている。
◆従業員が仕事上のストレスを感じる理由は、賃金の低さ、通勤、仕事量の多さ、解雇や一時解雇の恐れ、不愉快な同僚、気難しい上司である。

このように労働者のストレスおよびその影響は、雇用者側の深刻な懸念になっている（雇用者は本気で憂慮すべきでもある）。過剰な要求や制約によって過度なプレッシャーがかかると、どうしようもないと感じてしまうものである。フランステレコムにおける2008年以降の従業員の相次ぐ自殺も、企業側の懸念事項となった。労働組合のリーダーは、「フランステレコムには残忍と言われるマネジメント文化があり、10年間で重厚な国有企業から代表的な通信企業に生まれ変わったことが、自殺の元凶だと主張している」。ところが数カ月間、フランステレコムの経営陣が「自殺は労働者間の一時的な連鎖行為として扱った」ので、組合側はそのひどい言葉を非難した。

パリの検察当局は、企業側の心理的いやがらせについて捜査を開始した。また、フランス連帯統一民主労働組合によるフランステレコムの元CEOならびに2人の役員に対する告訴を受けて、司法調査が行われた。告訴内容は、経営側が「病気の原因となるリストラ」を行ったとするものである。調査結果は公表されていないが、フランスメディアが報じた概要によると、企業側は2006年から2008年にかけて2万2,000人の人員削減を行うために、数々の心理的プレッシャーを与えていた。大規模な変革に伴うストレスによって従業員が心理的に危険な状況になる恐れがあることは、企業の担当医が経営陣に警告していた。ところがその調査結果にもかかわらず、企業側の弁護士は、フランステレコムが組織的に従業員にプレッシャーを与えて退職

させたという主張を否定した。
　一方で経営陣は、その問題に対する抜本的な対策の必要性を認識し、まず新任のCEO ステファン・リチャードが、自らの最優先課題は「トラウマや心の病を抱えていたり、さらに深刻な病状にあったりする従業員に再び勤労意欲を持ってもらうことである」と発言した。また、強制的な異動をはじめ、特に混乱につながっているとされた職場慣行を撤廃した。それに合わせて在宅勤務などの労働者支援につながる制度を積極的に導入した。企業側の広報担当者は、組合との合意事項6項目のうち2項目を完了し、異動やワーク・ライフバランス、ストレスなど職場における大半の問題には対処できたと話している。ところがそれらの対応にもかかわらず、2011年4月、またフランステレコムの従業員が自殺した。組合関係者によると、「その男性は再三の異動に苦しんでいた」。その状況について、何度も経営陣に手紙を書いていたが、返答はなかったようだ。CEO のステファン・リチャードは、その自殺について徹底した調査を約束し、「いったい何が起こったのか、深く詳しく分析しなければならない。今回は特に丹念に、透明性の高い調査を行うつもりである」とコメントしている。

設問1　この事例のような事態にどのような意見を持つか。企業内外のさまざまな要素のなかで、このような状況を引き起こした要因とは何か。

設問2　フランステレコムの職場では、何が起こっているのだろうか。問題の兆候として、マネジャーはどのようなストレス症状を見つけ出すべきだったのか。

設問3　マネジャーは従業員の反応に関係なく、企業にとって最大の利益になる意思決定を自由に行うべきか、議論してみよう。マネジメントの変化によって、どのような影響が生じるだろうか。

設問4　フランステレコムの幹部は、問題に対処するために何をしているのだろうか。その対応は十分だと思うか。ほかに必要な行動はあるだろうか。もしあるとすれば、その内容について説明してみよう。ないとすれば、その理由は。

設問5　この事例から、ほかの企業の経営陣やマネジャーは何を学ぶことができるか。

Part 4

パート4

リーダーシップを発揮する

Chapter 9

第9章
個人行動の基礎

本章での学習ポイント

- **9-1** 組織行動（OB）の狙いと目標は何か　p.282
- **9-2** 職務遂行能力において態度が果たす役割とは　p.285
- **9-3** マネジャーは従業員の性格の何を知っておかなければならないか　p.289
- **9-4** 認知とは何か、何が認知に影響を与えるか　p.299
- **9-5** 学習理論は行動をどう説明しているか　p.304
- **9-6** マネジャーが直面するOBの現代的課題　p.308

実例にみるマネジメント

伊那食品工業：何よりも1人ひとりの社員を大切にする

　「いい会社を作りましょう」。社是にこんな言葉を掲げる会社がある。1958 年、長野県伊那市に設立された寒天メーカー、伊那食品工業だ。ところてんや羊羹の原料などとして知られている寒天は、かつて寒い地域でしか生産が出来ず、しかも量や品質の安定しにくい産品であった。このような状況のなか、伊那食品工業は寒天メーカーとして地道な研究開発を続け、自然の寒さに頼らず安定した生産を可能にする設備を開発した。さらに、寒天の用途を、医薬品、化粧品、工業用と、食品以外にも拡大することに成功した。結果として、同社は寒天で国内シェアトップを誇り、48 期増収増益を続けるなど優良企業へと成長したのである。

　このように優れた業績をあげてきた同社の大きな特徴は「社員を大切にする」という点にある。創業以来、リストラなし、成果主義なしで終身雇用を貫いてきた。同社の人事方針は「抜擢のある年功序列」というものだ。誰から見ても優秀な人材は抜擢するが、同じ程度であれば年功序列。社員にとってみれば毎年昇給もあり、安心して働くことが出来る。社員の高い定着率や、社員の持ち家率80％超といった事実から同社の社員満足度の高さがうかがえる。

　同社の社員を大切にする試みは多種多様だ。午前と午後にはお茶の時間があり、おやつ手当まである。庭園のように美しい本社には快適な社員食堂やテラス、社員のための全自動マッサージ器まで完備されている。社員旅行は海外旅行と国内旅行が毎年交互に実施されている。近年の少子化や高齢化社会に対応して家族手当や退職金も増額された。定年後には再雇用制度もある。これらを「儲かっているからできるのでは？」と考える向きもあるだろう。もちろんそういう面もあるはずだ。しかし、同社の場合、儲けを出すこと以上に1人ひとりの社員を大切にすることが優先されており、それが一貫しているのだ。同社の塚越寛会長の持論は「会社は経営者や株主のためではなく、社員全員の幸せのためにある」である。塚越会長は「どうしたら社員の職場環境や待遇を良くできるか。それをいつも考えてきた」と言い切る[1]。(p.311 に続く)

ほとんどの経営者にとって、従業員満足を高めることは重要な経営課題として認識されている。従業員満足は従業員の会社や仕事に対する態度であり、そうした態度は仕事への熱意や離転職などに影響する。では実際に、従業員満足を高めるためにどれだけの経営資源を投入するのか。その優先順位となると、経営者によって様々だ。従業員よりも顧客が一番だと考える経営者もいれば、株主にとっての企業の財務的価値が一番だと考える経営者もいるかもしれない。塚越会長のように社員が一番と言い切れる企業ばかりではないだろう。

　一方で、従業員も同じようにそれぞれの優先順位を持っている。おそらく、仕事第一という従業員ばかりではない。経営者も従業員もそれぞれの優先順位を持ち、そうした優先順位を考慮にしながら時々の状況の中でとるべき行動を判断していく。企業の中ではこのような判断や行動が互いに影響しあい、様々な活動が進行していく。経営者の1つの判断が従業員にどのように受け止められ、どのような行動を引き起こすのか。本章で学ぶことは、従業員の行動の背後にある態度、認知、学習である。これらに関する理解が経営者やマネジャーにとってどのように役立ちうるのかも考えていく。

9-1 組織行動（OB）の狙いと目標は何か

　本章とそれに続く4つの章では、組織行動（OB、Organizational Behavior）として知られる研究分野における成果を多数用いる。研究成果は、**行動**(注1)、すなわち人の振る舞いに関するものであり、**組織行動**(注2)は、職場での人々の振る舞いを研究する分野である。

　組織行動を理解するうえでの課題の1つは、取り扱う問題が明白になっていないことである。OBは、氷山と同じように、目に見える部分は小さく、目に見えない部分が非常に大きい（図表9-1参照）。組織に目を向けるとき、私たちがそれと理解できるのは、戦略、目的、方針、手順、組織構造、技術、正式な権限の結びつきや命令系統などである。しかし、その水面下には、マネジャーが把握しておくべき要素があり、その要素は、従業員の職場での振る舞い方にも影響を及ぼす。OBは、それらを明らかにしつつ、重要だが目に見えない

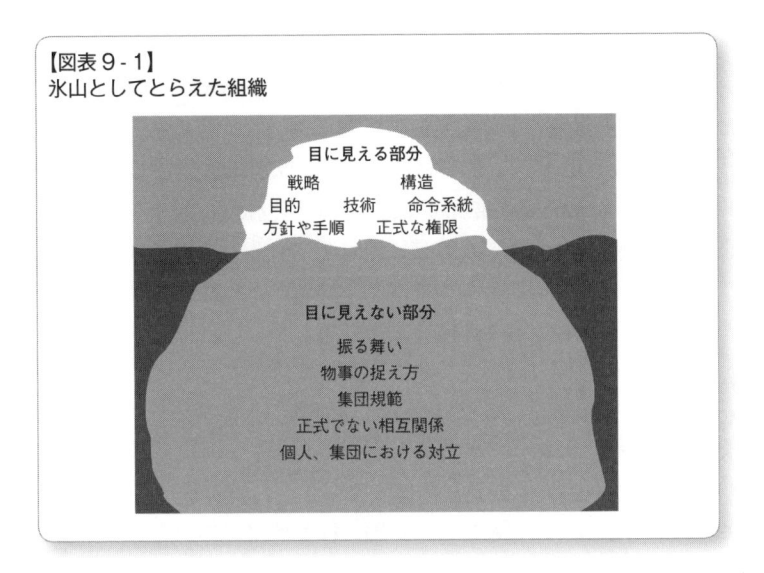

【図表 9-1】
氷山としてとらえた組織

目に見える部分
戦略　構造
目的　技術　命令系統
方針や手順　正式な権限

目に見えない部分
振る舞い
物事の捉え方
集団規範
正式でない相互関係
個人、集団における対立

組織の側面を理解するのに役立つ重要な知見をマネジャーにもたらしてくれる。

OBの狙いとは

　組織行動は、主に3つの分野に注目する。まずは、**個人行動**に目を向ける。主に心理学者の研究成果を基にした態度、性格、物事の受け止め方、学びや動機などがこれに含まれる。次に、規範、役割、チーム作り、リーダーシップや対立などの**集団行動**に注目する。本書で紹介する集団行動は、基本的に、社会学者や社会心理学者の研究に基づいている。最後に、構造、文化、人的資源の管理方針や活用といった**組織的側面**にも目を向ける。組織的側面については、すでにこれまでの章で取り上げた。本章では個人行動を、以降の章では集団行動をとりあげることにする。

組織行動が目指すもの

　OBが目指すのは、「従業員の行動を説明し、行動を予測し、行動に影響を及ぼすこと」である。マネジャーは、なぜ従業員がある行動をし、他の行動をと

1）**行動**　人々の振る舞いのこと。
2）**組織行動**　職場での人々の振る舞いを研究する分野。

らないのかを説明し、さまざまな行動や決定に対し従業員がどのように反応するかを予測し、従業員の振る舞い方に影響を与える必要がある。

では具体的に、どのような従業員の行動を説明し、予測し、影響を与えようというのだろう。OBでは、従業員の生産性、常習的欠勤、離職、組織市民行動（OCB、Organizational Citizenship Behavior）、仕事に対する満足度、職場での不正行為という6つの重要な行動に注目している。**従業員の生産性**は、仕事の効率と効果の達成度を測るものである。マネジャーは、従業員の効率と効果に影響を及ぼす可能性のある要因を把握しておかなければならない。**常習的欠勤**は、頻繁に仕事を休むことである。従業員が休んでしまっては、仕事は進まない。欠勤状態すべてを合わせた損失は、組織の人件費の平均35%にあたる。また突然の欠勤は、1年で1従業員あたり約660ドルの損失になるという研究結果がある[2]。常習的欠勤を完全に排除することは不可能ではあるが、欠勤が過度に多い場合には、立ちどころに組織の機能性に直接的な影響を及ぼす。**離職**は、自主的あるいは非自主的に、完全に組織から去ることである。離職によって、社員募集や面接、研修費用がかさんだり、仕事が混乱したりするなど問題が発生する。常習的欠勤同様、マネジャーは離職をゼロにすることはできないが、優れた成績を上げる従業員の離職は特に最小限に抑えなければならない。**組織市民行動（OCB）**は、任意の行動のことで、従業員としての正式な職務要件に含まれてはいないが、組織の効果的な機能を促進する行動を意味する[3]。OCBの好例として、仕事のチームの一員として他のメンバーを手助けする、残業を自主的にこなす、不必要な対立を避ける、仕事のチームや組織について建設的な意見を述べるなどが挙げられる。組織には、決められた職務以上のことを進んでやる人間が必要であり、そのような従業員のいる組織は、いない組織に比べ業績が高いという裏づけもある[4]。しかしながら、従業員が過労やストレスを感じたり、仕事と家族の板挟みに悩んだりする場合、OCBは問題となる[5]。**仕事に対する満足度**は、従業員の仕事に対する一般的な姿勢に関するものである。仕事に対する満足度は、行動というよりは態度といったほうがいいが、満足度の高い従業員は出勤率も作業成績も高く、組織にとどまる可能性が高いことから、多くのマネジャーが従業員の満足度に関心を寄せる。**職場での不正行為**は、組織や組織の構成員に損害を生じさせかねない従業員の意図的な行為のことである。逸脱、攻撃、反社会的行動や暴力といった4つの形をとって組織に現れる[6]。同僚に嫌がらせをするためだけに音楽を大音量でかける

といったことから、仕事を妨害するための言葉の暴力にまで及び、それらはみな、組織に大損害を与える。

9-2 職務遂行能力において態度が果たす役割とは

態度とは、好意的、非好意的に関わらず、目的、人、出来事に関する何らかの評価の表明である。態度は、個人がある事柄についてどう感じているかを反映する。「今の仕事が好きです」と言うとき、その人は仕事に対する態度を言い表しているのである。

態度を構成する3つの要素とは

態度をよりよく理解するためには、認知、感情、行動の3つの要素に目を向ける必要がある。**認知的要素**は、その人の考えや意見、知識や情報によって構成される態度のことである。例えば、ワールド・トレード・センターと国防総省が攻撃された2001年9月11日の直後、アメリカ連邦議会は、空港の荷物検査について数週間にわたり議論した。その議論において、ナイフや唐辛子スプレー、弾の入った銃を荷物検査係が見逃したという証拠があるにもかかわらず、「現行の民間企業の荷物検査係は適切に職務をこなしている」と主張する議員がいた[7]。このような、民間企業の検査係は効果的に仕事を行っているという一部の議会指導者の信念は、認知の一例である。**感情的要素**は、態度の感情的部分のことである。この要素は、「煙草を吸うのでA氏が嫌いだ」といった言葉に反映される。認知や感情は、行動の結果を招く。**行動的要素**は、ある人物や事

---

3) 従業員の生産性　仕事の効率と効果の達成度を測るもの。
4) 常習的欠勤　頻繁に仕事を休むこと。
5) 離職　自主的あるいは非自主的に、完全に組織から去ること。
6) 組織市民行動（OCB）　任意の行動のことで、従業員としての正式な職務要件に含まれてはいないが、組織の効果的な機能を促進する行動。
7) 仕事に対する満足度　従業員の仕事に対する一般的な態度。
8) 職場での不正行為　組織や構成員に潜在的な損害を与える従業員の意図的な行為のこと。
9) 態度　好意的、非好意的に関わらず、目的、人、出来事に関する何らかの評価の表明。
10) 認知的要素　その人間の考えや意見、知識や情報によって構成される姿勢。
11) 感情的要素　態度の感情的部分のこと。
12) 行動的要素　ある人物や事柄に対し、ある一定の行為をしようという意図のこと。

柄に対し、ある一定の行為をしようという意図のことである。だから、さらに例を挙げるならば、A氏には個人的に思うところがあるからとして、あえてA氏には触れないようにする可能性もある。このように、認知、感情、行動の3つの要素から構成されるものとして態度を見ることは、態度の複雑さを説明するのに役立つ。なお、ここに挙げた例は、感情を説明するためだけに用いたものであることを念のため付け加えておく。

従業員はどのような態度をとる可能性があるか

　一般的にマネジャーは、従業員がとるであろうすべての態度に関心を持っているわけではない。正しくは、仕事に関わる態度に特に関心を寄せており、仕事に対する満足度、職務関与、組織コミットメントの3つが最も研究されている[8]。仕事に対する満足度は、前述の通り、従業員の一般的な仕事に対する態度である。従業員の態度について話すときは、専ら仕事に対する満足度を意味している。**職務関与**(注13)は、従業員が、どの程度仕事を重要ととらえているか、仕事に積極的に関わっているか、職務遂行能力を自分の価値を決める重要な指針と考えているかということである。最後の**組織コミットメント**(注14)は、従業員の組織に対する忠誠心や組織との一体感、組織への関わり方の観点から見た従業員の態度のことである。

　広い関心を呼んでいる仕事に対する態度に関する新たな概念が、**従業員エンゲージメント**(注15)である。これが高まるのは、従業員が組織と強く関係しているとき、従業員が仕事に満足しているとき、そして仕事に熱心に取り組むときである[9]。結びつきの強い従業員は、仕事に一生懸命取り組み、深く関わる。結びつきのない従業員は、概して仕事に「見切りをつけていて」、無関心である。出勤はするが、仕事に積極的でも熱心でもない。1万2,000人以上の従業員を調査した世界的研究では、従業員エンゲージメントに寄与する1番の要因は尊敬だという結果が出ている。さらに、仕事の種類、ワーク・ライフ・バランス、顧客へ良いサービスを提供すること、基本給の4つが尊敬に続く要因である[10]。

　強い結びつきを持つ従業員がいることは、組織に利益も低コストももたらす。結びつきの強い従業員は、結びつきの弱い従業員より2.5倍も成績優秀者になる可能性が高い。さらに、結びつきの強い従業員のいる企業は、従業員の定着率が高く、募集や研修費用を低く抑えることにつながっている。成績優秀者が多いこととコストを低く抑えられるというこれら2つの結果は、優れた業績に

結びつく[11]。

個人の態度や行動は一貫していなければならないのか

　人というものは、自分の行動を正当化するため、言うことをころころ変える。そんな場面に出くわしたことはないだろうか。例えば、国産車は作りがもろいから、自分は輸入車にしか乗らないと頑なに言い張る友人がいたとしよう。ところが、両親に新型の国産車を買ってもらった途端、国産の車も悪くないなどと言ったりする。しかしながら、人には自らの態度の一貫性を保とうとしたり、態度と行動の整合性を保とうとしたりする原理が働くのだ。このことは、ほとんどの研究で裏づけられている[12]。

認知的不協和理論とは

　この整合性についての原理から、ある個人のある物事に対する態度を知っていれば、その人の行動を常に予測できるという仮説は成り立つだろうか。これは、「イエス」「ノー」で簡単に答えられない問題だ。もっと複雑なのだ。そこで、認知的不協和理論の登場である。

　認知的不協和理論は、1950年代に心理学者のレオン・フェスティンガーによって提唱された理論である[13]。フェスティンガーは人が自身の中で矛盾する認知を同時に抱えた状態を**認知的不協和**とし、人はこの不協和を低減させるために自身の行動、態度、認知を変えると主張した。（注16）

　さらに、この理論では、不協和を軽減しようとする圧力は、次の3つによって決まるとしている。不協和を作り出している要因のもつ重要性、その要因にどれだけ自分が影響を与えることができるのか、そして不協和に関連する褒賞である。

　認知的不協和を作り出している要因が相対的に重要でないなら、不協和を低減させようという圧力は小さい。だが、これらの要因の重要度が高ければ不協

---

13) **職務関与**　従業員が、どの程度仕事を重要ととらえているか、仕事に積極的に関わっているか、職務遂行能力を自分の価値を決める重要な指針と考えているかということ。
14) **組織コミットメント**　従業員の組織に対する忠誠心や組織との一体感、組織への関わり方の観点から見た従業員の態度のこと。
15) **従業員エンゲージメント**　従業員と組織が良い関係にあり、従業員が仕事に満足し、熱心に仕事に取り組む状態。
16) **認知的不協和**　人が自身の中で矛盾する認知を同時に抱えた状態。

和を低減させようという圧力は大きくなり、私たちは行動や態度を変えたり、矛盾した行動など大したことではないと言い聞かせたりする。

　不協和を低減させる圧力の強弱は、自分が不協和に影響を与えることができる度合いによっても変わる。不協和を自分が関与できない仕方のないものだと感じた場合、人は態度を変えようとはしないし、その必要性も感じない。例えば、不協和を引き起こす行動がマネジャーの命令の結果生じた場合には、その行動を自ら進んで行った場合に比べ、圧力は少なくなる。「自分はマネジャーの命令に従っただけ」などと、正当化できるからである。

　最後に、褒賞も不協和を低減しようという圧力の度合いに影響を及ぼす。人は高次の不協和を抱えていても、高い褒賞をもらえることになれば、うまくつじつまを合わせ、不協和をなくしたいという圧力を弱める傾向があるのだ。

　今まで述べてきた認知的不協和理論を、例で見ていくことにしよう。ある企業で働く女性マネジャーは、従業員を解雇すべきでないという強い考えを持っている。しかし不幸にも、企業戦略の方向性のため、解雇に対する考えを変えざるを得なくなった。「従業員を解雇すべきでない」と思いながら「従業員を解雇する」という行為をするため、マネジャーは自分自身に矛盾を感じる。そして、この例は不協和を作り出している要因の重要度が強いため、矛盾を無視することはできない。では、彼女はこの認知的不協和をどうやって解消していくのだろうか。「私だって生活していかなければならないし、意思決定者としての役割もある。従業員の利益よりも会社の利益を優先しなければならない場合のほうが多いのだから」、「従業員を解雇するのは悪いことではない」などと自分に言い聞かせて態度を変え、不協和を軽減することができる。

　このマネジャーが不協和を自分が影響を与えることができないもの、すなわち仕方のないものと感じると、彼女は態度を変える必要性をあまり感じない。上司に従業員をやめさせるよう言われた場合には、自分で進んで解雇を行う場合に比べ、不協和を軽減しようとする圧力は低くなる。また、不協和に関連する高い褒賞を受け取ることでも、彼女の不協和を軽減しようとする圧力は弱くなる。「十分な報酬をもらっているから、従業員を解雇するというような難しい決断もしなければならない」と、考えるのである。

態度を理解することで、より有能なマネジャーになるのにどう役立つか

　態度は行動に影響を及ぼすため、マネジャーは従業員の態度に関心を持たな

ければならない。例えば、仕事に満足し、熱心に取り組む従業員は離職率や常習的欠勤率が低い。従業員の退職や欠勤を低く抑えたい場合（生産性の高い従業員の場合は特に）、マネジャーは従業員が仕事に対して肯定的な姿勢を抱かせるようにする必要がある。

　仕事に満足している従業員が生産性の高い従業員なのかどうかについての論争は、80年近くも続いている。ホーソン研究以降は、マネジャーたちは、満足している従業員イコール生産性の高い従業員だと考えてきた。仕事への満足感が生産性を「高める」か、あるいはその反対が成り立つかということを解明するのは容易ではないことから、この考えはほとんど誤りだとするマネジメント研究者もいる。だが、満足度と生産性の相関関係がかなり強いということは、ある程度確実と言ってよい[14]。したがって、マネジャーは従業員の満足度に大きく影響すると思われる次のような要因「仕事をやりがいのある面白いものにする」、「褒賞を公平に与える」、「協力しあえる職場環境や同僚を作る」に関心を向ける必要がある[15]。

　マネジャーはまた、従業員の態度についても調査する必要がある。ある研究では、「全体的な仕事に対する態度を正しく測れば、組織がその従業員について知りうるもっとも有用な情報の1つが得られる」としている[16]。一方、調査は1度きりよりも複数回行ったほうが、従業員の不満足度を特定するのにより効果的であるという研究結果もある[17]。

　最後に、マネジャーは「従業員は認知的不協和を軽減しようとする」ということも知っておかなければならない。そしてすでに述べたとおり、この不協和を軽減しようとする圧力は、不協和が自分が影響を与えることができる範囲外であったり高い褒賞を伴ったりするときに減る。したがって、マネジャーは、従業員に不協和を抱く可能性のある仕事を依頼する場合には、競合他社や顧客、その他の外部要因などに注意を向けさせる、あるいは従業員が望む褒賞を与えればいいのである。

9-3 マネジャーは従業員の性格の何を知っておかなければならないか

　誰か（家族でも他人でも）と生活の場を共有することになった場合、その人

とうまが合うか、上手にやっていけるかは非常に重要だ。相性には、私たち自身や他者の性格が関わり、影響している。

性格。それは私たちがみな持っているものだ。私たちは「おとなしい」、「従順」、「騒がしい」、「積極的」、「意欲的」、「外交的」、「誠実」、「神経質」、「愛想がいい」といった言葉を使い、人の性格を説明している。個人の**性格**とは、状況への対応方法や他者との付き合い方に影響を与える感情、考え、行動パターンの人それぞれが持つ組み合わせのことである。[注17] 性格は、個人が示す計測可能な特性で説明される場合が多い。私たちはみな性格に関心がある。態度と同じように、性格も人の振る舞い方や行動に影響を与えるからだ。

性格から行動を予測することはできるか

実際、多くの行動は個人の性格によるものであり、性格は他者との付き合い方や問題の解決方法に影響を及ぼす。何年もの間、研究者たちは、具体的にどの性格的特徴が個人についての情報を特定するかについて重点的に研究を進めてきた。この研究努力のうち、マイヤーズ・ブリッグズ・タイプ指標（MBTI、Myers-Briggs Type Indicator）およびビッグファイブ・モデルの2つが広く知られている。

マイヤーズ・ブリッグズ・タイプ指標（MBTI）とは　最も広く使われている性格検査の方法が**マイヤーズ・ブリッグズ・タイプ指標（MBTI）**である。MBTI指標は約100の設問に対する答えに基づき、4つの性格指標を用いて16の性格タイプを判断する。[注18] アメリカだけで、毎年200万人以上がMBTI指標による性格検査を受けている。アップルやエクソンモービル、スリーエムといった企業、多くの病院や教育機関、そしてアメリカ軍も利用している。

16の性格タイプは、外向的か内向的か（EI）、感覚的か直感的か（SN）、思考型か感情型か（TF）、判断的態度で臨むかそれとも知覚的態度で臨むか（JP）の4つの指標に基づく。外向－内向指標は、周囲の出来事に関心を向けるか（E）、考えや経験などの内面世界に関心を向けるか（I）を判定する。感覚－直感指標は、事実に基づくデータを基に、決まった手順を重視しながらデータを集めることを好むか（S）、全体像や事実と事実をつなぎ合わせることを重視して情報を集めることを好むか（N）を判定する。思考－感情指標は、論理的分析的に決断を下すことを好むか（T）、価値観や信念に基づき、またその決断が他者に及ぼす

かもしれない影響を考えつつ決断を下すことを好むか (F) を判定する。判断的態度－知覚的態度指標は、外部世界との接し方について、計画的かつ規律正しいことを好むか(J)、制約にとらわれず自然体を好むか(P)を判定する[18]。

　例を示そう。ISTJ型（内向的－感覚的－思考型－判断的態度）は物静かで真面目、頼りがいがあり、合理的で現実的である。一方、ESFP型（外向的－感覚的－感情型－知覚的態度）は社交的で愛想がよく、大らかで人と一緒に何かをすることを好み、協力して新たなスキルを試すことで多くを学ぶ。INFP型（内向的－直感的－感情型－知覚的態度）は理想主義者で個人的価値観を曲げず、人を理解しようと努め、その人が潜在能力を発揮できるよう手助けする。最後に、ENTJ型（外向的－直感的－思考型－判断的態度）は率直で決断力があり、リーダー的役割を担う。またこのタイプは長期の計画や目標設定を行うことを好み、自分の考えを推し進める[19]。

　MBTI指標は、マネジャーにどう役立つのだろうか。この方法の提唱者は、性格タイプは人との付き合い方や問題の解決の仕方に影響を及ぼすため、このような性格タイプを把握することは重要だとしている[20]。例えば、上司は直感を好むが自分は感覚的だとすると、上司と自分とは異なる方法で情報を取り扱うことになる。直感型の指標によれば、上司は勘を頼りにする。しかし、感覚型のこちらは事実に基づいて対処したい。この上司とうまくやるには、状況における事実以上のものを上司に示す必要がある。また、その状況についてどう感じるかも話し合うべきである。MBTI指標は、企業家として成功できるかや、心の知能指数（EI）（以下で概要を説明する）を裏づけるデータとして特に有用であるとされている[21]。

ビッグファイブ・モデルとは何か　性格を判断するもう1つの方法が、性格の5因子モデルを用いる方法で、一般的に**ビッグファイブ・モデル**と呼ばれる[22]。
(注19)
5因子は、下記のとおりである。

---

17) **性格**　状況への対応方法や他者との付き合い方に影響を与える感情、考え、行動パターンの人それぞれが持つ組み合わせのこと。
18) **マイヤーズ・ブリッグズ・タイプ指標（MBTI）**　4つの性格指標を用いて異なる性格タイプを判断する性格テスト。
19) **ビッグファイブ・モデル**　「外向性」、「協調性」、「誠実性」、「情緒安定性」、「知的好奇心」の5つの性格因子を調べる性格モデル。

1. **外向性** その人の社会性、饒舌さ、積極性の度合いを判定する性格的特徴。
2. **協調性** その人の温厚さ、協調性や、他人を信頼できる度合いを判定する性格的特徴。
3. **誠実性** その人の責任感や信頼性、粘り強さや達成志向の度合いを判定する性格的特徴。
4. **情緒安定性** その人の冷静さ、熱心さ、安心している（ポジティブ）か緊張しているか、神経質さ、鬱や不安定（ネガティブ）さの度合いを判定する性格的特徴。
5. **知的好奇心** 想像力、芸術的感性の豊かさや知性の度合いを判定する性格的特徴。

　ビッグファイブ・モデルが提供するのは、性格の枠組みだけにとどまらない。研究者は、これらの性格的特徴と職務遂行能力とのあいだには重要な関連性があるとしている[23]。例えば、ある研究では、専門職（技師、建築家、弁護士）、警察官、マネジャー、セールスパーソン、半熟練および熟練従業員の5つの職業分類を調査した。職務遂行能力は、従業員の職務等級、研修によって習得した技能、給与レベルといった人事データから定義した。その結果、5つすべての職業分類において、誠実性が職務遂行能力に影響を及ぼしていることが分かった[24]。その他の性格的特徴による影響は、状況や職業分類によって異なった。例えば、外向性は、高度の意思疎通能力が求められるマネジャーやセールスパーソンの職務遂行能力に影響を及ぼしていた[25]し、知的好奇心は、研修による技能習得に影響を及ぼす重要な要因であった。皮肉なことに、職務遂行への情緒安定性の明らかな影響は見られなかった。冷静でポジティブな従業員が良い従業員であろうことは理にかなっているように思われるのだが、調査結果はそうではない。情緒的に安定している従業員は働き続ける場合が多いが、情緒的に不安定な従業員は仕事を辞めてしまうという可能性が働いていることも考えられる。この研究に協力した人たちがすべて就業者であったことを考えれば、その分散の値がおそらく小さくなっていたのであろう。

心の知能指数とは何か　自分の心の動きを理解し、他者の心の動きもよく分かる人は、仕事においても有能だろうということは、心の知能指数に関する研究の根本テーマになっている[26]。

心の知能指数 (EI：Emotional Intelligence)（訳注：日本では、EQ、Emotional Intelligence Quotient という用語がつかわれることが多い）は、環境の要求や圧力に対処する個人の力量のうちの感覚・感情に関わる技能や能力のことである[27]。EI は、次の 5 つの能力で構成される。

◆**自己認識力** 自分の心の動きを認識できること。
◆**セルフマネジメント** 自分の感情や欲求をコントロールできること。
◆**自己動機づけ** 挫折や失敗に直面してもあきらめないこと。
◆**共感力** 他者の心の動きを感じとれること。
◆**社会的スキル** 他者の心の動きに合わせたり、対応したりできること。

EI が職務遂行能力において重要な役割を果たしているとする、複数の研究結果がある[28]。例えばある研究では、同僚から優秀であると評価されたベル研究所の技師の特徴に注目した。これらの優秀な技師たちは、良好な人間関係を築いていたと研究者は結論づけている。つまり、優秀であることは、優秀者を特徴づけるとされる知能的な IQ によるものではなく、感覚的・感情的な EI によるものだったという結果である。空軍の採用担当官についての研究でも、高い実績を上げている採用担当官は EI の点数が高いという同様の研究結果が出ている。この研究結果を受け、アメリカの空軍では採用基準を改定した。追跡調査によると、その後採用された、EI の得点が高い職員は、EI の点数が低かった者に比べ 2.6 倍有能であったという結果が出ている。さらに、アメリカのミネソタ州にある印刷協同組合で働く 45 人の従業員についての研究では、EI の能力が優れているほうが、「知性や専門知識があるだけの場合よりも、職務遂行能力の高さへの貢献度」が 2 倍高いとの結果が出ている[29]。人事部長を対象にした聞き取り調査で、「従業員の昇進のための要因として、EI が高いことはどの程度重要か」との質問を行ったところ、40％が「非常に重要である」と回答し、16％が「どちらかといえば重要である」と回答している。また、別の研究は、現代の組織の質の向上に EI が寄与する可能性があることを示している[30]。

---

20) 心の知能指数 (EI)　環境の要求や圧力に対処する個人の力量のうちの感覚・感情にかかわる技能や能力のこと。

どうやら、EIを従業員の選考過程（高度の社会的相互関係が求められる仕事の場合には特に）における基準として考慮しておく必要がありそうだ[31]。

性格的特徴から個人の行動パターンを予測することは可能か

5つの性格的特徴が、組織における個人の行動を説明するのに最も有効であることが証明されている。その特徴とは、ローカス・オブ・コントロール、マキアベリズム、自尊感情、自己観察、リスクテイキングである。

自分の行動をコントロールするのは誰なのだろう。自分の運命を決めるのは自分だと信じている人もいる。一方で、人生で何が起きるかは運任せで、自分は運命の人質だと考える人もいる。前者の**ローカス・オブ・コントロール**は内部的で、後者のそれは外部的である。外部的は、自分の人生は外部の力によってコントロールされていると信じている[32]。外部的な人間は、成績の評価が低いと、それを上司の偏見、同僚、あるいは自分の自由にならない出来事のせいにするが、一方内部的な人間は、同じように低い評価を受けても、自分自身の行動に原因があると考えることも、マネジャーは知っておく必要がある。

2つ目の特徴は**マキアベリズム度合い**で、16世紀に権力を獲得しそれを操る方法を説いたイタリアの思想家、ニコロ・マキアベリにちなんで名づけられた。マキアベリズム度合いの高い個人は、実際的で感情に左右されず、結果は手段を正当化する[33]と信じており、倫理観の低い考えを持っている可能性もある。「使えるものは何でも使え」という信条は、マキアベリズム度合いの高い人間の視点と一致する。マキアベリズム度合いが高ければ、よい従業員と言えるだろうか。仕事の種類にもよるし、作業成果を評価するにあたり倫理的な事柄を考慮するかどうかにもよる。交渉力を必要とする仕事（労使交渉者など）や、勝ち取れば多額の報酬を得る仕事（歩合制のセールスパーソン）の場合には、マキアベリズム度合いが高ければ生産性が上がる。一方、結果が手段を正当化しない仕事や、職務遂行能力についての絶対的基準のない仕事の場合には、マキアベリズム度合いの高い人間の職務遂行能力を予測するのは難しい。

自分を好きな度合い、あるいは嫌いな度合いは人によって異なる。この特徴を**自尊感情（SE：Self Esteem）**と呼ぶ[34]。SE研究から、組織行動について興味深いことが分かってきている。例えば、SEは、成功への期待度に直接的に関係する。SEの高い人間は、自分には仕事で成功できる能力があると信じている。SEの高い個人はSEの低い個人に比べ、職業選択においてより冒険をし、

型にはまらない仕事を選ぶ可能性が高い[35]。SE研究において最も共通する所見は、SEの低い個人はSEの高い個人に比べ、外部の影響により敏感であるという点である。SEの低い個人は他者からの肯定的評価に依存し、結果として他者から認められようとする傾向が強く、尊敬する人の考えや行動に合わせようとする傾向も強い。SEの低いマネジャーの場合、他者の歓心を買うことを気にかけるため、SEの高い個人ほど嫌われ役を買って出ない傾向がある。当然のことながらSEは、仕事に対する満足度に関係していることが分かっている。SEの高い個人は、SEの低い個人に比べて自らの仕事に満足していることが、多くの研究によって裏づけられている。

　自己観察（注24）という性格的特徴も、研究者によって確認されている[36]。自己観察の高い個人は、外的要因や状況的要因に対して自らの行動を調整することで高い適応能力を示しやすい[37]。自己観察の高い個人は外部刺激に非常に敏感で、状況に応じて異なる行動をとることができる。また、公的人格と私的自己との間に著しい矛盾を抱えることが可能である。自己観察の低い個人は、自らの行動を変えることができず、あらゆる状況において本来の気質や姿勢を示そうとする傾向があり、それゆえ、自分が何者であるかということと何をするかということのあいだに、高い行動的一貫性が見られる。自己観察の高い個人は、他者の行動に細心の注意を払う傾向があり、自己観察の低い個人に比べ、他者の行動に合わせる能力が高い[38]。矛盾さえもありうる異なる役割を果たさなければならないマネジャーとしては、自己観察の高い個人のほうがより成功する可能性が高いと言える。

　従業員の行動に影響を及ぼす最後の性格的特徴は、進んでリスクを引き受けるかどうかを示す特徴、**リスクテイキング**（注25）の傾向である。危険を引き受けるか避けるかの傾向は、決断するのにどれだけ時間がかかるか、また、選択するためにどれだけの情報を必要とするかに影響を及ぼすと見られている。例えば、古典的研究の1つにおいて、79人のマネジャーが、採用の決断も下さなければならない人事管理の模擬業務を行った[39]。リスクテイキング傾向の高いマネ

---

21) **ローカス・オブ・コントロール**　自分の人生は自分がコントロールしていると信じている度合い。
22) **マキアベリズム度合い**　実際的で感情に左右されず、結果は手段を正当化すると信じている度合い。
23) **自尊感情（SE）**　自分を好きな度合い、あるいは嫌いな度合い。
24) **自己観察**　外部環境要因に行動を合わせることができる能力を判断するための、性格的特徴。
25) **リスクテイキング**　進んでリスクを引き受ける性格的特徴。

ジャーは、リスクテイキング傾向の低いマネジャーに比べ、迅速に決断し、少ない情報量で採用決定を行った。興味深いことに、決定の精度は、リスクテイキング傾向の高いグループでも低いグループでも同じであった。

一般的に、組織、特に大企業や政府機関においては、マネジャーは危険を回避しようとするということが言える[40]が、やはり個人差はある[41]。結果的に、その個人差に気づくこと、さらに、仕事で求められる具体的な内容とリスクテイキング傾向とを協調させることが合理的であると言える。証券会社で働く株売買人は迅速な決断が求められる仕事であることから、リスクテイキング傾向が高いことによって効果的な成果を上げられる。企業家にも同様のことが言える[42]。一方、会計検査を行う検査官にとっては、リスクテイキング傾向は大きな障害となるかもしれず、リスクテイキング傾向の低い個人が行ったほうがいい可能性もある。

どうやって性格と仕事を適合させられるか

「もし仕事が楽しくなかったとしたら、どうすればいいのだろう？ ずっと間違った仕事をすることになってしまうのだろうか？」[43]。毎日仕事をしていくうちに、自分の性格や能力に仕事が合っていないと気づくこともあるかもしれない。選んだ仕事と性格、あるいは、出世に役立つ経歴と性格を、適合させる努力をするのは理にかなったことではないだろうか。

言うまでもなく、個人の性格はみな異なる。同様に仕事も異なる。では、どうやってこの２つを適合させればいいのだろう。心理学者のジョン・ホランドによって確立された性格と仕事を適合させる理論が、最もよく実証されている[44]。ホランドの理論は、仕事に対する従業員の満足度も仕事を辞める可能性も、職業と個人の性格がどの程度適合しているかによるとする。ホランドは、図表9-2に示す６つの基本的な性格タイプを特定している。

ホランドの理論によると、性格と職業が適合した場合、仕事に対する満足度が最も高く、離職率は最も低くなるとしている[45]。社会的人間として、その「人」のタイプに合った職業に就くべきであるし、他のことも同様である。この理論の重要な点には、次の３つのことも含まれている。１つは、性格には本質的に個人差があること。２つ目は、さまざまな職業があること。３つ目は、自分の性格に合った職場にいる人々はより満足すべきであり、性格に合わない職場にいる人々よりも自発的に退職する可能性が高くなってはいけないということで

【図表9-2】ホランドの性格と仕事との適合表

性格タイプ	特徴	職業例
現実的　技能や力、調整などが必要な肉体的活動を好む	内気、誠実、根気強い、安定している、協調性がある、実際的	機械工、ボール盤作業員、組立ライン作業員、農業従事者
研究的　思考、体系化や理解といった活動を好む	分析的、独創的、好奇心がある、自主的	生物学者、経済学者、数学者、記者
社会的　他者を助け、他者を成長させるといった活動を好む	社会的、愛想がいい、協力的、理解がある	ソーシャルワーカー、教師、カウンセラー、臨床心理学者
慣習的　規律によって決められることや、秩序立っていることや一義的な活動を好む	協調性がある、手際がいい、実際的、想像力に欠ける、融通が利かない	会計士、企業マネジャー、銀行の窓口係、文書整理係
企業的　他人を導いたり影響を与えられる活動を好む	自信家、野心的、エネルギッシュ、傲慢	弁護士、不動産業、広報担当、中小企業の経営者
芸術的　創造的表現が許される一義的でない、組織的でない活動を好む	想像力がある、無秩序、理想家、感情的、実務能力に欠ける	画家、音楽家、作家、インテリア・デザイナー

資料：Reproduced by special permission of the publisher, Psychological Assessment Resources, Inc., *Making Vocational Choices*, 3rd ed., copyright 1973, 1985, 1992, 1997 by Psychological Assessment Resources, Inc. All rights reserved（引用にあたっては、出版社の許可を得ている）。

ある。

性格的特徴は文化によって異なるのか

　ビッグファイブ・モデルのような性格の枠組みは、異なる文化においても適用できるのだろうか。ローカス・オブ・コントロールは、すべての文化に共通なのだろうか。これらの質問に答えてみよう。

　ビッグファイブ・モデルで研究された5つの性格因子は、ほとんどすべての異文化研究に共通する[46]。これらの研究は、中国、イスラエル、ドイツ、日本、スペイン、ナイジェリア、ノルウェー、パキスタンやアメリカといったさまざまに異なる文化を研究対象としている。相違は、どの因子を重視するかに見られる。例えば中国人は、アメリカ人に比べ、誠実さの因子をよく用い、協調性の因子はあまり用いない。だが驚いたことに、一致点はきわめて多く、先進国の調査では特に顕著である。例えば、欧州共同体の人々を対象にした研究の再検証では、誠実さは、作業グループや職業グループ全般の業績の貴重な指標となっていることが分かっており[47]、アメリカの研究でも同様の結果が出ている。

　特定の国における一般的な性格タイプなど存在しないことは、もちろん分かっている。いずれの文化圏においても、リスクテイキング傾向の高い人も低い人もいるものだ。それでも、文化は、その文化圏の人々の支配的な性格的特徴に影響を与えている。先に見た性格的特徴、ローカス・オブ・コントロールに

目を向けることで、この国民文化の性格に与える影響を見ることができる。

国民文化によって、自分の周りの環境を自分がコントロールしていると信じている度合いは異なってくる。例えば北米では、自分は環境をコントロールできると信じているが、中東諸国の社会では、人生は本質的に運命づけられていると信じている。この考え方の違いが、いかにローカス・オブ・コントロールの内部的と外部的の概念に似通っていることか。他ならぬこの文化的特徴に照らしてみれば、アメリカやカナダの労働人口における内部的志向が、サウジアラビアやイランの労働人口におけるそれよりも多いことは予想できるのである。

ここまで、従業員の行動に影響を及ぼす性格的特徴について見てきた。世界を股にかけるマネジャーにとって、国民文化の視点から性格的特徴を見たとき、性格的特徴がどのように異なるかを理解することは、より一層重要な意味を持つのである。

性格的特徴は、ほとんどすべての異文化研究に共通するが、どの特徴を重視するかは国によって異なる。例えば、中国文化では誠実さと自己観察を非常に重視する。中国人従業員は勤勉で効率的、責任感も信頼性もあり、達成志向型である。外的要因に対し自己の行動を調節する適応能力にきわめて優れ、自己観察力の高さを示す。こういった性格的特徴は、国内随一の靴下およびストッキングメーカー、ランシャ・グループの従業員（写真）の行動にも見られる。

性格を理解することは、より有能なマネジャーになることにどう役立つのか

アメリカのほぼ62％の企業が、従業員を採用する際に性格テストを行っている[48]。そして、テスト導入の最も重要な目的は、性格の相違を理解することにあると思われる。性格と仕事が合っているかどうかを考慮すれば、マネジャーは、より職務遂行能力が高く、より仕事に対する満足度の高い従業員を採用できる可能性がある。また、性格と仕事との適合性には、別の恩恵もある。ある従業

員は即断を求められることが苦手であり、また別の従業員は問題に対処するにあたってできる限りの情報を集めようとするとしよう。問題解決や意思決定など、ひとりひとりの仕事への取り組み方の違いに気づくことで、マネジャーは従業員の行動の理由をより深く理解できるようになる。また、ローカス・オブ・コントロールが外部的な人間は、内部的な人間より仕事に対する満足度が低い可能性があり、自らの行動に対する責任を引き受けたがらない傾向があることも予測できるのである。

9-4 認知とは何か、何が認知に影響を与えるか

認知とは、感覚的な印象をまとめ、解釈することで、周囲の状況に意味を与えるプロセスのことである。同じものを見ているにもかかわらず、人によって受け止め方が異なることが、認知研究では一貫して実証されている。例えば、あるマネジャーは、自分のアシスタントが重要な決断をするのにたいてい数日かかるという事実を、そのアシスタントは仕事が遅く、考えをまとめられず、決断するのを恐れている証拠だと解釈するかもしれない。別のマネジャーは、同様の傾向を、そのアシスタントが思慮深く、几帳面で慎重な証拠であると解釈するかもしれない。前者のマネジャーはアシスタントを否定的に評価し、後者は肯定的に評価していると言えるだろう。問題は、誰も本当の現実を見ていないということである。私たちは目にしたものを解釈し、それを現実と呼んでいる。そして、例で示したように、当然のことながら、私たちはその認識に従って行動しているのである。

認知に影響を与えるものとは

石油製品を扱う大企業で働く52歳のマーケティング主任のキャシーは、面接試験で、求職者のビルの鼻ピアスに気づいた。しかし、人材採用担当の23歳のショーンはそれに気づかなかった。これは一体どういうことか。さまざまな要因が働いて認知を生み出し、ときにそれを歪めてしまうことがある。これ

---

26) 認知 感覚的な印象を整理し、解釈することで、周囲の状況に意味を与えるプロセスのこと。

らの要因は、認知する側が持っている場合もあれば、認知される側にある場合もあるし、その認知を生み出す状況に内在している可能性もある。

　個人がある対象を見て、目にしたものを解釈しようとするとき、その個人の個人的特徴がその認知に大きく影響する。ここで言う個人的特徴とは、その人の姿勢、性格、動機、興味や過去の経験や期待などである。観察される対象物の特徴も、受け止め方に影響を及ぼす。騒がしい人たちはおとなしい人たちに比べ、集団のなかで気づかれやすい。非常に魅力的な人たちとそうでない人たちの場合も同様である。これは、対象物は単独で観察されるわけではなく、対象物と置かれた状況との関係もまた、認知に影響を及ぼし（例として図表9-3を参照のこと）、人は、接近しているもの、似ているものをグループ分けする傾向があるためである。

　観察する対象物や出来事を取り巻く状況もまた重要である。対象物や出来事が観察される時間や場所も、照明、温度、その他多くの状況的要因と同じように認知に影響を及ぼす可能性がある。

マネジャーはどのように従業員を判断するか

　人に対する場合と、コンピューターやロボット、建物といった無生物に対する場合では、マネジャーの判断の仕方は異なってくる。それは、人の行動に対しては推論を行うが、無生物に対してはそれを行わないからである。人の行動を認知したり判断したりすることは、私たちがその人の内的状態、つまりなぜその人はその方法で振る舞うのかを推理することに大きく影響されるのである。私たちが相手を判断する際に行うさまざまな推論から、研究者たちは帰属理論

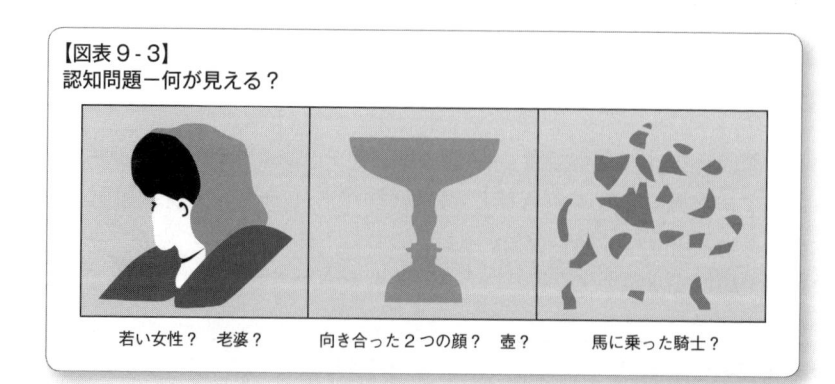

【図表9-3】
認知問題－何が見える？

若い女性？　老婆？　　　向き合った2つの顔？　壺？　　　馬に乗った騎士？

を導き出した。

帰属理論とは何か　**帰属理論**とは、ある人のある行動の原因を何に求めるかという帰属過程を説明する理論である[注27][49]。この理論では、個人の行動を観察するとき、私たちはその行動が内的要因と外的要因のどちらによって引き起こされたものなのかを特定しようとする。そして内的要因はその個人がコントロールできるものととらえられ、外的要因は外的原因の結果、つまり、その行動を取らざるを得なかったとする。また、内的要因なのか外的要因なのかは、弁別性、一致性、一貫性の３つの基準から判断される（図表9-4）。

　弁別性とは、大抵の状況でその行動をとるのか、あるいは、ある状況に限られた特定の行動なのかについてのことである。ある従業員が遅刻してきたとしよう。その従業員は、同僚からサボっていると見られている人間だと言えるだろうか。肝心なのは、遅刻という行動が珍しい行動かどうかである。そうであれば、観察者は、その行動を外的要因に帰する。一方、その行動が珍しくないのであれば、内的要因によるものと判断するだろう。

　似たような状況にある誰もが同様の反応を示すかどうかを、**一致性**という。

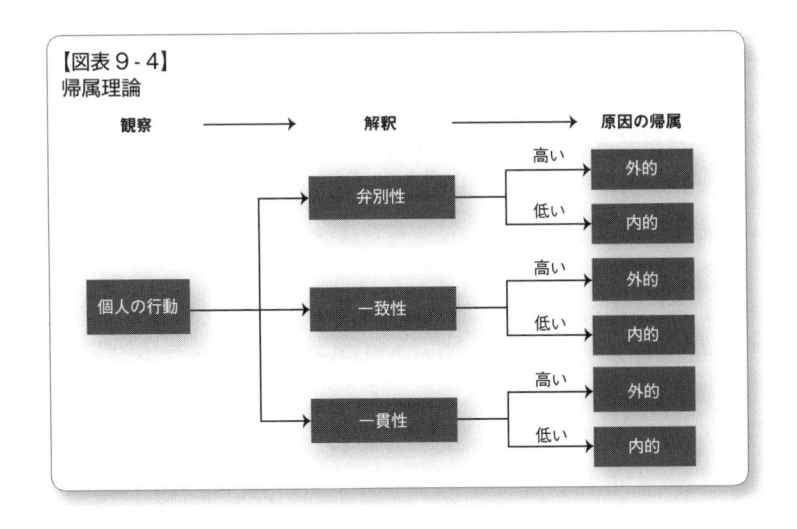

【図表9-4】
帰属理論

観察 → 解釈 → 原因の帰属

個人の行動 → 弁別性 → 高い：外的／低い：内的
　　　　　 → 一致性 → 高い：外的／低い：内的
　　　　　 → 一貫性 → 高い：外的／低い：内的

27）**帰属理論**　ある人のある行動を何に帰属させるかにより、人によってその人への判断が異なることを説明する理論。

先の従業員と同じ通勤経路で通っている従業員全員が今日遅刻したというのであれば、遅刻した従業員はこの一致性の基準を満たす。一致性が高ければ、判断者はこの従業員の遅刻を外的要因に帰する。逆に、同じ通勤経路の従業員がみな時間どおりに出勤した場合には（一致性が低ければ）、内的要因によるものと判断するだろう。

　最後に、マネジャーは従業員の行動を**一貫性**からも判断する。だが、人はいつも一貫して同じ行動をとるものだろうか。歳をとっても従業員は同じ反応をするのか。10分遅刻することが、ある従業員にとって珍しいこと（数カ月の間遅刻をしていない）であっても、別の従業員にとってはいつものこと（週に2、3回は遅刻してくる）であれば、同じようには受け止められない。行動に一貫性があればあるほど、観察者はそれを内的要因に帰そうとする傾向が強くなる。

帰属は歪められるか　帰属理論から導き出された興味深い研究成果の1つが、帰属を歪める勘違いやバイアス（不公平な判断や行為）に関するものである。例えば、私たちが他人の行動について判断を下すとき、外的要因の影響を低く見積もり、内的要因や個人的要因の影響を高く見積もる傾向があるという仮説を裏づける実質的な証拠がある[50]。この**根本的な帰属の誤り**によって、営業マネジャーが、なぜ売上不振を競合他社が導入した画期的な生産ラインよりも販売代理店の怠慢のせいにするのかを説明することができる。また、人は、自分の成功を自身の能力や努力といった内的要因に帰し、失敗の責めを運などの外的要因に帰する傾向がある。この**自己奉仕バイアス**理論は、マネジャーが作業成果に対して従業員に与えたフィードバックが、それが建設的なものであるかどうかにかかわらず、従業員によって歪められることを示唆している。

私たちは認知においてどのようなショートカットを用いているか　マネジャーも私たちも全員、多くのショートカットを用いて人を判断している。人の行動を認知・解釈するには多くの作業を必要とするため、その作業をより管理しやすくするためである[51]。より正確な認知が素早くでき、予測を立てるために有用なデータが提供されている場合には、ショートカットは有益である。しかし、ショートカットは面倒を引き起こす可能性もあり、現に面倒を引き起こしている。認知におけるショートカットとはどのようなものだろう（ショートカットのまとめについては、図表9-5を参照のこと）。

【図表9-5】
認知のショートカット

ショートカット	説明	歪み
選択的	人は観察したものを、その人の興味、背景、経験や姿勢に基づき、ある一定の断片として取り入れる	他者を「素早く解釈」することは、不正確なイメージを持つ可能性がある
想定類似性	人は、他者を自分に似たものと想定する	個人差を考慮に入れず、想定した類似性が誤っている可能性もある
ステレオタイプ化	人は、他者が所属する集団の認知を基にその人を判断する	多くのステレオタイプが事実に基づいていないため、歪んだ判断をもたらす可能性がある
ハロー効果	人は、1つだけの特徴に基づいて他の人の印象を形作る	他の人が持っている全体像を考慮しない

　人は観察したすべての情報を取り入れることはできないから、認知の過程でそれらを選り分ける。それらを断片的に取り入れるのだが、断片は無作為に選別されるわけではなく、観察者の興味、背景、経験や姿勢などによって選択的に選別される。**選択的認知**を行うことで他者を「素早く解釈」できるが、不正確なイメージを描いてしまう危険がある。

　他者を自分と似た人間であると想定すれば、他者への判断がしやすくなる。**想定類似性**（「自分と似ている」という印象を持つこと）により、他者に対する認知は、観察される側の特徴ではなく、観察する人自身の特徴により大きく影響を受けることになる。例えば、職務において課題に挑戦し責任を負わなければならない場合、他者も同様だと想定することになる。それがもちろん正しい場合もあるが、常に正しいとは限らない。

　第三者が所属する集団の認知を基にその人を判断する場合、**ステレオタイプ化**と呼ばれるショートカットを用いる。例えば、「既婚者は未婚者に比べ、より定職率が高い」であるとか、「高齢の従業員はよく仕事を休む」といった判断である。ステレオタイプが事実に基づくのであれば正確な判断が導き出されるだろうが、多くのステレオタイプは事実に基づいておらず、判断を歪めている。

28）**根本的な帰属の誤り**　他人の行動について判断を下すとき、外的要因の影響を低く見積もり、内的要因の影響を高く見積もる傾向。
29）**自己奉仕バイアス**　自分の成功を内的要因に帰し、失敗の責めを外的要因に帰する傾向。
30）**選択的認知**　人が見たものの一部のみを取り入れる傾向のことで、他者を「素早く解釈」ができる。
31）**想定類似性**　他者に対する認知が、観察される側の特徴ではなく、観察する人自身の特徴により大きく影響を受けることになること。
32）**ステレオタイプ化**　第三者が所属する集団の認知を基にその人を判断すること。

ある人について、知性や、社交性、外見といった特徴1つだけに基づいて全体的な印象を形作る場合、**ハロー効果**の影響を受けている。この効果は、生徒がクラス担任を判断する場合によく起こる。生徒は、教師の熱意といった1つだけの特徴を選び出す可能性があり、この1つだけの特徴に基づいた認知によって全体的な判断が下される傾向がある。物静かで毅然とし、知識も豊富で非常に有能なクラス担任が、やる気を前面に押し出す教え方をしない場合、その他のさまざまな特徴に対し、低い評価が与えられる可能性がある。

認知への理解は、より有能なマネジャーになるためにどう役立つか

　マネジャーは、従業員が現実に対してではなく、認知したことに反応するのだということを理解する必要がある。したがって、従業員の作業成果についてマネジャーが行う評価が真に客観的で公平かどうか、組織の賃金水準が地域社会で上位に位置するかどうかよりも、従業員がそれらをどう受け止めているかがより重要である。評価が不公平、あるいは賃金水準が低いと受け止めている場合、その人たちは、そういう状況が実際にあるかのように振る舞う。従業員は目にしているものを整理して解釈するため、常に潜在的な認知の歪みが存在する。明らかなのは、従業員が自らの仕事とマネジャーの活動をどう受け止めているかによく注意する必要があるということだ。不正確な認知によって有能な従業員が辞めてしまうことは、正当な理由で辞めてしまう場合同様、組織にとって大変な痛手であることを心しておく必要がある。

9-5 学習理論は行動をどう説明しているか

　20歳のエルビス・アンドラスは、2009年に米国野球メジャーリーグのテキサス・レンジャーズと契約を交わしたとき、レンジャーズがもう1人のショートの選手と契約を交わしたことを知り、興奮した。それは、ゴールドグラブ賞を11回受賞したベネズエラ出身のオマー・ビスケル選手だった。ビスケルには、有望な若い選手を先輩として導くという明確な役割が与えられていた。メジャーリーグのマネジャーたちは、「経験豊富なベテラン選手と有望な若手選手とを定期的に一緒にし、専門的知識や、ダブルプレーに取る方法から夜の街でト

ラブルに巻き込まれないようにする方法まで、ありとあらゆる助言を与えてほしいと考えているのである」[52]。

　このように教え導くということは、これから取り上げる最後の個人行動「学習」の好例である。従業員の行動を説明し、予測し、影響を与えたいのであれば、従業員がどうやって学ぶかを理解する必要がある。

　心理学者の学習の定義は、世間一般で言う「学校で学ぶこと」に比べ、ずっと広い。学習はどんなときにも起こる。私たちは常に経験から学習し続けているからだ。**学習**の実際的な定義は、経験の結果として起こった行動における相対的で永続的な変化のことである。個人行動がなぜどのように起こるかを理解するには、2つの学習理論が役立つ。

オペラント条件づけとは何か

　一つ目の学習理論**オペラント条件づけ**は、「人は、ある行動をした結果として環境がどう変化したかを経験することにより、環境に適応するような行動を自発的に学習する」とする理論である。人は、手に入れたいものを手に入れるため、また、望まないものを避けるため、行動することを学ぶ、のである。

　バラス・F・スキナーの研究は、オペラント条件づけについての考えを広く行き渡らせた[53]。スキナーは、人は、期待された行動をするよう強化（オペラント行動の自発頻度の高まりのこと）された場合にその行動をとる可能性が最も高く、即反応することを期待するなら褒美が最も効果的だとしている。さらに、褒美も罰も伴わない行動は、繰り返される可能性が少ないともしている。

　至る所にオペラント条件づけは見られる。強化（褒美）を得られるかどうかは私たちの行動次第であるとはっきり示される場合も、暗に示される場合も、それはオペラント条件づけである。この課程で好成績を修めたいなら、テストに正しい解答を書いて良い点を取るようにと講師が言った場合もオペラント条件づけである。歩合制で働く販売員は、高収入を得られるかどうかは販売地域において高い売上をあげるかどうかにかかっていると認識している。もちろん、行動と強化を結びつけることは、組織の最善の利益に反する振る舞いをする構成員を指導する場合にも有効である。例えば、今後3週間の繁忙期のあいだ残

---
33) **ハロー効果**　1つだけの特徴に基づいた認知によって全体的な判断を下すこと。
34) **学習**　経験の結果として起こった行動における相対的な永続的変化のこと。
35) **オペラント条件づけ**　行動とは因果関係の働きであるとする学習についての理論。

業してくれるなら、次の勤務評定でその点を評価しようと上司が言ったとする。そして勤務評定の時期がやって来たが、正の強化（協力した、あるいは必要な時に手を差し伸べたといった評価）が全く与えられなかったとする。次に上司が残業するよう求めてきた場合、どうするだろう。おそらく断るのではないだろうか。この行動はオペラント条件づけで説明できる。行動に正の強化が与えられなかった場合、その行動が繰り返される可能性は低くなるのである。

社会的学習理論とは何か

私たちが学ぶことの多くは、両親、教師、同級生、テレビや映画の俳優、マネジャーなどの他者を観察すること（それをお手本にすること）によってもたらされる。人は観察を通して学ぶことができるとする考え方を**社会的学習理論**と呼ぶ[54]。(注36)

他者による影響が、社会的学習理論の根幹をなす。手本が人に及ぼす影響力は、4つのプロセスによって決まるとされる。

1. 注意過程 人は重要な特徴に気づき、それに注意を向け、その手本から学ぶ。人は、魅力的で、繰り返し観察することができ、重要あるいは自分に似ていると思われる手本に最も影響を受ける。

2. 保持過程 手本の影響は、その手本を容易に観察することができなくなった後でも、手本の行動をどれだけ思い出せるかにかかっている。

3. 運動再生過程 人は、手本を観察することで新たな行動を目にし、見たことを自分でもやってみるようになる。これが、手本とした活動を実際にやれることを証明する過程である。

4. 強化課程 人は、見返りや褒美が与えられる場合、手本とした行動を示そうという気になる。そして、その行動をもっと上手くやろうとし、頻繁に行うようになる。

マネジャーはどのように従業員の行動を形成するか

マネジャーは、どうしたら組織の利益となるような行動をするよう、従業員を指導できるのだろうか。マネジャーは大抵、従業員の学びを段階的に導くことで、従業員の行動を作っていく。それぞれの段階において従業員の行動を系統的に強化することで、従業員の行動は形作られるのである。このプロセスを

行動形成と呼ぶ。[注37]

　行動形成には、正の強化、負の強化、罰、消滅の４つがある。マネジャーが仕事を首尾よくこなした従業員を褒めることで、その従業員の行動が増えることを**正の強化**という。一方、非難することで従業員が望ましい行動をするように導くことを**負の強化**と呼ぶ。例えば、マネジャーが、「休憩時間が長すぎる」と従業員を非難するのは負の強化を使っている。従業員にとって、この非難に応えるには、休憩時間を短くするしかない。**罰**は、望ましくない行動に対して課されるものである。酔っ払って出勤した従業員に対する２日間の停職処分は、罰の例である。強化を止めることで**消滅**がおきる。従業員のとった行動が強化されない場合、その行動は徐々に消えていく。会議でしょっちゅう無関係な質問や的外れの質問をする従業員の行動を変えたいならば、その従業員が発言を求めて手を上げたときに無視をする。やがてその従業員は発言しようとしなくなる、つまり行動は排除されるだろう。

　正の強化も負の強化も、どちらも学習をもたらす。どちらも期待される行動を強め、繰り返しの可能性を高める。罰と消滅も学びをもたらすものではあるが、行動を弱め、その後の繰り返しを低下させる傾向がある。

学習について理解しておくことは、有能なマネジャーになるためにどう役立つか

　従業員は仕事をしながら学ぶ。あとは、マネジャーが、報奨を用意し、手本を示しながら従業員の学びを管理できるか、あるいは自由にまかせて学ばせることができるかどうかにかかっている。生産性の低い従業員たちに昇給や昇進の機会が与えられている場合、それは彼らが行動を変える理由にはならない。むしろ、生産性の高い従業員が、生産性の低い彼等の作業に報奨が与えられるのを目にして、行動を変える可能性がある。マネジャーはＡ行動を求めているが、Ｂ行動に報奨を与えた場合、従業員がＢ行動を取るよう学んだとしても驚くにはあたらない。同様に、マネジャーは、従業員たちが自分を手本にするということを忘れてはいけない。絶えず仕事に遅れてくる、昼食に出ると２時間帰らない、あるいは会社の事務用品を勝手に個人的に使うといったマネジャ

36）**社会的学習理論**　人は、観察と直接体験を通して学ぶことができるとする理論。
37）**行動形成**　正の強化、負の強化を用いながら、段階的に学びを導くプロセス。

ーは、従業員たちがそれらの行動によるメッセージを読み取り、その結果それらの行動を見本にするということを忘れてはいけない。

9-6 マネジャーが直面するOBの現代的課題

　ここまで説いてきたのは、従業員がどのように、そしてなぜそのように振る舞うかをマネジャーが理解する必要性が大きいということである。最後に、現代のマネジャーの仕事に大きな影響を及ぼす2つのOBの問題に目を向け、本章を締めくくる。

世代差が職場に与える影響とは

　若く、ハイテクに強く、生意気。職場にサンダルを履いてきたり、デスクでiPodを聴いたりする。働く意欲はあるが、働くことが人生のすべてではない。これがアメリカのY世代（訳注；アメリカのY世代は、日本の団塊ジュニア世代とほぼ同じである）であり、そのうちおよそ7,000万人が職に就き、異なる世代が混在する職場でその存在感を示しつつある[55]。

Y世代とはいったい何者か　Y世代が正確にはどの年代を指すかの共通認識はないが、一般的に1982－1997年前後にアメリカで生まれた人たちを指すとされる。Y世代は、さまざまな驚くべき体験や機会とともに成長してきた世代であり、仕事にも同様の体験や機会が与えられることを求めている。例えば、ベスト・バイのオフィスで働くスケジューリング・スペシャリストのベス・トリッピーは、同じ結果が得られるのなら、どうしてやり方にこだわる必要があるのかと感じている。「しょっちゅうビデオゲームをしているけれど、呼ばれればすぐ仕事をするし、やるべきことはすべてやり、しかも立派にやり遂げている」と彼女は言う[56]。一方、アトランタで財務役員補佐をする女性は、「私たちは現状を打破しようとし、それを恐れない。創造的で自主的な思考が前向きなことと捉えられる環境が、私たちの世代にアピールするのです。私たちは非常に自主的でハイテクにも強い」と語る[57]。

マネジメントに関わる課題に対処する　Y世代の管理・監督にはY世代固有の問題がいくつか立ちはだかる。対立や不満が、外見やテクノロジー、マネジメント・スタイルの問題にまで発展する可能性があるからだ。職場に「ふさわしい」服装という点において組織はどこまで柔軟に対応すべきだろうか。行われる仕事の種類にもよるし、組織の規模にもよる。ジーンズやTシャツ、サンダル履きを容認している企業も多数あるが、その他の職場では、従業員はよりきちんとした服装をすることが求められている。だが、より保守的な組織においてすら、Y世代が好むカジュアルな服装に対応するための唯一の解決策が、何を受け入れるかに対して柔軟になることなのである。例えば、外部の人間との接触がない従業員は、よりカジュアルな服装（ある程度の制約は設ける）をしてもよいという指針を設けることもできる。

　テクノロジーの面ではどうだろう。Y世代の生活の大半は、ATM、DVD、携帯電話やEメール、携帯メール、ノートパソコンやインターネットなどとともにある。必要とする情報がない場合、Y世代は、キーを叩くだけでそれを手に入れる。テクノロジーとともに成長してきた彼らは、テクノロジーに完全に慣れ親しんでいる。Y世代はネットワークを介して問題を解決することに全く違和感を覚えず、一方、当惑気味のベビーブーム世代は、重要な問題は直接会合で解決することを期待する。ベビーブーム世代は、Y世代が1つの作業に集中できないと文句を言い、Y世代は、複数の作業を並行して行うことが悪いとは考えていない。ここでも双方の柔軟性がカギとなる。

　最後に、Y世代を管理監督することについてはどうだろうか。Y世代が求めるのは、心が広く、専門分野の知識が豊富で、たとえハイテクに精通していなくとも計画性のある上司である。教師やトレーナーや先輩指導者のような存在を求め、権威主義的で父親風を吹かすような人物は望まず、自分たちの世代を尊重し、自分たちが求めるワーク・ライフ・バランスを理解してくれ、定期的なフィードバックを返してくれ、はっきり説得力のある方法で伝えてくれ、刺激的で新たな学習体験を提供してくれる上司を求めているのである。

　Y世代は、その知識、熱意や能力の観点から、組織に多くのものをもたらすが、マネジャーは、仕事が効果的かつ有効になされ、またチームワークを乱す対立を引き起こさないような職場環境を整えるため、Y世代の行動に気づき、理解する必要がある。

職場における好ましくない行動にマネジャーはどう対処するのか

アメリカの従業員に対する調査では、10%が職場内で日常的に無礼な振る舞いを目撃し、20%が職場で少なくとも1週間に1度は無礼な振る舞いの直接的な被害者になると答えている。カナダの従業員に対する調査では、25%が日常的に無礼な振る舞いを目撃し、50%が少なくとも1週間に1度は無礼な振る舞いの直接的な被害者になると答えている[58]。また、好ましくない行動によりアメリカ経済が被った損失は、年間およそ3千億ドルと見積もられている[59]。では、職場における好ましくない行動を管理・監督するために、マネジャーは何ができるだろうか。

まず、好ましくない行動が職場にあると気づくことが第一である。好ましくない行動がないかのように振る舞ったり、そのような好ましくない行動を無視したりすることは、何が期待される行動で、何が許容される行動であるかについて従業員を混乱させるだけだ。好ましくない行動に対する予防手段、あるいは対抗措置については研究者たちの議論が続いているが、実際には、どちらも必要である[60]。特定の性格的特徴に注意して従業員を選抜し好ましくない行動を防ぐこと、また、受け入れられない好ましくない行動に対して即座に断固とした措置を講ずることは、職場での好ましくない行動を管理・監督するのに大いに役立つ。しかし、不適切さは姿勢にも現れるため、従業員の姿勢に注意を払うことも重要である。先に述べたように、従業員が自らの仕事に満足を感じていない場合に、何らかの反応が現れるのである。

理解を深めよう

1. 氷山のような組織とはどのような組織か。氷山の例えを用いて組織行動を説明しよう。
2. OBの知識の重要性は、マネジャーが組織のどのレベルで働くかによって異なるか。もし異なるのであればどう異なるのか、異ならないのであればなぜ異ならないのか、具体的に説明しよう。
3. 人は、姿勢と行動とのあいだの矛盾をどう調整するのか説明しよう。
4. 心の知能指数という言葉の意味を説明しよう。現代の組織においてどう活用されているか例を示そう。
5. 「仕事に対する満足度を気にかけるより、企業は、業務達成を可能にす

6. マネジャーは自らの部署により良い従業員を採用するため、性格的特徴をどのように利用することが可能か。心の知能指数についてはどうか。議論しよう。
7. 職場で従業員を管理・監督することに社会的学習理論がどう関わるのか説明しよう。
8. ギャラップ調査では、ほとんどの従業員が、思いやりのある上司を持つことは給与や福利厚生以上に重要である、と答えている。この情報をマネジャーはどう解釈すべきか。この答えが意味するものは何だろうか。
9. 自分の態度について3つ挙げてみよう。それぞれの態度の、認知要素、感情要素、行動要素が何であるか考えよう。
10. 職場における世代の違いや好ましくない行動を管理することにおいて、マネジャーが直面する課題を説明しよう。

実例にみるマネジメント（p.281から続く）

伊那食品工業：何よりも一人ひとりの社員を大切にする

　塚越会長は、同社が創業間もない頃、本社の経営再建のために子会社から呼び寄せられた。その当時、こんなエピソードがある。経営的には今と違って大変苦しかったその当時、寒天製造は寒い時期に水浸しの工場で行われるのが普通であり、同社の工場もそうであった。その寒さのために、多くの社員が体調を崩していた。財務的には余裕がなかったが社員の健康を一番に考え、工場に思い切った設備投資を行い、水に濡れずに作業できる工場を作り上げた。従業員を第一に考える同社の姿勢を表すエピソードの1つである。

　塚越会長はインタビューの中で次のように答えている。「私の基本的な考え方は、幸せになるにはどうすればよいかということだと思うんです。私は非常に若い頃、貧乏して病気と闘って、貧乏な会社で苦労した。だからものすごく強い幸せに対する願望が私の中にはあると思うんですよ。だから自分も含め、社員も世の中もみんなが幸せになったらいいだろうなって強く思うようになっているんだろうと思います[61]」。

　そんな塚越会長が座右の銘にしている言葉があるという。江戸時代後期に多くの農村復興を指導した二宮尊徳の言葉「遠くをはかる者は富み、近くをはかる者は貧す。それ遠きをはかる者は百年のために杉苗を植う……」である。長期的に着実な成長を遂げてきた伊那食品工業にとって社員を大切にすることは、まさにこの言葉にある遠きをはかることにあたるのだろう。

設問1　伊那食品工業における社員を重視する経営は、社員にどのような影響を与えていると考えるか。

設問2　塚越会長の社員を重視する経営を、あなたはどのように評価するか。その評価の基準は何だろうか。

Chapter 10

第10章
グループを理解し、業務チームをマネジメントする

本章での学習ポイント

- **10-1** グループ、そしてグループの発展過程におけるステージとは何か　p.316

- **10-2** グループ行動の主要概念とは何か　p.319

- **10-3** グループはどのようにして有効性を発揮するチームになるか　p.325

- **10-4** チームマネジメントの現代的課題　p.337

実例にみるマネジメント

インテル：距離は離れていてもつながっている

　パレスチナ北部の湾岸都市、ハイファにあるインテルのイスラエル開発センターは、アメリカ国外で最初の開発センターとして 1974 年に設立された[1]。インテルは世界最大の半導体製造会社であり、同社が製造する部品は、世界のデスクトップおよびノート型コンピューター、コンピューターサーバーの 80％以上に使われていて、その高い技術力は世界中に知られている。インテルのイスラエル技術者チームは長年にわたって同社の目覚ましい技術革新に貢献してきた。この技術者チームについては、「ともすれば行き過ぎだと言われるほど議論をし、対立をもいとわないという強い組織文化がある」とよく言われる。だが、この技術者チームの最大の問題点は他の技術者チームとの地理的な距離である。それでも、インテルのマネジャーたちはそれら多くのチームを結びつけ、革新性を維持する方法を見出してきたのだ。(p.343 に続く)

　インテルの幹部と同じように、今日のマネジャーは、チームの力を利用することで売上を増加させ、今までよりも優れた製品をより早く安く作ることができると考えている。

　集団を形成して仕事をした経験は誰にも数多くあるはずだ。学校の授業のプロジェクト・チームであったり、スポーツチームであったり、募金集めのための委員会や仕事の販売部門チームの場合もあるだろう。業務チームは、今日の変化し続けるグローバルな環境下での難問へ対処する手段である。多くの組織で個人よりも業務チームで仕事を再構築していく傾向が強くなっている。その理由は何か。これらのチームはどのようなものか。そしてマネジャーはどうすれば効果的な業務チームを編成することができるか。第 10 章では、これらの疑問に答えていく。業務チームについて理解する前に、まずはグループやグループ行動の基本について理解する必要がある。

10-1 グループ、そしてグループの発展過程におけるステージとは何か

グループとは、特定の目的を達成するために相互に関わり、お互いに必要としあう2人以上の人からなる集団と定義される。**公式グループ**とは、組織における仕事上のグループを指し、指定された職務や、組織の目標を達成するための特定の任務を負う。図表10-1に例をいくつか挙げた。**非公式グループ**とは親睦を図るような社交グループのことである。このようなグループは職場で自然発生的にでき、親交を深めたり、共通の趣味を持つ者が集まったりする傾向がある。例えば、常に昼食を共にする、部門の異なる5人の従業員は非公式グループにあたる。

グループの発展過程におけるステージとは何か

研究によれば、グループは5つのステージを経て発展する[2]。図表10-2にあるように、その5つのステージとは、形成する、混乱する、規範化する、機能する、休止するというステージである。

形成するステージは2つの段階から成る。第1段階は人々がグループに加わる時期である。公式グループでは、何らかの仕事が課せられ、その遂行のためのグループに加わるという経緯をたどる。グループに加わるとすぐに第2段階が始まり、グループの目的、構造、リーダーシップが明確になっていく。構成員はどのような行動が許容されるかを見極めようと様子を見るので、この段階

【図表10-1】
公式グループの例

- **コマンドグループ**—組織体制におけるグループの1つで、特定の1人のマネジャー直属の個人の集まり。
- **タスクグループ**—特定の仕事を達成するために集められた個人から成るグループ。基本的に仕事が完了した時点で解散するので、この種のグループは一時的なものが多い。
- **機能横断型チーム**—さまざまな機能業務の分野で働く人たちの知識や技能を結集した集団。または、複数分野にまたがる機能業務に熟達した人々からなる集団。
- **自己管理チーム**—本質的に独立した集団で、自身の仕事に加え、雇用したり、計画したり、スケジュールを組んだり、業績を評価したりといった従来の管理責任を負う人々の集団。

【図表10-2】
グループの発展過程におけるステージ

1：形成するステージ
2：混乱するステージ
3：規範化するステージ
4：機能するステージ
5：休止するステージ

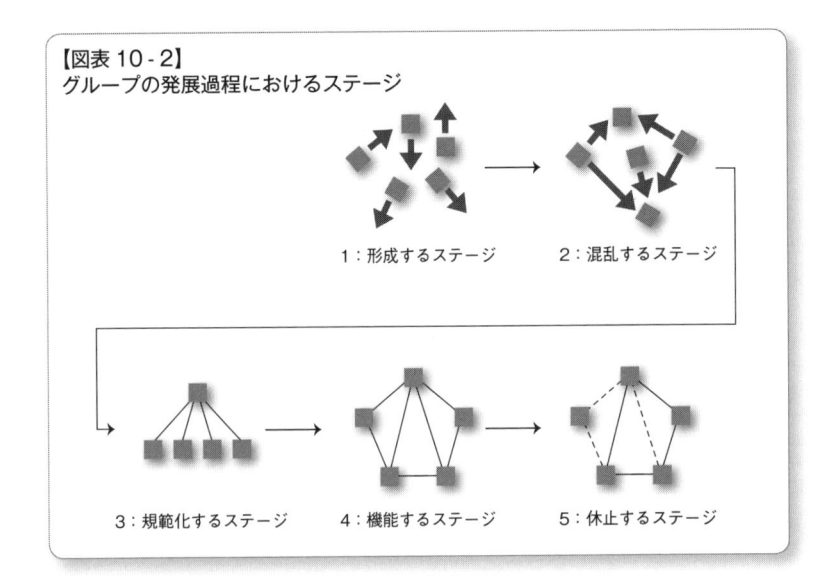

にはかなりの不確実性が伴う。このステージは、構成員が自身をグループの一員だと考え始めた時点までである。

混乱するステージ(注3)は、グループ内で争いや衝突が起きることから名づけられた。誰がグループをコントロールするのか、グループが何をしなければならないのかをめぐって争いや衝突が起きる。このステージが完了するとき、比較的明確なリーダーシップのヒエラルキーができ、グループの方向性についての同意ができあがる。

規範化するステージ(注4)では、構成員の間に親密な関係性が構築され、グループとして団結するようになる。この時点で、構成員はグループの一員であるという強い一体感と仲間意識を共有する。また、グループ内の組織的な構造が固まり、構成員に期待される行動（もしくは構成員の行動に関する規範）を共有するようになる。

---

1) **グループ** 特定の目的を達成するために相互に関わり、依存しあう2人以上の人からなる集団。
2) **形成するステージ** グループの発展過程の第1ステージ。人々がグループに加わり、その後グループの目的、構造、リーダーシップが明確になっていくステージ。
3) **混乱するステージ** グループの発展過程の第2ステージ。グループ内において争いや衝突が起きるステージ。
4) **規範化するステージ** グループの発展過程の第3ステージ。親密な関係性が構築され、団結するようになるステージ。

第4ステージは**機能する**ステージである。グループ内の組織的な構造が固まり、グループ構成員はそれを受け入れている。彼らのエネルギーは互いを知り、理解することから、グループに課せられた仕事そのものへと向けられていく。これは常設的な仕事のグループの発展過程における最後のステージである。しかし、プロジェクト・チームやタスク・フォースなどの一時的な仕事をするグループにとって、最後のステージは**休止する**ステージである。このステージでは、グループは解散の準備をする。仕事の成果に目を向けるのではなく、活動を終わらせることに集中する。このとき、グループ構成員はさまざまな反応を見せる。グループの成し遂げた成果に喜び、明るく振る舞う者もいれば、仲間や友人と別れる際の喪失感を感じ、悲しむ者もいるかもしれない。

　おそらく、多くの人が授業のグループ・プロジェクトなどで共同作業をした際に、このようなステージを経験したことがあるはずだ。この場合、グループ構成員は、選ばれたり、仕事を割り当てられたりして初めて顔を合わせる。そのグループが何をしようとしているのか、どのようにしてそれがなされるべきなのかを見極める「探りの期間」と言える。たいていは、このあとに続いて支配権をめぐる闘争が起こる。誰が責任者になるかというわけだ。この問題が解決し、「ヒエラルキー」について合意がなされると、必要とされている具体的な仕事について、誰がプロジェクトのどの部分を担当するかについて、そして割り当てられた仕事を完成させる期限について確認をしていく。こうして全構成員の役割分担が決まる。この意思決定の作業で、プロジェクトが結果的にうまくいくような、グループが協調して行う取り組みの基礎が築かれる。プロジェクトが完了し、成果を得るとグループは解散する。もちろん、形成するステージや混乱するステージを越えられないグループもある。そのようなグループは対人関係で深刻な争いが起きて、惨憺たる成果しか上げられず、悪評をこうむることになるだろう。

　グループは初めの4つの段階を経るに従って、より有効性を発揮するようになるのだろうか。イエスと言う研究者たちもいるが、そんなに簡単なものではない[3]。おおまかにはそう言えるかもしれないが、グループが有効性を発揮するための条件はもっと複雑である。ある状況下では、高次元の衝突が高次元の成果をもたらす。つまり混乱するステージにあるグループが、規範化するステージや機能するステージにあるグループよりも良い成果を上げる場合もあるのだ。また、グループはいつも順番どおりに、あるステージから次のステージへ

と進むわけではない。混乱と機能の両ステージに同時にあるグループもありうる。ときには、グループが前のステージへ後退してしまうことさえもある。それゆえ、すべてのグループが正確にこの過程をたどるとか、機能するステージが絶対的に望ましいと考えてはいけない。このモデルは、ある重要な事実を際立たせるためのおおまかな枠組みととらえるべきだ。その事実とは、グループとは常に変化する存在であるということと、マネジャーはいずれ大きくなるかもしれない問題点を把握できるように、グループが今どのステージにあるかを知る必要があるということである。

10-2 グループ行動の主要概念とは何か

グループ行動を理解するための基本要素は、役割、行動規範、同調性、ステータス・システム、グループの大きさ、グループの団結である。それぞれの側面について詳しく見てみよう。

役割とは何か

第1章でマネジャーの仕事について論じた際に、役割の概念にも触れた。もちろん、マネジャーだけが組織のなかで役割を持っているわけではない。役割の概念は組織の全従業員に当てはまる。また、この概念は、組織外での彼らの生活にも当てはまる。

役割とは、集団の中で、一定の地位にいる個人に期待される行動パターンのことをいう。個人は属している集団に応じて自分の役割を見極め、結果的に1人の個人が複数の役割を果たすこともある。組織において、従業員は自分にどんな行動が期待されているかを見極めようとする。従業員は職務記述書を読み、上司の助言を受け、同僚の行動を観察する。1個人が同時に2つ以上の矛盾するような役割を期待されたり、個人本来の人格からかけ離れた役割を期待され

---

5) **機能するステージ** グループの発展過程における第4ステージ。グループは十全に機能し、グループの仕事に専念する。
6) **休止するステージ** 一時的な仕事をするグループにとって、グループの発展過程における最後のステージ。このステージでグループは解散の準備をする。
7) **役割** ある社会的集団において一定の地位にいる個人に期待される行動パターン。

たりするとき、その人は役割葛藤に陥る。組織のなかで従業員はこうした役割葛藤にしばしば直面する。例えば、大学で新しく雇われた講師に対して同僚たちが、自分たちの学部は成績を厳しくつけるという高学力にまつわる名声を維持するために、良い成績をつけるのは少数の学生のみに留めてくれ、と圧力をかけているとする。一方で、学生側は、自分達の成績の平均点を上げるために良い成績を多くの人々に与えてほしいと望んでいるとすればどうなるだろう。この講師は、同僚と学生どちらの期待にも応えたいと真摯に思うほど役割葛藤に陥っていく。

行動規範と同調性はグループの行動にどのような影響を与えるか

すべてのグループには確立された**行動規範**がある。行動規範とは、グループ構成員によって受け入れられ、かつ共有されている行動の基準である。行動規範は生産水準、欠勤率、仕事の迅速さ、勤務中に許されるおしゃべりのような私的行動の程度などに対して影響力を持つ。例えば、行動規範は金融機関の窓口担当者の服装規定に影響を与える。彼らは顧客に不快感を与えないような、きちんとした格好をする必要がある。逆に、顧客と直接顔を合わせる機会があまりない社員は、たいていカジュアルな服装で出勤してくる。また、会社に入社したての社員は、顧客と直接顔を合わせる機会がなくてもビジネススーツを着て出勤することがある。彼らはその服装がグループの行動基準に一致するようになるまで、冷やかされたりプレッシャーをかけられたりする。

それぞれのグループには特有の行動規範が存在する一方で、どの組織のグループにも共通している行動規範がある。この種の行動規範は努力と業績、服装、忠誠心に関わるものである。おそらく、最も広く行きわたっている行動規範は努力と業績に関係している。どの程度仕事を頑張るか、生産水準をどの程度にするか、いつ忙しく見えればいいか、サボってもいいのはいつかなどについて、グループ構成員は何らかの形での明確な合図を得ている。これらの行動規範は、従業員個人の業績にきわめて強い力を振るう。この影響力は非常にも大きいので、従業員個人の能力とモチベーションの高さだけに基づいて業績予測を立てると外れる場合が多くなる。

正式な服装規定のある組織もある。このような組織の場合、会社で許容範囲にあると考えられるカジュアルな服装についてまでも記述していることがある。しかし、規定がなかったとしても、行動規範が結果的に職場での適切な服装に

ついてコントロールしている場合が多い。大学4年生は、卒業後最初の職を求めて企業などの面接を受ける際には、服装に関する行動規範をすぐに身につける。毎春、日本中の大学キャンパスでは就職活動中の学生を目にすることができる。濃いグレーか紺地のビジネススーツを着て歩いているのがそうだ。彼らはそれまでに入手したビジネス服装の行動規範を実践している。もちろん、ある組織で許容範囲にある服装が、他組織の行動規範では受け入れられないこともある。

　所属している組織をけなすような従業員を評価するマネジャーはほとんどいない。また、職業意識の高い従業員や幹部の地位にある人は、ほかに職を積極的に探すような人間を好ましいとは思わない。これらの例は、組織への忠誠心に関する行動規範が広く行きわたっていることを証明している。このように多くの人が忠誠心を気にしていることを考えれば、なぜトップマネジャーの地位を目指す上昇志向の人が、いとわず家に仕事を持ち帰り、週末も出勤し、ともすれば住みたくない都市への転勤も受け入れるのか説明がつくだろう。人は自分が所属するグループに受け入れられることを望むので、グループへの同調を求めるプレッシャーには弱い。同調を求めるグループのプレッシャーが個々の構成員の姿勢や意思決定に及ぼす影響の大きさは、心理学者ソロモン・アッシュによる有名な研究で証明されている[4]。アッシュは研究で、グループの行動規範は構成員に対してグループに同調するようにプレッシャーをかける、としている。誰でもグループの一員でありたいと思うし、目に見えて異質に感じられる人間になることを避けたいと思う。それゆえ、私たちはアッシュがこの研究で導き出した結論を次のように一般化できる。つまり、ある客観的データに対する個人の意見が、同じグループに属するほかの人たちの意見と異なるとき、その人は、グループの大多数を占める意見と一致するように自分の意見を調整しなければならないという大きなプレッシャーを感じるということだ。

ステータスとは何か。また、なぜ重要なのか

　ステータスとはグループ内における威信の度合い、位置付け、地位のことである[注9]。科学者は、グループの起源についてたどれるはるか昔の時代から、ステ

8）**行動規範**　グループ構成員によって受け入れられ、かつ共有されている行動基準や期待されている行動。
9）**ステータス**　グループ内における威信の程度、位置付け、地位。

> **コラム：マネジメントいまむかし**

グループの構成員として受け入れてほしいという気持ちのある人は、そのグループの行動規範に同調しやすくなるのだろうか。グループは構成員の姿勢や行動を変えてしまうほど強いプレッシャーをかけるものなのか。ソロモン・アッシュの研究によると、答えはイエスである[5]。

アッシュの研究は、7〜8人のグループを複数使って行われた。被験者たちは教室で席に着き、実験を行う人が持っている2枚のカードを見比べるよう指示された。1枚目のカードには1本の線が、2枚目のカードには長さの異なる3本の線が描かれている。図表10-3で示しているように、2枚目のカードに描かれた3本の線のうち、1本の線の長さは1枚目のカードに描かれた線の長さに等しい。ここで、被験者たちは、2枚目のカードに描かれた3本の線のうちどの線の長さが1枚目に描かれた線の長さに一致するかを皆の前で声に出して言わされた。線の長さの違いはかなり明確なので、被験者の誤答率は1％未満であった。

では、同じように皆の前で声に出して答える状況で、グループの全員が間違った答えを言い始めたらどうなるだろうか。同調へのプレッシャーから、これが実験であることを知らない被験者は、他のメンバーの答えに合わせるために自分の答えを変えてしまうだろうか。これこそアッシュが知りたかったことだった。アッシュは、被験者の一部にこれが実験であることを伝え、実験だと知らない方の被験者が最後に答えるように座席の配列を事前に調整して、実験にのぞんだ。

実験は3回に分け、初めの2回は被験者のすべてが正しい答えを言うように仕組んだ。そして、3回目で最初に答える被験者に明らかに間違った答えを言うように命じた。図表10-3のCの線がXの線と長さが同じだと答えるように仕組んだのである。3回目の実験が始まると、2番目に答える被験者も、その次の被験者も、何も知らない被験者が答える番が来るまで、最初の被験者と同じ間違った答えを言い続けた。何も知らない被験者はBの線とXの線の長さが一致することを知っていた。さて、何も知らない被験者は、前に答えた人たちとは異なる答えを皆の前で公言するだろうか、他の人たちと答えが一致するように明らかに間違っていると思う答えを言うだろうか。アッシュは何度も実験を繰り返し、何も知らない被験者の約35％がグループに同調するという結果が出た。つまり、一定の割合で、被験者は間違っていると知りながらも、グループの他のメンバーと同じ回答をしたのである。

マネジャーにとって、アッシュの研究はグループの行動に関する注目すべき洞察を与えてくれる。アッシュが示しているように、個々の構成員はグループに同調する傾向がある。したがって、同調性のネガティブな側面を小さくするために、マネ

ジャーは従業員が報復を恐れることなく自由に問題点を口にできるオープンな環境をつくるべきなのである。

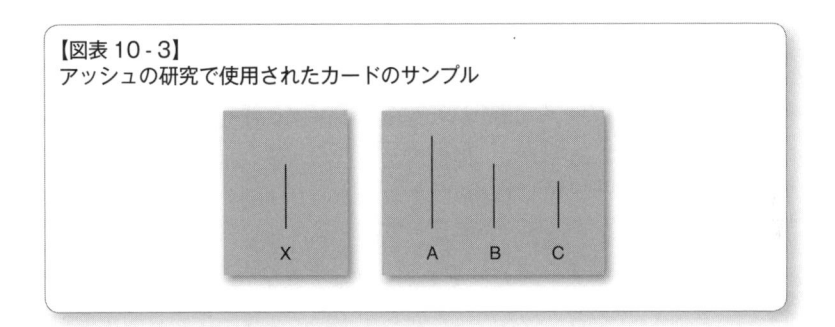

【図表 10-3】
アッシュの研究で使用されたカードのサンプル

ータスに関するヒエラルキーがあったことを突き止めている。部族の長とそれに従う者たち、貴族と農民、資産家と労働者がその例だ。ステータス・システムは行動を理解するうえで重要な要素である。ステータスは、個人がそれと認識している自分のステータスと他の人が認識している自分のステータスとに格差があると思ったとき、行動に駆り立てる大きなモチベーションとなる。

ステータスは、教育、年齢、技能、経験などの特性から非公式に与えられる場合がある。またそれとは別に、グループ内の人々が何か他の特性を賞賛している場合は、その特性がステータスとしての価値を持つ可能性がある。また、ステータスは非公式だからというだけで、重要ではないということでもないし、誰に高いステータスがあり、誰にないかについて合意がなされていないということでもない。グループの構成員は、ステータスの高さによって人を分類することに問題があるとは見ていない。また、通常は誰のステータスが高いか、低いか、中程度であるかに関して同意をしている。

従業員が組織の公式なステータス・システムは適切だと思っていることは重要である。というのも、ある個人について皆が認識している序列と、組織がその個人に与えるステータス・シンボルとが調和しているほうがよいからだ。例えば、上司がその部下よりも給料が少ない、あるいは職場で皆が狙っているポジションを序列の低い人が占めているというような場合は、皆が認識している序列と組織が与えるステータス・シンボルの間に不一致が起きる可能性がある。

そのような場合、従業員は組織における序列や一貫性に関する妥当性が損なわれていると考えることだろう。

グループの大きさはグループの行動に影響を与えるか

グループの大きさはそのグループの行動に影響を与える。だが、その影響は一様ではなく、判断基準によって異なってくる[6]。

例えば、小さなグループのほうが大きなグループより仕事を早く完成させることを示すデータがある一方で、問題解決に携わる場合は、大きなグループのほうが小さなグループよりもよい成果を収める。具体的に何人までを小さいグループとし、何人以上を大きいグループとするかは難しいが、一定の基準がないわけではない。12人以上の大きなグループは多様なデータや情報、アイデアなどを得るのが得意である。このことからすると、グループの目的が事実を見出すことである場合、大きなグループはより有効性を発揮するはずだ。一方で、小さなグループは得られた事実を基に生産的な仕事をするのが得意である。5～7人ほどの構成員からなるグループのほうがより有効性を発揮する傾向がある。

さらに悩ましい研究結果の1つは、グループの規模が大きくなるにつれ個々の構成員の貢献度が小さくなる傾向を示すことだ。つまり、一般的に4人グループ全体の生産性は3人グループ全体の生産性よりも高いが、1人あたりの生産性はグループの規模が大きくなるにつれて減少する。したがって、4人グループ全体の生産性は、1人あたりの標準的な生産性を4倍したものよりも低くなることもある。このように、グループ規模が大きくなると各個人が努力をしなくなっていく傾向は、責任が分散すると各個人が仕事に対して手を抜くようになる傾向があると言いかえればわかりやすい。このような行動の性質は**社会的怠慢**と呼ばれていて、この行動をする人をフリーライダー（ただ乗り）という[7]。
(注10)
グループの成果に関して誰にも責任がないということになると、個人の貢献とグループの成果の間の関係性が不明瞭になる。そのような状況では、各個人はフリーライダーになるという誘惑に負け、グループ全体の努力のおかげで何の苦労もなくやっていくかもしれない。別の言い方をすると、各個人が自分の貢献度が測られることはないと思ったときに仕事の効率は落ちる。この研究結果から導き出される明らかな結論は、マネジャーは仕事のためのグループを編成する場合には、個人の努力が特定できるような手段も提供する必要があるとい

うことだ。

グループの団結を強化するためには

グループの団結 (Cohesive Groups)(訳注：cohesive の学術定訳は「擬集性」だが、一般的な読みやすさとして「団結」と本書では訳す）について調査・考察した研究によれば、グループの団結の強さとは、構成員相互のつながりの強さや、グループの目標を共有している程度による。構成員相互のつながりが強いほど、また、グループの目標が各個人の目標と合致しているほど、グループの団結は強くなる。

先に言及した研究では、団結の強いグループはそうではないグループよりも有効性を発揮しやすいことが明らかにされたが、その関係はかなり複雑である[8]。結果を左右する要素として重要なのは、グループとしての態度がグループの公式目標やそのグループが所属しているさらに大きな組織の公式目標と合致する度合いである[9]。グループの団結が強くなるほど、構成員はグループの目標をより懸命に達成しようとする。目標が前向き（例えば、高い生産高、質の高い仕事、グループ以外の人との連携という目標）である場合は、団結の強いグループは、そうではないグループよりも生産性が高い。しかし、グループの団結が強くても、その態度が前向きでない場合には生産性は落ちる。団結が弱くても、目標が支持されている場合には生産性は上がるが、それは、団結が強く、目標が多くの人に支持されているときほどではない。団結が弱く、目標が支持されていない場合、団結には、生産性を高めるための有効性はまったくない。次頁の図表 10-4 にこれらの結論がまとめられている。

10-3 グループはどのようにして有効性を発揮するチームになるか

今日、アメリカでは製造業者のうち 70％を超える企業がチームを使って仕事をしている[10]。なぜだろう。研究によれば、複数の技能、意思決定、経験を必

---

10) **社会的怠慢** グループ規模が大きくなると各個人が努力をしなくなっていく傾向。
11) **グループの団結** グループ構成員相互のつながりの強さや、グループの目標を共有している程度。

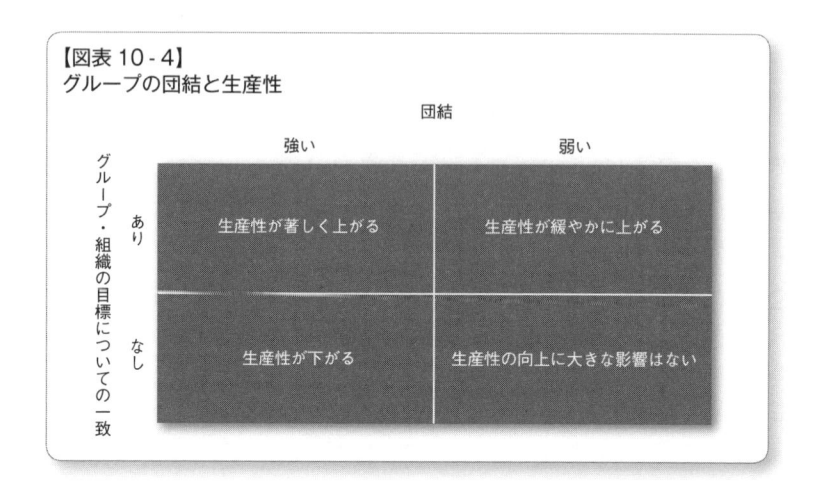

【図表10-4】
グループの団結と生産性

	団結 強い	団結 弱い
グループ・組織の目標についての一致 あり	生産性が著しく上がる	生産性が緩やかに上がる
グループ・組織の目標についての一致 なし	生産性が下がる	生産性の向上に大きな影響はない

要とする仕事となると、チームで仕事をするほうが個人で仕事を進めるよりも優れているのが普通だという[11]。組織は、従来の部門制や常設的な仕事のグループよりもチームのほうが、絶え間なく変化する状況に柔軟で迅速に対応できることが分かっているため、チームを基礎とした組織を採用しているのだ。チームには、集合し、配置につき、再度焦点を合わせ、解散することが迅速にできるという強みがある。このセクションでは、業務に対応して形成されるチームとはどのようなものか、組織が業務に利用できるさまざまなチームの型、このような業務チームをどのように展開・管理するべきかについて論じていく。

グループとチームは同じか

グループとチームは同じものかという疑問を持つかもしれない。答えはノーだ。このセクションでは、グループとチームの違いについて明らかにしていく[12]。

おそらく、ほとんどの人は、チーム制のスポーツイベントを観たり参加したりしたことがあるだろうから、スポーツチームにはなじみがあるはずだ。一方、業務ではグループとチームとは全く異なる。業務でのグループとチームには図表10-5に示す特徴がある。業務グループは何よりもまず情報を共有し、各構成員が仕事をより効率的かつ効果的に行う。グループの意思決定もそのために行う。また、グループには共同しコラボレーションして仕事を行う必要性もないし、そのような機会もない。一方、**業務チーム**[注12]は、前向きな相乗作用、個々および相互の責務、相補的な技能を利用し、その構成員が具体的な共通の目標

【図表10-5】
業務でのグループとチームの違い

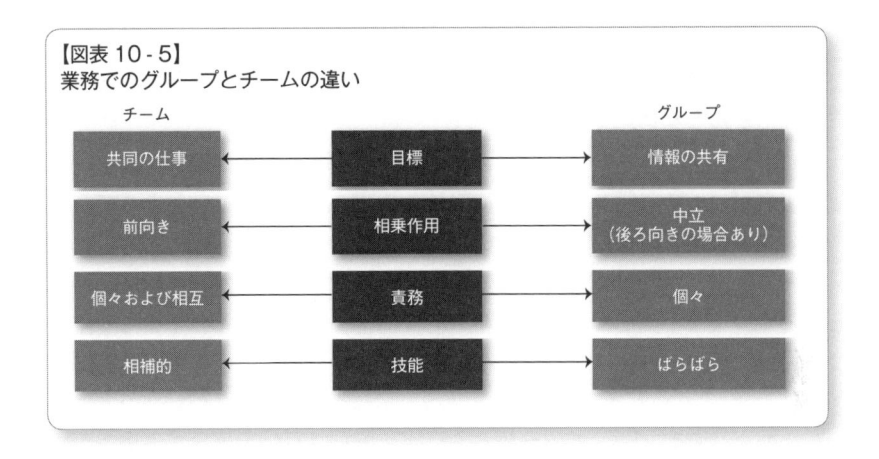

チーム		グループ
共同の仕事	目標	情報の共有
前向き	相乗作用	中立（後ろ向きの場合あり）
個々および相互	責務	個々
相補的	技能	ばらばら

を基に集中的にコラボレーションして仕事を行う小集団である。

この章の後半で、成功する、または高い業績を収める業務チームにはある共通した特徴があるということについて論じていく。もし、マネジャーが組織の業績を上げたいなら、チームにそのような特徴を確実に根付かせなければならない。

業務チームのさまざまな型とは何か

業務チームはさまざまなことができる。製品を設計し、サービスを提供し、取引の交渉をし、プロジェクトの調整をし、助言をし、意思決定を行う[13]。例えば、産業システム開発企業ロックウェル・オートメーションの施設では、業務プロセスを最適化するプロジェクトでチームを使って仕事を進めている。業務チームには、ほぼ共通する4つの型がある。それは、問題解決型チーム、業務自己管理型チーム、機能横断型チーム、バーチャル型チームである。

業務チームが普及し始めたとき、そのほとんどは**問題解決型チーム**[注13]、すなわち業務活動の改善や特定の問題の解決に取り組むために、同じ部門や職能分野から人が集められたチームだった。構成員は、業務プロセスや仕事の仕方をど

---

12) **業務チーム**　前向きな相乗作用、個々および相互の責務、相補的な技能を利用し、その構成員が具体的な共通の目標を基に集中的にコラボレーションして仕事を行う小集団。
13) **問題解決型チーム**　業務活動の改善や特定の問題の解決に取り組む、同じ部門や機能分野から人が集められたチーム。

のように改善できるかについてアイデアを共有したり、提案したりする。しかし仕事はそこまでで、こうしたチームにその提案を実行する権限が与えられることはほとんどない。

　問題解決型チームは役には立ったが、この型のチームでは業務に関係した意思決定やプロセスに従業員を十分に関与させることができない。そこで新しい型のチームである**業務自己管理型チーム**(注14)が作られた。この型のチームは、ある業務のすべて、または一部について、全面的に責任を持ちながらマネジャーなしで動く公式の小集団である。業務自己管理型チームは業務の完成に責任を持つと同時に、自らの管理にも責任を持つ。その管理とは、通常は、業務計画やスケジュール、構成員への仕事の割り当て、業務全体の進捗状況のコントロール、業務に関する意思決定、問題対処などである。例えば、アメリカのガラス製品メーカー、コーニングの業務自己管理型チームには管理者にあたるような上司が存在しない。このチームは、製造ラインの問題を解決し、締め切りや納品に関して調整するために、他の製造関連部門と密接に連携して仕事を進める。チームは自ら意思決定をし、実行する権限、さらにはプロジェクトを完成させたり、問題に対処したりする権限も持つ[14]。ゼロックスやヒューレット・パッカード（HP）のような組織も業務自己管理型チームを採用している。アメリカの大企業について言えば、おそらく、この型のチームを採用している企業の数字は50％近くになるだろう[15]。そして業務自己管理型チームを採用しているほとんどの組織は、このチームの型は効果的であると認識している[16]。

　3つ目のチームの型は**機能横断型チーム**である。(注15)これについては第5章でも取り上げ、それぞれ違

チームを活用して業務を進めることは、フェイスブックが成功を収めるための重要な要素である。会社のいたるところで、多種多様な技能、意思決定、経験を必要とするいくつもの小さなチームが新しい商品をつくり、問題の解決方法を見つける際に具体的な共通目標をもとに働いている。フェイスブックでは、チームは、個人で業務をする形や従来の部門制、常設的な業務のグループよりも、絶え間なく変化する会社の事業環境に柔軟かつ迅速に対応している。写真はフェイスブックのインターネットセキュリティー・チームである。

う専門分野を持つ個人から成る業務のチームと定義した。多くの組織が機能横断型チームを採用している。例えば、世界最大の鉄鋼メーカーのアルセロール・ミタルは、製品の技術革新を検討、チェックするために、科学者、工場のマネジャー、営業担当者から成る機能横断型チームを採用している[17]。機能横断型チームは医療分野でも使われている。アメリカのメリーランド州にある病院では、集中治療医学が専門の医師、薬剤師、ソーシャルワーカー、栄養士、集中治療室 (ICU) チーフ看護師、呼吸療法士、そして牧師からなる ICU チームが、患者を担当するすべての看護師と毎日直接顔を合わせて最良の治療方法について話し合う。この病院は、治療をチームで行うこの方法がミスを減らし、患者が ICU で過ごす時間を短くし、家族と医療スタッフの間のコミュニケーションを向上させると考えている[18]。

最後の業務チームの型は**バーチャル型チーム**である。これは、共通の目標を達成するために、情報技術を使って広く拡散した場所にいる構成員をつないでいるチームである。バーチャル型チームは、広域ネットワーク、テレビ会議システム、ファックス、電子メール、チームが会議をするために利用できるウェブサイトなどのツールを使ってオンラインで協力して仕事を進める[19]。バーチャル型チームは、情報を共有したり、意思決定をしたり、仕事を完了させたりといった他の型の業務チームで可能なことは何でもできる。しかし、直接顔を合わせて話し合い、意見のやり取りをするという普通の作業ができない。これが、バーチャル型チームが仕事のためだけのチームになりがちな理由である。特にチーム構成員同士が会ったことがない場合はなおさらである。

業務チームが有効性を発揮するために必要なことは何か

業務チームが有効性を発揮するためには何が必要かについては、多くの研究がなされている[20]。これらの研究から、かなり明確なモデルが得られている[21]。次頁の図表10-6は、チームが有効性を発揮するため何が必要かについて、現在知られている知見を要約している。このモデルを見る際は、2つのことに留

---

14) **業務自己管理型チーム** ある業務のすべて、または一部について、マネジャーなしで全面的に責任を持ちながら活動するチーム。
15) **機能横断型チーム** 多様な部門の人材で構成され、従来の部門間の垣根を越えるチーム。
16) **バーチャル型チーム** 共通の目標を達成するために、物理的に広く拡散した場所にいる構成員を情報技術を使ってつないでいるチーム。

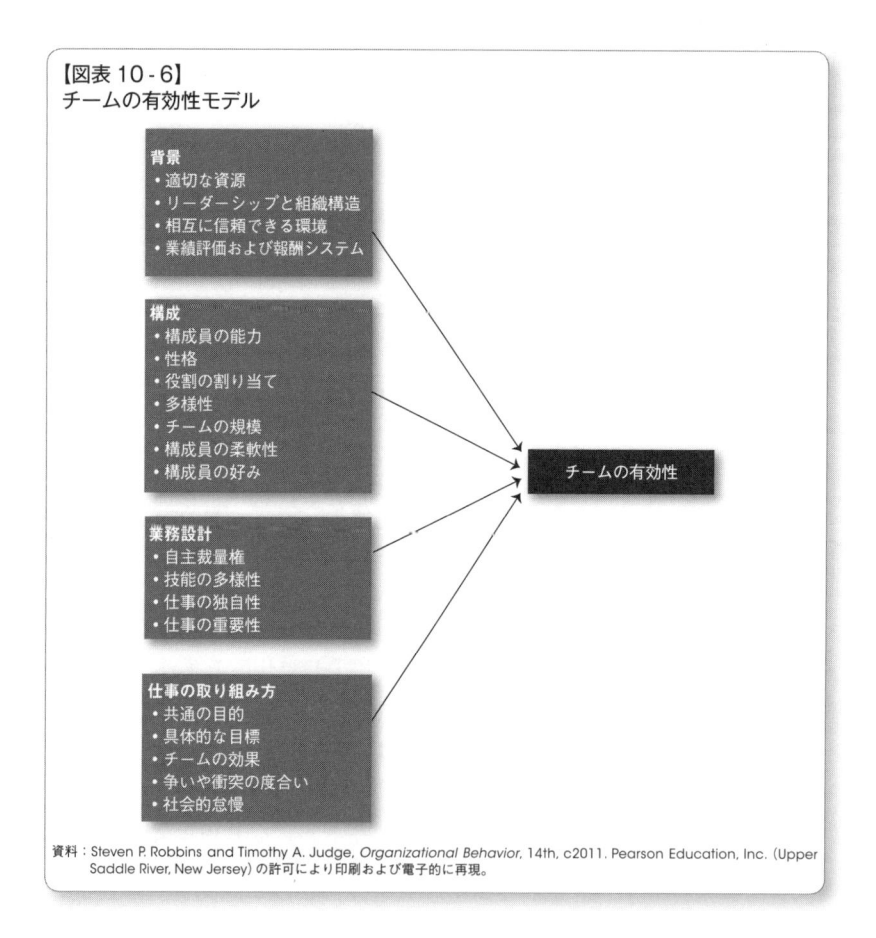

【図表10-6】
チームの有効性モデル

背景
- 適切な資源
- リーダーシップと組織構造
- 相互に信頼できる環境
- 業績評価および報酬システム

構成
- 構成員の能力
- 性格
- 役割の割り当て
- 多様性
- チームの規模
- 構成員の柔軟性
- 構成員の好み

業務設計
- 自主裁量権
- 技能の多様性
- 仕事の独自性
- 仕事の重要性

仕事の取り組み方
- 共通の目的
- 具体的な目標
- チームの効果
- 争いや衝突の度合い
- 社会的怠慢

→ チームの有効性

資料：Steven P. Robbins and Timothy A. Judge, *Organizational Behavior*, 14th, c2011. Pearson Education, Inc. (Upper Saddle River, New Jersey) の許可により印刷および電子的に再現。

意しなければならない。1つ目は、チームはそれぞれ形態や構造が異なるという点である。このモデルは、そのような各々異なるチームを一般化している。つまり、あくまで目安として用いるモデルなのである[22]。2つ目は、このモデルは、すでに、マネジャーが個人で仕事を進めるよりもチームで仕事を進めるほうが望ましいと判断していることを前提にしているという点である。個人で仕事を進めるほうが効果的な状況下にあって、「有効性を発揮する」チームを作るのは無駄な努力だからだ。

このモデルを見る前に明確にする必要があるのは、チームの有効性とは何かということである。一般的にはチームの有効性があるということは、客観的に見てチームの生産性が高く、マネジャーによるチームの業績評価が高い、構成

テクノロジーとマネジャーの仕事

IT とチーム

　業務チームは構成員が互いに遠く離れている場合もあるので、相互にコミュニケーションをし、協力する方法を確保することが重要になる。そこで IT の出番である。情報テクノロジーによってどんな型のチームでもオンラインを通してコミュニケーションをとり、協力することが可能になった[23]。

　情報テクノロジーの力を活用して協同作業を行うというアイデアは、実際にはオンラインの検索エンジンに始まった。初め、インターネットは科学者や研究者が情報を共有するためのものであった。やがてよりたくさんの情報が「ウェブ上に」蓄積されると、ユーザーは情報を見つけるのに役立つさまざまな検索エンジンに頼るようになった。今や私たちは、ウェブ上の文書、ブログ、さらに場合によっては、複数人で楽しめるバーチャルリアリティーゲームなど、共同で利用できるテクノロジーの産物をたくさん目にしている。

　現在、オンラインの支援ツールは、より効率的かつ効果的に業務を行う方法を提供している。例えば、トヨタのエンジニアはプロセスの改善を図り、技術革新を共有するためにコミュニケーション支援ツールを使っている。彼らは、知識が広く行き渡るように、集団的に知識を所有する形の共有知識データベースを開発している。そして、このデータベースの活用が、ほかに匹敵する企業システムがほとんどないというくらいの早いペースで、科学技術を革新している。マネジャーはどこにいようと IT の力に目を向け、仕事のチームが作業方法を改善する手助けをするべきである。

員の感じている総合的満足度が高いということだ。このモデルに見られるように、有効性を発揮するチームの4つの主要な要素は、背景、構成、業務設計、仕事の取り組み方であり、これらの要素が違えば有効性も違ってくる。

チームが有効性を発揮するため要素とは　4つの背景要素がチームの業績に最も深く関係しているようである。これらの要素とは、適切な資源、リーダーシップと組織構造、相互に信頼できる環境、業績評価および報酬システムである。

　組織が大きく、チームがその大きな組織のシステムの一部である場合は、チームは自らを維持するために所属する組織内の自分のチーム以外の資源に頼れる。もし、チームに**適切な資源**がない場合は、効果的に仕事をするチームの能

力が減少する。この適切な資源という要素は、チームが仕事を進めるうえで非常に重要なので、ある研究では、「おそらく、有効性を発揮する業務チームの最も重要な特性の1つは、チームが所属する組織から受ける支援だ」と結論づけている[24]。ここでいう資源とは、適時の情報、適切な設備、激励、適切な人材配置、一般的事務への支援などである。

　もし、チーム内で担当する仕事について合意できなかったり、仕事の負担を共有しなければならないときに構成員の間でその負担に不公平感があったりする場合は、チームはうまく機能しない。業務の詳細について合意し、チーム構成員一人ひとりの技能をまとめ上げるには、**チーム内のリーダーシップと組織構造**が必要となる。このような局面は、組織にあっても、チーム自体にあっても同様にありうるものである。業務自己管理型チームでさえも、マネジャーの仕事はチームの（中に入ってではなく）外からチームの取り組みを支え、管理することによってチームを導くことであると言える。

　有効性を発揮するチームの構成員は互いに**信頼**し合っている。また、構成員はリーダーをも信頼している[25]。なぜ、信頼が重要なのか。それは、信頼によって協力することが容易になり、お互いの行動を監視する必要性が減少し、他の構成員が自分を出し抜くようなことはしないと考えるようになるがゆえに、チーム構成員の結束が高まるからである。チームリーダーを信頼することも重要である。なぜなら、リーダーへの信頼は、チームがリーダーの目標や意思決定を受け入れ尽力する意欲を持つ、ということを意味するからである。

　有効性を発揮するチームの最後の背景的要素は、**業績評価および報酬システム**である。チーム構成員は個々に責務を負っていると同時に連帯でも責務を負っている。したがって、マネジャーは、従業員個人の貢献を評価し、報酬を与えると同時に、チームベースの評価や利益配分をも考える必要がある。さらにはチームの取り組みや尽力を強化するために、ここで挙げた以外の方法も考える必要がある。

チームが有効性を発揮するために必要なチームの構成要素とは　チームが有効性を発揮するためには、いくつかの構成要素が重要である。チームの構成要素には、チーム構成員の能力、性格、役割の割り当て、多様性、チームの規模、構成員の柔軟性、構成員の好みが含まれる。

　チームの仕事は部分的には構成員の**知識、技能、能力**に頼っている[26]。研究

では、チームが有効性を発揮するためには3つの異なるタイプの技能を持つ人材が必要であることが示されている。第一に必要なのは技術的な専門知識を持つ構成員である。第二に必要なのは問題解決能力および意思決定能力に優れた構成員である。第三は対人技術に優れた構成員である。もし、チームにこれらの技能を持つ構成員が1人もいなかったり、チーム内でそのような構成員を育てることができなかったりした場合には、仕事を成し遂げることはできない。また、これらの技能の組み合わせも重要である。他方を犠牲にして1つの技能に極端に偏ると、チームは良い仕事はできない。だからと言って、チームが必ずしもこれらすべての技能を初めから必要とするわけではない。編成時においてチームに欠けていた技能をその後習得していくという任務をその構成員が引き受けるのはよくあることだ。このようにしてチームは最大限の可能性を実現していけるのである。

第9章で見てきたように、**性格**は個人の行動に大きな影響を及ぼす。それはチームの行動にも当てはまる。性格研究で現在多く支持されているビッグファイブ・モデルの5因子のうち、誠実性、知的好奇心、協調性の3因子がチームの有効性に関係していることが今までの研究で分かっている[27]。例えば、誠実性と知的好奇心の2因子が強い場合には、チームはより良い業績を収める傾向がある。また、極端に協調性のない構成員が1人でもいるチームは良い業績を上げることができなかった。おそらく、誰でも自分が参加したチーム・プロジェクトなどで、そのような気持ちが良くない経験をしたことがあるはずだ。

これまでの研究で、チーム構成員の9つの**役割**が明らかにされている（次頁の図表10-7参照）。高い業績を上げる仕事のチームには、それらの役割を担う人たちがすべてそろっている。役割を果たすために、その人が持つ技能と好みに基づいて選ばれた人たちだからである[28]。多くのチームで、1人が複数の役割を担っている場合がある。マネジャーは、これらの役割が確保されるように、個々人の強みを理解しながらチーム構成員を選ぶことが重要である。

チーム内の**多様性**もまた、チームの発揮する有効性に影響を与える要素である。多くの人が多様性は好ましいことだとの楽観的な見方をするが、研究では反対に、多様性は好ましくないという結果も出ているようである。「過去50年のチーム内の多様性に関する数々の研究から、人種・民族、性別、年齢など表面的な社会的区分における違いが、チームの働きに悪い影響を与える傾向があることが判明している」と結論づけている[29]。一方、多様性がもたらす混乱の

【図表10-7】
チーム構成員の役割

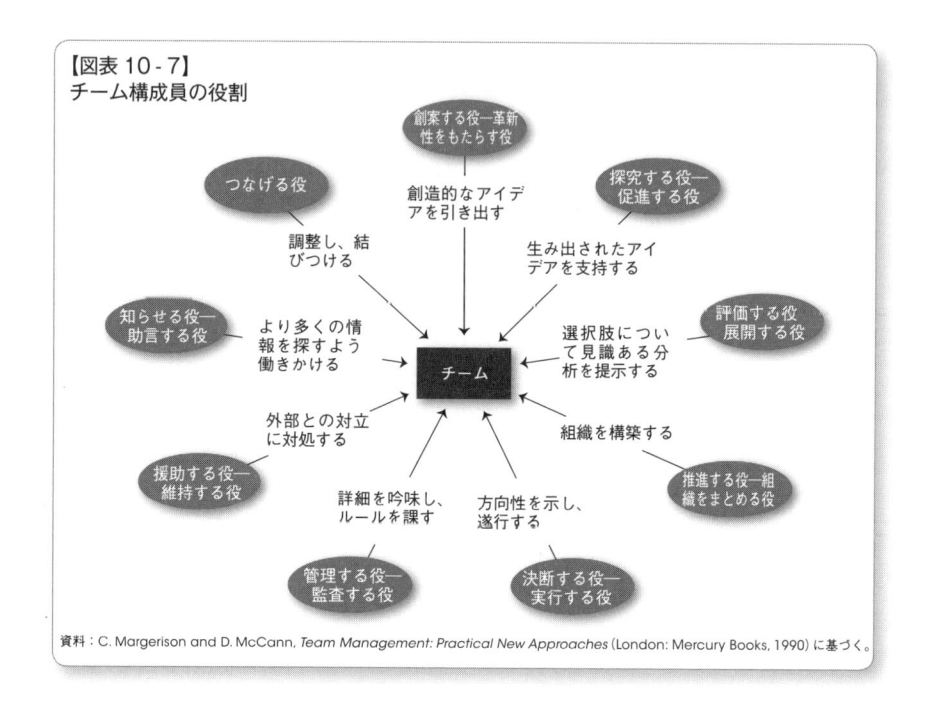

- 創案する役—革新性をもたらす役：創造的なアイデアを引き出す
- つなげる役：調整し、結びつける
- 探究する役—促進する役：生み出されたアイデアを支持する
- 知らせる役—助言する役：より多くの情報を探すよう働きかける
- 評価する役 展開する役：選択肢について見識ある分析を提示する
- 援助する役—維持する役：外部との対立に対処する
- 推進する役—組織をまとめる役：組織を構築する
- 管理する役—監査する役：詳細を吟味し、ルールを課す
- 決断する役—実行する役：方向性を示し、遂行する

資料：C. Margerison and D. McCann, *Team Management: Practical New Approaches* (London: Mercury Books, 1990) に基づく。

影響は、時間が経つに従って減少していくことがある程度証明されているが、多様性のあるチームが良い業績を上げるとは最終的に確認されていない。

有効性を発揮するチームであるためには、**規模**はどれくらいが適当か。アマゾンでは、チームが自らアイデアを取り入れ、試すことができる大きな自主裁量権を持っている。同社の創立者兼CEOのジェフ・ベゾスは「2枚のピザ」理論を採用している。つまり、チームは食事が2枚のピザで済むくらい規模の小ささがよいということだ。この「2枚のピザ」理論はチームの規模をいつも5〜7人に制限している。もちろん、チーム構成員の食欲にもよるのだが……[30]。一般的に言うと、最も有効性を発揮するチームは5〜9人である。専門家は仕事のできる最小限の人数でチームを編成するよう勧めている。

チームの**構成員の好み**についても考慮する必要がある。なぜだろうか。チームで働くのを好まない人もいるからだ。もし、従業員に選択権を与えるなら、多くの従業員はチームの一員として働くという選択はしないだろう。1人で仕事をするのを好む人を無理にチームに入れたりすれば、チームの士気は脅かされ、個々の構成員の満足度は小さくなる恐れがある[31]。

業務設計はどのようにチームの有効性に影響を与えるか　チームが有効性を発揮するためには、協力して仕事を進め、仕事を完成させることに対し連帯して責任を負う必要がある。有効性を発揮するチームは、「名ばかりのチーム」であってはならない[32]。業務設計の重要な要素は、**自主裁量権**、**さまざまな技能**を使うこと、**独自性のあるまとまった1つの**仕事もしくは製品の製作を完了できること、他者に**大きな影響**を与える仕事やプロジェクトを進めることである。研究では、これらの要素がチーム構成員のモチベーションや、チームの発揮する有効性を高めることが示されている[33]。

どのような仕事の取り組み方がチームの発揮する有効性に関連しているか　チームの仕事取り組み方の5つの要素が、チームの発揮する有効性に関連していることが明らかになっている。その5つとは、共通の目的、具体的なチーム目標、チームの効果、適度の争いや衝突、最小限の社会的怠慢である。

　有効性を発揮するチームには**共通の計画と目的**がある。この共通の目的によって、チーム構成員に方向性が示され、勢いを与えると同時に積極的な関与を促す[34]。成功するチームの構成員は目的を話し合って形にし、形になった目的について合意を得るために多くの時間と労力を費やす。合意が得られた目的は個々の構成員のものであると同時にチームのものでもある。

　また、チームは**具体的な目標**を必要とする。そのような目標は、分かりやすいコミュニケーションを促し、チームが成果達成に専念するようにする。

　チームの効果は、チーム構成員が自身とチームを信じ、成功できると信じたときに発揮される[35]。有効性を発揮するチームでは、チーム構成員がチームそのものと他の構成員を信頼している。

　有効性を発揮するチームはある程度の**争いや衝突**も必要とする。チーム内の争いは必ずしも悪いことではない。実際、チーム内に争いがあると、チームの発揮する有効性が上がる可能性もある[36]。ただし、それは適切な争いであるという条件がつく。対人関係の争いや衝突、つまり、人間関係の不和や緊張状態、他人への意思の押しつけに端を発する争いや衝突は、必ずと言っていいほど機能不全を引き起こす。しかし、仕事に関する争いや衝突、つまり、仕事の内容に関する意見の相違から生じる争いや衝突は、チームにとって有益なことがある。争いや衝突によって議論が促され、問題や取るべき道への切実な検討が生じて、チームにとってより良い意思決定ができるようになるかもしれないから

である。

　最後に、有効性を発揮するチームには、**社会的怠慢**を生み出す傾向を最小限にするような力が働いている。社会的怠慢についてはこの章において先に触れた。成功するチームは、構成員がチームの目的や目標、アプローチ方法について、個人的にも連帯的にも責任を引き受けているのである[37]。

マネジャーはいかにしてチームとしての行動を方向づけるか

　マネジャーには、チームの行動の方向づけをするためにできることがいくつかある。それは、適切なチーム構成員の選択をすることや従業員の訓練をすること、チームの適切な行動に報いることなどである。それぞれを見てみよう。

チーム構成員の選抜　チームの有効な一員になるための対人技術を、初めから身につけている人はいないわけではない。マネジャーは、チーム構成員を選ぶとき、候補者に仕事を成功させるのに必要な対人技術があるか、さらに、その候補者がチームの役割を果たすことができるかを確かめるべきである。

　候補者が個人の働きを基準に人間関係を作り上げてきた人である場合も少なくない。しかしそういう人は、いきおいチームに必要とされる技能を身につけていない。同じことは組織再編によってチームに加入することになった従業員にも当てはまる可能性がある。このような事態に直面したとき、マネジャーにできることがいくつかある。その1つ目は最も明快である。チーム技能が極端に欠けている場合は、チームに入れてはいけない。仕事を成功させるために相互作用が必要ならば、そのような人をチームに入れないことが適切な選択なのである。一方、ある程度の基本的なチーム技能を身につけている候補者の場合は、試用期間を設けてチームに加入させ、チームの一員として活躍するための訓練を受けるようにと命じることができる。もし、チーム技能を習得できなかったり、使えなかったりしたときは、その人をチームから外さなければならないことになる。

訓練を通してチームの一員として活躍できる人材になれるか　チームがしかるべき仕事をするための一連の行動というものがある[38]。もっぱら個人の成果を重要視すべきだと考えている人であっても、訓練すればチームの一員として活躍できるようになる。具体的には研修のワークショップで、チーム内の問題解

決、コミュニケーション、交渉、争いや衝突が生じた場合の解決方法、管理指導技術などを訓練することができる。研修や訓練を受ける人たちも、先に論じたグループの発展過程における5つのステージにさらされることも珍しくない[39]。アメリカの電気通信事業者ベライゾン・コミュニケーションズでは、研修や訓練のトレーナーは、チームが形を成すまでに経験するさまざまなステージに重点を置いている。そして、その研修体験を通して従業員は忍耐の重要性に気づかされる。なぜなら、チームは、意思決定など、何かを行うとき、従業員が1人でするよりも多くの時間を要するからだ[40]。

報酬は人材を育てるうえでどのような役割を担っているか　組織の報酬システムは、競争的な行動ではなく、協力的な行動を促すようなシステムでなければならない。昇進や昇給、そのほかの働きぶりへの評価報酬は、有効性を発揮する協力的なチームの一員である従業員に与えられるべきである。このようなチーム活動重視の報酬システムの採用は個人の貢献を無視することにはならない。むしろ、個人の貢献とチームに対する無私の協力とのバランスが保たれることを意味する。例えば、報酬が与えられるべき行動とは、新しい同僚に仕事を教えたり、チームの仲間と情報を共有したり、チームの争いや衝突を解決する手助けをしたり、チームに欠けている新しい技能を習得したりすることである[41]。最後に、マネジャーは従業員がチームワークから得る本質的な報酬について忘れてはならない。その報酬とは仲間意識のことである。チームには仲間意識が存在する。成功を収めるようなチームで自分が構成員として不可欠な存在であるというのは、刺激的でやりがいのあることである。誰かの能力を開発していく過程に関わったり、チームの仲間の成長に役立ったりする機会は、従業員にとってやりがいがある上に有益な経験になり得るのである[42]。

10-4 チームマネジメントの現代的課題

　チームの活用は組織の仕事の方に大きな影響を与えてきたが、これに匹敵するほど優れた業務形態はほとんど出てきていない。個人で仕事をする形からチームで仕事をする形への変化によって、従業員は他の人たちと協力し、情報

を共有し、意見や価値観の違いに直面し、個人の利益をさらに大きなチームの利益にまで昇華しなければならなくなった。マネジャーは、仕事や充実感に影響を与えるものを理解することで、有効性を発揮するチームを作り上げることができる。しかし、マネジャーはまた、チームを管理するにあたって今日的な問題に直面する。それは、グローバルなチームの管理や、チームが解決策にはならない場合の理解にまつわる問題である。

グローバルなチームの管理にまつわる問題とは何か

今日の組織が持つ2つの特性ははっきりしている。2つの特性とは、組織のグローバル化と、今日のビジネスの場面ではチームでの仕事がほとんどになっていることだ。そのため、どんなマネジャーにもグローバルなチームを管理しなければならない可能性がある。グローバルなチームの管理について私たちは何を知っているだろう。グローバルなチームの利用には長所と短所のどちらも存在する（図表10-8参照）。グローバルなチームの管理に伴う問題とは何だろうか。

チームの構成要素がもたらす影響　グローバルなチームの構成員それぞれが独自の文化的特性を持つために、チームの発揮する有効性とチームの構成要素との関係性の理解は、ますます難しくなっている。マネジャーはチーム構成員の能力、技能、知識、性格の把握に加え、構成員の文化的特性を熟知し、明確に理解する必要がある[43]。例えば、不確実性を回避する傾向が強い文化を持つグローバルなチームの場合はどうだろうか。そのようなチームでは、構成員は先行きの予測できない不確かな仕事はしたがらないだろう。また、グローバルな

【図表10-8】
グローバルなチーム

短所	長所
・チーム構成員の仲がうまくいかないこと ・チーム構成員がお互い信頼しないこと ・固定観念や偏見を持つこと ・コミュニケーションに関する問題 ・ストレスと緊張状態	・アイデアのさらなる多様性 ・集団思考に陥りにくい ・他の人たちのアイデアや観点などを理解しようとする気持ちが増すこと

資料：N. Adler, *International Dimensions of Organizational Behavior*, 4th ed. (Cincinnati, OH: Southwestern Cengage Publishing, 2002), pp.141-147（『チームマネジメント革命―国際競争に勝つ経営戦略』ナンシー・J・アドラー著、小林規一訳、センゲージラーニング、2009年）に基づく。

チームと共に仕事をする場合、マネジャーはチームの構成員が固定観念や偏見を持つ可能性があることを認識していなければならない。なぜなら、その固定観念や偏見が原因となって問題が生じる場合があるからだ。

チームの構造がもたらす影響　グローバルなチームを管理する際に違いの出るチームの構造要素は、同調性、ステータス、社会的怠慢、団結などである。

　同調性に関する研究結果は、どんな文化にも当てはめることができるだろうか。多くの研究では、アッシュの同調性に関する研究結果はある一定の文化に限られており、すべての文化に当てはめることはできないとしている[44]。例えば、当然のことだが、個人主義的文化よりも集団性の強い文化のほうが社会の行動規範に同調する傾向が強い。しかしながら、グローバルなチームでは、構成員がチームのアイデアや結論、意思決定に同調しなければならないというプレッシャーを感じる可能性が低いので、集団思考は問題にならない場合が多い[45]。

　また、ステータスの重要性は文化によってさまざまである。例えば、フランス人はステータスを非常に強く意識する。国によってもステータスの基準が異なる。ラテンアメリカやアジアでは、ステータスは家族内の地位や組織で担っている公式の役割が基になる傾向がある。アメリカやオーストラリアのような国でもステータスは重要であるが、ラテンアメリカやアジアで本人の思惑とは関係なくステータスが「一方的に」決まってしまうのとは対照的である。アメリカやオーストラリアでは、称号や家系よりもむしろその人の功績を基にステータスが決まる傾向にある。マネジャーは自分と異なる文化を持つ人と関わるときは、誰がどのようなステータスであるかを理解していなければならない。日本ではオフィスの大きさは幹部の地位の高さを表す尺度にはならないことや、イギリス人が家柄や社会階級を重視することを理解していないアメリカ人マネジャーは、うかつに他人を傷つけたり、価値ある人間関係を台無しにしたりする可能性がある。

　社会的怠慢は西洋文化の国で起こりやすい。社会的怠慢は、利己主義が支配的なアメリカや、カナダのような個人主義的文化と強く結びついている。一方で、社会的怠慢は、グループの目標が個人のモチベーションとなるような集団性の強い社会とは結びつきにくい。アメリカ出身の従業員と、中国およびイスラエル出身（中国とイスラエルはどちらも集団性の強い社会である）の従業員を比較した研究では、中国とイスラエルでは社会的怠慢に陥る傾向がないことが分か

っている。事実、中国とイスラエルの従業員は個人で仕事を行うよりも、グループで行ったほうがよい成果を収めた[46]。

団結もまた、マネジャーにとって特殊な問題を生み出す可能性のあるチーム要素である。団結の強いチームでは、構成員は一致団結し、「一体になって動く」。強い仲間意識があり、チームの一体感も強い。しかし、グローバルなチームにおいて団結は困難な場合が多い。構成員が互いに信用していない、コミュニケーションがうまく取れていない、ストレスが非常に多いというのがその理由だ[47]。

チームの取り組みがもたらす影響　グローバルなチームが仕事を進める取り組み方は、マネジャーにとって特に難しいものになる可能性がある。1つ例を挙げると、コミュニケーションの問題が頻繁に生じる。これは、構成員全員がチームの共通使用言語に長けているというわけではなく、そのため正確性に欠けたり、誤解を生んだり、効率が悪くなったりするためだ[48]。しかし一方で、研究では、多種多様な文化を持つグローバルなチームが広い範囲にわたる情報を使って仕事をするとき、それぞれの人が持つアイデアの多様性をうまく利用することができるという結果が示されている[49]。

グローバルなチームに生じる争いや衝突に対処するのは簡単なことではない。特にそれがバーチャル型チームであればなおさらである。チーム内で争いや衝突があるとコミュニケーションが滞り、情報がうまく利用されない可能性がある。一方で、研究では、集団性の強い文化においては、衝突しながらも共同で仕事を進めるという方法が、マネジャーにとって最も効果的な管理方法であるということが示されている[50]。

チームが解決策にならないのはどういうときか

チームで仕事をすると、個人で仕事をするよりも時間を要し、多量の資源が必要となる[51]。チームを利用する場合、マネジャーはより多くのコミュニケーションをとらなければならず、争いや衝突にも対処し、さらに関係する会議の運営も必要となる。そのため、チームを利用したときの利益がチームに費やされるコストを上回らなければならない。しかも、チームがいつも解決策になるとは限らないのだ！[52]　これまで、我先にとマネジャーがチームを利用する中、自分もチームを使って仕事を進めたが、結果的に個人で仕事を進めたほうが良い成果を収めたに違いないという状況に陥るマネジャーも出てきた。単にチー

ムが多用され、話題にのぼっているからという理由でチームを編成する前に、その仕事を共同で行う必要があるか、共同で行うことで利益があるかを慎重に見極めるべきである。

仕事を個人で進めるほうがよいか、それともチームで進めるほうがよいかはどのようにしたら分かるだろうか。それには3つの「判断基準」がある[53]。第1の判断基準は、その仕事は複数人で行う方がうまくできるかどうかだ。仕事の複雑さの鑑定が、判断をするうえでの良い指標となる。多様な情報や考え、取り組みなどを必要としない単純な仕事は個人で行うほうがよいだろう。第2は、その仕事が、個人の目標の総和以上に、チームの共通目的達成をもたらすかどうかである。例えば、多くの自動車ディーラーでは、顧客サービスのスタッフ、整備士、部品のスペシャリスト、販売員をつなぐためにチームを編成している。このようなチームは、非常に高い顧客満足度を実現するという目標を巧みに達成できる。第3の判断基準は、仕事をする個人が相互に依存しているかどうかを見ることである。仕事が相互に依存している場合にチームを利用するのは、賢明な選択である。仕事が相互に依存している場合とは、全員の成功が各個人に依存しているのと同時に各個人の成功が他の全員にも依存している状態である。スポーツを例にするなら、サッカーは明らかにチームスポーツである。成功を収めるためには、相互に依存しているプレイヤーが大いに協調しなければならない。一方で、水泳チームはリレーを除いて、本当の意味でのチームではない。水泳チームは個人の集まりであり、それぞれ個人は別々に競技をする。水泳チームの総合成績とは、各個人の成績を合算した単なる総和にすぎないのだ。

国際原子力機関（IAEA）と日本政府は18人の構成員からなるグローバルなチームを編成し、日本で2011年の地震で発生した福島の原子力発電所事故を調査した。チームは経験豊かな原子力関係の専門家で編成されており、チーム構成員の出身国は12カ国にわたる。この事故から学ぶべき教訓を明らかにするという任務をグローバルなチームに当たらせると、多種多様なアイデアがもたらされた。学ぶべき教訓が明らかになれば、世界中の原子力の安全性を高めるために役立つ可能性がある。写真は、破損した原子力発電所内を回り、調査を開始するチーム。

理解を深めよう

1. 自分が属している（もしくは属していた）グループについて考えてみよう。図表10-2にあるグループの発展過程におけるステージを参考にして、その発展過程をたどってみよう。自分のグループの発展過程は図表10-2の発展過程モデルとどの程度似ているか。図表10-2で示されるグループの発展過程モデルは、グループの発揮する有効性を向上させるために、どのように使える可能性があるか。
2. (a) 業務自己管理型チームと機能横断型チームを比較してみよう。また、(b) バーチャル型チームと、直接会って顔を合わせるタイプのチームを比較してみよう。
3. 個人主義を重視する文化のアメリカやカナダのような国々で業務チームが普及していることについて、どのように説明するか。
4. 「業務活動において、すべてのチームはグループだが、すべてのグループがチームだというわけではない」。この考えに賛成するか、それともしないか論じてみよう。
5. 1人で仕事をするのが好きか、それともチームの一員として仕事をするほうが好きか。また、その理由は何か。
6. 「成功するチームを持つには、まず、優れたリーダーを見つけよう」。この主張についてどのように考えるか。賛成するかどうか。またその理由は何か。
7. 優れたチームの一員として活躍する人はどのような特性を備えていると考えるか。この疑問に答えるための調査をし、調査結果の詳細を箇条書きリストの形式で短めのレポートにまとめてみよう。
8. 多様性のあるチームの長所と短所について考えてみよう。
9. 組織でチームの利用が増加したことに対して、科学的管理法の理論家はどのような反応をすると考えるか。また、行動科学の理論家がどのような反応をすると考えるか。
10. グローバルなチームを管理する際にマネジャーはどのような問題に直面するか。また、それらの問題にどのように対処したらよいか。

実例にみるマネジメント (p.315 から続く)

インテル：距離は離れていてもつながっている

　インテルの主要な研究開発ラボの1つとして、イスラエル開発センター（IDC：Israel Development Center）がエンジニアを雇用するようになって40年が経過している。ラップトップ型コンピュータに搭載したチップ、セントリーノは大きな成功を収めたが、この商品に使われている技術は、コンピュータサーバーやパーソナルコンピュータ、そしてそれまでのラップトップ型コンピュータに搭載されている数々のプロセッサと同じようにこのラボが開発した。IDCチームの雰囲気はというと、ぶつかり合いの多い状態ではあったが、このチームは実際にセントリーノが軌道に乗り、市場で成功を収め、インテルの収益を増加させる一翼を担った。とはいえ、ここまでたどり着くのは簡単ではなかった。

　セントリーノの初期設計段階において、焦点はいつものとおりプロセッサ・チップのスピードにあった。スピードの速いチップは電力消費がより大きく、バッテリー寿命も短い。ワイヤレスのコンピュータ用の部品を設計する場合は、消費電力とバッテリー寿命の問題は影響が大きいので、スピードばかりを優先できない。そこでIDC所属の一人のエンジニアがチームリーダーとなり、チップのスピードを半分に抑えることで消費電力も半分にすることを提案した。もしこれが本社であったなら、そのような提案は受け入れられることはなかっただろう。なぜなら、その提案はインテルが価値を置くことすべてに反していたからだ。しかし、ここIDCでは、チームはそのような企業文化の制約に縛られていないので、提案に沿った開発を進め、製品は成功を収めた。

　カリフォルニア州サンタクララにある本社から何千マイルも離れたところに設計グループを置くもう1つの利点は、アメリカ国外だと、絶え間ない会議に気力を失って惰性で仕事を行うような状況に陥らないという点にある（会社の研究開発に関わる従業員のうちの28％ほどが、アメリカを除く20以上の国で働いている）。

　もちろん、地理的に分散しているチームに問題はある。チーム構成員が異なる国で生活や仕事をしている場合には時差、多様な文化、異なる言語が原因となり、「優れたチームワークを必要とする難しい仕事に複雑さが加わってしまう」のである。そのために講じられた対策としてインテルで役に立っていることの1つが、バーチャル反省会である。

　反省会は、「プロジェクトの成果を評価し、学んだ教訓を引き出し、将来に向けて提言をする公式の方法」である。インテルの設計チームは地理的に分散しているので、ネットワークで音声や映像をつないで協力して仕事をしている。そうした反省会はイ

ンテルのチームをつなぎ、協力することを可能にしている。とは言うものの、話し合いをするのに適した時間を見つけるというような簡単なことが、大きな問題となって立ちはだかる。例えば、IDC とオレゴン州で働くインテルチームのバーチャル反省会を準備するには、10 時間の時差をなんとかしなければならない。そこで、イスラエルのチームの勤務時間を変え、ハイファの時間で午後 5 時、ヒルズボロの時間にして午前 7 時から反省会を始めることに同意させることで問題を解決した。もう 1 つの問題は、そのようなバーチャル会議は、単にチームがいつも話し合わなければならないたくさんの問題を抱えているという理由で、普通の会議よりも時間がかかってしまうことである。また、チームリーダーは、文化の違い（話し方や家族との関わり方）、発言の自由の確保（参加者全員が考えや意見を自由に表現できる環境を作ること）、公正さ（参加者の多いところが話し合いにおいて優勢になり、参加者の少ないところの発言や貢献度が制限される可能性がある）を考慮しなければならない。

　このような問題があるにもかかわらず、インテルのプロジェクト・マネジャーは、地理的に分散したチームが協力し、つながる方法を持っていることが重要で役に立つということを見いだした。

設問 1　インテルのマネジャーは、地理的に分散したチームをつなげる際にどのような問題に直面したか。

設問 2　インテルのマネジャーはそれらの問題にどう対処したか。

設問 3　「正面からぶつかり合う」雰囲気はすべてのチーム状況においてふさわしいか。説明してみよう。

設問 4　役割、行動規範、ステータス、グループの大きさ、団結の強さがこのような地理的に分散したチームにどのような影響を与える可能性があるか論じてみよう。

設問 5　ここで描かれているチームの特性を図表 10-6（p.330 参照）で示している有効性を発揮するチームの特性と比較してみよう。IDC のチームはどの特性を備えていると考えられるか。

Chapter **11**

第11章
従業員のモチベーションを高める

本章での学習ポイント

- **11-1** モチベーションとは何か p.348
- **11-2** 初期のモチベーション理論 p.348
- **11-3** 現代のモチベーション理論 p.354
- **11-4** マネジャーが直面するモチベーションの問題 p.365

実例にみるマネジメント

グーグル：最高の職場を求めて

　グーグルには、1日に3,000通もの履歴書が届く[1]。それも当然だろう。なにしろ、隔週のマッサージサービス、スイミングプールとスパ、無料の（しかも、おいしい）バイキング、そのうえ、オフィスには大きな滑り台などのアトラクションまであるのだ。従業員はこれ以上何を望むことがあるだろうか？　理想的な職場ではないか？

　グーグルは、「理想的な」職場のナンバーワンと言われており、『フォーチュン』誌でも5年連続で「最も働きやすい企業」のトップ5に挙げられている。しかも、そのうち2回はナンバーワンを獲得している。グーグルの経営陣がこういった環境を提供するのにはいくつかの理由がある。それは、競争がし烈な市場で最高の知識を持つ従業員を集めること、従業員の長時間労働をサポートし、個人的な雑用に時間を取られないようにすること、従業員の重要性を明らかにすること、そしてグーグルに長く勤めてもらう（「グーグラー」になってもらう）ことだ。それでも、辞める従業員はあとを絶たない。あるアナリストはこう言っている。「確かにグーグルは大金を稼いでいる。グーグルには頭の切れる人が集まっていて、最高の職場だ。なのに、なぜ多くの従業員が離れてしまうのだろうか？」。(p.373に続く)

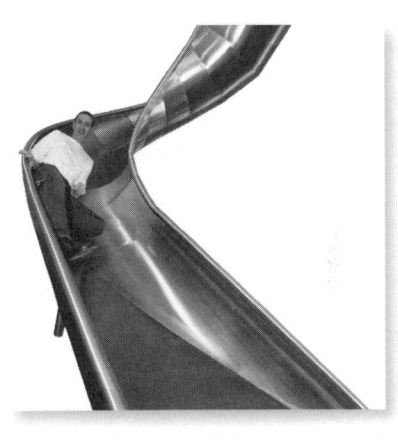

　マネジャーとして成功するには、「自分のモチベーションとなることが、ほかの人のモチベーションにもなるとは限らない」ということを理解する必要がある。例えば、結束力のあるチームの一員になることが自分のモチベーションにつながるからといって、ほかの人にもそれが当てはまると考えてはならない。

　従業員のモチベーションを上げて報酬を与えることは、マネジャーの最も重要で難しい役割の1つである。マネジャーは、従業員がどのように、そしてなぜモチベーションを感じるのかを理解する必要がある。

11-1 モチベーションとは何か

　数社のCEOが、「従業員は何を望んでいるか？」というテーマの会議に参加していた[2]。CEOたちは、企業が従業員にさまざまな恩恵・便宜を提供していること、毎週水曜日にチョコレートを無料で配っていること、ストックオプションを発行していること、あるいは無料駐車スペースを提供していることなど、順番に述べた。ところが、会議のメインスピーカーは、「従業員はチョコレートなんてほしくない。自分の仕事に愛着を持ちたいのだ」と指摘する。そして、その意見にCEOたちが1人また1人と立ち上がって賛同したことにうれしい驚きを感じた。彼らはみな、「企業の価値は、その企業のために働くことにモチベーションを感じる従業員たちから生まれる」ということを認めていたのだった。

　従業員のモチベーションを高めるためには、モチベーションとは何かを理解する必要がある。**モチベーション**とは、個人が活力を高め、方向性を持ち、目標達成に向けて粘り強く努力するプロセスのことを指す[3]。この定義には、3つの重要な要素がある。それは、活力、方向性、そして粘り強さだ[4]。

　活力とは、つまり意欲のことである。モチベーションの高い人物は、あらゆる努力をして勤勉に働く。ただし、努力の度合いだけでなく努力の中身も考慮しなければならない。努力の度合いが高くても、組織に利益をもたらすような方向に向かっていなければ、好ましい成果を上げられるとは限らない。組織が従業員に求めるのは、組織の目標に向かって進み、組織の目標と一致している努力である。最後に、モチベーションには粘り強さの側面もある。組織は、目標達成に向かって従業員にたゆまぬ努力をしてほしいと考える。

11-2 初期のモチベーション理論

　1950年代と1960年代は、モチベーションの研究が展開された有意義な時期だった。この時期には4つの理論が生まれ、批判や異論はあったものの、従業員のモチベーションの説明としてはおそらく今でも最もよく知られたものとい

えるだろう。4つの理論とは、「欲求5段階説」、「X理論とY理論」、「二要因理論」、そして「三欲求理論」である。もっと妥当なモチベーションの説明もいくつか展開されているが、少なくとも2つの理由から、これら4つの初期の理論について知っておく必要がある。第1に、これらの理論は現代の理論が育つ基盤となっている。そして第2に、現代のマネジャーは、通常、これらの理論とそれぞれの用語を利用して従業員のモチベーションについて説明している。では、それぞれについて見て行こう。

マズローの欲求5段階説とは

アメリカの多くの労働者にとって、通勤に車は欠かせない。フロリダ州にあるタレオ・バーブ・テクノロジーでは、ある2人の大切な従業員が通勤困難であることが分かると、2台の中古車を彼らのために購入することにした。マネジャーは「彼らは素晴らしい従業員であり、会社にとって貴重な資産だ」と述べている。そして、従業員の1人は、「最高の車でも格好いい車でもない。でもこの車のおかげで、強い不安が気づきに変わった。車を購入してもらってからは、週80時間労働もなんとも思わなくなった。ギブアンドテイクだから。会社から車を与えられ、その見返りに私は労働を提供した」と話す[5]。同社のマネジャーは従業員の欲求(職場に通うために安定した交通手段が必要)と、それがモチベーションに及ぼす影響を理解していた。これから説明する1つ目のモチベーション理論は、この従業員の欲求に関するものだ。

最もよく知られているモチベーション理論は、心理学者アブラハム・マズローの**欲求5段階説**だろう[6]。マズローは、すべての人には5段階の要求がある、と提唱した。

1. **生理的欲求**　飲食、居住、性など身体的な欲求
2. **安全の欲求**　身体的・感情的な危害からの安全と保護に対する欲求、ならびに、身体的な欲求が満たされ続けるという保証に対する欲求
3. **社会的欲求**　親和、所属、容認、友情に対する欲求
4. **承認の欲求**　自尊心、自律性、達成などの内的評価要因と、地位、認知、

---

1) モチベーション　個人が活力を高め、方向性を持ち、目標達成に向けて粘り強く努力するプロセスのこと。
2) 欲求5段階説　人間には生理的欲求、安全の欲求、社会的欲求、承認の欲求、自己実現の欲求という5段階の欲求があると提唱したマズローの理論。

注目などの外的評価要因

5. 自己実現の欲求 成長、潜在能力の発揮、自己達成など、何かを成し遂げるための欲求

マズローは、低い段階の欲求が満たされないと次の段階の欲求は生まれない、と主張している。個人の欲求は、ある段階から次の段階へと1段ずつ進んでいく（図表11-1を参照）。さらにマズローは、5つの欲求を低次と高次に分けた。生理的欲求と安全の欲求は**低次の欲求**、社会的欲求、承認の欲求、自己実現の欲求は**高次の欲求**とした。低次の欲求は主に外的要因で満たされるのに対し、高次の欲求は内的要因で満たされる。

マズローの理論から、モチベーションについてどのようなことがわかるだろうか。マズローの理論を利用して従業員のモチベーションアップを図るマネジャーは、従業員の欲求を満たそうとする。ただしこの理論は、ある欲求が十分に満たされるとその欲求を満たしたいという刺激が起こらなくなる、とも指摘している。そのため、人のモチベーションを高めるには、その人の欲求段階のどれが満たされていないかを理解し、それ以上の段階の欲求を満たすように努める必要がある。

マズローの欲求5段階説は広く認められており、現代の多くのマネジャーもこれを利用している。広く利用される原因の1つとして、この理論が直観的な論理であり、簡単に理解できることが挙げられる[7]。ただし、マズローはこの

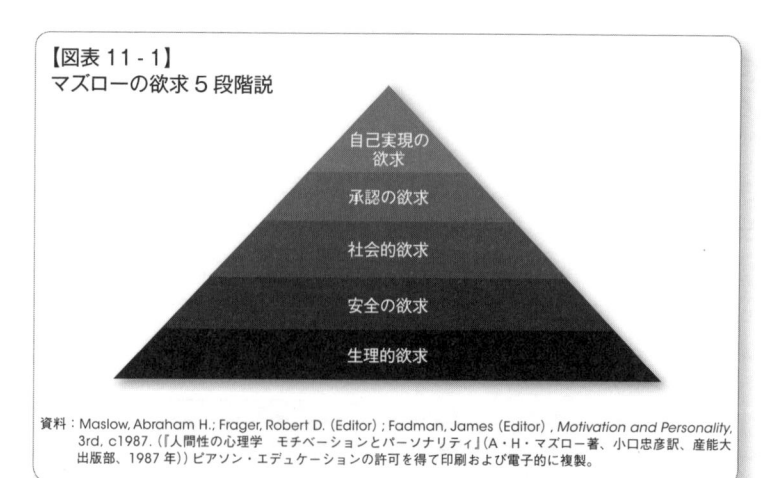

【図表11-1】
マズローの欲求5段階説

自己実現の欲求
承認の欲求
社会的欲求
安全の欲求
生理的欲求

資料：Maslow, Abraham H.; Frager, Robert D. (Editor); Fadman, James (Editor), *Motivation and Personality*, 3rd, c1987.（『人間性の心理学　モチベーションとパーソナリティ』(A・H・マズロー著、小口忠彦訳、産能大出版部、1987年)）ピアソン・エデュケーションの許可を得て印刷および電子的に複製。

理論を科学的に支持したわけではない。また多くの学者がその正当性を立証しようとさまざまな研究を行ってきたが、立証するには至っていない[8]。

マグレガーの X 理論と Y 理論とは

　ゼネラルモーターズ（GM）の新しい CEO は、不作法で無遠慮で要求が厳しい、との評判だった。彼のやり方は、「崩壊寸前の状態から再建しようとしている会社」には受け入れられないだろう、という批判もある。同社の CEO は、ダグラス・マグレガーの X 理論の典型的な例である。

　ダグラス・マグレガーは、人間の本質について X 理論と Y 理論という 2 つの考え方を提唱したことでよく知られている[9]。簡単に説明すると、**X 理論**は人間の否定的な側面に注目し、従業員は夢がほとんどなく、仕事が嫌いで、責任を避けたがるため、効果的に働かせるには厳しく管理しなければならない、という考え方だ。**Y 理論**は人間の肯定的な側面に注目し、従業員は仕事を楽しみ、責任を求めてそれを受け入れ、自ら方向を決定する、という考え方である。マグレガーは、Y 理論は経営を方向づけるものであると考え、意思決定、困難で責任のある仕事、良好なグループの関係に関与することで従業員のモチベーションを最大限に高めることができる、と主張している。

　残念ながら、2 つの理論の妥当性を立証する科学的証拠もないし、Y 理論を実践することが従業員のモチベーションを高める唯一の方法だと裏づける証拠もない。

バークシャー・ハサウェイの会長兼 CEO のウォーレン・バフェットは、Y 理論タイプのマネジャーだ。彼は、偉ぶらず、従業員を信用して許し、意思決定の権限を委譲し、困難な仕事を与え、価値観を感じさせることで、従業員のモチベーションを高めている。そして、バークシャー・ハサウェイ傘下の会社は経営がうまく行っていることを常に従業員に伝え、自分の成功は多くのマネジャーたちのおかげだと述べている。写真は、年次株主総会に出席する前に、ウクレレを弾きながら歌うバフェット。

3）**X 理論**　従業員は仕事が嫌いで怠け者で、責任を避けたがるため、仕事を強要しなければならない、とする考え方。
4）**Y 理論**　従業員は創造的で、仕事を楽しみ、責任を求め、自ら方向を決定する、とする考え方。

ハーズバーグの二要因理論とは

　フレデリック・ハーズバーグの**二要因理論**は、内的要因が仕事の満足に関係し、外的要因が仕事の不満足に関係すると提唱している[10]。ハーズバーグは、人々がどのようなときに仕事について非常に良い（満足）または悪い（不満足）と感じるのかを知りたいと思った（その結果については図表11-2を参照）。そして、仕事について良い感情を持ったときの回答は仕事について悪い感情を持ったときの回答と大きく違う、と結論づけた。一定の特性は仕事の満足に常に関係し（図の左側の要因）、別の特性は仕事の不満足に関係する（図の右側の要因）。自分の仕事について良い感情を持つと、仕事そのものから生じる内的要因として達成、認識、責任を挙げる傾向があり、これに対して、仕事に不満足だと、仕事の環境から生じる外的要因として企業方針、経営、監督、対人関係、職場環境などを挙げる傾向があった。

　さらに、ハーズバーグは、満足の対極にあるものは不満足だという従来の考え方に対して異なる見解を持っていた。仕事から不満足要因を排除しても、必ずしも仕事に満足できる（モチベーションが生じる）わけではない。図表11-3に示すように、ハーズバーグは、2つの連続モデルがあると提唱している。つまり、「満足」の反対は「満足ではない」であり、「不満足」の反対は「不満足ではない」なのだ。

　さらにハーズバーグは、仕事の満足に関係する要因は仕事の不満足に関係す

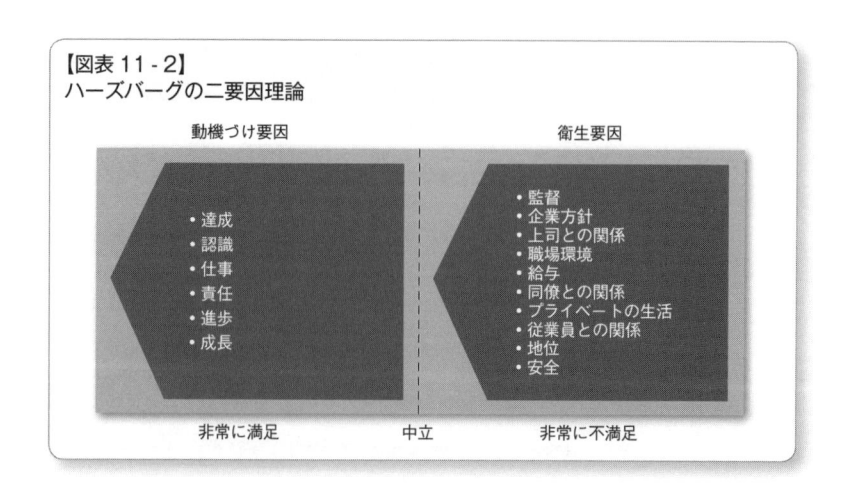

【図表11-2】
ハーズバーグの二要因理論

動機づけ要因	衛生要因
・達成 ・認識 ・仕事 ・責任 ・進歩 ・成長	・監督 ・企業方針 ・上司との関係 ・職場環境 ・給与 ・同僚との関係 ・プライベートの生活 ・従業員との関係 ・地位 ・安全
非常に満足	中立　　　非常に不満足

【図表11-3】
満足と不満足の対比

従来の考え方
満足 ─────────────── 不満足

ハーズバーグの考え方
動機づけ要因：満足 ─── 満足ではない
衛生要因：不満足ではない ─── 不満足

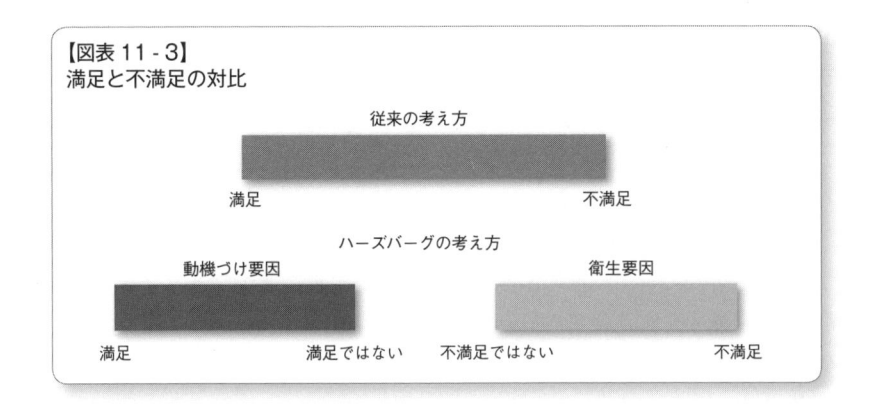

る要因とはまったく異なると考えた。仕事の不満足を引き起こす外的要因は**衛生要因**と呼ばれ、これらが満たされると従業員は不満足にはならないが、満足もしない（モチベーションも高まらない）。ハーズバーグは、従業員にモチベーションを与えるには、**動機づけ要因**、つまり仕事に取り組む内的要因に注目するべきだと提唱している。

ハーズバーグの理論は、その研究の手順と方法には批判はあったものの、1960年代半ばから1980年代初めにかけて広く支持された。彼の理論は単純化しすぎであるとの批判もあったが、現在の職務設計方法に大きく影響している。

マクレランドの三欲求理論とは

アメリカの心理学者デイビッド・マクレランドとその同僚たちは、**3つの欲求理論**を提唱した。この理論によると、3つの後天的（先天的ではない）欲求が仕事の主な原動力となる[11]。3つの欲求とは、一定の標準を達成・成功しようとする動機である**達成欲求（nAch、need for achievement）**、他の手段では無理なのでその方法で人を動かしたいという欲求である**権力欲求（nPow/need for power）**、そして、友好的で親密な人間関係を築きたいという要望である**親

---

5) 二要因理論　ハーズバーグが提唱したモチベーション理論。内的要因は仕事の満足とモチベーションに関係し、外的要因は仕事の不満足に関係する。
6) 衛生要因　仕事の不満足を解消する要因であるが、モチベーションを与えることにはならない。
7) 動機づけ要因　仕事の満足を高め、モチベーションを与える要因。
8) 3つの欲求理論　マクレランドが提唱した理論。達成、権力、親和という3つの後天的（先天的ではない）欲求が仕事の強い原動力となる。
9) 達成欲求　一定の標準に対して達成・成功しようとする動機。
10) 権力欲求　ほかの人々にきっかけがなければ起こらない行動をさせたいという欲求。

和欲求（nAff/need for affiliation）だ。これらの3つの欲求のなかでも、達成欲求は最も多く研究されている。(注11)

達成欲求の高い人は、成功の象徴や報酬よりも個人的な達成感を強く求める。こういった人は、これまでよりも適切にまたは効率的に何かをやり遂げたいという要望を持つ[12]。また、問題解決策の発見に責任を負う仕事を好む。このような仕事は、成果に対して迅速で明白なフィードバックが得られ自分の進捗状況を知ることができ、適度に困難な目標を設定することができる。達成欲求の高い人は、難しすぎる任務も簡単すぎる任務も避ける。しかし、達成に対する高い欲求があっても、良いマネジャーになるわけではない。特に大きな組織ではこのことが当てはまる。なぜなら、達成欲求が高い人は自分の成果に注力するが、良いマネジャーは他人の目標達成のサポートを重視するからだ[13]。またマクレランドは、個人的な責任、フィードバック、そして適度なリスクがある状況に従業員を置くことで、従業員の達成欲求を刺激するように訓練できると指摘している[14]。

ほかの2つの欲求は、達成欲求ほど広く研究されていない。それでも、良いマネジャーは権力に対する欲求が高く、親和に対する欲求が低い傾向があることが明らかにされている[15]。

11-3 現代のモチベーション理論

このセクションで紹介する理論は、モチベーションについての現代の研究成果である。これらの理論は、これまで見てきた古典的理論ほど有名ではないかもしれないが、研究によって支持されている[16]。では、目標設定理論、職務設計、衡平理論、そして期待理論について見て行こう。

目標設定理論とは

大きな課題や重要なプロジェクトが与えられる前に、教師から「ベストを尽くせ」と発破をかけられたことはないだろうか。「ベストを尽くせ」というこのあいまいな表現にはどのような意味があるのか。成績でAを維持するには93点をとらなければならないと教師から言われていたら、授業で行うプロジェク

トの成果は高くなっていただろうか。目標設定理論の研究ではこういったテーマに取り組んできており、目標の明確度、難易度、フィードバックが成果に及ぼす影響は計り知れないほど大きい、という結論が得られている[17]。

目標設定理論(注12)については十分な裏付けがある。明確な目標は成果の向上につながり、難しい目標は、それに納得できると、簡単な目標よりも高い成果を生み出すことが分かっている。では、目標設定理論にはどのような意味があるのだろうか。

まず、目標に向かって努力することは、仕事に対するモチベーションを生む重要な要素となる。目標設定に関する研究では、明確で困難な目標は優れた動機づけ要因になると指摘している[18]。こういった目標は、「ベストを尽くす」といったあいまいな目標よりも高い成果を引き出す。また、明確な目標は内的刺激になる。例えば、販売員が1日8件の売り込み訪問をするという目標を掲げると、達成に向けた明確な努力目標になる。

次に、従業員が目標設定に関わると（参加すると）、一生懸命取り組むようになるのだろうか。必ずしもそうではない。この参加型の目標設定は、優れたパフォーマンスを引き出す場合もあるが、マネジャーが目標を設定したほうが良い成果を上げるケースもある。しかし、従業員が難しい課題に二の足を踏んでいるときは、目標設定に従業員を参加させると効果的だろう[19]。

最後に、目標達成への進捗状況についてフィードバックが得られると成果が向上する。なぜなら、フィードバックは、自分の希望と自分の実際の行動とのギャップを明らかにするのに役立つからだ。ただし、すべてのフィードバックが等しく効果的なわけではない。従業員が自分の進捗状況を監視する自然発生のフィードバックは、他人からのものよりも強力な動機づけ要因になる、ということが明らかになっている[20]。

フィードバック以外の3つの要素、目標へのコミットメント、適切な自己効力感、国の文化は、目標と成果の関係に影響を及ぼす。

第1に、目標設定理論は、個人が目標に全力で取り組むことを前提にしている。目標が公表されるとき、本人が内部統制力（環境を自分で変えられるという考え）を持つとき、そして他人ではなく自分が目標を設定したとき、コミッ

---

11) **親和欲求**　友好的で親密な人間関係を築きたいという要望。
12) **目標設定理論**　明確な目標は成果の向上につながり、難しい目標は、それに納得できると、簡単な目標よりも高い成果を生み出すという理論。

トメントはより強くなるだろう[21]。

次に、**自己効力感**とは、自分には任務を達成する能力があると信じている状態である[22]（注13）。自己効力感が高いと、任務を達成できるという自信が強くなる。そのため、困難な状況では、自己効力感の低い人は努力を怠ったりあきらめたりすることが多いのに対し、自己効力感の高い人は困難を克服するために一生懸命努力をする[23]。また、否定的なフィードバックを受けると、自己効力感の高い人はさらに努力してモチベーションを高めようとするのに対し、自己効力感の低い人は努力を怠る傾向がある[24]。

最後に、目標設定理論の重要性は国の文化によって異なる。北米諸国では、目標設定理論の主なコンセプトが文化に適度に一致しているため、この理論を受け入れやすい。こういった国では、部下は適度に独立しており、従業員は困難な目標を求め、マネジャーも部下も成果を重視する、と考えられる。このような文化特性を持たない国では、目標の設定によって高い成果が得られると期待してはならない。

図表11-4は、目標、モチベーション、成果の関係をまとめたものである。全体として、懸命に努力する意志と明確な目標は強力なモチベーション要因になる、という結論が得られる。適切な条件のもとでは高い成果が期待できる。ただし、目標と任務に対する満足度の関連性を証明することはできない[25]。

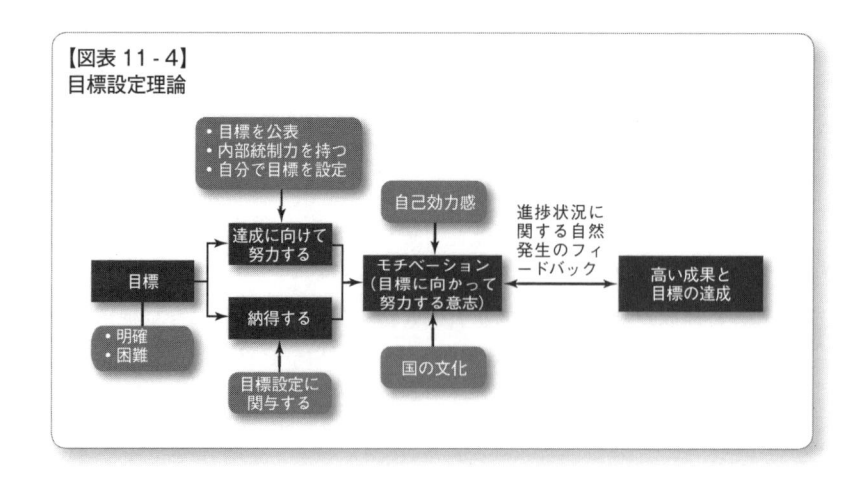

【図表11-4】
目標設定理論

職務設計はモチベーションにどのように影響するか

　マネジャーは、仕事に対する従業員のモチベーションを高めるため、従業員をやる気にさせる職務を設計する必要がある。組織とは何か、そして組織の機能とは何かを詳しく調べると、組織には何千という仕事があることが分かるだろう。そして、これらの仕事が集まると職務になる。**職務設計**とは、さまざまな仕事を組み合わせてより完全な職務を形成する方法のことを指す。組織で従業員が遂行する職務は、偶然生まれるものではない。マネジャーは、環境の変化、組織の技術力、従業員のスキルや能力や嗜好を考慮して、丹念かつ慎重に職務を設計しなければならない[26]。このようにして職務を設計すると、一生懸命に努力するモチベーションがわく。では、マネジャーは、従業員をやる気にさせる職務をどのように設計したらよいか。その答えは、J・リチャード・ハックマンとグレッグ・R・オールダムが開発した**職務特性モデル（JCM：job characteristics model）**に見出すことができる[27]。

　ハックマンとオールダムによると、どのような職務も、次の5つの中心的職務次元で言い表すことができる。

1. スキルの多様性　その職務を遂行するのに必要とされる多様な活動の度合い。それにより従業員は多種多様なスキルと能力を使用することができる

2. 職務の一貫性　その職務を遂行するのに必要とされる仕事の完全性と明瞭性

3. 職務の重要性　その職務が他人の生活や仕事に及ぼす影響の度合い

4. 自律性　仕事のスケジュールや実施の手順を決める際に、個人が持つ自由さ、独立性、裁量の度合い

5. フィードバック　その職務に必要な活動を実行した度合いがフィードバックされ、従業員は成果の有効性について直接的で明確な情報を得ることができる

---

13) 自己効力感　自分は任務を達成する能力があると信じている状態。
14) 職務設計　さまざまな仕事を組み合わせて完全な職務になるように形成する方法。
15) 職務特性モデル（JCM）　5つの中心的職務次元、これらの相関関係、結果に及ぼす影響を考慮して、職務を分析・設計する枠組み。

このモデルについては図表11-5に示している。最初の3つの次元（スキルの多様性、職務の一貫性、職務の重要性）の組み合わせ方によって意味のある職務（意義実感状態）が生まれることに注目してほしい。つまり、職務にこれらの3つの特性が備わっていると、従業員は、その職務は重要で有益でやりがいがあると考えるだろう。自律性のある職務については、現職の従業員はその結果に責任を感じ（責任実感状態）、また、フィードバックが得られると、従業員は自分の行動の有効性を認識できる（成果実感状態）ことにも注目してほしい。

モチベーションの観点から、JCMは、従業員が関心のある仕事（スキルの多様性、職務の一貫性、職務の重要性による意義実感状態）において個人的によい成果を上げ（自律性による責任実感状態）、それを学んだときに（フィードバックによる成果実感状態）内部報酬が得られる、と指摘している。これらの3つの条件によって職務の特性が強まると、従業員のモチベーション、成果、満足度が高まり、常習的欠勤と離職率が低くなる。モデルから分かるように、職務次元と結果の関係は成長欲求の強さ（自尊心と自己実現に対する欲求）によって調整されている。つまり、中心的職務次元を考慮して職務が設計されてい

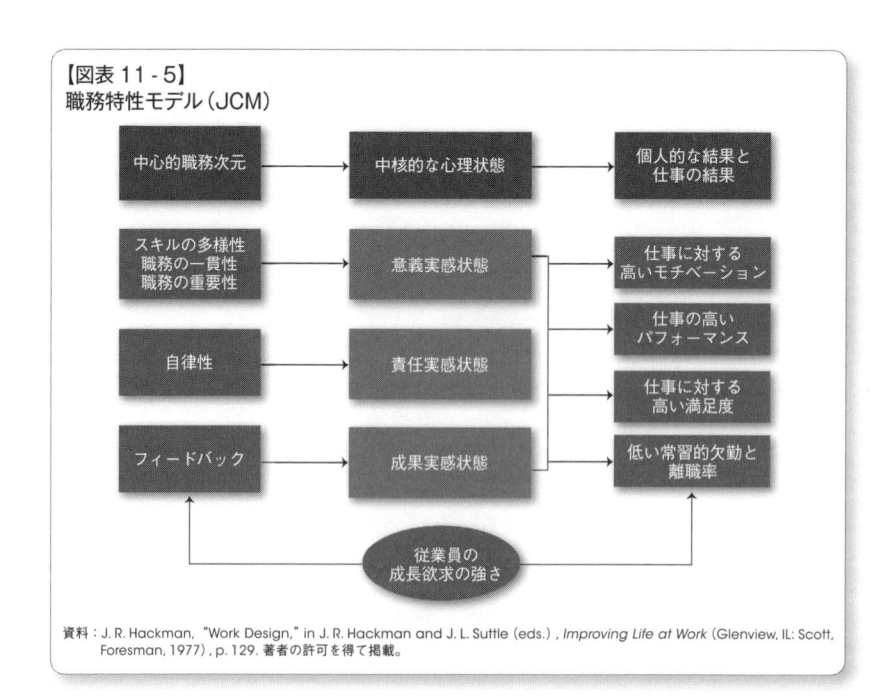

【図表11-5】
職務特性モデル（JCM）

中心的職務次元 → 中核的な心理状態 → 個人的な結果と仕事の結果

- スキルの多様性／職務の一貫性／職務の重要性 → 意義実感状態
- 自律性 → 責任実感状態
- フィードバック → 成果実感状態

→ 仕事に対する高いモチベーション
→ 仕事の高いパフォーマンス
→ 仕事に対する高い満足度
→ 低い常習的欠勤と離職率

従業員の成長欲求の強さ

資料：J. R. Hackman, "Work Design," in J. R. Hackman and J. L. Suttle (eds.), *Improving Life at Work* (Glenview, IL: Scott, Foresman, 1977), p. 129. 著者の許可を得て掲載。

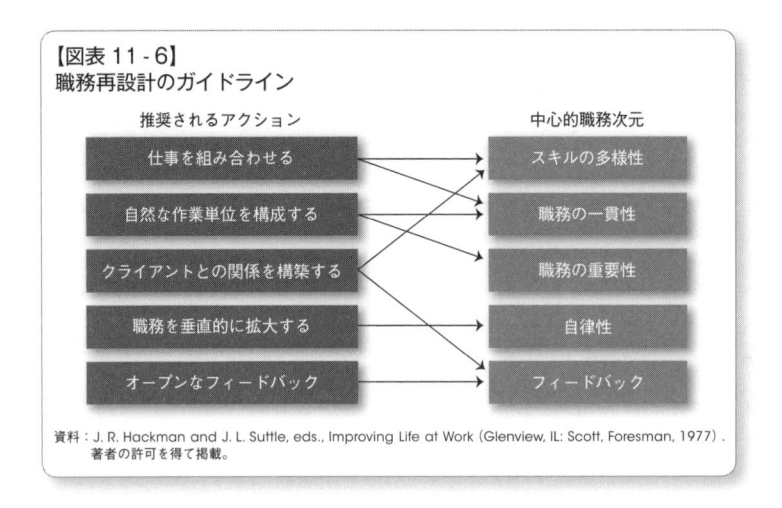

【図表11-6】職務再設計のガイドライン

推奨されるアクション → 中心的職務次元

- 仕事を組み合わせる
- 自然な作業単位を構成する
- クライアントとの関係を構築する
- 職務を垂直的に拡大する
- オープンなフィードバック

中心的職務次元:
- スキルの多様性
- 職務の一貫性
- 職務の重要性
- 自律性
- フィードバック

資料：J. R. Hackman and J. L. Suttle, eds., Improving Life at Work (Glenview, IL: Scott, Foresman, 1977). 著者の許可を得て掲載。

ると、成長欲求が強い人は成長欲求が弱い人よりも、中核的な心理状態を経験し、前向きに反応する可能性が高くなる。こういった特徴があることから、**職務充実**（計画策定と評価の責任を加えることによって、職務を垂直的に拡大すること）(注16)によってさまざまな結果が生じる可能性があるといえよう。成長欲求が弱い人は、職務を充実させて高い成果や満足度を達成する傾向が低い。

個人の職務を設計するときもチームの職務を設計するときも、JCMはマネジャーにとって重要な指針となる[28]。JCMに基づき、図表11-6で推奨しているガイドラインは、どのような変化を起こすと5つの中心的職務次元を向上させることができるかを明らかにしている。

衡平理論とは何か

隣の席の学生がテストや課題でどのような成績をとったかが気になったことはないか。そういう経験のある人は多いはずだ。人間は自分と他人を比べる傾向があり、衡平性が問題の争点となる。衡平とは、同じような行動をとる人と比べて公正・公平な対応を受ける、という考え方に関係している。さまざまな調査から、従業員は自分と他人を比べ、不公平だと、従業員の努力に影響が及ぶことがはっきりと立証されている[29]。

---

16) **職務充実**　計画策定と評価の責任を加えることによって職務を垂直に拡大すること。

衡平理論とは、J・ステーシー・アダムズが提唱した理論である。従業員は、仕事への努力（入力）と仕事から得られる結果（出力）を比較し、さらに、自分の入力と出力の比を他人の入力と出力の比と比較する（図表11-7参照）。自分の出力／入力比が他人の出力／入力比とほぼ同じならば問題はない。ところが、この比率が不公平だと、従業員は、報酬が少なすぎるまたは多すぎると考える。不公平が生じると、従業員は何らかの行動をとろうとする[30]。その結果、生産性や成果の質に変動が生じたり、常習欠勤や自己退職が増えたりする。

【図表11-7】
衡平理論の関係

比率の比較	従業員の評価
$\dfrac{\text{出力A}}{\text{入力A}} < \dfrac{\text{出力B}}{\text{入力B}}$	不公平（過少報酬）
$\dfrac{\text{出力A}}{\text{入力A}} = \dfrac{\text{出力B}}{\text{入力B}}$	公平
$\dfrac{\text{出力A}}{\text{入力A}} > \dfrac{\text{出力B}}{\text{入力B}}$	不公平（過大報酬）

＊Aは従業員、Bは比較対象

比較対象とは、公平性を評価するために比較する他人、システム、自身のことであり、衡平理論の重要な変数となる[31]。これらの3つの比較対象はいずれも重要である。「他人」のカテゴリーには、同じ組織の似たような部署の従業員はもちろん、友人、近所の人、同業者も含まれる。職場で耳にしたり新聞や業界誌で目にしたりした内容に基づき、従業員は自分の給料と他人の給料を比較する。「システム」とは、組織の給与方針、手順、配分などのこと。「自身」とは、自分の出力／入力比のことを指す。この比率は、過去の経験や交友関係を反映し、職歴や家族への責任といった基準によって左右される。

もともと、衡平理論は**分配的公正**、つまり個人間に見られる報酬の額と配分の公平性に焦点を当てていた。ところが最近の研究では、**手続き的公正**、つまり報酬の分配を決定するプロセスに見られる公平性の問題にも注目するようになった。この研究によると、分配的公正は手続き的公正よりも従業員の満足度に影響を及ぼすのに対し、手続き的公正は組織への責任、上司への信頼感、退職意思などに影響を及ぼすことが明らかになっている[32]。これらのことは、マネジャーにとってどのような意味があるのだろうか。マネジャーは、配分決定

方法に関する情報を共有し、先入観のない一貫した手順に従い、それを継続し、手続き的公正に対する認識を高める必要がある。手続き的公正に対する認識が高まると、従業員は、給料や昇進といった個人的な結果に不満を抱いたとしても、自分の上司と組織を肯定的に見ることができるだろう。

期待理論とモチベーションの関係

従業員のモチベーションを高める方法を述べた最も包括的な理論は、ヴィクター・ヴルームの**期待理論**である[33]。この理論には批判はあるものの[34]、多くの研究で裏づけられている[35]。

期待理論によると、人は、行動によって一定の結果が得られるという期待、およびその結果に感じる魅力に基づいて、一定の方法で行動する傾向がある。期待理論には、3つの説明変数(関係)が影響する(図表11-8を参照)。

1. 期待(努力−成果の関係) は、一定量の努力をすると一定レベルの成果が得られる、と個人が期待する確率。

2. 道具性(成果−報酬の関係) は、一定レベルの成果を上げることで望ましい結果が得られる、と個人が信じる度合い。

3. 誘意性(報酬の魅力) は、仕事で得られる結果、つまり報酬の可能性を個人が重視する度合い。誘意性は、個人の目標と欲求の両方を考慮している。

この理論は複雑に感じられるかもしれないが、実際にはたいして複雑ではな

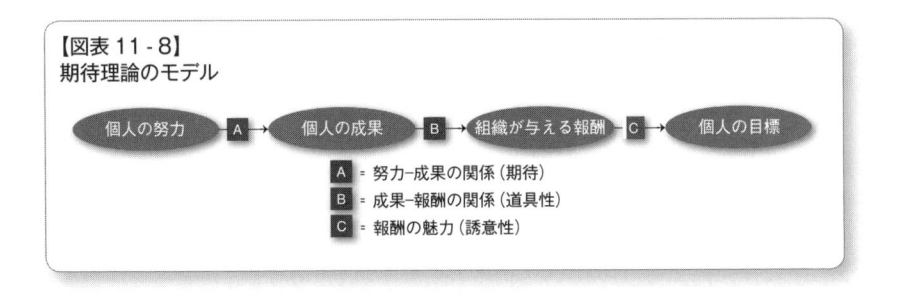

【図表11-8】
期待理論のモデル

個人の努力 → A → 個人の成果 → B → 組織が与える報酬 → C → 個人の目標

A = 努力−成果の関係(期待)
B = 成果−報酬の関係(道具性)
C = 報酬の魅力(誘意性)

---

17) **衡平理論** 従業員は、自分の入力と出力の比を他人の入力と出力の比と比較して、不公平性を正そうとする。
18) **比較対象** 公平性を評価するために比較する他人、システム、自身のこと。
19) **分配的公正** 個人間に見られる報酬の額と配分の公平性。
20) **手続き的公正** 報酬の分配を決定するプロセスに見られる公平性。
21) **期待理論** 人は、行動によって一定の結果が得られるという期待、およびその結果に感じる魅力に基づいて、一定の方法で行動する傾向がある、とする理論。

く、次の質問に要約することができる。一定レベルの成果を達成するには、どのくらい一生懸命努力しなければならないか。実際にそのレベルを達成できるか。そのレベルの成果を達成したらどのような報酬が得られるか。報酬にはどのような魅力があるのか。その報酬は個人的な目標の達成に役立つか、である。

　努力をする（つまり一生懸命働く）ことにモチベーションを感じるかどうかは、自分の目標と、その目標を達成するのに必要な成果のレベルについての認識によって左右される。以前、ある女性がIBMの販売員として働いていたとき、彼女のお気に入りの「報酬」は、上得意客と一緒にIBM社が保有する飛行機で週末にゴルフリゾートに行くことであった。ところがその「報酬」を得るには、一定レベルの成果（それは彼女の販売目標を上回るものであった）を上げなければならなかった。彼女がどれほど一生懸命に働くか（つまり、努力をすることにどれほどのモチベーションを感じるか）は、必要な成果のレベルと、成果を上げたときに報酬を得られる可能性によって左右される。彼女はその報酬を「高く評価」していたため、販売目標を上回るように一生懸命努力した。また、努力と成果に対して会社は常に彼女が評価する報酬（社有機に乗る）で対応していたため、成果−報酬の関係が明らかだった。

　期待理論の重要な点は、個人の目標、ならびに努力と成果の関係、成果と報酬の関係、報酬と目標に対する満足度の関係を理解することである。期待理論では、個人にとっての見返り、つまり報酬に注目している。そのため、組織が提供する報酬は個人の希望に一致する必要があると考えねばならない。期待理論では、何が人のモチベーションを高めるかの普遍的な原理は存在しないと認めており、マネジャーはその従業員がその結果に魅力を感じる（あるいは魅力を感じない）理由を理解せねばならない。何よりも、マネジャーは、従業員が価値を感じるものを報酬として与えるべきなのだ。また、期待理論では、期待される行動を重視している。ということは、従業員は、自分が何を期待されているか、そしてどのように評価されるかを、認識しているかどうかが重要となる。最後に、期待理論は個人の認識に関係しているのであり、現実性は重要ではない。つまり、成果、報酬、目標から得られる結果（実際の結果ではない）に対してどのように認識しているかが、モチベーション（努力のレベル）に影響する。

現代のモチベーション理論をどのように組み合わせたらよいか

　現代のモチベーション理論の基本的なアイデアの多くは補完的であるため、これらの理論をどのように組み合わせるかを考えると、従業員のモチベーションを高める方法をより的確に理解できるだろう。図表11-9は、モチベーションに関する理論を組み合わせたモデルである。基盤となるのは期待モデルだ。では、左から順に見て行こう。

　「個人の努力」に向かう矢印は、「個人の目標」から出ている。目標設定理論に従い、目標と努力の関係は「目標指向の行動」であることを示している。期待理論では、努力と成果の関係、成果と報酬の関係、報酬と目標に対する満足度の関係が強いと認識すると、従業員は高いレベルの努力をするだろうと推測している。それぞれの関係は、特定の要因の影響を受ける。このモデルから、

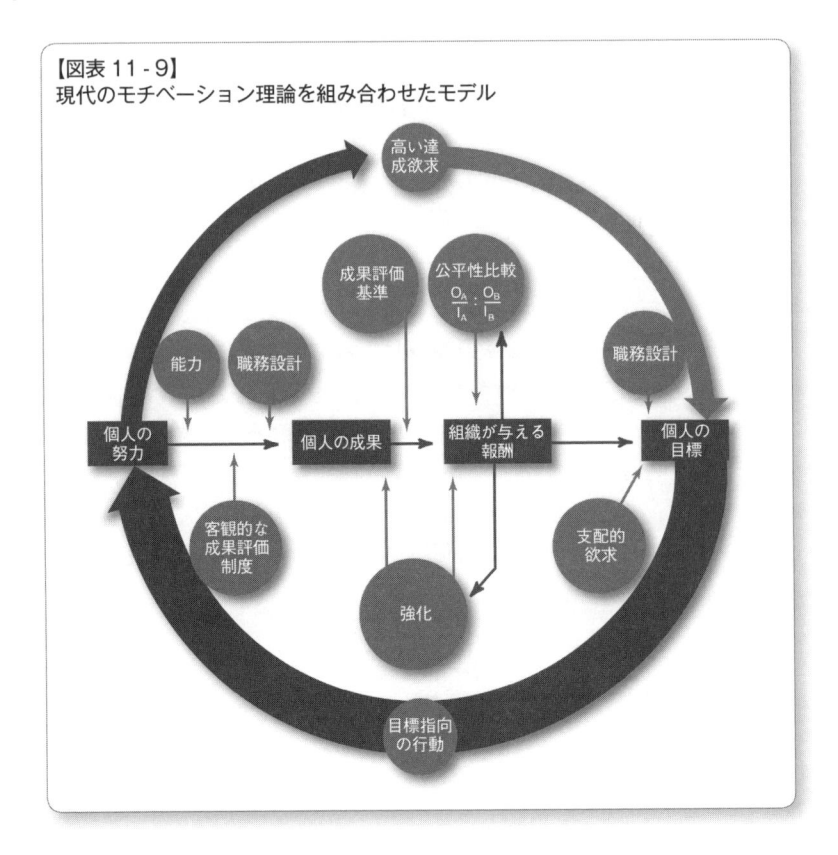

【図表11-9】
現代のモチベーション理論を組み合わせたモデル

公平性比較 $\dfrac{O_A}{I_A} : \dfrac{O_B}{I_B}$

個人の成果のレベルは、個人の努力のレベルだけでなく、個人の成果達成能力と、公平で客観的な成果評価制度によって決まることが分かる（年次そのものや個人的嗜好などの基準ではなく）。成果が報酬につながることを認識すると、成果-報酬の関係は強くなる。期待理論の3つ目の関係は、報酬-目標の関係だ。ここでは欲求5段階説が当てはまる。個人の高い成果に対して得られる報酬が、個人の目標に関連する欲求を満たすまで、モチベーションは高くなるだろう。

モデルをさらに詳しく見ると、達成欲求、強化理論、衡平理論、そしてJCMも関係していることが分かる。達成欲求が高い人は、成果に対する組織の評価や報酬にモチベーションを感じるわけではないため、「個人の努力」は「個人の目標」に一気に到達する。達成欲求が高い人は、個人の責任、フィードバック、適度なリスクがある職務にモチベーションを感じる。努力-成果の関係、成果-報酬の関係、報酬-目標の関係には関心がない。

組織の報酬が個人の成果を強化することが理解されると、強化理論が当てはまる。マネジャーの設計した報酬制度は従業員の優れた成果の「見返り」となっている、と理解されると、その報酬は優れた成果をさらに強化・奨励する。報酬は、衡平理論でも重要な役割を果たす。従業員は努力（入力）から得られた報酬（出力）を他人の出力／入力比と比べる。この比率が不公平だと、その努力に影響が及ぶ可能性がある。

最後に、このモデルにはJCMの要素も組み入れられている。仕事の特性（職務設計）は2つの点でモチベーションに影響する。第1に、5つの中心的職務次元に基づいて職務を設計すると、職務によって個人のモチベーションが刺激されるため、高い成果に結びつきやすい——つまり、努力-成果の関係が強くなる。第2に、5つの中心的職務次元に基づいて職務を設計すると、仕事の重要な要素に対する従業員のコントロール力が高くなる。したがって、自律性とフィードバック、そして上のように設計された特性を持つ職務は、自分の仕事をよりコントロールしたいと考える従業員の目標を達成するのに大いに貢献する。

11-4 マネジャーが直面するモチベーションの問題

　従業員のモチベーションを理解することは、マネジメント研究の最も一般的な分野の1つである。これまでにいくつかのモチベーション理論を紹介してきたが、従業員のモチベーションに関する現代の研究には、職場環境の重要な問題も関わっている。ここでは、厳しい景況でのモチベーション、グローバル化の課題への対応、固有の従業員グループのモチベーション、適切な報酬制度の設計について検討する。

厳しい景況で従業員のモチベーションをどう高めるか

　ラスベガスを拠点とする一風変わった靴のオンライン販売会社、ザッポス（現在はアマゾンが買収）は、楽しい職場として高い評判を得ていた[36]。ところが、多くの会社と同様、景気低迷時には人員削減を余儀なくされ、124人を解雇した。CEOのトニー・シェイは、従業員のストレスを和らげるため、人員削減の知らせをすぐに伝えたいと考えた。そこで、電子メール、自分のブログ、ツイッターで人員削減の計画を発表した。こういった知らせを伝えるには不適切なやり方だと考える人もいるかもしれないが、多くの従業員は、彼の公平さと誠実さに感謝した。また同社は、在職2年以内にレイオフされた従業員についてはその年の終わりまでの分の給料を支払った。また、在職期間の長い従業員については在職1年あたり4週間分の給料を支払った。さらに、全員が健康保険を6カ月間継続でき、希望者にはクリスマスシーズンまで40％の社員割引が与えられた。ザッポスは、好況時には従業員の育て方のモデルとして広く知られていたが、不況時には従業員への対応方法のモデルとなったのだ。

　ここ数年の景気後退は、多くの企業にダメージを与えた。特に、従業員の問題に大きな影響を及ぼした。レイオフ、予算のひっ迫、最低限の昇給（昇給がない企業もあった）、給付金のカット、賞与なし、レイオフされた人の分をカバーするための長時間労働といった現実に、多くの従業員が直面させられた。状況が悪化すると、従業員の自信、楽観主義、職務に対する責任も低下した。こういった困難な状況で従業員のモチベーションを維持するのが簡単でないことは、想像に難くない。

マネジャーたちは、不確かな景況だからこそ創造的な方法を工夫することで、目標達成に向けて従業員の努力を活性化し、正しく導き、それを維持させる必要があることを認識するようになった。そして、予算を必要とせずに、あるいはそれほど予算をかけずに、従業員のモチベーションを高める方法を模索せざるをえなくなった[37]。そこで、従業員とミーティングの場を設けて意思疎通の道を開き、さまざまな問題に関して従業員からアイデアを集める、優れたカスタマーサービスを維持するといった共通の目標を確立し、全員で努力する、マネジャーが従業員とその仕事を気にかけていることが分かるような連帯感を生み出す、従業員が学習と成長を維持できるような機会を設ける、といった活動を行った。もちろん、激励の言葉は非常に効果的だった。

グローバル化とモチベーション

　現代のグローバルな事業環境では、マネジャーは、ある地域で成功したモチベーションプログラムがほかの地域でもうまく行くと決めてかかることはできない。現代のモチベーション理論のほとんどは、アメリカ人がアメリカ人のためにアメリカで作ったものである[38]。これらの理論に見られるあからさまなアメリカ的特徴は、個人主義と達成指向に重点を置いていることである。例えば、目標設定理論と期待理論はどちらも、目標の達成と合理的・個人的な考え方を重視している。ではここで、さまざまな文化圏で適用できるモチベーション理論の特徴について見ていこう。

　マズローの欲求5段階説は、まず生理的欲求を満たし、次の段階へと進んでいく、と主張している。この段階は、アメリカの文化で適用できるように設計されている。日本、ギリシャ、メキシコなどでは不確実性回避の特徴が強いため、安全の欲求がトップになるだろう。また、デンマーク、スウェーデン、ノルウェー、オランダ、フィンランドなどは教育や成長を重視する国であるため、社会的欲求がトップになるだろう[39]。このような教育や成長の基準が高い国でモチベーションを図るには、グループワークが効果的だと推測される。

　達成欲求も、明らかにアメリカ人の立場から考えたコンセプトだ。達成欲求の高い人には自身のなかに動機づけ要因があるという考え方は、2つの文化的特徴——適度なリスク受容（不確実性回避の傾向が強い国には当てはまらない）と成果指向（目標達成の傾向が強い国にのみ当てはまる）——を前提としている。この組み合わせは、アメリカ、カナダ、イギリスなどアングロサクソン諸

国に見られる[40]。これに対して、チリやポルトガルなどではこういった特徴はほとんど見られない。

　衡平理論はアメリカで根強く支持されている。従業員は報酬配分の公平性に敏感だという前提のもとにアメリカ式の報酬制度が設計されていることを考えると、これは驚くようなことではない。アメリカでは、公平性とは、成果と支払いが密接に結びついていることを意味している。ところが最近の研究によると、中央・東ヨーロッパなどかつての社会主義諸国では、従業員は成果と同様に個人の欲求も報酬に反映されることを期待する、と指摘している[41]。さらに、共産主義と中央集権的計画経済の遺産とつじつまを合わせるかのように、従業員の間には「権利」を求める態度が強く見られる――つまり、自分たちの努力よりも大きな結果を期待しているのだ[42]。こういったことから、アメリカ式の給与制度は、ほかの国の従業員から公平だと認められるには、修正が必要であることが分かる。

　文化間にはモチベーションの違いがあるが、共通の特徴も見られる。例えば、国の文化を問わず、ほぼすべての従業員が興味深い仕事を重視する。7つの国を対象にして行った調査によると、ベルギー、イギリス、イスラエル、アメリカの従業員は、11個の職務目標のなかで「興味深い仕事」を第1位に挙げている。日本、オランダ、ドイツでも第2位か3位だった[43]。同様に、アメリカ、カナダ、オーストラリア、シンガポールの新卒者が仕事に何を求めるかを調べたところ、成長、達成、責任が上位3位を占め、その順番も同じだった[44]。どちらの調査も、ハーズバーグの二要因理論で内的要因を重視していることと一致している。また、日本の職場で見られるモチベーションの傾向について調べたところ、ハーズバーグのモデルは日本の従業員にも当てはまることが示されている[45]。

固有の従業員グループのモチベーションを高めるには

　従業員のモチベーションを高めるのは、いつの時代も簡単なことではない。従業員の欲求、個性、スキル、能力、興味、適性はそれぞれ異なる。また、従業員が雇用主に期待する事柄も、雇用主から期待されていると考える事柄も異なる。職務に期待するメリットも千差万別だ。例えば、個人的な関心を満たすことを重視し、週給さえきちんともらえればいいと考える従業員もいる。こういった従業員は困難な仕事や興味深い仕事には関心を示さず、他人と成果を競って「勝つ」という意欲もない。これに対して、仕事に満足感を見出す従業員は、

精一杯努力をしようとするモチベーションが高い。このような違いがあることを考えると、マネジャーは、現代の職場に見られる固有の従業員グループのモチベーションをどのように高めたらよいだろうか。そのためのポイントの1つとして、多様な従業員、専門職、臨時従業員など、さまざまなグループのモチベーション要件を理解することが大切だ。

多様な従業員にモチベーションを与える　現代の従業員たちのモチベーションを最大限に高めるには、マネジャーは柔軟性について考える必要がある。例えば、男性は女性よりも職務の自律性を重視することが、調査によって明らかにされている。これに対して、女性は学習機会、就業時間の利便性や柔軟性、良好な人間関係などを重視する[46]。またマネジャーは、2人の子どもを養うためにフルタイムで働くシングルマザーのモチベーションと、独身のパートタイム従業員や年金収入の足し程度に働く高齢従業員のモチベーションとの大きな違いを認識しなければならない。こういった多様な従業員のモチベーションを高めるには、多様な報酬を設定する必要がある。多くの組織が、多様な従業員のさまざまな要求に対応した「ワーク・ライフバランス」プログラム（第7章を参照）を実施している。また多くの組織が、欲求の違いを理解した柔軟性のある就労形態（第6章を参照）を導入している。柔軟性のある就労形態は従業員のモチベーションを高めるのだろうか。実際にはプラスの側面もマイナスの側面もある。例えば、在宅勤務が職務の満足度に及ぼす影響を調べた研究によると、在宅勤務の範囲が増えると最初は職務満足度が高くなるが、在宅勤務時間が長くなると職務満足度が横ばいになり、やがて低くなったまま安定してしまうことが分かっている[47]。

専門職のモチベーションを高める　一世代前と比べて、現代の一般的な従業員は、ブルーカラーの工場労働者よりも学士号を持つ専門職のほうが多くなっている。彼らのモチベーションを高めるには、マネジャーはどのようなことに特に注目する必要があるだろうか。

　専門職のモチベーションを高めるにはどうしたらよいか。一般に給与や昇進の優先順位は低い。なぜなら、もともと給与が高い人が多いうえ、楽しんで仕事をしているからだ。これに対して、問題に取り組んだり解決策を考えたりする仕事が好きなので、困難な任務の優先順位は高い。彼らの一番の報酬は、「仕

事」そのものなのである。また、専門職は周囲からの支持も重視している。もちろんどの従業員もそうかもしれないが、特に専門職は、自分の仕事は重要なのだと周囲に認めてほしい気持ちが強い。専門職は仕事を生活の中心と考える傾向があるのに対し、一般職は、仕事では満たされない欲求を満たすものとして仕事以外のことに関心を持つ傾向がある。

臨時従業員（需給調整可能労働者）のモチベーションを高める　経営合理化やリストラによってフルタイムの従業員が解雇されると、パートタイムや契約社員などの臨時従業員の数が増える。臨時従業員は、正規社員のように安定した雇用が保障されておらず、組織との一体感もなく、職務に全力を傾けることもない。また、健康保険や年金などの給付もほとんどない[48]。

　臨時従業員のモチベーションを高めるのは簡単なことではない。臨時従業員の中でも、自由が性に合うという人は、安定性がないことをあまり重視しない可能性がある。また、フルタイムの責任を好まず、高い報酬を得ている医師、エンジニア、会計士、ファイナンシャルプランナーのなかには、臨時という立場を好んでいる人もいるかもしれない。しかしそのような人は少数派だろう。多くの臨時従業員は、自分の意思で臨時従業員になったわけではない。

　では、しかたなく臨時従業員になった人のモチベーションはどのように高めたらよいか。明白な解決策は、正規社員になる機会を与えることだ。臨時従業員であっても正規社員として選ばれるチャンスがあると、臨時従業員は概して一生懸命働く。絶対的とは言えないが、訓練の機会を与えるという解決策も効果が期待できるだろう。今の自分の仕事が、将来必要性が高まりそうなスキルを開発するのに役立つことが分かると、モチベーションが高くなるのだ。公平性という点から考えると、同じ仕事をしているのに給料面でも福利面でも充実している正規社員と臨時従業員が一緒に働くと、臨時従業員の成果は低くなる可能性がある。離して仕事をさせたり、あるいは相互依存関係を弱めたりすると、トラブルを避けることができるだろう[49]。

オープンブック経営が従業員のモチベーションに及ぼす影響　アメリカの自動車部品販売会社スプリングフィールド・リマニファクチャリング（SRC、Springfield Remanufacturing Company）の重量車両部門では、マネジャーが財務諸表についての会議を終えて 24 時間以内に、すべての従業員が同じ情報を

知ることができる。また、従業員が出荷目標を達成すると、年末には全従業員に多額の賞与が支払われる [50]。このように、多くの組織は財務諸表を公開することで従業員を意思決定に関与させている。情報を共有しているため、従業員は、自分たちの仕事についてよりよい決定を下し、自分たちの仕事の内容や方法の意味をより深く理解することにモチベーションを感じる。そして最終的には、収益に大きな効果をもたらすことになる。この方法は**オープンブック経営**(注22)と呼ばれ、多くの企業で導入されている [51]。

従業員表彰制度がモチベーションに及ぼす影響 従業員表彰制度(注23)は、優れた業績に対して配慮、関心、認定、感謝を表明する制度であり [52]、さまざまな形態のものがある。例えばアメリカの派遣会社ケリーサービスでは、新しいタイプのポイントベース報奨制度を導入して、従業員の生産性を促し、定着率を高めている。ケリー・クドウズと呼ばれるこの制度ではさまざまな賞を用意しており、従業員は長期にわたってポイントをためることができる。この制度は効果的で、制度の参加者は参加していない従業員と比べて生産性と在職率が3倍も高い [53]。ただしほとんどの組織のマネジャーは、制度として確立されていない、ややカジュアルな手法を利用している。例えば、チェーンレストランの社長を務めていたある女性は、全従業員が帰宅してから従業員の机に、封に入れたメモを置くようにしていた [54]。このメモには、その従業員の仕事をスチュアートがいかに大切に考えているか、プロジェクトの完成にどれほど感謝しているかが書かれていた。また彼女は、就業時間後にボイスメールにメッセージを残し、優れた業績に対する感謝の気持ちを伝えた。このように表彰を与えるのは、何もマネジャーだけではない。調査によると、約35％の企業が同僚同士で優れた努力を認める制度を導入している [55]。例えば、ヤム・ブランズ(ケンタッキーを拠点とする、タコベルやケンタッキー・フライドチキン(KFC)やピザハットの親会社)では従業員同士の表彰制度を導入した結果、時間給従業員の離職率を81％から9％にまで減らすことができた [56]。

強化理論(第9章を参照)でも指摘しているように、ある行動に対してすぐに表彰を与えてそれを評価すると、その行動を繰り返すようになる。表彰にはさまざまなタイプがある。例えば、優れた成果を上げた従業員に対して称賛の言葉を直接かけてもよい。従業員の業績に対して前向きなコメントを記した手書きのメモや電子メールを送るのもよいだろう。社会的に認められることを強

く求める従業員に対しては、大勢の前でほめると効果的だ。グループの結束とモチベーションを促すには、チームの成功を称賛するとよい。例えば、チームの成功を祝ってピザパーティーを開くだけでもよいだろう。単純なことに思えるかもしれないが、従業員に尊重の気持ちを示すことは大いに効果的なのだ。

能力給制度がモチベーションに及ぼす影響　ここで、驚くような統計数値を紹介しよう。なんと、成果と給与の明確な関係が見えていない従業員がアメリカには40％もいるのだ[57]。こういった従業員が働く会社は、何に対して支払っているのか。おそらく、成果に対する期待を従業員に明確に伝えていないのだろう[58]。**能力給制度**とは変動的な報酬制度であり、成果の基準に照らして従業員に給与を支払う[59]。出来高給制度、奨励給制度、利益配分制度、賞与一括払い制度などがある。これらの制度が従来の報酬制度と異なる点は、勤務時間に基づいて給与を支払うのではなく成果基準を考慮して支払うことだ。成果基準には、個人の生産性、チームやワークグループの生産性、部門の生産性、組織全体の業績などがある。

　能力給制度は、期待理論のコンセプトに近いだろう。個々の従業員は、モチベーションを最大限にするには成果と報酬の関係に密接な関係があることを認識している。成果とは関係のない要因——勤務年数、地位、全社一括の賃上げなど——に基づいて報酬が配分されると、従業員は努力をしなくなってしまう。モチベーションの観点から、成果基準に基づいて従業員の給与に何らかの条件をつけると、従業員はその基準の達成に向けて努力し、報酬によってさらに努力するようになる。従業員、チーム、または組織の成果が低下すれば、それに合わせて報酬も低下させる。このように、報奨は努力とモチベーションを強化する効果がある。

　能力給制度は広く導入されている。アメリカの大企業の約80％が何らかの変動的な給与制度を設けている[60]。カナダや日本などでも試行されており、カナダでは約30％、日本では22％の企業が能力給制度を全社的に採り入れている[61]。

　能力給制度は効果を上げているのだろうか。多くの調査で制度の効果が実証されている。例えば、能力給制度を導入している企業は導入していない企業よ

22）オープンブック経営　組織の財務諸表（ブック）をすべての従業員が共有するモチベーション手法。
23）従業員表彰制度　優れた業績に対して配慮、関心、認定、感謝を表明する制度。
24）能力給制度　成果の基準に照らして従業員に給与を支払う、変動的な報酬制度。

りも財務結果がよい、という調査がある[62]。また、結果に基づく報奨と組み合わせた能力給制度は、売上、顧客満足度、利益に貢献している、という調査もある[63]。業務チームに関しては、マネジャーは、チームごとに成果の報奨を考えて、チームの努力と関与を強化しなければならない。ただし、個人ベースの制度でもチームベースの制度でも、マネジャーは、個人の給与と期待される成果レベルの関係を明確にする必要がある。また、従業員は、一定の成果（自分の成果も組織の成果も）がいくらに換算されているのかを正確に理解しなければならない[64]。

従業員表彰制度について、最後に　経済・金融が不確実な時代には、マネジャーは、従業員を評価して十分な報酬を与えることができなくなる。困難な時期には、きわめて重大なことではあるものの、従業員の生産性を維持するのは難しい。当然のことだが、やがて、仕事に対する従業員の関心や責任が弱くなってしまう。だが、従業員のモチベーションレベルを維持、いや向上させる行動がある。その1つとして、組織における個人の役割を明確にすることが挙げられる。また常に従業員の意見に耳を傾けるようにして、トップマネジャーと従業員間で双方向対話の場を設け、不安や恐怖心を和らげるのも大切だ。行動のポイントは、会社が従業員のことを考えている、と常に示すことだ。

理解を深めよう

1. 多くの人が生計を立てるために働いており、仕事は生活の中心になっている。マネジャーはなぜ従業員のモチベーションについて真剣に考えなければならないのか。
2. モチベーションとは何か。モチベーションの3つの主な要素を述べてみよう。
3. マズローの欲求段階説の低次欲求と高次欲求を比べてみよう。
4. 次の5つにおいて、お金はどのような役割を果たすか。(a) 欲求5段階説、(b) 二要因理論、(c) 公平理論、(d) 期待理論において、および (e) 達成欲求の高い従業員にモチベーションを与えるうえで。
5. 自分の出力／入力の比と他人の出力／入力の比が不公平だと従業員が認識すると、どのようなことが起こるだろうか。

6. 能力給制度によって従業員の成果を促すことには、どのような利点があるか。欠点はあるか。述べてみよう。
7. 仕事は変化するのが普通であることを学んだ職務設計者の多くは、従業員がお金の追求よりも目的の追求にモチベーションを感じるときに最もよい働きをする、と主張している。これに同意するか。あなたの意見を述べてみよう。マネジャーにとってどのような意味があるか。
8. マネジャーは、モチベーションのための理論や手法を利用して多様な従業員の努力を促しサポートすることができるか。あなたの意見を述べてみよう。
9. モチベーションを与えすぎるということはありうるか。論じてみよう。
10. 現代の従業員にモチベーションを与えるうえで、マネジャーはどのような困難に直面しているか。

実例にみるマネジメント (p.347 から続く)

グーグル：最高の職場を求めて

　ショーン・ナップとビスマルク・レペとベルササール・レペ兄弟は、動画のオンライン配信方法の新しいアイデアを思いつき、グーグルを辞めることにした。ある人によると、「パラダイスを抜け出て自分たちで会社を作った」のだ。3人が辞めるとき、グーグルは彼ら（および、そのプロジェクト）を必死に引き止めようとした。「金額欄が空白の小切手」まで渡したほどだ。それでも、どれだけ一生懸命働いても製品はグーグルのものであることを認識していた3人は、自分たちで会社を興すという刺激を求めて去って行った。

　これが珍しいケースであれば無視できるのだが、そうはいかなかった。ほかの有能な従業員たちもグーグルを離れてしまった。それどころか、辞めて起業家になった者たちが元グーグル社員の会まで結成している。

　優秀な人材、特に起業家精神のある人材を保留するため、グーグルは積極的に策を講じている。例えば、会社を辞めて自分のアイデアを追求したいと言うエンジニアに対しては、グーグル内でそのアイデアを追求する機会を与えている。社内で独立して働き、ほかのエンジニアを採用することもできる。さらに、コードベースやコンピュータサーバーなどのグーグルの資産を利用することも認めている。また創設当初から、グーグルの創設者（ラリー・ペイジとセルゲイ・ブリン）は、個人的なプロジェクトを進める時間（「20パーセントタイム」と呼ばれる）を従業員に与えてきた。

　ほかにも、グーグルは大きくなりすぎて動きの鈍い官僚的な組織になってしまったと感じたために、辞めていった人もいる。グーグルは彼らの引き留め策を考えた。例

えば、ある製品マネジャーがグーグルを辞めてフェイスブックに移りたいと伝えたとき、会社は彼に大幅な昇給を提示した。ところが彼は、お金が問題なのではない、と言う。そこでグーグルは、彼を昇進させ、ほかの部門での仕事に就かせるかあるいは社内で独自の会社を作らせようとした。それでもこのマネジャーは、「フェイスブックはグーグルよりも決断や行動のスピードが速い」のが魅力だと言う。ここで、実はもう1つ注目すべき点がある。経験豊かな人材がフェイスブックなどの新興企業のどこに魅力を感じているのか。それは、「上場していない非公開企業であり、上場目前の株式を高く評価している」ことだ（訳注：フェイスブックは2012年に上場し、ロックアップ期間も終了した）。

設問1　グーグルで働くとはどういう感じなのだろうか（グーグルのウェブサイトを見て人材募集のページを探してみよう）。グーグルの職場環境についてどのように感じただろうか。

設問2　グーグルは従業員にさまざまなメリットを提供しているが、優秀な人材を維持することはできない。さまざまなモチベーション理論について学んだ内容から、グーグルの現状と従業員のモチベーションについて何が分かるか。

設問3　グーグルが従業員のモチベーションを維持するうえで最大の課題は何だろうか。

設問4　グーグルのある従業員チームを管理する職務に就いたとして、彼らのモチベーションを維持するにはどうしたらよいか。

設問5　「専門職にモチベーションを与える」のセクションを読み返してみよう。グーグルのマネジャーにどのようなアドバイスができるだろうか。

Chapter 12

第12章
リーダーシップと信頼

本章での学習ポイント

12-1 リーダーとリーダーシップ　p.378

12-2 初期のリーダーシップ理論　p.379

12-3 リーダーシップの条件適応理論　p.384

12-4 リーダーシップとリーダーが直面している現代的課題　p.393

12-5 なぜリーダーシップには信頼が不可欠なのか　p.402

実例にみるマネジメント

パナソニック：松下幸之助と熱海会談

「これからは心を入れ替えて出直したいと思います。そのことを約束します[1]」

　この言葉は、松下電器産業株式会社（現在のパナソニック株式会社）の創業者にして経営の神様と謳われる故・松下幸之助氏が、後に熱海会談として知られる系列の販売会社や代理店の経営者らとの対話の場において発した言葉である。

　熱海会談が行われたのは1964年。当時、日本は高度経済成長の反動もあって深刻な不況に陥り、大企業までが次々と倒産するような状況であった。不況の影響は家電業界にも及び、松下電器系列でも多くの販売会社や代理店が赤字に苦しんでいた。

　当時、松下氏は社長職を退き、既に松下電器産業の経営の第一線から離れていたが、業界の実情を耳にして会議の開催を決定した。この会議に対する松下氏の想いは並々ならぬものがあったという。事務局には「今回の会合は日にちを切らない」「議題はあえて用意しない」と伝え、参加する200名の経営者らのお一人お一人に手渡すため、自ら「共存共栄」と認めた色紙を用意したという[2]。

　会議は、当初2日間の予定であったが、日にちを切らないと決めていた通り、3日間に及ぶものになった。はじめの2日間、赤字に苦しむ多くの経営者らは次々に松下電器の経営姿勢に厳しい非難や苦情を述べ、松下氏はこれに次々と反論したという。しかし、経営者らによる苦情は会議が3日目に入ってもとどまらなかった。

　3日目、松下氏は決意を持って語った。「一昨日から、みなさんはいろいろ苦情を言われた。それに対して、私は会社の立場からいろいろ反撃しました。率直に言って、私はみなさんがたにも悪い点があると思う。（中略）しかし、2日間十分言い合ったのですから、もう理屈を言うのはよそうではありませんか。よくよく考えてみますと、結局は松下電器が悪かった。この一語に尽きると思います。（中略）ほんとうに申し訳ありません[1]」。そして、松下氏は創業当時からの松下電器の発展過程、電球を売るために全国の販売店にお世話になった経緯に触れ次のように述べた。「今日、松下電器があるのは、本当にみなさんがたのおかげです。私の方は一言も文句を言える義理ではないのです。恩顧を忘れて、ものを見、判断し、考えるから、そこに一つの誤りな

り弱さが現れてくると思うのです[1]」。冒頭の約束の言葉も、こうした一連の発言の中で生まれたものである[2]。

こうして語り終えると、松下氏は万感胸に迫るものを感じ、壇上で涙を溢れさせたという。会場にいた多くの経営者らも共に涙を流し、喧々囂々の会議は一瞬にして静まりかえった。そして、「われわれも悪かった。これからはお互いに心を入れ替えて、しっかりやろう」といった前向きな発言が次々と経営者らから語られた。

熱海会談の後、松下氏は経営者らとの約束を果たすため、自ら営業本部長代行となって販売第一線に立ち、販売の改革を推進した。そして、約1年半後の1966年の決算において松下電器産業は創業以来最高の数字を記録したのである。(p.406に続く)

第12章のテーマはリーダーシップ。職場のマネージャーとして仕事をするのであれば、人々から信頼を得てリーダーシップを発揮することが求められる。それでは一体リーダーシップとは何だろうか。リーダーシップはなぜ重要なのだろう。リーダーシップを高める要因とは何だろうか。本章ではこうしたテーマを検討していく。

12-1 リーダーとリーダーシップ

まず、リーダーとはどのような人物で、リーダーシップとは何かを理解しておこう。本書では、他人への影響力を持ち、マネジメント権限のある人物を**リーダー**、そのリーダーが集団の先頭に立ち、集団の目標の達成に影響を与える行動プロセスを**リーダーシップ**と定義する。

では、すべてのマネージャーがリーダーなのだろうか。リーダーシップを発揮することは4つのマネジメント機能の1つなので、本来すべてのマネージャーがリーダーでなければいけない。そのため本章では、リーダーとリーダーシップをマネジメントの視点から学んでいきたい[3]。

まずは、初期のリーダーシップ理論の説明から始めよう。

12-2 初期のリーダーシップ理論

　人々が共通の目標達成に向かって集団を作り始めた頃から、リーダーシップに対する関心は持たれていた。しかし、実際にその研究がスタートしたのは20世紀初期である。その頃のリーダーシップ理論は、リーダー本人や、集団の構成員との関わり方が主題となっていた。

リーダーにはどのような特性があるのか

　リーダーシップと言えば何を思い浮かべるだろう。おそらく、知性、カリスマ性、決断力、情熱、強さ、勇気、誠実、自信といった資質を挙げる人が多いだろう。そのような発想による理論が**リーダーシップの特性理論**である。リーダーシップの初期の研究は、リーダーだけに見られる特性や性格を分析するものがほとんどだった。仮に特性理論が有効であれば、すべてのリーダーが特徴的性格を持っているはずである。

　図表12-1は、効果的なリーダーシップの7つの特性をまとめたものである[4]。

【図表12-1】
リーダーシップに関連する特性

1. **推進力**　リーダーは懸命に努力する。目標達成意欲が高く、野心的で、活力にあふれ、粘り強く、率先して行動する。
2. **統率への意欲**　リーダーは、ほかの人に影響を与え、自分自身が統率するという意欲が強い。積極的に責任も取る。
3. **誠意と誠実さ**　正直で人を裏切らず、言行一致でフォロワー（部下・後輩）との信頼関係を築く。
4. **自信**　リーダーに自己疑念は禁物であり、自信あふれる態度で目標や判断の正当性をフォロワーに確信させなければならない。
5. **知性**　リーダーには膨大な量の情報を収集、融合、解釈できる知性と、将来展望を描いて問題を解決し、正しい判断をする能力が求められる。
6. **職務知識**　有能なリーダーには企業、業界、技術に関する深い知識があり、十分な情報に基づく判断や、その判断による影響の把握ができる。
7. **外向性**　リーダーはエネルギッシュで活力にあふれている。社交的で自分の意見をしっかり持ち、無口で内気な人物は少ない。

資料：S. A. Kirkpatrick and E. A. Locke, "Leadership: Do Traits Really Matter?" *Academy of Management Executive*, May 1991, pp. 48-60; and T. A. Judge, J. E. Bono, R. Ilies, and M. W. Gerhardt, "Personality and Leadership: A Qualitative and Quantitative Review," *Journal of Applied Psychology* (August 2002), pp. 765-80.

---

1) **リーダー**　他人への影響力を持ち、マネジメント権限のある人物。
2) **リーダーシップ**　リーダーが集団の先頭に立ち、集団の目標の達成に影響を与える行動プロセス。
3) **リーダーシップの特性理論**　リーダーだけに見られる性格（特性）を分析する理論。

さまざまな研究の結果、具体的な特性だけでは有能なリーダーを判断できないことが明らかにされた。リーダーの特性を探ったとき、リーダーとメンバー、それぞれの置かれている状況との関係が考慮されていなかったからだ。リーダーにふさわしい特性を備えていれば、有能なリーダーである可能性があるだけである。そのため1940年代後半から1960年代半ばのリーダーシップ研究では、リーダーとして望ましい行動スタイルに主題が移り、有能なリーダーの**行為**あるいは**行動**に何か独自性がないかどうかを探るようになった。

リーダーはどのような行動をするのか

リーダーシップの行動理論には、リーダーシップについての一層明確な答え(注4)と、特性理論とはまったく異なる実用的見解が期待された。もしリーダーの特性についての研究が成功していれば、組織内の適切なリーダー選びに生かすことができたはずであった。一方、リーダーの行動研究からリーダーシップの重要な行動特性が明らかになれば、リーダーになるための研修が可能になり、マネジャー教育の事前プログラムとしても活用できる。

そのようなリーダーの行動スタイルについての研究はいくつかある。ここでは、そのなかでも有名なアイオワ大学のクルト・レヴィンの研究、オハイオ州立大学の研究、ミシガン大学の研究の3つを簡単に解説した上で、それらの研究内容を応用したリーダーシップの評価手法であるマネジリアル・グリッドについて紹介する。

アイオワ大学のリーダーシップ行動研究 リーダーシップ行動に関する初期の研究の1つが、アイオワ大学のクルト・レヴィンの研究グループによるものである[5]。その研究では、リーダーシップ行動やリーダーシップスタイルを専制型、民主型、放任型の3類型に区分した。**専制型**は、リーダーが権限を掌握する傾(注5)向が強く、作業手順を指示して一方的な判断をするので、従業員の参加は限定的になる。それに対して**民主型**の場合、従業員も意思決定に加わり、権限も委(注6)譲され、作業手順や目標の判断にも参加を勧められることが多い。リーダーは、フィードバックの機会を利用して従業員に指示を与える。また、この類型は、聴取による民主型と参加による民主型に細分される。聴取による民主型リーダーは、従業員に意見を求め、疑念や問題点を聞き出すが、最終判断は自ら行う。このタイプのリーダーは、従業員からの意見を情報収集の一部と見なしている。

一方、参加による民主型リーダーは、従業員が決定の場で発言権を持つことを容認して集団で意思決定する。リーダーは集団での一人の発言者にすぎない。最後の**放任型**リーダーは、意思決定と職務手順の判断を完全に従業員に任せてしまい、自らは必要な素材を提供し、質問に答えるだけである。

　レヴィンの研究グループは、それら3類型のなかで一番効果的なリーダーシップスタイルを探った。少年たちのクラブを対象とした調査では、民主型や専制型に比べて放任型の成果が例外なく低いことが分かった。また、作業量は民主型と専制型に違いは見られなかったが、作業品質とグループの満足度は民主型のほうが高かった。それらの結果から、民主型リーダーシップは、作業の量および品質にプラスに作用することがわかる。

　その後、専制型と民主型の比較では、複雑な結果となった。例えば民主型の場合、専制型に比べて成果が上がることもあれば、グループ全体としての成果は専制型以下になる事例もあった。ただし、従業員の満足度指標には一定の傾向が見られた。

　グループメンバーの満足度は、概ね専制型よりも民主型のほうが高かった[6]。ここからマネジャーのリーダーシップスタイルは、常に民主型がふさわしいと結論づけられるだろうか。そのテーマに取り組んだのが、ロバート・タンネンバウムとウォレン・シュミットの2人の研究者である[7]。

　タンネンバウムとシュミットは、想定される一連のリーダー行動を、上司中心の行動（専制型）から従業員中心の行動（放任型）までの行動スケールにまとめた。そのうえで、マネジャーがリーダー行動を決める場合、自らへの影響（選択したリーダーシップ行動による快適さなど）と従業員への影響（与えられる責任に対する準備など）、状況への影響（時間的制約など）を考慮するべきであると提唱した。また、マネジャーは、長期的にはできるだけ従業員中心の行動を選び、従業員の意欲や判断力、チームワーク、士気、能力の向上につなげるべきだと主張した。

　このようなリーダー行動の2面性、つまり職務と従業員のいずれを重視する

---

4) リーダーシップの行動理論　有能なリーダーだけに見られる行動を分析する理論。
5) **専制型**　権限を掌握し、作業手順を指示して一方的に判断し、従業員の参加を制限するリーダー。
6) **民主型**　従業員も意思決定に加え、権限も委譲して、作業手順の判断にも従業員の参加を勧めるリーダー。フィードバックの機会を利用して従業員に指示を与える。
7) **放任型**　意思決定と職務手法の判断を完全に従業員に任せてしまうリーダー。

かという点は、オハイオ州立大学の研究やミシガン大学の研究でも重要なポイントとなった。

オハイオ州立大学の研究　行動理論のなかでも最も包括的で、後に同じような分析が繰り返されたのが、オハイオ州立大学で1940年代後半から始まった研究である[8]。その目的はリーダー行動の特徴的項目を明らかにすることで、当初1,000以上あった項目の中から多くの従業員が選んだものに絞り込み、「構造作り行動」と「配慮行動」の2種類に大別した。

構造作り行動(注8)は、リーダーが目標の達成に向けて、どれだけ自分自身の役割や従業員の職務を規定し、具体的に職務内容を決めようとしているかについての行動である。つまり職務内容、職務の関係、目標を設定しようとする行為である。この構造作り行動が強いリーダーは、それぞれに具体的な仕事を割り当て、一定の成果水準を従業員に期待し、締切期限を厳守する。

それに対して**配慮行動**(注9)は、互いの信頼関係をはじめ、従業員のアイデアや思いの尊重といった良好な関係をどれだけ築こうとしているかについての行動である。この行動が強いリーダーは、従業員の個人的な問題もサポートし、友好的で近づきやすく、すべての従業員を公平に扱う。また、フォロワー（部下・後輩）の安心や幸福、立場や満足度も心配する。

そのような基準に基づいてより広範囲な調査を実施したところ、構造作り行動も配慮行動も強いリーダー（強-強リーダー）は、いずれかが弱いあるいは両方弱いリーダーに比べて、従業員の職務成果や満足度が高いケースが多いことが明らかになった。ただし、その強-強リーダーは、常にプラス効果を生むとは限らない。例えば、リーダーの構造作り行動が強い場合、定型作業労働者の不満や欠勤、退職は増え、職務満足度は低下する。そのほかの研究でも、リーダーの配慮行動が強ければ、マネジャーによるリーダーの業績評価は低くなることが分かっている。つまりオハイオ州立大学の研究からは、リーダーの構造作り行動も配慮行動も強ければプラス効果につながることが多いが、例外も多く、状況の要件も理論に加えなければならないことが明らかになった。

ミシガン大学の研究　ミシガン大学のサーベイリサーチセンターでは、オハイオ州立大学とほぼ同じ時期に、同じような目的のリーダーシップ研究が実施された。リーダーの行動特性と業績との関係を検証するために、ミシガン大学グ

ループもリーダーシップ行動の2つの側面に注目した。それは、従業員志向と生産志向である[9]。**従業員志向**の強いリーダーは、対人関係を大切にし、従業員のニーズに個人的な関心を持つとともに一人ひとりの個性を受け入れていた。一方、**生産志向**の強いリーダーは、職務の手法や課題に注目し、集団としての職責を果たすことを重視して、個人をそのための手段と見なす傾向があった。

このミシガン大学の研究では、従業員志向のリーダーがきわめて高く評価され、そのようなリーダー行動はグループの生産性や職務満足度の向上につながるとされた。そして逆に生産志向のリーダー行動は、集団の生産性や労働者の満足度の低下につながると結論づけられた。

マネジリアル・グリッド

これら初期のリーダーシップ研究から生まれた行動指標が基になって、リーダーシップスタイルを2つの側面からとらえる**マネジリアル・グリッド**が提唱された。具体的には、「生産業務への関心」と「人への関心」という視点からリーダー行動を評価し、それぞれを1(低い)から9(高い)に数値化する[10]。81パターンのうち代表的な5類型を無関心型(1-1)、仕事中心型(9-1)、中道型(5-5)、人間中心型(1-9)、理想型(9-9)として調べたところ、業績が最も良かったのは理想型のリーダーだった。ただしその結果は、有能なリーダーの資質についての答えにはならず、リーダーシップスタイルの概念的な説明にとどまった。実際には、どのような状況においても理想型がリーダー行動として最適であるという実証は乏しい[11]。

その後のリーダーシップ研究では、有能なリーダーの行動を分析するためには、いくつかのリーダー特性やリーダー行動を明らかにするような簡単なものではなく、もっと複雑なものが必要と考えられるようになった。そして、状況によってふさわしいリーダーシップスタイルは変わるのか、その状況の違いとはどのようなものかという点に関心が移った。

---

8) **構造作り行動** リーダーが目標の達成に向けて、どれだけ自分自身の役割や従業員の職務を規定し、具体的に職務内容を決めようとしているかについての行動。
9) **配慮行動** リーダーが、互いの信頼関係や従業員のアイデアや思考の尊重といった良好な仕事上の関係を、どれだけ築こうとしているかについての行動。
10) **従業員志向** 対人関係を大切にするリーダー。
11) **生産志向** 職務の手法や課題に注目するリーダー。
12) **マネジリアル・グリッド** リーダーシップスタイルを2つの側面からとらえる手法。

12-3 リーダーシップの条件適応理論

「ビジネス社会では、自分自身の置かれている状況をリーダーが理解していないために、最大限の成果を達成できていないという話ばかりである」[12]。そこでこのパートでは、フィードラー理論、ハーシー・ブランチャード理論、リーダー参加理論、パス・ゴール理論の4種類の条件適応理論を紹介する。いずれの理論もリーダーシップスタイルと状況の関係を探り、**前提と結論**の条件適応に答えを出そうとするものである（つまり、事情や状況がこのような**前提**の場合、最適なリーダーシップスタイルはこうであるという**結論**を導き出している）。

最初の条件適応理論とは

リーダーシップの条件適応理論を初めて提唱したのは、アメリカの社会心理学者フレッド・フィードラーである[13]。**フィードラーの条件適応理論**では、集団の業績は、状況に応じたリーダーシップスタイルがリーダーの統率力や影響力にふさわしいかどうか、に左右されると考えた。このモデルは、状況が変われば最適なリーダーシップスタイルも変わるという前提に基づいて、(1) リーダーシップスタイルを定義し、状況の違いを明らかにする、(2) それらのリーダーシップスタイルと状況の最適な組み合わせを判断する、という特徴がある。

フィードラーによれば、リーダー本人が職務志向型であるか、それとも人間関係志向型であるかによってリーダーシップの成否は大きく変わる。そこでリーダーシップスタイルの指標となる**最も苦手な同僚（LPC、least-preferred co-worker）調査票**を作成した。そこには18組の正反対な形容詞が記されており（愛想が良い・無愛想、冷淡・温厚、退屈・愉快、友好的・非友好的など）、リーダーは一緒に働いたことのある同僚すべてを思い浮べ、その中で最も一緒に働きにくかった一人について、それぞれの形容詞の組み合わせごとに1点から8点までで評価した（8点は肯定的な形容詞、1点は否定的な形容詞）。

その結果、リーダーが、最も苦手な同僚を比較的肯定的な言葉で形容した場合（具体的には高LPCスコアとなる64ポイント以上）、同僚との良好な関係の構築を重視していることになり、人間関係志向型のリーダーと判断する。逆に、最も苦手な同僚を比較的否定的な言葉で形容したリーダーは（低LPCスコアと

なる57ポイント以下)、生産性や職務の遂行を重視していると判断し、職務志向型のリーダーとなる。実際のフィードラーの研究では、事前の予想に反して多くのリーダーがいずれかのタイプに分類できた。なおフィードラーは、個人のリーダーシップスタイルは状況に応じて変わるものではないと想定していた点に注意しておきたい。したがって人間関係志向型のリーダーは常に人間関係志向的であり、職務志向型リーダーも同様である。

LPC調査票によって個人のリーダーシップスタイルが分かると、次にリーダーと状況との適合性を調べるために、リーダーの置かれている状況を評価した。そのときフィードラーがリーダーシップの有効性を左右する重要な状況要素として選んだのが、次の3項目である。

◆**リーダーとメンバーの関係** メンバーがリーダーをどれだけ信用、信頼、尊敬しているか。良い悪いで評価。
◆**職務構造** 職務内容がどれだけ明確に決められているか。高い低いで評価。
◆**職務権限** 採用および解雇、懲戒、昇進および昇給について、リーダーがどれだけの影響力を持っているか。強い弱いで評価。

状況変数について各リーダーの状況を調査すると、8通りの組み合わせが生まれ、そこからリーダーにとって望ましいかどうか判断できる(図表12-2の表を参照)。Ⅰ、Ⅱ、Ⅲはリーダーにとってかなり望ましく、Ⅳ、Ⅴ、Ⅵは適度に望ましく、Ⅶ、Ⅷはかなり望ましくないとされた。

リーダー個人のリーダーシップスタイルと状況変数の調査結果から、フィードラーは個別の条件に応じたリーダーシップの有効性を判断した。それまでの検証事例は1,200集団を数え、それぞれについて人間関係志向型リーダーか職務志向型リーダーか、周辺状況の8通りの組み合わせのどれに相当するのかを比較検討した。そこからフィードラーは、かなり望ましい状況とかなり望ましくない状況の場合、職務志向型リーダーのほうが高業績だと結論づけた(次頁の図表12-2の上のグラフでは、業績を縦軸、状況の望ましさを横軸に表している)。一方、適度に状況が望ましい場合、人間関係志向型リーダーのほうが高業績だった。

---

13) **フィードラーの条件適応理論** グループの業績は、リーダーシップスタイルとリーダーの統率力、影響力の状況との組み合わせが適切かどうかに左右されると考えるリーダーシップ理論。
14) **最も苦手な同僚(LPC)調査票** リーダーが職務志向型か、人間関係志向型かを判定する調査票。

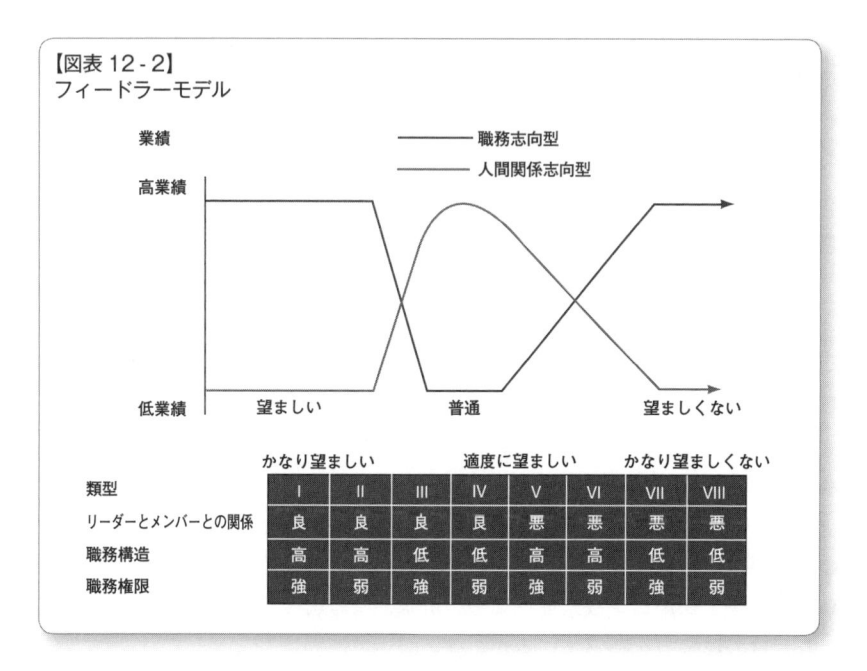

【図表 12-2】
フィードラーモデル

類型	I	II	III	IV	V	VI	VII	VIII
リーダーとメンバーとの関係	良	良	良	良	悪	悪	悪	悪
職務構造	高	高	低	低	高	高	低	低
職務権限	強	弱	強	弱	強	弱	強	弱

I〜III：かなり望ましい／IV〜VI：適度に望ましい／VII〜VIII：かなり望ましくない

　フィードラーは、リーダー個人のリーダーシップスタイルは変化しないと想定したので、リーダーシップの効果を改善するには2つの方法しかない。1つは、状況にふさわしいリーダーと交代する。例えば、状況がきわめて望ましくないにもかかわらず、リーダーが人間関係志向型の場合、職務志向型のリーダーにすれば業績は改善する可能性がある。2つ目は、状況をリーダーに合わせる。そのためには職務を見直さなければならず、昇給や昇進、懲戒に関するリーダーの権限を強化あるいは制限したり、リーダーとメンバーとの人間関係を改善したりする。このフィードラーモデル全体の妥当性を検証したところ、かなりの有効性が実証されている[14]。しかし、批判的見解がなかったわけではない。その代表的なものは、リーダーがリーダーシップスタイルを状況にあわせて変えられないという想定が、非現実的だというものだった。有能なリーダーであれば、リーダーシップスタイルを変えられ、実際に状況に合わせる。また、LPCはあまり実態に合わず、状況の変数も評価が難しかった[15]。確かにそれらの問題点はあったが、フィードラーモデルによって、有効なリーダーシップスタイルには、いくつかの状況要素との適合が必要であることが明らかになった。

フォロワーの意欲や能力は、リーダーにどのような影響を与えるのか？

ポール・ハーシーとケン・ブランチャードの提唱したリーダーシップ理論は、マネジメント研究者たちから強い支持を集めている[16]。その**状況対応型リーダーシップ理論（SLT：situational leadership theory）**も条件適応理論であり、フォロワーの準備（readiness）性の度合いに注目する。詳しい説明の前に、なぜリーダーシップ理論でフォロワーに注目するのか、**準備性**とは何を意味するのかの2点について理解しておく必要がある。

リーダーシップの有効性の検証でフォロワーに注目するのは、実務でリーダーを受け入れたり、拒否したりするのがフォロワーだからだ。リーダー行動に関係なく、集団の業績を左右するのは構成メンバーつまりフォロワーの行動である。この重要なポイントは、多くのリーダーシップ理論で見落とされていたり、過小評価されていたりした。また、ハーシーとブランチャードの理論における**準備性**とは、具体的な職務を遂行するために、人はどれだけ能力や意欲を持っているかを意味する。

SLTもフィードラーと同様にリーダーシップスタイルを職務志向型と人間関係志向型の2種類に区分するが、さらに一歩進んでそれぞれの高低の組み合わせを考え、次のようにリーダーシップスタイルを4通りに分ける。

◆**指示型**（高職務志向-低人間関係志向）　リーダーが役割を決め、さまざまな業務について何を、どのように、いつ、どこで行うのか指示する。
◆**説得型**（高職務志向-高人間関係志向）　リーダーが指示的行動をしながらかつ支援的行動もする。
◆**参加型**（低職務志向-高人間関係志向）　リーダーがフォロワーとともに意思決定する。リーダーの主な役割は、職務の円滑化とコミュニケーションである。
◆**委任型**（低職務志向-低人間関係志向）　リーダーが指示や支援をほとんど行わない。

さらに、このモデルではフォロワーの準備性を次の4段階に区分する。

---

15) 状況対応型リーダーシップ理論（SLT）　フォロワーの成熟度に注目するリーダーシップ条件適応理論。
16) 準備性　具体的な職務を遂行するために、どれだけ能力や意欲が持てているか。

◆ **R1**：行動の責任をとる**能力も意欲もない**。適性や自信に欠ける。
◆ **R2**：必要な職務を遂行する**能力はないが、意欲はある**。やる気はあるが、必要な能力がない。
◆ **R3**：リーダーが望むことをする**能力はあるが、意欲がない**。適性はあるが、何かをしたいと思わない。
◆ **R4**：求められていることをする**能力も意欲もある**。

　SLTでは、リーダーとフォロワーの関係を親子関係のように見なしていると考えればよい。子どもが成長して責任を持てるようになれば、親は子どもに対して干渉をやめるべきなのと同様に、リーダーもフォロワーへの指示を抑えなければならない。また、フォロワーの成熟度が高まれば、行動に対する指示だけでなく、人間関係構築のための行動も減らさなければならない。SLTによると、フォロワーがR1の場合（職務に必要な能力も、意欲もない）、リーダーは指示型で具体的に明確な指示を出さなければならない。R2の場合（能力はないが、意欲はある）、説得型でフォロワーの能力不足を補うように十分な職務志向型の態度を示し、リーダーの指示を「受け入れてもらえる」ように人間関係の構築に努める。R3の場合（能力はあるが、意欲がない）、参加型でフォロワーからの支援を引き出す。R4の場合（能力も意欲もある）、委任型であまり多くのことをしないほうがよい。

　このSLTは直感的に理解しやすく、フォロワーの大切さを認識し、リーダーがフォロワーの能力や意欲の不足を補えるという発想を前提にしている。ところが実際に検証してみると、大半が期待されるような結

YouTubeのソフトウエア技術者とウェブ開発者は、少人数のチームで短時間に主要番組やサービスのデザイン、開発、完成まで進める。変化が速く、創造的で、知性が試される環境で、スタッフが問題解決能力と技術力を発揮することによって、世界第2位の閲覧者数を誇るサイトを支えているのだ。同社におけるフォロワーの準備性の度合いは高い。高度教育を受け、自らの責務をやり抜く意欲と能力を備えており、リーダーは判断と実行の自由を与えている。このリーダーとフォロワーの関係は、ハーシー・ブランチャードの状況対応型リーダーシップ理論と矛盾しない。

果にならず[17]、モデルの内容に矛盾があるとか、検証方法が問題だという指摘もある。確かにSLTは理解しやすく、広く受け入れられているモデルだが、強く支持するには慎重であるべきだ。

リーダーは、どれぐらい意思決定に参加すべきか

1973年、ヴィクター・ヴルームとフィリップ・イェットンは、リーダー行動と意思決定への参加を関連づけた**リーダー参加型モデル**を提唱した[18]。2人は、職務が必要とする定型作業と非定型作業に違いがあることを確認した上で、リーダー行動はそれぞれの職務構造に合わせるべきだと主張した。このヴルームとイェットンのモデルを基準に、さまざまな状況において意思決定にどのような形態で、どの程度参加するのかを判断するルールが決められた。その仕組みは、7つの状況についての意思決定ツリー（それぞれについて「はい」あるいは「いいえ」で回答）から5種類のリーダーシップスタイルを導き出すものだった。

その後、ヴルームとアーサー・ヤゴは、そのモデルを見直し[19]、同じように5種類のリーダーシップモデルを12の状況選択から判断するようにした。そのリーダーシップモデルは、リーダーが完全に1人で意思決定するスタイルから、問題を集団で話し合って合意形成するというスタイルに分けられ、そのための状況選択は図表12-3のとおりである。

当初、このリーダー参加型モデルについての研究は注目されたが[20]、一般的

【図表12-3】
改良後のリーダー参加型モデルにおける状況変数

1. 意思決定が重要かどうか
2. 意思決定に対するフォロワーの同意を得ることが重要かどうか
3. リーダーが的確な判断をするための十分な情報を持っているかどうか
4. 問題が明確になっているかどうか
5. 一方的な判断がフォロワーの同意を得られるかどうか
6. フォロワーが組織目標を「受け入れる」かどうか
7. 問題解決手法をめぐってフォロワー間の対立が起こる可能性があるかどうか
8. フォロワーが的確な判断をするために必要な情報を持っているかどうか
9. フォロワーの参加が認められないリーダー側の時間的制約があるかどうか
10. 離れた場所にいるメンバーを集める費用が認められるかどうか
11. リーダーが意思決定するための時間を最低限にすることが重要かどうか
12. フォロワーの判断能力向上のために意思決定に参加させることが重要かどうか

資料：Stephen P. Robbins and Timothy A. Judge, *Organizational Behavior*, 13th, ©2009. ピアソンエデュケーション社の承認を得て転載。

17）**リーダー参加型モデル** さまざまな状況に応じて、リーダーが意思決定にどれぐらい参加するのかを判断するルールが決められているリーダーシップ条件適応理論。

なマネジャーが日常的に活用するには複雑すぎた。そこで、ヴルームとヤゴの改良モデルではコンピュータプログラムを作成し、マネジャーが意思決定ツリーの判断ができるようにした。このモデルそのものの精度を判断することはできないが、リーダーシップの有効性に関連する重要な状況変数については、このモデルによってはっきりと実証に基づいた見解が示されている。また、リーダーシップ研究はリーダー本人ではなく、状況に注目すべきことの裏づけにもなっている。つまり、専制型リーダーや参加型リーダーについての議論ではなく、専制的状況や参加的状況についての議論に意味があることになる。次に説明するハウスのパス・ゴール理論と同様、ヴルーム、イェットン、ヤゴは、リーダー行動には柔軟性がないという見解には反対の立場で、リーダー参加型モデルでは、リーダーは状況によってリーダーシップスタイルを変えると想定した[21]。

リーダーはどのようにフォロワーを支援するのか

もう1つのリーダーシップ理論に**パス・ゴール理論**がある。この理論では、リーダーの職務は、フォロワーが目標を達成するための支援である。リーダーは、フォロワーの目標がグループや組織の目標と決して矛盾しないように方向性を示しサポートする存在だとし、提唱者ロバート・ハウスのモチベーションの期待理論の考え方を応用している（第11章参照）[22]。パス・ゴールというネーミングは、有能なリーダーはフォロワーに明確に道筋を示して現状から職務上の目標に近づきやすくし、その過程の障害や落とし穴を減らしてフォロワーの負担を少なくするという発想に由来する。

まずハウスは、リーダーシップ行動を、次の4類型に区分した。

◆**指示型リーダー**　フォロワーに何を期待しているのかを伝え、作業スケジュールを設定して職務達成方法を具体的に指示する。
◆**支援型リーダー**　フォロワーのニーズに気遣いを示し、友好的に接する。
◆**参加型リーダー**　フォロワー達と相談し、その提案を生かした決断をする。
◆**達成志向型リーダー**　容易には達成できない目標を設定し、フォロワーが全力を尽くすことを期待する。

フィードラーは、リーダーは状況に応じて行動を変更できないと想定したが、ハウスはリーダーが状況によって柔軟にリーダーシップスタイルを一部、ある

【図表12-4】
パス・ゴールモデル

環境状況変数
・職務構造
・正式な権限関係
・職務グループ

リーダー行動
・指示型
・支援型
・参加型
・達成志向型

成果
・業績
・満足度

従業員状況変数
・ローカス・オブ・コントロール
・経験
・認識している能力

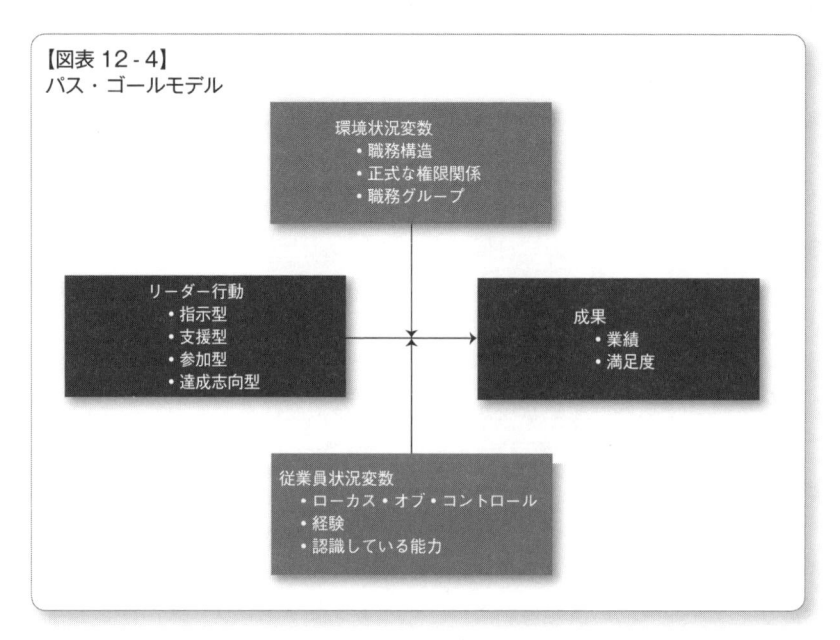

いは全部変えられることを前提とした。

　図表12-4に図解したとおり、パス・ゴール理論は、環境状況と従業員状況という2種類の状況変数によって、リーダー行動と成果の関係が変化すると考える。この図表での環境状況変数とは、フォロワーが自由に変えられない要素（職務構造、正式な権限関係、職務グループ）、従業員状況変数とはフォロワーの個人的な特性（ローカス・オブ・コントロール、経験、認識している能力）を意味し、環境状況変数によってフォロワーの成果を最大限引き出すリーダー行動が決まり、フォロワーの従業員状況変数によって環境変数とリーダーシップ行動の成果が左右される。パス・ゴール理論では、そのリーダー行動が環境に対して過剰である場合や、フォロワーの状況に不適合な場合は、十分な成果が期待できないと考えた。具体的に説明すると、次のとおりである。

◆職務内容が明確に規定され具体的な指示がある場合に比べて、職務が不明確あるいはストレスが多い場合は、指示型リーダーシップの満足度が高い。フ

18）**パス・ゴール理論**　リーダーの職務はフォロワーの目標達成を支援することであり、フォロワーの目標がグループや組織の目標と決して矛盾しないように方向性を示し、サポートすることだと考える理論。

ォロワーは何をすべきか確信が持てないので、リーダーが何らかの方向性を示す必要がある。
◆職務が明確に規定されている場合は、支援型リーダーシップの業績が高く、フォロワーの満足度も高い。リーダーに求められるのはフォロワーの支援だけで、具体的な指示は必要ない。
◆フォロワーが自らの能力に自信がある場合や、十分な経験がある場合は、指示型リーダーシップは不要だと思われる傾向が強い。フォロワーには高い職務遂行力が備わっているので、具体的な指示をするリーダーは必要ない。
◆権力関係が明確で官僚的になるほど、リーダーは支援型行動をとり、指示を減らすべきである。組織状況からフォロワーに期待されていることが分かる仕組みになっているので、リーダーは支援に徹すればよい。
◆グループ内に実質的な対立がある場合、指示型リーダーの満足度が上がる。そのような状況になると、主導的立場をとるリーダーが求められる。
◆フォロワーが内部的ローカス・オブ・コントロールを持っている場合、参加型リーダーシップの満足度が高い。そのようなフォロワーは、自分自身が事態を変えられると考えているので、意思決定に参加したがる。
◆フォロワーが外部的ローカス・オブ・コントロールを持っている場合、指示型リーダーの満足度が高い。フォロワーは、自分の置かれた状況は、外部環境の影響によるものだと考えているので、具体的に何をすべきかを指示してくれるリーダーを望む。
◆職務が不明確な場合、達成志向型リーダーはフォロワーの期待を高めるので、高業績につながる。挑戦的な目標を設定することによって、フォロワーも自分たちへの期待を自覚する。

このようなパス・ゴール理論の検証は、数多くの類型を調べなければならないので、その整合性もさまざまである。ただし、すべての検証で裏づけが得られなくても、具体的な事例からはパス・ゴール理論の考え方が間違っていないと言える[23]。つまり、従業員の特性や職務内容のマイナス面を補うようなリーダーシップスタイルを選択すれば、従業員の業績や満足度にはプラス効果が期待できる。しかし、十分な能力や経験が従業員にあり、リーダーの介入が必要ない場合、リーダーが、すでに理解している職務の説明に時間をかけると、従業には、そのような指示的行動は冗長で無礼だとも受け取られかねない。

12-4 リーダーシップとリーダーが直面している現代的課題

　このパートでは、LMX理論、取引型・変革型リーダーシップ、カリスマ型リーダーシップとビジョナリー・リーダーシップ、チームリーダーシップの4種類のリーダーシップ論について説明する。現在の環境でうまくリーダーシップを発揮するために、リーダーが取り組むべき課題についても考えたい。

現代の4つのリーダーシップ論

　この章の初めに、リーダーシップ研究の長年の課題は、有能なリーダーになるための要件の解明だと説明したことを思い出してほしい。その課題は、今も変わっていない。また、いずれの理論でも、リーダーはフォロワーと関わりを持ち、フォロワーを激励して支援する存在だと考えている。

リーダーはフォロワーとどのように関わるのか　リーダーに「お気に入り」が数人いて、それを自分の側近にしているグループや組織に入ったことはないだろうか。もしあれば、その状態がリーダー・メンバー交換理論（LMX、Leader-member exchange理論）の前提である[24]。**リーダー・メンバー交換理論（LMX理論）**（注19）によると、リーダーは身内グループと外部者グループを作り、身内グループのほうが外部者グループに比べて業績評価が高く、離職率は低く、職務満足度は高くなる。

　この理論では、リーダーはフォロワーとの関係を築く前に、そのフォロワーを心のなかで「身内グループ」と「外部者グループ」に区分すると考える。その関係は、時間が経ってもほとんど変化しない。また、リーダーは緊密な連携を望む従業員には報酬を、望まない従業員には懲戒を与えることによって、リーダーとメンバーとの関係を強化しようとする[25]。ただし、その関係を維持するには、リーダーとフォロワーの双方の「投資」が求められる。

　リーダーがそれぞれのグループのメンバーをどのように選択しているのかは

---

19) **リーダー・メンバー交換理論（LMX理論）**　リーダーが身内グループと外部者グループを作り、身内グループのほうが外部者グループよりも業績評価が高く、離職率は低く、職務満足度は高くなると考える理論。

明確ではないが、リーダーと身内グループのメンバーは、年齢、態度、性格が似ており、さらに同性であることが実証されている。また、身内グループは外部者グループに比べて能力が高い[26]。メンバーを選択するのはリーダーだが、その決定の成否を左右するのはフォロワーの特性である。

LMX理論についての検証は、多くが肯定的である。確かにリーダーはフォロワーを公平に扱っているわけではなく、その基準がないわけでもない。身内グループに選ばれたフォロワーは、業績評価が上がり、職務に熱心に取り組み、「グループの一員らしい」行動で、上司に対する満足度も高い[27]。リーダーは、最大の成果を期待する人材に時間や資源を投資する可能性が最も大きいとすれば、この結果は驚くべきことではない。

取引型リーダーと変革型リーダーの違い　初期の一般的なリーダーシップ理論におけるリーダーは、主に社会における交換（つまり取引）を手段としてリーダーシップを発揮する**取引型リーダー**である。その場合のリーダーは、フォロ
(注20)
ワーの生産性を評価して報酬を与え、設定した目標にフォロワーを導き、士気を高める[28]。それに対して、もうひとつのリーダースタイルである**変革型リーダー**は、きわめて高い成果を達成するようフォロワーを激励し、奮起させる（変
(注21)
質させる）。フォロワー個人の悩みや強化すべき点に気を配り、古くからの問題に新たな視点を持つようにサポートすることによってフォロワーの問題認識を変え、フォロワーの好奇心、やる気、意欲を高めてグループ目標の達成に向けた一層の努力を引き出す。

ただし取引型リーダーシップと変革型リーダーシップは、対立するリーダーシップ手法と考えるべきではなく[29]、変革型は取引型が進化したものであり、取引型以上に部下の努力や成果を引き出す。また変革型は、従来の見解だけでなくリーダーの見解にも疑問を持つ能力をフォロワーに教え込もうとする点は、カリスマ型リーダーシップ以上である[30]。

変革型リーダーシップが取引型リーダーシップに比べて大幅に優位であることは、はっきりと実証されている。例えば軍隊や企業など環境が異なるマネジャーを調べたところ、取引型よりも変革型のほうが有能で、業績も良く、昇格も早く、人間関係にも気を配っていた[31]。さらに変革型リーダーシップの場合、離職率が低く、生産性、職務への情熱、従業員の満足度、創造性、目標到達度、フォロワーの幸福度も高い傾向がかなり強い[32]。

カリスマ型リーダーとビジョナリー・リーダーの違い　アマゾンの創業者兼CEOのジェフ・ベゾスは、活力、情熱、意欲があふれ出す人物である[33]。遊ぶことも大好きだが、アマゾンの理念実現に奔走し、急成長途上の上昇期、低迷期を問わず従業員の意欲をうまく引き出し続けた。そのベゾスのように、熱意と自信を持ち、その個性や行動によって人々を扇動するリーダーを**カリスマ型リーダー**と呼ぶ。[22]

カリスマ型リーダーの特性を明らかにしようとした文献はいくつかある[34]。なかでも包括的な分析では、その特性として、ビジョンがあること、

アマゾンの創業者兼CEOジェフ・ベゾスは、カリスマ型リーダーである。活力、情熱を持ち、楽天的で自信あふれる人物で、リスクのある新規事業を立ち上げて目標を定める。そしてその達成のために従業員が懸命に取り組むよう、士気を高める力を持っている。その結果、彼はアマゾンを最大級のオンラインショップに育て上げた。また、「どんな言語でも、いつ印刷されていても、どんな本であっても、1分以内に手元に届くようにする」という長年の構想を基に電子書籍端末「キンドル」を発売した。写真は、ベゾスがカリスマ性を生かして配送センターのスタッフを激励している様子である。

そのビジョンを具現化する能力があること、ビジョンの実現に向けて果敢にリスクに挑むこと、環境上の制約とフォロワーのニーズに敏感であること、予想外の行動をすることの5点を挙げている[35]。

また、カリスマ型リーダーシップと高業績、フォロワーの高い満足度との強い相関性を示すデータも増えている[36]。カリスマ型CEOであることが業績には影響しないという研究結果もあるが、カリスマ型のリーダーシップを望む声は強い[37]。

カリスマ性を学習することは不可能だと主張する専門家もいるが、カリスマ性のある行動は習得できるというのが一般的な見解になっている[38]。実際に大学生をカリスマ的に「変える」のに成功した研究もある。どうやって？　かな

20）**取引型リーダー**　主に社会における交換（つまり取引）を手段としてリーダーシップを発揮する。
21）**変革型リーダー**　フォロワーがきわめて高い成果を達成するよう激励し、奮起させる（変質させる）。
22）**カリスマ型リーダー**　熱意と自信を持ち、その個性や行動によって人々を扇動する。

り高い目標を設定し、高業績を期待していることを伝え、自分の部下なら期待に応えられるという自信を見せ、部下のニーズに共感するように指示する。また、影響力を持ち、自信にあふれ、活動的な印象を与える方法や、人を引きつける魅力的な声のトーンを学ぶ。さらに言葉以外にも、話をするときにはフォロワーのほうに体を向ける、目と目を合わせる、余裕を感じさせる姿勢でいきいきした表情を見せる方法などを習得する。このような「訓練された」カリスマ型リーダーのチームメンバーは、それ以外のチームにくらべて高業績で、職務やリーダー、グループへの対応にも優れていた。

カリスマ型リーダーについて最後に付け加えておかなければならないのは、業績を上げるためには、必ずしもカリスマ型リーダーが必要というわけではない点である。カリスマ型が最適なのは、フォロワーが行うべき職務に思想上の目的がある場合や、職務環境のストレスや不確実性が高い場合である[39]。そのためカリスマ型リーダーは、政治や宗教分野、戦時中、企業の草創期や生き残りの危機に直面しているときに登場することが多いのかもしれない。実際、スティーブ・ジョブズは、パソコンが人々の生活を大転換するというビジョンを1980年代初期に打ち立て、アップルの技術スタッフの揺るぎない忠誠心と献身的な職務への姿勢を引き出した。

ビジョンという言葉はカリスマ型リーダーシップと結びつけられることが多いが、**ビジョナリー・リーダーシップ**は、カリスマ型と同義ではない。ビジョ
(注23)
ナリー・リーダーシップとは、現状の改善につながるような現実的で説得力のある魅力的な将来ビジョンを作り上げ、具現化する能力である[40]。そのビジョンをうまく作り上げて実現すれば、きわめて影響力が強く、「実際にそのための技術や能力、資源を引き出して、活力に満ちた未来をつかめる」[41]。

組織のビジョンを作る場合、分かりやすい説得力のあるメッセージで組織内の共感を得て熱意を引き出し、組織目標の達成につなげなければならない。また、意欲や独創性を生む可能性があり、組織とスタッフの双方にとって、明らかに改善につながる新たな手法を想起させる内容であるべきだ。具体的で強く印象に残るビジョンは、理解しやすく受け入れやすい。例えば、デルの創業者マイケル・デルの企業ビジョンは、カスタマイズしたパソコンを1週間以内に顧客に直接届けるというものである。また、女性起業家の故メアリー・ケイ・アッシュが作り上げた「自己イメージを改善する商品の販売」というビジョンは、自らが創業した化粧品会社メアリー・ケイ・コスメティックスが成長する原動

力になった。

リーダーとチームの関係　チームリーダーの役割は、従来のリーダーの役割とはまったく違う。テキサス・インスツルメンツのダラスにあるフォレストレイン工場長も、そのことを実感した1人である[42]。15ある回路基板の組み立て作業を安心して見ていた翌日、会社としてチーム制を導入するので、「ファシリテーター」になるよう告げられた。工場長は「自分の知識をすべてチームに伝え、チームメンバーそれぞれが判断できるようにすることが自分の役割である」と話すが、当初は新たな役割に困惑し、「自分が何をしなければならないのか、まったく分からなかった」と認めている。チームリーダーになるとは、一体どういうことなのだろう。

　リーダーのなかでも、組織のチーム導入にうまく対処できる能力のある人材は少ない。あるコンサルタントによれば、「きわめて優秀なマネジャーでも、チームへの移行時には問題を抱える。その原因は、それまで理想的とされていた指揮管理型の行動すべてが役に立たなくなるからだ。そうなると、新たに必要なテクニックや感覚を持っているはずがない」[43]。「おそらくマネジャーの15％はチームリーダーの資質を備えている。しかし、15％はチームリーダーとは正反対の性格なので、チームのマネジメントはまったくできない。つまり、それまでのリーダーシップスタイルをチームリーダーとしてふさわしいものに変えられない。そうなると、それらの中間にあたる多くのマネジャーは、チームリーダーとしての資質を備えているわけではないが、チームリーダーとしての役割を習得できることになる」[44]。

　どうすれば有能なチームリーダーになれるのかを学ぶのは、多くのマネジャーにとって簡単ではない。丹念に情報を共有し、周りを信頼して権限を委譲できるようになり、介入が必要なタイミングを把握するための技術を身に着けなければならない。しかも有能なリーダーは、チームに任せておくべきタイミングと自分自身が介入するタイミングを察知するという難しいバランス行動ができる。経験の浅いチームリーダーは、チームメンバーの自主性を尊重すべきときに指示を出しすぎる、あるいは支援や援助が必要なときに放置したままにし

---

23) ビジョナリー・リーダーシップ　現状の改善につながるような現実的で説得力のある魅力的な将来ビジョンを作り上げ、具現化する能力。

【図表12-5】
チームリーダーの役割

- コーチ役
- 外部との連絡役
- 有能なチームリーダーの役割
- 衝突の解消役
- 問題解決役

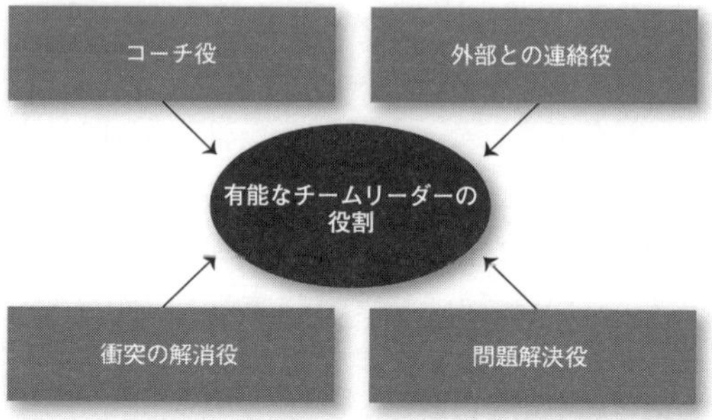

やすい[45]。

　チーム制を導入した組織の調査では、すべてのリーダーに求められる共通の責務が明らかにされている。それはチームのコーチング、円滑な運営、規律上の問題への対処、チームおよび個人の業績評価、教育、コミュニケーションである[46]。しかし、より的確にチームリーダーの重要な職務をまとめると、(1)チームと外部との関係のマネジメント、(2)チーム作業のファシリテーション[47]、の2点に集約できる。図表12-5は、そこから派生する4種類のチームリーダーの役割をまとめたものである。

現在のリーダーが直面している問題

　今、最高情報責任者（CIO）の仕事は簡単ではない。企業の情報技術活動の責任者には、組織内外からのさまざまな影響があるからだ。技術進化のスピードは速く、日々進化している印象を受けることもある。事業費用も増加するばかりである。ライバル企業は新たな戦略を練り、経済情勢は専門家すら予測できない状況が続いている。21世紀のリーダーには、リーダーシップを発揮するための重要な課題がある。このパートでは、その中から従業員への権限移譲、異文化におけるリーダーシップ、心の知能指数とリーダーシップの関係をテーマとして取り上げたい。

なぜリーダーは、従業員に権限を委譲すべきなのか　本書でも何度か説明したように、マネジャー本人は主導的役割を果たさず、従業員に権限を委譲してリ

ーダーシップを発揮する事例が増えている。**権限移譲**すれば、従業員側の意思決定の自由が増える。その中には予算の策定や、作業スケジュールの決定、在庫の調整、品質問題の解決など、つい最近までマネジャーだけに許されると思われていたような業務も含まれている[48]。アメリカの収納用品専門店コンテナストアの場合、顧客から要望を聞いたスタッフが、その対応を任される。名誉会長のギャレット・ボーンは、「わが社では、すべての人材をリーダーとして採用している。店頭では、通常はマネジャーの担当と考えるような職務を、すべてのスタッフがこなせる」と説明する[49]。

　従業員への権限移譲が増えている原因の1つは、問題を熟知している担当者が速やかに判断しなければならない経営状況があるからである。そのような担当者は、あまり上位の職制ではないケースが多い。変動の激しいグローバル経済での競争に勝ち抜こうとすれば、従業員が意思決定や変革を速やかにできるようになる必要がある。また、経営合理化によって、これまでより職務範囲が広がったマネジャーが増えていることも、権限委譲の要因の1つである。増えた職務に対処するため、マネジャーが部下に権限を委譲せざるを得なくなっている。ただし、すべての場合で権限移譲が有効なわけではなく、従業員に職務をこなせるだけの知識や技能、経験が備わっていなければ意味がない。

　さらに技術進化も権限移譲を加速させており、コラム「テクノロジーとマネジャーの仕事」で紹介しているように、マネジャーは本人が職場にいない部下に権限移譲してリーダーシップを発揮するという、これまでに例のない課題に直面している。

国による文化の違いはリーダーシップに影響するのか　有能なリーダーは常に同じリーダーシップスタイルをとっているわけではないというのは、リーダーシップ研究の共通の見解である。状況に合わせてリーダーシップスタイルを使い分けている。そのことの説明では具体的に取り上げてこなかったが、最適なリーダーシップスタイルを選ぶとき、国による文化の違いも間違いなく重要な変数になる。アジアにおけるリーダーシップスタイルの研究では、意思決定や効果的なコミュニケーション、従業員支援の能力が高いリーダーが好まれ[50]、サハラ砂漠以南のアフリカ諸国の研究では、汚職や貧困、部族対立や暴力などの

---

24) **権限移譲**　従業員側の意思決定の自由を増やす行為。

テクノロジーとマネジャーの仕事

バーチャルリーダーシップ

　物理的に離れた場所にいる従業員や、主にデジタル画面を通じてやり取りをする従業員には、どのようにマネジャーとしての役目を果たせばよいのだろう？[51]　それがバーチャルリーダーにとっての課題である。残念なことに、これまでのリーダーシップに関する研究は、直接対面して言葉を交わす職場を対象にしたものがほとんどである。しかし、現代のマネジャーと従業員は近い場所にいるわけではなく、技術的にはつながっているという事例が増えている。マネジャーは、一体どうすれば離れた場所にいる従業員の意欲や士気を高めることができるのだろう？

　本人を前にした厳しい言葉は、言葉以外の行動で和らげられる。がっかりした、不満だ、不十分だ、もっと期待していたという強い言葉を投げかけても、笑顔や慰めの態度でそのショックを抑えられる。一方、オンライン上のやり取りでは、そのような言葉以外の行動は存在せず、画面上の文字の構成によっても、受け取る側がやる気を出したり、失ったりする。例えばマネジャーが、軽率に短文やすべて大文字の文章を送った場合、正しい文体の長文を送ったときとは相手の反応が大きく違うかもしれない。

　有能なバーチャルリーダーになるには、オンライン上のコミュニケーションには言葉や文体にいくつかの選択肢があることを理解しなければならない。受け取ったメッセージの「行間を読む」能力を高める努力も必要だ。また、メッセージの内容だけでなく感情を読み解こうとする姿勢も大切だ。メッセージの文面から、期待されている行動を慎重に判断しなければならない。そして何が求められているのかを把握し、実行することがバーチャルリーダーの鍵になる。

　今後、マネジャーの対人関係能力には、デジタルコミュニケーションを通じた支援やリーダーシップ、メッセージに込められた感情の読解が、ますます求められるようになるだろう。このオンラインでのコミュニケーションでは、上のような文章作成能力が対人関係能力の一部になる可能性が高い。

文化的な問題解決には、カリスマ型リーダーが有効であることが分かっている[52]。

　マネジャーは無作為にリーダーシップスタイルを選ぶことはできず（また選ぶべきではなく）、フォロワーの期待に影響する文化的背景を考え合わせなければならない。図表12-6は、異文化のリーダーシップ研究のいくつかをまとめた内容である。

　リーダーシップ論の大半はアメリカで提唱されたものなので、アメリカ人の

> **【図表 12−6】**
> **異文化のリーダーシップ**
> - 韓国のリーダーは、従業員に対して温情的でなければならない。
> - アラブのリーダーは、求められていないのに親切心や寛大さを見せると、周囲からは弱腰だと評価される。
> - 日本のリーダーは、謙虚な態度で多くを語らなければならない。
> - スカンジナビアやオランダのリーダーは、公衆の面前で個人を称賛すると、その人物が当惑してしまい、激励にはならないと考える傾向がある。
> - マレーシアの有能なリーダーは、同情的でありながら参加型ではなく専制型のリーダーシップスタイルが求められる。
> - ドイツの有能なリーダーは、業績にこだわり、思いやりに欠け、あまり自己保身を考えず、チームを重視せず、自立心が強く、主体的に参加するという特徴が見られる。
>
> 資料：J.-H. Shin, R. L. Heath, and J. Lee, "A Contingency Explanation of Public Relations Practitioner Leadership Styles: Situation and Culture," *Journal of Public Relations Research* (April 2011), pp. 167-190; J. C. Kennedy, "Leadership in Malaysia: Traditional Values, International Outlook," *Academy of Management Executive*, August 2002, pp. 15-17; F. C. Brodbeck, M. Frese, and M. Javidan, "Leadership Made in Germany: Low on Compassion, High on Performance," *Academy of Management Executive*, February 2002, pp. 16-29; M. F. Peterson and J. G. Hunt, "International Perspectives on International Leadership," *Leadership Quarterly*, Fall 1997, pp. 203-231; R. J. House and R. N. Aditya, "The Social Scientific Study of Leadership: Quo Vadis?" *Journal of Management* 23, no. 3 (1997), p. 463; and R. J. House, "Leadership in the Twenty-First Century," in A. Howard (ed.), *The Changing Nature of Work* (San Francisco: Jossey-Bass, 1995), p. 442.

考え方が強く影響している。アメリカではフォロワーの権利よりも義務が重視され、義務の履行や他人に配慮した発想よりも自己満足が前提とされる。また、仕事や民主的価値を大切にするものと考え、精神性や宗教や迷信よりも合理性が重視されている[53]。

しかし、第２章などで紹介したGLOBEの調査では、かつてないほど広範で包括的なリーダーシップに関する異文化研究が実施され、リーダーシップには全世界共通の要素があることが明らかにされている。なかでも注目すべきなのは、変革型リーダーシップの要素は、どの国の有効なリーダーシップスタイルにも共通している点である[54]。つまり、変革型リーダーのビジョン、洞察力、激励、信頼性、行動力、前向きの姿勢、積極性がどの国でも高業績につながっている。そのことからGLOBEチームの２人の研究者は、「どの国でも有能な企業マネジャーは、部下に力強い前向きのビジョンを示して企業を主導し、意欲を高める強い力で全従業員をビジョンの実現に向かわせ、高度な計画策定能力でビジョンの実現を補佐する」と結論づけている[55]。そのほかにも、そのような変革型リーダーの特性が世界に通用するのは、グローバルな競争と諸外国からの影響によって、世界共通の技術やマネジメント手法の導入に向かう動きが表れたことが要因だという見解もある。

心の知能指数は、リーダーシップにどのように影響するのか　心の知能指数

（EI; Emotional Intelligence）については、第9章の感情の説明で紹介したが、ここで再び取り上げるのは、最近の研究で、EIが、IQや専門知識をはじめとするどんな資質よりも、リーダーとしての潜在性を予測できる最適な指標だと判明したからである[56]。

リーダーとしての特性理論で説明したように、リーダーには基本的な知性と職務に関する知識が必要である。しかしIQや技術的能力は「最低限の能力」であり、リーダーには不可欠だが、あればリーダーになれるわけでもない。それに対して心の知能指数の5つの要素である自己認識力、自己コントロール力、自己動機づけ、共感力、社会的スキルがあれば、個人として突出した業績を上げられる。EIがなくても一流の訓練を受け、高い分析的頭脳を持ち、長期展望を描き、次々と素晴らしいアイデアを生み出せるが、優れたリーダーにはなれず、組織で指導的立場になることは望めない。実際のデータでも、顕著な業績が認められる人物の立場が上位になるほど、心の知能指数の高さがリーダーとして成功している要因になっている。なかでも幹部マネジャーの場合、一流のリーダーと平均的リーダーを比較すると、違いの原因の90％近くが、基本的な知性ではなくEIの要素である。

EIは、すべての階層の職務業績にプラスになるとされているが、なかでも社会との交流が求められる仕事になるほど、その効果は大きい。当然、リーダーシップにも言えることだ。優秀なリーダーはEIの主要要素となる自己認識力、自己コントロール力、自己動機づけ、共感力、社会的スキルの5項目すべてを見せることによって、自らの心の知能指数をアピールする。

リーダーシップにおけるEIの役割については、今も一部否定的見解はあるが[57]、多くの研究で優秀なリーダーに不可欠な要素であると結論づけられており[58]、本章の初めに紹介したリーダーとしての資質に加えることができる。

12-5 なぜリーダーシップには信頼が不可欠なのか

現在の組織では、信頼の有無は重要な問題になりつつある[59]。今のような不確実な組織環境では、リーダーには信頼や信用の構築、あるいは再構築が不可欠なのだ。そこでまず、その方法について議論する前に、信頼や信用とはどの

ようなものなのか、なぜ信頼や信用がそれほど重要なのかを知る必要がある。

信用に欠かせないのは誠意である。尊敬できるリーダーの特性に関する調査でも、誠意は常にトップ項目に挙げられている。「誠意はリーダーシップには絶対に欠かせない。もし誰かに自分の意志でついていこうとする場合、それが戦場であっても、役員室であっても、その人物が信頼に値することをまず確信したいと思う」[60]。それだけでなく、信用できるリーダーは能力と意欲にあふれ、その自信と熱意を相手に伝えるのもうまい。その結果フォロワーは、誠意、能力、意欲から**信用**できるリーダーだと判断する。
(注25)

一方の**信頼**は、信用ときわめて類似する概念であり、実際にはよく同義で使われるが、リーダーの誠実さや性格、能力を信じていることを意味する。リーダーを信頼しているフォロワーは、自分の権利や利権は悪用されないと強く信じているので、リーダーの行動に警戒心を持とうとしない[61]。信頼という概念には、次の5つの側面があるという分析もある。
(注26)

◆**誠実さ**　誠意と実直さ
◆**能力**　技術面、対人関係の知識や技能を備えている。
◆**一貫性**　状況対応の信頼性、予測可能性、的確性。
◆**忠誠心**　人の物理的、精神的保護に積極的。
◆**開放性**　アイデアや情報の自由な交流に積極的[62]。

これらの中で、相手が信頼できる人物かどうかの判断には、誠実さを一番重視するだろう[63]。その誠実さと能力は、リーダーシップに不可欠な特性としても紹介した。

そのようなリーダーの特性が重要になっている背景には、職場の変化もある。例えば従業員への権限移譲が進み、自己管理するチームが増えると、かつては従業員を監視していた管理システムの多くがなくなる。チームで自由にスケジュールを立て、業績を評価し、採用の判断までするようになれば、信頼がきわめて重要になる。従業員側はマネジャーから公正に扱われること、マネジャー側は従業員が誠実に職務を果たすことを信じなければならない。

---

25) 信用　フォロワーが評価している誠意、能力、意欲。
26) 信頼　リーダーの誠実さ、性格、能力を信じていること。

またリーダーは、直属の職務グループに属さない、あるいは物理的に離れた場所にいる人物（機能横断型チームやバーチャル型チームの人材）、取引業者や顧客側の担当者、さらに場合によっては戦略的提携相手の代表者などを指揮しなければならない機会も増えている。そうなると、職制上の立場を頼りに影響力を持つような悠長な対応は許されない。多くの場合、そのような関係は流動的できわめて短期的なものになるため、直ちに信頼を築いて、それを維持する能力が、良好な関係構築には欠かせない。

　では、なぜフォロワーのリーダーへの信頼がそれほど重要なのだろうか。ある調査によると、リーダーへの信頼は、業績や組織の社会的行動、職務満足度、組織に対する思い入れといった職務成果と強い相関性があることが分かっている[64]。うまくリーダーシップを発揮するためにも信頼が大切であることを考えれば、リーダーとフォロワーとの信頼の構築は不可欠であり、そのための提言をまとめたものが図表12-7である。

　いまやマネジャーやリーダーの成果は、かつてないほどフォロワーとの信頼関係の構築に大きく左右される[65]。経営合理化、虚偽の業績報告、派遣労働者

【図表12-7】
信頼を構築するための提言

1. 隠しごとをしない。不信の原因は、知っていることだけでなく、知らないことにもある。開放性は信任や信頼につながるので、常に情報を提供する。例えば意思決定の判断基準を明らかにし、判断の合理性を説明し、問題を隠ぺいすることなく、必要な情報はすべて開示する。
2. 公平になる。意思決定や行動の前に、その客観性や公平性がどのように受け取られるのかを考える。正当な評価が必要な場合は評価し、客観的で公平な業績評価を行い、報酬の配分にも不公平感がないように注意する。
3. 思いを語る。客観的事実だけを伝えるリーダーは、冷淡な印象で距離を感じさせるが、思っていることを語りかければ、本当の人間らしさを感じてもらえる。リーダーの人物像を理解すれば、尊敬の念も高まる。
4. 真実を話す。誠意が信用に欠かせないとすれば、うそをつかない人間だと思ってもらわなければならない。フォロワーは「聞きたくないこと」を言われるよりも、リーダーのうその発覚のほうが許せない。
5. 一貫性を示す。人は予想がつかないこと好まず、どうなるかが分からない状況は不信を生む。時間をかけて自分自身の価値観と信念について考え、常にそれらと矛盾しない意思決定をする。自分の大切な目標を自覚し、それに向けた行動をすれば、首尾一貫した行動になり、信頼も得られる。
6. 約束を守る。信頼を得るためには、頼りになる人物だと信じてもらわなければならない。そのためには約束を守り、一度決めた約束は絶対に破ってはならない。
7. 秘密を守る。信頼されるのは、別格で頼れる人物である。人は相手に秘密を打ち明けて弱みを見せる場合、相手がそのことを他人に話したり、その秘密を漏らしたりしないことを確信しているはずである。秘密を口外する人、あるいは頼りにできない人と判断されれば、信頼に値する人物だと思ってもらえない。
8. 自信を示す。技術的な能力や専門知識を見せて、周りからの称賛や尊敬を受ける。特にコミュニケーション力や交渉力などの対人関係能力の強化やアピールには、細心の注意が必要である。

資料：次の文献を参考にした。P.S. Shockley-Zalabak and S. P Morreale, "Building High-Trust Organizations," *Leader to Leader*, Spring 2011, pp. 39-45; J. K. Butler Jr., "Toward Understanding and Measuring Conditions of Trust: Evolution of a Condition of Trust Inventory," *Journal of Management* (September 1991) , pp. 643-663; and F. Bartolome, "Nobody Trusts the Boss Completely–Now What?" *Harvard Business Review*, March-April 1989, pp.135-142.

の増加などを背景に従業員のリーダーへの信頼が低下するとともに、投資家、取引業者、顧客からの信用も揺らいでいる。役員を信頼していると答えた従業員は、アメリカではわずか39%、カナダでも51%という報告もある[66]。現在リーダーたちは、従業員だけでなく組織にとって大切な利害関係者との関係を築き直し、信頼を取り戻すという難しい課題に直面しているのである。

リーダーシップについての最後の考察

　状況に関係なく一定のリーダーシップスタイルは常に効果的だと信じられてきたが、リーダーシップが常に重要だとは限らない。どんなリーダー行動も効果がない状況があることは、実際に確認されている。言い換えれば、特定の人物、職務、組織状況は、リーダーの影響力を打ち消すことができる[67]。

　例えば、フォロワーの経験、訓練、専門知識、自己判断の必要性次第でリーダーシップの効果も低減する。フォロワーの特性によっては、リーダーの支援や、職務の内容を決定し具体的指示をする能力が不要になるケースもある。職務内容がもともと明確で定型的なものや、本質的に満足度の高いものは、リーダーシップを発揮する余地が少ない。さらに、明確に目標が設定されていたり、規則や手順が厳格だったり、グループの結束が強固な組織は、そのこと自体がすでにリーダーシップになり得る。

理解を深めよう

1. リーダーとリーダーシップについて定義してみよう。なぜマネジャーはリーダーでなければならないのか。
2. リーダー特性理論の長所と短所について議論してみよう。
3. リーダーシップの行動理論のそれぞれは、リーダーシップについてどのように述べているだろうか。
4. フィードラーの条件適応モデルを利用するときに、マネジャーが理解しておくべきことは何だろうか。具体的に説明してみよう。
5. 多くのマネジャーは、うまくリーダーシップを発揮するために、実務で条件適応理論を活用していると考えられるだろうか。議論してみよう。
6. 「すべてのマネジャーはリーダーであるべきだが、すべてのリーダーがマネジャーである必要はない」という意見に賛成だろうか、反対だろうか。自分の意見を述べてみよう。
7. 信頼は個人の性格から生まれると思うだろうか、それとも特定の状況から生まれると思うだろうか。説明し

てみよう。
8. フォロワーは、リーダーが有能であるかどうかに影響を与えるだろうか。議論してみよう。
9. どうすれば組織は有能なリーダーを育成できるだろうか。
10. どのようなときにリーダーは不要なのだろうか。

実例にみるマネジメント (p.378 から続く)

パナソニック：松下幸之助と熱海会談

　松下幸之助氏にはこんなエピソードがある。1964 年、ある銀行の支店長に突然一本の電話がかかってきた。電話口で「松下ですが」と挨拶された支店長は、思わず「どちらの松下さんでしょうか」と聞き返した。電話の主は松下電器産業の会長、松下幸之助氏であった。

　実は、この支店長は、松下電器の取引先であった電器問屋の在庫状況を調べていたところ、松下電器との取引における問題点を発見し、当時の松下電器の取締役に「こんなことがあるのですが」と伝えていたのである。松下氏は、会長として経営の第一線を既に退いていたにもかかわらず、その情報に感謝し、直接電話でお礼を言ったのであった。このエピソードは、住友銀行（現在の三井住友銀行）出身で、後にアサヒビール社長、会長、日本経済団体連合会副会長などの要職を歴任した故・樋口廣太郎氏によるもので、当時 38 歳であった樋口氏がはじめて松下幸之助氏に直接接した時の出来事だそうである。

　樋口氏はこのエピソードを振り返って次のように述べている。「よく上に立つ者は悪い情報にこそ耳を傾けろと言われますが、実際は耳に快い情報ばかりを受け入れがちです。今から思えば、悪い話でも積極的に聞こうとされる幸之助会長さんの真摯な姿勢の表れだったのでしょう[68]」。

　松下氏は、経営者に大切なこととして「自己観照」を挙げている。自己観照について松下氏は次のように述べている。

　　私は早くから"自己観照"をやらないといかんと言ってきた。自分は一生懸命やっているから、成績がうまくいっているからこれで結構だと思っていても、それだけではいけない。やはりいっぺん自分というものを自分から引き離して外へ出して、そして自分を振り返って検討しないといかん。そして悪いところはないか、過っているところはないかということを十分に自己検討する。そうすれば「ああ、こういう点はいかんのだな、こういう点は変えないといかんな」

ということに気がついてくる。外部から自己を見る、そういうことがきわめて大切である。それをやれば、大体において大きな過ちはないと思う[69]。

松下氏が大切にしてきた自己観照。リーダーとしての自己観照のあり方については、松下氏自身が樋口氏のエピソードや熱海会談を通じ、誰よりも率先して体現してきたように思われる。

設問1　リーダーとしての松下氏は、どのようなところが優れていたと思うか。またそれはどのような理由によってそう思うか。

設問2　松下氏が大切にした自己観照について、それはリーダーにとってどのように重要であると考えるか。自分自身の経験や他のリーダーのエピソードを振り返りながら検討しなさい。

設問3　時代や社会、市場環境、組織の規模や発展過程など、様々な状況要因に応じて有効なリーダーシップは変わってくる。その一方、リーダーたる者にとって大切な姿勢や理念など、状況的な要因によっても変わらない、あるいは変わるべきではないものがあるとしたら何だろうか。

Chapter 13

第13章
マネジメント・コミュニケーションと情報

本章での学習ポイント

- **13-1** マネジャーにとって効果的なコミュニケーションとは p.410
- **13-2** テクノロジーがマネジメント・コミュニケーションに与える影響 p.422
- **13-3** コミュニケーションの現代的課題 p.425

実例にみるマネジメント

ベスト・バイ：社会的利益か、社会的惨事か

　ツイッター。6年前には、鳥のさえずりを表現する言葉だった[1]。しかし今や、ツイッターとは140字以内の短いメッセージをやり取りするために何百万という人々が利用するインターネット・コンテンツサービスのことである。そして、そこにはインターネットや携帯電話、他の機器から投稿できるということを大多数の人々が知っている。大企業は、こうしたソーシャルメディアの持つパワーに気づき始めている。例えばアメリカの家電量販店ベスト・バイは18万人の従業員を擁し、そのほとんどが24歳以下でソーシャルメディアと深い関わりを持っている。CEOのブライアン・ダン（当時）も、ソーシャルメディアこそが従業員を巻き込み、さらに顧客をも引き入れる素晴らしい方法であることに気づいた。そしてすぐさま、従業員や顧客たちと、ベスト・バイ店舗での自身の経験や自分の子どもたちのこと、さらにミネソタ・ツインズにまで及ぶさまざまな話題について毎晩10時に「つぶやき」始めたのである。だがあるとき、ダンのツイッターアカウントが不正に使用され、攻撃的なつぶやきが流布された。当時海外出張中だったダンのもとに午前4時、うろたえた事業部長からの電話が入った。以後、電話は鳴りやまず、想定される損害を抑え込むべく経営陣総がかりの「厳戒」体制に入った。（p.433に続く）

　コミュニケーションの世界へようこそ！　この「世界」では、マネジャーは、あらゆる形態のコミュニケーションの重要性と問題点の両面を理解する必要がある。すべての組織で毎日コミュニケーションが交わされる。もちろん、どんな分野においても、すべての組織構成員によって、ありとあらゆる形のコミュニケーションが交わされるのである。そのコミュニケーションのほとんどが仕事に関わるものであるが、ダンのツイッターの話でもわかるように、コミュニケーションをとることで思いもよらない事態が引き起こされる可能性もある。本章では、人と人とのコミュニケーションの基本概念に目を向ける。コミュニケーションのプロセス、その方法、効果的なコミュニ

ケーションを阻む障害、また、それらを克服する方法について説明する。さらに、現代のマネジャーが直面するコミュニケーションの現代的課題にも目を向ける。

13-1 マネジャーにとって効果的なコミュニケーションとは

　マネジャーにとって効果的なコミュニケーションが重要であることは、強調してもしすぎることはない。それは、マネジャーがする仕事にはすべてコミュニケーションが関わっているという特別な理由による。**ある程度どころか、すべてである！**　マネジャーは、情報なくして戦略を策定することも意思決定を行うこともできない。そして戦略と意思決定の情報は伝えられねばならないものである。意思決定がなされたなら、再びコミュニケーションが交わされる。さもなければ、決定がなされたことを誰も知ることができない。優れたアイデアも創造的な意見も素晴らしい計画も、コミュニケーションなしには実現できないのである。

コミュニケーションのプロセスはどのように機能するのか

　コミュニケーションは、プロセスあるいは流れと見ることができる。コミュニケーションの問題は、その流れから外れたり、流れを阻害したりした場合に発生する。コミュニケーションが交わされるには、伝えられるべきメッセージとしての目的が必要である。メッセージは通信源（発信者）から受信者へと伝えられる。そのメッセージは記号化（象徴的な形に変換）されて何らかの伝達手段（ルート）によって受信者へと伝えられ、受信者は、発信者によって発信されたメッセージを翻訳し直す（解読する）。この結果が、ある人間から別の人間へ理解と意味を伝える**コミュニケーション**である[2]。
　この**コミュニケーション・プロセス**を示したのが図表13-1である。このモデルは、コミュニケーションの通信源（発信者）、記号化、メッセージ、ルート、解読、受信者およびフィードバックの7つの部分からなる。
　通信源は、考えを**記号化**してメッセージを発信する。「スキル」「姿勢」「知識」

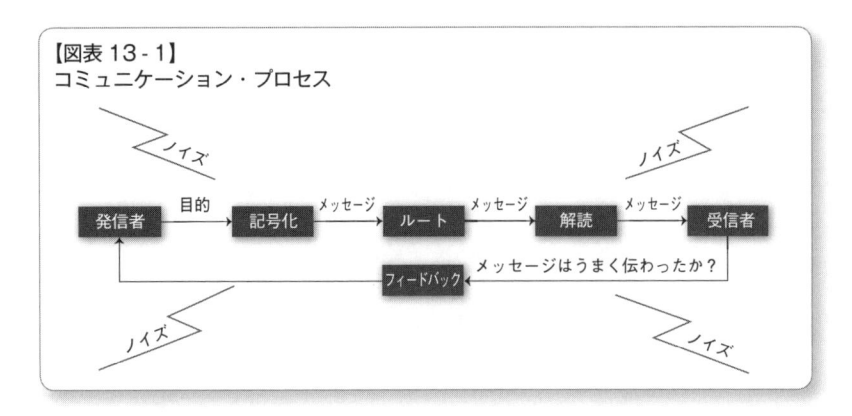

【図表13-1】
コミュニケーション・プロセス

発信者 →目的→ 記号化 →メッセージ→ ルート →メッセージ→ 解読 →メッセージ→ 受信者
　　　　　　　　　　　　　　　　　　フィードバック　メッセージはうまく伝わったか？
ノイズ

「社会的・文化的体制」、この4つの条件が、記号化されたメッセージに影響を与える。本書のコミュニケーション・メッセージは、書き手の文章力による。十分な文章力がなければ、メッセージは期待されるようには伝わらないのである。コミュニケーション全般に関わる能力には、話す、読む、聞く、判断するという能力も含まれるのだということを覚えておこう。第9章で取り上げたように、態度は行動に影響を及ぼす。私たちは、さまざまな話題についてある傾向を持った考えを有しており、コミュニケーションは、これらの態度の影響を受ける。さらには、特定の話題についての知識の程度によって、コミュニケーション活動が制限される。知らないことを伝えることはできないし、知識も十分なければ受信者がメッセージを理解できない可能性もある。伝えようとするテーマについて発信者がどれだけの知識を持っているかは、伝えようとするメッセージに明らかに影響を及ぼすのである。また、態度が行動に影響を及ぼすように、私たちが社会的・文化的体制のどの位置にあるかもメッセージに影響を及ぼす。信念や価値観、それらはみな私たちが属する文化の一部であるが、コミュニケーションの発信源としての私たちに影響を及ぼす。

　メッセージは、何らかの目的を伝える発信源からもたらされる物理的産物で(注4)ある。私たちが話すとき、語られた言葉はメッセージになり、私たちが書くとき、書かれた言葉がメッセージに、絵を描くときにはその絵がメッセージにな

---

1) コミュニケーション　ある人間から別の人間へ理解と意味を伝えること。
2) コミュニケーション・プロセス　7つの部分からなる、意味を伝達し、理解するプロセス。
3) 記号化　メッセージを象徴的な形に変換すること。
4) メッセージ　伝えられるべきコミュニケーションの目的。

る。私たちが腕を動かし身振りで示すとき、私たちの顔の表情がメッセージになる[3]。メッセージは、意味、あるいは内容を伝えるために使う記号やさまざまな象徴、さらに、記号および内容を決めたり手直ししたりすることによっても影響を受けるのである[4]。

ルート(注5)は、メッセージが伝えられる伝達経路である。伝達経路を決定するのは発信である。発信者は正式のルートと非正式のルートのどちらを使うかを決めなければならない。正式のルートは組織によって確立されたもので、構成員の仕事に関わるメッセージを伝達するためのものである。これらのルートは、伝統的に組織内の権限系統にそったものである。個人的あるいは社会的な種類のメッセージは、組織の非正式のルートに従って伝えられる。

受信者とは、そのメッセージが向けられた個人である。メッセージが受け取られる前に、メッセージのなかの記号や象徴について、**解読する**(翻訳する)(注6)必要がある。そうすることで受信者が理解できる形となる。メッセージが発信者のスキルや姿勢、知識、社会的・文化的体制によって制限されるのと同じように、受信者も同様に制限される。したがって、発信者は書くこと話すことに長じ、受信者は読むこと聞くことに長じている必要がある。そしてそれらを論理だてて行う力は、発信源と受信者の双方に求められる。個人の知識、姿勢、文化的背景がメッセージを送る能力に影響を及ぼすように、これらは受信者の能力にも影響を及ぼす。

コミュニケーション・プロセスで最後に影響するのが、フィードバックである。「コミュニケーションの発信者が記号化したメッセージを受信者が解読し、そのメッセージをコミュニケーション・プロセスに戻す場合、フィードバックが機能する」[5]。**フィードバック**(注7)とは、メッセージがどの程度当初の意図どおりに伝えられたかをチェックするものであり、理解されたかどうかを決めるもの

日産の執行役員、星野朝子は口頭によるコミュニケーションを選択し、東京の執務室でマネジャーや役員たちとミーティングを行う。星野にとって、言葉によるコミュニケーションは、仲間と情報を共有し、得た情報について話し合い、話されたことが受け止められ理解されたかを確かめるための機会を与えてくれるものである。口頭によるコミュニケーションは、文書の場合より短い時間でより多くの情報を伝えられる利点を持つ。

である。現代の組織で働く従業員のあいだには文化的相違が存在することを考えれば、正確な意思疎通を確実にする効果的なフィードバックの重要性は、どれだけ誇張しても誇張しすぎることはない[6]。

文書と言葉、どちらのコミュニケーションがより効果的か

　文書によるコミュニケーションで使うのは、メモや手紙、電子メールやデジタル通信、社内報、電子掲示板やその他言葉や記号を書いて伝える機器などがある。なぜ、発信者は文書によるコミュニケーションを選ぶのだろうか。それは、口頭によるコミュニケーションよりも文書のほうが目に見え、証拠が残り、長く保存できるからだ。発信者と受信者の双方はコミュニケーションの履歴を持ち、メッセージは無期限に保存することができる。メッセージの内容について質問が出た場合には、履歴を参照することが物理的に可能である。この特徴は、複雑なコミュニケーションや長期にわたるものの場合には特に重要である。例えば、新製品のマーケティング計画には、数カ月に及ぶ数多くの作業が盛り込まれている。それを文書にすることで、計画の実施期間にわたって、計画を実行すべき人間がその書類をいつでも参照することができる。文書によるコミュニケーションの最後の利点は、プロセスそのものに起因する。改まったスピーチをする場合など特殊な場合を除き、書き言葉には話し言葉以上に気を使う必要がある。何かを文書にすることによって、伝えたいことをより注意深く考えさせられることになるからである。それ故、文書によるコミュニケーションは、より検討され、論理的で分かりやすくなる。

　もちろん、文書化されたメッセージにも欠点はある。文書はより正確を期するものであるが、多くの時間を割くことにもなる。もう1つの重要な問題点は、フィードバックが欠如している点である。口頭によるコミュニケーションでは、たずねたことへの反応が即座にもどってくるが、文書によるコミュニケーションでは、コミュニケーション自体にフィードバック機構が組み込まれていない。

---

5) ルート　メッセージが伝えられる伝達経路。
6) 解読する　受け取ったメッセージを翻訳すること。
7) フィードバック　伝えられたメッセージがどの程度うまく伝えられたかをチェックすること。

口コミは、効果的なコミュニケーション手段か

口コミ(注8)は、組織のなかで正式でない方法で行われるコミュニケーションのことである。組織によって認められても支持されてもいない。しかしどちらかと言えば、情報は人の口を介し、また電子的手段を介してまでも広まっていく。皮肉なことに、良い情報が広まるのも早いが、悪い情報はさらに輪をかけて早く広まる[7]。口コミは、情報をとにかく早く組織構成員に広めるのである。

だが、口コミの大きな問題は、その噂についての正確性に集約される。口コミについての研究では、功罪相半ばする結果が示されている。開放的な雰囲気の組織では口コミはきわめて正確のようだが、権威主義的な雰囲気の組織では噂は不正確なようだ。だが、その場合にも、情報の流れがあやふやであっても、いくばくかの真実は含まれている。重大な解雇や工場閉鎖などの噂は、影響を受ける人々や、それが起こる可能性のある時期についてほとんどの情報が不正確である可能性がある。それでも、何かが起きようとしているという部分は高い確率で当たるのである。

非言語シグナルがコミュニケーションに及ぼす影響

最も意味を伝えるコミュニケーション要素は、語られることでも文書化されることでもない。それは、非言語コミュニケーションである。例えば大きなサイレンの音、交差点での赤いランプは、言葉でない何かを告げている。大学の講師が生徒が退屈していることを知るのに言葉は必要ない。生徒の目に生気がなくなるか、授業中に何かを読み始めたりするからだ。そして、最もよく知られた非言語コミュニケーションの形は、ボディランゲージと言葉の抑揚である。

ボディランゲージ(注9)は、身振りや顔つき、その他の体の動きのことである[8]。例えば、唸り声は笑顔とは異なるものを伝えているし、手の動き、顔の印象やその他の身振りなどは、攻撃性や恐れ、内向性や傲慢さ、喜びや怒りといった感情や気性を伝えている[9]。

言葉の抑揚(注10)は、言葉や文章を強調することである。抑揚によってどれだけメッセージの意味が変わるか説明するため、講師にある質問をした生徒を思い浮かべてほしい。質問に対し講師は、「それはどういう意味かね？」と訊ねた。講師の言葉の調子によって、生徒の反応は違ってくる。柔らかく平坦な調子が作り出す意味と、「それ」にアクセントを置いたイラついた調子が作り出す意味は

異なる。柔らかく平坦な調子は単に質問の明確化を求めており、「それ」にアクセントを置いたイラついた調子は、講師が攻撃的か身構えていることを示していると受けとられやすい。したがって、コミュニケーションを行うときには、マネジャーは、「大切なのは何を言うかではなく、それをどのような話し方で言うかである」という格言を思い出すべきである。

　口頭によるコミュニケーションには必ず非言語的メッセージが伴うということも、強調してもしすぎることはない[10]。なぜかと言えば、それは、非言語的要素がきわめて重大な影響をもたらす可能性があるためだ。1対1の対話の65〜90％がボディランゲージによって解釈されることが、研究によって裏づけられている。語られる言葉とそれに伴うボディランゲージが完全に一致しない場合、聞き手は、ボディランゲージを「真の意味」と捉え反応する可能性が高い[11]。

効果的なコミュニケーションを阻む障害とは

　メッセージがしばしば発信者の意図とは違って解読されてしまうのは、個人間の要素、また、個人そのもののなかにある多くの要素が障害となっているからである。効果的なコミュニケーションに特に影響を及ぼす障害については図表13-2にまとめた。それらを簡単に説明しよう。

【図表13-2】
効果的なコミュニケーションを阻む障害

障害	説明
フィルタリング	受信者が好意的に捉えるよう発信者が情報を意図的に操作すること。
選択的認知	自分の必要性や動機、経験、背景、その他の個人的特徴によって選択的に見たり聞いたり読んだりしたことを基に情報を受け取ること。
情報過多	処理しなければならない情報量が個人の処理能力を超えた状況のこと。
感情	メッセージを受け取ったときに受信者がどう感じるか。
言葉	言葉は、人によって受け取り方が異なる。受信者は、伝えられた言葉を自分なりに解釈する。
性差	コミュニケーションにどう反応するかは男女で異なる可能性があり、男女それぞれにコミュニケーションの方法は異なる。
国民文化	コミュニケーションは、個人がコミュニケーションするために用いる言語が異なることによって違いが生じ、言語の違いも国民文化の1つである。

8) **口コミ**　正式でない方法で行われるコミュニケーションのこと。
9) **ボディランゲージ**　顔の表情や身振りその他の体の動きなどの非言語的コミュニケーションシグナル。
10) **言葉の抑揚**　口頭で意味を伝えるときに語句を強調すること。

フィルタリングが及ぼす影響　**フィルタリング**とは、受信者により好意的に捉えてもらえるよう発信者が情報を操作すること(注11)である。例えば、上司が聞きたいと思っていることを上司に告げるとき、情報をフィルタリングしている。組織でもフィルタリングはよく起こるのだろうか。もちろん起こる。情報が部下から上司に伝えられる場合、彼らが情報過多に陥らないよう情報を短くまとめる必要がある。情報を凝縮する人間は、個人的な興味や何が重要かということについての個人的認識を基にコミュニケーションをフィルタリングする。

　フィルタリングの度合いは、その組織の文化や階層に左右される。組織階層が多いということは、フィルタリングの機会がより多いことを意味する。厳格な階層秩序に依存しない組織になるにつれ、また、より協力的な、共同作業の形態をとるようになるにつれ、情報のフィルタリングは大きな問題にはならなくなるだろう。さらに、組織内でのコミュニケーションに電子メールを用いることがますます増えていることが、フィルタリングを減らすことにつながっている。なぜなら、媒介者が介在しないため、コミュニケーションがより直接的になるからである。最後に、組織がどういった行動を重視するかという組織文化もフィルタリングを助長させたり、阻止したりする。形式や体面をより重んじる組織では、マネジャーが自分の都合のいいようにコミュニケーションをフィルタリングしようという意識が働く。

選択的認知が及ぼす影響　2つ目の障害は、**選択的認知**(注12)である。選択的認知については、すでに前の章で取り上げた。ここで再び取り上げるのは、コミュニケーションのプロセスにおいて、受信者は、自分の必要性や動機、経験、背景、その他の個人的特徴に基づいて、選択的に見たり聞いたり読んだりするからである。さらに受信者は、メッセージを解読する際に、コミュニケーションのなかに自分の興味や期待を投影する。女性求職者は仕事より家族を優先させるだろうと考えている面接試験官は、実際の求職者がそうであるかどうかにかかわらず、それを女性求職者の傾向として見がちである。第9章でも述べたように、私たちは現実を見ているのではなく、見たものを解釈し、それを現実と呼んでいるのである。

情報過多が及ぼす影響　個人のデータ処理能力には限界がある。例えば、国際営業の担当者が帰国すると600件以上のメールが届いていたとしよう。**情報過**

多の状況に陥ることなくすべてに返事を出すのは不可能である。現代社会に生きる幹部たちは、情報過多についての不満を漏らすことが多い[12]。整理することも活用することもできないほどの情報がもたらされた場合、どうするか。情報を選別するか、無視するか、やり過ごすことになるだろう。あるいは、情報過多の状況が一段落するまで処理を先延ばしにするかもしれない。いずれにせよ、必要な情報を手に入れることも効果的なコミュニケーションをとることもできなくなる。

感情が及ぼす影響　メッセージを受け取ったときに受信者がどう感じるかは、そのメッセージをどう解釈するかに影響を及ぼす。受信者が満足しているか悩んでいるかによって、同じメッセージを受け取っても違って解釈する可能性がある。極端な感情は、効果的なコミュニケーションを最も阻む可能性がある。そのような場合、論理的で客観的な思考プロセスが無視され、感情的判断に取って替わられる。気が動転しているときにはメッセージに反応するのは避けることが賢明だ。冷静な判断ができない可能性があるからである。

言葉が及ぼす影響　言葉の意味は人によって受け取り方が異なる。「言葉の意味は言葉のなかにあるのではない。私たちのなかにあるのである」[13]。年齢、教育、文化的背景の3つが、コミュニケーションに用いる言語や言葉に当てはめる意味に最も明らかな影響を及ぼす要素である。

　組織においても従業員はそれぞれに生い立ちが異なり、したがって、話し方もさまざまである。さらに、従業員はそれぞれの部署に配置されて専門家集団となり、独特な言い回しや専門用語を作り出す[14]。また、大企業では構成員は地理的に広く分散させられ、業務が複数の国にまたがることすらある。すると、それぞれの現場で働く従業員たちはその地域特有の異なる表現や言い回しを用いるようになるのである[15]。さらに、組織階層があることも言語の問題に影響を及ぼす可能性がある。例えば、トップ・マネジャーの言い回しは、マネジメントの用語になじみのない一般従業員にとって、理解しにくい可能性がある。

---

11) **フィルタリング**　受信が好意的に捉えるよう発信者が情報を意図的に操作すること。
12) **選択的認知**　自分の必要性や動機、経験、背景、その他の個人的特徴に基づいてコミュニケーションを選択的に見たり聞いたり読んだりすること。
13) **情報過多**　情報量が個人の処理能力を超えた状況のこと。

発信者は自分が用いる表現や言い回しが、受信者にとっても、自分にとっての意味と同じであるということを前提にしがちである。当然ながら、こうした前提は誤っており、コミュニケーションが阻害される。私たちが言葉をどのように作り変えてしまうかを知ることができれば、こういった障害を最小限に抑えるのに役立つだろう。

性差が及ぼす影響　どの組織においても、組織目標を達成するため、男女間の効果的なコミュニケーションは重要である。しかし、どうすれば異なるコミュニケーション方法に対応できるのだろう。性差が効果的なコミュニケーションの大きな障害となるのを防ぐには、男女が互いを受け入れ、理解し、互いに合わせたコミュニケーションをとるよう努力する必要がある。コミュニケーション方法に見られる男女の違いを互いに認識する必要があり、しっかり話し合いをするための真の努力をするということなのである[16]。

国民文化が及ぼす影響　個人がコミュニケーションのために用いる言葉の違いやそれぞれが属する文化によっても、コミュニケーションの方法に違いが生じてくる[17]。例として、個人主義を非常に重視する国とされるアメリカと、和を重んじる国とされる日本を比べてみよう[18]。

　アメリカでは、コミュニケーションは個人に向けられ、明確に説明される傾向がある。アメリカのマネジャーはメモや告知、方針説明書、問題に関する立場を明確にした正式なコミュニケーション手段などに大きく依存する。アメリカの管理職は、自分をよく見せようとして（フィルタリング）、さらに、決定や計画を従業員に受け入れさせる方法の1つとして、情報を溜め込む可能性がある。そのうえ、部下の従業員も、保身のためにこの行動に加担するのである。

　一方、日本のような和を重んじる国では、意思の疎通そのものが図られ、正式でない個人間の交流が図られる。日本人マネジャーは、アメリカのマネジャーとは対照的に、問題についてまず従業員に口頭による広範な根回しを行ってから、形成された合意をまとめた正式な書類を作成する。日本は合意による決定を尊重し、オープンなコミュニケーションは日本の職場に特有のものである。また、1対1のコミュニケーションも奨励される[19]。

　文化の違いは、マネジャーが選択するコミュニケーション手段に影響を及ぼす[20]。その違いが気づかれず、考慮されることもなければ、間違いなく効果的

なコミュニケーションを阻む障害となるのである。

マネジャーはどうすればコミュニケーションを阻む障害を克服することができるか

　これまで見てきたコミュニケーションを阻む障害を克服するために、マネジャーができることとは何だろうか。下記の提案は、より効果的なコミュニケーションをとるのに役立つに違いない（図表13-3も参照）。

　なぜフィードバックは必要か　コミュニケーションにおける問題の多くが、誤解と不正確さが直接的な原因となってもたらされている。これらの問題は、言語的にしろ非言語的にしろ、マネジャーがフィードバックを受け取っていれば避けられた可能性がある。

　マネジャーは、メッセージが受け取られ、意図どおりに理解されたかを確認するために、メッセージについての質問をするべきだ。あるいは、メッセージを受信者自身の言葉で言い表してくれるよう頼んでもいい。意図した内容をマネジャーが訊ねれば、理解と正確性が間違いなく向上する。メッセージに対する何げない意見から受信者の何らかの反応を感じ取れるといった具合に、フィードバックもまた、微妙なものである可能性もある。

　フィードバックは言語によるものとは限らない。ある販売マネジャーが、すべての販売員たちが作成しなければならない新たな月次販売報告書に関するメールを送ったのに、報告書を提出してこない販売員がいた場合、このマネジャーはフィードバックを受け取っている。このフィードバックは、マネジャーが最初のメッセージの意味が明確に伝わったかどうかを知るためのものとなったである。同様にマネジャーは、メッセージを受け取っているかどうかを知るた

【図表13-3】
効果的なコミュニケーションを阻む障害を克服する方法

フィードバックの利用	伝えられたこと（聞いたと思ったこと）がどれだけ正確かを確認する。
平易な言葉を用いる	伝える相手が理解できる言葉を使う。
積極的に耳を傾ける	時期尚早の判断や解釈をすることなくメッセージの意味を完全に理解しようと耳を傾ける。あるいは、それに対しどう答えるかについて考える。
感情を抑制する	感情的になっていることに気づく。その場合には、冷静になるまでコミュニケーションを行わない。
非言語シグナルを読む	行動は言葉よりも雄弁であることを知る。行動と言葉の一貫性を貫くこと。

めの非言語シグナルを探すこともできる。

なぜ平易な言葉を用いる必要があるのか 言葉はコミュニケーションの障害になる可能性があるため、伝える相手のことを考慮し、相手に合わせて言葉を選ぶ必要がある。メッセージは、それが受け取られ理解されて初めて効果的なコミュニケーションが成り立つことを心しておかなければならない。例えば、病院管理責任者は常に明確で理解しやすい言葉を使うことを心がけ、話をする従業員の種類によって言葉を選ぶ必要がある。手術スタッフに対するメッセージは、マーケティングチームや事務員に対するメッセージとは意図的に変える必要がある。

なぜ積極的に耳を傾ける必要があるのか 誰かが話をしているとき、私たちはそれを聞いている。だが、私たちは「耳を傾ける」ことが少なすぎる。耳を傾けるのは、意味を理解しようという積極的な行動だが、ただ聞き流すのは受け身の行動である。耳を傾けつつ、受信者はコミュニケーションを図らねばならない。

私たちの多くは、耳を傾けることをあまりしない。なぜかと言えば、耳を傾けるのは容易なことではなく、聞くよりも話すほうが楽だからである。積極的に耳を傾ける**アクティブ・リスニング**では、全神経を集中させる必要がある。(注14)英語圏の平均的な人で、英語においては1分間におよそ125〜200語のペースで話す一方、1分間に最大400語を理解することができる[21]。両者に差があるからこそ、脳は十分な待機時間を与えられ、あれこれ考えることができるのである。

発信者に共感を抱く、つまり発信者の立場になって考えるとき、積極的に耳を傾けようという気になる。発信者とは、姿勢、興味、必要性、期待において異なるため、共感を抱くことでメッセージの真の意味を理解するのが容易になる。共感を抱く聞き手は、メッセージの意味を判断することを保留し、何が語られようとしているかについて注意深く耳を傾ける。こうすることで、時期尚早の判断や解釈をしてメッセージの意味を曲解することがなくなり、メッセージを十分に理解する能力を高めることができる。積極的に耳を傾ける聞き手は次のように行動をとっている。相手の目をきちんと見る。肯定を示すうなずきなどふさわしい顔の表情を見せるし、気を散らせるような動きや退屈と言わん

ばかりのしぐさはしない。質問をし、自分の言葉での言い換えを行う。話の腰を折ったり話しすぎたりしないようにする。話し手と聞き手の立場の移行をスムーズに行う。

なぜ感情を抑えなければならないのか　マネジャーが常に冷静にコミュニケーションを行うなどと思うのは甘い考えだ。ある問題に腹を立てているマネジャーは、送られてくるメッセージを誤って解釈する可能性が高く、明確かつ正確にメッセージを発信できない可能性がある。では、どうすればいいだろうか。最も簡単なのは、心を落ち着け、コミュニケーションを行う前に感情の落ち着きを取り戻すことである。下記の例で見ていこう。

アメリカのカンザス・シティに本拠を置くヘルスケア・ソフトの開発会社サーナーのCEOニール・L・パターソンは、従業員が十分働いていない可能性があるという事実に腹を立てた。そこでパターソンは、約400人のマネジャーたちに感情的な怒りのメールを送った。そのメールの一部は以下の通りである。

> 「カンザス・シティで働く多くの従業員の労働時間は40時間以下だ。午前8時になっても駐車場は埋まらず午後5時にはすでにガラガラ。君たちマネジャーは、従業員が何をしているのか知らないし、関心もないというわけだ。君たちは非常に不健全な職場環境を作り上げている。ともかく、これは問題だ。何とかしなければ君たちを交代させる……責任を取らせる。君たちが今のこの状況を許したのだから。猶予は2週間。時間は待ってくれない」[22]。

メールは社内のマネジャーだけに宛てたものだったが、メールは流出し、インターネットフォーラムに投稿された。メールの語気の荒さに業界のアナリストや投資家、もちろんサーナーのマネジャーや従業員たちも驚いた。同社の株価は、その後3日間にわたって22％下落した。パターソンは従業員たちに謝罪し、「マッチで火を点け、火事を起こしてしまった」ことを認めたのだった。

---

14) アクティブ・リスニング　時期尚早の判断や解釈をすることなく意味を完全に理解しようと積極的に耳を傾ける行為。

なぜ非言語シグナルに注意する必要があるのか　行動が言葉よりも雄弁であるなら、行動を言葉に協調させ、補佐役をさせることが重要である。効果的にコミュニケーションを行う人は、期待どおりにメッセージを伝えられるよう非言語シグナルに注意しているのである。

13-2 テクノロジーがマネジメント・コミュニケーションに与える影響

　情報技術は、組織の構成員たちのコミュニケーションの方法を根本的に変えてしまった。例えば、情報技術によって個人やチームの仕事ぶりをチェックするマネジャーの能力が著しく向上し、従業員はより完全な情報を入手して早い決断ができるようになり、また、従業員は協力して仕事をする機会、情報共有の機会をより多く与えられるようになった。さらに、組織で働く従業員は、情報技術によって、1日24時間、一年中変わらずどこにいようと完全な情報の入手が可能になった。ネットワーク・コンピュータ・システム、ワイヤレス機能、そして知識マネジメント・システムという情報技術の3つの発達が、マネジメントを行ううえで現代のコミュニケーションに著しい影響を及ぼすようになった。

ネットワークコミュニケーションの可能性とは

　ネットワークシステムが機能する技術的メカニズムそのものは本書のテーマから外れるが、ここで、通信アプリケーションのいくつかを取り上げる。

　電子メールは、結ばれたコンピュータ上でメッセージを即座に送信する。メッセージは受信者側のコンピュータに保存され、受信者は都合のいいときにそれを読む。電子メールは迅速かつ安価で、一度に多数の人へ同じメッセージを送ることもできる。組織の構成員にとって、情報共有手段、コミュニケーション手段として手っ取り早く便利な方法である。電子メールには文書や画像のファイルを添付することもでき、受信者は、それらを紙に印刷することもできる。

　電子メールでは時間がかかり面倒だという組織では、インスタントメッセージ（IM、instant messaging）を利用しているところもある。これは、コンピュータネットワークに同時にログインしたユーザーのあいだで、リアルタイムの

対話型コミュニケーションを行うものである。インスタントメッセージを使えば、伝えるべき情報を、同僚がメールを読むのを待つ必要もなく一瞬で伝えることが可能である。しかし、インスタントメッセージにも問題点はある。ユーザーが同時にコンピュータネットワークにログインしている必要があり、潜在的にネットワークがセキュリティ侵害にさらされる。

ボイスメールは、口頭の音声メッセージをデジタル化してネットワーク上で送信する。そして、メッセージはディスク上に保存され、受信者は後でそれを読み込んで再生するのである[23]。この機能は、受信者が物理的にその場におらず、情報を入手できずとも、情報を受け取ることができる。受信者はそのメッセージを先々のために保存しておくことも消去することも、あるいは第3者に送ることもできる。

電子データ交換（EDI、electronic data interchange）は、コンピュータ間で直接に接続されたネットワークを利用し、インボイスや注文書といった取引上の書類を企業間で交換する方法である。時間と費用を節約できることから、業者やサプライヤー、顧客との間でEDIを利用する組織が多い。どうやって行うかというと、取引に関する情報が一方の組織のコンピュータシステムから組織と組織を結ぶ通信ネットワークを介して、もう一方の取引先に送られるのである。これにより、一方の組織での印刷と処理、取引先でのデータの入力という過程が省かれるのである。

1対1、チーム、部署や組織規模のミーティングは、情報共有の手段であり続けている。かつてはテクノロジーの限界から、物理的に同じ場所にいる人たちによるミーティングに限定されていたが、状況は一変している。電話会議は、電話やメールグループの通信ソフトを利用することで、グループ内の人々が同時に話し合いを行うことができるものである。互いをビデオスクリーン上で見ることができる場合には、この同時会議はビデオ会議と呼ばれる。作業グループは、大小にかかわらず、異なる場所にいようとも、こういったコミュニケーションネットワーク・ツールを利用して仕事をし、情報を共有し協力することができる。そうすれば、グループの構成員を別々の場所から集めるために交通費をかけるよりずっと安上がりの場合が多い。

ネットワークコンピュータ・システムは、イントラネットやエクストラネットの利用を可能にする。イントラネットは、インターネット技術を利用した組織内のコミュニケーション・ネットワークであるが、アクセスできるのは組織

内の従業員のみである。従業員の情報の共有、書類やプロジェクトにおいて別々の場所からでも協働できる方法として、多くの組織がイントラネットを利用している。同様に、イントラネットからアクセス可能な企業方針マニュアルや従業員の福利厚生といった従業員特有の資料も共有している[24]。エクストラネットとは、インターネット技術を利用した組織間コミュニケーション・ネットワークで、組織内の認定されたユーザーと、組織外の顧客や業者など特定の者とのコミュニケーションを可能にするものである。例えば、大手の自動車メーカーの大多数はエクストラネットを利用し、ディーラーとのより迅速で利便性の高いコミュニケーションを行っている。

最後に、組織は、インターネットを利用した音声通信も利用している。なかでも、スカイプ、ボネージ、ヤフーといった人気のウェブサイトでは、ユーザー同士で話すことができる。多くの企業が、従業員に対しこれらのサービスを利用できるようにし、電話会議やインスタントメッセージに利用している。

ワイヤレス機能が及ぼした影響

シアトルに本拠を置くスターバックスでは、地区マネジャーはモバイル技術を利用し、担当店舗に割く時間を増やしている。ある幹部はこう言う。「彼ら(地区マネジャー)は会社にとって最も重要な人たちです。それぞれが受け持ちの店舗を8〜10店舗持ち、担当する店舗を回っていますが、それぞれの店舗では彼らと常に連絡を取れる状態を保つ必要があるのです」[25]。この例からも分かるように、ワイヤレスのコミュニケーション技術は、マネジャーや従業員の仕事を向上させているのである。

ネットワークコンピュータ・システムでは、人々はケーブルで結ばれる必要がある一方、ワイヤレスコミュニケーションにはその必要がない。スマートフォン、タブレット型コンピューター、ノートブックやポケットサイズのモバイルコミュニケーション機器は、マネジャーたちに全く新しい「つながり」方をもたらした。世界中で何百万人もの人々が、ワイヤレス技術を使い、どこからでも情報をやり取りしている。情報技術の分野のテクノロジーが進歩し続けて行くにつれ、協力して仕事をする方法として、また情報を共有する方法として、人々はますますワイヤレスコミュニケーションを利用するようになるだろう[26]。

知識マネジメントが及ぼす影響

　学びや効果的なコミュニケーションのための環境を整えることは、マネジャーの責任の1つである。これに向けてマネジャーは、知識のインフラを意図的に管理する必要がある。**知識マネジメント**では、より優れた業績を上げられるよう、構成員が組織的に知識を収集し、それを他の構成員と共有するという学びの文化を醸成する[27]。例えば、アーンスト・アンド・ヤングの会計士やコンサルタントは、自らが行った最優良事例、これまで扱った稀な事例やその他の情報を文書にして記録している。そして、この「知識」は、コンピュータベースのアプリケーションによって、また、社内で定期的にミーティングを行う関係チームのネットワークを通し、すべての従業員が共有することになる。そして今日のテクノロジーは、知識マネジメントの向上に役立ち、組織的コミュニケーションを行いやすくし、意思決定を容易にしている。

13-3 コミュニケーションの現代的課題

　顧客ロイヤルティや社員のモラルの低下、離職率の増加といった問題に取り組むため、シティバンクのマレーシアの本・支店のマネジャーたちは非公式のランチ会を開いている。ここで従業員たちとつながりを持ち、彼らの懸念に耳を傾けるのである。その結果、マネジャーたちは顧客ロイヤルティおよび従業員のモラルを50％以上向上させ、離職率もほぼゼロにできた[28]。

　現代の組織において、効果的なコミュニケーションを行えるということは、つながりを持つということである。ここでは、現代社会で働くマネジャーにとって特に重要な意味を持つ5つの課題を見ていく。具体的には、ネット社会におけるコミュニケーションをマネジメントすること、組織の知識リソースをマネジメントすること、顧客とコミュニケーションをとること、従業員の意見を取り入れること、倫理的にコミュニケーションすることの5つである。

---

15) **知識マネジメント**　組織の構成員が組織的に知識を収集し、それを他の構成員と共有するという学びの文化を醸成すること。

テクノロジーとマネジャーの仕事

NSFW：コミュニケーションにおける符丁を解読する

さて、どのくらいネット言語を知っているだろうか[29]。電子メールや携帯メールにGFTDと書かれていたら、それが何を意味しているか分かるだろうか。NSFWはどうだろう。BILは？　ある従業員が、「場違いな家族の写真」と題されたスライドショーが添付されたメールを、友人から会社のメールアドレス宛に受け取った。クリックしてみると、かわいいが普通でない、そう場違いな写真ばかりのスライドショーだった。メールを見直してみると、「NSFW」の略語がメールの末尾に記されていた。意味が分からなかったため、netlingo.com（インターネットや携帯メールの略語を説明するウェブサイトの1つ）で調べてみた。そして、もっと注意を払うべきだったと思った。NSFWは、「Not Safe For Work（職場閲覧不可）」という意味だったのである。

電子メール、携帯メールやツイッターなどでは省略表現がますます普及し、その意味を理解しておく必要が出てきている。職場においてもネット言語の実用的な知識が必要とされている。同僚や顧客とのコミュニケーション手段としてソーシャルメディア・サイトを従業員が利用するにつれ、メッセージが文字数制限を超えないようにするために略語がしばしば用いられる。だが、NSFWの例が示すように、ネット言語を知らないことや誤解によって、驚きや不適切な対応、行き違いを招く可能性もある。

ネット社会でコミュニケーションをマネジメントすること

人材管理ソフトを提供する企業、サクセスファクターズの創立者にして最高責任者でもあるラース・ダルガードは、社内での電子メールを1週間禁じる知らせを従業員に送った。その目的は、「従業員たちに自分たちの問題に真に向き合わせる」ためだという[30]。ダルガードだけではない。他の企業でも同様の試みが行われている。だが、電子メールは、このネット社会におけるコミュニケーション課題の1つにすぎない。マネジャーたちは、これらの新たなテクノロジーが、コミュニケーションにおける特有の課題を生み出していることを、ときに身を持って知るのである。主な課題は、法律問題およびセキュリティー問題、個人間の交流の欠如の2つである。

法律問題およびセキュリティ問題 電子メール、ブログ、ツイッターやその他の形式のオンライン通信は、簡単で手っ取り早いコミュニケーション手段である。しかし、マネジャーは、不適切な使用によって、法律的な問題が発生する可能性のある事を心しておかなければならない。電子情報は、法廷で証拠として採用される可能性がある。例えば、アメリカのエンロンの経営破たんに対する責任をめぐる訴訟においては、検察官が、投資家を欺いたことを示す証拠だと主張して、電子メールやその他の証拠書類を調査した。ある専門家は、「今日、電子メールやインスタントメッセージは、DNA鑑定に匹敵する電子証拠物件である」と指摘している[31]。だが、法律問題だけではなく、セキュリティに関する事柄も同様に問題である。

IBMは、社員が知識を収集し社員同士で共有することを可能にする、ビーハイブと呼ばれるインターネットのソーシャルネットワークサイトを利用して、学びの文化を醸成している。上の写真の社員たちの前にあるパソコンのモニターには、ビーハイブのアクセス画面が映し出されている。この画面を通じて、彼らはそれぞれの専門知識を説明し、自分たちの革新的なアイデアについてフィードバックを引き出し、写真やビデオを投稿し、自分たちの最新情報を更新することができる。ビーハイブはチームづくりや社員同士の信頼度のアップにも貢献し、経営陣が社員と関わり、会話に加わるようにもなった。

外部へ送信される電子メールやコンテンツのセキュリティに関する調査では、対象企業の26％が、機密情報や都合の悪い情報の流出によって事業に影響が及ぶと考えていることが分かった[32]。マネジャーは、機密情報を極秘扱いにするよう注意しなければならない。従業員は、過失にせよ故意にせよ、機密情報をメールしたりブログに載せたりしてはならない。企業のコンピュータやメールシステムは、ハッカー（コンピュータシステムに不正に侵入しようとする人々）やスパム（迷惑メール）に対する対策を講じなければならない。コミュニケーション・テクノロジーの利便性が実現されるのであれば、これらの深刻な問題にも答えを出さなければならない。

個人間の交流の欠如 インターネット時代によってもたらされたコミュニケー

ション上のもう1つの課題は、個人間の交流の欠如である[33]。コミュニケーションがバーチャルな環境で行われるとなると、互いに理解し合い、協力して仕事を成し遂げることがことさら難しくなる可能性がある。先に見たように、この問題に対応し、特定の日に電子メールを禁止する企業もある。また、直接顔を合わせて協力する機会を増やすよう従業員に促す企業もある。とはいっても、時として、また場合によっては、同僚がアメリカ大陸の反対側にいたり、世界を飛び回っていたりして、個人間の交流が物理的に不可能なこともある。そのような場合には、リアルタイムの協調ソフト(ウィキやブログ、インスタントメッセージやその他のグループウェアなど)のほうが、電子メールを送ったり、返事を待ったりするよりもふさわしいコミュニケーション手段である場合もある[34]。争うのではなく、ソーシャルネットワークの力を利用するよう従業員に勧め、仕事での協力や強い絆を構築させようとしている企業もある。この傾向は、この種のコミュニケーション手段に親しんでいる若い従業員たちには特に好評である。なかには、独自のソーシャルネットワークを構築した企業もある。例えば、ブランドコミュニケーショングループ大手のスターコム・メディアベスト・グループで働く従業員は、SMGコネクテッドのウェブサイトへ行き、同僚たちのプロフィールを探し出して、どんな仕事に携わっているか、どんなブランドが好きか、どんなことに自信があるかなどを知るのである。ある企業の副社長はこう言っている。「インターネットを使って世界中とつながる手段を従業員に与えることが合理的だ。いずれにせよやるんだから」[35]。

組織の知識リソースをマネジメントすること

カーラ・ジョンソンは、製品デザイン企業IDEOの素材担当である。ジョンソンは、製品にふさわしい素材選びが簡単にできるよう、素材の特徴や製造工程をまとめたデータベースにリンクしたサンプル・ライブラリーを構築した[36]。ジョンソンが行ったことは知識マネジメントであり、これによって同社の他の社員も彼女の知識を学ぶことができ、知識を役立てることができるようになった。これこそが、現代の社会で働くマネジャーが組織の知識リソースを活用して行うべきことである。つまり、従業員が知識を他の社員に伝え、共有することができるようにし、仕事をより効果的、効率的に行う方法を互いに学ぶことができるようにすることである。組織がこれを行うには、従業員がアクセスできるオンラインの情報データベースを構築する必要がある。

知識を共有するためのオンラインの情報データベースに加え、企業は、懸念やいくつかの問題を共有するグループ、ある話題に熱中するグループの形をとる**コミュニティー・オブ・プラクティス**を作ることもできる。そこで人々が継続的に交流し、その分野における知識や技術を深めるのである。だが、仕事のコミュニティー・オブ・プラクティスを作り上げるには、相互交流型のウェブサイト、電子メールやテレビ会議といった不可欠なツールを利用してコミュニケーションを行い、強固な絆を維持することが重要である。さらに、これらのグループも、個人の場合と同様、フィルタリング、感情、保身、情報過多といったコミュニケーションの問題に直面する。先の提案を参考にして、これらの問題を解決することができる。

顧客サービスにおけるコミュニケーションの役割

　どんなコミュニケーションが行われ、それがどのように行われるかが、顧客がサービスに満足するかどうか、リピート客になるかどうかに大きく影響を及ぼす。サービス関連の組織で働くマネジャーは、顧客とやり取りする従業員が適切かつ効果的に顧客とコミュニケーションをとっているか確認する必要がある。どのように確認するかというと、第1に、サービス提供プロセスにおける「顧客」、「サービスを提供する組織」、「個々のサービス提供者」の3つの要素に気づくことである[37]。それぞれが、コミュニケーションが機能しているかどうかにおいて重要な役割を担っている。当然ながら、マネジャーは顧客が何をどう伝えるかについてはほとんどコントロールすることはできないが、他の2つの要素には影響を与えることができる。

　サービス精神が定着している企業は、顧客が何を求めているかを見つけ出し、顧客のニーズに応え、顧客に連絡をとり、顧客のニーズが満足のいく形で満たされたかどうかを確認するといった、顧客を大切にする活動をすでに重視している。どの活動にも、それが1対1であろうと、電話やメール、あるいはその他の手段によるものであろうと、すべてコミュニケーションが関係している。また、コミュニケーションは、組織が推進する特定の顧客サービス戦略の一部でもある。多くの企業が用いている戦略の1つが、パーソナライゼーションで

---

16) **コミュニティー・オブ・プラクティス**　懸念やいくつかの問題を共有するグループ、ある話題に熱中するグループで、人々は継続的に交流し、その分野における知識や技術を深める。

ある。例えば、ザ・リッツ・カールトンが顧客に提供するのは清潔なベッドと部屋だけにとどまらない。すでにこのホテルを利用したことのある顧客は、自分にとって重要なアイテム（予備の枕、ホットチョコレートや特定のブランドのシャンプーなど）を知らせておく。そうすると、部屋にはそれらのアイテムが用意されている。ザ・リッツ・カールトンのデータベースは、顧客の期待に対応した個人化サービス（パーソナライゼーション）を提供することを可能にしているのである。さらに、すべての従業員は、サービス提供に関わる情報を伝達することが求められている。例えば客室係が、顧客が記念日を祝う話をしているのを耳にした場合には、その情報を伝え、何か特別な演出をするのである[38]。コミュニケーションは、同ホテルの顧客パーソナライゼーション戦略において重要な役割を果たしている。

　個々のサービス提供者あるいは窓口担当の従業員にとってもコミュニケーションは重要である。顧客と窓口係とのあいだのやり取りの質こそが顧客満足度に影響を及ぼす。サービスの応対が顧客の満足を満たさなかった場合には特に、である[39]。このような「重要なサービスにあたる」第一線の従業員は、サービスの不十分さや失敗をいち早く耳にするか、気づく場合が多い。その瞬間に、どのように、何を伝えるかを決断しなければならない。顧客の満足を取り戻すことになるか、手に負えない状況になるかは、顧客の話に積極的に耳を傾け、適切にコミュニケーションする能力がその人間にあるかどうかにかかっている。さらに、個々のサービス提供者にとってコミュニケーションするうえで重要なのが、顧客に効果的かつ効率的に対処できるだけの情報を持っているかどうかである。サービス提供者個人がその情報を持っていない場合には、容易かつ迅速に入手できる方法を確保しなければならない[40]。

従業員の意見を取り入れる

　ノキアは最近、ブログ・ハブとして知られる電子的な意見箱、ソープボックスを立ち上げ、全世界の従業員ブロガーに開放した。このブログを投稿できるスペースに従業員は会社に対する不満を述べるのだが、同社のマネジャーたちはスペースを閉鎖するのではなく、従業員たちにあえて「自由に喋らせている」。ノキアの成長は、「より良いアイデアが生まれるという信念の下、従業員たちに考えていることを話すよう奨励してきた歴史」に負うところが大きいと感じているからである[41]。

今日の厳しい環境においては、企業は従業員の意見を取り入れる必要がある。従業員の意見箱が設置された組織で働いた経験はあるだろうか。あることを行う新たな方法（コスト削減、出荷時間の短縮など）を従業員が思いついたとき、従業員はその考えを意見箱に投書する。一般的には、投書は誰かが箱を開けるまで入れられたままである。こういった潜在的価値のある情報を無視する余裕のない現代社会で生きる経営者たちは、しばしば意見箱についてジョークを飛ばす。残念ながら意見箱に対するこのような姿勢は依然として多くの組織で根強いが、この姿勢は改めるべきである。図13-4に、従業員に、彼らの意見が重要であるということを知らせる方法をいくつか示した。

カナダのトロントに本拠を置く世界的な高級ホテル・リゾートチェーン、フォーシーズンズホテルの顧客サービス戦略において、コミュニケーションは大きな役割を担っている。同社は、コミュニケーションが顧客の満足度に重要な影響を与えることを認識し、大切な友を迎えるように顧客に挨拶することをすべての一人に求め、指導している。重要なサービス提供にあたる第一線の従業員として、コンシェルジュ・デスクの従業員（写真）は、優れたサービスにおける競争上の優位性を維持すべく、効果的かつ効率的にコミュニケーションするよう訓練されている。

倫理的にコミュニケーションする

企業のコミュニケーション活動が倫理的であるかどうかは、今日特に重要である。**倫理的コミュニケーション**とは、「関連するすべての情報を開示し、それらがあらゆる意味で真実であり、何ら人を惑わすものでない」ということである[42]。一方、非倫理的なコミュニケーションはしばしば真実を歪め、人を操る。企業が非倫理的なコミュニケーションを行うとは、具体的にどういうことをいうのだろうか。1つには、必要な情報を省くことがある。例えば、間近に迫った合併によって、職を失う従業員が出ることを従業員に伝えないのは、非倫理

---

17) 倫理的コミュニケーション　関連するすべての情報を開示し、それらがあらゆる意味で真実であり、何ら人を惑わすものではないということ。

【図表13-4】
従業員に彼らの意見が重要であると知らせる方法

- マネジャーと従業員とのミーティングを開催し、情報を共有し、意見を募る。
- 良くも悪くも何が起こっているかについての情報を提供する。
- 自分たちが顧客満足体験にどのような影響を及ぼすかを理解できるような研修に投資する。
- マネジャーと従業員がともに問題を分析する。
- 従業員が意見を述べやすいように、意見を述べるさまざまな場(オンライン、意見箱、意見記入用紙など)を提供する。

的コミュニケーションである。「第3者の言葉や創造的生産物を自らのものであるかのように見せる」盗用も非倫理的コミュニケーションである[43]。その他、抜粋して誤って引用する、数字をごまかして伝える、画像や映像を改ざんする、プライバシーや情報セキュリティの必要性を無視するなどである。

　では、マネジャーは、どのようにして倫理的コミュニケーションを促進することができるのだろうか。1つは、「倫理的なビジネス・コミュニケーションなどの倫理的行動について、明確な指針を策定する」ことである[44]。インターナショナル・アソシエーション・オブ・ビジネス・コミュニケーターズが行った世界規模の調査では、70%のコミュニケーション担当者が、自らの勤める企業で倫理的または非倫理的行いの基準を明確に定めていると答えている[45]。明確な指針がないのであれば、コミュニケーションを行う際、下記の質問に答えることが重要である。

◆状況が明確かつ正確に定義されているか。
◆なぜそのメッセージは伝えられるのか。
◆そのメッセージによって人々にどのような影響が及ぶか。あるいは、誰がそのメッセージを受け取り、影響を受けるのか。
◆そのメッセージは、潜在的最大利益の獲得に寄与するのか、それとも潜在的損害を最小にするのに寄与するのか。
◆目下のところ倫理的と考えられるこの決断は、将来的にも変わらないか。
◆このコミュニケーション活動に違和感を覚えるか。自分が尊敬する人は、このコミュニケーション活動をどう捉えると思うか[46]。

　マネジャーは自らのコミュニケーション上の選択をとことん考え抜かなければならず、その選択によって引き起こされる事態に責任を持たなければならな

いということを忘れてはいけない。このことを心に留めておけば、より確実に倫理的なコミュニケーションを行うことができる。

理解を深めよう

1. 職場で最も効果的なコミュニケーションはどの方法だと考えるか。その理由についても答えよう。
2. 効果的コミュニケーションが必ずしも同意を意味しないのはなぜか。
3. 正確に話すことと積極的に耳を傾けることのいずれがマネジャーにとってより重要か。それはなぜか。
4. 「非効果的なコミュニケーションの原因は発信者にある」。この意見に賛成か、反対か。論じてみよう。
5. 情報技術によってマネジャーはより効果的かつ効率的に仕事ができるようになっているか。説明してみよう。
6. マネジャーは口コミをどう有効活用することができるだろうか。具体例を示そう。
7. 優れたコミュニケーションを行う人の特徴を調査しよう。調査結果を箇条書きの報告書にまとめよう。出典を忘れずに記載すること。
8. マネジャーが直面している5つの現代的課題について論じてみよう。
9. ある1日を使って、ある人に焦点をあてて、その人が行っている非言語的コミュニケーションを観察しよう。どんな非言語的コミュニケーションに気づいたか。行われている言語的コミュニケーションと非言語的コミュニケーションは常に一致していたか。説明してみよう。

実例にみるマネジメント（p.409から続く）

ベスト・バイ：社会的利益か、社会的惨事か

アメリカ最大手の家電量販店として、ベスト・バイはさまざまな電子機器を販売している。あらゆる最新機器を販売し、若い従業員が多いことから、同社がソーシャルメディアを早くから利用していたとしても驚くにはあたらない。しかしながら、投資家のウォーレン・バフェットがかつて口にしたように、「評判を築くには20年の歳月がかかるが、それが地に落ちるのは5分もいらない」のである。CEOのブライアン・ダンは、自分のツイッターアカウントが不正利用されたときのことを「何とも決まりが悪く、腹立たしかった。とんだ災難に見舞われたと感じた」と回想している。その後、どうなったのだろう。

起こったことに対する最初の「ショック」が収まると、ベスト・バイのITチームは

ダンにパスワードを変更するよう勧めた。私たちの多くも心当たりのあることだが、ダンは、自分の人生のあることに関わる簡単に思い出せるパスワードを使用していた。現在は、3週間ごとに「熟慮のうえの苦心のパスワード」を更新している。あらゆるコミュニケーションツールを利用したい企業にとっては、セキュリティ志向は、あれば望ましいなどと言っていられない。必須事項である。しかし、企業の対応でもっと重要なのは、セキュリティの危険性があってもソーシャルメディアを利用し続けることだ。「頭の痛い問題を引き起こすとはいえ、ツイッターやフェイスブック、YouTubeといったサイトは、様々な動向を把握するための、また、従業員や顧客とコミュニケーションするための強力なツールなのである」。

ベスト・バイが策定したソーシャルメディア戦略のなかでも最も注目を集めて成功したのが「Twelpforce」である。これは、従業員たちに対し、ベスト・バイに関わる問題についての顧客のつぶやきを見られるようにするシステムで、顧客サービススタッフ、店舗販売員やベスト・バイの子会社のジーク・スクワッドの社員など2,500人以上の従業員が参加している。Twelpforceに参加する誰もが顧客の苦情や懸念、意見に答えることができる。例えば、ある顧客がiPhoneのトラブルの処理の仕方に対する不満をつぶやいた。すると、顧客サービス担当者がすぐにツイッター上で対応した。担当者はこの問題と顧客の双方に対応し、その後ベスト・バイのサービスがいかに素晴らしいかをつぶやいたのである。面白いのは、3000人以上のフォロワーを持つこの顧客の妻もいかにサービスが素晴らしいかとつぶやいていることだ。

CEOのダンは、相変わらずツイッターとフェイスブックにはまっている。また、彼はベスト・バイが話題に上るツイッターやフェイスブックをすべて映し出す大型モニターを、執務室に設置している。ソーシャルネットワークに費やした時間から多くのことを学んだとダンは語る。それらが可能にした直接交流によって、交流がなければ見逃していたかも知れない情報やトレンド、ニュースを手にすることができたのである。

設問1 従業員とのコミュニケーションを行うためにソーシャルメディアを活用する企業にとって、その利点と問題点は何だろうか。顧客とのコミュニケーションの場合にはどうか。

設問2 ソーシャルメディアを活用した場合、コミュニケーションを阻む障害は多いか、それとも少ないか。論じてみよう。

設問3 ソーシャルメディアを活用する場合、マネジャーが効果的なコミュニケーションをとるためにすべきこととは何だろうか。

設問4 ソーシャルメディアを活用する従業員に対し組織が設けるべき規則にはどのようなものがあるだろうか。できるだけ具体的に説明してみよう。

設問5 ソーシャルメディアの利用でどんな経験（いいこと、悪いことどちらも）をしたか。その経験から、マネジャーや組織にどのような指針を提案できるだろうか。

Part 5

パート5

コントロールする

Chapter 14

第14章
コントロールの基礎

本章での学習ポイント

- **14-1** コントロールの本質と重要性　p.440
- **14-2** マネジャーによるコントロールがもたらすもの　p.442
- **14-3** マネジャーは何をコントロールすべきか　p.449
- **14-4** コントロールの現代的課題　p.455

実例にみるマネジメント

BP：原油流出事故の根深い問題

アメリカの環境災害のなかでは、最悪とは言わないまでも、最大級の災害の1つにはなりそうだ[1]。2010年4月20日メキシコ湾沖で、イギリスの石油大手BPのディープウォーター・ホライズン油田掘削施設が爆発して激しく燃え、11人の従業員が犠牲になった。事故の直後は、原油流出を止める必死の努力が払われ、その後、根気のいる清掃プロセスが長く続いた。爆発と原油流出によって最も大きな影響を受けたのは、沿岸の企業と住人、そして沿岸の自然だった。陸地側でこの災害の一部始終を見守っていた私たちもまた、目前で起こっていることに衝撃を受け、愕然とした。この災害の原因は何だったのか。そして、このようなことが再び起きる可能性を最小限にするには、BPはどうすればいいのだろうか (p.463に続く)。

　コントロールは管理プロセスにおける最終ステップだ。マネジャーは、設定された目標が効率的かつ効果的に達成されているか監視しなくてはならない。それが、コントロールするということである。適切なコントロールは、特定の業績ギャップや改善が必要な分野を見つけるのに役立つ。BPの例で出てきたように、物事は常に計画どおりに進むとは限らない。しかし、だからこそコントロールすることが非常に重要になってくるのだ！　この章では、コントロールのステップ、マネジャーが利用できるコントロールの種類、現在における問題点も含めて、コントロールする際の根本的な要素を考察する。

14-1 コントロールの本質と重要性

「救済(bailout)」という魔法のキーワードのために、ドミノ・ピザは1万1,000枚のピザを無料で配達しなければならなくなった。同社は、キャンペーン用にインターネットで配信するクーポンの準備をしていたものの実行はしていなかった。しかし、どうやら、誤って「救済(bailout)」という名称のミディアム・サイズのピザが無償で提供されるようWebに設定されてしまい、外部の誰かがそれを知ってしまったのだ。その話は野火のようにインターネット上に広がった。このように、どこかで、何らかの形で、コントロールの欠如が企業に多大な損害を与えるのだ[2]。

コントロールとは何か

コントロール(注1)は、業務が計画どおりに達成されるように監視し、計画から大きくそれているものがあれば修正するマネジメント機能だ。マネジャーにとって、どの業務が完了したか測定し、目標とされる水準と実際の業績を比較しない限り、自分の部門が適切な業績をあげているかどうかきちんと知ることはできない。コントロール・システムが効果的であるということは、組織の目標達成につながるやり方での業務の完了が保証されるということだ。そしてコントロール・システムの有効性は、目標の達成にどれだけ貢献したかで決まる。マネジャーにとって組織の目標達成に役に立つコントロール・システムは、良いシステムと言える。

なぜコントロールが重要なのか

アメリカのデンバー造幣局の鋳造技師が硬貨のデザインに間違いを見つけた。ウィスコンシン州版デザインの25セント硬貨が5台の鋳造機で作られていたが、そのうち1台で作られたもので、図柄のトウモロコシの上部または下部に余分な葉がついていたのだ。技師は機械を止め、昼食をとりに出た。技師が戻ると、機械は動いていたため、誰かがこの機械の金型を替えたのだろうと思った。ところが定時点検後、技師は金型が替えられていなかったことに気づいた。ミスのあった鋳造機械は1時間以上稼働していたようで、誤りのある硬貨が何千枚

も、正しい硬貨と混ざり合ってしまった。そして最終的に5万枚もの不良貨幣が出回り、コイン収集家はこれを必死になって買っている[3]。

　この例から、コントロールすることが、どれほど大事な管理機能なのかわかっただろうか。計画し目標を達成できるような組織構造が作られ、効果的なリーダーシップを通して従業員のモチベーションが高められることは重要だ。しかし、それだけでは、業務が計画どおりに行われたか、従業員およびマネジャーが目指している目標が達成されたかどうかは、まったく保証されない。コントロールが重要なのだ。そして、具体的にコントロール機能が発揮されるのは、計画する、従業員に権限を与える、職場を保護する、の3つの領域だ。

　第5章では、目標は、計画する際の基礎になるものとして、従業員とマネジャーに一定の方針を与えるものだと説明した。しかし、目標を掲げるだけ、あるいは従業員に目標を受け入れさせるだけでは、その目標を達成するために必要な行動がとられるとは保証されない。マネジャーがコントロールをしなければ、目標や計画が達成されたのか、将来どんな行動をとるべきかについて、知ることはできないだろう。「コントロールする」ことは「計画する」ことに再び繋がる重要なものなのだ（次頁の図表14-1参照）。

　従業員の権限においても、コントロールは重要だ。ところが、多くのマネジャーは権限を与えるのを嫌う。従業員に権限を与えると、何かがうまくいかなくなり、その責任が及ぶのではないかと恐れるからだ。しかし、効果的なコントロール・システムは、従業員の業績について情報やフィードバックを与え、潜在的な問題が起こる可能性を最小限にすることができる。

　さらに、組織と組織の資産を守るためにもマネジャーのコントロールは大切だ[4]。組織は、自然災害をはじめ、財政難や財政上の汚職事件、職場の暴力、サプライチェーンの混乱、セキュリティーシステムへの不正侵入、さらにはテロ攻撃の可能性まで、多くの脅威にさらされている。このような脅威が発生した場合、マネジャーは組織を守らなくてはならない。包括的なコントロールやバックアッププランにより、業務の混乱を最小限にすることができるだろう。

1）**コントロール**　業務が計画どおりに達成されるように監視し、計画から大きくそれているものがあれば修正するマネジメント機能。

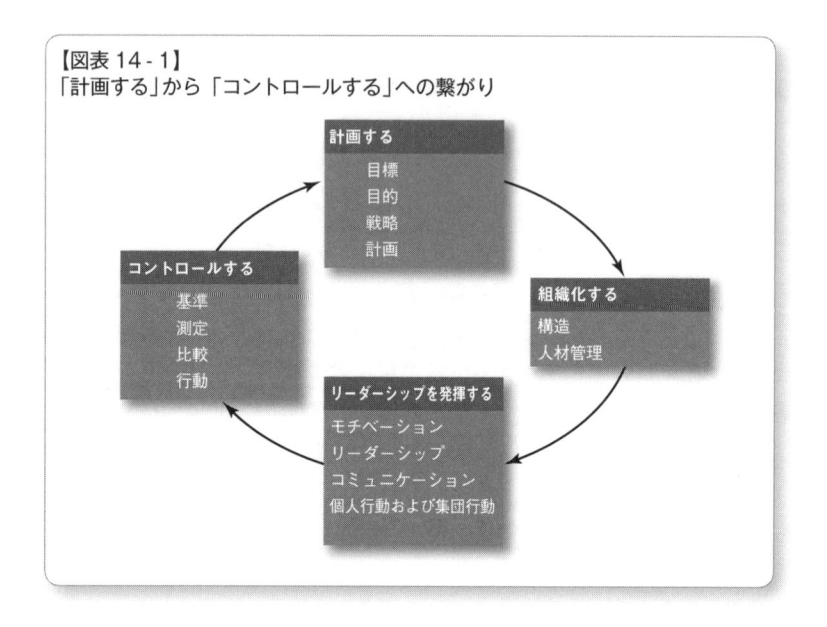

【図表 14 - 1】
「計画する」から「コントロールする」への繋がり

計画する
- 目標
- 目的
- 戦略
- 計画

組織化する
- 構造
- 人材管理

リーダーシップを発揮する
- モチベーション
- リーダーシップ
- コミュニケーション
- 個人行動および集団行動

コントロールする
- 基準
- 測定
- 比較
- 行動

14-2 マネジャーによるコントロールがもたらすもの

　アメリカ・オハイオ州の射出成形の企業コア・システムズに人事部マネジャーとして就任したマッジーヌ・フエンテスは、従業員の負傷を減らすことが、自分の仕事の最優先事項であると知った。負傷件数は業界の平均を上回り、限度を超えていた。同社では負傷が発生する頻度が高くその程度も激しいため、従業員の勤労意欲に影響し、結果として就労日数が減り、収益に影響していた[5]。フエンテスはこの状況を変えていくために、コントロールのプロセスを重視した。
　コントロール・プロセスは、実績の測定、実績と基準との比較、そして軌道修正したり不適当な基準の問題に取り組んだりするためのマネジメント行動、の3つになる（図表14 - 2参照）。(注2)

測定とは何か

　実績を確定するにあたって、マネジャーはまず情報を得なくてはならない。

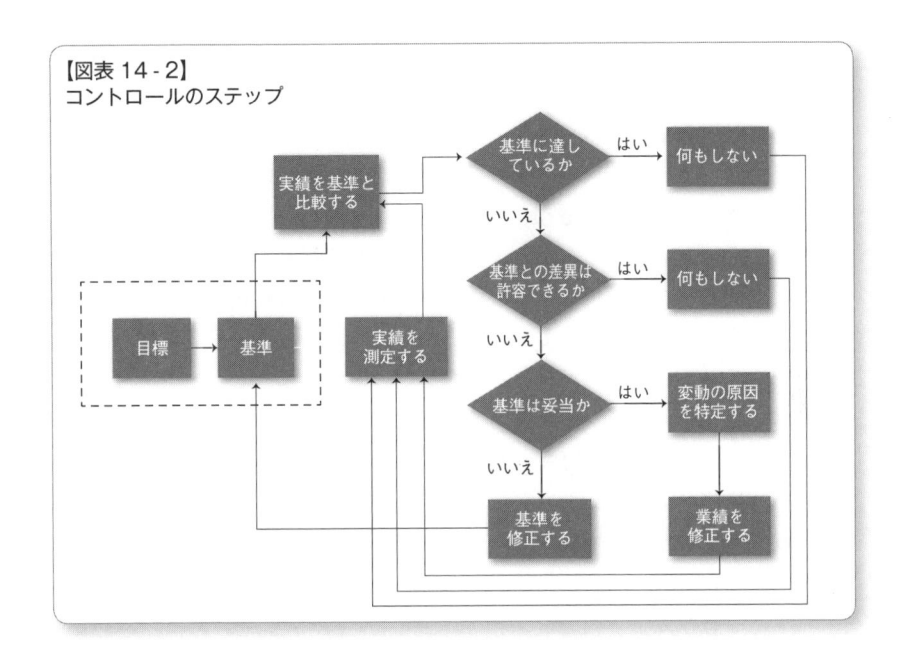

【図表14-2】
コントロールのステップ

```
                    ┌─基準に達し─はい→ 何もしない ─┐
          ┌→実績を基準と→  ているか            │
          │  比較する    └─いいえ              │
          │                  ↓                  │
          │              基準との差異は─はい→ 何もしない ─┤
          │              許容できるか                       │
┌──────┐│                  ↓いいえ                      │
│目標→基準││              基準は妥当か─はい→ 変動の原因 ─┤
└──────┘│                  ↓いいえ       を特定する     │
          │              基準を          業績を          │
          │              修正する        修正する        │
          └──実績を←──────┴──────────────┘
             測定する
```

したがって、コントロールの第1ステップは測定となる。

マネジャーはどのように測定するのか　実績を測定するためによく利用される情報は、直接的な観察、統計報告、口頭報告、文書による報告だ。それぞれに長所と短所があるが、これらを組み合わせて利用すれば、情報源が豊かになり信頼性のある情報を得る見込みが高くなる。

　直接的な観察は、実際の業務に関する直接的で詳しい知識を得ることであって、他人によるフィルタリングがなされていない情報である。この場合、大きな業務だけではなく小さな業務も観察されるので内容が詳しくなる。また、マネジャーには行間を読む機会も与えられる。**歩きまわり管理（MBWA、management by walking around）** とは、マネジャーが作業現場を訪れ、従業員と直接交流し、職場の状況について情報を交換することを指す。MBWAは、他の方法では見落とされがちな事柄、顔の表情、声の調子などの情報を集める

2）**コントロール・プロセス**　実績の測定、実績と基準との比較、軌道修正するためのマネジメント行動という、3つのステップからなるプロセス。
3）**歩きまわり管理**　マネジャーが作業現場を訪れ、従業員と直接交流すること。

ことができる。定量的な情報が客観性を持つとされる時代にあっては、残念ながら、直接的な観察は往々にして情報源として劣っていると見なされる。知覚の偏りが生じがちで、あるマネジャーが気づいたことを別のマネジャーは気づかない場合があるからだ。そのうえ、直接的な観察は非常に時間がかかるし、押しつけがましさがつきまとうこともある。従業員は、マネジャーが公然と観察することを、信頼の欠如あるいは不信の現れと解釈するかもしれない。

コンピューターの利用が普及したため、マネジャーは実績を測定する際に経営数値に頼ることが増えてきている。これはコンピューターの計算出力だけとは限らない。マネジャーが実績を測定するために利用できるものであればどのような形でもよく、図表、棒グラフ、電光数値表示装置なども含まれる。統計情報は、視覚化しやすく関連性も効果的に表示できるが、やはり業務に関して限られた情報しか得ることができない。統計が伝えるのは、いくつかの重要な領域に限られており、主観性が入りやすいがほかの重要な要素は、見過ごされる可能性がある。

情報は、口頭報告——会議、ミーティング、1対1の会話、あるいは電話などの手段——で集めることもできる。従業員同士が密接に協力する従業員志向型の組織では、実績の動きを追うための最善の方法は、口頭報告と言えるかもしれない。例えば、アメリカ・カリフォルニア州のコンサルタント会社ケン・ブランチャードでは、マネジャーはすべての従業員一人ひとりと少なくとも隔週で1対1のミーティングを行うことになっている[6]。この方法で実績を測定する利点・欠点は、直接的な観察の利点・欠点と似ている。情報にはフィルターがかかるものの、迅速で、フィードバックが可能であり、声の表情や調子だけでなく言葉そのものが意味を伝える。かねてから口頭報告には、情報を後から参照するための記録ができないという大きな欠点がつきまとっていた。しかし、ここ20年で技術が進歩し、口頭報告は効率的なデジタル録音が可能となり、文書による報告のように永久保存できるところまで来た。

文書による報告でも業績は測定できる。統計報告と同様、文書による報告は時間がかかるが、直接的あるいは間接的な口頭の測定よりも公式的だ。このような形式性があると、口頭報告よりも包括性と簡潔さで優れていることがある。加えて、文書による報告は通常、目録を作ったり参照したりしやすい。

これら4つの測定技術のそれぞれには、多様な長所と短所があることを考慮し、マネジャーは4つの測定方法をすべて利用すべきである。

マネジャーは何を測定するのか　コントロールのステップでは、どのように測定するかよりも、何を測定するかが特に重要になる。なぜだろう。測定のための基準を誤って選択すると、重篤な機能不全という結果に陥る場合があるからだ。またマネジャーが何を測定するかによって、組織内の人々がどうやって実績向上を目指すのかに、かなり影響を与える[7]。例えば、指導教官から教科書の各章の章末問題から全部で10個の課題についてレポートで提出するよう言われたとしよう。だがあなたは、シラバスの成績測定の説明を読んで、これらの課題提出が測定されないことに気づいていた。実際、指導教官にこのことを質問すると、レポート提出は生徒自身の啓発のためで、この科目の成績には影響しないとの答えが返ってきた。教科の成績は、3回の試験の結果だけで計算される。あなたは、当然ながら、最大限とまではいかなくとも、かなりの努力をして3回の試験で好成績を出そうとするだろう。

　コントロールの基準のなかには、どんな形態のマネジメントにも適用できるものがある。例えば、マネジャーは定義上、従業員の業務を指揮するのだから、従業員の満足度、離職率や欠勤率などを測定できる。ほとんどのマネジャーは、責任を持つ分野に対する予算を各通貨単位（ドル、ポンド、ユーロ、リラなど）で割り当てられている。したがって、経費を予算内に収めることは、共通性の高いコントロール手段だ。しかし、複雑なコントロール・システムになると、マネジャーが測定せねばならない項目は多くなることを理解しなくてはならない。例えば、便箋を製造する工場の製造部門のマネジャーは、1日あたりの製造量、労働時間あたりの製造量、便箋の廃棄率、あるいは顧客から返品された不良品の比率といった基準を使うだろう。一方、政府機関の管理部門のマネジャーは、1日あたりで作成される文書のページ数、1時間あたりに処理された指令の数、業務通話の処理に必要な時間の平均などを利用するだろう。マーケティング部門のマネジャーは、市場占有率、販売員1人あたりの顧客訪問数、広告媒体あたりの到達顧客数などの測定を利用することが多い。

　想像に難くないが、業務のなかには定量的な指標で測定するのが難しいものもある。例えばマネジャーにとって、医療研究者あるいは中等学校のカウンセラーの実績を測定するのは、生命保険の販売員を測定するよりも難しい。しかし、ほとんどの業務は、客観的な要素に分けていくことができ、測定もしやすくなる。マネジャーは、個人、部門、チームが組織に貢献できる価値は何なのかを見極め、その貢献を基準へ変えなければならない。

> ### コラム：マネジメントいまむかし
>
> 　第5章「計画策定の基本」では、企業が他社の優良事例を分析し、学び、取り入れる手法としてのベンチマーキングについて学んだ[8]。計画することとコントロールすることは密接に関連しているので、ベンチマーキングは当然のことながらコントロールにも関係する。ベンチマーキングは、マネジメントの道具として非常によく活用されてきた。アメリカで初めて広範にベンチマーキングの取り組みを行ったのはゼロックスだとされることが多いが、実際はもっと昔にまで遡れる。
> 　ベンチマーキングの利点は、長い間、製造業において認められてきた。ミッドベール・スチール社の工場で雇われていたフレデリック・W・テイラー（科学的管理法で有名）は、仕事を遂行する「唯一最善の方法」を探し出すため、そして、仕事を遂行する最も優れた従業員を探し出すために、ベンチマーキングの概念を利用した。ヘンリー・フォードでさえ、その利点を認めていた。シカゴの屠殺場で屠体がフックで1本のレールに吊り下げられ、各作業員が順に屠体を次の作業場所まで押していく様子を知ったフォードは、組み立てラインで自動車の製造にこれと同じ概念を利用した。1913年のことだ。「製造業に革命を与えたアイデアは、異なる産業から導入された」のだ。
> 　今日、ヘルスケア、教育、金融サービスなど多様な産業のマネジャーは、製造業者が昔から気づいていたこと、すなわちベンチマーキングの価値を認識しつつある。例えば、アメリカン・メディカル・アソシエーションは、医療ケアを向上させるため、ベンチマーキングを行うことで100を超える業績測定基準を作った。日産のカルロス・ゴーン社長兼最高経営責任者（CEO）は、購買、輸送、流通で、ウォルマートの運用をベンチマークとした。最も基本的な部分として、ベンチマーキングとは他人から学ぶことを意味する。しかし、組織や業績の監視と測定の道具としてのベンチマーキングは、具体的な業績のギャップや潜在的に改善の必要な分野を確認するために利用することができる。

　こうした業務評価の基準として、定量的な指標がないときは、マネジャーは主観的な測定をすることになる。もちろん、主観的な測定には無視できない限界がある。それでも、基準をまったく持たず、コントロール機能を無視するよりはいい。そして、その際には当然のことながら、主観的な基準に基づいてなされた分析や判断にはデータの限界があると認識すべきである。

マネジャーは、どのように実際の業績と計画された目標を比較するか

　比較のステップでは、業績と基準の差異を明確にする。すべての業務で、業績の変動は予測されるが、許容できる**変動の幅**を見極めることが不可欠だ（図表14-3参照）。この範囲を超えた逸脱には注意が必要である。例を見てみよう。

　クリス・タナーは、太平洋岸北西地区における特殊な植物や種子の販売会社である、グリーン・アース・ガーデニング・サプライの販売部門のマネジャーだ。タナーは、毎月第1週に前月の売上を製品ライン別に分類して説明する報告書を作成する。

　次頁の図表14-4は、6月の販売目標（基準）と実際の販売数だ。数字を見た後、タナーは心配になるだろうか。売上は当初の目標よりわずかに多いが、それで重大な逸脱はないといえるだろうか。それは、タナーが何を重要視するかにかかっている。そしてそれが、許容できる変動の幅になる。タナーのケースでは、全体的な業績は総じて好調だが、なかには詳しく調べる必要のある製品ラインもある。例えば、在来種、花卉の球根、一年草の花卉の販売数は予想を超え続

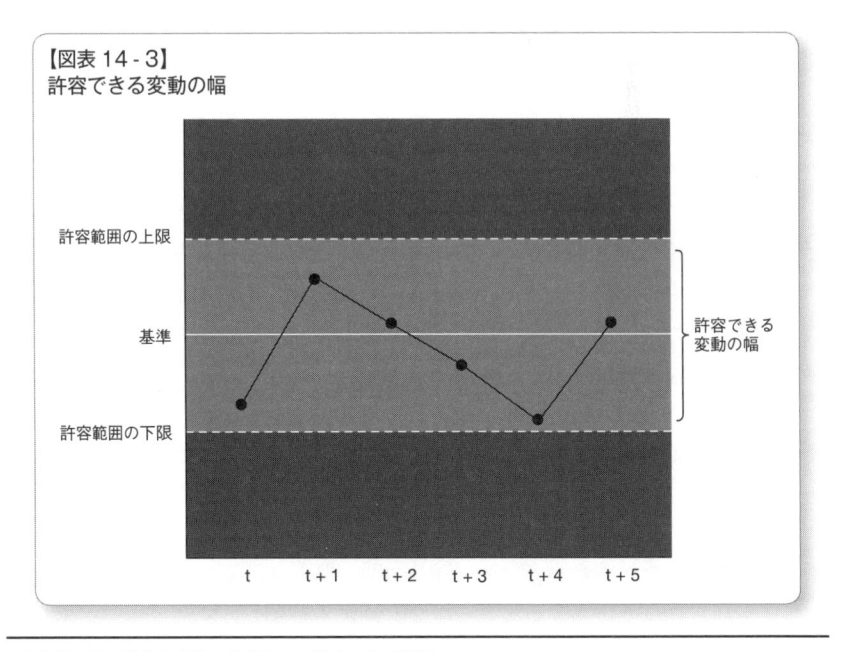

【図表14-3】
許容できる変動の幅

4）変動の幅　業績と基準の差異として許容できる限界。

【図表14-4】
重要な差を見極めるための例：グリーン・アース・ガーデニング・サプライ —— 6月の売り上げ

製品	基準	実績	基準との差 (カッコ内はマイナス)
野菜の苗	1,075	913	(162)
多年草花卉	630	634	4
一年草花卉	800	912	112
ハーブ	160	140	(20)
花卉の球根	170	286	116
観賞用低木	225	220	(5)
在来種	540	672	132
合計	3600	3777	177

けており、顧客の需要に応えるために種苗農園からの仕入れを増やす必要があるかもしれない。野菜の苗の売上は目標を15％下回っているので、値引きをする必要があるかもしれない。この例が示すように、マネジャーは基準を上回る差異も下回る差異も注目しなければならず、これが、コントロール・プロセスの3番目のステップとなる。

どんなマネジメント行動をすることができるか

マネジャーは、何もしない、業績を是正する、基準を修正するという3つの選択肢から行動を選ぶことができる。「何もしない」は説明するまでもないので、他の2つを見てみよう。

どうやって業績を是正するか マネジャーは、問題が何であるかにより、さまざまな軌道変更の行動をとることができる。例えば、業績と基準に差異がある原因が、満足のいかない仕事である場合、研修プログラム、何らかの処分、報酬制度の変更などによって是正することができる。マネジャーがすぐに行わなくてはならない決定は、**速やかな是正行動**をするかしないかという選択だ。業績を元に戻すために問題にすぐ対処するか、あるいは、**基本的な是正行動**、すなわち、逸脱の要因を是正する前に業績がなぜ、どのように逸脱したのかを調べるかを選ぶ。問題の原因を探す（基本的な是性行動）時間がないことを正当化し、速やかな是正行動ばかり行って永遠に「火消し」を続けるマネジャーは珍しくない。効果的に動くマネジャーは、逸脱を分析し、その恩恵が正当化されるなら、時間をかけて正確に目標を定めて変動の原因を是正する。

どのように基準を修正するか　業績の変動は、目標が低すぎたり高すぎたりする非現実的な基準の結果である可能性もある。そのような場合、修正行動が必要なのは基準のほうで、業績の是正ではない。業績が常に目標を超える場合は、目標が容易すぎるので、引き上げる必要がないか調べなければならない。反対に、マネジャーは基準を引き下げるときには慎重にしなければならない。従業員やチームが目標に到達できない場合、目標を非難するのは当然だ。月間の割り当てに到達できない販売員は、割り当てが非現実的だと見なして不満を言いがちだ。もしマネジャーが基準は現実的で、公正で、達成できるものだと信じているなら、従業員に今後の業務の向上を期待していると説明し、そのために必要な修正行動を講じなければならない。

14-3　マネジャーは何をコントロールすべきか

　費用対効果とは、すなわち顧客にとって待たされている時間であり、顧客の満足度はこれによって決まってしまう。これは、競争が熾烈なコールセンター・サービス業界の重役が測定に使う、重要な業績指標のほんの一部だ。正しい意思決定を下すために、この業界のマネジャーは、業績をコントロールできるよう、このような種類の情報を求め必要とする。
　このセクションでは、コントロールを始めるときに、まず何をコントロールするかという決断について見ていく。それから、マネジャーがコントロールを確立させるために選択すると思われる異なる領域について議論する。

コントロールはいつ始まるのか

　マネジャーは、業務が始まる前、業務が進行しているとき、あるいは業務が完了した後に、コントロールを実行することができる。1番目は、「フィードフォワード・コントロール」、2番目は「同時コントロール」、最後は「フィードバック・コントロール」だ（次頁の図表14-5を参照）。

5）**速やかな是正行動**　業績を元に戻すために問題に速やかに対処する修正行動。
6）**基本的な是正行動**　逸脱の要因を修正する前に、業績がなぜ、どのように逸脱したのかを調べる修正行動。

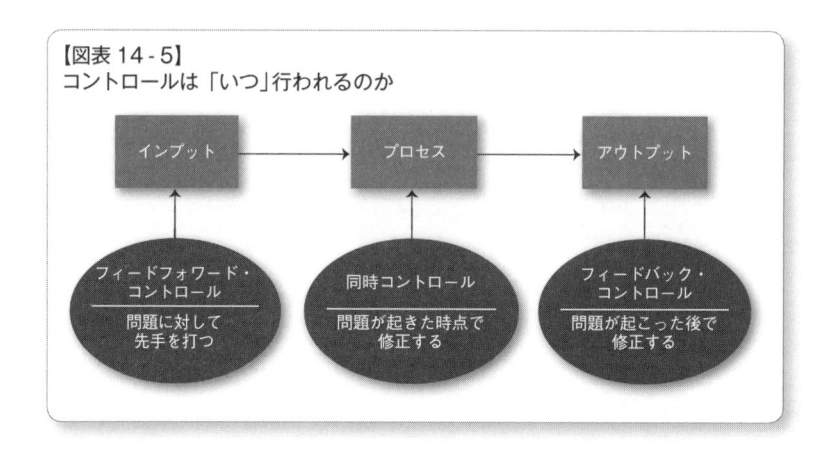

【図表14-5】
コントロールは「いつ」行われるのか

インプット → プロセス → アウトプット

フィードフォワード・コントロール
問題に対して先手を打つ

同時コントロール
問題が起きた時点で修正する

フィードバック・コントロール
問題が起こった後で修正する

フィードフォワード・コントロールとは何か　最も望ましい種類のコントロール、**フィードフォワード・コントロール**は、実際の業務が始まる前に行われるので、問題が起こるのを防ぐ[9]。例えば、マクドナルドがモスクワに第1号の店舗を開店させたとき、同社は品質管理の専門家を派遣し、ロシアの農家に良質なジャガイモを栽培する技術を指導し、パン製造業者には、良質なパンを焼くプロセスを指導した。なぜか。マクドナルドは、どの場所にあろうと、一定の製品品質を要求するからだ。

　フィードフォワード・コントロールの秘訣は、問題が起こる前にマネジメント行動を起こすことだ。そのようにすれば、品質の悪い製品、顧客を失う、収益を失うなど何らかの損害が発生してしまった後で問題を修正するということをしないでよい。しかし、このコントロールにはタイミングと正確な情報が必要だが、それが常に簡単に得られるとは限らない。そのため、マネジャーは、他の2種類のコントロールを使わざるを得ない場合が多い。

同時コントロールが使われるのはいつか　**同時コントロール**は、その名のとおり、業務の進行中に行われる。例えば、グーグルのビジネス製品マネジメントの管理者とそのチームは、同社の最も収益の高い業務であるオンライン広告に注意深く目を光らせている。見張っているのは、「検索数とクリック回数、ユーザーが広告をクリックする確率、そのクリックが生み出す収益——すべてが時々刻々と追跡され、1週間前のデータと比較され、図表化される」[10]。特に何かうまく機能していなければ、それを細かく調整する。

技術機器（コンピュータやコンピュータ化された機械の制御装置）は同時コントロールが行われるように設計できる。例えば、ワープロソフトの使用中にスペルミスや文法の間違いを指摘された経験があるのではないか。また、多くの組織の品質プログラムは、同時コントロールを活用し、従業員に業務のアウトプットが基準を満たす品質に達しているかどうかを知らせている。

しかし、同時コントロールの最もよく知られた形は、直接的な監督だ。

北米日産は、ミシシッピ州キャントンの組み立て工場で製造される自動車の欠陥を修正するために、フィードバック・コントロールを利用している。この写真では、ある製造技能者が、技能者とエンジニアからなる欠陥分析および問題解決のためのチームが、どのようにして、自動車設計および製造工程で発生する品質の問題を発見しているのかを説明している。チームの構成員は、サプライヤーと連携して部品の設計を再検討する。そして品質調査や保証のデータで報告された問題を修正するために機能横断型品質チームを作った。チームは組み立てラインの各部分を調べ、欠陥に結びつく問題を見つけ出して修正する。フィードバック・コントロールによって、日産のマネジャーは、製造段階に入る前に問題を防げるよう新しい計画に必要な情報を得ることができる。

例えば、半導体メーカー NVIDIA のジェンスン・ファン最高経営責任者（CEO）は自分のオフィスの仕切りを取り払い、代わりに会議テーブルを入れた。その結果、従業員はいつでもファンに連絡をとり、社内の状況について話し合うことができる[11]。ゼネラル・エレクトリック（GE）のジェフ・R・イメルト最高経営責任者（CEO）でさえ、従業員と会話をし、膨大な数の拠点を訪問するために、1週間の就労時間の60％を社外で過ごす[12]。

なぜフィードバック・コントロールは好んで使われているのか　最もよく使われているコントロールは、フィードバックによるものだ。**フィードバック・コントロール**[注9]では、業務が完了した後にコントロールが行われる。例えば、先の

7）フィードフォワード・コントロール　業務が始まる前に行われるコントロール。
8）同時コントロール　業務の進行中に行われるコントロール。
9）フィードバック・コントロール　業務が完了した後に行われるコントロール。

デンバー造幣局の例では、ウィスコンシン州版デザインの25セント硬貨の誤りは、フィードバック・コントロールで発覚した。しかし、問題が発覚したときに組織がそれを修正しても、損害はすでに発生してしまっていた。これが、フィードバック・コントロールの持つ大きな問題なのだ。マネジャーが情報を得たときには、問題はすでに発生し、無駄や損害を招いている。しかし、フィードバックだけが現実的なコントロールだという職場は多い。

フィードバック・コントロールには2つの利点がある[13]。第1に、フィードバックはマネジャーに、計画の活動がどのくらい効果を出したのかについて有意義な情報を与える。フィードバックで、基準と業績にあまり差異がなければ、計画は概ね適切だったといえる。差異が大きかったら、マネジャーはこの情報を利用し、新しい計画を立てることができる。第2に、フィードバックはモチベーションを高めることができる。人は自分の達成度を知りたいものだが、フィードバックはその情報を与える。

マネジャーは、どの分野でコントロールする必要が出てくるか

ほとんどの組織では、無数の業務活動が組織内のさまざまな場所や職能分野で行われている。では、何をコントロールするべきなのだろう。マネジャーが利用できる具体的な分野とコントロールの手法をいくつか見てみよう。

マネジャーはどうやって資金の流れを把握するか　どの企業も利益を上げようとしている。その目標を達成するために、マネジャーは資金をコントロールしなければならない。過度の支出はないか、四半期毎の損益計算書を分析するのがその例だ。進行中の支出の支払いをするのに十分な現金を確保できるか、債務レベルが高くなりすぎていないか、資産は生産的に活用されているか、財務比率を計算して確認することができる。

マネジャーが行っている従来の資金の測定には、比率分析と予算分析がある。図表14-6に、マネジャーが分析する財務比率のうち最もよく使われるものの一部をまとめた。流動性比率は、組織が流動負債の債務義務を果たす能力があるかどうか測定する。財務レバレッジは、総資産に占める負債の割合である。活動効率は、企業が資産を有効に利用しているかどうかを測定する。最後の収益性比率は、企業が利益を生み出すために、どのくらい効率的かつ効果的に資産を利用しているかを測定する。これらの比率は、企業の2つの主要な財務報

【図表 14-6】
一般的な財務比率

目的	比率	計算式	意味
流動性	流動比率	$\dfrac{流動資産}{流動負債}$	組織が短期負債の債務義務を果たす能力を確認する。
	酸性試験比率	$\dfrac{流動資産-棚卸資産}{流動負債}$	棚卸資産の回転が鈍ったり、売却が難しくなったりしたときの流動性をより正確に調べる。
財務レバレッジ	負債／資産比率	$\dfrac{総負債}{総資産}$	比率が高いほど、借入資本が大きい。
	インタレスト・カバレッジ・レシオ	$\dfrac{金利・税引き前利益}{総支払利息}$	組織が何倍の利子を支払うことができるかを測定する。
活動効率	棚卸資産回転率	$\dfrac{売上高}{棚卸資産額}$	比率が高いほど、棚卸資産は有効に活用されている。
	総資産回転率	$\dfrac{売上高}{総資産}$	一定レベルの売上高に達するために使われる資産が少ないほど、組織の総資産をより有効に活用するマネジメントが行われている。
収益性比率	売上高利益率	$\dfrac{税引き後純利益}{総売上高}$	生み出される利益を確認する。
	使用資本利益率	$\dfrac{税引き後純利益}{総資産}$	資産が利益を生み出す効率を測定する。

告書（貸借対照表と損益計算書）から得られる情報を使って計算され、場合によってはパーセンテージで表される。これらの比率は会計か財務の科目で習っているか、近いうちに習うだろうから、計算方法は詳しく述べない。マネジャーが、社内のコントロール手段としてこれらの比率を利用していることを覚えておいてもらいたい。

　予算を立てるときは、どの業務が重要で、その業務にはどの資産がどのくらい割り当てられるかが示される。したがって、予算は計画する段階での重要なコントロール手法となる。さらに、予算は、資産の消費を測定したり比較したりする定量的な基準をマネジャーに提供するので、コントロールするための手法としても利用できる。予算の逸脱が大きければ、マネジャーは何が起こったのかを調べ、その理由を明らかにしようとする。

組織の情報はどのようにコントロールされるか　ソニーのプレイステーション・ネットワークがハッキングされ、およそ7,700万人分のアカウント情報が流出し、ユーザーは何年も個人情報の盗難リスクにさらされたことがあった。これは企業の情報資産に対する攻撃のほんの一例にすぎず[14]、マネジャーは情

報コントロールの必要性について、よく話し合わなければならない。

組織の活動を監視し測定するために、マネジャーは適切なときに適切な量の適切な情報を必要とする。業績を測定する場合なら、自分の責任の及ぶ範囲で何が起こっているかについての情報、そして、基準と実績を比較するために基準についての情報が必要になる。また、マネジャーは適切な行動計画を練るためにも情報を利用している。

マネジャーが利用するほとんどの情報は、**経営情報システム（MIS、Management Information Systems）**(注10) から得ることができる。このシステムは理論上、手作業でもコンピュータを利用してもいいが、ほとんどの組織はコンピュータ利用に移行した。MIS という用語の中の「システム」という言葉の意味には、指示、配置、目的が入っている。さらに、MIS は、マネジャーに単なるデータ（未加工で分析されていない事実）ではなく情報（加工され分析されたデータ）を提供することに焦点を当てている。しかるべき情報をしかるべき人が利用できるよう、データを実際的に意味のある情報に変換しているのだ。

情報を守るために、マネジャーは包括的で確実なコントロールを適所で行わなければならない。このようなコントロールは、データの暗号化から、システムのファイアウォール、データのバックアップ、そしてその他の技術などにも及んでいる[15]。問題は、思いもよらなかったところに潜んでいることがある。例えば検索エンジンだ。公にしてはならない、中傷的な、機密の、あるいは問題のある組織情報が検索エンジンの検索結果に表示されてしまう。アメリカ洞窟学会の毎月の支出や従業員の給与詳細の載ったウェブサイトが、グーグルの検索にかかってしまった例がある。ラップトップ・コンピュータや無線 ID（RFID：radio-frequency identification）タグのような機器でさえ、ウイルスやハッキングに対して脆弱である。言うまでもないが、重要な情報を守るために、可能な限りの警戒がなされるように、情報のコントロールは定期的に監視しなければならない。

バランスト・スコアカードによるコントロールとは何か

バランスト・スコアカードは、財務面だけに留まらずに組織の業績を測定する方法だ[15]。(注11) 一般的に、財務、顧客、業務プロセス、学習と成長、の4つに注目する。マネジャーはそれぞれの分野に目標を設定し、目標が達成されたかどうか測定しなければならない。

バランスト・スコアカードは理にかなったものだが、マネジャーは組織の成功の原動力になる分野だけに注目しがちで、その戦略を反映したスコアカードを特に利用する傾向がある[16]。顧客中心の戦略であれば、顧客という分野が他の3つよりも注意を集めることが多い。しかし、各分野は影響し合っているので、1つの分野の業績だけを評価することはできない[17]。例えば、ヒューストンのIBMグローバル・サービスで、マネジャーが最優先事項である顧客満足度の戦略にそってスコアカードを作った。ここでも、他の分野（財務、業務プロセス、学習と成長）が、中心的戦略の顧客満足度を上げるのに影響している。「業務プロセスを改善することが、顧客への迅速な対応に直接関係していた。また、学習と成長の分野も非常に重要だ。なぜなら、私たちが顧客に売っているのは何と言っても私たちの専門技術なのだから。そしてもちろん、これらの手法でどれだけ成功するかが、財務状態へも影響を与える」と、事業部長は述べている[18]。

14-4 コントロールの現代的課題

文化の違いに合わせてコントロールは調整されなければならないか

　これまで論じてきたコントロールの概念は、地理的あるいは文化的に離れていない組織にはふさわしい。しかし、グローバルな組織ではどうだろう。コントロール・システムに違いはあるのか。国の違いによるコントロールの調整についてマネジャーは何を知っておくべきだろうか。

　従業員の行動や作業をコントロールする方法は、国が違えばまったく違ってくることがある。実際、グローバルな組織で見られるコントロール・システムの主な違いは、コントロール・プロセスでいう測定と修正行動のステップだ。グローバル企業では、例えば、距離を理由に、海外拠点のマネジャーは本社による密接なコントロールを受けない場合がある。さらに、距離は形式化したコ

10）**経営情報システム（MIS）**　マネジャーに必要な情報を定期的に提供するシステム。
11）**バランスト・スコアカード**　財務面だけに留まらずに組織の業績を測定する方法。

ントロールを生み出す傾向があり、グローバル企業の本社はしばしば、大量の形式的な報告に頼ってしまう。また、グローバル企業は業務のコントロールに情報技術も使うことができる。例えば、セブン＆アイ・ホールディングス（日本で最大の小売コングロマリットで、アメリカのコンビニエンスストア・チェーン、セブン-イレブンの親会社）は、自動化されたレジを使用し、売上を記録し、在庫を監視するだけではなく、店長のための業務スケジュールを組んだり、パソコンに組み込まれた分析用のグラフや予測をマネジャーが使用した状況を追跡したりする。マネジャーがそのような機能をあまり活用していない場合は、そうした活動を増やすよう指摘される [19]。

　技術的に進んだ国と比較的旧式の国との比較で最も違いが明白になるのは、技術がコントロールに与える影響だ。アメリカ、日本、カナダ、イギリス、ドイツ、オーストラリアといった、技術的に進んだ国の組織は、業務が計画どおり確実に進むように、標準化された規則や直接的な監督に加えて、間接的なコントロールの機器——特にコンピュータ化された報告や分析のための機器——を利用する。技術的にそれほど進んでいない国では、直接的な監督と非常に集権の進んだ意思決定がコントロールの基本的な方法だ。

　また、マネジャーの修正行動に対する制約は、外国にいるマネジャーに影響を与えるかもしれない。国によっては、マネジャーが施設を閉鎖したり、従業員を解雇したり、国外から新しい経営陣を呼び寄せるといった選択肢を禁止しているところもあるからだ。最後に、グローバル企業がデータを収集する際のもう1つの課題は、比較可能性だ。例えば、ある企業のメキシコの製造施設では、スコットランドの施設と同じ製品を生産しているかもしれない。しかし、メキシコの施設は、人件費の低さを生かして、スコットランドの施設よりもずっと労働集約度が高いかもしれない。経営陣はコストをコントロールするために、施設あたりの人件費か労働者1人あたりの生産高を使うが、数字はとても比較にならないだろう。グローバルな企業のマネジャーは、この種のグローバルなコントロールの課題に取り組まなければならない。

職場のコントロールで直面する難問

　今日の職場には、マネジャーにとって多くのコントロールの課題がある。職場での従業員のコンピュータ使用を監視することに始まって、意図的に何かの損害を与えようとする不満を持つ従業員から職場を守ることに至るまで、マネ

ジャーは業務が効率的かつ効果的に計画どおり完了するようにコントロールしなければならない。

「私のコンピュータ」は本当に自分のものか　なぜマネジャーは従業員の行動を監視しなければならないと感じるのだろう。大きな理由は、従業員は働くために雇われたのであって、職場のPCで好きなサイトをネットサーフィンし、持っている株の株価を確認し、インターネット動画を見て楽しみ、ソーシャルゲームで遊び、家族や友人へのプレゼントを買うために雇われたのではないからだ。就業中の娯楽としてのネットサーフィンで、年間何十億ドルもの労働生産性が失われていると考えられる。実際、アメリカの雇用者への調査で、87％の従業員は業務に関係のないウェブサイトを就業時間中に見ており、半数以上が、個人的なネットサーフィンを毎日行っていると答えている[20]。インターネット動画の視聴は、ますます深刻な問題になっている。従業員が無駄にしている時間のためだけではなく、すでに負荷がひっ迫している会社のコンピュータ通信回線を一層渋滞させるからだ[21]。職場で最も頻繁に視聴されている動画サイトは何かと聞かれたら、どう答えるだろう。ユーチューブと答えたなら大正解だ[22]。罪などないように見える（なにしろ、ほんの30秒程度の動画だろうから）。しかし、この業務外の行動が社員全員分すべて積み重なると企業にとって多大な損害になるのだ。

マネジャーが従業員の電子メールやコンピュータ使用を監視する別の理由は、敵対的な職場環境を作ったとして訴えられるリスクをとりたくないからだ。攻撃的なメッセージや不適切な画像が同僚のコンピュータのスクリーンに表示されては、敵対的な職場環境になってしまう。人種的あるいは性的なハラスメントへの懸念から、会社は電子メールを監視し、すべての電子メールのバックアップをとる。電子的な記録は、実際に何が起こったのかを立証するのに役立ち、そのおかげでマネジャーは迅速に対応できる[23]。

最後に、マネジャーは会社の機密情報が漏れていないことを確認したいと考える[24]。一般的な電子メールやコンピュータの利用に加えて、企業はインスタントメッセージ、ブログ、その他のソーシャルメディアへ通じる出口を監視し、社内での携帯カメラの使用を禁止している。マネジャーは、たとえ不注意であっても、企業に害を加える人間に従業員が情報を渡すことのないよう確実にする必要がある。

潜在的な費用が深刻であるため、また現在では多くの仕事にコンピュータが必要であることを考慮して、多くの企業は職場の監視ポリシーを設定している。そのようなポリシーは従業員の行動を屈辱的ではない方法でコントロールしなくてはならず、従業員はそのポリシーを知らされなくてはならない。

従業員による窃盗は増加しているのか **従業員による窃盗**は、従業員が個人的な利用のために会社の所有物を無断で盗ることである[25]。従業員による窃盗は、横領から、経費報告書を不正に処理して会社から装置、部品、ソフトウエア、オフィス用品を持ち去るものまで、多岐にわたる。長い間、従業員の窃盗による深刻な潜在的損失に悩まされていたのは小売業だが、新設企業や小企業のゆるい財務管理、情報テクノロジーを容易に利用できることなどから、従業員の窃盗は、あらゆる業種や規模の組織で大きな問題になっている。この問題についてのコントロールはマネジャーが自ら学び、対処する準備をしなければならない[26]。

従業員はなぜ盗むのか。その答えは、誰に尋ねるかによって異なる[27]。工業セキュリティ、犯罪学、臨床心理学、の専門家たちはそれぞれ異なる視点を持っている。工業セキュリティ分野の人々は、手ぬるいコントロールと盗むのに好都合な状況が盗みの機会そのものになっているために、窃盗があるのだと言う。犯罪学の専門家は、人々は金銭的な圧力（個人的な金銭問題など）や、悪習に根ざした圧力（ギャンブルでの借金など）が原因だと言う。臨床心理学の専門家は、どんな行動をとろうと正しく適切なのだと正当化することができるために盗むのだと指摘する（「みんながしている」「みんながもらっていた」「この会社はたくさん利益を上げているし、この程度のものがなくなっても誰も気づかない」「私は今までいろいろなことを我慢してきたのだから、このくらい手に入れてもいい」などと言う）[28]。それぞれのアプローチの、従業員による窃盗についての考察は説得力があり、窃盗を阻止するための試みにとって有益ではあるが、残念ながら従業員の盗みはなくなっていない。マネジャーには何ができるだろう。

フィードフォワード、同時、フィードバックの3つのコントロールの概念は、従業員による窃盗を阻止あるいは減少させる手段を見つけるのに役立つ[29]。図表14-7に、いくつかの実行可能なマネジメント行動をまとめた。

【図表14-7】
従業員による窃盗をコントロールする

フィードフォワード	同時	フィードバック
雇用前の審査を慎重に行う。	敬意と威厳をもって従業員に接する。	窃盗や詐欺があったことを従業員に知らせるが、名前を出すのではなく、そのような事件は許容できないと伝える。
窃盗、詐欺、および懲罰手続きを定義し、明確な方針として策定する。	盗難の損害について率直な話し合いを行う。	専門的な調査サービスを利用する。
方針の作成に従業員も関与させる。	盗難や詐欺の防止に成功していることを定期的に従業員に知らせる。	コントロールの方法を再検討する。
方針について従業員の教育・訓練を行う。	正当な理由があるなら、ビデオ監視装置を利用する。	企業文化およびマネジャーと従業員の関係が良好かどうか評価する。
社内で行っている安全コントロールを専門家に見直してもらう。	コンピュータ、電話、電子メールの「ロックアウト」機能を導入する。	
	警察への事件の報告に、企業ホットラインを利用する。	
	良い例を示す。	

資料：A. H. Bell and D. M. Smith, "Protecting the Company Against Theft and Fraud," *Workforce Online*, www.workforce.com (December 3, 2000); J. D. Hansen, "To Catch a Thief," *Journal of Accountancy* (March 2000), pp. 43-46; and J. Greenberg, "The Cognitive Geometry of Employee Theft," in *Dysfunctional Behavior in Organizations: Nonviolent and Deviant Behavior* (Stamford, CT: JAI Press, 1998), pp. 147-193 に基づく。

マネジャーは職場の暴力に対して何ができるだろうか 職場の暴力は、マネジャーの問題なのだろうか。答えはイエスだ。入手できる最新のデータ（2009年）によると、アメリカの労働に関係した死亡のうちの12％が職場での殺人だった[30]。しかし、職場での暴力に含まれるのは殺人だけではない。職業安全・健康学会は、アメリカでは毎年約200万人の労働者が何らかの形の職場の暴力の犠牲になっているとしている。そのなかには、言葉による虐待、同僚を怒鳴りつける、機械や家具を故意に壊す、同僚に暴行を加えるといった行為が含まれる。平均すると週に1人の従業員が殺され、同僚か元同僚からの暴行で深刻な怪我を負う従業員が週に25人以上いる。労働省の調査によると、マネジャーが従業員から言葉による脅しを受けたと報告した企業は58％だった[31]。職場での怒り、激高、暴力は同僚をおびえさせ、生産性に悪影響を与える。アメリカの企業の損失は、推定で年間200億〜350億ドルだ。職場の怒りはアメリカ固有の問題ではない。ヨーロッパの職場における攻撃的な行動についての調査で、5〜20％のヨーロッパの労働者が職場での暴力の影響を受けていることが分かった[32]。

職場で暴力が起きる要因とは何だろう。仕事が不安定であること、積み立

---

12) **従業員による窃盗** 従業員が個人的な利用のために会社の所有物を無断で盗ること。

スウェーデンの家具販売業者イケアは、ドイツ、フランス、ベルギー、オランダの店舗で爆弾による爆発があった後、ヨーロッパの全店舗でセキュリティレベルを上げた。店長は爆発の後、店舗から人々を避難させ、爆弾探知犬が店舗内を捜索した。深刻な負傷者は出なかったものの、爆発は従業員や顧客に脅威を与えた。従業員と顧客を安心させるための安全対策として、イケアは店舗の警備員を増員し、非公開の保安措置をとり、何が暴力の動機なのかを突き止めるため、警察の捜査を注意深く監視している。

た年金の価値が下がっていること、長時間労働、情報過多、その他の日々の雑務、非現実的な締め切り、配慮のないマネジャーなど従業員が受けるストレスが暴力に影響していることは間違いない。間仕切りの小さいオフィスのフロア設計でさえ雑音や周囲の喧噪に囲まれて働くことになるため、暴力問題を誘発するのではないかと言われている[33]。他の専門家は、危険なほどに機能不全に陥っている職場環境がこの問題の主な原因だとしている。その特徴を以下に挙げる[34]。

◆従業員が、時間・数字・危機に駆り立てられて働く。
◆予想のつかない急激な変化があり、従業員は不安定さと不確実性に悩まされている。
◆マネジャーが度を超えて攻撃的、偉そうな態度、感情を爆発させる、あるいは受動攻撃的なスタイルをとる破壊的なコミュニケーション・スタイル。職場内の過剰ないじめや、関係のない個人や集団に責任や原因を転嫁して、非難・攻撃すること。
◆権威主義のリーダーシップをとり、マネジャーと従業員との関係を厳格で軍隊式な考え方で捉えられている。従業員はアイデアに疑問を差し挟むこと、意思決定に参加すること、チーム形成に関与することが許されていない。
◆仕事のフィードバックはほとんどあるいはまったくなく、数字だけが重要視される。衝突があった場合に好んでとられる対処方法は、怒声、威嚇、あるいは回避である。
◆ポリシー、手続き、マネジャーや従業員の訓練の機会に、二重基準がある。
◆不平の原因が、解決の仕組みがないか、当事者間の仕組みしかないため、解決されていない。組織に適応できていない個人が、長年の規則、組合の契約

規定、問題解決への躊躇、を理由に守られているか無視されている。
◆感情面で問題のある従業員への支援を、マネジャーがしようとしない。
◆仕事は繰り返しが多く退屈で、他のことをする機会や新しく人が加わる機会がほとんどない。
◆欠陥がある、あるいは安全ではない装置や不十分な訓練のため、従業員が効率的かつ効果的に働くことができない。
◆室温、空気の質、繰り返しの多い作業、すし詰め状態のスペース、騒音レベル、過度の残業などの点で有害な職場環境となっている。コスト削減のため、あるいは作業量が限界を超えていても従業員を新たに雇用しないといったことが、仕事を潜在的に危険なものにする懸念を高め、危険な状況をもたらしている。
◆暴力や虐待、暴力的あるいは激しやすい人物の存在、就業中の飲酒や薬物使用の容認など、暴力の文化が継続している。

【図表14-8】
職場の暴力をコントロールする

フィードフォワード	同時	フィードバック
マネジメントが、機能的な職場環境のために十分尽力する。	歩きまわり管理（MBWA）で潜在的な問題を見出す。従業員がお互いをどのように扱い、交流しているかを観察する。	暴力事件とその対応について率直に伝達する。
行動に問題のある従業員には従業員援助プログラム（EAP：employee assistance programs）を提供する。	組織に大きな変化がある時期には、従業員や業務グループが「悲嘆する」ことを認める。	事件を調査し、適切な対処行動をとる。
職場での激怒、攻撃、暴力はどんなものでも許容できないという組織のポリシーを徹底させる。	マネジャーとして、他人をどう扱うのか、良い手本となる。	会社のポリシーを見直し、必要であれば変更する。
雇用前の審査を慎重に行う。	事件の報告や調査に、社内ホットラインやその他の仕組みを利用する。	
脅威を与える兆しを無視しない。	素早く断固たる介入をする。	
問題のある状況になったときに、どのように危険を回避するのか、従業員を訓練する。	もし暴力が起こった場合は専門的なプロの援助を得る。	
従業員にポリシーを明確に伝える。	暴力的な状況に対処するために必要な装置や手続き（携帯電話、警報システム、コードネームや暗号のフレーズなど）を準備する。	

資料：M. Gorkin, "Five Strategies and Structures for Reducing Workplace Violence," *Workforce Management Online*, December 3, 2000; "Investigating Workplace Violence: Where Do You Start?" *Workforce Management Online*, December 3, 2000; "Ten Tips on Recognizing and Minimizing Violence," *Workforce Management Online*, December 3, 2000; and "Points to Cover in a Workplace Violence Policy," *Workforce Management Online*, December 3, 2000 に基づく。

このリストに目を通せば、自分の職業生活の場がこのような状況にならないことを願うはずだ。しかし、24時間365日体制のグローバル経済で勝ち残るため、激しい競争が要求され、組織や従業員はさまざまな面でプレッシャーを受ける。

職場の暴力の可能性を阻止し抑制するために、マネジャーは何ができるだろうか。ここでも、フィードフォワード、同時、フィードバックの3つのコントロールが、マネジャーができる行動を特定するのに役立つ[35]。前頁の図表14-8にいくつかの提案がまとめられている。

理解を深めよう

1. マネジメントにおけるコントロールの役割は何だろう。
2. マネジャーが業績に関する情報収集の際に使える4つの方法を言い表してみよう。
3. 「計画策定」と「コントロール」はどのように繋がっているか。コントロール機能は、マネジメントにおける「組織する」、および「リーダーシップを発揮する」機能とも繋がっているだろうか。説明しよう。
4. フィードフォワード、同時、フィードバックのコントロールを比較しよう。
5. フィードバック・コントロールはなぜ最もよく使われていると思うか。そう考える理由を述べよう。
6. 第8章では、「渦巻く急流」の比喩で変革の捉え方について議論した。この種の環境で効果的な基準とコントロールを作り、維持することは可能だろうか。論じてみよう。
7. コントロール・プロセスで、何を評価するかが、どのように評価するかよりも重要なのはなぜだろう。
8. 「従業員一人ひとりが業務のコントロールで果たす役割がある」。この意見に賛成だろうか。あるいは、コントロールはマネジャーだけが責任を持つものだと思うか。説明しよう。
9. 許容できる変動の幅が平均よりも高くなる業務はどのようなものか。平均よりも低くなるのはどのような業務か。（ヒント：業務のアウトプットについて考えよう。誰に、どのような影響があるだろうか）
10. 個人的な生活において、どのようにコントロールの概念を活用することができるだろう。具体的に考えよう（フィードフォワード、同時、フィードバックのコントロールに照らして。また、あなたの生活のさまざまな側面—学校、職場、家族関係、交友、趣味など—における具体的なコントロールも考えよう）

実例にみるマネジメント（p.439 から続く）

BP：原油流出事故の根深い問題

　サンダー・ホース油田掘削施設はメキシコ湾海底の広大な石油資源の探索・開発において、し烈な競争を勝ち抜くための、BP の威信をかけた存在だった。しかし、2005 年 7 月にハリケーン・デニスが通過した後、10 億ドルをかけて新設したこの巨大な原油採掘施設に問題があることは、すぐに明らかになった。逆向きに取り付けられたバルブのせいで、ハリケーンが起こった際、施設が水びだしになったのだ。しかも、溶接があまりにも粗雑だったため、海中のパイプラインはもろく、ひびだらけになった。これは、「サンダー・ホースの問題は例外ではなく、BP があまりにも多くのリスクを負い、成長と利益を追求するために手抜きをしていたという警告だった」。
　そして、ディープウォーター・ホライズンの爆発という大惨事が起きることとなった。掘削施設が爆発する前、油井で何か非常にまずいことが起こっているという大きな警告の前兆があった。警告のなかには、いくつかの装置でガスが油井に吹き込んでいることを計器が示し、爆発が迫っている前兆があった。しかし、そうした警告は無視された。また、爆発の 24 時間前になされた決断のなかには、海底から出てくるパイプの中の重い泥を海水と入れ替えるというものがあったが、これもまた、爆発の危険を増大させた可能性がある。BP の内部資料も、ディープウォーターの井戸枠や爆発防止具に重大な問題と安全に関する懸念があったことを裏付けている。BP の上級掘削技術者は「これは、まさに最悪のシナリオだろう」と警告した。
　アメリカ政府の流出事故調査団は、「油井の状態と作業員の対応に 20 の異常があった」としている。また、「なぜ掘削装置の作業員が、油井は制御不能の爆発を起こしそうだという自動表示器の表示を見逃したか」を特に調査している。調査団の最終報告書では、BP および建設業者の双方に、ディープウォーター・ホライズンの爆発に結びつく不手際があったと非難している。多くの不手際は、時間とコストを削るために手っ取り早い方法に頼っていたことに起因しているが、そればかりではなく、政府の企業に対する監督が手緩かったことも指摘されている。

設問1　どの種類のコントロール──フィードフォワード・コントロール、同時コントロール、フィードバック・コントロール──がこの状況で最も役に立つだろう。選択したコントロールについて説明しよう。

設問2　図表14-2を用いて、BPには何ができたか説明しよう。

設問3　なぜ同社の従業員は警告を無視したと思うか。このような行動は、今後、どうすれば変えられるか。

設問4　他の組織は、BPの過ちから何を学ぶことができるか。

Chapter 15

第15章
オペレーション・マネジメント

本章での学習ポイント

- **15-1** なぜオペレーション・マネジメントは組織にとって重要なのか　p.468
- **15-2** バリューチェーン・マネジメントの特性と目的　p.473
- **15-3** バリューチェーン・マネジメントの手法　p.476
- **15-4** オペレーション・マネジメントの現代的課題　p.483

実例にみるマネジメント

スターバックス：贅沢品のコーヒーを、より多くの人へ

　スターバックスでは、どの店でも淹れたてのコーヒーを顧客に提供している。そのためには、まずコーヒー畑から豆（果実）を摘み取らなければならない[1]。その収穫作業から貯蔵、焙煎、店頭販売までのバリューチェーンに関わる人たちが、それぞれ重要な役割を果たすというのがスターバックスの理念である。
　スターバックスが使用するのは、世界各国から選りすぐられ、バイヤーがラテンアメリカ地域、アフリカ・アラビア地域、アジア・太平洋地域のコーヒー産地に直接出かけて買い付けてくる最高級品質のアラビカ豆だ。コーヒー豆は5カ所の焙煎工場（ワシントン、ペンシルベニア、ネバダ、サウスカロライナ、アムステルダム）のいずれかに届き、プロの焙煎職人が「魔法」をかけてスターバックスオリジナルの豊かな風味を引き出す。その作業は「プロの焙煎士が持つコーヒーの知識と、バランスのよい風味を引き出す技の結晶である」。原材料となるコーヒー豆を、顧客の期待するスターバックスの商品やサービスに「変換する」までには、天候、海陸の輸送、技術、不安定な政治情勢など数々の困難に遭遇する可能性があり、すべてがスターバックスの経営に影響しかねない。そして、現在のスターバックスの至上命題は、他社にない贅沢なコーヒー体験を提供することと、いまの経済情勢に合わせてスターバックス・ラテを4ドルで販売することのバランスを取ることである。（p.496に続く）

　すべての組織は何かを作り出している。それが財あるいはサービスの場合もあれば、スターバックスのように商品とサービスの両方の場合もある。この章のテーマは、組織のオペレーション・マネジメントのプロセスと、それに携わるマネジャーの重要な役割についてである。

15-1 なぜオペレーション・マネジメントは組織にとって重要なのか

　おそらく読者は、購入するものや利用するサービスがどのように「作られている」のか、深く考えたことはないかもしれない。だが、そのプロセスは重要である。それがなければ、車も運転できず、マクドナルドのフライドポテトも食べられず、近所の公園でハイキングもできない。組織の側にも、グローバル化が進み、競争の激しい現在の環境を生き抜くには、考え抜かれた巧みなオペレーション・システム、組織管理システム、ならびに品質管理プログラムが欠かせない。そしてそれらのマネジメントは、マネジャーの役割である。

オペレーション・マネジメントとは

　オペレーション・マネジメントとは、労働力や原材料などの資源を財やサービスに変え、顧客に販売する変換プロセスの設計、運用、管理を意味する。その変換プロセスを簡単に図解したものが図表15-1であり、インプットをアウトプットに変えて価値を生み出している仕組みである。そこには人、技術、資本、設備、原材料、情報などのインプットが必要であり、それらが数々のプロセス、手続き、労働作業を経て最終的な財やサービスに変換される。また、そのプロセスや、手続き、労働作業は組織全体で行う。具体的には、マーケティングをはじめ財務、研究開発、人事、経理の各部署の人々は、インプットを、売上、マーケットシェアの拡大、高い投資収益率、画期的な新商品、やる気と意欲に

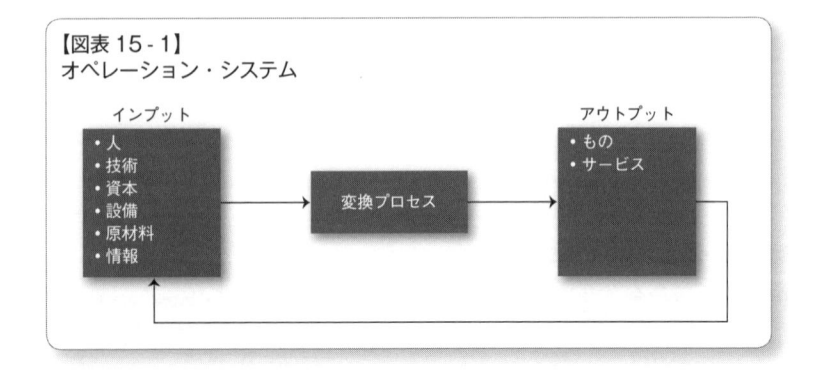

【図表15-1】
オペレーション・システム

インプット
・人
・技術
・資本
・設備
・原材料
・情報

→ 変換プロセス →

アウトプット
・もの
・サービス

満ちた従業員、会計報告といったアウトプットに変えている。マネジャーにとって、みずからの担当職務のみならず、そのようなオペレーション・マネジメントの概念を十分理解していなければ、職務目標を効果的かつ効率的に達成できない。

　では、組織やマネジャーにとって、なぜオペレーション・マネジメントがそれほど重要なのだろうか？　まずオペレーション・マネジメントは、サービス業、製造業の区別なく、すべての組織のプロセスにあてはまるからだ。2点目は、生産性を効果的かつ効率的にマネジメントするために不可欠だからである。そして3点目は、組織が競争に勝つための戦略的役割を果たすためである。引き続き、それらを詳しく説明していこう。

サービス企業と製造企業の違いとは

　毎日200種類以上の新鮮な商品を提供するアメリカのチーズケーキ・ファクトリーを支えているのは、高度な生産システムである。あるフードサービス・コンサルタントによると、「これだけ複雑なメニューを作り上げるには、きわめて効率的なキッチンが不可欠である」[2]。

　ものやサービスを作り出しているすべての組織には、**変換プロセス**が存在する。分かりやすく言えば、どんな組織にもオペレーション・システムがあり、インプットを最終的なものやサービスのアウトプットに変えることによって価値を生み出している。メーカーの場合、アウトプットは目に見える車、携帯電話、食品などである。このように**製造業の組織**は、物的なものを生産しており、原材料を目に見える物的な生産物に変えているので、実際のオペレーション・マネジメント（変換）プロセスも分かりやすい。それに対して**サービス業の組織**の場合、サービスという物的でないアウトプットを作り出しているため、その変換プロセスが簡単には目に見えない。大学を事例に取り上げてみよう。大学の経営陣は、教員、書籍、学術論文、マルチメディア設備の整った教室をはじめとする資源をインプットとして、「知識が十分でない」大学生を「教養ある優秀

1）オペレーション・マネジメント　インプットをアウトプットに変換するプロセスについて検討を加え、活用していくこと。
2）変換プロセス　資源を最終的なものやサービスに変えるプロセス。
3）製造業の組織　物的なものを生産する組織。
4）サービス業の組織　物的でないサービスという形式のものを生産する組織。

な」人間に変えている。

　グローバル経済において、サービスの生産および販売の重要性が高まっている。世界の主要先進国はサービス経済になり、経済活動全体に占めるサービス業の割合は、アメリカが約77％、EU諸国では約73％である[3]。その一方で、途上国になるほどサービス部門の比率は低くなり、ナイジェリアの場合、経済活動全体に占めるサービス業の比率はわずか33％、ラオスは37％、ベトナムは38％にすぎない[4]。

どのようにして企業は生産性を改善するのか

　1台のジェット旅客機には400万あまりの部品があり、それら精巧な機器を効率的に組み立てるには集積した力が必要になる。そこで世界的な大手航空機メーカー2社のボーイングとエアバスは、トヨタの技術を取り入れている。しかし、航空機は車にくらべて顧客独自の要望が多く、安全規制もきわめて厳格なので、すべての技術を同じように取り入れられるわけではない[5]。一方、ロードアイランド州イーストプロビデンスで、デンタルフロスケースの小さなカッターを製造しているエヴァンス・ファインディングス・カンパニーでは、毎日1カ所の生産ラインを無人で操業している[6]。今後もできる限り無人化を進めようとしている。ただそれは、従業員に配慮していないからではなく、多くのアメリカメーカーと同様に生産性を改善しなければ生き残れないためである。なかでも低コストのライバル企業との競争は激しい。そこで「光源不要の」完全オートメーション化した製造方法に転換し、人を配さずに信頼できる機械が完璧な部品を作り上げるようにした。

　400万もの部品からなる製品を作る組織や無人で操業できる組織は限られているが、生産性の改善は、ほぼすべての組織の主要課題である。生産性が向上すれば、国レベルの経済成長や経済発展の原動力になる。それは、インフレ経済にさせることなく、労働者の賃金と企業利益の増加につながる。個々の企業も競争力のあるコスト構造に変わり、価格競争力も高まる。

　グローバル市場での成功を目指す組織は、生産性改善につながる方法を模索している。マクドナルドの場合、以前は210秒かかっていたフライドポテトの調理時間を65秒まで大幅に短縮することで、時間やそのほかの資源を削減した[7]。

　生産性を左右するのは、人材とオペレーションに関わる変数であるため、生産性を改善するためには、マネジャーはその両方に注意を払わなければならな

い。品質管理の専門家として知られる故W・エドワーズ・デミングは、生産性改善の鍵を握るのは労働者ではなくマネジャーだと主張し、そのための14項目を示した（詳しい内容は、p.472のコラム「マネジメントいまむかし」を参照）。それらの内容を見ると、デミングが人材とオペレーションの相互作用を重視していたことがわかる。もちろん人材のマネジメントに成功するだけでは生産性の大幅な改善は望めない。本当に効率的な組織は、人材をうまくオペレーション・システム全体に組み入れることによって、生産性を最大限に高めるのだ。ジョージア州アメリカスにある釘メーカーのシンプレックス・ネイルズでは、人材も緊急を要する経営再建計画の対象とし[8]、生産要員を工場全体の清掃作業や事務要員に配置転換してフロアスペースを空けた。同時に営業要員を再教育し、在庫商品を売るのではなく、顧客が望む商品を売ることに取り組んだ。その結果、劇的な変化が起こり、在庫は50％以上削減、工場スペースは20％広がり、注文も増えて、従業員の意欲も高まった。まさに人材とオペレーション・システムの相互作用の重要性を認識した企業の好例である。

企業戦略においてオペレーション・マネジメントが果たす役割とは

現代の製造業の起源は、100年以上前のアメリカ、デトロイトの自動車工場にさかのぼる。その後、第二次世界大戦中のアメリカ製造業の躍進により、経営陣は厄介な生産面の問題が解決できたと思い込み、財務やマーケティング業務の改善に力を入れて生産面への注意を怠るようになった。

一方、アメリカ企業の経営陣が生産活動を軽視している間に、すかさず日本やドイツなどの国々は近代的な先進技術を備えた設備を開発し、生産管理を完全に企業戦略に組み込んだ。その結果、競争に勝利し、世界の製造業における主導的立場に変化が生まれた。そしてアメリカのメーカーは、海外の製品は価格が安いだけでなく高品質だとすぐに気づき、1970年代終わりには、ついに経営陣が危機に直面していることを実感して対応を始めた。具体的には、生産技術の改善に重点的に投資するとともに生産担当役員の権限を強化して現状把握に努め、現在と将来の生産活動に必要な要件を組織全体の戦略に加えるようになった。現在、成功している組織は、全体的な組織戦略のひとつとしてオペレーション・マネジメントが重要な役割を果たすことを認識し、グローバル市場における主導的立場を確立、維持している[9]。

その好調な業績の要因は、明らかにオペレーション・マネジメントの戦略的

コラム：マネジメントいまむかし

　W・エドワーズ・デミングは、アメリカの統計学者、大学教授であるとともに著述活動、講演、コンサルティングも行っていた[10]。第二次世界大戦中のアメリカにおける生産性向上への尽力で評価が高いが、おそらく日本における功績が広く知られている。デシングは1950年以降、日本の経営者たちに統計学的手法を応用した製品デザイン、製品品質、製品検査、販売の改善策を指南した。その哲学は、彼らの一人が書いた次の短い文章を読めば分かる。「W・エドワーズ・デミング博士からは、マネジメントの正しい原則を適用することによって組織は品質を高めるとともに、（無駄な作業、作業のやり直し、スタッフの負担、訴訟を減らして顧客ロイヤルティーを高め）コストを削減できることを教わった。大切なのは、改善を継続し生産活動を個別断片的にとらえるのではなく、システムとして考える姿勢である」。

　その考え方を実践し、マネジメントの生産性を改善するためには、デミングの14原則が欠かせない。その内容は、次のとおりである。

- 長期的な計画を立てる。
- 自社の製品品質に決して満足しない。
- 生産プロセスを統計的に管理するとともに、取引先にも同じ取り組みを求める。
- 取引先をできるだけ優秀な企業に絞り込む。
- 問題が一部の生産プロセスによるものなのか、生産プロセス全体によるものなのかを見極める。
- 勤務者に担当職務に必要な教育を行う。
- 生産ラインの監督者の能力向上に努める。
- 恐れない。
- 部署や部門の職務に集中するのではなく、相互に連携するよう助言する。
- 厳密な数値目標を作らない。
- 勤務者に高品質の作業をするよう求める。
- 従業員に対して統計学的手法の教育を行う。
- 必要に応じて新たな技術を従業員に指導する。
- 以上の原則を経営陣が責任を持って実行する。

　これらの原則は時を経ても色あせず、いまもマネジャーの生産性改善策として通用する。

役割であり、バリューチェーンの視点からオペレーション・マネジメントを行う企業も増えている。次に、そのバリューチェーンについて考えてみよう。

15-2 バリューチェーン・マネジメントの特性と目的

　ドイツのフォルヒハイムにあるシーメンス AG の CT（コンピュータ断層撮影装置）工場は、約 30 社のサプライヤーと提携し、パートナーとして工場内の全作業の共同責任を負うことにした。その結果シーメンスは、在庫スペースが不要になり、部品発注の手間を 18 回から 1 回に減らして、所要時間も短縮できた。電動工具などを製造販売するブラック・アンド・デッカーの事例も見てみよう。この企業では、小型商品のラインナップに、溶かした樹脂を射出して接着する道具であるグルーガンを加えるため、デザインから製造までのすべてをトップメーカーにアウトソーシングした。なぜ？　グルーガンの製造には、ブラック・アンド・デッカーの最大の強みであるモーターの技術が必要ないからだ[11]。

　これらの事例のように、多種多様な企業の密接な連携による作業は可能である。どうやって？　その答えはバリューチェーン・マネジメントにある。そのバリューチェーン・マネジメントの考え方は、オペレーション・マネジメント戦略に変化をもたらし、世界各国の組織が戦略上、効率的かつ効果的なオペレーションを導入して、競争を優位に進めている。

バリューチェーン・マネジメントとは

　どんな組織でも、顧客がいなければ存続し、成長することはできない。非営利組織でも、そのサービスを利用したり製品を購入してくれる「顧客」が必要である。その顧客がものを購入したり、サービスを利用したりするのは、何らかの価値を求めているからであり、価値あるものを見極めようとする。逆に組織側は、そのような価値を提供して顧客を引き付け、顧客離れを防がなければならない。その**価値**(バリュー)とは、顧客が持てる資源（通常は金銭）を手ばなすに値すると思える財・サービスの持つ独自の性能、特徴、魅力などである。たとえば

5）**価値**(バリュー)　顧客が資源を手ばなしてもよいと思える財やサービスの持つ独自の性能、特徴、魅力など。

近所の美容院で髪を切ってもらうときも、金銭の対価として、それらから必要な価値や欲しい価値を得ている。この場合の価値とは、翌週の就職面接に備えたプロのヘアスタイリングかもしれない。

では価値は、一体どのように顧客に提供されるのだろうか？　消費者が必要あるいは希望する製品やサービスを求めるとき、望む場所、望む方法で原材料などの資源から変換すればよい。しかし、顧客が対価を支払って手に入れようとするものを、さまざまな資源から生み出すという一見単純なその行動には、（サプライヤー、メーカー、

ドイツのベルリンにあるBMWのオートバイ工場では、すべての組み立て工程がコンベヤー・システムでつながれており、発注内容に合わせて移動してくるバイクを生産作業員が組み立てることによって、価値を付加している。BMWのバリューチェーンでは、それにより最先端の生産技術を導入するとともに作業員への高度な研修を実施し、生産プロセスを管理して、顧客の個別仕様にあわせて製品を仕上げるという複雑な作業を可能にした。BMWの生産プロセスが提供する価値は、顧客を魅了し、顧客離れを防ぐだけでなく、競合企業との差別化にもつながっている。

さらに顧客といった）立場の異なる参加者の相関性の高い多様な作業活動が欠かせない。つまり、バリューチェーンが関わってくるのだ。その**バリューチェーン**とは、組織が原材料から最終商品に至るまでの各ステップで、価値を付加する一連の作業活動全体を意味する。それらの主体には、サプライヤーのサプライヤー、顧客の顧客まで含まれる[12]。
(注6)

そのようなバリューチェーンの一連の活動や情報をマネジメントするプロセスが、**バリューチェーン・マネジメント**である。似た用語であるサプライチェーン・マネジメントが組織内に目を向け、組織に入ってくる原材料（資源）の効率的な流れを重視するのに対して、バリューチェーン・マネジメントは組織外にも目を向けて、入ってくる原材料だけでなく出ていく製品やサービスにも注目する。また、サプライチェーン・マネジメントでは効率性を追求するが（コストを削減して組織の生産性を高めることが目的）、バリューチェーン・マネジメントは有効性を重視し、顧客価値の最大化を探求する[13]。
(注7)

バリューチェーン・マネジメントの目的とは

バリューチェーン・マネジメントで、最後に影響力を持つのは顧客である[14]。マネジャーは、バリューチェーン・マネジメントによって、顧客が本当に必要

としているものを、競合相手が対抗できない価格で提供する独自の手法を探る[15]。シェル・ケミカル・カンパニーでは、顧客需要の的確な把握と在庫補充のために、サプライヤーとしての在庫管理と発注のネットワークを構築した。そのネットワークのソフトウェアを使えば、マネジャーが出荷状況を追跡し、安心できる在庫数量を計算して再補充の予定を立てられる[16]。その結果、シェル・ケミカルの顧客は、必要なときに商品を購入し、すぐに受け取れるようになった。

　バリューチェーンがうまく機能していれば、その一連の作業者（つまりバリューチェーンへの「参加者」）はチームとして協力し、それぞれが生産プロセスに何らかの価値を付加している。例えば組み立てのスピードアップ、より正確な情報、顧客への対応やサービスの充実などである[17]。複数のバリューチェーン参加者の連携が良くなれば、顧客への対応も改善される。顧客にとっての価値が生まれ、顧客のニーズや要望が満たされれば、バリューチェーン参加者すべてにメリットがある。パソコンの記憶装置のメーカーであるアイオメガの事例では、まずバリューチェーン・マネジメントの第一歩として内部のサプライヤーとの関係を改善し、次に外部サプライヤーや顧客との関係改善に取り組んだ。その過程でバリューチェーンだけでなく顧客との関係も強化、充実し、結果的にはバリューチェーンの参加者すべてに利益をもたらした[18]。

バリューチェーン・マネジメントは、企業にどのようなメリットをもたらすか

　組織内外のパートナーと協力して的確なバリューチェーン戦略を作り上げ、そのマネジメントを続けるには、相当な時間や労力を投じなければならない。また、すべてのパートナーのやり抜く力が欠かせない。それにもかかわらず、なぜマネジャーはバリューチェーン・マネジメントを導入しようとするのだろう。メーカーを対象とした調査では、バリューチェーン・マネジメントの主なメリットとして、調達費用の削減、ロジスティクスの改善、製品開発の充実、顧客からの発注管理の円滑化の4点が挙げられている[19]。

---

6) バリューチェーン　原材料から最終商品に至る各ステップで、価値を付加する一連の作業活動全体。
7) バリューチェーン・マネジメント　バリューチェーンの一連の活動や情報をマネジメントするプロセス。

15-3 バリューチェーン・マネジメントの手法

　いまのグローバル組織は、変化の激しい競争環境のなかで新たな対応を求められている[20]。新しい市場価値が決まる仕組みや理由が分かれば、新しい**ビジネスモデル**を導入する組織もある。ビジネスモデルとは、多種多様な戦略、組織プロセス、組織活動から利益を生み出そうとするための戦略上不可欠な仕組みである。たとえば家具メーカーのイケアは、スウェーデンの小さな家具通販売店だったが、家具業界のバリューチェーンを刷新して世界最大の家具販売業者に生まれ変わった。家具の配送や組み立てといった従来はメーカーや小売店が行ってきた大切な作業を顧客に引き受けてもらい、デザイン性の高い商品をかなり低価格で提供している[21]。そのように独自のビジネスモデルを取り入れ、古いビジネス手法やビジネスプロセスを抵抗なく放棄したことが奏功した。またその経験から、イケアはバリューチェーン・マネジメントの重要性も認識できた。

バリューチェーン・マネジメントの成功の要件

　では、バリューチェーン・マネジメントの成功には、何が必要なのだろう。図表15-2では、その6つの要件として協調と協働、技術への投資、組織プロセス、リーダーシップ、従業員・人的資源、組織の文化と気風を挙げている。それぞれを詳しく見ていこう。

協調と協働　バリューチェーンが顧客のニーズや要望を満たし、それ以上のものを提供するという目標を達成するには、バリューチェーンに参加する全メンバーの広範囲にわたる完璧な連携が絶対条件になる。バリューチェーンの誰が何をしているのかまで情報を共有し、柔軟に対応する体制が重要になる。情報や分析を共有するには、数多くのバリューチェーン参加者同士の自由なコミュニケーションが欠かせない。特殊ポリマー製品のメーカーであるフロン・カンパニーの場合も、顧客およびサプライヤーとのコミュニケーションの充実が製品やサービスのタイムリーな提供につながり、バリューチェーンに加わるすべてのパートナーのビジネスチャンスの拡大を可能にすると信じている[22]。

【図表15-2】
バリューチェーン・マネジメントの成功の要件

- 組織の文化と気風
- 協調と協働
- 従業員・人的資源
- バリューチェーン戦略
- 技術への投資
- リーダーシップ
- 組織プロセス

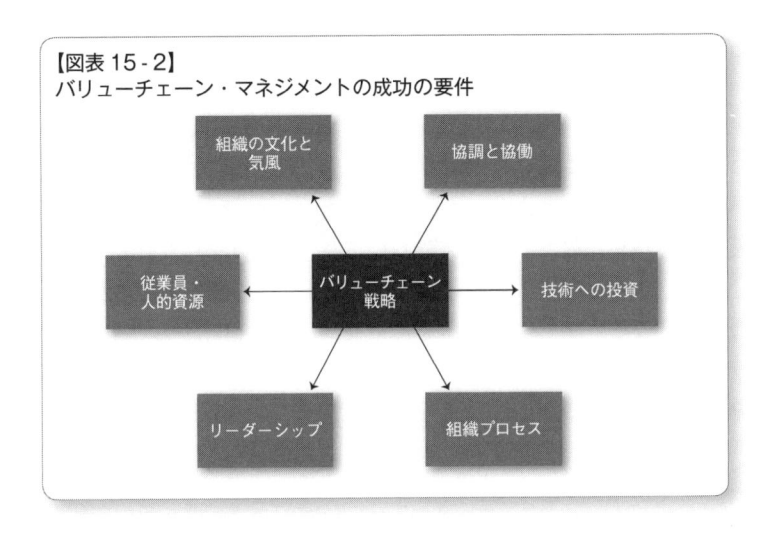

技術への投資　情報技術のための多額の投資がなければ、バリューチェーン・マネジメントは成功しない。資金を投じて情報技術を整備すれば、バリューチェーンを再構築してエンドユーザーへの対応をさらに充実できる[23]。インラインスケートの世界的メーカー、ローラーブレードの場合は、ウェブサイトの開発に多額の投資を行い、顧客への商品説明に活用している。しかし、オンラインでの販売は、ディーラーからの反対を懸念して行っていないが、その課題には柔軟な姿勢を続けている。もしオンライン販売による顧客価値の向上が見込めれば、いつでも再検討するつもりである[24]。

　では、どのような技術が重要なのだろう。専門家が重要であると指摘するのは、組織のあらゆる活動を統合して資源配分を支援するソフトウェアのERP（enterprise resource planning）システム、作業計画とスケジュール作成のための高度なソフトウェア、顧客との関係を構築するためのシステム、ビジネス情報の強化や取引先とのオンライン取引につながるものである[25]。デルのケースは、サプライヤーとの関係をほとんどオンライン上で構築している。デルには、顧客用のサイトとサプライヤー用のサイトがあり、サプライヤー用のサイトの主な目的は主要サプライヤー33社とのコミュニケーションである。そのような

8）ビジネスモデル　多種多様な戦略、組織プロセス、組織活動から利益を生み出そうとするための戦略上不可欠な仕組み。

情報技術への投資によって、競合他社が追随できない方法での顧客ニーズの把握が可能になった[26]。

組織プロセス 組織業務をどのように行うかという**組織プロセス**は、バリューチェーン・マネジメントによって劇的に変化する[27]。マネジャーは、ほかの組織を圧倒する技術、能力、経営資源としてのコア・コンピタンスを探し出すことで、組織プロセスを隅々まで厳しく評価し、顧客価値を高めるポイントを判断しなければならない。顧客価値を高めない活動は排除する。そのためには、それぞれの組織プロセスについて、「原材料や情報の流れを良くするために、内部知識を強化できるところは？」、「どうすれば顧客とともにサプライヤーも満足するように生産方法を改善できるか？」、「どうすれば原材料や情報の流れを改善できるか？」、「どうすれば顧客サービスを改善できるか？」という点を検討すべきである。建設機械メーカー、ディア・アンド・カンパニーのグローバルな業務用および消費者用機材部門の事例では、組織プロセスの見直しの結果、バリューチェーンの改善には作業行動をうまく同調させ、複合的につながっている作業の連携を改善すべきだと判明した。そのため担当部門内の色々な作業プロセスを変え、それらの連携を良くした[28]。

　組織プロセスの改善方法には、3点の重要なポイントがある。1点目は、需要予測の改善が必要であり、顧客やサプライヤーと密接に連携すれば、正しい需要予測が可能だということ。例えばリステリンを顧客が購入したいときに確実に店頭に準備しておくために、ウォルマートはメーカーのファイザー・コンシューマー・ヘルスケアと協力して需要予測情報の精度を高めた。その両社の努力の結果、ウォルマートにおけるリステリンの売上は650万ドル増加した。顧客も必要なときに、必要な場所で商品を購入できるようになったので、利便性が向上した。

　2点目は、組織プロセスの見直しによって、一部の機能をバリューチェーンのメンバーが協力して行わなければならなくなるケースがある。場合によっては従業員も派遣しなければならない。たとえばアメリカ・マサチューセッツ州に本部を置くサンゴバンの機能樹脂事業部は、自社の従業員を顧客の事業所に配し、サプライヤーの従業員や顧客を自社に迎えている。サンゴバンのCEOによると、そのような連携がなければ「単なる商品のサプライヤーからソリューションプロバイダーにはなれない」[29]。

最後の3点目は、バリューチェーンのさまざまな活動成果を評価するために、新たな指標が必要になるということ。バリューチェーン・マネジメントの目的は、顧客のニーズや要望に応え、それ以上のものを提供することなので、いかに従来以上の顧客価値を生み出し、それを顧客に届けるかという構想がマネジャーには求められる。ネスレアメリカのバリューチェーン・マネジメント導入時には、それまでの評価システムを見直し、需要予測と生産計画の正確さ、時間厳守の配送、顧客サービスの水準といった一連の要素を重視するようにした。その結果、マネジャーは速やかに問題を発見して、その対応ができるようになった[30]。

リーダーシップ　バリューチェーン・マネジメントにおけるリーダーシップの重要性は明らかであり、分かりやすい。強力で献身的なリーダーシップがなければ、成功に導けない[31]。経営陣だけでなく現場に近いマネジャーも、バリューチェーン・マネジメントの導入および継続の支援、円滑化、推進に努めなければならない。何が価値なのか、その価値はどうすれば最大化できるのか、そのためにはどうすればよいのかを、マネジャーが真剣に探るべきである。組織のリーダーたちにその献身性がなければ、最大の顧客価値の提供に全力を尽くすという組織の雰囲気や組織文化は醸成されない。

　またリーダーには、組織としてのバリューチェーン・マネジメントの推進において、何を期待しているのかを説明する重要な役割もある。そのためには、まず組織のビジョンや理念を策定し、顧客価値を探り出してそれを最大限提供するという組織の強い思いを表現するのが理想的である。水回り製品のメーカー、アメリカン・スタンダードのバリューチェーン・マネジメント導入時には、CEOが国内各地の会議に何度も出席し、競争環境の変化やバリューチェーンに加わっているパートナーとの関係強化の必要性について説明を繰り返した[32]。その後は組織内の全マネジャーが、バリューチェーンにおける従業員1人1人の役割に期待することを表明しなければならない。その対象にはパートナー企業も含まれる。アメリカン・スタンダードの事例では、マネジャーがサプライヤーへの要望を提示し、それに対応できないサプライヤーとの取引は停止する体制を整えた。その内容はきわめて厳しく、エアコン部門、バス・キッチン部門、

---

9) **組織プロセス**　組織業務の実施方法。

車両制御システム部門の数百社のサプライヤーが実際に取引停止となった。逆に要求を満たしたサプライヤーは、取引量が増えて利益を得ることができた。アメリカン・スタンダードも顧客に従来以上の価値を提供できるサプライヤーとの関係を築くことができた。

従業員・人的資源　本書のマネジメント理論やマネジメント手法の解説で述べたように、従業員は組織の最大の資産であり、当然バリューチェーン・マネジメントでも重要な役割を果たす。そのような人的資源に関するバリューチェーン・マネジメントのための3つの要件となるのが、職務設計における柔軟な発想、効果的な採用プロセス、継続的な研修である。

　組織のバリューチェーン・マネジメントで第一の要件として、職務設計の成否を左右する柔軟性について述べよう。まずこれまでのようなマーケティング、セールス、経理、顧客サービスといった機能別職務区分では不十分である。顧客価値を生み出し、提供するためのすべての機能を協調させた作業プロセスをつくり、それに合わせて職務を設計する必要がある。そうすれば最大の顧客価値を提供するという企業の強い思いを後押しできる[33]。職務設計で重視すべきポイントは、どうすれば従業員一人ひとりの活動が最大限の顧客価値を作り出し、提供できるかである。そのためには、柔軟な発想で従業員が何をどのように行うのか考えなければならない。

　実際に柔軟な職務設計をするには、第2の要件が必要になる。すなわち、職務を柔軟にするには、従業員も柔軟でなければならない。従業員は、一定の組織プロセスに取り組むチームに入れられ、ニーズに応じて日々別の作業を求められることもある。顧客ニーズの変化に応じて変わる協調関係を大切にする環境では、従業員の柔軟性は欠かせない。したがって採用プロセスも、学習能力や対応能力にすぐれた人材を見つけ出せるようにすべきである。

　第3の要件として、従業員に柔軟性を求めるためには、継続的な従業員研修への多額の投資が欠かせない。その内容として情報技術ソフトの活用法やバリューチェーンにおける原材料の流れの改善法、価値を付加する行動の見つけ方、速やかに的確な判断をする方法、将来生じる可能性がある作業行動を減らす方法などである。これを研修することで従業員が必要な知識やツールを保持できているようにするのがマネジャーの仕事である。イギリスのポーツマスを拠点とする軍事用電子機器の請負業者アレニア・マルコーニ・システムズが継続的

に研修を実施しているのは、顧客ニーズに効率的かつ効果的に対応するという企業理念を実現するためである。従業員は、技術的教育だけでなく、売上や利益とともに人や顧客を大切にすることの重要性といった戦略的課題についても日常的に研修を受けている[34]。

組織の文化と気風　最後の要件は、バリューチェーン・マネジメントに欠かせない協力的な組織文化や気風である。具体的には協力や連携があり、閉鎖的ではなく柔軟で、互いを尊敬し信頼している状態を言う。それらはバリューチェーンの組織内のパートナーだけでなく組織外のパートナーとの関係においても欠かせない。アメリカン・スタンダードの場合、そのために従来型の手法を取り入れ、直接担当者同士が顔を合わせる時間や電話で話す時間を長くしている。セントルイスにある同社のサプライヤーのホワイト・ロジャースは、互いの関係を次のように話している。「互いが成長を目指しているので、相手の目標は当社の目標にもなる。関係を維持するために重要なのは、すべてのレベルでの相手への尊敬の気持ちと、自由なコミュニケーションである。連絡係は必要ない。当社のエンジニアが相手のエンジニアとの打ち合わせが必要になれば、そこに出向くだけだ」[35]。それに対してデルの場合は、先に説明したように正反対の方法を採用し、バリューチェーンのパートナーとはオンライン上でほぼすべての作業を行う[36]。ただしいずれの事例も、長期にわたって相互利益につながる信頼関係を築き、顧客ニーズを最大限に満たすという理念に基づいた選択である。

バリューチェーン・マネジメントの障害

　バリューチェーン・マネジメントを思いどおりに進めるには、その障害となる組織内の障壁、組織文化を基礎にする考え方、必要な能力、そして人材という課題への対処が必要になる（次頁の図表15-3参照）。

組織内の障壁　組織内の障壁は、最も対処が難しい。たとえば情報の共有化への反対や抵抗、現状刷新への反対、セキュリティ上の問題は解決が容易ではない。情報を共有できなければ密接な連携や協力ができなくなり、従業員が現状の大幅な改革に非協力的、あるいは反対の場合、バリューチェーン・マネジメントのための活動が妨げられて、うまく進められなくなる。しかも充実した情報技術基盤はバリューチェーン・マネジメントの鍵になるため、システムのセキュ

【図表15-3】
バリューチェーン・マネジメントの障害

- 組織内の障壁
- 組織文化を基礎にする考え方
- 人材
- 必要な能力

→ バリューチェーン・マネジメントの障害

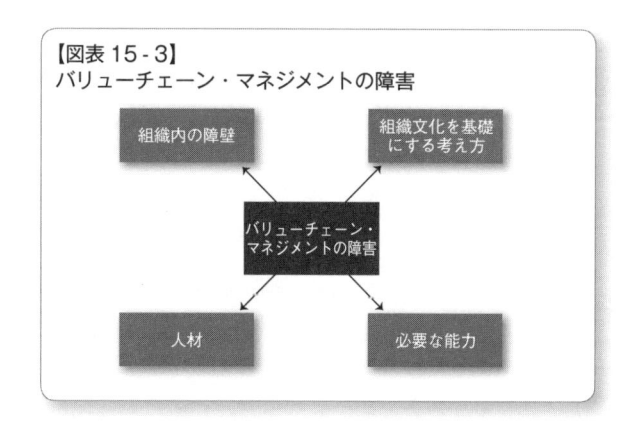

リティやインターネットのセキュリティに問題があれば、その対処が欠かせない。

組織文化を基礎にする考え方　組織文化を基礎とする考え方、なかでも信頼と組織管理に対する姿勢は、バリューチェーン・マネジメントにプラスに作用しなければ、その障害になり得る。信頼については、信頼がないだけでなく、信頼しすぎることも危険である。まずもって、効果的なバリューチェーン・マネジメントには、パートナー相互の信頼関係が欠かせない。各パートナーの行動を尊重し、誠実に対応しなければならない。その信頼感がなければ、情報、能力、組織プロセスを共有することに消極的になる。一方、信頼しすぎるのも問題になる。どんな組織も知的財産、つまり組織が効果的かつ効率的に機能し、競争するために欠かせない財産となる情報を盗まれやすくなる。組織の貴重な資産を危険にさらさないためにも、バリューチェーンのパートナーを信用できなければならない[37]。もうひとつ組織文化を基礎にする考え方で障害になり得るのは、組織内外のパートナーと協調してしまうと、自らの運命が制御できなくなるという思い込みである。実際はそうではない。バリューチェーン・マネジメントに欠かせない強固な連携を結んでも、何が顧客価値になるのか、どれぐらいの価値を顧客は望んでいるのか、どの流通チャネルが重要なのかといった大切な経営判断は自らの会社でできるのだ[38]。

必要な能力　バリューチェーン・マネジメントの成功要件で説明したように、

バリューチェーンのパートナーにはいくつもの能力が求められる。協調と協働、顧客やサプライヤーが満足する商品の探究、組織内外のパートナーの研修は、容易ではないのだから、それらの能力がないとバリューチェーンを形成して、うまく機能させられない。具体的な事例として紹介した企業の多くは、組織能力と組織プロセスの自己評価といった簡単ではない重要なプロセスを経て、バリューチェーン・マネジメントの効果および効率を高めてきたのである。

人材　バリューチェーン・マネジメントの最後の障害となり得るのは、組織内の人材である。必要なことは何でもするという揺るぎない意思がなければ、バリューチェーン・マネジメントは成功しない。従業員自らが、どのように、誰と職務を行うかという柔軟な対応をしなければ、バリューチェーン全体の連携や協力は実現しない。しかもバリューチェーン・マネジメントには、従業員の膨大な時間とエネルギーが必要になる。簡単ではないが、マネジャーは従業員の士気を高めて相当な努力を引き出さなければならない。

15-4 オペレーション・マネジメントの現代的課題

オペレーション・マネジメントにおける技術の役割

　バリューチェーン・マネジメントの項目で説明したように、現在の競争市場は、顧客に価値ある製品やサービスをタイムリーに提供することを強く求めている。そのため賢明な企業は、技術を活用してオペレーション・マネジメントを改善する方法を探求している。アメリカのファストフード業界の企業は、どの企業がドライブスルーの利用客に、より早く、より充実したサービスを提供できるかを激しく競い合っている。いまや売上全体に占めるドライブスルーの比率は巨大であり、サービスのスピードアップと内容の充実は強力な優位性につながる。そのためウェンディーズは、一部のメニューボードに日除けをつけ、文字での説明を写真に変えた。一方、注文内容の確認タッチ画面を導入する企業もあり、マクドナルドの場合は正確な注文が11％以上増えた。また、全国ブランドの両社は、技術を活用してドライブスルーレーンの車を数え、キャンペ

ー中の商品や主力商品の需要を分析し、揃(そろ)える商品の数を算出している[39]。

組織では「顧客が王様」という意識で生産活動を行っているが、やはりマネジャーの役割は大きい。オペレーションマネジャーにとって、製品の製造完了後ではなく、製造過程において、生産余力や発注状況、製品品質を把握できるシステムが不可欠である。顧客とのつながりを強化するには、組織全体でタイミングを合わせて生産活動を行わなければならない。作業進行の妨げをなくし、ペースダウンを避けるためには、生産機能が全体の事業システムと完全に協調できていることがポイントになる。

ドイツのヴェルナーにあるアマゾンの発送センター。同様の施設が世界各国に40カ所あり、オンラインショップの顧客が望むあらゆる商品を届けるために、数百万アイテムが保管されている。その膨大な在庫をそろえ、注文品を取り出して発送するために、アマゾンは高度な技術を開発し、何を発注すべきか、どこに保管しておくべきか、その代金がいくらか、分かるようにした。アマゾンのソフトとロジスティックス技術を使えば、在庫のある場所と、それを最短で顧客に届ける方法が割り出せる。それらの技術の活用によって、アマゾンは在庫コストと配送時間を抑えてオペレーション効率を改善するとともに、オンラインでの購入者に最高のサービスを提供している。

そのような広範囲におよぶ協調を可能にするのが技術である。また技術を活用すれば、設備性能の低下や劣化に基づく保全活動、遠隔診断、光熱費の抑制などで経費削減も可能である。例えばインターネット接続機能のある機器の場合、組み込み型ウェブサーバを備えており、先を見越した情報のやり取りが可能となる。これにより、あらかじめ設定した値に達して故障しそうなときや実際の故障のときに警報を発する。その技術は警報音の発信や警報ランプの点灯にとどまらない。メール送信やポケベルへの連絡で、サプライヤーやメンテナンス担当部署、契約業者に具体的なトラブルの内容や必要な部品およびサービスを知らせることもできる。そのようなオンラインネットワークを活用したメンテナンス管理には、どれぐらいの価値があるのだろう。機器故障やそれによる生産停止を防げるものであれば、かなりのメリットになりうる。

このような技術活用によって、業務が効率的かつ効果的になることをマネジャーが理解していることが重要だ。オペレーション・マネジメントはこれまでのような単なる生産活動ではないと考え、組織のすべての事業機能と協調して

顧客の抱えている問題の解決に力を注ぐのだ。

マネジャーはどのように品質を管理するのか

　品質に関するトラブルは費用がかかる。アップルの場合、iPodは驚異的な人気を集めていたが、最初に発売された3バージョンのバッテリーが顧客の期待した12時間におよばず4時間で切れてしまった。そのトラブルでの顧客との和解費用は1億ドル近くになった。

　高品質の製品を作れない組織はグローバル市場での競争に勝てないというのが、多くの専門家の見解である。では、品質とは何なのだろう。図表15-4は、品質指標を列記したものである。ここでは品質を「製品やサービスが本来の機能を確実に果たし、顧客期待を満足させる能力」と定義する。

どのように品質を達成するのか　品質の達成手法は、マネジャーの対処すべき課題である。その品質への取り組みを考えるときに活用したいのは、マネジメントの4つの機能──「計画する」「組織する」「リーダーシップを発揮する」「コントロールする」である。

【図表15-4】
品質とは？

製品の品質指標
1. 性能──動作特性
2. 特色──重要な独特の特性
3. 柔軟性──動作仕様が一定範囲で変動可能
4. 耐久性──性能が低下するまでの使用可能時間
5. 適合性──事前に想定した基準との一致
6. サービスレベル──修理やサービスの容易さとスピード
7. 美しさ──製品の外観や感覚
8. 知覚品質──主観的な特性の評価（製品イメージ）

サービスの品質指標
1. 時間の正確さ──約束した時間でのサービス
2. 丁寧さ──真心のこもったサービス
3. 均質さ──すべての顧客への同じサービス
4. 便利さ──顧客の利用しやすさ
5. 完全さ──求められたときの十分なサービス
6. 正確さ──常に正しいサービス

資料：J. W. Dean and J. R. Evans, *Total Quality: Management, Organization, and Society* (St. Paul, MN: West Publishing Company, 1994); H. V. Roberts and B. F. Sergesketter, *Quality Is Personal* (New York: The Free Press, 1993); D. Garvin, *Managed Quality: The Strategic and Competitive Edge* (New York: The Free Press, 1988); and M. A. Hitt, R. D. Ireland, and R. E. Hoskisson, *Strategic Management*, 4th ed. (Cincinnati: South-Western Publishing, 2001), p. 121.

品質について計画する段階では、品質の改善目標、そのための戦略と計画が必要である。目標があれば、誰もが客観的な品質水準に向かって集中しやすくなる。建築や鉱業機械の大手製造会社キャタピラーの場合の目標は、品質改善技術を費用削減に役立てることである[40]。この目標は具体的で、もちろん容易には達成できないが、マネジャーと従業員が協力して的確な戦略を策定し、その達成に努めている。また、達成できるという自信も持っている。

次に品質のために組織し、リーダーシップを発揮するためには、マネジャーにとって、従業員に期待することが大切になる。世界的な電線メーカー、ゼネラル・ケーブル・コーポレーションのアメリカにある工場では、頻繁に行われる品質保証研修に全従業員が参加する。しかも工場マネジャーは、作業上必要な情報は従業員に提供したほうがよいと強く考えている。「機械を動かしている担当者には、最優先で情報を与えるべきである。セル生産方式の組織にして、2種類以上の仕事ができるように訓練し、無駄を排除した工具類も導入できる。しかし、改善を進めるための情報を与えなければ、従業員の意欲は高まらない」というのが持論である。言うまでもないが、この企業では生産データや業績指標も全従業員に公開している[41]。

本格的な品質改善プログラムを実施して成果を上げている組織には次のような特徴がある。すなわち、部署の垣根を越えた作業チームの構成、および自主的あるいは権限委譲型作業チームという2種類の手法で従業員を効果的に活用している。製品品質の達成までには、職位の比較的高い従業員から一般的従業員まで、すべての人々の参加が必要となる。そのため、品質重視の組織では、十分な研修を受けて柔軟な対応ができ、権限を委譲された従業員を、頼りにする。

そして最後の品質をコントロールする段階においては、品質改善の進捗状況を調査、評価するために何らかの指標が欠かせない。在庫水準の管理、欠陥率、原材料の調達費用といったオペレーション・マネジメントに関わる指標が、品質のコントロールで重要となる。軍需メーカー、ノースロップ・グラマンの事例では、製品デザインと生産業務を統合するとともに生産プロセスの品質改善状況を確認できるIT技術の導入や自動テストなど、いくつもの品質コントロールプログラムを導入している。従業員も生産プロセス全般において、製品に関する判断の決定権を与えられている。工場のマネジャーによると、「そうすることによって、マネジャーが製品品質を検査しようとしなくても、品質が製品に組み込まれるようになっている」。ただし同社の製品の最大の役割は、顧

客と「戦争に行く」ことであり、兵士は戦争や戦闘状況での生活に備えているのである。マネジャーは次のようにも語っている。「当社が他社と違うのは、顧客と同じようにその使命を理解すれば、その効果的な遂行に貢献できると強く信じている点である。当社では顧客から要望が届くのを待っているのではなく、顧客が目指しているものを見つけ出して、その解決策を提供している」[42]。

ポルトガルのサッカー選手クリスチアーノ・ロナウドが、ロンドンでの記者会見場でナイキのサッカースパイク、マーキュリアル・ヴェイパー・スーパーフライⅡを持っている様子。マーキュリアル・ヴェイパーのような高品質な商品が、世界トップクラスのスポーツ選手に愛用され推薦されれば、ナイキはスポーツ選手のシューズや衣類・雑貨の世界トップブランドの地位を確保しやすくなる。ナイキにとって品質とは、さまざまなレベルのスポーツ選手が能力を発揮できるよう画期的商品をデザインし、開発することである。顧客からは、ナイキシューズの製品性能、特色、柔軟性、耐久性、デザインの素晴らしさという品質が高く評価されている。

品質改善の成功事例は世界各地にある。自動車部品の開発メーカー、デルファイのメキシコ・マタモロスの組み立て工場では、従業員が懸命に品質改善に努め、飛躍的成果を達成している。たとえば出荷した製品の返品率は、3000個／百万個から10個／百万個にまで300％近く改善している[43]。

組織が探求する品質目標とは　世界各国の多くの組織は、品質へのこだわりを広く知ってもらうため、達成が難しいとされる品質目標をクリアしようとしている。なかでも有名なのは、ISO9000とシックス・シグマの2種類の指標である。

ISO9000(注10)は、国際標準化機構（www.iso.org）が定めた品質マネジメントに関する一連の国際規格であり、製品が顧客の要望を満たしていることを確実にするための共通のガイドラインが設定されている。その対象となるのは、契約内容の確認、製品デザイン、製品の配送などあらゆる項目である。このISO9000は、国際市場における企業の評価とその比較基準として国際的に認められており、

10）ISO9000　一連の国際品質規格であり、製品が顧客の要望を満たしていることを確実にするための共通のガイドラインが設定されている。

この認証が、国際的にビジネスを行う上での必要条件になっている。ISO9000の認証を受ければ、品質管理システムが機能している証明になるため、2009年時点で175カ国の100万以上の組織が認証を受けている。そのなかでアメリカは約4万社、中国は20万社を上回っている[44]。

　それにをさかのぼること30年以上前、モトローラが普及させた厳しい品質基準が、有名な品質改善プログラムの**シックス・シグマ**である[45]。(注11) 簡単に言えばシックス・シグマの品質基準では、100万個あるいは100万回の作業のなかで不良品の発生を3.4回に抑えなければならない。ギリシャ文字のシグマは、統計学者が正規分布の標準偏差を表わす記号として使い、シグマが大きくなれば平均値からのずれの頻度がより小さく、つまり不良品がより少なくなる。1シグマの場合、測定したものの3分の2（約67%）が正規分布曲線の内側に入る。2シグマになると、それが95%になる。さらに6シグマでは、可能な限り不良品はゼロに近づく[46]。その基準はきわめて達成しにくいが、品質重視の企業の多くが取り入れ、その恩恵を受けている。たとえばゼネラル・エレクトリック（GE）の場合、ある役員によると、1995年以降、数十億ドルの費用削減に成功している[47]。そのほかにもアメリカン・エキスプレス、ソニー、ノキア、ジョンソン・エンド・ジョンソンなどが、シックス・シグマを品質指標として取り入れている。その大半はメーカーだが、金融機関や小売事業者、医療機関をはじめとするサービス業でも導入が始まっている。シックス・シグマによって、どのような影響があるのだろう。事例を使って説明しよう。

　マネジドケア（管理型医療）およびヘルスケアを事業とする医療保険会社のウェルマーク・ブルークロス・アンド・ブルーシールドは、以前、医療プランに新たな医師を加えるのに65日以上かかっていた。ところがシックス・シグマの導入により、そのための半数のプロセスが不要だとわかった。それらを削除した結果、同じ作業を30日以内でできるようになっただけでなく、そのための人員も削減できた。また管理費も年間300万ドル削減でき、その金額は保険料の引き下げによって顧客に還元している[48]。

　確かにISO9000認証やシックス・シグマによって数々のメリットはあるが、何よりも大きいのは品質改善そのものによる利点である。言い換えれば、品質認証の目的は、組織が顧客ニーズに対応し、従業員が常に高品質の業務を行えるような業務プロセスならびにオペレーション・システムの実現でなければならない。

プロジェクトをどのようにマネジメントするのか

　第6章で説明したように、多くの組織はプロジェクトによって構成されている。その**プロジェクト**とは、一度限りの活動で、始まりと終わりが決まっている[49]。ただし規模と範囲は、NASAのスペースシャトルの打ち上げから結婚式まで多様である。そのような活動を、時間どおりに、予算の範囲内で、仕様に従って行うようにするのが**プロジェクトマネジメント**である。
　実際にプロジェクトマネジメントが長年行われてきたのは、建設業や映画製作の現場だったが、今ではほぼすべての業種で導入されている。プロジェクトマネジメントの人気が高まっている理由は何だろう。変動の激しい環境や、柔軟性と迅速な対応が必要な状況には、まさにプロジェクトマネジメントがふさわしいのだ。組織が取り組むプロジェクトは、通常と異なり独自性の強いもので、明確な期日があり、特殊な技能を必要とする複雑な連携の職務を含み、一時的な性質のものが増えている。そのようなタイプのプロジェクトには、定型の継続的な組織活動のための標準的な作業手順は、ほとんど通用しない[50]。
　典型的なプロジェクトでは、一時的に任命されたチームメンバーがプロジェクトマネジャーとともに仕事をする。プロジェクトマネジャーは別の部署と調整する業務を行いつつ、プロジェクトの進行を経営陣に報告する。プロジェクトは一時的なもので、特定の目的を完了するまでしか存続しない。その後は縮小して幕を閉じ、メンバーは別のプロジェクトに移るか、永続的な部署に戻るか、組織を去る。
　数日間、統括責任者や部署のマネジャーを観察すると、常に必要な行動や指示、各行動の担当者や期日を列挙しているのであり、スケジュール作りをしている様子がわかる。そこで、そのスケジュール作りに役立つツールについて説明しよう。

ガントチャートの使い方　**ガントチャート**は、20世紀に入った頃、ヘンリー・ガントが考案した計画策定ツールである。その発想は比較的単純である。基本

---

11) シックス・シグマ　100万個あるいは100万回の作業のなかで、不良品の発生を3.4回に抑えなければならない品質基準。
12) プロジェクト　一度限りの活動で、始まりと終わりが明確に決まっている。
13) プロジェクトマネジメント　プロジェクト活動を、時間どおりに、予算の範囲内で、仕様に従って行うようにすること。
14) ガントチャート　計画策定ツール。棒グラフで、作業を完了すべき時期を視覚的にあらわし、それぞれの作業についての期日と実際の進行状況とを比較する。

的に横向きの棒グラフで、横軸は時間、縦軸にはスケジュールを決めなければならない作業を並べる。そこに計画と、時間経過にともなう進行状況の両方を横向きの棒グラフで描く。ガントチャートを見れば、作業を完了すべき時期が一目でわかり、それぞれの作業についての期日と実際の進行状況との比較ができる。この簡単だが重要なツールを使えば、マネジャーは職務やプロジェクトの完了に必要な作業を簡単に列挙でき、それが進んでいるのか、遅れているのか、予定どおりなのかも判断できる。

　図表15-5は、出版社のマネジャーが出版作業のために作成したガントチャートである。時間は月単位でチャートの上に記している。主な作業は左側に列記している。計画策定には、まず書籍を仕上げるまでに必要な作業、それらの順序、それぞれの作業に配分すべき時間を決めることから始める。青い棒グラフは、各作業完了時の実際の進行状況を表している。

　このようにガントチャートは、実際にマネジャーの管理ツールになっていて、マネジャーは予定との差を判別できる。図表15-5の事例では、ほとんどの作業は期日どおりに終了しているが、「前半ページの確認」を見ると、予定よりも実際は2週間半程度遅れているのがわかる。そうなるとマネジャーは、何らかの修正行動によって遅れを取り戻し、さらなる遅れが決して生じないようにしたいと思うだろう。この段階では、修正行動をとらなければ、書籍の刊行は少なくとも2週間遅れると予想できる。

　ガントチャートの応用版が**負荷チャート**である。縦軸が作業項目ではなく、(注15)
すべての部署あるいは具体的な資源になっている。マネジャーは、この図を見て生産能力を配分する計画と調整を行える。つまり、負荷チャートは職場単位

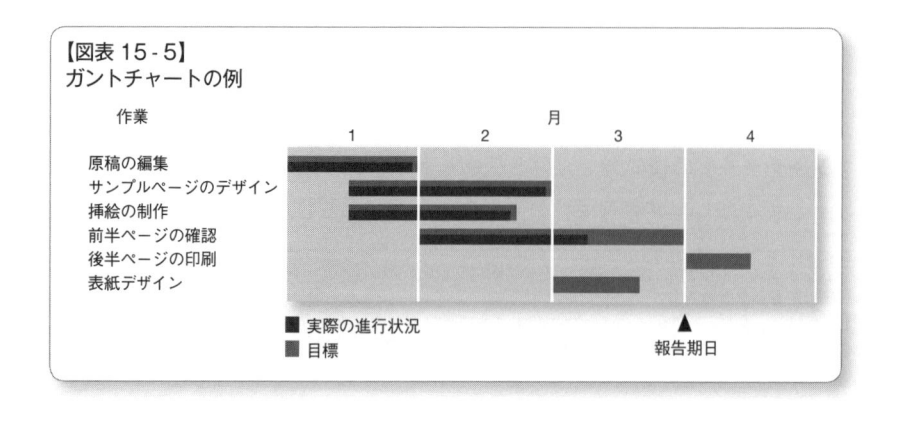

【図表15-5】
ガントチャートの例

作業	月
	1　　2　　3　　4
原稿の編集	
サンプルページのデザイン	
挿絵の制作	
前半ページの確認	
後半ページの印刷	
表紙デザイン	

■ 実際の進行状況
■ 目標
▲ 報告期日

の生産能力のスケジュール表である。図表15-6は、図表15-5と同じ出版社の6人の制作編集者の負荷チャートを示し、各編集者は複数の書籍のデザインと制作を統括している。その6人を統括する編集責任者は、負荷チャートを見れば誰が空いているか分かるので、新しい書籍を任せられる。もしすべての編集者の予定が一杯であれば、編集責任者は新しいプロジェクトの受け入れを拒否するか、新しいプロジェクトを受け入れて、別のスケジュールを遅らせるか、編集者に残業を依頼するか、制作編集者の人数を増やす。

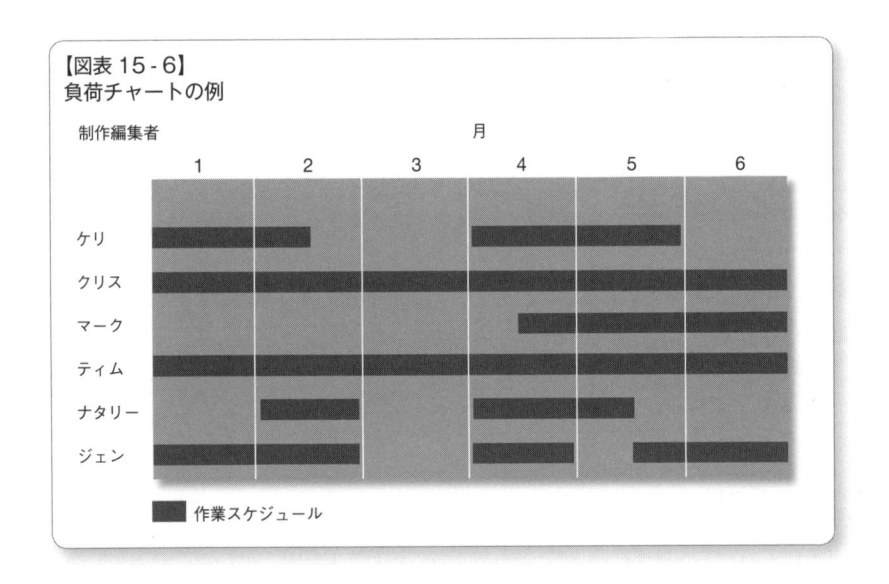

【図表15-6】
負荷チャートの例

PERT分析 スケジュールを作成すべき作業やプロジェクトが少なく、それぞれが独立している場合はガントチャートや負荷チャートが役に立つ。だがマネジャーが計画しなければならないプロジェクトが、複雑な組織再編や大きな費用削減計画の導入、新商品の開発などの大規模なもので、マーケティング部門や生産部門ならびに製品デザイン部門の連携が求められる場合はどうだろう？　そうなると数百あるいは数千の作業の調整が必要になり、同時にすべき作業や前の作業が完了しなければ始められない作業も出てくる。たとえばショッピングモールを建設する場合、壁の組み立ては基礎の完了後でなければ始め

---

15) **負荷チャート**　ガントチャートの応用版であり、縦軸がすべての部署あるいは具体的な資源になる。

られない。では、そのような複雑なプロジェクトのスケジュールは、どうすれば決められるのだろう？　それには「計画の評価点検法」を使えばよい。

その「計画の評価点検法」、一般的には略称 PERT（パート）(the program evaluation and review technique) あるいは **PERT 分析**は、もともと 1950 年代後半にポラリス潜水艦システムの構築作業を行う 3000 を超える請負業者や代理店の調整(注16)を行うために開発された。そのプロジェクトはきわめて複雑で、数十万を数える作業の調整が求められたが、PERT によって作業期間を 2 年間短縮できたと言われている。

PERT は、フローチャートのようにプロジェクトの完成に必要な作業の流れと時間、あるいは各作業の費用を書き出す。そこからプロジェクトのマネジャーは、何をすべきかじっくり考え、互いに関連する事柄を判断し、問題になりそうなポイントを見つけ出す（図表 15 - 7 参照）。また、いくつかの選択肢によるスケジュールや費用への影響も比較しやすい。このように PERT によってマネジャーはプロジェクトの進行状況をチェックし、問題になりそうなポイントを見つけ出し、予定どおりプロジェクトを進めるために必要な場合は資源配分を変えられる。

その PERT の作成方法を学ぶには、イベント、作業、クリティカルパスという 3 つの用語の理解から始めなければならない。まず、それらの用語を定義し、

【図表 15 - 7】
PERT の作成

PERT ネットワークを作成するためには、マネジャーがプロジェクトの完成に必要なすべての重要作業を選び出し、連携を考えて並べ、各作業の完了までの時間を予測する。この手順は、次の 5 つのステップに分けられる。

1. プロジェクトの完成に必要な重要作業すべてを選び出す。各作業が完了すると、一連のイベントや成果が生じる。
2. それらのイベントが終了しなければならない順序を確認する。
3. 最初から最後までの作業の流れを図示し、各作業とともに別の作業との関係を確認する。イベントには丸印、作業には矢印を用いる。出来上がったものが PERT ネットワークと呼ぶフローチャート図である。
4. 各作業の完了までの時間 (t_e) を予測する。その計算には、楽観的予測 (t_o)（理想的な状況での必要な時間）、最も確率の高い予測 (t_m)（通常必要なはずの時間）、悲観的予測 (t_p)（予想される最悪の状況での作業に必要な時間）の加重平均を用いる。その計算式は、次のとおりである。

$$t_e = \frac{t_o + 4t_m + t_p}{6}$$

5. 最後に、各作業の予測時間を加えたネットワーク図を使って、マネジャーは各作業とプロジェクト全体の着手日と完了日を決められる。クリティカルパスでの何らかの遅れが生じると、プロジェクト全体の遅延につながるので、細心の注意が必要になる。つまりクリティカルパスには時間的余裕がないので、そこで何か遅れが発生すれば、即座に最終的なプロジェクトの完了が遅れる。

PERTのプロセスを説明した上で実際にPERTチャートを作成してみよう。**イベント**は、主要な作業が終わる完了時点を言う。指標（マイルストーン）と呼ばれることもあり、何か重大なことが生じた（購入アイテムの受領など）あるいは重要な部分が終わった状況である。イベントが一時点なのに対して、**作業**は、発生するさまざまな活動を意味する。各作業には時間がかかり、その長さはイベントからイベントまでに必要な時間や資源に応じて決まる。**クリティカルパス**は、プロジェクトを最短時間で完了するために、イベントや作業のつながりが一番長い、あるいは一番時間がかかる経路のことである[51]。このPERTを、顧客の6500平方フィート（約603.87m^2）の注文住宅建設を担当するマネジャーの職務にあてはめてみよう。

建設担当のマネジャーになると、時間の大切さはよく理解している。遅れが生じると黒字の仕事も赤字に転じかねない。そのため住宅完成までに必要な時間を明確にしなければならない。また、プロジェクト全体を慎重に作業とイベントに区分していく。次頁の図表15-8は、建設プロジェクトの主なイベントと、各作業完了までにかかる推計時間を列記している。そのデータからPERTチャートを作成したものが、図表15-9である。

PERTはどう役立つのか　PERTチャートから、すべてが計画通りに進んだ場合に住宅の建設にかかる時間は、32週あまりとわかった。その計算には、クリティカルパスとなるABCDEIJKLMNPQをたどった。その過程でイベントの完了に何らかの遅れが発生すると、プロジェクト全体の完成日時が遅れる。たとえば、4週間の予定の家屋の組み立て（イベントE）に6週間かかれば、全体のプロジェクトが2週間（あるいはそれ以上）遅れる。しかし、レンガの設置（イベントH）が1週間遅れても、その作業はクリティカルパスに入っていないので、あまり影響はない。マネジャーは、PERTを見れば修正行動は不要だとわかる。ただし、レンガの設置がさらに遅れると、問題が起こりかねない。実際にそうなると、クリティカルパスが変わる可能性がある。そこで元のクリテ

---

16) PERT分析　フローチャートのようにプロジェクトの完成に必要な作業の流れと時間、あるいは各作業の費用を書き出す。
17) イベント　主要な作業が終わる完了時点。
18) 作業　発生するさまざまな活動。
19) クリティカルパス　プロジェクトを最短時間で完了するために、イベントや作業のつながりが一番長い、あるいは一番時間がかかる経路のこと。

【図表 15-8】
注文住宅の建設における主な作業

イベント	内容	時間（週）	前提となる作業
A	デザインの承認と建築の許可	3	なし
B	掘削作業／清掃	1	A
C	足場の設置	1	B
D	基礎壁の構築	2	C
E	家屋の組み立て	4	D
F	窓の設置	0.5	E
G	屋根板の設置	0.5	E
H	前面と側面へのレンガの設置	4	F,G
I	電気、水道、ガス、エアコンの仮設置	6	E
J	断熱材の設置	0.25	I
K	壁板の設置	2	J
L	壁面の仕上げと石膏ボードの設置	7	K
M	内装材の設置	2	L
N	住宅の塗装（インテリアとエクステリア）	2	H,M
O	収納具の取り付け	0.5	N
P	床の設置	1	N
Q	最終仕上げと所有者への引き渡し	1	O,P

ィカルパスの難しい選択に話を移そう。

　この事例のクリティカルパスは、NPQ を通っている。PERT チャート（図表15-9）を見れば、それら3種類の作業には4週間かかることがわかる。そしてもう一方の NOQ のほうが早いはずで、確かにそうだ。そのパスを完了するまでの時間は、わずか3.5週間である。NOQ がクリティカルパスにはならない理由は、作業 Q が、作業 O と P の完了後でなければ始められないからだ。所要時間は O が0.5週、P は1週間なので、Q を始められるまでには最短でも1週間かかる。クリティカル作業（P）と非クリティカル作業（O）の時間の違いはどうなっているだろう？　その差は0.5週で、それだけ余裕がある。そのようなクリティカルパスとそれ以外の時間差が、**余裕時間**になる。その余裕時間には、
(注20)

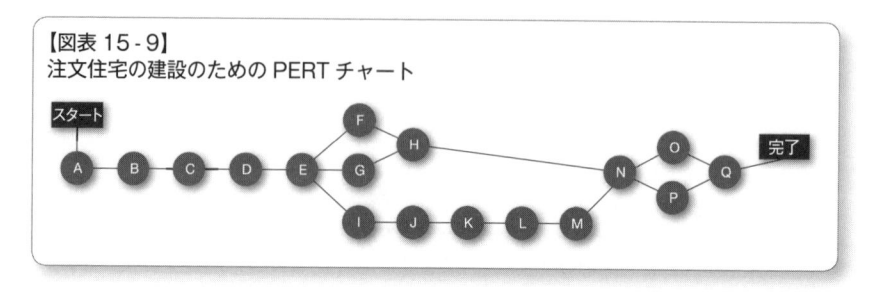

【図表 15-9】
注文住宅の建設のための PERT チャート

どのような用途があるのだろう？　もしプロジェクトマネジャーが、クリティカルパスの作業が遅れていることに気づけば、おそらくクリティカルパス以外の作業の余裕時間に、一時的にクリティカルパスの作業を依頼するであろう。

　このように、PERTは計画と調整の両方のツールになる。プロジェクトのスケジュールに関係する時間を予測するだけでなく、調整すべきポイントについてもヒントを与えてくれる。クリティカルパスのイベントは、遅れが生じるとプロジェクト全体が遅延するので（時間的な遅れだけでなく、おそらく予算もオーバーする）、常にクリィティカルパスの作業に注意しなければならない。具体的な事例で説明すると、もし作業F（窓の設置）が、資材が到着せず1週間遅れても、深刻な問題にはならない。クリティカルパスに入っていないからだ。しかし、作業P（床の設置）が1〜2週間遅れると、プロジェクト全体が1週間遅れる。つまり、プロジェクト全体の遅れに直結する可能性がある作業（クリティカル作業）は、しっかりと監視しておく必要がある。

　章のはじめに紹介したように、組織のオペレーション・システム、組織管理システム、品質への取り組みのマネジメントはマネジャーの役割である。それがなければ、現在のような競争が激化するグルーバル社会を組織が生き抜くことはできない。

---

20) **余裕時間**　クリティカルパスとそれ以外の時間差。

理解を深めよう

1. オペレーション・マネジメントとは何か？　製造組織とサービス組織では、どのように活用されているのか？
2. オペレーション・マネジメントは、どのような戦略的役割を果たすのか？
3. オペレーション・マネジメントは、「コントロールする」こと以外のマネジメント機能に、どのように応用すればよいのか？
4. 製造組織とサービス組織では、オペレーション・マネジメントの必要性が高まっていると思うか？　説明してみよう。
5. バリューチェーンとは？　バリューチェーン・マネジメントとは？　バリューチェーン・マネジメントの目的とは？
6. バリューチェーン・マネジメントによって、組織にはどのようなメリットがあるのか？　バリューチェーン・マネジメントをうまく行うための障害とは？
7. オペレーション・マネジメントにおいて、生産性をマネジメントするが重要な理由を説明してみよう。
8. バリューチェーンで影響力を持つのは誰か？　説明してみよう。
9. あなたが毎週行っていることを2つ選んでみよう（たとえば食料品の買い物、ポーカーパーティーの開催、自宅の清掃、洗濯）。それぞれについて、(a) その生産性を改善する方法、(b) これまでより高品質の成果をあげる方法、を探してみよう。
10. よく知っている企業を選んでみよう。そのバリューチェーンを描いてみよう。できるだけ具体的に描いてみよう。価値を生み出すために、その企業がそのバリューチェーンをどのように「活用している」か評価してみよう。

実例にみるマネジメント (p.467 から続く)

スターバックス：贅沢品のコーヒーを、より多くの人へ

　景気の減速にあわせて売上や利益が低迷するなか、スターバックス CEO のハワード・シュルツは「オペレーション・マネジメントを全面的に改善する必要がある」と実感した。景気の低迷や競争の激化によって、合理化を余儀なくされていたのだ。そのための第一歩として、アメリカの店舗には、従業員がカウンターの下からコーヒー豆をすくうために腰をかがめたり、コーヒーができるまでぼんやりと待っていたり、ペストリーを取り出すのにぐずぐずしていたりする時間を短縮するよう指導した。従

業員ひとりひとりには、顧客のサポートや片づけなど常に忙しく何かしているよう指示した。また、プロセス管理で無駄を省く「リーン」方式を最初に導入した店舗のひとつでは、従業員が効率的に働けるちょっとした工夫を店長が探すようになり、道具を1カ所にまとめたり、顧客に飲み物を渡す場所の近くにトッピング類を置いたり、作業手順を変えたりした。すると2カ月後、売上が10％増加した。

　そのほかに前例のない取り組みとしてシュルツが実施したのは、1店舗ずつ火曜日の午後の営業を3時間休み、13万5,000人近くいるすべてのバリスタ（エスプレッソを作るスタッフ）に研修を行ったことだ。それによって、次のことをバリスタに再認識させたのだ。「エスプレッソを作るのは芸術であり、カップに注ぐのが早すぎると風味が弱く、エスプレッソが薄くなる。逆に遅すぎると、豆の粒子が細かすぎて苦みが出てしまう。完ぺきなのは、スプーンからはちみつを注ぐような状態である。濃厚でカラメルのように甘い」。営業を休むのはイメージダウンにつながり、売上も減少するという反対意見もあったが、どうやら賢明な判断になったようだ。研修から数週間後、スターバックスの飲み物の品質評価は上昇し、その後もその状態は変わらなかった。

設問1　スターバックスの店舗における生産およびオペレーション技術は、ユニット生産、大量生産、プロセス生産のどれか？　その理由を説明してみよう（ヒント：第6章の当該項目を読み直さなければならないかもしれない）。その生産およびオペレーション技術は、商品の生産方法にどのような影響を与えているだろうか。

設問2　スターバックスのバリューチェーンには、どのような不確実性があるか。スターバックスは、その不確実性をマネジメントすることができるだろうか。もしできるとすれば、どのようにすればいいか。できないとすれば、その理由とは。

設問3　スターバックスのウェブサイト（www.starbucks.com あるいは www.starbucks.co.jp）にアクセスし、コーヒー豆の買い付けからコーヒーの提供までの間の環境保護活動について調べてみよう。そのひとつを選び（あるいは教員が指定し）、どのような活動が行われているのかを説明してみよう。それらは、スターバックスが商品を「作り上げる」方法に、どのような影響を与えているのだろうか。

設問4　リーン方式の概念について調べてみよう。「リーン」には、どのようなメリットがあるのか？　スターバックスのような企業は、どうすればリーン方式をさらに取り入れることができるのか。

設問5　スターバックスの取り組みから、ほかの企業は何を学べるのか。

起業家精神講座(アントレプレナーシップ)
ベンチャー企業のマネジメント

　ラッセル・シモンズは起業家のひとりである。シモンズの起業家としての軌跡はニューヨークから始まった。ニューヨークでは多くのヒップホップミュージシャンたちがレコード会社を探しているにもかかわらず、大手レコード会社はシモンズのような無名のミュージシャンに賭けてみようとはしなかった。そこで、シモンズはデフ・ジャム・レコードの共同創業者となり、業界に新風を吹き込んだ。そのほかにも、アパレルブランド、映画製作会社、テレビ番組の制作会社、雑誌出版社、広告会社など数々のビジネスを手掛けてきた。1999年にはデフ・ジャムの株式を大手ユニバーサルミュージックに売却し、2004年にはファットファームブランドも譲渡している。現在は、Visaのプリペイド型デビッドカードを販売するシンシナティのユニラッシュ社、メンズブランド「アーガイルカルチャー」を持つラッセル・シモンズ・アーガイルカルチャー社の経営に携わっている。そのようなシモンズを、『USAトゥデイ』紙は最も影響力ある人物25人に加え、『インク』誌はアメリカで最も魅力的な起業家25人のひとりに選んでいる。

　この講座では、ラッセル・シモンズのような起業家の職務に注目していきたい。まずは起業家精神について説明し、4つのマネジメント機能である「計画する」「組織する」「リーダーシップを発揮する」「コントロールする」という視点から起業家行動を検証しよう。

起業家精神(アントレプレナーシップ)

　起業家精神(アントレプレナーシップ)とは、一般的にはビジネスチャンスを求めて、新たな事業を始めることを言う。フレッド・カールが最高級キッチン用品メーカーを創業したのも、業務用と家庭用のレンジの特性をうまく融合した商品を作れば、ビジネスとして成功すると判断したからである。

　起業家によるベンチャー企業は小企業(零細企業)と同じだと思われがちだが、実は違いがある。起業家が創業する**ベンチャー企業**(注22)は、ビジネスチャンスを追求する組織であり、画期的なビジネス手法を特徴とし、成長と利潤が最大

の目標である。一方、**小企業（零細企業）**は従業員が500人未満の独立事業者であり（訳注：アメリカ中小企業庁の定義である）、必ずしも新たなビジネス手法や画期的なビジネス手法に取り組んでいるわけではなく、業界内の影響力も比較的小さい。規模が小さいから、というだけで起業家精神にあふれているとは限らない。起業家精神がある企業は、創造力に富み、新たなチャンスを模索している。そのためベンチャー企業は、創業時の規模は小さくても成長を目指す。一方、小企業の場合は成長する事例もあるし、成長しない事例もある。それは規模拡大を選ばなかったか、経営が失敗したかのいずれかである。

ベンチャー企業の創業者とは

「偶発的起業家、消極的起業家、強制的起業家とでも呼ぶ人たちがいる」。2桁台の失業率が続くなか、多くの企業「避難民」が起業家になり始めているのだ。そのような人たちが起業に向かったのは、素晴らしいビジネスチャンスがあると感じたからではなく、仕事がないからである。カウフマン財団の起業活動一覧（Index of Entrepreneurial Activity）によると、2010年の起業率は高い状態が続いており、「この15年間で最高の水準になっている」。また、「起業パターンは、『必然的』起業が増え、『好機をとらえた』起業が減少している傾向が見え始めている」。その一方で、「『偶発的あるいは計画的』起業も増えている」。

（事業の成否に関係なく）多くの起業家が証言すると思うが、起業は簡単ではない。アメリカ中小企業庁によると、存続している企業の割合は、創業後2年以内で全体のわずか3分の2、4年になると44％、7年では31％まで低下する。だが興味深いのは、ベンチャー企業の存続率が景気変動の影響をほとんど受けていないことである。

起業家の行動

起業家行動の説明は、簡単なわかりやすい作業ではない！ 行動がまったく同じという起業家は存在しない。一般的に起業家とは、何か新しいもの、何か違うものを生み出す存在であり、変化を求め、変化に対応し、変化をうまく利

21）**起業家精神** 一般的にはビジネスチャンスを求めて、新たな事業を始めるプロセスを言う。
22）**ベンチャー企業** ビジネスチャンスを追求する組織であり、画期的なビジネス手法を特徴とし、成長と利潤が最大の目標である。
23）**小企業（零細企業）** 従業員が500人未満の独立事業者であり、必ずしも新たなビジネス手法や画期的なビジネス手法に取り組んでいるわけではなく、業界内の影響力も比較的小さい。

用する。

　まず起業家は、発案したアイデアの事業性を懸命に探り、次に企業設立のための問題に取り組む。起業を検討する段階では、情報を収集し、事業機会を探り、競争優位になりそうなポイントを見つけ出す。その後、その情報から事業の実現可能性を調べるために、事業アイデアを公開し、競合企業を調査し、資金計画を考える。

　そして、企画した新規ビジネスの実現可能性の調査が終わると、次にそのビジネスを計画する段階に進む。具体的には的確な組織理念の策定、組織文化上の問題の調査、事業計画の精査を行う。それらが終了すると、組織作りのために、組織の法律上の形態を決め、特許や著作権などの法律上の問題を解決し、組織デザインを考え、業務活動に必要な組織構造を作る。

　そのような企業設立のための作業が終了してはじめて、実際に新規ビジネスに取りかかれる。ビジネス開始のためには、目標と戦略、技術的なオペレーション手法、マーケティング計画、情報システム、経理システム、キャッシュフローのマネジメントシステムなどを整備しなければならない。

　新規ビジネスを立ち上げて事業を開始すると、起業家の関心は、そのマネジメントに移る。では、いったいベンチャー企業のマネジメントで重要なのは何であろうか。それは、起業家がすべてのビジネス活動のプロセスをマネジメントすることである。意思決定を行い、行動計画を策定し、内外の環境を分析し、業績を把握して評価し、必要な変革を加える。また人材のマネジメントとして、選考と採用、評価と研修、士気の高揚、紛争の解決、権限の委譲に努める。そして、有能なリーダーになることが求められる。さらに起業家は、組織の成長のため、成長戦略の考案と策定、危機への対処、資金調達のための多様な手法の検討、新規ビジネスの探究、場合によっては最終的な事業撤退に取り組まなければならない。

起業家は何を「計画」しなければならないのか

　ベンチャー企業にとって、「計画する」ことの重要性は高い。新規ビジネスの実現可能性を徹底的に調査した後は、その計画に目を向けなければならない。そのときに何よりも大切なのは、**事業計画書**の作成である。ビジネスチャンスを簡潔にまとめ、その好機をとらえて利益につなげる方法をはっきりと具体的に説明する文書を書き上げる。その形態は、基本的説明から詳細解説までさま

ざまである。最も基本的なものは、事業概要(エグゼクティブサマリー)で、簡易版の事業計画書として2ページ以内にまとめる。要約形式(シノプシス)の場合は、少し説明を付加するため、「肉づけした事業概要」と呼ばれる。事業概要に追記する内容は、なぜその事業に投資価値があるのかについての説明である。事業計画の概略(サマリー)になると、事業計画の重要ポイントについての説明を各1〜2ページで事業概要に加える。「本格的事業計画書」になると、それをさらに詳しく説明する。最も詳細な実務上の事業計画書は（50ページ以上）、既存の戦略ですでに操業しているベンチャー企業が作成するものである。「事業を計画する」段階で使われるケースが多いが、追加出資の要請や買収の魅力をアピールする目的でも利用される。起業家は、どのレベルの事業計画書がその時点の目的にふさわしいのかを判断しなければならない。

本格的事業計画書とは

　起業家を目指す人の多くは、事業計画を策定して書面にまとめるのは面倒な作業だと思っているが、的確な事業計画書には利用価値がある。起業家のビジョンのすべての要素を、簡潔に整然とまとめた事業計画書の作成には、慎重な計画と創造力豊かな発想が欠かせないが、うまくまとめれば数多くの目的に役立つ便利な文書になる。事業推進の計画書や指針になり、創業時だけでなく、組織が存続する限り意思決定や行動の方向性を示す「生きた」文書となる。

　起業家が行う事業の実現可能性の調査結果は、その内容の多くが事業計画書の基礎情報となる。また、わかりやすい事業計画書は、事業概要、事業機会の分析、状況分析、事業の詳細、財務データと資金計画、参考資料の主要6項目で構成されている。

　事業概要　起業家が、ベンチャー企業で目指すことの要旨をまとめたもの。一般的な内容は、簡単な事業理念、主な目標、ベンチャー企業の略歴であり、場合によっては事業スケジュール、主な人材、事業特性、簡単な製品あるいはサービスの説明、市場のニッチ性についての簡単な説明、競合相手、競争優位性、戦略の提案、主要財務情報なども記載される。

---

24) **事業計画書**　ビジネスチャンスを簡潔にまとめ、その好機をとらえて利益につなげる方法をはっきりと具体的に説明する文書。

事業機会の分析　起業家が考えているビジネスチャンスの詳細説明。必須内容は、(1) ターゲット市場の人口統計データを利用した拡大状況、(2) 業界のトレンドの解説と評価、(3) 競合相手の分析と評価である。

状況分析　事業機会の分析は、特定の業界や市場に限定した内容だが、この項目はより広い視点からの分析である。経済、政治および法律、技術、国際情勢における広範な環境変化やトレンドを明らかにする。

事業の詳細　ベンチャー企業の組織計画、参入計画、マネジメント計画を説明する。具体的には、次のような内容を盛り込む。詳細な事業理念、望ましい組織文化。マーケティング計画として市場戦略、価格戦略、販売手法、サービス保証方針、広告および販売促進手法。製品開発計画として開発状況、課題、問題点とリスク、費用予測。オペレーション面の計画として拠点、施設および必要な改良、設備、作業の流れ。人的資源に関する計画として主な経営陣、役員メンバーの経歴および技能、現在および将来必要となる人材、報酬と福利厚生、研修の必要性。さらに全体スケジュールと各種計画の予定表。

財務データと資金計画　的確な事業計画書には必ず財務データと資金計画が記されている。財務データの算出や分析は困難な場合もあるが、きわめて重要な内容であり、財務情報がなければ事業計画は完成しない。財務計画には、少なくとも3年分の損益計算書の予想、キャッシュフロー分析（初年度は月別、その後は四半期別）と貸借対照表の見込み、損益分岐点分析、原価管理についての説明が必要である。大規模な設備や資産の購入予定がある場合は、その内容と費用、利用できる担保も記載しなければならない。また、それらの財務計画や分析には、注釈が必要になる。特にデータに矛盾が見られたり、不自然に思えたりする部分は、言葉での説明も加える。

参考資料　効果的な事業計画書にするには、この部分が重要である。ここまでの説明を図、グラフ、表、写真、視覚的ツールを使って補足する。また、ベンチャー企業に参加する主要メンバーの情報（個人的なデータおよび業務実績）を加えることが重要な場合もある。

ベンチャー企業のアイデアが生まれるまでに時間がかかるのと同じように、的確な事業計画の作成にも手間がかかる。起業家は真剣な思いと熟慮を込めた計画書を作らなければならない。簡単な作業ではないが、仕上がった文書は現

在および将来の事業計画に大いに役立つはずである。

ベンチャー企業を「組織する」場合の問題

　ベンチャー企業の設立と「計画する」段階の問題が解決すれば、「組織する」作業に移ることができる。そのときの主な課題は、法律上の組織形態、組織の設計と構築、人的資源のマネジメントである。

ベンチャー企業にふさわしい法律上の組織形態とは

　起業家に求められる組織についての最初の判断は、きわめて重要である。それはベンチャー企業の法的所有権の形態を決めるものだ。その主な判断基準となるのは、税額と法的責任の2項目である。起業家はそれらを最小限にしようとする。正しい選択をすれば、法的責任を回避できるとともに、支払税額を短期だけでなく長期的に低く抑えられる。

　ベンチャー企業の基本的な組織形態は、個人企業、パートナーシップ、株式会社の3種類である。ただし、それらから派生するものを加えると、個人企業、ゼネラル・パートナーシップ、リミティッド・ライアビリティ・パートナーシップ（LLP）、C株式会社（企業レベルと株主レベルで税金が別々に課される）、S株式会社（株式レベルのみに課税される）、リミティッド・ライアビリティ・カンパニー（LLC）の6種類の選択肢がある（訳注：これらの内容はアメリカの法律を前提としている）。それぞれ税額と法的責任が異なり、長所・短所がある。

　法律上の組織形態をどのようにするかの判断が重要なのは、それによって税額と法的責任が大きく変わるためである。組織形態の変更は可能だが、簡単な作業ではない。起業家は、何を重視するか、なかでも柔軟性、税額、個人の責任の大きさについて慎重に検討し、最善の判断をしなければならない。

ベンチャー企業にふさわしい組織構造

　ベンチャー企業の組織作りにおいては、組織構造の選択も重要である。有能な起業家は、ある段階で、自分がすべての作業をできるわけではないことに気づく。人が必要になる。そうなると組織活動を効率的かつ効果的に進めるために、最適な組織構造を決めなければならない。事業にふさわしい組織構造にしなければ、すぐに混乱状況に陥ってしまう。

　多くの小規模組織の場合、起業家が意識的にじっくり考えた上で組織構造が

進化するということはほとんどない。大半の場合、組織構造はきわめて単純で、1人の人物が必要な作業をすべて行う。しかし成長に伴って起業家が1人ですべてをこなすのが次第に難しくなると、従業員を採用し、手が回らない一定の機能や作業を任せる。企業の成長が続けば、そのような人材が同一の業務を担当するようになる。さらには、各業務にマネジャーとより多くの従業員が必要になる。

　組織構造が複雑になると、起業家はまったく新しい課題に直面する。突然、自分だけで意思決定できなくなり、組織運営も共同責任になる。ところが誰かと協力し、意思決定を任せるというのは、起業家には何よりも難しい。結局、「この事業を自分と同じように理解している人物などいるだろうか？」と結論づけてしまう。その一方で、規模が小さいときにはうまく機能していた簡略で、自由で柔軟な雰囲気の組織が、もはや効率的でなくなる。多くの起業家は、企業が成長して複雑な組織構造に進化してもなお、「小規模企業」の雰囲気を残すことを懸命に考える。組織構造が複雑になると必然的に柔軟性、適応能力、自由がなくなるわけではない。実際には、起業家が仕事しやすいように流動的で、しかも効率的に組織運営できるような組織デザインもある。

　第6章で紹介した組織構造の6要素である職務の専門化、部門化、権限と責任、管理の幅、集権と分権のレベル、定型化のレベルは、ベンチャー企業の組織デザインでも該当する。それらの度合いをどの程度にするかの判断によって、起業家が系統立った組織構造にするのか、あるいはあまり手を加えない組織構造にするのかが決まる。前者のほうが望ましいのは、競争優位性として費用効率が重要な場合、従業員の職務作業の管理強化が必要な場合、標準化された製品を一定の方法で生産している場合、外部環境が比較的安定し不確実性が低い場合、である。後者が適切なのは、競争優位性のためにイノベーションが欠かせない場合、組織規模が小さく、作業の分割や連携のための厳密な組織構成が不要な場合、それぞれの顧客に合わせた製品を柔軟な体制で生産している場合、外部環境の動きが激しく、複雑で不確実性が高い場合、である。

起業家が直面する人的資源管理（HRM）上の問題

　ベンチャー企業は、成長に合わせて従業員の採用人数を増やし、増加する業務に対処してもらわなければならない。人的資源管理で特に重要な2つの問題とは、採用、そして離職の防止である。

起業家にとっては、必要な職務をこなせる人材が既に確保できている状態が望ましく、新たな従業員の採用は、難題のひとつとなる。実際に小規模な企業が適材をうまく採用できるかどうかは、組織の成功を左右する最も重要な要素として常に指摘されている。

　起業家が切望するのは、潜在能力が高く、組織のさまざまな成長過程において複数の役割をこなせる人材である。そのために起業家精神豊かな組織文化を好み、事業に情熱を持つ人材を探す。他社が人材と職務要件を合致させる採用をしようとするのに対して、起業家は大幅な技能の差を埋めることに期待し、きわめて能力が高く、やる気にあふれ、柔軟で複数の技能を備え、ベンチャー企業の成長に貢献できる人材を求める。企業のマネジャーは従来のHRM手法や技術に注目しがちだが、起業家が関心を持つのは人材の個性と組織の価値観や文化との整合性である。つまり、人材と組織とを合致させようとする。

　能力と資質を備えた人材の採用は、効果的な人的資源管理の第一歩にすぎない。採用して研修した人材の離職は防ぎたい。従業員の離職を防ぐために、起業家独自の重要な課題になるのが報酬である。従来の組織は金銭面の見返り（基本給、福利厚生、奨励金）を報酬と考えがちだが、比較的規模の小さいベンチャー企業は、あらゆる見返りを報酬と判断することが多い。そのなかには金銭面での報酬（基本給と報奨金）に加えて、心理的報酬、学ぶ機会、能力の評価も含まれている。

起業家が「リーダーシップを発揮する」場合の課題

　起業家にとって、「リーダーシップを発揮する」ことは重要な役割である。企業が成長し、従業員を採用するようになると、起業家には新たな役割が生まれる。リーダーシップの発揮である。ここからは、それに伴う問題について取り上げていきたい。そこでまず、起業家の個性に注目する。次に、従業員の士気を高める重要な役割として、権限移譲や組織や従業員チームでのリーダーシップについて考える。

起業家のパーソナリティーとは？

　あなたが知っている起業家について考えてほしい。本人を直接知っている人物かもしれないし、マイクロソフトのビル・ゲイツのように、何かで読んだ人物かもしれない。その人物のパーソナリティーをどのように表現するだろうか？

起業家精神についての研究が進んでいる領域のひとつは、もし起業家に共通する心理的特徴があるとすれば、それは何かという分析である。起業家のパーソナリティー特性とは何か、そしてどんな特性があれば成功できるのか。

いつの時代にも通用する「起業家としてのパーソナリティー」はあるのだろうか？　すべての起業家に共通する具体的なパーソナリティーを見つけ出そうとすることには、リーダーシップの特性理論と同じ問題点があり、すべての起業家が持つ特定の性格を探さなければならないが、起業家研究でもその問題を抱えつつ、起業家の共通特性を列記する作業が続いてきた。その1つは起業家の特性として、やる気の高さ、強い自信、粘り強さ、活力の強さ、不屈の問題解決力、高い主導力、目標設定能力、リスクに対する適度な姿勢である。「成功する」起業家に関する別の分析では、活力の強さ、粘り強さ、資源の豊富さ、主導願望と主導能力、比較的強い自主性願望が挙げられている。

そのほかにも、先を見越して行動するプロアクティブな性格であるかどうかを基準に起業家精神を評価し、ベンチャー企業に携わる可能性が予想されている。**プロアクティブな性格**[注25]とは、環境に影響を与える行動を率先する心理的傾向で、その傾向が強ければ、よりプロアクティブな性格になる。起業家は、ビジネスチャンスを模索して、その好機を活かそうとするので、明らかにプロアクティブな傾向が強い。そのプロアクティブ性を示すさまざまな指標が、将来起業家になる可能性を探るのに効果的であることがわかっている。具体的な項目として性別、教育、起業家精神豊かな親を持つこと、率先して行動する性格が含まれている。さらに起業家は比較的リスク傾向が高いことも実証されている。ただしその傾向は、起業家の基本的な目標によって変わり、成長を目指す起業家は、家計の確保が大切な起業家にくらべてリスク傾向は強い。

起業家はどのように従業員の士気を高められるのか

何かをやる気になっているとき、エネルギーにあふれ、わくわくすることなら何でも労力をいとわない気持ちだと感じないだろうか？　ベンチャー企業の従業員すべてが仕事に対するエネルギーにあふれ、胸が高まり、懸命に対処する気持ちであれば、素晴らしくないだろうか？　従業員の士気の高揚は、すべての起業家にとって大切な目標であり、そのためには従業員への権限委譲が効果的な手段になる。

起業家が従業員に権限を委譲し、従業員に対して意思決定と主体的な行動の

権利を与えるのは簡単ではないが、士気を高める手法としては欠かせない。なぜだろう？　ベンチャー企業の成功には、迅速で鋭敏な姿勢、いつでもビジネスチャンスを求めて方向転換する態度が不可欠である。権限を委譲された従業員は、その柔軟性とスピードを発揮できる。また、やる気が強く、業務品質にすぐれ、職務満足度が高く、離職率が低い事例が多い。

　権限の委譲は、起業家が行うべき優れた発想だが、簡単には実行できない。現実に多くの起業家が苦慮している。起業家の生活はビジネスに忙殺され、そのビジネスをゼロから作り上げてきたのだ。しかし、ベンチャー企業を成長させ続けるには、いつか従業員に多くの責任を持たせなければならない。どうすれば起業家から従業員への権限委譲ができるのだろう？　多くの場合、段階的に委譲を進めている。

　共同での意思決定から始め、従業員の意見を意思決定に反映するのは難しくない。従業員を意思決定に参加させることは、従業員への本格的な権限委譲にはならないが、少なくとも従業員の才能、技能、知識、能力の集約への第一歩になる。

　もうひとつの権限委譲の方法は、職権の委任である。一定の判断や特定の職務を従業員に割り振ればよい。そうすれば起業家は、その責任を任せられる。

　最終的に起業家が従業員への権限委譲に抵抗を感じなくなれば、完全に権限を委譲するために従業員の職務を再構築し、自由に仕事ができるようにする。そうすることによって、従業員は創造性、想像力、知識、技能を発揮し、効率的かつ効果的に作業を進められるようになる。

　起業家が従業員にうまく権限委譲でき、完全な形で全面的に賛同し、従業員への適切な研修も実施すれば、企業にとっても権限委譲された従業員にとっても、顕著な成果が期待できる。企業側は大幅な生産性の向上、品質改善、顧客満足度の向上、従業員のやる気と意欲の向上を実現し、従業員側は、それまでより興味深くやりがいのある多様な職務を経験できるようになる。

起業家はどのようにリーダーシップを発揮するのか

　ここでの話題は、起業家のリーダーとしての役割で締めくくろう。起業家には、ベンチャービジネスとともに、従業員のチームに向けて一定のリーダーシ

---

25) プロアクティブな性格　環境に影響を与える行動を率先する心理的傾向。

ップを発揮する責任がある。

　現代において、起業家として成功するためには、ジャズアンサンブルのリーダーのように卓越した即興性、革新性、創造性が求められる。大手オフィス用家具メーカーのハーマン・ミラーの元経営者マックス・デプリーは、革新的なリーダーシップで知られる人物であり、著書『Leadership Jazz』の中でリーダーの役割をうまく表現している。「ジャズバンドのリーダーは音楽を選び、適任のミュージシャンを探し、演奏しなければならない。しかも公衆の前で。ところが演奏の成果は、さまざまなことに影響される。環境、バンド演奏をしてくれるボランティア、個人やグループとして演奏する各人のニーズ、バンドメンバーに対するリーダーの絶対的信頼、ミュージシャンたちのうまく演奏することに対するニーズ……つまりジャズバンドのリーダーには、ほかのミュージシャンから最高のパフォーマンスを引き出すという素晴らしいチャンスがあるのだ。私たちは、バンドリーダーから多くのことを学ぶべきである。リーダーシップと同じように、ジャズは将来の不確実性と個人の才能との組み合わせである」

　ベンチャー企業でのリーダーシップは、ジャズのリーダーとまったく同じように、たとえ不確実な状況にあっても、従業員の最大限の力を引き出さなければならない。そのための1つの方法は、組織のビジョン作りである。実際にベンチャー企業の創業初期に推進力となるのは、ビジョナリー・リーダーシップであるケースが多い。明瞭で、やる気を引き出し、魅力的な将来ビジョンを策定する能力がリーダーにあるかどうかは、リーダーシップに大きく影響する。その能力があれば、素晴らしい業績が期待できる。ビジョンのある企業とない企業の比較では、ビジョンのある企業が標準的財務指標は6倍、株価の伸びは全体の15倍というデータもある。

　第10章で説明したように、ベンチャー企業であるかどうかに関係なく、多くの組織が従業員のチームを活用して業務を行い、新たなアイデアを作り出し、問題を解決している。ベンチャー企業の従業員チームに見られる共通の特性として多いのは、次の3つのタイプである。権限委譲されたチーム（組織プロセスの改善を自由に計画し、実行できる）、みずから方向を決めるチーム（多くのマネジメント業務に対して、自発的に行動し、責任を持つ）、機能横断型チーム（専門分野が多様な人材で構成されるチームが、さまざまな課題に共同で取り組む）。

チームを作って活用しなければならない背景には、技術進化と市場変化によってベンチャー企業が製品を早く、安く、上質に作らなければならない圧力がある。従業員の知恵の結集に踏み出し、意思決定を任せるのは、変化に適応する最善策かもしれない。またチーム文化は、職場環境の改善や士気の高揚にもつながる。だがチームがうまく機能するためには、起業家が、リーダーシップスタイルを従来の指揮・管理スタイルからコーチ・連携スタイルに変えなければならない。

起業家が「コントロールする」上で直面する課題

ベンチャー企業が短期的および長期的に生き残り、成長するには、起業家がオペレーション業務を「コントロールする」ことが求められる。そのときの起業家特有の課題は、成長時のマネジメントと低迷期のマネジメント、市場からの撤退、個人としての人生における選択と課題のマネジメントである。

成長時のマネジメント

ベンチャー企業にとって、成長は当然で望ましい成果であり、ベンチャー企業の特性でもある。成長を追い求めるのがベンチャー企業であり、そのスピードが遅くても成功と言えるが、望ましいのは急成長だ。

成長は、成行きや幸運によるものではない。そのためには成長に影響する問題のすべてを起業家がマネジメントしなければならず、そのなかには成長を「計画し」、「組織し」、「コントロールする」要素が含まれている。

低迷時のマネジメント

ベンチャー企業にとって、成長は望ましい成果であり、大切な目標でもあるが、物事が予定どおりに進まない場合はどうなるだろう？　成長戦略が不本意な結果になり、業績の低迷につながったらどうだろう？　そのような低迷時のマネジメントにも難しい問題がある。

誰も失敗は望まない。特に起業家はそうだ。だがベンチャー企業が問題に直面した場合、何ができるのだろう？　どうすれば下降期をうまくマネジメントできるのだろう？　それにはまず、危機が起こっているという自覚が必要になる。起業家は、危機だというサインを見落としてはいけない。業績低迷の予兆となるのは、キャッシュフローの低下や不足、余剰な従業員、不必要で煩雑な

管理手続き、意見対立やリスクに対する恐れ、能力不足の見すごし、明確な理念や目標の欠如、組織内の非効率あるいは不十分なコミュニケーションなどである。

　起業家は、組織の業績悪化、低迷、そして危機に対処することが決して生じないよう望んでいるが、そのような状況は必ず起こる。結局のところ、誰も状況の悪化や深刻化については考えたがらない。だが起業家には、それを考えることこそが必要であり、そうなる前に考えなければならない（第14章のフィードフォワード・コントロールの内容を思い出そう）。危機を防ぐには、最新情報を取り入れた計画が欠かせない。火事に備えて避難経路を決めておくようなものだ。起業家は、緊急事態が起こる前に準備を整えようとする。その想定で重点的に取り組むべきなのは、ベンチャー企業経営に必須のきわめて重要なポイントとなるキャッシュフロー、未収金、費用、負債をコントロールするための具体的な計画を作ることである。そのようなベンチャー企業の生命線となるインフロー、アウトフローのほかにも、費用削減や事業再構築のための具体的な戦略も明確にしておかなければならない。

ベンチャー企業の市場からの撤退によって、何が起こるのか

　ベンチャー企業の市場からの撤退は、起業家の行動として奇異に映るかもしれない。しかし、起業家が撤退時期だと判断する状況に行き着くケースもある。その背景には、ベンチャー企業への投資を現金化したい（**資金回収**）（注26）という起業家の思いや、起業家が深刻な業績上の問題に直面して撤退を望んでいる状況、起業家が別の目的（個人的な事情や別の事業）に集中したいという願望などが想定される。そのような撤退時に問題となるのは、適切な事業評価手法の選択と、事業の売却プロセスに関わる知識である。

　おそらく撤退への準備で何よりも難しいのは事業評価だが、それだけではない。準備作業を進め、誰が事業を売却するのかを判断し、税額への影響を検討し、買い手候補を絞り込み、従業員には売却の前と後のどちらで告知するのかを決めておかなければならない。そのような撤退プロセスには、参入プロセスと同じような慎重さが欠かせない。起業家がベンチャー企業を前向きな理由で売却する場合は、そのビジネスで築き上げた価値を知りたいと思う。逆に業績の低迷が原因で撤退する場合は、最大限の資金回収を望む。

起業家としての個人的な問題のマネジメントを考えることが、なぜ重要なのか

　起業するのは刺激的で、達成感も感じるが、大変な労力も必要になる。長時間拘束され、要求は厳しく、強いストレスを抱える。その一方、起業による見返りも大きい。ここでは、どうすればそれに起業家が対処できるのかを考えたい。仕事と私生活それぞれで必要なことを、どうすればうまく効率的にバランスよくこなせるのだろうか。

　起業家たちは特別なグループである。集中力があって粘り強く、懸命に働き、知性も備えている。起業したベンチャー企業の市場参入や成長のために、ほとんどの時間を費やしているので、個人の生活は犠牲になっているケースが多い。起業の夢を追い求めるため、犠牲を強いられる事例も少なくない。とはいえ、仕事と私生活のバランスをうまく保つことは可能だ。でも、どうやって？

　起業家に何よりも求められるのは、時間管理の能力である。すべきことに優先順位をつけ、手帳を使って（1日毎、週間、月間）優先事項のスケジュール管理をしやすくする。起業家のなかには、計画や優先順位の決定に時間を割きたくない、それは途方もなく時間の無駄だと考える人物もいる。しかし大切な職務を確認し、ほかと区別すれば、実際に効率的かつ効果的に職務がこなせる。また、自分が関わる必要のない判断や行動を、信頼できる従業員に任せることも、時間管理の達人になるための一歩である。いつもの行為から離れるのは簡単ではないかもしれないが、うまく仕事を任せれば、私生活の生産性が上がる。

　仕事と私生活のバランスをとるもう1つの方法は、職務上必要な内容について専門家の助言を求めることである。わずかな金額や時間、エネルギーの投入にも抵抗があるかもしれないが、長期的な潜在的問題を回避できれば、十分にその費用の価値はある。優秀な専門家の助言は、さらに賢明な判断をするための情報にもなる。また、職場であれ、家庭であれ、持ち上がった対立の解消も重要である。対立を放置しておくと、反感が生まれてコミュニケーションが崩壊する可能性が高い。コミュニケーションが破綻すると、重要な情報を得られなくなる恐れがあり、人は（従業員であっても家族であっても）最悪の事態を想定し始める危険がある。そうなると悪夢であり、悪循環だ。対立は直ちに対処するのが一番だ。互いの意見を述べ、（必要であれば議論するのが大切であり、対立を避けたり、見て見ぬふりをするのはよくない。

---

26) 資金回収　ベンチャー企業への投資を現金化したいとの起業家の思いが原因で市場から撤退する行動。

仕事と私生活のバランスをとるためのもうひとつの方法は、信頼できる友人や仲間のネットワークを作ることである。話のできる仲間がいれば、問題や課題をじっくり考えやすい。仲間からの支援や励ましは、起業家にとってかけがえのない力になる。

　最後に、ストレスレベルがきわめて高いときは、そのことを自覚しなければならない。起業家は達成意欲が強い。変化を好み、懸命に働くことが生きがいである。しかし極度のストレスは深刻な肉体的、精神的問題を引き起こしかねない（第8章参照）。ストレスに圧倒されているときは、その自覚を持ち、何らかの対処をすべきである。結局のところ、ベンチャー企業が成長し、大成しても、本人がそれを喜べなければ、どんな意味があるのだろう？

資料：T. Padgett, "Russell Simmons: Getting Rich Is So Simple," *CNNMoney.com*, April 29, 2011; R. Schmidt and P. O'Connor, "Def Jam's Founder Out-Lobbies Big Banks," *Bloomberg BusinessWeek*, June 28, 2010, pp. 21-22; R. A. Smith, "From Phat to Skinny," Wall Street Journal, May 1, 2010, p. W7; J. Dean, "The Endless Flow of Russell Simmons," Entrepreneur, September 2009, pp. 24-28; S. Page, "Top 25 Influential People," *USA Today*, September 4, 2007, p. A10; S. Berfield, "Hip-Hop Nation," *BusinessWeek*, June 13, 2005, p. 12; R. Kurtz, "Russell Simmons, Rush Communications," Inc., April 2004, p. 137; J. Reingold, "Rush Hour," *Fast Company*, November 2003, pp. 68-80; S. Berfield, "The CEO of Hip Hop," *BusinessWeek*, October 27, 2003, pp. 90-98; J. L. Roberts, "Beyond Definition," *Newsweek*, July 28, 2003, pp. 40-43; C. Dugas, "Hip-Hop Legend Far Surpassed Financial Goals," *USA Today*, May 15, 2003, p. 6B; "Jobless Entrepreneurship Tarnishes Steady Rate of U.S. Startup Activity, Kauffman Study Shows," www.kauffman.org/newsroom/ (March 7, 2011); "Frequently Asked Questions," U.S. Small Business Administration, www.sba.gov/advo (September 2008); D. E. Gumpert, "The Right Business Plan for the Job," *BusinessWeek Online*, January 7, 2008; W. H. Stewart, "Risk Propensity Differences Between Entrepreneurs and Managers: A Meta-Analytic Review," *Journal of Applied Psychology* (February 2001), pp. 145-153; I. O. Williamson, "Employer Legitimacy and Recruitment Success in Small Businesses," *Entrepreneurship Theory and Practice*, Fall 2000, pp. 27-42; R. L. Heneman, J.

W. Tansky, and S. M. Camp, "Human Resource Management Practices in Small and Medium-Sized Enterprises: Unanswered Questions and Future Research Perspectives," *Entrepreneurship Theory and Practice*, Fall 2000, pp. 11-26; T. L. Hatten, *Small Business: Entrepreneurship and Beyond* (Upper Saddle River, NJ: Prentice Hall, 1997), p. 5; L. W. Busenitz, "Research on Entrepreneurial Alertness," *Journal of Small Business Management* (October 1996), pp. 35-44; J. M. Crant, "The Proactive Personality Scale as Predictor of Entrepreneurial Intentions," *Journal of Small Business Management* (July 1996), pp. 42-49; J. C. Collins and J. I. Porras, *Built to Last: Successful Habits of Visionary Companies* (New York: Harper Business, 1994)(『ビジョナリーカンパニー　時代を超える生存の原則』ジェームズ・C・コリンズ、ジェリー・I・ポラス共著、山岡洋一訳、日経BP社、1995年); M. Depree, *Leadership Jazz* (New York: Currency Doubleday, 1992), pp. 8-9; P. B. Robinson, D. V. Simpson, J. C. Huefner, and H. K. Hunt, "An Attitude Approach to the Prediction of Entrepreneurship," *Entrepreneurship Theory and Practice*, Summer 1991, pp. 13-31; P. F. Drucker, *Innovation and Entrepreneurship: Practice and Principles* (New York: Harper & Row, 1985)(『イノベーションと企業家精神：実践と原理』P・F・ドラッカー著、上田惇生、佐々木実智男共訳、ダイヤモンド社、1985年); and J. W. Carland, F. Hoy, W. R. Boulton, and J. C. Carland, "Differentiating Entrepreneurs from Small Business Owners: A Conceptualization," *Academy of Management Review*, 9, no. 2 (1984), pp. 354-359.

参考文献

第1章

1. D. Waller, "The Virus Hunters," ***Management Today,*** December 2010, p. 98; A. Ricadela, "Symantec Forecast Tops Estimates on Business Spending," ***Businessweek.com***, October 28, 2010; J. Brandon, "Doing Battle with Online Threats," Inc., October 2010, p. 46; "Hackers Seeking Trade Secrets," ***Information Management***, May–June 2010, p. 9; and S. Kirsner, "Sweating in the Hot Zone," ***Fast Company,*** October 2005, pp. 60–65 に基づく。
2. The Walt Disney Company, Letter to Shareholders, ***2010 Annual Report,*** pp. 1–3; and ***2008 Annual Report,*** pp. 2–3.
3. H. Fayol, ***Industrial and General Administration*** (Paris: Dunod, 1916) (『産業ならびに一般の管理』アンリ・ファヨール著、山本安次郎訳、ダイヤモンド社、1985年).
4. 「マネジメントいまむかし」は Dictionary.com Unabridged, based on the Random House Dictionary, © Random House, Inc. 2009, http://dictionary.reference.com/browse/manage; Online Etymology Dictionary, www.etymonline.com (June 5, 2009); P. F. Drucker, ***Management: Revised Edition*** (New York: HarperCollins Publishers, 2008); and F. W. Taylor, ***Principles of Scientific Management*** (New York: Harper, 1911), p. 44. (『[新訳]科学的管理法』フレデリック・W・テイラー著、有賀裕子訳、ダイヤモンド社、2009年)に基づく。テイラーに関するその他の情報については、S. Wagner-Tsukamoto, "An Institutional Economic Reconstruction of Scientific Management: On the Lost Theoretical Logic of Taylorism," ***Academy of Management Review,*** January 2007, pp. 105–117; R. Kanigel, ***The One Best Way: Frederick Winslow Taylor and the Enigma of Efficiency*** (New York: Viking, 1997); and M. Banta, ***Taylored Lives: Narrative Productions in the Age of Taylor, Veblen, and Ford*** (Chicago: University of Chicago Press, 1993)を参照のこと。
5. この点に関する包括的な見解については、C. P. Hales,"What Do Managers Do? A Critical Review of the Evidence,"***Journal of Management*** (January 1986), pp. 88–115 を参照のこと。
6. H. Mintzberg, ***The Nature of Managerial Work*** (New York:Harper & Row, 1973) (『マネジャーの仕事』ヘンリー・ミンツバーグ著、奥村哲史、須貝栄訳、白桃書房、1993年).
7. "What Managers Really Do," ***Wall Street Journal,*** August 17, 2009, p. R2; and H. Mintzberg, ***Managing*** (San Francisco: Berrett Koehler), 2009.
8. S. J. Carroll and D. A. Gillen, "Are the Classical Management Functions Useful in Describing Managerial Work?" ***Academy of Management Review,*** January 1987, p. 48.
9. E. White, "Firms Step Up Training for Front-Line Managers," ***Wall Street Journal,*** August 27, 2007, p. B3.
10. J. G. Harris, D. W. DeLong, and A. Donnellon, "Do You Have What It Takes to Be an E-Manager?" ***Strategy and Leadership*** (August 2001), pp. 10–14; C. Fletcher and C. Baldry, "A Study of Individual Differences and Self-Awareness in the Context of Multi-Source Feedback," ***Journal of Occupational and Organizational Psychology*** (September 2000), pp. 303–319; and R. L. Katz, "Skills of an Effective Administrator," ***Harvard Business Review,*** September–October 1974, pp. 90–102 などを参照のこと。
11. R. P. Tett, H. A. Guterman, A. Bleier, and P. J. Murphy, "Development and Content Validation of a 'Hyperdimensional' Taxonomy of Managerial Competence," ***Human Performance,*** vol. 13, no. 3 (2000), pp. 205–251.
12. E. C. Dierdorff, R. S. Rubin, and F. P. Morgeson, "The Milieu of Managerial Work: An Integrative Framework Linking Work Context to Role Requirements," ***Journal of Applied Psychology*** (July 2009), pp. 972–988.
13. "Frequently Asked Questions," ***U.S. Small Business Administration,*** www.sba.gov/advo (September 2008); T. L. Hatten, ***Small Business: Entrepreneurship and Beyond*** (Upper Saddle River, NJ: Prentice Hall, 1997), p. 5; L. W. Busenitz, "Research on Entrepreneurial Alertness," ***Journal of Small Business Management*** (October 1996), pp. 35–44; and J. W. Carland, F. Hoy, W. R. Boulton, and J. C. Carland, "Differentiating Entrepreneurs from Small Business Owners: A Conceptualization," ***Academy of Management Review,*** vol. 9, no. 2 (1984), pp. 354–359.
14. 「テクノロジーとマネジャーの仕事」は、D. Bennett, "I'll Have My Robots Talk to Your Robots," ***Bloomberg BusinessWeek*** (February 21–27, 2011), pp. 52–62; E. Spitznagel, "The Robot Revolution Is Coming," ***Bloomberg BusinessWeek,*** January 17–23, 2011, pp. 69–71; G. A. Fowler, "Holiday Hiring Call: People vs. Robots," ***Wall Street Journal,*** December 20, 2010, pp. B1+; A. Schwartz, "Bring Your Robot to Work Day," ***Fast Company.com*** (November 2010), pp. 72–74; and P. J. Hinds, T. L. Roberts, and H. Jones, "Whose Job Is It Anyway? A Study of Human- Robot Interaction in a Collaborative Task," ***Human-Computer Interaction*** (March 2004), pp. 151–181 に基づく。
15. T. W. Martin, "May I Help You?" ***Wall Street Journal,*** April 23, 2009, p. R4.

16. Hearst Seattle Media Staff Directory, www.seattlepi.com/facts/pistaff.shtml (February 23, 2011); and W. Yardley and R. Perez-Peña, "Seattle Paper Shifts Entirely to the Web," *New York Times Online* (March 17, 2009).
17. F. F. Reichheld, "Lead for Loyalty," *Harvard Business Review,* July–August 2001, p. 76.
18. R. A. Hattori and J. Wycoff, "Innovation DNA," *Training and Development* (January 2002), p. 24.
19. E. Frauenheim, "Managers Don't Matter," *Workforce Management Online* (April 6, 2010); and K. A. Tucker and V. Allman, "Don't Be a Cat-and-Mouse Manager," The Gallup Organization, www.brain.gallup.com (September 9, 2004).
20. Frauenheim, 2010.
21. "WorkUSA® 2004/2005: Effective Employees Drive Financial Results," Watson Wyatt Worldwide, Washington, DC.

歴史講座

1. C. S. George, Jr., *The History of Management Thought,* 2d ed. (Upper Saddle River, NJ: Prentice Hall, 1972), p. 4.
2. 同上、pp. 35–41.
3. F. W. Taylor, *Principles of Scientific Management* (New York: Harper, 1911), p. 44. (『[新訳] 科学的管理法』フレデリック・W・テイラー著、有賀裕子訳、ダイヤモンド社、2009年)。テイラーに関するその他の情報については、S. Wagner-Tsukamoto, "An Institutional Economic Reconstruction of Scientific Management: On the Lost Theoretical Logic of Taylorism," *Academy of Management Review,* January 2007, pp. 105–117; R. Kanigel, *The One Best Way: Frederick Winslow Taylor and the Enigma of Efficiency* (New York: Viking, 1997); and M. Banta, *Taylored Lives: Narrative Productions in the Age of Taylor, Veblen, and Ford* (Chicago: University of Chicago Press, 1993)を参照のこと。
4. H. Fayol, *Industrial and General Administration* (Paris: Dunod, 1916) (『産業ならびに一般の管理』アンリ・ファヨール著、山本安次郎訳、ダイヤモンド社、1985年); M. Weber, *The Theory of Social and Economic Organizations,* ed. T. Parsons, trans. A. M. Henderson and T. Parsons (New York: Free Press, 1947); and M. Lounsbury and E. J. Carberry, "From King to Court Jester? Weber's Fall from Grace in Organizational Theory," *Organization Studies,* vol. 26, no. 4 (2005), pp. 501–525.
5. R. A. Owen, *A New View of Society* (New York: E. Bliss and White, 1825); H. Munsterberg, *Psychology and Industrial Efficiency* (Boston: Houghton Mifflin, 1913); and M. P. Follett, *The New State: Group Organization the Solution of Popular Government* (London: Longmans, Green, 1918).
6. E. Mayo, *The Human Problems of an Industrial Civilization* (New York: Macmillan, 1933); and F. J. Roethlisberger and W. J. Dickson, *Management and the Worker* (Cambridge, MA: Harvard University Press, 1939). Also see G. W. Yunker, "An Explanation of Positive and Negative Hawthorne Effects: Evidence from the Relay Assembly Test Room and Bank Wiring Observation Room Studies," paper presented, Academy of Management Annual Meeting, August 1993, Atlanta, Georgia; S. R. Jones, "Was There a Hawthorne Effect?" *American Sociological Review,* November 1992, pp. 451–468; and S. R. G. Jones, "Worker Interdependence and Output: The Hawthorne Studies Reevaluated," *American Sociological Review,* April 1990, pp. 176–190; J. A. Sonnenfeld, "Shedding Light on the Hawthorne Studies," *Journal of Occupational Behavior* (April 1985), pp. 111–130; B. Rice, "The Hawthorne Defect: Persistence of a Flawed Theory," *Psychology Today,* February 1982, pp. 70–74; R. H. Franke and J. Kaul, "The Hawthorne Experiments: First Statistical Interpretations," *American Sociological Review,* October 1978, pp. 623–643; and A. Carey, "The Hawthorne Studies: A Radical Criticism," *American Sociological Review,* June 1967, pp. 403–416.
7. A. Maslow, "A Theory of Human Motivation," *Psychological Review,* July 1943, pp. 370–396; see also A. Maslow, Motivation and Personality (New York: Harper & Row, 1954); and D. McGregor, *The Human Side of Enterprise* (New York: McGraw-Hill, 1960).
8. P. Rosenzweig, "Robert S. McNamara and the Evolution of Management," *Harvard Business Review,* December 2010, pp. 86–93; and C. C. Holt, "Learning How to Plan Production, Inventories, and Work Force," *Operations Research,* January–February 2002, pp. 96–99.
9. T. A. Stewart, "A Conversation with Joseph Juran," *Fortune,* January 11, 1999, pp. 168–170; J. R. Hackman and R. Wageman, "Total Quality Management: Empirical, Conceptual, and Practical Issues," *Administrative Science Quarterly,* June 1995, pp. 309–342; B. Krone, "Total Quality Management: An American Odyssey," *The Bureaucrat,* Fall 1990, pp. 35–38; and A. Gabor, *The Man Who Discovered Quality* (New York: Random House, 1990).
10. C. I. Barnard, *The Functions of the Executive* (Cambridge: Harvard University Press, 1938) (『[新訳] 経営者の役割』(経営名著シリーズ 2)』C. I. バーナード著、山本安次郎訳、ダイヤモンド社、1968年); and K. B. DeGreene, *Sociotechnical Systems: Factors in Analysis, Design, and Management* (Upper Saddle River, NJ: Prentice Hall, 1973), p. 13.
11. F. E. Fiedler, *A Theory of Leadership Effectiveness* (New York: McGraw-Hill, 1967).
12. "Information Age: People, Information & Technology—An Exhibition at the National Museum of American History," *Smithsonian Institution,* http://photo2.si.edu/infoage/infoage.html (June 11, 2009); and P. F. Drucker, *Management, Revised Edition* (New York: HarperCollins Publishers, 2008) (『ドラッカー名著集 13～15 マネジメント』P. F. ドラッカー著、上田惇生訳、ダイヤモンド社、2008年)。

第2章

1. "100 Best Companies to Work For," *Fortune,* February 7, 2011, pp. 91+; V. Nayar, "Employee Happiness: Zappos vs. HCL," *Businessweek.com,* January 5, 2011; D. Richards, "At Zappos, Culture Pays," *Strategy+Business Online,* Autumn 2010; T. Hseih, "Zappos's CEO on Going to Extremes for Customers," *Harvard Business Review,* July-August 2010, pp. 41-45; A. Perschel, "Work-Life Flow: How Individuals, Zappos, and Other Innovative Companies Achieve High Engagement," *Global Business & Organizational Excellence,* July 2010, pp. 17-30; T. Hseih, "Why I Sold Zappos," *Inc.,* June 2010, pp. 100-104; T. Hseih, "Happy Feet," *Newsweek,* June 21, 2010, p. 10; M. Betts, "Zappos Earns No. 1 Ranking for E-retailing," *Computerworld,* June 7, 2010, p. 4; S. Elliott, "Tireless Employees Get Their Tribute, Even If It's in Felt and Polyester," *New York Times Online,* March 4, 2010; C. Palmeri, "Now for Sale, Zappos Culture," *Bloomberg BusinessWeek,* January 11, 2010, p. 57; and E. Frauenheim, "Can Zappos Culture Survive the Amazon Jungle?" *Workforce Management Online,* September 14, 2009.
2. J.Robinson, "What Leaders Must Do Next, "*The Gallup Management Journal Online,* http://gmj.com/ (June 11,2009).
3. C. Matlack, "The Growing Peril of a Connected World," *Bloomberg BusinessWeek,* December 6-12, 2010, pp. 63-64.
4. S. Reddy, M. Walker, and A. Batson, "Factories Revive Economy," *Wall Street Journal,* April 2, 2010, pp. A1; and S. Shinn, "Banking on Customers," BizEd, March-April 2010, pp. 16-21.
5. N. Gibbs, "25 People to Blame," *BusinessWeek,* February 23, 2009, p. 20.
6. 同上
7. F. Zakaria, "Greed Is Good (To a Point)," *Newsweek,* June 22, 2009, pp. 41-47.
8. M. E. Porter and M. R. Kramer, "Shared Value," *Harvard Business Review,* January-February 2011, pp. 63-77; and Zakaria, 2009.
9. R. M. Kidder, "Cleaning Up Damage of Economic Collapse Must Be Rooted in Values, Argues Sociologist," *Ethics Newsline,* www.globalethics.org/newsline (June 15, 2009).
10. 「マネジメントいまむかし」は S. Terlep and N. E. Boudette, "Feeling Heat from Ford, GM Reshuffles Managers," *Wall Street Journal Online,* March 3, 2010; "Why CEO Churn Is Healthy," *BusinessWeek,* November 13, 2000, p. 230; T. M. Hout, "Are Managers Obsolete?" *Harvard Business Review,* March-April 1999, pp. 161-168; S. M. Puffer and J. B. Weintrop, "Corporate Performance and CEO Turnover: The Role of Performance Expectations," *Administrative Science Quarterly,* March 1991, pp. 1-19; C. R. Schwenk, "Illusions of Management Control? Effects of Self-Serving Attributions on Resource Commitments and Confidence in Management," *Human Relations,* April 1990, pp. 333-347; J. R. Meindl and S. B. Ehrlich, "The Romance of Leadership and the Evaluation of Organizational Performance," *Academy of Management Journal* (March 1987), pp. 91-109; J. A. Byrne, "The Limits of Power," *BusinessWeek,* October 23, 1987, pp. 33-35; D. C. Hambrick and S. Finkelstein, "Managerial Discretion: A Bridge between Polar Views of Organizational Outcomes," in L. L. Cummings and B. M. Staw (eds.), *Research in Organizational Behavior,* vol. 9 (Greenwich, CT: JAI Press, 1987), pp. 369-406; and J. Pfeffer, "Management as Symbolic Action: The Creation and Maintenance of Organizational Paradigms," in L. L. Cummings and B. M. Staw (eds.), *Research in Organizational Behavior,* vol. 3 (Greenwich, CT: JAI Press, 1981), pp. 1-52 に基づく。
11. P. Coy, "If Demography Is Destiny, Then India Has the Edge," *Bloomberg BusinessWeek,* January 17-23, 2011, pp. 9-10.
12. M. Richtel, "Growing Up Digital, Wired for Distraction," *New York Times Online,* November 21, 2010; S. Jayson, "iGeneration Has No Off Switch," *USA Today,* February 10, 2010, pp. 1D; and L. Rosen, *Rewired: Understanding the iGeneration and the Way They Learn* (Palgrave-McMillan), 2010.
13. R. Friedrich, M. Peterson, and A. Koster, "The Rise of Generation C," *Strategy+Business,* Spring 2011, pp. 1-8.
14. S. Cardwell, "Where Do Babies Come From?" *Newsweek,* October 19, 2009, p. 56.
15. Y. Hori, J-P. Lehmann, T. Ma Kam Wah, and V. Wang, "Facing Up to the Demographic Dilemma," *Strategy+Business Online,* Spring 2010; and E. E. Gordon, "Job Meltdown or Talent Crunch?" *Training* (January 2010), p. 10.
16. R. Hampson, "The Changing Face of American Jobs," *USA Today,* January 13, 2011, p. 1A; P. Izzo, "Economists Expect Shifting Work Force," *Wall Street Journal Online,* February 11, 2010; and J. Lanhart, "Even In a Recovery, Some Jobs Won't Return," *Wall Street Journal,* January 12, 2010, p. A15.
17. E. Frauenheim, "Companies Focus Their Attention on Flexibility," *Workforce Management Online,* February 2011; P. Davidson, "Companies Do More with Fewer Workers," *USA Today,* February 23, 2011, pp. 1B; K. Bennhold, "Working Part-Time in the 21st Century," *New York Times Online,* December 29, 2010; M. Rich, "Weighing Costs, Companies Favor Temporary Help," *New York Times Online,* December 19, 2010; P. Davidson, "Temporary Workers Reshape Companies, Jobs," *USA Today,* October 13, 2010, p. 1A; P. Davidson, "More Temp Workers Are Getting Hired," *USA Today,* March 8, 2010, p. 1B; S. Reddy, "Wary Companies Rely on Temporary Workers," *Wall Street Journal,* March 6-7, 2010, p. A4; P. Davidson, "Cuts in Hours Versus Cuts in Jobs," *USA Today,* February 25, 2010, p. 1B; and S. A. Hewlett, L. Sherbin, and K. Sumberg, "How Gen Y and Boomers Will Reshape Your Agenda," *Harvard Business Review,* July-August, 2009, pp.

71-76.
18. J. R. Hagerty, "Zippos Preps for a Post-Smoker World," *Wall Street Journal,* March 8, 2011, pp. B1.
19. J. P. Walsh, "Book Review Essay: Taking Stock of Stakeholder Management," *Academy of Management Review,* April 2005, pp. 426-438; R. E. Freeman, A. C. Wicks, and B. Parmar, "Stakeholder Theory and The Corporate Objective Revisited," *Organization Science,* 15 (2004), pp. 364-369; T. Donaldson and L. E. Preston, "The Stakeholder Theory of the Corporation: Concepts, Evidence, and Implications," *Academy of Management Review,* January 1995, pp. 65-91; and R. E. Freeman, *Strategic Management: A Stakeholder Approach* (Boston: Pitman/Ballinger), 1984.
20. J. S. Harrison and C. H. St. John, "Managing and Partnering with External Stakeholders," *Academy of Management Executive,* May 1996, pp. 46-60.
21. J. Swartz, "Facebook Changes Its Status in Washington," *USA Today,* January 13, 2011, p. 1B+.
22. S. L. Berman, R. A. Phillips, and A. C. Wicks, "Resource Dependence, Managerial Discretion, and Stakeholder Performance," *Academy of Management Proceedings* Best Conference Paper, August 2005, A. J. Hillman and G. D. Keim, "Shareholder Value, Stakeholder Management, and Social Issues: What's the Bottom Line?" *Strategic Management Journal* (March 2001), pp. 125-139; J. S. Harrison and R. E. Freeman, "Stakeholders, Social Responsibility, and Performance: Empirical Evidence and Theoretical Perspectives," *Academy of Management Journal* (July 1999), pp. 479-487; and J. Kotter and J. Heskett, *Corporate Culture and Performance* (New York: The Free Press, 1992).
23. J. Toonkel, "Vanguard CEO to Employees: Let's Lose the Suits," *Workforce Management Online,* December 3, 2010.
24. K. Shadur and M. A. Kienzle, "The Relationship Between Organizational Climate and Employee Perceptions of Involvement," *Group & Organization Management,* December 1999, pp. 479-503; M. J. Hatch, "The Dynamics of Organizational Culture," *Academy of Management Review,* October 1993, pp. 657-693; D. R. Denison, "What Is the Difference between Organizational Culture and Organizational Climate? A Native's Point of View on a Decade of Paradigm Wars," paper presented at Academy of Management Annual Meeting, 1993, Atlanta, GA; and L. Smircich, "Concepts of Culture and Organizational Analysis," *Administrative Science Quarterly,* September 1983, p. 339.
25. J. A. Chatman and K. A. Jehn, "Assessing the Relationship between Industry Characteristics and Organizational Culture: How Different Can You Be?" *Academy of Management Journal* (June 1994), pp. 522-553; and C. A. O'Reilly III, J. Chatman, and D. F. Caldwell, "People and Organizational Culture: A Profile Comparison Approach to Assessing Person-Organization Fit," *Academy of Management Journal* (September 1991), pp. 487-516.
26. P. Guber, "The Four Truths of the Storyteller," *Harvard Business Review,* December 2007, pp. 53-59; S. Denning, "Telling Tales," Harvard Business Review, May 2004, pp. 122-129; T. Terez, "The Business of Storytelling," *Workforce,* May 2002, pp. 22-24; J. Forman, "When Stories Create an Organization's Future," *Strategy & Business,* Second Quarter 1999, pp. 6-9; C. H. Deutsch, "The Parables of Corporate Culture," *New York Times,* October 13, 1991, p. F25; and D. M. Boje, "The Storytelling Organization: A Study of Story Performance in an Office-Supply Firm," *Administrative Science Quarterly,* March 1991, pp. 106-126.
27. E. Ransdell, "The Nike Story? Just Tell It!" *Fast Company,* January-February 2000, pp. 44-46.
28. J. Useem, "Jim McNerney Thinks He Can Turn 3M from a Good Company into a Great One—With a Little Help from His Former Employer, General Electric," *Fortune,* August 12, 2002, pp. 127-132.
29. Denning, 2004; and A. M. Pettigrew, "On Studying Organizational Cultures," *Administrative Science Quarterly,* December 1979, p. 576.
30. M. T. Dacin, K. Munir, and P. Tracey, "Formal Dining at Cambridge Colleges: Linking Ritual Performance and Institutional Maintenance," *Academy of Management Journal* (December 2010), pp. 1393-1418.
31. E. H. Schein, "Organizational Culture," *American Psychologist,* February 1990, pp. 109-119.
32. "Slogans That Work," *Forbes.com Special,* January 7, 2008, p. 99.
33. A. Bryant, "Chaos and Order: How to Strike the Best Balance," *New York Times Online,* March 5, 2011.
34. E. H. Schein, *Organizational Culture and Leadership* (San Francisco: Jossey-Bass, 1985), pp. 314-315.(『組織文化とリーダーシップ——リーダーは文化をどう変革するか』エドガー・H・シャイン著、清水紀彦訳、浜田幸雄訳、ダイヤモンド社、1989年)
35. C. Palmieri, "The Fastest Drill in the West," *BusinessWeek,* October 24, 2005, pp. 86-88.

第3章

1.『日経ビジネス』2006年8月7日・14日号 p.148「働くことの本質とは　カルロス・ゴーン［日産自動車社長］」
2. S. Lohr, "Stress Test for the Global Supply Chain," *New York Times Online,* March 19, 2011; D. Jolly, "Long Pause for Japanese Industry Raises Concerns About Supply Chain," *New York Times Online,* March 16, 2011; and M. Helft and N. Bunkley, "Disaster in Japan Batters Suppliers," *New York Times Online,* March 14, 2011.
3. E. Beinhocker, I. Davis, and L. Mendonca, "The 10 Trends You Have to Watch," *Harvard Business Review,* July-August 2009, pp. 55-60.

4. P. F. Drucker, "The Global Economy and the Nation-State," *Foreign Affairs*, September–October, 1997, pp. 159-171.
5. P. Dvorak, "Why Multiple Headquarters Multiply," *Wall Street Journal*, November 19, 2007, pp. B1+.
6. D. A. Aaker, *Developing Business Strategies*, 5th ed. (New York: John Wiley & Sons, 1998); and J. A. Byrne et al., "Borderless Management," *BusinessWeek*, May 23, 1994, pp. 24-26.
7. B. Davis, "Migration of Skilled Jobs Abroad Unsettles Global-Economy Fans," *Wall Street Journal*, January 26, 2004, p. A1.
8. A. Pande, "How to Make Onshoring Work," *Harvard Business Review*, March 2011, p. 30; P. Davidson, "Some Manufacturing Heads Back to USA," *USA Today*, August 6, 2010, pp. 1B+; and V. Couto, A. Divakaran, and M. Mani, "Is Backshoring the New Offshoring?" *Strategy & Business*, October 21, 2008, pp. 1-3.
9. "Global Business: Getting the Frameworks Right," *Organization for Economic Cooperation and Development*, April 2000, p. 20.
10. R. J. House, N. R. Quigley, and M. S. deLuque, "Insights from Project GLOBE: Extending Advertising Research Through a Contemporary Framework," *International Journal of Advertising*, 29, no. 1 (2010), pp. 111-139; R. R. McRae, A. Terracciano, A. Realo, and J.Allik, "Interpreting GLOBE Societal Practices Scale," *Journal of Cross-Cultural Psychology* (November 2008), pp. 805-810; J. S. Chhokar, F. C. Brodbeck, and R. J. House, *Culture and Leadership Across the World: The GLOBE Book of In-Depth Studies of 25 Societies* (Philadelphia: Lawrence Erlbaum Associates), 2007; and R. J. House, P. J. Hanges, M. Javidan, P. W. Dorfman, and V. Gupta, *Culture, Leadership, and Organizations: The GLOBE Study of 62 Societies* (Thousand Oaks, CA: Sage Publications), 2004.
11.R.J.House,N.R.Quigley,and M.S. deLuque, 2010.
12. M. Karimzadeh, "Olsens Collaborate with Toms Shoes,"*Women's Wear Daily*, February 14, 2011, p. 11b; J. Schechtman, "Good Business," *Newsweek*, October 11, 2010, p. 50; "Toms Shoes to Donate One-Millionth Pair," *Women's Wear Daily*, August 9, 2010, p. 9-10; "Ten Companies With Social Responsibility at the Core," *Advertising Age*, April 19, 2010, p.88; C. Binkley, "Charity Gives Shoe Brand Extra Shine," *Wall Street Journal*, April 1, 2010, p. D7; J. Shambora, "How I Got Started: Blake Mycoskie, Founder of TOMS Shoes," *Fortune*, March 22, 2010, p. 72; and "Making A Do-Gooder's Business Model Work," *BusinessWeek Online*, January 26, 2009.
13. D. Dearlove and S. Crainer, "Enterprise Goes Social," *Chief Executive*, March 2002, p. 18; and "Bronze Winner: Ben & Jerry's Citizen Cool," *Brandweek*, March 18, 2002, p. R-24.
14. M. Friedman, *Capitalism and Freedom* (Chicago: University of Chicago Press, 1962)（『資本主義と自由』ミルトン・フリードマン著、村井章子訳、日経BP社、2008年）; and M. Friedman, "The Social Responsibility of Business Is to Increase Profits," *New York Times Magazine*, September 13, 1970, p. 33.
15. 次の文献などを参照。N. A. Ibrahim, J. P. Angelidis, and D. P. Howell, "The Corporate Social Responsiveness Orientation of Hospital Directors: Does Occupational Background Make a Difference?" *Health Care Management Review*, Spring 2000, pp. 85-92.
16. 次の文献などを参照。D. J. Wood, "Corporate Social Performance Revisited," *Academy of Management Review*, October 1991, pp. 703-708; and S. L. Wartick and P. L. Cochran, "The Evolution of the Corporate Social Performance Model," *Academy of Management Review*, October 1985, p. 763.
17.「マネジメントいまむかし」は D. Holtbrügge and A. T. Mohr, "Cultural Determinants of Learning Style Preferences," *Academy of Management Learning & Education*, December 2010, pp. 622-637; G. Hofstede, "The GLOBE Debate: Back to Relevance," *Journal of International Business Studies* (November 2010), pp. 1339-1346; G. A. Gelade, P. Dobson, and K. Auer, "Individualism, Masculinity, and the Sources of Organizational Commitment," *Journal of Cross-Cultural Psychology* (September 2008), pp. 599-617; G. Hofstede, "The Cultural Relativity of Organizational Practices and Theories," *Journal of International Business Studies* (Fall 1983), pp. 75-89; and G. Hofstede, *Culture Consequences: International Differences in Work-Related Values* (Beverly Hills, CA: Sage Publications, 1980), pp. 25-26 に基づく。集団主義とチームに関する興味深い議論は、次の文献を参照。C. Gomez, B. L. Kirkman, and D. Shapiro, "The Impact of Collectivism and In-Group Membership on the Evaluation Generosity of Team Members," *Academy of Management Journal* (December 2000), pp. 1097-1106. 本文中のホフステードの「量的生活志向」対「質的生活志向」という用語は、実際は「男らしさ」対「女らしさ」だったが、男女差別を想起させるため変更した。
18. 次の文献などを参照。R. Lacy and P. A. Kennett-Hensel, "Longitudinal Effects of Corporate Social Responsibility on Customer Relationships," *Journal of Business Ethics* (December 2010), pp. 581-597; S. Arendt and M. Brettel, "Understanding the Influence of Corporate Social Responsibility on Corporate Identity, Image, and Firm Performance," *Management Decision*, 48, no. 10 (2010), pp. 1469-1492; J. Peloza, "The Challenge of Measuring Financial Impacts from Investments in Corporate Social Performance," *Journal of Management* (December 2009), pp. 1518-1541; J. D. Margolis and H. Anger Elfenbein, "Do Well by Doing Good? Don't Count on It," *Harvard Business Review*, January 2008, pp. 19-20; M. L. Barnett, "Stakeholder Influence Capacity and the Variability of Financial Returns to Corporate Social Responsibility," 2007; D. O. Neubaum and S. A. Zahra, "Institutional Ownership and Corporate Social Performance: The Moderating Effects

of Investment Horizon, Activism, and Coordination," *Journal of Management* (February 2006), pp. 108-131; B. A. Waddock and S. B. Graves, "The Corporate Social Performance–Financial Performance Link," *Strategic Management Journal* (April 1997), pp. 303-319; J. B. McGuire, A. Sundgren, and T. Schneeweis, "Corporate Social Responsibility and Firm Financial Performance," *Academy of Management Journal* (December 1988), pp. 854-872; K. Aupperle, A. B. Carroll, and J. D. Hatfield, "An Empirical Examination of the Relationship Between Corporate Social Responsibility and Profitability," *Academy of Management Journal* (June 1985), pp. 446-463; and P. Cochran and R. A. Wood, "Corporate Social Responsibility and Financial Performance," *Academy of Management Journal* (March 1984), pp. 42-56.

19. Peloza, "The Challenge of Measuring Financial Impacts from Investments in Corporate Social Performance."
20. B. Seifert, S. A. Morris, and B. R. Bartkus, "Having, Giving, and Getting: Slack Resources, Corporate Philanthropy, and Firm Financial Performance," *Business & Society,* June 2004, pp. 135-161; and McGuire, Sundgren, and Schneeweis, "Corporate Social Responsibility and Firm Financial Performance."
21. A. McWilliams and D. Siegel, "Corporate Social Responsibility and Financial Performance: Correlation or Misspecification?" *Strategic Management Journal* (June 2000), pp. 603-609.
22. A. J. Hillman and G. D. Keim, "Shareholder Value, Stakeholder Management, and Social Issues: What's the Bottom Line?" *Strategic Management Journal,* 22 (2001), pp. 125-139.
23. M. Orlitzky, F. L. Schmidt, and S. L. Rynes, "Corporate Social and Financial Performance," *Organization Studies,* 24, no. 3 (2003), pp. 403-441.
24. S. Rosenbloom, "Wal-Mart Unveils Plan to Make Supply Chain Greener," *New York Times Online,* February 26, 2010.
25. G. Unruh and R. Ettenson, "Growing Green," *Harvard Business Review,* June 2010, pp. 94-100; G. Zoppo, "Corporate Sustainability," *DiversityInc,* May 2010, pp. 76-80; and KPMG Global Sustainability Services, *Sustainability Insights,* October 2007.
26. *Symposium on Sustainability: Profiles in Leadership,* New York, October 2001.
27. G. F. Cavanaugh, D. J. Moberg, and M. Valasquez, "The Ethics of Organizational Politics," *Academy of Management Journal* (June 1981), pp. 363-374.
28. J. Liedtka, "Ethics and the New Economy," *Business and Society Review,* Spring 2002, p. 1.
29. R. M. Kidder, "Can Disobedience Save Wall Street?" *Ethics Newsline,* www.globalethics.org (May 3, 2010).
30. P. M. Lencioni, "Make Your Values Mean Something," *Harvard Business Review,* July 2002, p. 113.
31. D. H. Schepers, "Setting Global Standards: Guidelines for Creating Codes of Conduct in Multinational Corporations," *Business and Society,* December 2003, p. 496; and B. R. Gaummitz and J. C. Lere, "Contents of Codes of Ethics of Professional Business Organizations in the United States," *Journal of Business Ethics* (January 2002), pp. 35-49.
32. M. Weinstein, "Survey Says: Ethics Training Works," *Training* (November 2005), p. 15.
33. J. E. Fleming, "Codes of Ethics for Global Corporations," *Academy of Management News,* June 2005, p. 4.
34. T. F. Shea, "Employees' Report Card on Supervisors' Ethics: No Improvement," *HR Magazine,* April 2002, p. 29.
35. 次の文献も参照。A. G. Peace, J. Weber, K. S. Hartzel, and J. Nightingale, "Ethical Issues in eBusiness: A Proposal for Creating the eBusiness Principles," *Business and Society Review,* Spring 2002, pp. 41-60.
36. D. Jones, "CEO's Moral Compass Steers Siemens," *USA Today,* February 15, 2010, p. 3B.
37. E. Finkel, "Yahoo Takes New 'Road' on Ethics Training," *Workforce Management Online,* July 2010.
38. T. A. Gavin, "Ethics Education," *Internal Auditor,* April 1989, pp. 54-57.
39. L. Myyry and K. Helkama, "The Role of Value Priorities and Professional Ethics Training in Moral Sensitivity," *Journal of Moral Education,* 31, no. 1 (2002), pp. 35-50; W. Penn and B. D. Collier, "Current Research in Moral Development as a Decision Support System," *Journal of Business Ethics* (January 1985), pp. 131-136.
40. J. A. Byrne, "After Enron: The Ideal Corporation," *BusinessWeek,* August 19, 2002, pp. 68-71; D. Rice and C. Dreilinger, "Rights and Wrongs of Ethics Training," *Training & Development Journal* (May 1990), pp. 103-109; and J. Weber, "Measuring the Impact of Teaching Ethics to Future Managers: A Review, Assessment, and Recommendations," *Journal of Business Ethics* (April 1990), pp. 182-190.
41. R. Anand and M. Frances Winters, "A Retrospective View of Corporate Diversity Training from 1964 to the Present," *Academy of Management Learning & Education,* September 2008, pp. 356-372.
42. N. Gibbs, "What Women Want Now," *Time,* October 26, 2009, pp. 24-33.
43. M. Bello, USA Today, "Controversy Shrouds Scarves," *Springfield, Missouri News-Leader,* April 17, 2010, p. 8A.
44. "Facts & Figures: Number of Religious Discrimination Complaints Received," *DiversityInc,* November-December 2009, p. 52.
45. P. Wang and J. L. Schwartz, "Stock Price Reactions to GLBT Nondiscrimination Policies," *Human Resource Management,* March-April 2010, pp. 195-216.
46. L. Sullivan, "Sexual Orientation—The Last 'Acceptable' Bias," *Canadian HR Reporter,* December 20, 2004, pp. 9-11.
47. F. Colgan, T. Wright, C. Creegan, and A. McKearney, "Equality and Diversity in the Public Services: Moving Forward on

Lesbian, Gay and Bisexual Equality?" *Human Resource Management Journal,* 19, no. 3 (2009), pp. 280-301.
48. J. Hempel, "Coming Out in Corporate America," *BusinessWeek,* December 15, 2003, pp. 64-72.
49. 次の文献などを参照。P. Cappelli, J. Constantine, and C. Chadwick, "It Pays to Value Family: Work and Family Trade-Offs Reconsidered," *Industrial Relations,* April 2000, pp. 175-198; R. C. Barnett and D. T. Hall, "How to Use Reduced Hours to Win the War for Talent," *Organizational Dynamics,* March 2001, p. 42; and M. A. Verespej, "Balancing Act," *Industry Week,* May 15, 2000, pp. 81-85.
50. M. Conlin, "The New Debate over Working Moms," *BusinessWeek,* November 18, 2000, pp. 102-103.
51. M. Elias, "The Family-First Generation," *USA Today,* December 13, 2004, p. 5D.
52. J. Revell, C. Bigda, and D. Rosato, "The Rise of Freelance Nation," *CNNMoney,* cnnmoney.com (June 12, 2009).
53. 同上
54. 同上
55. S. Armour, "Generation Y: They've Arrived at Work with a New Attitude," *USA Today,* November 6, 2005, pp. 1B+; B. Moses, "The Challenges of Managing Gen Y," *Globe and Mail,* March 11 2005, p. C1; and C. A. Martin, *Managing Generation Y* (Amherst, MA: HRD Press, 2001).
56.『日経ビジネス』2001年12月10日号 p.62-64「深まる日仏協業の果実はいかに」
57.『日経ビジネス』2007年9月17日号 p.156「『企業文化』とは何か　カルロス・ゴーン［日産自動車社長］」

第4章

1. J. Dean, "Boldness of '81 Test Flight Unlikely to Be Repeated," *USA Today,* April 11, 2011, p. 7A; G. Griffin, "As Shuttle Retires, A Vote for Commercial Space Flight," *USA Today,* April 6, 2011, p. 9A; A. K. Donahue, "More to Learn from NASA About Learning, Unlearning, and Forgetting," *Journal of Public Administration Research* (April 2011), pp. 391-395; C. Chaplain, "Additional Cost Transparency and Design Criteria Needed for National Aeronautics and Space Administration (NASA) Projects," *GAO Reports,* March 3, 2011, pp. 1-11; A. Pasztor, "U.S. News: NASA Budget Plan Restricts Spending on Private Rockets," *Wall Street Journal,* February 14, 2011, p. A2; "NASA's Space-Shuttle Program Ends," *Fast Company,* February 2011, p. 22; H. Hickam, "How About a Moon Base?" *Wall Street Journal,* December 14, 2010, p. A19; J. Penn, "NASA's Plan Is Not Sustainable," *Aviation Week & Space Technology,* December 6, 2010, p. 74; P. M. Barrett, "Lost in Space," *Bloomberg BusinessWeek,* November 1-7, 2010, pp. 66-73; A. Pasztor, "NASA Chief Bolden Seeks 'Plan B' for the Space Agency," *Wall Street Journal,* March 4, 2010, p. A6; A. Pasztor, "NASA Gets Flak on New Course," *Wall Street Journal,* March 1, 2010, p. A6; B. Mintz Testa, "New Workforce Orbit-Relaunch at NASA," *Workforce Management Online,* February 16, 2010; L. B. Jabs, "Communicative Rules and Organizational Decision Making," *Journal of Business Communication* (July 2005), pp. 265-288; T. M. Garrett, "Whither *Challenger,* Wither *Columbia* : Management Decision Making and the Knowledge Analytic," *American Review of Public Administration,* December 2004, pp. 389-402; M. Maier "Teaching from Tragedy: An Interdisciplinary Module on the Space Shuttle *Challenger,*" *THE Journal* (September 1993), pp. 91-94; and G. Moorhead, R. Ference, and C. P. Neck, "Group Decision Fiascoes Continue: Space Shuttle *Challenger* and a Revised Groupthink Framework," *Human Relations,* June 1991, pp. 539-550.
2. 次の文献などを参照。A. Nagurney, J. Dong, and P. L. Mokhtarian,"Multicriteria Network Equilibrium Modeling with Variable Weights for Decision-Making in the Information Age with Applications to the Telecommuting and Teleshopping," *Journal of Economic Dynamics and Control* (August 2002), pp. 1629-1650.
3. J. Flinchbaugh, "Surfacing Problems Daily: Advice for Building a Problem-Solving Culture," *Industry Week,* April 2011, p. 12; "Business Analysis Training Helps Leaders Achieve an Enterprise-Wide Perspective," *Leader to Leader,* Fall 2010, pp. 63-65; D. Okes, "Common Problems with Basic Problem Solving," *Quality,* September 2010, pp. 36-40; J. Sawyer, "Problem-Solving Success Tips," *Business and Economic Review,* April-June 2002, pp. 23-24.
4. J. Figueira and B. Ray, "Determining the Weights of Criteria in the Electre Type of Methods with a Revised Simons' Procedure," *European Journal of Operational Research,* June 1, 2002, pp. 317-326 を参照。
5. 次の文献などを参照。M. Elliott, "Breakthrough Thinking," *IIE Solution,* October 2001, pp. 22-25; and B. Fazlollahi and R. Vahidov, "A Method for Generation of Alternatives by Decision Support Systems," *Journal of Management Information Systems* (Fall 2001), pp. 229-250. (p.92)
6. D. Miller, Q. Hope, R. Eisenstat, N. Foote, and J. Galbraith, "The Problem of Solutions: Balancing Clients and Capabilities," *Business Horizons,* March-April 2002, pp. 3-12.
7. E. Teach, "Avoiding Decision Traps," *CFO,* June 2004, pp. 97-99; and D. Kahneman and A. Tversky, "Judgment Under Uncertainty: Heuristics and Biases," *Science* 185 (1974), pp. 1124-1531.
8. S. P. Robbins, *Decide & Conquer* (Upper Saddle River, NJ: Financial Times/Prentice Hall, 2004)(『もう決断力しかない』(スティーブン・P・ロビンズ著、清ич幸美訳、ソフトバンクパブリッシング、2004年))より。
9. T. A. Stewart, "Did You Ever Have to Make Up Your Mind?" *Harvard Business Review,* January 2006, p. 12; and E. Pooley, "Editor's Desk," *Fortune,* June 27, 2005, p. 16.

10. J. Pfeffer and R. I. Sutton, "Why Managing by Facts Works," *Strategy & Business,* Spring 2006, pp. 9-12.
11. T. Shavit and A. M. Adam, "A Preliminary Exploration of the Effects of Rational Factors and Behavioral Biases on the Managerial Choice to Invest in Corporate Responsibility," *Managerial and Decision Economics,* April 2011, pp. 205-213; A. Langley, "In Search of Rationality: The Purposes Behind the Use of Formal Analysis in Organizations," *Administrative Science Quarterly,* December 1989, pp. 598-631; and H. A. Simon, "Rationality in Psychology and Economics," *Journal of Business* (October 1986), pp. 209-224 を参照.
12. J. G. March, "Decision-Making Perspective: Decisions in Organizations and Theories of Choice," in A. H. Van de Ven and W. F. Joyce (eds.), *Perspectives on Organization Design and Behavior* (New York: Wiley-Interscience, 1981), pp. 232-233.
13.「テクノロジーとマネジャーの仕事」は、M. Xu, V. Ong, Y. Duan, and B. Mathews, "Intelligent Agent Systems for Executive Information Scanning, Filtering, and Interpretation: Perceptions and Challenges," *Information Processing & Management,* March 2011, pp. 186-201; J. P. Kallunki, E. K. Laitinen, and H. Silvola, "Impact of Enterprise Resource Planning Systems on Management Control Systems and Firm Performance," *International Journal of Accounting Information Systems* (March 2011), pp. 20-39; H. W. K. Chia, C. L. Tan, and S. Y. Sung, "Enhancing Knowledge Discovery via Association- Based Evolution of Neural Logic Networks," *IEEE Transactions on Knowledge and Data Engineering* (July 2006), pp. 889-901; F. Harvey, "A Key Role in Detecting Fraud Patterns: Neural Networks," *Financial Times,* January 23, 2002, p. 3; D. Mitchell and R. Pavur, "Using Modular Neural Networks for Business Decisions," *Management Decision,* January-February 2002, pp. 58-64; B. L. Killingsworth, M. B. Hayden, and R. Schellenberger, "A Network Expert System Management System of Multiple Domains," *Journal of Information Science* (March-April 2001), p. 81; and S. Balakrishnan, N. Popplewell, and M. Thomlinson, "Intelligent Robotic Assembly," *Computers & Industrial Engineering,* December 2000, p. 467 に基づく.
14.「マネジメントいまむかし」は、M. Ibrahim, "Theory of Bounded Rationality," *Public Management,* June 2009, pp. 3-5; D. A. Wren, *The Evolution of Management Thought* Fourth Edition (New York: John Wiley & Sons, Inc., 1994) (「マネジメント思想の進化」(ダニエル・A・レン著、佐々木恒男監訳、文眞堂、2004年)), p. 291; and H. A. Simon, *Administrative Behavior* (New York: Macmillan Company, 1945) ([新版]『経営行動—経営組織における意思決定過程の研究』(ハーバート・A・サイモン著、桑田耕太郎・西脇暢子・高柳美香・高尾義明・二村敏子訳、ダイヤモンド社、2009年))に基づく.
15. D. R. A. Skidd, "Revisiting Bounded Rationality," *Journal of Management Inquiry* (December 1992), pp. 343-347; B. E. Kaufman, "A New Theory of Satisficing," *Journal of Behavioral Economics* (Spring 1990), pp. 35-51; and N. McK. Agnew and J. L. Brown, "Bounded Rationality: Fallible Decisions in Unbounded Decision Space," *Behavioral Science,* July 1986, pp. 148-161 を参照.
16. 次の文献などを参照. G. McNamara, H. Moon, and P. Bromiley, "Banking on Commitment: Intended and Unintended Consequences of an Organization's Attempt to Attenuate Escalation of Commitment," *Academy of Management Journal* (April 2002), pp. 443-452; V. S. Rao and A. Monk, "The Effects of Individual Differences and Anonymity on Commitment to Decisions," *Journal of Social Psychology* (August 1999), pp. 496-515; C. F. Camerer and R. A. Weber, "The Econometrics and Behavioral Economics of Escalation of Commitment: A Re-examination of Staw's Theory," *Journal of Economic Behavior and Organization* (May 1999), pp. 59-82; D. R. Bobocel and J. P. Meyer, "Escalating Commitment to a Failing Course of Action: Separating the Roles of Choice and Justification," *Journal of Applied Psychology* (June 1994), pp. 360-363; and B. M. Staw, "The Escalation of Commitment to a Course of Action," *Academy of Management Review,* October 1981, pp. 577-587.
17. L. Alderman, "A Shoemaker That Walks but Never Runs," *New York Times Online,* October 8, 2010.
18. C. Flora, "When to Go with Your Gut," *Women's Health,* June 2009, pp. 68-70.
19. J. Evans, "Intuition and Reasoning: A Dual-Process Perspective," *Psychological Inquiry,* October-December 2010, pp. 313-326; T. Betsch and A. Blockner, "Intuition in Judgment and Decision Making: Extensive Thinking Without Effort," *Psychological Inquiry,* October-December 2010, pp. 279-294; R. Lange and J. Houran, "A Transliminal View of Intuitions in the Workplace," North American *Journal of Psychology,* 12, no. 3 (2010), pp. 501-516; E. Dane and M. G. Pratt, "Exploring Intuition and Its Role in Managerial Decision Making," *Academy of Management Review,* January 2007, pp. 33-54; M. H. Bazerman and D. Chugh, "Decisions Without Blinders," *Harvard Business Review,* January 2006, pp. 88-97; C. C. Miller and R. D. Ireland, "Intuition in Strategic Decision Making: Friend or Foe in the Fast-Paced 21st Century," *Academy of Management Executive,* February 2005, pp. 19-30; E. Sadler-Smith and E. Shefy, "The Intuitive Executive: Understanding and Applying 'Gut Feel' in Decision-Making," *Academy of Management Executive,* November 2004, pp. 76-91; and L. A. Burke and M. K. Miller, "Taking the Mystery Out of Intuitive Decision Making," *Academy of Management Executive,* October 1999, pp. 91-99 を参照.
20. C. C. Miller and R. D. Ireland, "Intuition in Strategic Decision Making: Friend or Foe," p. 20.
21. E. Sadler-Smith and E. Shefy, "Developing Intuitive Awareness in Management Education," *Academy of Management Learning & Education,* June 2007, pp. 186-205.

22. M. G. Seo and L. Feldman Barrett, "Being Emotional During Decision Making—Good or Bad? An Empirical Investigation," *Academy of Management Journal* (August 2007), pp. 923-940.
23. R. D. Hof and H. Green, "How Amazon Cleared That Hurdle," *BusinessWeek,* February 4, 2002, p. 59.
24. 次の文献などを参照。S. Schulz-Hardt, A. Mojzisch, F. C. Brodbeck, R. Kerschreiter, and D. Frey, "Group Decision Making in Hidden Profile Situations: Dissent as a Facilitator for Decision Quality," *Journal of Personality and Social Psychology,* (December 2006), pp. 1080-1083; and C. K. W. DeDreu and M. A. West, "Minority Dissent and Team Innovation: The Importance of Participation in Decision Making." *Journal of Applied Psychology* (December 2001), pp. 1191-1201.
25. S. Mohammed, "Toward an Understanding of Cognitive Consensus in a Group Decision-Making Context," *Journal of Applied Behavioral Science* (December 2001), p. 408.
26. M. J. Fambrough and S. A. Comerford, "The Changing Epistemological Assumptions of Group Theory," *Journal of Applied Behavioral Science* (September 2006), pp. 330-349.
27. R. A. Meyers, D. E. Brashers, and J. Hanner, "Majority-Minority Influence: Identifying Argumentative Patterns and Predicting Argument-Outcome Links," *Journal of Communication* (Autumn 2000), pp. 3-30.
28. I. L. Janis, *Groupthink* (Boston: Houghton Mifflin, 1982). See also J. Chapman, "Anxiety and Defective Decision Making: An Elaboration of the Groupthink Mode," *Management Decision,* October 2006, pp. 1391-1404.
29. 次の文献などを参照。T. Horton, "Groupthink in the Boardroom," *Directors and Boards,* Winter 2002, p. 9.
30. 次の文献などを参照。T. W. Costello and S. S. Zalkind, eds., *Psychology in Administration: A Research Orientation* (Upper Saddle River, NJ: Prentice Hall, 1963), pp. 429-430; R. A. Cooke and J. A. Kernaghan, "Estimating the Difference Between Group versus Individual Performance on Problem Solving Tasks," *Group and Organization Studies,* September 1987, pp. 319-342; and L. K. Michaelsen, W. E. Watson, and R. H. Black, "A Realistic Test of Individual Versus Group Consensus Decision Making," *Journal of Applied Psychology* (October 1989), pp. 834-839. See also J. Hollenbeck, D. R. Ilgen, J. A. Colquitt, and A. Ellis, "Gender Composition, Situational Strength, and Team Decision-Making Accuracy: A Criterion Decomposition Approach," *Organizational Behavior and Human Decision Processes,* May 2002, pp. 445-475.
31. 次の文献などを参照。L. K. Michaelsen, W. E. Watson, and R. H. Black, "A Realistic Test of Individual versus Group Consensus Decision Making," *Journal of Applied Psychology* (October 1989), pp. 834-839; and P. W. Pease, M. Beiser, and M. E. Tubbs, "Framing Effects and Choice Shifts in Group Decision Making," *Organizational Behavior and Human Decision Processes,* October 1993, pp. 149-165.
32. J. Wagstaff, "Brainstorming Requires Drinks," *Far Eastern Economic Review,* May 2, 2002, p. 34.
33. T. Kelley, "Six Ways to Kill a Brainstormer," *Across the Board,* March-April 2002, p. 12.
34. K. L. Dowling and R. D. St. Louis, "Asynchronous Implementation of the Nominal Group Technique: Is It Effective," *Decision Support Systems,* October 2000, pp. 229-248.
35. B. Andersen and T. Fagerhaug, "The Nominal Group Technique," *Quality Progress,* February 2000, p. 144 も参照。
36. J. Burdett, "Changing Channels: Using the Electronic Meeting System to Increase Equity in Decision Making," *Information Technology, Learning, and Performance Journal* (Fall 2000), pp. 3-12.
37. "Fear of Flying," *Business Europe,* October 3, 2001, p. 2.
38. "VC at Nestlé," *Business Europe,* October 3, 2001, p. 3.
39. M. Roberti, "Meet Me on the Web," *Fortune: Tech Supplement,* Winter 2002, p. 10.
40. J. A. Hoxmeier and K. A. Kozar, "Electronic Meetings and Subsequent Meeting Behavior: Systems as Agents of Change," *Journal of Applied Management Studies* (December 2000), pp. 177-195 も参照。
41. 次の文献などを参照。P. Berthon, L. F. Pitt, and M. T. Ewing, "Corollaries of the Collective: The Influence of Organizational Culture and Memory Development on Perceived Decision- Making Context," *Academy of Marketing Science Journal* (Spring 2001), pp. 135-150.
42. J. de Haan, M. Yamamoto, and G. Lovink, "Production Planning in Japan: Rediscovering Lost Experiences or New Insights," *International Journal of Production Economics* (May 6, 2001), pp. 101-109.
43. T. M. Amabile, "Motivating Creativity in Organizations," *California Management Review* (Fall 1997), pp. 39-58.

定量分析講座

1. B. Render, R. M. Stair, and M. E. Hanna, *Quantitative Analysis for Management,* 9th ed. (Upper Saddle River, NJ: Prentice Hall, 2005)を参照。
2. J. Schmid, "Getting to Breakeven," *Catalog Age,* November 2001, pp. 89-90.
3. 線形計画法の例を説明するにあたって、バージニアウェスタン・コミュニティ・カレッジのジェフ・ストーム教授にご協力いただいた。

第5章
1.『日経ビジネス』2006年5月22日号 p.11「キリン、"脱ローカル"へ　10年先を見越し、純粋持ち株会社へ移行」
2. M. C. Mankins and R. Steele, "Stop Making Plans—Start Making Decisions," *Harvard Business Review*, January 2006, pp. 76-84; L. Bossidy and R. Charan, *Execution: The Discipline of Getting Things Done* (New York: Crown/Random House), 2002(『経営は「実行」』(改訂新版)、ラリー・ボシディ、ラム・チャラン著、高遠裕子訳、日本経済新聞社、2010年); P. Roberts, "The Art of Getting Things Done," *Fast Company*, June 2000, p. 162; H. Mintzberg, *The Rise and Fall of Strategic Planning* (New York: Free Press, 1994); G. Hamel and C. K. Prahalad, *Competing for the Future* (Boston: Harvard Business School Press, 1994); and D. Miller, "The Architecture of Simplicity," *Academy of Management Review*, January 1993, pp. 116-138.
3. F. Delmar and S. Shane, "Does Business Planning Facilitate the Development of New Ventures?" *Strategic Management Journal* (December 2003), pp. 1165-1185; R. M. Grant, "Strategic Planning in a Turbulent Environment: Evidence from the Oil Majors," *Strategic Management Journal* (June 2003), pp. 491-517, P. J. Brews and M. R. Hunt, "Learning to Plan and Planning to Learn: Resolving the Planning School/Learning School Debate," *Strategic Management Journal* (December 1999), pp. 889-913; C. C. Miller and L. B. Cardinal, "Strategic Planning and Firm Performance: A Synthesis of More Than Two Decades of Research," *Academy of Management Journal* (March 1994), pp. 1649-1685; N. Capon, J. U. Farley, and J. M. Hulbert, "Strategic Planning and Financial Performance: More Evidence," *Journal of Management Studies* (January 1994), pp. 22-38; D.K. Sinha, "The Contribution of Formal Planning to Decisions," *Strategic Management Journal* (October 1990), pp. 479-492; J. A. Pearce II, E. B. Freeman, and R. B. Robinson Jr., "The Tenuous Link Between Formal Strategic Planning and Financial Performance," *Academy of Management Review*, October 1987, pp. 658-675; L. C. Rhyne, "Contrasting Planning Systems in High, Medium, and Low Performance Companies," *Journal of Management Studies* (July 1987), pp. 363-385; and J. A. Pearce II, K. K. Robbins, and R. B. Robinson, Jr., "The Impact of Grand Strategy and Planning Formality on Financial Performance," *Strategic Management Journal* (March-April 1987), pp. 125-134 などを参照のこと。
4. V. Fuhrmans, "Siemens Rethinks Nuclear Ambitions," *Wall Street Journal*, April 15, 2011, p. B1+; J. Whalen, "Glaxo to Shed Its OTC Diet Drug, Alli," *Wall Street Journal*, April 15, 2011, p. B1; M. Bustillo, "Best Buy to Shrink 'Big-Box' Store Strategy," *Wall Street Journal*, April 15, 2011, p. B7; and L. Burkitt, "Burberry Dresses Up China Stores with Digital Strategy," *Wall Street Journal*, April 14, 2011, p. B9.
5. A. J. Karr, "December Comp Crux," *Women's Wear Daily*, January 7, 2011, p. 4; A. Steigrad, "Specialty Retailers Show Weak Spots in Quarter," *Women's Wear Daily*, August 20, 2010, p. 14; K. Peterson, "Buckle Bends as Claiborne, Orbitz Climb, Ambow Sinks," *Wall Street Journal*, August 6, 2010, p. C6; N. Casey, "Teen Idols: Aeropostale, Buckle Post Big Gains as Rivals Swoon," *Wall Street Journal*, May 22, 2009, p. B8; V. Dagher, "Hot Topic Goes Cold, Buckle Wears a Smile," *Wall Street Journal*, May 22, 2009, p. C6; and J. B. Stewart, "A Retailer Bucks a Trend with Sales Success in Its Jeans," *Wall Street Journal*, May 13, 2009, p. D1.
6. M. Gruber, F. Heinemann, M. Brettel, and S. Hungelin, "Configurations of Resources and Capabilities and Their Performance Implications: An Exploratory Study on Technology Ventures," *Strategic Management Journal* (December 2010), pp. 1337-1356; T. H. Poister, "The Future of Strategic Planning in the Public Sector: Linking Strategic Management and Performance," *Public Administration Review*, December 2010, pp. S246-S254; J. González-Benito and Isabel Suárez-González, "A Study of the Role Played by Manufacturing Strategic Objectives and Capabilities in Understanding the Relationship Between Porter's Generic Strategies and Business Performance," *British Journal of Management*, vol. 21, (2010), pp. 1027-1043; J. A. Parnell and E. B. Dent, "The Role of Luck in the Strategy-Performance Relationship," *Management Decision*, vol. 47, no. 6, (2009), pp. 1000-1021; H. J. Cho and V. Pucik, "Relationship Between Innovativeness, Quality, Growth, Profitability, and Market Value," *Strategic Management Journal* (June 2005), pp. 555-575; W. F. Joyce, "What Really Works," *Organizational Dynamics*, May 2005, pp. 118-129; M. A. Roberto, "Strategic Decision-Making Processes," *Group & Organization Management*, December 2004, pp. 625-658; A. Carmeli and A. Tischler, "The Relationships Between Intangible Organizational Elements and Organizational Performance," *Strategic Management Journal* (December 2004), pp. 1257-1278; D. J. Ketchen, C. C. Snow, and V. L. Street, "Improving Firm Performance by Matching Strategic Decision-Making Processes to Competitive Dynamics," *Academy of Management Executive*, November 2004, pp. 29-43; E. H. Bowman and C. E. Helfat, "Does Corporate Strategy Matter?" *Strategic Management Journal*, 22 (2001), pp. 1-23; P. J. Brews and M. R. Hunt, "Learning to Plan and Planning to Learn: Resolving the Planning School-Learning School Debate," *Strategic Management Journal*, 20 (1999), pp. 889-913; D. J. Ketchen Jr., J. B. Thomas, and R. R. McDaniel Jr., "Process, Content and Context; Synergistic Effects on Performance," *Journal of Management*, 22, no. 2 (1996), pp. 231-257; C. C. Miller and L. B.

Cardinal, "Strategic Planning and Firm Performance: A Synthesis of More Than Two Decades of Research," *Academy of Management Journal* (December 1994), pp. 1649-1665; and N. Capon, J. U. Farley, and J. M. Hulbert, "Strategic Planning and Financial Performance: More Evidence," *Journal of Management Studies* (January 1994), pp. 105-110.

7. C. K. Prahalad and G. Hamel, "The Core Competence of the Corporation," *Harvard Business Review,* May-June 1990, pp. 79-91.

8. C. H. Green, "Competitive Theory and Business Legitimacy," *BusinessWeek Online,* June 23, 2010; S. Parthasarathy, "Business Strategy" *Financial Management,* June 2010, pp. 32-33; M. E. Porter, *On Competition, Updated and Expanded Edition* (Boston: Harvard Business School), 2008; O. Ormanidhi and O. Stringa, "Porter's Model of Generic Competitive Strategies," *Business Economics,* July 2008, pp. 55-64; M. E. Porter, "The Five Competitive Forces That Shape Strategy," *Harvard Business Review,* January 2008, pp. 78-93; N. Argyres and A. M. McGahan, "Introduction: Michael Porter's Competitive Strategy," *Academy of Management Executive,* May 2002, pp. 41-42; and N. Argyres and A. M. McGahan, "An Interview with Michael Porter,"*Academy of Management Executive,* May 2002, pp. 43-52.

9. N. A. Shepherd, "Competitive Advantage: Mapping Change and the Role of the Quality Manager of the Future," *Annual Quality Congress,* May 1998, pp. 53-60; T. C. Powell, "Total Quality Management as Competitive Advantage: A Review and Empirical Study," *Strategic Management Journal* (January 1995), pp. 15-37; and R. D. Spitzer, "TQM: The Only Source of Sustainable Competitive Advantage," *Quality Progress,* June 1993, pp. 59-64.

10. R. J. Schonenberger, "Is Strategy Strategic? Impact of Total Quality Management on Strategy," *Academy of Management Executive,* August 1992, pp. 80-87; C. A. Barclay, "Quality Strategy and TQM Policies: Empirical Evidence," *Management International Review,* Special Issue 1993, pp. 87-98; R. Jacob, "TQM: More Than a Dying Fad?" *Fortune,* October 18, 1993, pp. 66-72; R. Krishnan, A. B. Shani, R. M. Grant, and R. Baer, "In Search of Quality Improvement Problems of Design and Implementation," *Academy of Management Executive,* November 1993, pp. 7-20; B. Voss, "Quality's Second Coming," *Journal of Business Strategy,* March-April 1994, pp. 42-46; and special issue of *Academy of Management Review* devoted to TQM, July 1994, pp. 390-584 を参照のこと。

11. 「テクノロジーとマネジャーの仕事」は、D. McGinn, "From Harvard to Las Vegas," *Newsweek,* April 18, 2005, pp. E8-E14; G. Lindsay, "Prada's High-Tech Misstep," *Business 2.0,* March 2004, pp. 72-75; G. Loveman, "Diamonds in the Data Mine," *Harvard Business Review,* May 2003, pp. 109-113; and L. Gary, "Simplify and Execute: Words to Live By in Times of Turbulence," *Harvard Management Update,* January 2003, p. 12 に基づく。

12. R. Pear, "A.M.A. to Develop Measure of Quality of Medical Care," *New York Times Online,* February 21, 2006; and A. Taylor III, "Double Duty," *Fortune,* March 7, 2005, pp. 104-110.

13. McDonald's Annual Report 2007, www.mcdonalds.com (April 21, 2008).

14. S. Zesiger Callaway, "Mr. Ghosn Builds His Dream Car," *Fortune,* February 4, 2008, pp. 56-58.

15. J. Pfeffer, *Organizational Design* (Arlington Heights, IL: AHM Publishing, 1978), pp. 5-12; and C. K. Warriner, "The Problem of Organizational Purpose," *Sociological Quarterly* (Spring 1965), pp. 139-146 などを参照のこと。

16. P. N. Romani, "MBO by Any Other Name Is Still MBO," *Supervision,* December 1997, pp. 6-8; and A. W. Schrader and G. T. Seward, "MBO Makes Dollar Sense," *Personnel Journal* (July 1989), pp. 32-37.

17. R. Rodgers and J. E. Hunter, "Impact of Management by Objectives on Organizational Productivity," *Journal of Applied Psychology* (April 1991), pp. 322-336.

18. G. P. Latham, "The Motivational Benefits of Goal-Setting," *Academy of Management Executive,* November 2004, pp. 126-129.

19. 目標に関する追加情報については、P. Drucker, *The Executive in Action* (New York: HarperCollins Books, 1996), pp. 207-214; and E. A. Locke and G. P. Latham, *A Theory of Goal Setting and Task Performance* (Upper Saddle River, NJ: Prentice Hall, 1990)などを参照のこと。

20. 「マネジメントいまむかし」は、P. F. Drucker, *The Practice of Management* (New York: Harper & Row, 1954);J. F. Castellano and H. A. Roehm, "The Problem with Managing by Objectives and Results," *Quality Progress,* March 2001, pp. 39-46; J. Loehr and T. Schwartz, "The Making of a Corporate Athlete," *Harvard Business Review,* January 2001,pp. 120-128; A. J. Vogl, "Drucker, of Course," *Across the Board,* November-December 2000, p. 1. For information on goals and goal setting, see, for example, E. A. Locke, "Toward a Theory of Task Motivation and Incentives," *Organizational Behavior and Human Performance,* May 1968, pp. 157-189;E. A. Locke, K. N. Shaw, L. M. Saari, and G. P. Latham, "Goal Setting and Task Performance: 1969-1980," *Psychological Bulletin,* July 1981, pp. 12-52; E. A. Locke and G. P. Latham, *A Theory of Goal Setting and Task Performance* (Upper Saddle River, NJ: Prentice Hall, 1990); P. Ward and M. Carnes, "Effects of Posting Self-Set Goals on Collegiate Football Players' Skill Execution During Practice and Games," *Journal of Applied Behavioral Analysis,* (Spring 2002), pp. 1-12; D. W. Ray, "Productivity and Profitability," *Executive Excellence,* October 2001, p. 14; D. Archer, "Evaluating Your Managed System," *CMA Management,January* 2000, pp. 12-14; and C. Antoni, "Management by Objectives: An Effective Tool for Teamwork," *International Journal of Human Resource Management* (February 2005), pp. 174-184. For information on participation in goal setting, see, for example, T. D. Ludwig

and E. S. Geller, "Intervening to Improve the Safety of Delivery Drivers: A Systematic Behavioral Approach," *Journal of Organizational Behavior Management* (April 4, 2000), pp. 11-24; P. Latham and L. M. Saari, "The Effects of Holding Goal Difficulty Constant on Assigned and Participatively Set Goals," *Academy of Management Journal* (March 1979), pp. 163-168; M. Erez, P. C. Earley, and C. L. Hulin, "The Impact of Participation on Goal Acceptance and Performance: A Two Step Model," *Academy of Management Journal* (March 1985), pp. 50-66; and G. P. Latham, M. Erez, and E. A. Locke, "Resolving Scientific Disputes by the Joint Design of Crucial Experiments by the Antagonists: Application to the Erez Latham Dispute Regarding Participation in Goal Setting," *Journal of Applied Psychology* (November 1988), pp. 753-772. For information on effectiveness of MBO, see, for example, F. Dahlsten, A. Styhre, and M. Williander, "The Unintended Consequences of Management by Objectives: The Volume Growth Target at Volvo Cars," *Leadership & Organization Development Journal* (July 2005), pp. 529-541; J. R. Crow, "Crashing with the Nose Up: Building a Cooperative Work Environment," *Journal for Quality and Participation* (Spring 2002), pp. 45-50; and E. C. Hollensbe and J. P. Guthrie, "Group Pay-for-Performance Plans: The Role of Spontaneous Goal Setting," *Academy of Management Review*, October 2000, pp. 864-72. に基づく。

21. J. L. Roberts, "Signed, Sealed, Delivered?" *Newsweek*, June 20, 2005, pp. 44-46.

22. これらの要因のいくつかは、R. K. Bresser and R. C. Bishop, "Dysfunctional Effects of Formal Planning: Two Theoretical Explanations," *Academy of Management Review*, October 1983, pp. 588-599; and J. S. Armstrong, "The Value of Formal Planning for Strategic Decisions: Review of Empirical Research," *Strategic Management Journal*, (July-September 1982), pp. 197-211 の主張に基づく。

23. K. Garber, "Powering the Information Age," *U.S. News & World Report*, April 2009, pp. 46-48; and S. Hamm, "It's Too Darn Hot," *BusinessWeek*, March 31, 2008, pp. 60-63.

24. A. Campbell, "Tailored, Not Benchmarked: A Fresh Look at Corporate Planning," *Harvard Business Review*, March-April 1999, pp. 41-50.

25. J. H. Sheridan, "Focused on Flow," *IW*, October 18, 1999, pp. 46-51.

26. Brews and Hunt, "Learning to Plan and Planning to Learn: Resolving the Planning School/Learning School Debate."

27. R. J. Newman, "Coming and Going," *U.S. News and World Report*, January 23, 2006, pp. 50-52; T. Atlas, "Bangalore's Big Dreams," *U.S. News and World Report*, May 2, 2005, pp. 50-52; and K. H. Hammonds, "Smart, Determined, Ambitious, Cheap: The New Face of Global Competition," *Fast Company*, February 2003, pp. 90-97.

28. P. Tarraf and R. Molz, "Competitive Intelligence," *SAM Advanced Management Journal* (Autumn 2006), pp. 24-34; W. M. Fitzpatrick, "Uncovering Trade Secrets: The Legal and Ethical Conundrum of Creative Competitive Intelligence," *SAM Advanced Management Journal* (Summer 2003), pp. 4-12; L. Lavelle, "The Case of the Corporate Spy," *BusinessWeek*, November 26, 2001, pp. 56-58; C. Britton, "Deconstructing Advertising: What Your Competitor's Advertising Can Tell You About Their Strategy," *Competitive Intelligence*, January/February 2002, pp. 15-19; and L. Smith, "Business Intelligence Progress in Jeopardy," *InformationWeek*, March 4, 2002, p. 74 などを参照のこと。

29. S. Greenbard, "New Heights in Business Intelligence," *Business Finance*, March 2002, pp. 41-46; K. A. Zimmermann, "The Democratization of Business Intelligence," *KN World*, May 2002, pp. 20-21; and C. Britton, "Deconstructing Advertising: What Your Competitor's Advertising Can Tell You About Their Strategy," *Competitive Intelligence*, January-February 2002, pp. 15-19.

30. C. Hausman, "Business-Ethics News Featured in World- Press Reports," *Ethics Newsline*, March 14, 2011; and L. Weathersby, "Take This Job and ***** It," *Fortune*, January 7, 2002, p. 122.

31. P. Lattiman, "Hilton and Starwood Settle Dispute," *New York Times Online*, December 22, 2010; "Starwood vs. Hilton," *Hotels' Investment Outlook*, June 2009, p. 14; R. Kidder, "Hotel Industry Roiled by Corporate Espionage Claim," *Ethics Newsline*, www.globalethicslorg/newsline; Reuters, "Hilton Hotels Is Subpoenaed in Espionage Case," *New York Times Online*, April 22, 2009; T. Audi, "U.S. Probes Hilton Over Theft Claims," *Wall Street Journal*, April 22, 2009, p. B1; and T. Audi, "Hilton Is Sued Over Luxury Chain," *Wall Street Journal*, April 17, 2009, p. B1.

32. B. Rosner, "HR Should Get a Clue: Corporate Spying Is Real," *Workforce*, April 2001, pp. 72-75.

33. K. Western, "Ethical Spying," *Business Ethics*, September-October 1995, pp. 22-23.

34. キリングループホールディングス株式会社会社案内 2012年4月10日更新

第6章

1. A. Fox, "Pave the Way for Volunteers," *HR Magazine*, June 2010, pp. 70-74; G. Morse, "The Power of Unwitting Workers," *Harvard Business Review*, October 2009, pp. 27-27; S. Lohr, "Customer Service? Ask a Volunteer," *New York Times Online*, April 26, 2009; and B. Xu, D. R. Jones, and B. Shao, "Volunteers' Involvement in Online Community Based Software Development," *Information & Management*, April 2009, pp. 151-158.

2. M. Boyle, "Super Bucks," *Fortune*, February 4, 2008, pp. 8-9;

and M. Hiestand, "Making a Stamp on Football," *USA Today,* January 25, 2005, pp. 1C+.
3. S. E. Humphrey, J. D. Nahrgang, and F. P. Morgeson, "Integrating Motivational, Social, and Contextual Work Design Features: A Meta-Analytic Summary and Theoretical Expansion of the Work Design Literature," *Journal of Applied Psychology* (September 2007), pp. 1332-1356.
4. E. Kelly, "Keys to Effective Virtual Global Teams," *Academy of Management Executive,* May 2001, pp. 132-133; and D. Ancona, H. Bresman, and K. Kaeufer, "The Comparative Advantage of X-Team," *MIT Sloan Management Review,* Spring 2002, pp. 33-39.
5. R. S. Benchley, "Following Orders," *Chief Executive,* March 2002, p. 6.
6. R. Preston, "Inside Out," *Management Today,* September 2001, p. 37; and R. D. Clarke, "Over Their Heads," *Black Enterprise,* December 2000, p. 79.
7. J. R. P. French and B. Raven, "The Bases of Social Power," In D. Cartwright and A. F. Zander, Eds., *Group Dynamics: Research and Theory* (New York: Harper & Row, 1960), pp. 607-623 を参照。
8. L. Urwick, *The Elements of Administration* (New York: Harper & Row, 1944), pp. 52-53. J. H. Gittel, "Supervisory Span, Relational Coordination, and Flight Departure Performance: A Reassessment of Post-Bureaucracy Theory," *Organizational Science,* July-August 2001, pp. 468-483 も参照。
9. S. Harrison, "Is There a Right Span of Control? Simon Harrison Assesses the Relevance of the Concept of Span of Control to Modern Businesses," *Business Review,* February 2004, pp. 10-13.
10. P. C. Light, "From Pentagon to Pyramids: Whacking at Bloat," *Government Executive,* July 2001, p. 100.
11. D. Van Fleet, "Span of Management Research and Issues," *Academy of Management Journal* (September 1983), pp. 546-552; and S. H. Cady and P. M. Fandt, "Managing Impressions with Information: A Field Study of Organizational Realities," *Journal of Applied Behavioral Science* (June 2001), pp. 180-204 などを参照。
12. Henri Fayol, *General and Industrial Management,* Trans. C. Storrs (London: Pitman Publishing, 1949), pp. 19-42.
13. P. Kenis and D. Knoke, "How Organizational Field Networks Shape InterOrganizational Tie-Formation Rates," *Academy of Management Review,* April 2002, pp. 275-293.
14. E. W. Morrison, "Doing the Job Well: An Investigation of Pro-Social Rule Breaking," *Journal of Management* (February 2006), pp. 5-28 を参照。
15. 同上。
16. T. Burns and G. M. Stalker, *The Management of Innovation* (London: Tavistock, 1961).
17. D. Dougherty, "Re-imagining the Differentiation and Integration of Work for Sustained Product Innovation," *Organization Science,* September-October 2001, pp. 612-631.
18. A. D. Chandler, Jr., *Strategy and Structure: Chapters in the History of the Industrial Enterprise* (Cambridge, MA: MIT Press, 1962).(『経営戦略と組織：米国企業の事業部制成立史』アルフレッド・D・チャンドラー・ジュニア著、三菱経済研究所訳、実業之日本社、1967 年)
19. L. L. Bryan and C. I. Joyce, "Better Strategy Through Organizational Design," *McKinsey Quarterly,* no. 2 (2007), pp. 21-29; D. Jennings and S. Seaman, "High and Low Levels of Organizational Adaptation: An Empirical Analysis of Strategy, Structure, and Performance," *Strategic Management Journal* (July 1994), pp. 459-475; D. C. Galunic and K. M. Eisenhardt, "Renewing the Strategy-Structure-Performance Paradigm," in B. M. Staw and L. L. Cummings (eds.), *Research in Organizational Behavior,* vol. 16 (Greenwich, CT: JAI Press, 1994), pp. 215-255; R. Parthasarthy and S. P. Sethi, "Relating Strategy and Structure to Flexible Automation: A Test of Fit and Performance Implications," *Strategic Management Journal,* 14, no. 6 (1993), pp. 529-549; H. A. Simon, "Strategy and Organizational Evolution," *Strategic Management Journal* (January 1993), pp. 131-142; H. L. Boschken, "Strategy and Structure: Re-conceiving the Relationship," *Journal of Management* (March 1990), pp. 135-150; D. Miller, "The Structural and Environmental Correlates of Business Strategy," *Strategic Management Journal* (January-February 1987), pp. 55-76; and R. E. Miles and C. C. Snow, *Organizational Strategy, Structure, and Process* (New York: McGraw-Hill, 1978)などを参照。
20. P. M. Blau and R. A. Schoenherr, *The Structure of Organizations* (New York: Basic Books, 1971); D. S. Pugh, "The Aston Program of Research: Retrospect and Prospect," in A. H. Van de Ven and W. F. Joyce (eds.), *Perspectives on Organization Design and Behavior* (New York: John Wiley, 1981), pp. 135-146; and R. Z. Gooding and J. A. Wagner III, "A Meta-Analytic Review of the Relationship Between Size and Performance: The Productivity and Efficiency of Organizations and Their Subunits," *Administrative Science Quarterly,* December 1985, pp. 462-481 などを参照。
21. J. Woodward, *Industrial Organization: Theory and Practice* (London: Oxford University Press, 1965).
22. H. M. O'Neill, "Restructuring, Reengineering and Rightsizing: Do the Metaphors Make Sense?" *Academy of Management Executive* 8, no. 4 (1994), pp. 9-30; R. K. Reger, J. V. Mullane, L. T. Gustafson, and S. M. Demarie, "Creating Earthquakes to Change Organizational Mindsets," *Academy of Management Executive* 8, no. 4 (1994), pp. 31-41; and J. Tan, "Impact of Ownership Type on Environment-Strategy Linkage and Performance: Evidence from a Transitional

Company," *Journal of Management Studies* (May 2002), pp. 333-354 などを参照。
23. J. C. Linder and S. Cantrell, "It's All in the Mind(set)," *Across the Board,* May-June 2002, pp. 38-42; and B. Holland, "Management's Sweet Spot," *New Zealand Management,* March 2002, pp. 60-61.
24. M.Song, "Samsung Electronics Net Rises 54%," *Wall Street Journal,* April 22, 2002, p. B4.
25. 「マネジメントいまむかし」は J. Woodward, *Industrial Organization: Theory and Practice* に基づく。さらに C. Perrow, "A Framework for the Comparative Analysis of Organizations," *American Sociological Review,* April 1967, pp. 194-208; J. D. Thompson, *Organizations in Action* (New York: McGraw-Hill, 1967); J. Hage and M. Aiken, "Routine Technology, Social Structure, and Organizational Goals," *Administrative Science Quarterly,* September 1969, pp. 366-377; C. C. Miller, W. H. Glick, Y. D. Wang, and G. Huber, "Understanding Technology-Structure Relationships: Theory Development and Meta-Analytic Theory Testing," *Academy of Management Journal* (June 1991), pp. 370-399; D. M. Rousseau and R. A. Cooke, "Technology and Structure: The Concrete, Abstract, and Activity Systems of Organizations," *Journal of Management* (Fall-Winter 1984), pp. 345-361, and D. Gerwin, "Relationships between Structure and Technology," in P.C. Nystrom and W. H. Starbuck (eds.), *Handbook of Organizational Design,* vol. 2 (New York: Oxford University Press, 1981), pp. 3-38 などを参照。
26. H. Mintzberg, *Structure in Fives: Designing Effective Organizations* (Upper Saddle River, NJ: Prentice Hall, 1983), p. 157.
27. D. A. Garvin and L. C. Levesque, "The Multiunit Enterprise," *Harvard Business Review,* June 2008, pp. 106-117; and R. J. Williams, J. J. Hoffman, and B. T. Lamont, "The Influence of Top Management Team Characteristics on M-Form Implementation Time," *Journal of Managerial Issues* (Winter 1995), pp. 466-480.
28. R. Greenwood and D. Miller, "Tackling Design Anew: Getting Back to the Heart of Organization Theory," *Academy of Management Perspectives,* November 2010, pp. 78-88; G. J. Castrogiovanni, "Organization Task Environments: Have They Changed Fundamentally Over Time?" *Journal of Management,* vol. 28, no. 2 (2002), pp. 129-150; D. F. Twomey, "Leadership, Organizational Design, and Competitiveness for the 21st Century," *Global Competitiveness,* Annual 2002, pp. S31-S40; M. Hammer, "Processed Change: Michael Hammer Sees Process as 'the Clark Kent of Business Ideas'—A Concept That Has the Power to Change a Company's Organizational Design," *Journal of Business Strategy,* (November-December 2001), pp. 11-15; T. Clancy, "Radical Surgery: A View from the Operating Theater," *Academy of Management Executive,* February 1994, pp. 73-78; I. I. Mitroff, R. O. Mason, and C. M. Pearson, "Radical Surgery: What Will Tomorrow's Organizations Look Like?" *Academy of Management Executive,* February 1994, pp. 11-21; and R. E. Hoskisson, C. W. L. Hill, and H. Kim, "The Multidivisional Structure: Organizational Fossil or Source of Value?" *Journal of Management* 19, no. 2 (1993), pp. 269-298 などを参照。
29. D. R. Denison, S. L. Hart, and J. A. Kahn, "From Chimneys to Cross-Functional Teams: Developing and Validating a Diagnostic Model," *Academy of Management Journal* (December 1996), pp. 1005-1023; D. Ray and H. Bronstein, *Teaming Up: Making the Transition to a Self-Directed Team-Based Organization* (New York: McGraw Hill, 1995); J. R. Katzenbach and D. K. Smith, *The Wisdom of Teams* (Boston: Harvard Business School Press, 1993); J. A. Byrne, "The Horizontal Corporation," *BusinessWeek,* December 20, 1993, pp. 76-81; B. Dumaine, "Payoff from the New Management," *Fortune,* December 13, 1993, pp. 103-110; and H. Rothman, "The Power of Empowerment," *Nation's Business,* June 1993, pp. 49-52 などを参照。
30. C. Garvey, "Steer Teams with the Right Pay," *HR Magazine,* May 2002, pp. 70-78.
31. P. Kaihla, "Best-Kept Secrets of the World's Best Companies," *Business 2.0,* April 2006, p. 83; C. Taylor, "School of Bright Ideas," *Time Inside Business,* April 2005, pp. A8-A12; and B. Nussbaum, "The Power of Design," *Business Week,* May 17, 2004, pp. 86-94.
32. G. G. Dess, A. M. A. Rasheed, K. J. McLaughlin, and R. L. Priem, "The New Corporate Architecture," *Academy of Management Executive,* August 1995, pp. 7-20 などを参照。
33. For additional readings on boundaryless organizations, see Rausch and Birkinshaw, June 2008; M. F. R. Kets de Vries, "Leadership Group Coaching in Action: The Zen of Creating High Performance Teams," *Academy of Management Executive,* February 2005, pp. 61-76; J. Child and R. G. McGrath,"Organizations Unfettered: Organizational Form in an Information-Intensive Economy," *Academy of Management Journal* (December 2001), pp. 1135-1148; M. Hammer and S. Stanton, "How Process Enterprises Really Work," *Harvard Business Review,* November-December 1999, pp. 108-118; T. Zenger and W. Hesterly, "The Disaggregation of Corporations: Selective Intervention, High-Powered Incentives, M06_ROBB0536_08_SE_C06.QXD 11/3/11 8:53 PM Page 157 and Modular Units," *Organization Science,* vol. 8 (1997), pp. 209-222; R. Ashkenas, D. Ulrich, T. Jick, and S. Kerr, The *Boundaryless Organization: Breaking the Chains of Organizational Structure* (San Francisco: Jossey-Bass, 1997); R. M. Hodgetts, "A Conversation with Steve Kerr," *Organizational Dynamics,* Spring 1996, pp. 68-79; and J. Gebhardt, "The Boundaryless Organization," *Sloan Management Review,* Winter 1996, pp. 117-119. For another view of boundaryless organizations, see B. Victor, "The Dark Side of the New Organizational Forms: An Editorial Essay," *Organization Science,* November 1994, pp. 479-482.

34. Y. Shin, "A Person-Environment Fit Model for Virtual Organizations," *Journal of Management* (December 2004), pp. 725-743; D. Lyons, "Smart and Smarter," *Forbes,* March 18, 2002, pp. 40-41; W. F. Cascio, "Managing a Virtual Workplace," *Academy of Management Executive,* August 2000, pp. 81-90; G. G. Dess, A. M. A. Rasheed, K. J. McLaughlin, and R. L. Priem, "The New Corporate Architecture"; H. Chesbrough and D. Teece, "When Is Virtual Virtuous: Organizing for Innovation," *Harvard Business Review,* January-February 1996, pp. 65-73; and W. H. Davidow and M. S. Malone, *The Virtual Corporation* (New York: Harper Collins, 1992)などを参照。
35. "Could Your Brand Pass the Tee Shirt Test?" *Fortune,* May 28, 2007, p. 122; M. Maddever, "The New School: An Inconvenient Truth," www.strategymag.com (April 2007); K. Hugh, "Goodson Forecasts Future Shock," www.adweek.com (March 5, 2007); J. Ewing, "Amsterdam's Red-Hot Ad Shops," *BusinessWeek,* December 18, 2006, p. 52; and T. Howard, "Strawberry Frog Hops to a Different Drummer," *USA Today,* October 10, 2005 p. 4B.
36. R. E. Miles, C. C. Snow, J. A. Matthews, G. Miles, and H. J. Coleman, Jr., "Organizing in the Knowledge Age: Anticipating the Cellular Form," *Academy of Management Executive,* November 1997, pp. 7-24; C. Jones, W. Hesterly, and S. Borgatti, "A General Theory of Network Governance: Exchange Conditions and Social Mechanisms," *Academy of Management Review,* October 1997, pp. 911-945; R. E. Miles and C. C. Snow, "The New Network Firm: A Spherical Structure Built on Human Investment Philosophy," *Organizational Dynamics,* Spring 1995, pp. 5-18; and R. E. Miles and C. C. Snow, "Causes of Failures in Network Organizations," *California Management Review,* vol. 34, no. 4 (1992), pp. 53-72.
37. G. Hoetker, "Do Modular Products Lead to Modular Organizations?" *Strategic Management Journal* (June 2006), pp. 501-518; C. H. Fine, "Are You Modular or Integral?" *Strategy & Business,* Summer 2005, pp. 44-51; D. A. Ketchen, Jr. and G. T. M. Hult, "To Be Modular or Not to Be? Some Answers to the Question," *Academy of Management Executive,* May 2002, pp. 166-167; M. A. Schilling, "The Use of Modular Organizational Forms: An Industry-Level Analysis," *Academy of Management Journal* (December 2001), pp. 1149-1168; D. Lei, M. A. Hitt, and J. D. Goldhar, "Advanced Manufacturing Technology: Organizational Design and Strategic Flexibility," *Organization Studies,* vol. 17 (1996), pp. 501-523; R. Sanchez and J. Mahoney, "Modularity Flexibility and Knowledge Management in Product and Organization Design," *Strategic Management Journal,* vol. 17 (1996), pp. 63-76; and R. Sanchez, "Strategic Flexibility in Product Competition," *Strategic Management Journal,* vol. 16 (1995), pp. 135-159.
38. C. Hymowitz, "Have Advice, Will Travel," *Wall Street Journal,* June 5, 2006, pp B1+.
39. 「テクノロジーとマネジメント」は、R. Cheng,"So You Want to Use Your iPhone for Work? How the Smartest Companies Are Letting Employees Use Their Personal Gadgets to Do Their Jobs," *Wall Street Journal,* April 25, 2011, pp. R1+; B. Roberts, "Mobile Workforce Management," *HR Magazine,* March 2011, pp. 67-70; D. Darlin, "Software That Monitors Your Work, Wherever You Are," *New York Times Online* www.nytimesonline.com (April 12, 2009); D. Pauleen and B. Harmer, "Away from the Desk...Always," *Wall Street Journal,* December 15, 2008, p. R8; J. Marquez, "Connecting a Virtual Workforce," *Workforce Management Online* www.workforce.com (September 22, 2008); R. Yu, "Work Away from Work Gets Easier with Technology," *USA Today,* November 28, 2006, p. 8B; M. Weinstein, "GOing Mobile," *Training,* September 2006, pp. 24-29; C. Cobbs, "Technology Helps Boost Multitasking," *Springfield, Missouri News-Leader,* June 15, 2006, p. 5B; C. Edwards, "Wherever You Go, You're On the Job," *BusinessWeek,* June 20, 2005, pp. 87-90; and S. E. Ante, "The World Wide Work Space," *BusinessWeek,* June 6, 2005, pp. 106-108. に基づく。
40. C. E. Connelly and D. G. Gallagher, "Emerging Trends in Contingent Work Research," *Journal of Management* (November 2004), pp. 959-983.
41. N. M. Adler, *International Dimensions of Organizational Behavior,* 5th ed. (Cincinnati, OH: South-Western), 2008, p. 62. (『チームマネジメント革命 国際競争に勝つ経営戦略』ナンシー・J・アドラー著、小林規一訳、センゲージラーニング、2009年)
42. P. B. Smith and M. F. Peterson, "Demographic Effects on the Use of Vertical Sources of Guidance by Managers in Widely Differing Cultural Contexts," *International Journal of Cross Cultural Management* (April 2005), pp. 5-26.
43. J. Marquez, "Connecting a Virtual Workforce," *Workforce Management Online,* February 3, 2009.
44. M. Conlin, "Home Offices: The New Math," *BusinessWeek,* March 9, 2009, pp. 66-68.
45. 同上。
46. J. Marquez, "Connecting a Virtual Workforce."
47. S. Jayson, "Working at Home: Family-Friendly," *USA Today,* April 15, 2010, pp. 1A+; T. D. Hecht and N. J. Allen, "A Longitudinal Examination of the Work-Nonwork Boundary Strength Construct," *Journal of Organizational Behavior* (October 2009), pp. 839-862; and G. E. Kreiner, E. C. Hollensbe, and M. L. Sheep, "Balancing Borders and Bridges: Negotiating the Work-Home Interface via Boundary Work Tactics," *Academy of Management Journal* (August 2009), pp. 704-730.
48. J. T. Marquez, "The Future of Flex," *Workforce Management Online,* January 2010
49. R. King, "Meet the Microworkers," *Bloomberg BusinessWeek Online,* February 1, 2011; and R. King, "Mechanical

Serfdom Is Just That," *Bloomberg BusinessWeek Online,* February 1, 2011.
50. K. Bennhold, "Working (Part-Time) in the 21st Century," *New York Times Online,* December 29, 2010; and J. Revell, C. Bigda, and D. Rosato, "The Rise of Freelance Nation," *CNNMoney,* cnnmoney.com, June 12, 2009.
51. Revell, Bigda, and Rosato, "The Rise of Freelance Nation."
52. 同上。

第7章
1. 有価証券報告書　株式会社しまむら　平成 24 年 5 月 14 日提出
2. 第 7 章は、D. A. DeCenzo and S. P. Robbins, *Fundamentals of Human Resources Management,* 10th ed.(Hoboken, NJ: John Wiley & Sons, 2010)を参考にしている。．
3. J. J. Salopek, "Employee Referrals Remain a Recruiter's Best Friend," Workforce Management *Online,* December 2010; L. G. Klaff, "New Internal Hiring Systems Reduce Cost and Boost Morale," *Workforce Management,* March 2004, pp. 76-79; M. N. Martinez, "The Headhunter Within," *HR Magazine,* August 2001, pp. 48-55; "Even Non-Recruiting Companies Must Maintain Hiring Networks," *HR Focus,* November 2001, p. 8; and L. Greenhalgh, A. T. Lawrence, and R. I. Sutton, "Determinants of Work Force Reduction Strategies in Declining Organizations," *Academy of Management Review,* April 1988, pp. 241-254.
4. J. J. Salopek, "Employee Referrals Remain a Recruiter's Best Friend"; "Employee Referral Programs: Highly Qualified New Hires Who Stick Around," *Canadian HR Reporter,* June 4, 2001, p. 21; and C. Lachnit, "Employee Referral Saves Time, Saves Money, Delivers Quality," *Workforce,* June 2001, pp. 66-72.
5. C. Lawton, "Nokia to Cut 7,000 Globally," *Wall Street Journal,* April 28, 2011, p. B3; D. Jolly, "Panasonic to Cut 17,000 Jobs," *New York Times Online,* April 28, 2011; and L. Segall, "MySpace Slashes Its Staff in Half," *CNNMoney* .com, January 11, 2011.
6. J. Mooney, "Pre-Employment Testing on the Internet: Put Candidates a Click Away and Hire at Modem Speed," *Public Personnel Management,* Spring 2002, pp. 41-52.
7. 次の文献などを参照。R. D. Arvey and J. E. Campion, "The Employment Interview: A Summary and Review of Recent Research," *Personnel Psychology,* Summer 1982, pp. 281-322; and M. M. Harris, "Reconsidering the Employment Interview: A Review of Recent Literature and Suggestions for Future Research," *Personnel Psychology,* Winter 1989, pp. 691-726; J. H. Prager, "Nasty or Nice: 56-Question Quiz," *Wall Street Journal,* February 22, 2000, p. A4; and M. K. Zachary, "Labor Law for Supervisors," *Supervision,* March 2001, pp. 23-26.
8. 次の文献などを参照。G. Nicholsen, "Screen and Glean: Good Screening and Background Checks Help Make the Right Match for Every Open Position," *Workforce,* October 2000, p. 70.
9. R. A. Posthuma, F. P. Morgeson, and M. A. Campion, "Beyond Employment Interview Validity: A Comprehensive Narrative Review of Recent Research and Trends Over Time," *Personnel Psychology,* Spring 2002, pp. 1-81.
10. A. I. Huffcutt, J. M. Conway, P. L. Roth, and N. J. Stone, "Identification and Meta-Analysis Assessment of Psychological Constructs Measured in Employment Interviews," *Journal of Applied Psychology* (October 2001), pp. 897-913; and A. I. Huffcutt, J. A. Weekley, W. H. Wiesner, T. G. Degroot, and C. Jones, "Comparison of Situational and Behavioral Description Interview Questions for Higher-Level Positions," *Personnel Psychology,* Autumn 2001, pp. 619-644.
11. C. H. Middendorf and T. H. Macan, "Note-Taking in the Employment Interview: Effects on Recall and Judgments," *Journal of Applied Psychology* (April 2002), pp. 293-303; D. Butcher, "The Interview Rights and Wrongs," *Management Today,* April 2002, p. 4; P. L. Roth, C. H. Can Iddekinge, A. I. Huffcutt, C. E. Eidson, and P. Bobko, "Corrections for Range Restriction in Structured Interview Ethnic Group Differences: The Value May Be Larger than Researchers Thought," *Journal of Applied Psychology* (April 2002), pp. 369-376; and E. Hermelin and I. T. Robertson, "A Critique and Standardization of Meta-Analytic Coefficients in Personnel Selection," *Journal of Occupational and Organizational Psychology* (September 2001), pp. 253-277 を参照。
12. J. Merritt, "Improv at the Interview," *BusinessWeek,* February 3, 2003, p. 63; P. J. Taylor and B. Small, "Asking Applicants What They Would Do Versus What They Did Do: A Meta-Analysis Comparison of Situation and Past Behavior Employment Interview Questions," *Journal of Occupational and Organizational Psychology* (September 2002), pp. 277-295;
S. D. Mauer, "A Practitioner-Based Analysis of Interviewer Job Expertise and Scale Format as Contextual Factors in Situational Interviews," *Personnel Psychology,* Summer 2002, pp. 307-328; and J. M. Barclay, "Improving Selection Interviews with Structure: Organizations' Use of Behavioral Interviews," *Personnel Review* 30, no. 1 (2001), pp. 81-95 を参照。
13. J. Merrit, "Improv at the Interview," p. 63.
14. S. H. Applebaum and M. Donia, "The Realistic Downsizing Preview: A Management Intervention in the Prevention of Survivor Syndrome (Part II)," *Career Development International,* January 2001, pp. 5-19.

15. D. Zielinski, "Effective Assessments," *HRMagazine,* January 2011, pp. 61-64; W. L. Gardner, B. J. Reithel, R. T. Foley, C. C. Cogliser, and F. O. Walumbwa, "Attraction to Organizational Culture Profiles: Effects of Realistic Recruitment and Vertical and Horizontal Individualism-Collectivism," *Management Communication Quarterly,* February 2009, pp. 437-472; and S. L. Premack and J. P. Wanous, "A Meta- Analysis of Realistic Job Preview Experiments," *Journal of Applied Psychology* (November 1985), pp. 706-720.

16.「テクノロジーとマネジャーの仕事」は、D. Zielinski, "Effective Assessments;" R. E. DeRouin, B. A. Fritzsche, and E. Salas, "E-Learning in Organizations," *Journal of Management* (December 2005), pp. 920-940; K. O'Leonard, *HP Case Study: Flexible Solutions for Multi-Cultural Learners,* (Oakland: CA: Bersin & Associates), 2004; S. Greengard, "The Dawn of Digital HR," *Business Finance,* October 2003, pp. 55-59; and J. Hoekstra, "Three in One," *Online Learning,* vol. 5 (2001), pp. 28-32 に基づく。

17. C. Garvey, "The Whirlwind of a New Job," *HR Magazine,* June 2001, pp. 110-118.

18. B. P. Sunoo, "Results-Oriented Customer Service Training," *Workforce* (May 2001), pp. 84-90.

19. 次の文献などを参照。E. C. Tripp, "Aging Aircraft and Coming Regulations: Political and Media Pressures Have Encouraged the FAA to Expand Its Pursuit of Real and Perceived Problems of Older Aircraft and Their Systems. Operators Will Pay," *Business and Commercial Aviation,* March 2001, pp. 68-75。

20. "A&S Interview: Sully's Tale," *Air & Space Magazine,* www.airspacemag.com (February 18, 2009); A. Altman, "Chesley B. Sullenberger III," *Time,* www.time.com (January 16, 2009); and K. Burke, P. Donohue, and C. Siemaszko, "US Airways Airplane Crashes in Hudson River—Hero Pilot Chesley Sullenberger III Saves All Aboard," *New York Daily News,* www.nydailynews.com (January 16, 2009).

21. C. S. Duncan, J. D. Selby-Lucas, and W. Swart, "Linking Organizational Goals and Objectives to Employee Performance: A Quantitative Perspective," *Journal of American Academy of Business* (March 2002), pp. 314-318.

22. "Training Expenditures," *Training* (November-December 2010), p. 19.

23. R. Langlois, "Fairmont Hotels: Business Strategy Starts with People, " *Canadian HR Reporter,* November 5, 2001, p. 19.

24. 次の文献などを参照。R. E. Catalano and D. L. Kirkpatrick, "Evaluating Training Programs: The State of the Art," *Training and Development Journal* (May 1968), pp. 2-9。

25. A. Tziner, C. Joanis, and K. R. Murphy, "A Comparison of Three Methods of Performance Appraisal with Regard to Goal Properties, Goal Perception, and Rate Satisfaction," *Group and Organization Management,* June 2000, pp. 175-190; and T. W. Kent and T. J. Davis, "Using Retranslation to Develop Operational Anchored Scales to Assess the Motivational Context of Jobs," *International Journal of Management* (March 2002), pp. 10-16.

26. C. A. Ramus and U. Steger, "The Roles of Supervisory Support Behaviors and Environmental Policy in Employee 'Ecoinitiatives' at Leading-Edge European Companies," *Academy of Management Journal* (August 2000), pp. 605-626 も参照。

27. R. de Andrés, J. L. Garcia-Lapresta, and J. González- Pachón, "Performance Appraisal Based on Distance Function Methods," *European Journal of Operational Research* (December 2010), pp. 1599-1607; and L. Atwater and J. Brett, "Feedback Format: Does It Influence Manager's Reaction to Feedback," *Journal of Occupational and Organizational Psychology* (December 2006), pp. 517-532 を参照。

28. "Performance Appraisals," *Business Europe ,* April 3, 2002, p. 3 を参照。

29. M. A. Peiperl, "Getting 360 Feedback Right," *Harvard Business Review,* January 2001, pp. 142-147.

30. T. J. Maurer, D. R. D. Mitchell, and F. G. Barbeite, "Predictors of Attitudes Toward a 360-Degree Feedback System and Involvement in Post-Feedback Management Development Activity," *Journal of Occupational and Organizational Psychology* (March 2002), pp. 87-107.

31. A. Evans, "From Every Angle," *Training* (September 2001), p. 22.

32. R. de Andrés, J. L. Garcia-Lapresta, and J. González-Pachón, "Performance Appraisal Based on Distance Function Methods," *European Journal of Operational Research* (December 2010), pp. 1599-1607; J. Nelson, "How to Ace Your Yearly Review," *Canadian Business,* December 7, 2010, p. 94; G. P. Sillup and R. Klimberg, "Assessing the Ethics of Implementing Performance Appraisal Systems," *Journal of Management Development,* vol. 29, no. 1 (2010), pp. 38-55; T. Maylett, "360-Degree Feedback Revisited: The Transition from Development to Appraisal," *Compensation & Benefits Review,* September-October 2009, pp. 52-59; P. Kamen, "The Way That You Use It: Full Circle Can Build Better Organizations with the Right Approach," *CMA Management,* April 2003, pp. 10-13; M. Kennett, "First Class Coach," *Management Today* (December 2001), p. 84; and T. A. Beehr, L. Ivanitsjaya, C. P. Hansen, D. Erofeev, and D. M. Gudanowski, "Evaluation of 360-Degree Feedback Ratings: Relationships with Each Other and with Performance and Selection Predictors," *Journal of Organizational Behavior* (November 2001), pp. 775-788.

33. J. D. Glater, "Seasoning Compensation Stew," *New York Times,* March 7, 2001, pp. C1+.

34. このセクションは、R. I. Henderson, *Compensation Management in a Knowledge-Based World,* 9th ed. (Upper

Saddle River, NJ: Prentice Hall, 2003)に基づく。

35. M. P. Brown, M. C. Sturman, and M. J. Simmering, "Compensation Policy and Organizational Performance: The Efficiency, Operational and Financial Implications of Pay Levels and Pay Structure," *Academy of Management Journal* (December 2003), pp. 752-762; J. D. Shaw, N. P. Gupta, and J. E. Delery, "Pay Dispersion and Workforce Performance: Moderating Effects of Incentives and Interdependence," *Strategic Management Journal* (June 2002), pp. 491-512; E. Montemayor, "Congruence between Pay Policy and Competitive Strategy in High-Performing Firms," *Journal of Management,* vol. 22, no. 6 (1996), pp. 889-908; and L. R. Gomez-Mejia, "Structure and Process of Diversification, Compensation Strategy, and Firm Performance," *Strategic Management Journal,* 13 (1992), pp. 381-397.

36. J. D. Shaw, N. Gupta, A. Mitra, and G. E. Ledford, Jr., "Success and Survival of Skill-Based Pay Plans," *Journal of Management* (February 2005), pp. 28-49; C. Lee, K. S. Law, and P. Bobko, "The Importance of Justice Perceptions on Pay Effectiveness: A Two-Year Study of a Skill-Based Pay Plan," *Journal of Management,* vol. 26, no. 6 (1999), pp. 851-873; G. E. Ledford, "Paying for the Skills, Knowledge and Competencies of Knowledge Workers," *Compensation and Benefits Review,* July-August 1995, pp. 55-62; and E. E. Lawler III, G. E. Ledford Jr., and L. Chang, "Who Uses Skill-Based Pay and Why," *Compensation and Benefits Review,* March – April 1993, p.22.

37. J. D. Shaw, N. Gupta, A. Mitra, and G. E. Ledford Jr., "Success and Survival of Skill-Based Pay Plans."

38. ヒューイット・アソシエイツの調査による情報："As Fixed Costs Increase, Employers Turn to Variable Pay Programs as Preferred Way to Reward Employees," August 21, 2007; "Hewitt Study Shows Pay-for-Performance Plans Replacing Holiday Bonuses," December 6, 2005; "Salaries Continue to Rise in Asia Pacific, Hewitt Annual Study Reports," November 23, 2005; and "Hewitt Study Shows Base Pay Increases Flat for 2006 with Variable Pay Plans Picking Up the Slack," Hewitt Associates, LLC, www.hewittassociates.com (August 31, 2005).

39. "Mandated Benefits: 2002 Compliance Guide," *Employee Benefits Journal* (June 2002), p. 64; and J. J. Kim, "Smaller Firms Augment Benefits, Survey Shows," *Wall Street Journal,* June 6, 2002, p. D2.

40. P. P. Shah, "Network Destruction: The Structural Implications of Downsizing," *Academy of Management Journal* (February 2000), pp. 101-112.

41. 次の文献などを参照。K. A. Mollica and B. Gray, "When Layoff Survivors Become Layoff Victims: Propensity to Litigate, " *Human Resource Planning,* January 2001, pp. 22-32.

42. S. Koudsi, "You're Stuck," *Fortune,* December 10, 2001, pp. 271-274.

43. A. Joshi, "Managing the Organizational Melting Pot: Dilemmas of Workplace Diversity," Administrative Science Quarterly December 2001, pp. 783-784.

44. 次の文献などを参照。K. Iverson, "Managing for Effective Workforce Diversity, " Cornell Hotel and Restaurant *Administration Quarterly,* April 2000, pp. 31-38.

45. U.S. Equal Employment Opportunity Commission, "Sexual Harassment Charges EEOC and FEPAs Combined: FY 1997-FY 2010," http://www.eeoc.gov/eeoc/statistics/enforcement/sexual_ harassment.

46. 同上。

47. N. F. Foy, "Sexual Harassment Can Threaten Your Bottom Line," *Strategic Finance* (August 2000), pp. 56-57.

48. "Federal Monitors Find Illinois Mitsubishi Unit Eradicating Harassment," *Wall Street Journal* (September 7, 2000), p. A8.

49. L. J. Munson, C. Hulin, and F. Drasgow, "Longitudinal Analysis of Dispositional Influences and Sexual Harassment: Effects on Job and Psychological Outcomes," *Personnel Psychology* (Spring 2000), p. 21.

50. B. Leonard, "Survey: 10% of Employees Report Harassment at Work," *HR Magazine,* October 2010, p. 18.

51. "*Nichols v. Azteca Restaurant Enterprises,*" *Harvard Law Review,* May 2002, p. 2074; A. J. Morrell, "Non-Employee Harassment," *Legal Report* (January–February 2000), p. 1. See also S. Lim and L. M. Cortina, "Interpersonal Mistreatment in the Workplace: The Interface and Impact of General Incivility and Sexual Harassment," *Journal of Applied Psychology* (May 2005), pp. 483-496.

52. A. M. O'Leary-Kelly, L. Bowes-Sperry, C. A. Bates, and E. R. Lean, "Sexual Harassment at Work: A Decade (Plus) of Progress," *Journal of Management* (June 2009), pp. 503-536; M. Rotundo, D. H. Nguyen, and P. R. Sackett, "A Meta-Analytic Review of Gender Differences in Perceptions of Sexual Harassment," *Journal of Applied Psychology* (October 2001), pp. 914-922 も参照。

53. R. L. Wiener and L. E. Hurt, "How Do People Evaluate Social Sexual Conduct at Work? A Psychological Model," *Journal of Applied Psychology* (February 2000), p. 75.

54. *Meritor Savings Bank v. Vinson,* 477 U.S. 57 (1986).

55. R. D. Lee and P. S. Greenlaw, "Employer Liability for Employee Sexual Harassment: A Judicial Policy-Making Study," *Public Administration Review* (March-April 2000), p. 127.

56. 同上。

57. "You and DuPont: Diversity," DuPont Company Documents (1999-2000), http://www.dupont.com/careers/you/diverse.

html; and "DuPont Announces 2000 Dr. Martin Luther King, Days of Celebration," DuPont Company Documents, http://www.dupont.com/corp/whats-news/releases/00/001111.html (January 11, 2000).
58. 次の文献などを参照。P. W. Dorfman, A. T. Cobb, and R. Cox, "Investigations of Sexual Harassment Allegations: Legal Means Fair—Or Does It?" *Human Resources Management,* Spring 2000, pp. 33-39.
59.『日経ビジネス』2006年5月22日号 pp.36-37.「特集 小売りのトヨタ しまむら流 社員も楽しむ究極の効率経営」

第8章

1. K. Dunn, "Employee Turnover and Suicide: It Turns Out the Response to Either Is the Same," *HR Capitalist Online,* May 9, 2011; S. Mahoney, "Stress Less, Accomplish More," *Good Housekeeping,* May 2010, p. 57; A. Chrisafis, "France Telecom Worker Kills Himself in Office Car Park," www.guardian.co.uk (April 27, 2011); Reuters, "France Telecom to Probe Employee Suicide by Fire," www.trust.org (April 27, 2011); A. R. Carey and P. Trap, "Aspect of the Job That Workers Find the Most Stressful," *USA Today,* April 20, 2011, p. 1A; "Survey," *Shape,* April 2011, p. 48; M. V. Rafter, "The Yawning of New Era," *Workforce Management Online,* December 2010; C. Hausman, "Millions of U.K. Workers Lie to Bosses About Stress-Induced Days," *Global Ethics Online,* November 8, 2010; E. Holbrook, "Beneath the Bell Jar: Companies Confront a Rise in Workplace Suicides," *Risk Management,* November 2010, pp. 6-8; "Survey: 30 Percent of Managers Under More Stress," *Workforce Management Online,* September 22, 2010; M. Colchester, "France Télécom Faces Inquiry Over Suicides," *New York Times Online,* April 12, 2010; M. Saltmarsh, "France Télécom Suicides Prompt an Investigation," *New York Times Online,* April 9, 2010; E. Frauenheim, "Suicides Spur Management Shake-Up at France Télécom," *Workforce Management,* March 2010, pp. 6-8; C. Stievenard, "France's Approach to Workplace 'Bullying,'" *Workforce Management Online,* www.workforce.com (March 2010); R. Bender and M. Colchester, "Morale Is Priority for France Télécom," *Wall Street Journal,* February 4, 2010, p. B2; The Associated Press, "Executive Quits After Suicides at France Télécom," *New York Times Online,* October 6, 2009; and D. Jolly and M. Saltmarsh, "Suicides in France Put Focus on Workplace," *New York Times Online,* September 30, 2009.
2. A. Weintraub and M. Tirrell, "Eli Lilly's Drug Assembly Line," *Bloomberg BusinessWeek,* March 8, 2010, pp. 56-57.
3. K. Grzbowska, "The Social Aspect of Introducing Changes into the Organization," *International Journals of Human Resources Development and Management,* February 2, 2007, p. 67; and I. M. Jawahar and G. L. McLaughlin, "Toward a Descriptive Stakeholder Theory: An Organizational Life Cycle Approach," *Academy of Management Review,* July 2001, pp. 397-415.
4. E. Shannon, "Agent of Change," *Time,* March 4, 2002, p. 17; B. Kenney, "SLA Head Shaffer Resigns Abruptly: Did 'Change Agent' Move Too Fast in Aggressive Restructuring?" *Library Journal,* March 15, 2002, pp. 17-19; and T. Mudd, "Rescue Mission," *Industry Week,* May 1, 2000, pp. 30-37.
5. これらの比喩は、次の文献から引用。P. Vaill, *Managing as a Performing Art: New Ideas for a World of Chaotic Change* (San Francisco: Jossey Bass, 1989).
6. K. Lewin, *Field Theory in Social Science* (New York: Harper & Row, 1951).(『社会科学における場の理論』クルト・レヴィン著、猪股佐登留訳、誠信書房、1979年)
7. R. E. Levasseur, "People Skills: Change Management Tools—Lewin's Change Model," *Interfaces,* August 2001, pp. 71-74.
8. D. Lieberman, "Nielsen Media Has Cool Head at the Top," *USA Today,* March 27, 2006, p. 3B.
9. L. S. Lüscher and M. W. Lewis, "Organizational Change and Managerial Sensemaking: Working Through Paradox," *Academy of Management Journal* (April 2008), pp. 221-240; F. Buckley and K. Monks, "Responding to Managers' Learning Needs in an Edge-of-Chaos Environment: Insights from Ireland," *Journal of Management* (April 2008), pp. 146-163; and G. Hamel, "Take It Higher," *Fortune,* February 5, 2001, pp. 169-170.
10.「マネジメントいまむかし」は From the Past to the Present box based on D. A. Wren and A. G. Bedeian, *The Evolution of Management Thought,* 6th ed. (Hoboken, NJ: John Wiley & Sons, Inc., 2009); "Biography and Quotes of Kurt Lewin," *About.com,* psychology.about.com (July 15, 2009); and K. T. Lewin, "The Dynamics of Group Action," *Educational Leadership,* January 1944, pp. 195-200に基づく。
11. L. Freifeld, "Paddle to Collaborate," *Training* (November–December 2010), p. 6.
12. S. Hicks, "What Is Organization Development?" *Training and Development* (August 2000), p. 65; and H. Hornstein, "Organizational Development and Change Management: Don't Throw the Baby Out with the Bath Water," *Journal of Applied Behavioral Science* (June 2001), pp. 223-227.
13. J. Wolfram and S. Minahan, "A New Metaphor for Organization Development," *Journal of Applied Behavioral Science* (June 2006), pp. 227-243.
14. 次の文献などを参照。H. B. Jones, "Magic, Meaning, and Leadership: Weber's Model and the Empirical Literature." *Human Relations,* June 2001, p. 753.
15. G. Akin and I. Palmer, "Putting Metaphors to Work for a Change in Organizations," *Organizational Dynamics,* Winter 2000, pp. 67-79.

16. J. Grieves, "Skills, Values or Impression Management: Organizational Change and the Social Processes of Leadership, Change Agent Practice, and Process Consultation," *Journal of Management Development* (May 2000), p. 407.
17. M. McMaster, "Team Building Tips," *Sales & Marketing Management,* January 2002, p. 140; and "How To: Executive Team Building," Training and Development (January 2002), p. 16.
18. S. Shinn, "Stairway to Reinvention," *BizEd,* January–February 2010, p. 6; M. Scott, "A Stairway to Marketing Heaven," *BusinessWeek,* November 2, 2009, p. 17; and The Fun Theory, http://thefuntheory.com (November 10, 2009).
19. 次の文献などを参照。J. Robison and D. Jones, "Overcoming the Fear of Change," *Gallup Management Journal Online,* January 7, 2011; J. D. Ford, L. W. Ford, and A. D'Amelio, "Resistance to Change: The Rest of the Story," *Academy of Management Review,* April 2008, pp. 362–377; A. Deutschman, "Making Change: Why Is It So Hard to Change Our Ways?" *Fast Company,* May 2005, pp. 52–62; S. M. Silverman, C. E. Pogson, and A. B. Cober, "When Employees at Work Don't Get It; A Model for Enhancing Individual Employee Change in Response to Performance Feedback," *Academy of Management Executive,* May 2005, pp. 135–147; C. E. Cunningham, C. A. Woodward, H. S. Shannon, J. MacIntosh, B. Lendrum, D. Rosenbloom, and J. Brown, "Readiness for Organizational Change: A Longitudinal Study of Workplace, Psychological and Behavioral Correlates," *Journal of Occupational and Organizational Psychology* (December 2002), pp. 377–392; M. A. Korsgaard, H. J. Sapienza, and D. M. Schweiger, "Beaten Before Begun: The Role of Procedural Justice in Planning Change," *Journal of Management* 28, no. 4 (2002), pp. 497–516; R. Kegan and L. L. Lahey, "The Real Reason People Won't Change," *Harvard Business Review,* November 2001, pp. 85–92; S. K. Piderit, "Rethinking Resistance and Recognizing Ambivalence: A Multidimensional View of Attitudes Toward an Organizational Change," *Academy of Management Review,* October 2000, pp. 783–794; C. R. Wanberg and J. T. Banas, "Predictors and Outcomes of Openness to Changes in a Reorganizing Workplace," *Journal of Applied Psychology* (February 2000), pp. 132–142; A. A. Armenakis and A. G. Bedeian, "Organizational Change: A Review of Theory and Research in the 1990s," *Journal of Management* 25, no. 3 (1999), pp. 293–315; and B. M. Staw, "Counterforces to Change," in P.S. Goodman and Associates (eds.), *Change in Organizations* (San Francisco: Jossey-Bass, 1982), pp. 87–121.
20. A. Reichers, J. P. Wanous, and J. T. Austin, "Understanding and Managing Cynicism about Organizational Change," *Academy of Management Executive,* February 1997, pp. 48–57; P. Strebel, "Why Do Employees Resist Change?" *Harvard Business Review,* May–June 1996, pp. 86–92; and J. P. Kotter and L.A. Schlesinger, "Choosing Strategies for Change," *Harvard Business Review,* March–April 1979, pp. 107–109.
21. 次のサイトから引用。UK National Work-Stress Network, www.workstress.net.
22. R. S. Schuler, "Definition and Conceptualization of Stress in Organizations," *Organizational Behavior and Human Performance,* April 1980, p. 191.
23. A. Kanai, "Karoshi (Work to Death) in Japan," *Journal of Business Ethics* (January 2009) Supplement 2, pp. 209–216; The Associated Press, "Overwork Cited in Death of Japanese Worker," *New York Times Online,* July 10, 2008; "Jobs for Life," *Economist,* www.economist.com (December 19, 2007); and B. L. de Mente, "Karoshi: Death from Overwork," Asia Pacific Management Forum, www.apmforum.com (May 2002).
24. 次の文献などを参照。"Stressed Out: Extreme Job Stress: Survivors' Tales," *Wall Street Journal* January 17, 2001, p. B1.
25. 次の文献などを参照。S. Bates, "Expert: Don't Overlook Employee Burnout," *HR Magazine,* August 2003, p. 14.
26. H. Benson, "Are You Working Too Hard?" *Harvard Business Review,* November 2005, pp. 53–58; B. Cryer, R. McCraty, and D. Childre, "Pull the Plug on Stress," *Harvard Business Review,* July 2003, pp. 102–107; C. Daniels, "The Last Taboo" ; C. L. Cooper and S. Cartwright, "Healthy Mind, Healthy Organization—A Proactive Approach to Occupational Stress," *Human Relations,* April 1994, pp. 455–471; C. A. Heaney et al., "Industrial Relations, Worksite Stress Reduction and Employee Well-Being: A Participatory Action Research Investigation," *Journal of Organizational Behavior* (September 1993), pp. 495–510; C. D. Fisher, "Boredom at Work: A Neglected Concept," *Human Relations,* March 1993, pp. 395–417; and S. E. Jackson, "Participation in Decision Making as a Strategy for Reducing Job-Related Strain," *Journal of Applied Psychology* (February 1983), pp. 3–19.
27. C. Mamberto, "Companies Aim to Combat Job-Related Stress," *Wall Street Journal,* August 13, 2007, p. B6.
28. T. Barton, "Brave Face," *Employee Benefits,* January 2011, p. 41; and "Employee Assistance Programs," *HR Magazine,* May 2003, p. 143.
29. S. Barrett, "Employee Assistance Programs," *Employee Benefits,* January 2011, pp. 49–52; "EAPs with the Most," *Managing Benefits Plans,* March 2003, p. 8; and K. Tyler, "Helping Employees Cope with Grief," *HR Magazine,* September 2003, pp. 55–58.
30. N. Faba, "The EAP Problem," *Benefits Canada,* March 2011, p. 7; D. A. Masi, "Redefining the EAP Field," *Journal of Workplace Behavioral Health* (January–March 2011), pp. 1–9; R. M. Weiss, "Brinksmanship Redux: Employee Assistance Programs' Precursors and Prospects," *Employee Responsibilities & Rights Journal* (December 2010), pp. 325–343; and F. Hansen, "Employee Assistance Programs (EAPs) Grow and Expand Their Reach," *Compensation and Benefits Review,*

March-April 2000, p. 13.

31. F. Phillips, "Employee Assistance Programs: A New Way to Control Health Care Costs," *Employee Benefit Plan Review,* August 2003, pp. 22-24.

32. K. Lee, "EAP Diversity Detracts from Original Focus, Some Say," *Employee Benefits News,* July 1, 2003, p. 1.

33. 次の文献などを参照。P. Petesch, "Workplace Fitness or Workplace Fits?" *HR Magazine,* July 2001, pp. 137-140.

34. C. Petersen, "Value of Complementary Care Rises, But Poses Challenges," *Managed HealthCare,* November 2000, pp. 47-48.

35. A. Saha-Bubna and M. Jarzemsky, "MasterCard President Is Named CEO," *Wall Street Journal* April 13, 2010, p. C3; and S. Vandebook, "Quotable," *IndustryWeek,* April 2010, p. 18.

36. R. M. Kanter, "Think Outside the Building," *Harvard Business Review,* March 2010, p. 34; T. Brown, "Change By Design," *BusinessWeek,* October 5, 2009, pp. 54-56; J. E. Perry-Smith and C. E. Shalley, "The Social Side of Creativity: A Static and Dynamic Social Network Perspective," *Academy of Management Review,* January 2003, pp. 89-106; and P. K. Jagersma, "Innovate or Die: It's Not Easy, But It Is Possible to Enhance Your Organization's Ability to Innovate," *Journal of Business Strategy* (January-February 2003), pp. 25-28.

37. *Fast Company* staff, "The World's 50 Most Innovative Companies," *Fast Company,* March 2011, pp. 66+; and G. Colvin, "The World's Most Admired Companies," *Fortune,* March 21, 2011, pp. 109+.

38. この定義は、次の文献から引用。T. M. Amabile, *Creativity in Context* (Boulder, CO: Westview Press, 1996).

39. C. Salter, "Mattel Learns to 'Throw the Bunny,'" *Fast Company,* November 2002, p. 22; and L. Bannon, "Think Tank in Toyland," *Wall Street Journal,* June 6, 2002, pp. B1, B3.

40. C. Vogel and J. Cagan, *Creating Breakthrough Products: Innovation from Product Planning to Program Approval* (Upper Saddle River, NJ: Prentice Hall, 2002).

41. R. W. Woodman, J. E. Sawyer, and R. W. Griffin, "Toward a Theory of Organizational Creativity," *Academy of Management Review,* April 1993, pp. 293-321.

42. T. M. Egan, "Factors Influencing Individual Creativity in the Workplace: An Examination of Quantitative Empirical Research," *Advances in Developing Human Resources,* May 2005, pp. 160-181; N. Madjar, G. R. Oldham, and M. G. Pratt, "There's No Place Like Home? The Contributions of Work and Nonwork Creativity Support to Employees' Creative Performance," *Academy of Management Journal* (August 2002), pp. 757-767; T. M. Amabile, C. N. Hadley, and S. J. Kramer, "Creativity Under the Gun," *Harvard Business Review,* August 2002, pp. 52-61; J. B. Sorensen and T. E. Stuart, "Aging, Obsolescence, and Organizational Innovation," *Administrative Science Quarterly,* March 2000, pp. 81-112; G.R. Oldham and A. Cummings, "Employee Creativity: Personal and Contextual Factors at Work," *Academy of Management Journal* (June 1996), pp. 607-634; and F. Damanpour, "Organizational Innovation: A Meta-Analysis of Effects of Determinants and Moderators," *Academy of Management Journal* (September 1991), pp. 555-590.

43. P. R. Monge, M. D. Cozzens, and N. S. Contractor, "Communication and Motivational Predictors of the Dynamics of Organizational Innovations," *Organization Science,* May 1992, pp. 250-274.

44. T. M. Amabile, C. N. Hadley, and S. J. Kramer, "Creativity Under the Gun."

45. N. Madjar, G. R. Oldham, and M. G. Pratt, "There's No Place Like Home? The Contributions of Work and Nonwork Creativity Support to Employees' Creative Performance."

46. 次の文献などを参照。J. E. Perry-Smith, "Social Yet Creative: The Role of Social Relationships in Facilitating Individual Creativity," *Academy of Management Journal* (February 2006), pp. 85-101; C. E. Shalley, J. Zhou, and G. R. Oldham, "The Effects of Personal and Contextual Characteristics on Creativity: Where Should We Go from Here?" *Journal of Management,* 30, no. 6 (2004), pp. 933-958; J. E. Perry-Smith and C. E. Shalley, "The Social Side of Creativity: A Static and Dynamic Social Network Perspective"; J. M. George and J. Zhou, "When Openness to Experience and Conscientiousness Are Related to Creative Behavior: An Interactional Approach," *Journal of Applied Psychology* (June 2001), pp. 513-524; J. Zhou, "Feedback Valence, Feedback Style, Task Autonomy, and Achievement Orientation: Interactive Effects on Creative Behavior," *Journal of Applied Psychology,* 83 (1998), pp. 261-276; T. M. Amabile, R. Conti, H. Coon, J. Lazenby, and M. Herron, "Assessing the Work Environment for Creativity," *Academy of Management Journal* (October 1996), pp. 1154-1184; S. G. Scott and R. A. Bruce, "Determinants of Innovative People: A Path Model of Individual Innovation in the Workplace," *Academy of Management Journal* (June 1994), pp. 580-607; R. Moss Kanter, "When a Thousand Flowers Bloom: Structural, Collective, and Social Conditions for Innovation in Organization," in B. M. Staw and L. L. Cummings (eds.), *Research in Organizational Behavior,* vol. 10 (Greenwich, CT: JAI Press, 1988), pp. 169-211; and Amabile, *Creativity in Context* .

47. J. McGregor, "The World's Most Innovative Companies," *BusinessWeek,* April 24, 2006, p. 70.

48. 同上

49. J. Ramos, "Producing Change That Lasts," *Across the Board,* March 1994, pp. 29-33; T. Stjernberg and A. Philips, "Organizational Innovations in a Long-Term Perspective: Legitimacy and Souls-of-Fire as Critical Factors of Change and

Viability," *Human Relations,* October 1993, pp. 1193-2023; and J. M. Howell and C. A. Higgins, "Champions of Change," *Business Quarterly,* Spring 1990, pp. 31-32.

第9章
1. 『日経ベンチャー』(現:『日経トップリーダー』)2007年05月号 pp.34-39.「特集　社員が頑張るから会社は儲かる　社員第1主義に舵を切れ」
2. "Survey on the Total Financial Impact of Employee Absences," *Medical Benefits,* November 30, 2010, p. 9; and K. M. Kroll, "Absence-Minded," *CFO Human Capital,* 2006, pp. 12-14.
3. D. W. Organ, *Organizational Citizenship Behavior: The GoodSoldier Syndrome* (Lexington, MA: Lexington Books, 1988), p. 4. また、J. L. Lavell, D. E. Rupp, and J. Brockner, "Taking a Multifoci Approach to the Study of Justice, Social Exchange, and Citizenship Behavior: The Target Similarity Model," *Journal of Management* (December 2007), pp. 841-866; and J. A. LePine, A. Erez, and D. E. Johnson, "The Nature and Dimensionality of Organizational Citizenship Behavior: A Critical Review and Meta-Analysis," *Journal of Applied Psychology* (February 2002), pp. 52-65 なども参照のこと。
4. J. R. Spence, D. L. Ferris, D. J. Brown, and D. Heller, "Understanding Daily Citizenship Behaviors: A Social Comparison Approach," *Journal of Organizational Behavior* (May 2011), pp. 547-571; L. M. Little, D. L. Nelson, J. C. Wallace, and P. D. Johnson, "Integrating Attachment Style, Vigor at Work, and Extra-Role Performance," *Journal of Organizational Behavior* (April 2011), pp. 464-484; N. P. Podsakoff, P. M. Podsakoff, S. W. Whiting, and P. Mishra, "Effects of Organizational Citizenship Behavior on Selection Decisions in Employment Interviews," *Journal of Applied Psychology* (March 2011), pp. 310-326; T. M. Glomb, D. P. Bhave, A. G. Miner, and M. Wall, "Doing Good, Feeling Good: Examining the Role of Organizational Citizenship Behaviors in Changing Mood," *Personnel Psychology,* Spring 2011, pp. 191-223; T. P. Munyon, W. A. Hochwarter, P. L. Perrewé, and G. R. Ferris, "Optimism and the Nonlinear Citizenship Behavior-Job Satisfaction Relationship in Three Studies," *Journal of Management* (November 2010), pp. 1505-1528; R. Ilies, B. A. Scott, and T. A. Judge, "The Interactive Effects of Personal Traits and Experienced States on Intraindividual Patterns of Citizenship Behavior," *Academy of Management Journal* (June 2006), pp. 561-575; P. Cardona, B. S. Lawrence, and P. M. Bentler, "The Influence of Social and Work Exchange Relationships on Organizational Citizenship Behavior," *Group & Organization Management,* April 2004, pp. 219-247; M. C. Bolino and W. H. Turnley, "Going the Extra Mile: Cultivating and Managing Employee Citizenship Behavior," *Academy of Management Executive,* August 2003, pp. 60-73; M. C. Bolino, W. H. Turnley, and J. J. Bloodgood, "Citizenship Behavior and the Creation of Social Capital in Organizations," *Academy of Management Review,* October 2002, pp. 505-522; and P. M. Podsakoff, S. B. MacKenzie, J. B. Paine, and D. G. Bachrach, "Organizational Citizenship Behaviors: A Critical Review of the Theoretical and Empirical Literature and Suggestions for Future Research," *Journal of Management,* 26, no. 3 (2000), pp. 543-548.
5. M. C. Bolino and W. H. Turnley, "The Personal Costs of Citizenship Behavior: The Relationship Between Individual Initiative and Role Overload, Job Stress, and Work-Family Conflict," *Journal of Applied Psychology* (July 2005), pp. 740-748.
6. この定義は、R. W. Griffin and Y. P. Lopez, "Bad Behavior in Organizations: A Review and Typology for Future Research," *Journal of Management* (December 2005), pp. 988-1005 による。
7. "A Case of Cognitive Dissonance," *US News and World Report,* November 26, 2001, p. 10.
8. S. P. Robbins and T. A. Judge, *Essentials of Organizational Behavior,* 11th ed. (Upper Saddle River, NJ: Prentice Hall, 2010).
9. M. S. Christian, A. S. Garza, and J. E. Slaughter, "Work Engagement: A uantitative Review and Test of Its Relations with Task and Contextual Performance," *Personnel Psychology,* Spring 2011, pp. 89-136; V. T. Ho, S-S Wong, and C. H. Lee, "A Tale of Passion: Linking Job Passion and Cognitive Engagement to Employee Work Performance," *Journal of Management Studies* (January 2011), pp. 26-47; D. R. May, R. L. Gilson, and L. M. Harter, "The Psychological Conditions of Meaningfulness, Safety and Availability and the Engagement of the Human Spirit at Work," *Journal of Occupational and Organizational Psychology* (March 2004), pp. 11-37; R. T. Keller, "Job Involvement and Organizational Commitment as Longitudinal Predictors of Job Performance: A Study of Scientists and Engineers," *Journal of Applied Psychology* (August 1997), pp. 539-545; W. Kahn, "Psychological Conditions of Personal Engagement and Disengagement at Work," *Academy of Management Journal* (December 1990), pp. 692-794; and P. P. Brooke, Jr., D. W. Russell and J. L. Price, "Discriminant Validation of Measures of Job Satisfaction, Job Involvement, and Organizational Commitment," *Journal of Applied Psychology* (May 1988), pp. 139-145. また、J. Smythe, "Engaging Employees to Drive Performance," *Communication World,* May-June 2008, pp. 20-22; A. B. Bakker and W. B. Schaufeli,

"Positive Organizational Behavior: Engaged Employees in Flourishing Organizations," *Journal of Organizational Behavior* (February 2008), pp. 147-154; U. Aggarwal, S. Datta, and S. Bhargava, "The Relationship Between Human Resource Practices, Psychological Contract, and Employee Engagement—Implications for Managing Talent," *IIMB Management Review,* September 2007, pp. 313-325; M. C. Christian and J. E. Slaughter, "Work Engagement: A Meta-Analytic Review and Directions for Research in an Emerging Area," *AOM Proceedings,* August 2007, pp. 1-6; C. H. Thomas, "A New Measurement Scale for Employee Engagement: Scale Development, Pilot Test, and Replication," *AOM Proceedings,* August 2007, pp. 1-6; A. M. Saks, "Antecedents and Consequences of Employee Engagement," *Journal of Managerial Psychology,* 21, no. 7 (2006), pp. 600-619; and A. Parsley, "Road Map for Employee Engagement," *Management Services,* Spring 2006, pp. 10-11 なども参照のこと。

10. Mercer, *IndustryWeek,* April 2008, p. 24.

11. J. M. George, "The Wider Context, Costs, and Benefits of Work Engagement," *European Journal of Work & Organizational Psychology* (February 2011), pp. 53-59; and "Employee Engagement Report 2011," *BlessingWhite Research,* http://www.blessingwhite.com/eee__report.asp (January 2011), pp. 7-8.

12. A. J. Elliott and P. G. Devine, "On the Motivational Nature of Cognitive Dissonance: Dissonance as Psychological Discomfort," *Journal of Personality and Social Psychology* (September 1994), pp. 382-394.

13. L. Festinger, *A Theory of Cognitive Dissonance* (Stanford, CA: Stanford University Press, 1957); C. Crossen, "Cognitive Dissonance Became a Milestone in 1950s Psychology," *Wall Street Journal,* December 4, 2006, p. B1; and Y. "Sally" Kim, "Application of the Cognitive Dissonance Theory to the Service Industry," *Services Marketing Quarterly,* April-June 2011, pp. 96-112.

14. T. A. Judge, C. J. Thoresen, J. E. Bono, and G. K. Patton, "The Job Satisfaction-Job Performance Relationship: A Qualitative and Quantitative Review," *Psychological Bulletin,* May 2001, pp. 376-407.

15. L. Saari and T. A. Judge, "Employee Attitudes and Job Satisfaction," *Human Resource Management,* Winter 2004, pp. 395-407; and T. A. Judge and A. H. Church, "Job Satisfaction: Research and Practice," in C. L. Cooper and E. A. Locke (eds.), *Industrial and Organizational Psychology: Linking Theory with Practice* (Oxford, UK: Blackwell, 2000).

16. D. A. Harrison, D. A. Newman, and P. L. Roth, "How Important Are Job Attitudes?: Meta-Analytic Comparisons of Integrative Behavioral Outcomes and Time Sequences," *Academy of Management Journal* (April 2006), pp. 305-325.

17. G. Chen, R. E. Ployhart, H. C. Thomas, N. Anderson, and P. D. Bliese, "The Power of Momentum: A New Model of Dynamic Relationships Between Job Satisfaction Change and Turnover Intentions," *Academy of Management Journal* (February 2011), pp. 159-181.

18. CPP, Inc., Myers-Briggs Type Indicator® (MBTI®), http://www.cpp.com/products/mbti/index.asp (2011); and J. Llorens, "Taking Inventory of Myers-Briggs," *T&D,* April 2010, pp. 18-19.

19. 同上。

20. J. Overbo, "Using Myers-Briggs Personality Type to Create a Culture Adapted to the New Century," *T&D,* February 2010, pp. 70-72; K. Garrety, R. Badham, V. Morrigan,

W. Rifkin, and M. Zanko, "The Use of Personality Typing in Organizational Change: Discourse, Emotions, and the Reflective Subject," *Human Relations,* February 2003, pp. 211-235 などを参照のこと。

21. P. Moran, "Personality Characteristics and Growth-Orientation of the Small Business Owner Manager," *Journal of Managerial Psychology* (July 2000), p. 651; and M. Higgs, "Is There a Relationship Between the Myers-Briggs Type Indicator and Emotional Intelligence?," *Journal of Managerial Psychology* (September-October 2001), pp. 488-513.

22. J. M. Digman, "Personality Structure: Emergence of the Five Factor Model," in M. R. Rosenweig and L. W. Porter, eds., *Annual Review of Psychology,* vol. 41 (Palo Alto, CA: Annual Reviews, 1990), pp. 417-440; O. P. John, "The Big Five Factor Taxonomy: Dimensions of Personality in the Natural Language and in Questionnaires," in L. A. Pervin, ed., *Handbook of Personality Theory and Research* (New York: Guilford Press, 1990), pp. 66-100; and M. K. Mount, M. R. Barrick, and J. P. Strauss, "Validity of Observer Ratings of the Big Five Personality Factors," *Journal of Applied Psychology* (April 1996), pp. 272-280.

23. T. W. Yiu and H. K. Lee, "How Do Personality Traits Affect Construction Dispute Negotiation: Study of Big Five Personality Model," *Journal of Construction Engineering & Management* (March 2011), pp. 169-178; H. J. Kell, A. D. Rittmayer, A. E. Crook, and S. J. Motowidlo, "Situational Content Moderates the Association Between the Big Five Personality Traits and Behavioral Effectiveness," *Human Performance,* February 2010, pp. 213-228; R. S. Meyer, R. S. Dalal, and S. Bonaccio, "A Meta-Analytic Investigation into the Moderating Effects of Situational Strength on the Conscientiousness-Performance Relationship," *Journal of Organizational Behavior* (November 2009), pp. 1077-1102; G. Vittorio, C. Barbaranelli, and G. Guido, "Brand Personality: How to Make the Metaphor Fit," *Journal of Economic Psychology* (June 2001), p. 377; G. M. Hurtz and J. J. Donovan, "Personality and Job Performance: The Big Five Revisited,"

Journal of Applied Psychology (December 2000), p. 869; W. A. Hochwarter, L. A. Witt, and K. M. Kacmar, "Perceptions of Organizational Politics as a Moderator of the Relationship Between Conscientiousness and Job Performance," *Journal of Applied Psychology* (June 2000), p. 472; and M. R. Barrick and M. K. Mount, "The Big Five Personality Dimensions and Job Performance: A Meta-Analytic Study," *Personnel Psychology* 44 (1991), pp. 1-26 などを参照のこと。

24. Barrick and Mount, "Autonomy as a Moderator of the Relationship Between the Big Five Personality Dimensions and Job Performance."

25. M. R. Furtner and J. F. Rauthmann, "Relations Between Self-Leadership and Scores on the Big Five," *Psychological Reports,* October 2010, pp. 339-353; R. Barrick, M. Piotrowski, and G. L. Stewart, "Personality and Job Performance: Test of the Mediating Effects of Motivation Among Sales Representatives," *Journal of Applied Psychology* (February 2002), pp. 43-52; and I. T. Robertson, H. Baron, P. Gibbons, R. MacIver, and
G. Nyfield, "Conscientiousness and Managerial Performance," *Journal of Occupational and Organizational Psychology* (June 2000), pp. 171-78 も参照のこと。

26. J. L. Kisamore, I. M. Jawahar, E. W. Liguori, T. L. Mharapara, and T. H. Stone, "Conflict and Abusive Workplace Behaviors: The Moderating Effects of Social Competencies," *Career Development International,* October 2010, pp. 583-600; P. S. Mishra and A. K. Das Mohapatra, "Relevance of Emotional Intelligence for Effective
Job Performance: An Empirical Study," *Vikalpa: The Journal for Decision Makers* (January-March 2010), pp. 53-61; T-Y. Kim, D. M. Cable, S-P. Kim, and J. Wang, "Emotional Competence and Work Performance: The Mediating Effect of Proactivity and the Moderating Effect of Job Autonomy," *Journal of Organizational Behavior* (October 2009), pp. 983-1000; J. M. Diefendorff and G. J. Greguras, "Contextualizing
Emotional Display Rules: Examining the Roles of Targets and Discrete Emotions in Shaping Display Rule Perceptions," *Journal of Management* (August 2009), pp. 880-898; J. Gooty, M. Gavin, and N. M. Ashkanasy, "Emotions Research in OB:
The Challenges That Lie Ahead," *Journal of Organizational Behavior* (August 2009), pp. 833-838; N. M. Ashkanasy and C. S. Daus, "Emotion in the Workplace: The New Challenge for Managers," *Academy of Management Executive,* February 2002, pp. 76-86; N. M. Ashkanasy, C. E. J. Hartel, and C. S. Daus, "Diversity and Emotions: The New Frontiers in Organizational Behavior Research," *Journal of Management,* 28, no. 3 (2002), pp. 307-338; S. Fox, "Promoting Emotional Intelligence in Organizations: Make Training in Emotional Intelligence Effective," *Personnel Psychology,* Spring 2002, pp. 236-240; B. E. Ashforth, "The Handbook of Emotional Intelligence: Theory, Development, Assessment, and Application at Home, School, and in the Work Place: A Review," *Personnel Psychology,* Autumn 2001, pp. 721-724; and R. Bar-On and J. D. A. Parker, *The Handbook of Emotional Intelligence: Theory, Development, Assessment, and Application at Home, School, and in the Work Place* (San Francisco, CA: Jossey-Bass, 2000)などを参照のこと。

27. C. S. P. Fernandez, "Emotional Intelligence in the Workplace," *Journal of Public Health Management and Practice* (February 2007), pp. 80-82 などを参照のこと。

28. R. Pearman, "The Leading Edge: Using Emotional Intelligence to Enhance Performance," *T&D,* March 2011, pp. 68-71; C. Prentice and B. King, "The Influence of Emotional Intelligence on the Service Performance of Casino Frontline Employees," *Tourism & Hospitality Research,* January 2011, pp. 49-66; E. H. O'Boyle, Jr., R. H. Humphrey, J. M. Pollack, T. H. Hawver, and P. A. Story, "The Relation Between Emotional Intelligence and Job Performance: A Meta-Analysis," *Journal of Organizational Behavior Online,* www.interscience.wiley.com, June 2010; and P. J. Jordan, N. M. Ashkanasy, and C. E. J. Hartel, "Emotional Intelligence as a Moderator of Emotional and Behavioral Reactions to Job Insecurity," *Academy of Management Review,* July 2002, pp. 361-372.

29. "Can't We All Just Get Along," *BusinessWeek,* October 9, 2000, p. 18.

30. C. Moller and S. Powell, "Emotional Intelligence and the Challenges of Quality Management," *Leadership and Organizational Development Journal* (July-August 2001), pp. 341-345.

31. L.A. Downey, V. Papageorgiou, and C. Stough, "Examining the Relationship Between Leadership, Emotional Intelligence, and Intuition in Female Managers," *Leadership & Organization Development Journal* (April 2006), pp. 250-264 を参照のこと。

32. J. Silvester, F. M. Anderson-Gough, N. R. Anderson, and A. R. Mohamed, "Locus of Control, Attributions and Impression Management in the Selection Interview," *Journal of Occupational and Organizational Psychology* (March 2002), pp. 59-77; D. W. Organ and C. N. Greene, "Role Ambiguity, Locus of Control, and Work Satisfaction," *Journal of Applied Psychology* (February 1974), pp. 101-102; and T. R. Mitchell, C. M. Smyser and S. E. Weed, "Locus of Control: Supervision and Work Satisfaction," *Academy of Management Journal* (September 1975), pp. 623-631 などを参照のこと。

33. I. Zettler, N. Friedrich, and B. E. Hilbig, "Dissecting Work Commitment: The Role of Machiavellianism," *Career Development International,* February 2011, pp. 20-35; S. R. Kessler, A. C. Bandelli, P. E. Spector, W. C. Borman, C. E. Nelson, and L. M. Penney, "Re-Examining Machiavelli: A Three-Dimensional Model of Machiavellianism in the Workplace," *Journal of Applied Social Psychology* (August 2010), pp. 1868-1896; W. Amelia, "Anatomy of a Classic:

Machiavelli's Daring Gift," *Wall Street Journal*, August 30-31, 2008, p. W10; S. A. Snook, "Love and Fear and the Modern Boss, *Harvard Business Review*, January 2008, pp. 16-17; and R. G. Vleeming, "Machiavellianism: A Preliminary Review," *Psychology Reports*, February 1979, pp. 295-310.

34. J. Brockner, *Self-Esteem at Work: Research, Theory, and Practice* (Lexington, MA: Lexington Books, 1988), chs. 1-4 に基づく。

35. R. Vermunt, D. van Knippenberg, B. van Knippenberg, and E. Blaauw, "Self-Esteem and Outcome Fairness: Differential Importance of Procedural and Outcome Considerations," *Journal of Applied Psychology* (August 2001), p. 621; T. A. Judge and J. E. Bono, "Relationship of Core Self- Evaluation Traits—Self-Esteem, Generalized Self Efficacy, Locus of Control, and Emotional Stability—With Job Satisfaction and Job Performance," *Journal of Applied Psychology* (February 2001), p. 80; and D. B. Fedor,

J. M. Maslyn, W. D. Davis, and K. Mathieson, "Performance Improvement Efforts in Response to Negative Feedback: The Roles of Source Power and Recipient Self-Esteem," *Journal of Management* (January-February 2001), pp. 79-97 などを参照のこと。

36. M. Snyder, *Public Appearances, Private Realities: The Psychology of Self-Monitoring* (New York: W. H. Freeman, 1987).

37. D. U. Bryant, M. Mitcham, A. R. Araiza, and W. M. Leung, "The Interaction of Self-Monitoring and Organizational Position on Perceived Effort," *Journal of Managerial Psychology*, 26, no. 2 (2011), pp. 138-154; B. B. Vilela and J. A. V. González, "Salespesons' Self- Monitoring: Direct, Indirect, and Moderating Effects on Salespersons' Organizational Citizenship Behavior," *Psychology & Marketing*, January 2010, pp. 71-89; and P. M. Fandt, "Managing Impressions with Information: A Field

Study of Organizational Realities," *Journal of Applied Behavioral Science* (June 2001), pp. 180-205 などを参照のこと。

38. 同上。

39. R. N. Taylor and M. D. Dunnette, "Influence of Dogmatism, Risk Taking Propensity, and Intelligence on Decision Making Strategies for a Sample of Industrial Managers," *Journal of Applied Psychology* (August 1974), pp. 420-423.

40. I. L. Janis and L. Mann, *Decision Making: A Psychological Analysis of Conflict, Choice, and Commitment* (New York: Free Press, 1977).

41. C. P. Cross, L. T. Copping, and A. Campbell, "Sex Differences in Impulsivity: A Meta-Analysis," *Psychological Bulletin*, January 2011, pp. 97-130; A. A. Schooler, K. Fujita, X. Zou, and S. J. Stroessner, "When Risk Seeking Becomes a Motivational Necessity," *Journal of Personality and Social Psychology* (August 2010), pp. 215-231;

A. Chatterjee and D. C. Hambrick, "Executive Personality, Capability Cues, and Risk-Taking: How Narcissistic CEOs React to Their Successes and Stumbles," *Academy of Management Proceedings*, www.aomonline.org (2010); E. Soane, C. Dewberry, and S. Narendran, "The Role of Perceived Costs and Perceived Benefits in the Relationship

Between Personality and Risk-Related Choices," *Journal of Risk Research* (April 2010), pp. 303-318; and N. Kogan and M. A. Wallach, "Group Risk Taking as a Function of Members' Anxiety and Defensiveness," *Journal of Personality* (March 1967), pp. 50-63 などを参照のこと。

42. H. Zhao, S. E. Seibert, and G. T. Lumpkin, "The Relationship of Personality to Entrepreneurial Intentions and Performance: A Meta-Analytic Review," *Journal of Management* (March 2010), pp. 381-404; and K. Hyrshy, "Entrepreneurial

Metaphors and Concepts: An Exploratory Study," *Journal of Managerial Psychology* (July 2000), p. 653; and B. McCarthy, "The Cult of Risk Taking and Social Learning: A Study of Irish Entrepreneurs," *Management Decision*, August 2000, pp. 563-575.

43. M. Goldman, "A Journey into Personality Self-Discovery, Vol. 2," *Bloomberg BusinessWeek Online*, March 22, 2011; M. Goldman, "A Journey into Personality Self-Discovery, Vol. 1," *Bloomberg BusinessWeek Online*, February 15, 2011; and P. Korkki, "The True Calling That Wasn't," *New York Times Online*, July 16, 2010.

44. J. L. Holland, *Making Vocational Choices: A Theory of Vocational Personalities and Work Environments* (Odessa, FL: Psychological Assessment Resources, 1997).

45. S. Bates, "Personality Counts: Psychological Tests Can Help Peg the Job Applicants Best Suited for Certain Jobs," *HR Magazine*, February 2002, pp. 28-38; and K. J. Jansen and A. K. Brown, "Toward a Multi-Level Theory of Person Environment Fit,"

Academy of Management Proceedings from the Fifty-Eighth Annual Meeting of the Academy of Management, San Diego, CA (August 7-12, 1998), pp. HR: FR1-FR8.

46. G. W. M. Ip and M. H. Bond, "Culture, Values, and the Spontaneous Self-Concept," *Asian Journal of Psychology*, vol. 1 (1995), pp. 30-36; J. E. Williams, J. L. Saiz, D. L.

FormyDuval, M. L. Munick, E. E. Fogle, A. Adom, A. Haque, F. Neto, and J. Yu, "Cross-Cultural Variation in the Importance of Psychological Characteristics: A Seven-Year Country Study," *International Journal of Psychology* (October 1995), pp.

529-550; V. Benet and N. G. Walker, "The Big Seven Factor Model of Personality Description: Evidence for Its Cross-Cultural Generalizability in a Spanish Sample," *Journal of Personality and Social Psychology* (October 1995), pp. 701-718; R. R. McCrae and P. To. Costa Jr., "Personality Trait Structure as a Human Universal," *American Psychologist*, 1997, pp. 509-516; and M. J. Schmit, J. A. Kihm, and C. Robie, "Development of a Global Measure of Personality," *Personnel Psychology*, Spring 2000, pp. 153-193 などを参照のこと。

47. J. F. Salgado, "The Five Factor Model of Personality and Job Performance in the European Community," *Journal of Applied Psychology* (February 1997), pp. 30-43.
注：この研究は欧州連合(EU)加盟 15 カ国を対象としており、2004 年に加盟した 10 カ国は含まれていない。

48. G. Kranz, "Organizations Look to Get Personal in '07," Workforce Management, www.workforce.com (June 19, 2007).

49. H.H.Kelley, "Attribution in Social Interection," in E. Jones et al. (eds.), *Behavior* (Morristown, NJ: General Learning Press, 1972).

50. G. Miller and T. Lawson, "The Effect of an Informational Option on the Fundamental Attribution Error," *Personality and Social Psychology Bulletin*, June 1989, pp. 194-204. また、G. Charness and E. Haruvy, "Self-Serving Bias: Evidence from a Simulated Labour Relationship," *Journal of Managerial Psychology* (July 2000), p. 655; and T. J. Elkins, J. S. Phillips, and R. Konopaske, "Gender-Related Biases in Evaluations of Sex Discrimination Allegations: Is Perceived Threat a Key?" *Journal of Applied Psychology* (April 2002), pp. 280-293 なども参照のこと。

51. S. T. Fiske, "Social Cognition and Social Perception," *Annual Review of Psychology*, 1993, pp. 155-194; G. N. Powell and Y. Kido, "Managerial Stereotypes in a Global Economy: A Comparative Study of Japanese and American Business Students' Perspectives," *Psychological Reports*, February 1994, pp. 219-26; and J. L. Hilton and W. von Hippel, "Stereotypes," in J. T. Spence, J. M. Darley, and D. J. Foss (eds.), *Annual Review of Psychology*, vol. 47 (Palo Alto, CA: Annual Reviews Inc., 1996), pp. 237-271.

52. P. White, "Baseball Elders Teach Lessons of the Game," *USA Today*, April 14, 2009, p. 1C+.

53. B. F. Skinner, *Contingencies of Reinforcement* (East Norwalk, CT: Appleton-Century-Crofts, 1971).

54. A. Bandura, *Social Learning Theory* (Upper Saddle River, NJ: Prentice Hall, 1977).

55. R. J. Alsop, "The Last Word: Youth and Consequences," *Workforce Management Online*, February 2011; M. Fertik, "Managing Employees in Their Twenties," *Bloomberg BusinessWeek Online*, January 19, 2011; M. Richtel, "Growing Up Digital: Wired for Distraction," *New York Times Online*, November 21, 2010; N. Lublin, "In Defense of Millennials," *Fast Company*, October 2010, pp. 72-74; A. D. Wright and T. D. Tapscott, "Millennials: Bathed in Bits," *HR Magazine*, July 2010, pp. 40-41; S. Jayson, "A Detailed Look at Millennials;" T. Janisch, "Digital Marketplace: Welcoming Gen Y to the Workforce"; and S. Armour, "Generation Y: They've Arrived at Work with a New Attitude," *USA Today*, November 6, 2005, pp. 1B+.

56. D. Sacks, "Scenes from the Culture Clash," *Fast Company*, January-February 2006, p. 75.

57. S. Armour, "Generation Y: They've Arrived at Work with a New Attitude," p. 2B.

58. C. M. Pearson and C. L. Porath, "On the Nature, Consequences, and Remedies of Workplace Incivility: No Time for Nice? Think Again," *Academy of Management Executive*, February 2005, pp. 7-18.

59. J. Robison, "Be Nice: It's Good for Business," *Gallup Brain*, http://brain.gallup.com (August 12, 2004).

60. M. Sandy Hershcovis and J. Barling, "Towards a Multi-Foci Approach to Workplace Aggression: A Meta-Analytic Review of Outcomes from Different Perpetrators," *Journal of Organizational Behavior* (January 2010), pp. 24-44; R. E. Kidwell and S. R. Valentine, "Positive Group Context, Work Attitudes, and Organizational Behavior: The Case of Withholding Job Effort," *Journal of Business Ethics* (April 2009), pp. 15-28; P. Bordia and S. L. D . Resubog, "When Employees Strike Back: Investigating Mediating Mechanisms Between Psychological Contract Breach and Workplace Deviance," *Journal of Applied Psychology* (September 2008), pp. 1104-1117; and Y. Vardi and E. Weitz, *Misbehavior in Organizations* (Mahwah, NJ: Lawrence Erlbaum Associates, 2004), pp. 246-247.

61. 株式会社ブロックス　DOIT！「伊那食品工業　いい会社をつくりましょう　～『社員の幸福』を追い続ける、遠きをはかる経営～」Vol.85, 2005 年

第10章

1. J. Terzakis, "Virtual Retrospectives for Geographically Dispersed Software Teams," *IEEE Computer Society*, May-June 2011, pp. 12-15; "Virtual Teams Must Function Correctly," *Strategic Direction*, April 2011, pp. 22-24; C. Scovotti and L. D. Spiller, "Cross-Border Student Collaborations: Opportunities for Videoconferencing," *Marketing Education Review*, Spring 2011, pp. 57-61; E. Markowitz, "Are the Best Leaders Revolutionaries?" *Inc. Online*, March 28, 2011; L. J. Gressgård, "Virtual Team Collaboration and Innovation in Organizations," *Team Performance Management*, March 2011, pp. 102-119; L. Tischler, "Intel's Virtual Footwear Wall for Adidas Turns Boutiques into Shoe-Topias," *Fast Company Online*,

January 11, 2011; A. Gupta, S. Seshasai, R. Aron, and S. Pareek, "The 24-Hour Knowledge Factory: Work and Organizational Redesign and Associated Challenges," *Information Resources Management Journal* (October–December 2010), pp. 40–56; M. R. Haas, "The Double-Edged Swords of Autonomy and External Knowledge: Analyzing Team Effectiveness in a Multinational Organization," *Academy of Management Journal* (October 2010), pp. 989–1008; O. Coren, "Israel Offers Intel $110 Million for Commitment to Stay in the Country," *Haaretz.com*, August 26, 2010; M. B. O' Leary, "Go (Con)figure: Subgroups, Imbalance, and Isolates in Geographically Dispersed Teams," *Organization Science*, January–February 2010, pp. 115–131; and R. R. Nelson, "Project Retrospectives: Evaluating Project Success, Failure, and Everything In Between," *MIS Quarterly Executive*, September 2005, pp. 361–372.

2. B. W. Tuckman and M. C. Jensen, "Stages of Small-Group Development Revisited," *Group and Organizational Studies*, December 1977, pp. 419–427; and M. F. Maples, "Group Development: Extending Tuckman's Theory," *Journal for Specialists in Group Work* (Fall 1988), pp. 17–23.

3. L. N. Jewell and H. J. Reitz, *Group Effectiveness in Organizations* (Glenview, IL: Scott, Foresman, 1981); and M. Kaeter, "Repotting Mature Work Teams," *Training* (April 1994), pp. 54–56.

4. S. E. Asch, "Effects of Group Pressure upon the Modification and Distortion of Judgments," in H. Guetzkow (ed.), *Groups, Leadership, and Men* (Pittsburgh, PA: Carnegie Press, 1951), pp. 177–190.

5. 「マネジメントいまむかし」は S. S. Wang, "Under the Influence: How the Group Changes What We Think," *Wall Street Journal*, May 3, 2011, pp. D1+; M. E. Shaw, *Group Dynamics: The Psychology of Small Group Behavior* (New York: McGraw-Hill, 1975); and E. J. Thomas and C. F. Fink, "Effects of Group Size," *Psychological Bulletin* (July 1963), pp. 371–384 に基づく。

6. Asch, "Effects of Group Pressure upon the Modification and Distortion of Judgments."

7. O. A. Alnuaimi, L. P. Robert Jr., and L. M. Maruping, "Team Size, Dispersion, and Social Loafing in Technology-Supported Teams: A Perspective on the Theory of Moral Disengagement," *Journal of Management Information Systems* (Summer 2010), pp. 203–230; C. Cheshire and J. Antin, "None of Us Is As Lazy As All of Us," *Information, Communication & Society*, June 2010, pp. 537–555; R. van Dick, J. Stellmacher, U. Wagner, G. Lemmer, and P. A. Tissington, "Group Membership Salience and Task Performance," *Journal of Managerial Psychology* 24, no. 7 (2009), pp. 609–626; A. Jassawalla, H. Sashittal, and A. Malshe, "Students' Perceptions of Social Loafing: Its Antecedents and Consequences in Undergraduate Business Classroom Teams," *Academy of Management Learning & Education*, March 2009, pp. 42–54; and R. Albanese and D. D. Van Fleet, "Rational Behavior in Groups: The Free Riding Tendency," *Academy of Management Review*, April 1985, pp. 244–255.

8. L. Berkowitz, "Group Standards, Cohesiveness, and Productivity," *Human Relations* November 1954, pp. 509–519.

9. 例として R. A. Henry, J. Kmet, and A. Landa, "Examining the Impact of Interpersonal Cohesiveness on Group Accuracy Interventions: the Importance of Matching Versus Buffering," *Organizational Behavior and Human Decision Processes* (January 2002), pp. 25–43 を参照。

10. T. Purdum, "Teaming, Take 2," *Industry Week*, May 2005, p. 43; and C. Joinson, "Teams at Work," *HR Magazine*, May 1999, p. 30 で引用されている。

11. 例として S. A. Mohrman, S. G. Cohen, and A. M. Mohrman, Jr., *Designing Team-Based Organizations* (San Francisco: Jossey-Bass, 1995); P. MacMillan, *The Performance Factor: Unlocking the Secrets of Teamwork* (Nashville, TN: Broadman & Holman, 2001); and E. Salas, C. A. Bowers, and E. Eden (eds.), *Improving Teamwork in Organizations: Applications of Resource Management Training* (Mahwah, NJ: Lawrence Erlbaum, 2002) (『危機のマネジメント―事故と安全：チームワークによる克服』E・サラス編著、C・A・ボワーズ編著、E・エデンズ編著、田尾雅夫監訳、深見真希訳、草野千秋訳、ミネルヴァ書房、2007 年)を参照。

12. このセクションの情報は J. R. Katzenbach and D. K. Smith, *The Wisdom of Teams* (Boston: Harvard Business School Press, 1993), pp. 21, 45, 85(『「高業績チーム」の知恵―企業を革新する自己実現型組織』ジョン・R・カッツェンバック著、ダグラス・K・スミス著、吉良直人訳、横山禎徳訳、ダイヤモンド社、1994 年); and D. C. Kinlaw, *Developing Superior Work Teams* (Lexington, MA: Lexington Books, 1991), pp. 3–21 に基づく。

13. 例として E. Sunstrom, DeMeuse, and D. Futrell, "Work Teams: Applications and Effectiveness," *American Psychologist*, February 1990, pp. 120–133 を参照。

14. M. Cianni and D. Wanuck, "Individual Growth and Team Enhancement: Moving Toward a New Model of Career Development," *Academy of Management Executive*, February 1997, pp. 105–115.

15. C. Joinson, "Teams at Work," p. 30; and "Teams," *Training* (October 1996), p. 69.

16. J. P. Millikin, P. W. Hom, and C. C. Manz, "Self-Management Competencies in Self-Managing Teams: Their Impact on Multi-Team System Productivity," *Leadership Quarterly*, October 2010, pp. 687–702; O. Turel and Y. Zhang, "Does Virtual Team Composition Matter? Trait and Problem-Solving Configuration Effects on Team Performance," *Behavior & Information Technology*, July–August 2010, pp. 363–375; J. S. Bunderson and P. Boumgarden, "Structure and Learning in Self-Managed Teams: Why 'Bureaucratic' Teams Can Be Better Learners," *Organization Science*, May–June 2010, pp.

609–624; and G. M. Spreitzer, S. G. Cohen, and G. E. Ledford, Jr., "Developing Effective Self-Managing Work Teams in Service Organizations," *Group & Organization Management,* September 1999, pp. 340–366.

17. "Meet the New Steel," *Fortune,* October 1, 2007, pp. 68–71.

18. J. Appleby and R. Davis, "Teamwork Used to Save Money; Now It Saves Lives," *USA Today,* www.usatoday.com (March 1, 2001).

19. "Virtual Team Collaboration and Innovation in Organizations"; M. Flammia, Y. Cleary, and D. M. Slattery, "Leadership Roles, Socioemotional Strategies, and Technology Use of Irish and U.S. Students in Virtual Teams"; A. Malhotra, A. Majchrzak, and B. Rosen, "Leading Virtual Teams," *Academy of Management Perspectives,* February 2007, pp. 60–70; B. L. Kirkman and J. E. Mathieu, "The Dimensions and Antecedents of Team Virtuality," *Journal of Management* (October 2005), pp. 700–718; J. Gordon, "Do Your Virtual Teams Deliver Only Virtual Performance?" *Training* (June 2005), pp. 20–25; L. I. Martins, L. L. Gilson, and M. T. Maynard, "Virtual Teams: What Do We Know and Where Do We Go from Here?" *Journal of Management* (December 2004), pp. 805–835; S. A. Furst, M. Reeves, B. Rosen, and R. S. Blackburn, "Managing he Life Cycle of Virtual Teams," *Academy of Management Executive,* May 2004, pp. 6–20; B. L. Kirkman, B. Rosen, P. E. Tesluk, and C. B. Gibson, "The Impact of Team Empowerment on Virtual Team Performance: The Moderating Role of Face-to-Face Interaction," *Academy of Management Journal* (April 2004), pp. 175–192; F. Keenan and S. E. Ante, "The New Teamwork," *Business Week e.biz,* February 18, 2002, pp. EB12–EB16; and G. Imperato, "Real Tools for Virtual Teams," *Fast Company,* July 2000, pp. 378–387.

20. 例として D. C. Jones and T. Kato, "The Impact of Teams on Output, Quality, and Downtime: An Empirical Analysis Using Individual Panel Data," *Industrial and Labor Relations Review,* January 2011, pp. 215–240; A. Gilley, J. W. Gilley, C. W. McConnell, and A. Veliquette, "The Competencies Used by Effective Managers to Build Teams: An Empirical Study," *Advances in Developing Human Resources,* February 2010, pp. 29–45; M. A. Campion, G. J. Medsker, and C. A. Higgs, "Relations Between Work Group Characteristics and Effectiveness: Implications for Designing Effective Work Groups," *Personnel Psychology,* Winter 1993, pp. 823–850; and J. R. Hackman, "The Design of Work Teams," in J. W. Lorsch (ed.), *Handbook of Organizational Behavior* (Upper Saddle River, NJ: Prentice Hall, 1987), pp. 315–342 を参照。

21. このモデルは M. A. Campion, E. M. Papper, and G. J. Medsker, "Relations Between Work Team Characteristics and Effectiveness: A Replication and Extension," *Personnel Psychology,* Summer 1996, pp. 429–452; D. E. Hyatt and T. M. Ruddy, "An Examination of the Relationship Between Work Group Characteristics and Performance: Once More into the Breech," *Personnel Psychology,* Autumn 1997, pp. 553–585; S. G. Cohen and D. E. Bailey, "What Makes Teams Work: Group Effectiveness Research from the Shop Floor to the Executive Suite," *Journal of Management* (September 1997), pp. 239–290; L. Thompson, *Making the Team* (Upper Saddle River, NJ: Prentice Hall, 2000), pp. 18–33; and J. R. Hackman, *Leading Teams: Setting the Stage for Great Performance* (Boston: Harvard Business School Press, 2002) (「ハーバードで学ぶ「デキるチーム」5つの条件―チームリーダーの「常識」」J・リチャード・ハックマン著、田中滋訳、生産性出版、2005 年) に基づく。

22. Mattson, T. V. Mumford, and G. S. Sintay, "Taking Teams to Task: A Normative Model for Designing or Recalibrating Work Teams," paper presented at the National Academy of Management Conference, Chicago, August 1999; and G. L. Stewart and M. R. Barrick, "Team Structure and Performance: Assessing the Mediating Role of Intrateam Process and the Moderating Role of Task Type," *Academy of Management Journal* (April 2000), pp. 135–148 を参照。

23.「テクノロジーとマネジャーの仕事」は "Virtual Team Collaboration and Innovation in Organizations," *Team Performance Management,* March 2011, pp. 109–119; M. Flammia, Y. Cleary, and D. M. Slattery, "Leadership Roles, Socioemotional Strategies, and Technology Use of Irish and US Students in Virtual Teams," *IEEE Transactions on Professional Communication,* June 2010, pp. 89–101; P. Evans, "The Wiki Factor," *BizEd,* January–February 2006, pp. 28–32; and M. McCafferty, "A Human Inventory," *CFO,* April 2005, pp. 83–85 に基づく。

24. R. I. Sutton, "The Boss as Human Shield," *Harvard Business Review,* September 2010, pp. 106–109; and Hyatt and Ruddy, "An Examination of the Relationship Between Work Group Characteristics and Performance," p. 577.

25. M. E. Palanski, S. S. Kahai, and F. J. Yammarino, "Team Virtues and Performance: An Examination of Transparency, Behavioral Integrity, and Trust," *Journal of Business Ethics* (March 2011), pp. 201–216; H. H. Chang, S. S. Chuang, and S. H. Chao, "Determinants of Cultural Adaptation, Communication Quality, and Trust in Virtual Teams' Performance," *Total Quality Management and Business Excellence,* March 2011, pp. 305–329; A. C. Costa and N. Anderson, "Measuring Trust in Teams: Development and Validation of a Multifaceted Measure of Formative and Reflective Indicators of Team Trust," *European Journal of Work & Organizational Psychology* (February 2011), pp. 119–154; M. Mach, S. Dolan, and S. Tzafrir, "The Differential Effect of Team Members' Trust on Team Performance: The Mediation Role of Team Cohesion," *Journal of Occupational and Organizational Psychology* (September 2010), pp. 771–794; B. A. DeJong and T. Elfring, "How Does Trust Affect the Performance of Ongoing Teams? The Mediating Role of Reflexivity, Monitoring, and Effort," *Academy of Management Journal* (June 2010), pp. 535–549; M. Williams, "In Whom We Trust: Group Membership as an Affective Context for Trust Development," *Academy of Management Review,* July 2001, pp. 377–396;

and K. T. Dirks, "Trust in Leadership and Team Performance: Evidence from NCAA Basketball," *Journal of Applied Psychology* (December 2000), pp. 1004-1012.

26. R. R. Hirschfeld, M. J. Jordan, H. S. Field, W. F. Giles, and A. A. Armenakis, "Becoming Team Players: Team Members' Mastery of Team Knowledge as a Predictor of Team Task Proficiency and Observed Teamwork Effectiveness," *Journal of Applied Psychology* 91, no. 2 (2006), pp. 467-474.

27. S. T. Bell, "Deep-Level Composition Variables as Predictors of Team Performance: A Meta-Analysis," *Journal of Applied Psychology* 92, no. 3 (2007), pp. 595-615; and M. R. Barrick, G. L. Stewart, M. J. Neubert, and M. K. Mount, "Relating Member Ability and Personality to Work-Team Processes and Team Effectiveness," *Journal of Applied Psychology* (June 1998), pp. 377-391.

28. M. Costello, "Team Weaver," *People Management,* January 2011, pp. 26-27; and C. Margerison and D. McCann, *Team Management: Practical New Approaches* (London: Mercury Books, 1990).

29. K. H. T. Yu and D. M. Cable, "Unpacking Cooperation in Diverse Teams," *Team Performance Management,* March 2011, pp. 63-82; A. Nederveen Pieterse, D. van Knippenberg, and W. P. van Ginkel, "Diversity in Goal Orientation, Team Reflexivity, and Team Performance," *Organizational Behavior and Human Performance,* March 2011, pp. 153-164; M.-E. Roberge and R. van Dick, "Recognizing the Benefits of Diversity: When and How Does Diversity Increase Group Performance," *Human Resource Management Review,* December 2010, pp. 295-208; and E. Mannix and M. A. Neale, "What Differences Make a Difference: The Promise and Reality of Diverse Teams in Organizations," *Psychological Science in the Public Interest,* October 2005, pp. 31-55.

30. A. Deutschman, "Inside the Mind of Jeff Bezos," *Fast Company,* August 2004, pp. 50-58.

31. Hyatt and Ruddy, "An Examination of the Relationship Between Work Group Characteristics and Performance"; J. D. Shaw, M. K. Duffy, and E. M. Stark, "Interdependence and Preference for Group Work: Main and Congruence Effects on the Satisfaction and Performance of Group Members," *Journal of Management* (June 2000), pp. 259-279; and S. A. Kiffin-Peterson and J. L. Cordery, "Trust, Individualism, and Job Characteristics of Employee Preference for Teamwork," *International Journal of Human Resource Management* (February 2003), pp. 93-116.

32. J. S. Bunderson and P. Boumgarden, "Structure and Learning in Self-Managed Teams: Why 'Bureaucratic' Teams Can Be Better Learners"; and R. Wageman, "Critical Success Factors for Creating Superb Self-Managing Teams," *Organizational Dynamics,* Summer 1997, p. 55.

33. Campion, Papper, and Medsker, "Relations Between Work Team Characteristics and Effectiveness," p. 430; B. L. Kirkman and B. Rosen, "Powering Up Teams," *Organizational Dynamics,* Winter 2000, pp. 48-66; and D. C. Man and S. S. K. Lam, "The Effects of Job Complexity and Autonomy on Cohesiveness in Collectivist and Individualist Work Groups: A Cross-Cultural Analysis," Journal of *Organizational Behavior* (December 2003), pp. 979-1001.

34. A. Mehta, H. Feild, A. Armenakis, and N. Mehta, "Team Goal Orientation and Team Performance: The Mediating Role of Team Planning," *Journal of Management* (August 2009), pp. 1026-1046; K. Blanchard, D. Carew, and E. Parisi-Carew, "How to Get Your Group to Perform Like a Team," *Training and Development* (September 1996), pp. 34-37; K. D. Scott and A. Townsend, "Teams: Why Some Succeed and Others Fail," *HR Magazine,* August 1994, pp. 62-67; and K. Hess, *Creating the High-Performance Team* (New York: Wiley, 1987); Katzenbach and Smith, *The Wisdom of Teams,* pp. 43-64(『「高業績チーム」の知恵—企業を革新する自己実現型組織』ジョン・R・カッツェンバック著、ダグラス・K・スミス著、吉良直人訳、横山禎徳訳、ダイヤモンド社、1994 年)

35. H. van Emmerik, I. M. Jawahar, B. Schreurs, and N. de Cuyper, "Social Capital, Team Efficacy and Team Potency: The Mediating Role of Team Learning Behaviors," *Career Development International* (February 2011), pp. 82-99; T. Lewis, "Assessing Social Identity and Collective Efficacy as Theories of Group Motivation at Work," *International Journal of Human Resource Management* (February 2011), pp. 963-980; K. Tasa, G. J. Sears, and A. C. H. Schat, "Personality and Teamwork Behavior in Context: The Cross-Level Moderating Role of Collective Efficacy," *Journal of Organizational Behavior* (January 2011), pp. 65-85; J. A. Goncalo, E. Polman, and C. Maslach, "Can Confidence Come Too Soon? Collective Efficacy, Conflict and Group Performance Over Time," *Organizational Behavior & Human Decision Processes,* September 2010, pp. 13-24; K. Tasa, S. Taggar, and G. H. Seijts, "The Development of Collective Efficacy in Teams: A Multilevel and Longitudinal Perspective," *Journal of Applied Psychology* (January 2007), pp. 17-27; C. B. Gibson, "The Efficacy Advantage: Factors Related to the Formation of Group Efficacy," *Journal of Applied Social Psychology* (October 2003), pp. 2153-2186; and D. I. Jung and J. J. Sosik, "Group Potency and Collective Efficacy: Examining Their Predictive Validity, Level of Analysis, and Effects of Performance Feedback on Future Group Performance," *Group & Organization Management,* September 2003, pp. 366-391.

36. K. C. Kostopoulos and N. Bozionelos, "Team Exploratory and Exploitative Learning: Psychological Safety, Task Conflict, and Team Performance," *Group & Organization Management,* June 2011, pp. 385-415; K. J. Behfar, E. A. Mannix, R. S. Peterson, and W. M. Trochim, "Conflict in Small Groups: The Meaning and Consequences of Process Conflict," *Small Group Research,* April 2011, pp. 127-176; R. S. Peterson and K. J. Behfar, "The Dynamic Relationship Between Performance

Feedback, Trust, and Conflict in Groups: A Longitudinal Study," *Organizational Behavior and Human Decision Processes,*" September- November 2003, pp. 102-112; and K. A. Jehn, "A Qualitative Analysis of Conflict Types and Dimensions in Organizational Groups," ***Administrative Science Quarterly,*** September 1997, pp. 530-557.

37. O. A. Alnuaimi, L. P. Robert Jr., and L. M. Maruping, "Team Size, Dispersion, and Social Loafing in Technology-Supported Teams: A Perspective on the Theory of Moral Disengagement"; C. Cheshire and J. Antin, "None of Us Is As Lazy As All of Us"; R. van Dick, J. Stellmacher, U. Wagner, G. Lemmer, and P. A. Tissington, "Group Membership Salience and Task Performance"; A. Jassawalla, H. Sashittal, and A. Malshe, "Students' Perceptions of Social Loafing: Its Antecedents and Consequences in Undergraduate Business Classroom Teams"; K. H. Price, D. A. Harrison, and J. H. Gavin, "Withholding Inputs in Team Contexts: Member Composition, Interaction Processes, Evaluation Structure, and Social Loafing," ***Journal of Applied Psychology*** (December 2006), pp. 1375-1384; and R. Albanese and D. D. Van Fleet, "Rational Behavior in Groups: The Free Riding Tendency," *Academy of Management Review,* April 1985, pp. 244-255.

38. "Helping Hands," **HR *Magazine,*** May 2011, p. 18; M. O'Neil, "Loading the Team," ***Supervision,*** April 2011, pp. 8-10; J. Beeson, "Build a Strong Team," *Leadership Excellence,* February 2011, p. 15; S. Brutus and M. B. L. Donia, "Improving the Effectiveness of Students in Groups With a Centralized Peer Evaluation System," ***Academy of Management Learning & Education,*** December 2010, pp. 652-662; and N. H. Woodward, "Make the Most of Team Building," ***HR Magazine,*** September 2006, pp. 73-76.

39. R. M. Yandrick, "A Team Effort," ***HR Magazine,*** June 2001, pp. 136-141.

40. 同上。

41. "How Should We Recognize Team Goals Over Individual?" ***Workforce Management Online,*** February 2011; S. J. Goerg, S. Kube, and R. Zultan, "Treating Equals Unequally: Incentives in Teams, Workers' Motivation, and Production Technology," ***Journal of Labor Economics*** (October 2010), pp. 747-772; T. Taylor, "The Challenge of Project Team Incentives," ***Compensation & Benefits Review,*** September-October 2010, pp. 411-419; M. J. Pearsall, M. S. Christian, and A. P. J. Ellis, "Motivating Interdependent Teams: Individual Rewards, Shared Rewards, or Something in Between?" ***Journal of Applied Psychology*** (January 2010), pp. 183-191; M. A. Marks, C. S. Burke, M. J. Sabella, and S. J. Zaccaro, "The Impact of Cross-Training on Team Effectiveness," ***Journal of Applied Psychology*** (February 2000), pp. 3-14; and M. A. Marks, S. J. Zaccaro, and J. E. Mathieu, "Performance Implications of Leader Briefings and Team Interaction for Team Adaptation to Novel Environments," ***Journal of Applied Psychology*** (December 2000), p. 971.

42. C. Garvey, "Steer Teams with the Right Pay: Team-Based Pay Is a Success When It Fits Corporate Goals and Culture, and Rewards the Right Behavior," ***HR Magazine,*** May 2002, pp. 71-77.

43. F. Niederman and F. B. Tan, "Emerging Markets Managing Global IT Teams: Considering Cultural Dynamics," ***Communications of the ACM,*** April 2011, pp. 24-27; R. M. B. Boyle and S. Nicholas, "Cross-Cultural Group Performance," ***The Learning Organization,*** March 2011, pp. 94-101; G. K. Stahl, M. L. Maznevski, A. Voigt, and K. Jonsen, "Unraveling the Effects of Cultural Diversity in Teams: A Meta-Analysis of Research on Multicultural Work Groups," ***Journal of International Business Studies*** (May 2010), pp. 690-709; and M. R. Haas, "The Double-Edged Sword of Autonomy and External Knowledge: Analyzing Team Effectiveness in a Multinational Organization."

44. R. Bond and P. B. Smith, "Culture and Conformity: A Meta- Analysis of Studies Using Asch's [1952, 1956] Line Judgment Task," ***Psychological Bulletin,*** January 1996, pp. 111-137.

45. I. L. Janis, ***Groupthink,*** 2nd ed. (New York: Houghton Mifflin Company, 1982), p. 175.

46. P. C. Earley, "Social Loafing and Collectivism: A Comparison of the United States and the People's Republic of China," ***Administrative Science Quarterly,*** December 1989, pp. 565-581; and P. C. Earley, "East Meets West Meets Mideast: Further Explorations of Collectivistic and Individualistic Work Groups," ***Academy of Management Journal*** (April 1993), pp. 319-348 を参照。

47. N. J. Adler, ***International Dimensions of Organizational Behavior,*** 4th ed. (Cincinnati, OH: Southwestern, 2002), p. 142(『チームマネジメント革命―国際競争に勝つ経営戦略』ナンシー・J・アドラー著、小林規一訳、センゲージラーニング、2009年。ただし日本語版は 5th ed. の訳となっている)。

48. K. B. Dahlin, L. R. Weingart, and P. J. Hinds, "Team Diversity and Information Use," ***Academy of Management Journal*** (December 2005), pp. 1107-1123.

49. Adler, ***International Dimensions of Organizational Behavior,*** p. 142 (『チームマネジメント革命―国際競争に勝つ経営戦略』ナンシー・J・アドラー著、小林規一訳、センゲージラーニング、2009年)。

50. S. Paul, I. M. Samarah, P. Seetharaman, and P. P. Mykytyn, "An Empirical Investigation of Collaborative Conflict Management Style in Group Support System-Based Global Virtual Teams," ***Journal of Management Information Systems*** (Winter 2005), pp. 185-222.

51. このセクションは S. P. Robbins and T. A. Judge, ***Organizational Behavior,*** 14th ed. (Upper Saddle River, NJ: Pearson Prentice Hall, 2011) に基づく。

52. C. E. Naquin and R. O. Tynan, "The Team Halo Effect: Why Teams Are Not Blamed for Their Failures," ***Journal of***

Applied Psychology (April 2003), pp. 332-340.
53. A. B. Drexler and R. Forrester, "Teamwork—Not Necessarily the Answer," *HRMagazine,* January 1998, pp. 55-58. また、R. Saavedra, P. C. Earley, and L. Van Dyne, "Complex Interdependence in Task-Performing Groups," *Journal of Applied Psychology* (February 1993), pp. 61-72; and K. A. Jehn, G. B. Northcraft, and M. A. Neale, "Why Differences Make a Difference: A Field Study of Diversity, Conflict, and Performance in Work Groups," *Administrative Science Quarterly,* December 1999, pp. 741-763 も参照。

第11章

1. S. Levy, "The Problem with Success," *Wall Street Journal,* April 7, 2011, p. A15; S. Levy, *In the Plex: How Google Thinks, Works, and Shapes Our Lives* (New York: Simon & Schuster), 2011(『グーグル　ネット覇者の真実』スティーブン・レヴィ著、仲達志、池村千秋訳、阪急コミュニケーションズ、2011年); C. C. Miller and J. Wortham, "Silicon Valley Hiring Perks: Meals, iPads, and a Cubicle for Spot," *New York Times Online,* March 26, 2011; J. Light, "Google Is No. 1 on List of Desired Employers," Wall Street Journal, March 21, 2011, p. B8; M Moskowitz, R. Levering, and C. Tkaczyk, "100 Best Companies to Work For," *Fortune,* February 7, 2011, pp. 91+; C. C. Miller and M. Helft, "Google Shake-Up Is Effort to Revive Start-Up Spark," *New York Times Online,* January 20, 2011; C. C. Miller, "Google Grows and Works to Retain Nimble Minds," *New York Times Online,* November 28, 2010; A. Efrati and P-W. Tam, "Google Battles to Keep Talent," *Wall Street Journal,* November 11, 2010, pp. B1+; L. Petrecca, "With 3,000 Applications a Day, Google Can Be Picky," *USA Today,* May 19, 2010, p. 2B; S. E. Ante and K. Weisul, "And Google Begat . . .," *Bloomberg BusinessWeek,* March 8, 2010, pp. 39-42; A. Lashinsky, "Where Does Google Go Next?" *CNNMoney.com,* May 12, 2008; and "Perk Place: The Benefits Offered by Google and Others May Be Grand, But They're All Business," *Knowledge @ Wharton,* http://knowledge.wharton.upenn.edu/article (March 21, 2007).
2. P. Bronson, "What Should I Do with My Life Now?" *Fast Company,* April 2009, pp. 35-37.
3. R. M. Steers, R. T. Mowday, and D. L. Shapiro, "The Future of Work Motivation Theory," *Academy of Management Review,* July 2004, pp. 379-387.
4. N. Ellemers, D. De Gilder, and S. A. Haslam, "Motivating Individuals and Groups at Work: A Social Identity Perspective on Leadership and Group Performance," *Academy of Management Review,* July 2004, pp. 459-478.
5. M. Meece, "Using the Human Touch to Solve Workplace Problems," *New York Times Online,* April 3, 2008.
6. "Maslow Motion," *New Statesman,* March 15, 2010, p. 37; "Dialogue," *Academy of Management Review,* October 2000, pp. 696-701; M. L. Ambrose and C. T. Kulik, "Old Friends, New Faces: Motivation Research in the 1990s," *Journal of Management,* 25, no. 3 (1999), pp. 231-292; A. Maslow, D. C. Stephens, and G. Heil, *Maslow on Management* (New York: John Wiley & Sons, 1998);(『完全なる経営』(アブラハム・マズロー著、金井寿宏監訳、大川修二訳、日本経済新聞社、2001年)) and A. Maslow, *Motivation and Personality* (New York: McGraw-Hill, 1954) (『人間性の心理学　モチベーションとパーソナリティ』(A・H・マズロー著、小口忠彦訳、産能大出版部、1987年))
7. R. Coutts, "A Pilot Study for the Analysis of Dream Reports Using Maslow's Need Categories: An Extension to the Emotional Selection Hypothesis," *Psychological Reports,* October 2010, pp. 659-673; E. A. Fisher, "Motivation and Leadership in Social Work Management: A Review of Theories and Related Studies," *Administration in Social Work,* October-December 2009, pp. 347-367; and N. K. Austin, "The Power of the Pyramid: The Foundation of Human Psychology and, Thereby, of Motivation, Maslow's Hierarchy Is One Powerful Pyramid," *Incentive* (July 2002), p. 10.
8. 次の文献などを参照。M. L. Ambrose and C. T. Kulik, "Old Friends, New Faces: Motivation Research in the 1990s"; J. Rowan, "Ascent and Descent in Maslow's Theory," *Journal of Humanistic Psychology* (Summer 1999), pp. 125-133; J. Rowan, "Maslow Amended," *Journal of Humanistic Psychology,* (Winter 1998), pp. 81-92; R. M. Creech, "Employee Motivation, "*Management Quarterly,* Summer 1995, pp. 33-39; E. E. Lawler III and J. L. Suttle, "A Causal Correlational Test of the Need Hierarchy Concept," *Organizational Behavior and Human Performance,* April 1972, pp. 265-287; and D. T. Hall and K. E. Nongaim, "An Examination of Maslow's Need Hierarchy in an Organizational Setting," *Organizational Behavior and Human Performance,* February 1968, pp. 12-35.
9. R. E. Kopelman, D. J. Prottas, and A. L. Davis, "Douglas McGregor's Theory X and Y: Toward a Construct-Valid Measure," *Journal of Managerial Issues* (Summer 2008), pp. 255-271; and D. McGregor, The Human Side of Enterprise (New York: McGraw-Hill, 1960)(『企業の人間的側面』ダグラス・マグレガー著、高橋達男訳、産能大学出版部、1970年). X理論とY理論の最新の説明については、注釈版、*The Human Side of Enterprise* (McGraw-Hill, 2006); and G. Heil, W. Bennis, and D. C. Stephens, *Douglas McGregor, Revisited: Managing the Human Side of Enterprise* (New York: Wiley, 2000)を参照。
10. F. Herzberg, B. Mausner, and B. Snyderman, *The Motivation to Work* (New York: John Wiley, 1959) (『作業動機の心理学』フレデリック・ヘルツバーグ、バーナード・マウスナー、バーバラ・B・スナイダーマン共著、西川一廉訳、日本安全衛生協会、1966年); F. Herzberg, *The Managerial Choice: To Be Effective or to Be Human,* rev. ed. (Salt Lake City: Olympus, 1982); R. M. Creech, "Employee Motivation"; and M. L. Ambrose and C. T. Kulik, "Old Friends, New Faces: Motivation Research in the 1990s."

11. D. C. McClelland, *The Achieving Society* (New York: Van Nostrand Reinhold, 1961) (『達成動機―企業と経済発展に及ぼす影響』デイビッド・C・マクレランド著、林保訳、産業能率短期大学出版部、1971 年); J. W. Atkinson and J. O. Raynor, *Motivation and Achievement* (Washington, DC: Winston, 1974); D. C. McClelland, *Power: The Inner Experience* (New York: Irvington, 1975); and M. J. Stahl, *Managerial and Technical Motivation: Assessing Needs for Achievement, Power, and Affiliation* (New York: Praeger, 1986).

12. McClelland, *The Achieving Society* (『達成動機―企業と経済発展に及ぼす影響』)

13. McClelland, *Power: The Inner Experience*; D. C. McClelland and D. H. Burnham, "Power Is the Great Motivator," *Harvard Business Review*, March-April 1976, pp. 100-110.

14. D. Miron and D. C. McClelland, "The Impact of Achievement Motivation Training on Small Businesses," *California Management Review*, Summer 1979, pp. 13-28.

15. "McClelland: An Advocate of Power," *International Management*, July 1975, pp. 27-29.

16. R. M. Steers, R. T. Mowday, and D. L. Shapiro, "The Future of Work Motivation Theory"; E. A. Locke and G. P. Latham, "What Should We Do About Motivation Theory? Six Recommendations for the Twenty-First Century," *Academy of Management Review*, July 2004, pp. 388-403; and M. L. Ambrose and C. T. Kulik, "Old Friends, New Faces: Motivation Research in the 1990s."

17. M. L. Ambrose and C. T. Kulik, "Old Friends, New Faces: Motivation Research in the 1990s."

18. J. C. Naylor and D. R. Ilgen, "Goal Setting: A Theoretical Analysis of a Motivational Technique," in B. M. Staw and L. L. Cummings (eds.), *Research in Organizational Behavior*, vol. 6 (Greenwich, CT: JAI Press, 1984), pp. 95-140; A. R. Pell, "Energize Your People," *Managers Magazine*, December 1992, pp. 28-29; E. A. Locke, "Facts and Fallacies About Goal Theory: Reply to Deci," *Psychological Science*, January 1993, pp. 63-64; M. E. Tubbs, "Commitment as a Moderator of the Goal-Performance Relation: A Case for Clearer Construct Definition," *Journal of Applied Psychology* (February 1993), pp. 86-97; M. P. Collingwood, "Why Don't You Use the Research?" *Management Decision*, May 1993, pp. 48-54; M. E. Tubbs, D. M. Boehne, and J. S. Dahl, "Expectancy, Valence, and Motivational Force Functions in Goal-Setting Research: An Empirical Test," *Journal of Applied Psychology* (June 1993), pp. 361-373; E. A. Locke, "Motivation Through Conscious Goal Setting," *Applied and Preventive Psychology*, vol. 5 (1996), pp. 117-124; M. L. Ambrose and C. T. Kulik, "Old Friends, New Faces: Motivation Research in the 1990s; E. A. Locke and G. P. Latham, "Building a Practically Useful Theory of Goal Setting and Task Motivation: A 35-Year Odyssey," *American Psychologist*, September 2002, pp. 705-717; Y. Fried and L. H. Slowik, "Enriching Goal-Setting Theory with Time: An Integrated Approach," *Academy of Management Review*, July 2004, pp. 404-422; G. P. Latham, "The Motivational Benefits of Goal-Setting," *Academy of Management Executive*, November 2004, pp. 126-129; and G. Yeo, S. Loft, T. Xiao, and C. Kiewitz, "Goal Orientation and Performance: Differential Relationships Across Levels of Analysis and as a Function of Task Demands," *Journal of Applied Psychology* (May 2009), pp. 710-726.

19. J. A. Wagner III, "Participation's Effects on Performance and Satisfaction: A Reconsideration of Research and Evidence," *Academy of Management Review*, April 1994, pp. 312-330; J. George-Falvey, "Effects of Task Complexity and Learning Stage on the Relationship Between Participation in Goal Setting and Task Performance," *Academy of Management Proceedings* on Disk, 1996; T. D. Ludwig and E. S. Geller, "Assigned Versus Participative Goal Setting and Response Generalization: Managing Injury Control Among Professional Pizza Deliverers," *Journal of Applied Psychology* (April 1997), pp. 253-261; and S. G. Harkins and M. D. Lowe, "The Effects of Self-Set Goals on Task Performance," *Journal of Applied Social Psychology* (January 2000), pp. 1-40.

20. J. M. Ivancevich and J. T. McMahon, "The Effects of Goal Setting, External Feedback, and Self-Generated Feedback on Outcome Variables: A Field Experiment," *Academy of Management Journal* (June 1982), pp. 359-372; and E. A. Locke, "Motivation Through Conscious Goal Setting."

21. J. R. Hollenbeck, C. R. Williams, and H. J. Klein, "An Empirical Examination of the Antecedents of Commitment to Difficult Goals," *Journal of Applied Psychology* (February 1989), pp. 18-23; 次の文献なども参照。J. C. Wofford, V. L. Goodwin, and S. Premack, "Meta-Analysis of the Antecedents of Personal Goal Level and of the Antecedents and Consequences of Goal Commitment," *Journal of Management* (September 1992), pp. 595-615; Tubbs, "Commitment as a Moderator of the Goal-Performance Relation"; J. W. Smither, M. London, and R. R. Reilly, "Does Performance Improve Following Multisource Feedback? A Theoretical Model, Meta-Analysis, and Review of Empirical Findings," *Personnel Psychology*, Spring 2005, pp. 171-203.

22. M. E. Gist, "Self-Efficacy: Implications for Organizational Behavior and Human Resource Management," *Academy of Management Review*, July 1987, pp. 472-485; and A. Bandura, *Self-Efficacy: The Exercise of Control* (New York: Freeman, 1997).

23. E. A. Locke, E. Frederick, C. Lee, and P. Bobko, "Effect of Self-Efficacy, Goals, and Task Strategies on Task Performance," *Journal of Applied Psychology* (May 1984), pp. 241-251; M. E. Gist and T. R. Mitchell, "Self-Efficacy: A Theoretical Analysis of Its Determinants and Malleability," *Academy of Management Review*, April 1992, pp. 183-211; A. D. Stajkovic

549

and F. Luthans, "Self-Efficacy and Work-Related Performance: A Meta-Analysis," *Psychological Bulletin,* September 1998, pp. 240-261; A. Bandura, "Cultivate Self-Efficacy for Personal and Organizational Effectiveness," in E. Locke (ed.), *Handbook of Principles of Organizational Behavior* (Malden, MA: Blackwell, 2004), pp. 120-136; and F. Q. Fu, K. A. Richards, and E. Jones, "The Motivation Hub: Effects of Goal Setting and Self-Efficacy on Effort and New Product Sales," *Journal of Personal Selling & Sales Management* (Summer 2009), pp. 277-292.

24. A. Bandura and D. Cervone, "Differential Engagement in Self-Reactive Influences in Cognitively Based Motivation," *Organizational Behavior and Human Decision Processes,* August 1986, pp. 92-113; and R. Ilies and T. A. Judge, "Goal Regulation Across Time: The Effects of Feedback and Affect," *Journal of Applied Psychology* (May 2005), pp. 453-467.

25. J. C. Anderson and C. A. O'Reilly, "Effects of an Organizational Control System on Managerial Satisfaction and Performance," *Human Relations,* June 1981, pp. 491-501; and J. P. Meyer, B. Schacht-Cole, and I. R. Gellatly, "An Examination of the Cognitive Mechanisms by Which Assigned Goals Affect Task Performance and Reactions to Performance," *Journal of Applied Social Psychology* 18, no. 5 (1988), pp. 390-408 を参照。

26. 次の文献などを参照。R. W. Griffin, "Toward an Integrated Theory of Task Design," in L. L. Cummings and B. M. Staw (eds.), *Research in Organizational Behavior,* vol. 9 (Greenwich, CT: JAI Press, 1987)), pp. 79-120; and M. Campion, "Interdisciplinary Approaches to Job Design: A Constructive Replication with Extensions," *Journal of Applied Psychology* (August 1988), pp. 467-481.

27. J. R. Hackman and G. R. Oldham, "Motivation Through the Design of Work: Test of a Theory," *Organizational Behavior and Human Performance,* August 1976, pp. 250-279; Y. Fried and G. R. Ferris, "The Validity of the Job Characteristics Model: A Review and Meta Analysis," *Personnel Psychology,* Summer 1987, pp. 287-322; S. J. Zaccaro and E. F. Stone, "Incremental Validity of an Empirically Based Measure of Job Characteristics," *Journal of Applied Psychology* (May 1988), pp. 245-252; and R. W. Renn and R. J. Vandenberg, "The Critical Psychological States: An Underrepresented Component in Job Characteristics Model Research," *Journal of Management* (February 1995), pp. 279-303 を参照。

28. G. Van Der Vegt, B. Emans, and E. Van Der Vliert, "Motivating Effects of Task and Outcome Interdependence in Work Teams," *Journal of Managerial Psychology* (July 2000), p. 829; and B. Bemmels, "Local Union Leaders' Satisfaction with Grievance Procedures," *Journal of Labor Research* (Summer 2001), pp. 653-669.

29. J. S. Adams, "Inequity in Social Exchanges," in L. Berkowitz (ed.), *Advances in Experimental Social Psychology,* vol. 2 (New York: Academic Press, 1965), pp. 267-300; and M. L. Ambrose and C. T. Kulik, "Old Friends, New Faces: Motivation Research in the 1990s."

30. 次の文献などを参照。R. L. Bell, "Addressing Employees' Feelings of Inequity," *Supervision,* May 2011, pp. 3-6; P. S. Goodman and A. Friedman, "An Examination of Adams' Theory of Inequity," *Administrative Science Quarterly,* September 1971, pp. 271-288; M. R. Carrell, "A Longitudinal Field Assessment of Employee Perceptions of Equitable Treatment," *Organizational Behavior and Human Performance,* February 1978, pp. 108-118; E. Walster, G. W. Walster, and W. G. Scott, Equity: *Theory and Research* (Boston: Allyn & Bacon, 1978) ; R. G. Lord and J. A. Hohenfeld, "Longitudinal Field Assessment of Equity Effects on the Performance of Major League Baseball Players," *Journal of Applied Psychology* (February 1979), pp. 19-26; J. E. Dittrich and M. R. Carrell, "Organizational Equity Perceptions, Employee Job Satisfaction, and Departmental Absence and Turnover Rates," *Organizational Behavior and Human Performance,* August 1979, pp. 29-40; and J. Greenberg, "Cognitive Reevaluation of Outcomes in Response to Underpayment Inequity," *Academy of Management Journal* (March 1989), pp. 174-184.

31. P. S. Goodman, "An Examination of Referents Used in the Evaluation of Pay," *Organizational Behavior and Human Performance,* October 1974, pp. 170-195; S. Ronen, "Equity Perception in Multiple Comparisons: A Field Study," *Human Relations,* April 1986, pp. 333-346; R. W. Scholl, E. A. Cooper, and J. F. McKenna, "Referent Selection in Determining Equity Perception: Differential Effects on Behavioral and Attitudinal Outcomes," *Personnel Psychology,* Spring 1987, pp. 113-127; and C. T. Kulik and M. L. Ambrose, "Personal and Situational Determinants of Referent Choice," *Academy of Management Review,* April 1992, pp. 212-237.

32. 次の文献などを参照。R. C. Dailey and D. J. Kirk, "Distributive and Procedural Justice as Antecedents of Job Dissatisfaction and Intent to Turnover," *Human Relations,* March 1992, pp. 305-316; D. B. McFarlin and P. D. Sweeney, "Distributive and Procedural Justice as Predictors of Satisfaction with Personal and Organizational Outcomes," *Academy of Management Journal* (August 1992), pp. 626-637; M. A. Konovsky, "Understanding Procedural Justice and Its Impact on Business Organizations," *Journal of Management,* 26, no. 3 (2000), pp. 489-511; J. A. Colquitt, "Does the Justice of One Interact with the Justice of Many? Reactions to Procedural Justice in Teams," *Journal of Applied Psychology* (August 2004), pp. 633-646; J. Brockner, "Why It's So Hard to Be Fair," *Harvard Business Review,* March 2006, pp. 122-129; and B. M. Wiesenfeld, W. B. Swann, Jr., J. Brockner, and C. A. Bartel, "Is More Fairness Always Preferred: Self-Esteem Moderates Reactions to Procedural Justice," *Academy of Management Journal* (October 2007), pp. 1235-1253.

33. V. H. Vroom, *Work and Motivation* (New York: John Wiley, 1964)(『仕事とモティベーション』V・H・ヴルーム著、坂下

昭宣・榊原清則・小松陽一・城戸康彰共訳、千倉書房、1982年）
34. 次の文献などを参照。H. G. Heneman III and D. P. Schwab, "Evaluation of Research on Expectancy Theory Prediction of Employee Performance," *Psychological Bulletin,* July 1972, pp. 1-9; L. Reinharth and M. Wahba, "Expectancy Theory as a Predictor of Work Motivation, Effort Expenditure, and Job Performance," *Academy of Management Journal* (September 1975), pp. 502-537; and K. T. Lambright, "An Update of a Classic: Applying Expectancy Theory to Understand Contracted Provider Motivation," *Administration & Society,* July 2010, pp. 375-403.
35. 次の文献などを参照。V. H. Vroom, "Organizational Choice: A Study of Pre- and Postdecision Processes," *Organizational Behavior and Human Performance,* April 1966, pp. 212-225; L. W. Porter and E. E. Lawler III, *Managerial Attitudes and Performance* (Homewood, IL: Richard D. Irwin, 1968)（邦訳はないようです）; W. Van Eerde and H. Thierry, "Vroom's Expectancy Models and Work- Related Criteria: A Meta-Analysis," *Journal of Applied Psychology* (October 1996), pp. 575-586; and M. L. Ambrose and C. T. Kulik, "Old Friends, New Faces: Motivation Research in the 1990s."
36. "100 Best Companies to Work For," *Fortune,* February 7, 2011, pp. 91+; V. Nayar, "Employee Happiness: Zappos vs. HCL," *Businessweek.com,* January 5, 2011; D. Richards, "At Zappos, Culture Pays," *Strategy+Business Online,* Autumn 2010; T. Hseih, "Zappos's CEO on Going to Extremes for Customers," *Harvard Business Review,* July-August 2010, pp. 41-45; A. Perschel, "Work-Life Flow: How Individuals, Zappos, and Other Innovative Companies Achieve High Engagement," *Global Business & Organizational Excellence,* July 2010, pp. 17-30; and J. M. O'Brien, "Zappos Know How to Kick It," *Fortune,* February 2, 2009, pp. 54-60.
37. T. Barber, "Inspire Your Employees Now," *Bloombeg BusinessWeek Online,* May 18, 2010; D. Mattioli, "CEOs Welcome Recovery to Look After Staff," *Wall Street Journal,* April 5, 2010, p. B5; J. Sullivan, "How Do We Keep People Motivated Following Layoffs?" *Workforce Management Online,* March 2010; S. Crabtree, "How to Bolster Employees' Confidence," *The Gallup Management Journal Online,* February 25, 2010; S. E. Needleman, "Business Owners Try to Motivate Employees," *Wall Street Journal,* January 14, 2010, p. B5; H. Mintzberg, "Rebuilding Companies as Communities," *Harvard Business Review,* July-August, 2009, pp. 140-143; and R. Luss, "Engaging Employees Through Periods of Layoffs," *Towers Watson,* www.towerswatson.com (March 3, 2009).
38. N. J. Adler with A. Gundersen, *International Dimensions of Organizational Behavior,* 5th ed. (Cincinnati, OH, 2008)（『異文化組織のマネジメント』N・J・アドラー著、桑名義晴・江夏健一・IBI国際ビジネス研究センター訳、マグロウヒル出版、1992年）
39. G. Hofstede, "Motivation, Leadership and Organization: Do American Theories Apply Abroad?" *Organizational Dynamics,* Summer 1980, p. 55.
40. 同上。
41. J. K. Giacobbe-Miller, D. J. Miller, and V. I. Victorov, "A Comparison of Russian and U.S. Pay Allocation Decisions, Distributive Justice Judgments and Productivity Under Different Payment Conditions," *Personnel Psychology,* Spring 1998, pp. 137-163.
42. S. L. Mueller and L. D. Clarke, "Political-Economic Context and Sensitivity to Equity: Differences Between the United States and the Transition Economies of Central and Eastern Europe," *Academy of Management Journal* (June 1998), pp. 319-329.
43. I. Harpaz, "The Importance of Work Goals: An International Perspective," *Journal of International Business Studies* (First Quarter 1990), pp. 75-93.
44. G. E. Popp, H. J. Davis, and T. T. Herbert, "An International Study of Intrinsic Motivation Composition," *Management International Review,* January 1986, pp. 28-35.
45. R. W. Brislin, B. MacNab, R. Worthley, F. Kabigting Jr., and B. Zukis, "Evolving Perceptions of Japanese Workplace Motivation: An Employee-Manager Comparison," *International Journal of Cross-Cultural Management* (April 2005), pp. 87-104.
46. J. R. Billings and D. L. Sharpe, "Factors Influencing Flextime Usage Among Employed Married Women," *Consumer Interests Annual,* 1999, pp. 89-94; and I. Harpaz, "The Importance of Work Goals: An International Perspective," *Journal of International Business Studies* (First Quarter 1990), pp. 75-93.
47. T. D. Golden and J. F. Veiga, "The Impact of Extent of Telecommuting on Job Satisfaction: Resolving Inconsistent Findings," *Journal of Management* (April 2005), pp. 301-318.
48. K. Bennhold, "Working (Part-Time) in the 21st Century," *New York Times Online,* December 29, 2010; and J. Revell, C. Bigda, and D. Rosato, "The Rise of Freelance Nation," *CNNMoney,* cnnmoney.com (June 12, 2009); and R. J. Bohner, Jr. and E. R. Salasko, "Beware the Legal Risks of Hiring Temps," *Workforce,* October 2002, pp. 50-57.
49. H. G. Jackson, "Flexible Workplaces: The Next Imperative," *HR Magazine,* March 2011, p. 8; E. Frauenheim, "Companies Focus Their Attention on Flexibility," *Workforce Management Online,* February 2011; P. Davidson, "Companies Do More with Fewer Workers," *USA Today,* February 23, 2011, pp. 1B+; M. Rich, "Weighing Costs, Companies Favor Temporary Help," *New York Times Online,* December 19, 2010; P. Davidson, "Temporary Workers Reshape

Companies, Jobs," *USA Today,* October 13, 2010, pp. 1B+; J. P. Broschak and A. Davis-Blake, "Mixing Standard Work and Nonstandard Deals: The Consequences of Heterogeneity in Employment Arrangements," *Academy of Management Journal* (April 2006), pp. 371-393; M. L. Kraimer, S. J. Wayne, R. C. Liden, and R. T. Sparrowe, "The Role of Job Security in Understanding the Relationship Between Employees' Perceptions of Temporary Workers and Employees' Performance," *Journal of Applied Psychology* (March 2005), pp. 389-398; and C. E. Connelly and D. G. Gallagher, "Emerging Trends in Contingent Work Research," *Journal of Management* (November 2004), pp. 959-983.

50. K. E. Culp, "Playing Field Widens for Stack's Great Game," *Springfield, Missouri,* News-Leader, January 9, 2005, pp. 1A+.

51. P. M. Buehler, "Opening Up Management Communication: Learning from Open Book Management," *Supervision,* August 2010, pp. 15-17; D. Drickhamer, "Open Books to Elevate Performance," *Industry Week,* November 2002, p. 16; J. Case, "Opening the Books," *Harvard Business Review,* March-April 1997, pp. 118-27; J. P. Schuster, J. Carpenter, and M. P. Kane, *The Power of Open-Book Management* (New York: John Wiley, 1996) ; and J. Case, "The Open-Book Revolution," *Inc.,* June 1995, pp. 26-50.

52. J. Singer, "Healing Your Workplace," *Supervision,* March 2011, pp. 11-13; P. Hart, "Benefits of Employee Recognition in the Workplace: Reduced Risk and Raised Revenues," *EHS Today,* February 2011, pp. 49-52; and F. Luthans and A. D. Stajkovic, "Provide Recognition for Performance Improvement," in E. A. Locke (ed.), *Principles of Organizational Behavior* (Oxford, England: Blackwell, 2000), pp. 166-180.

53. C. Huff, "Recognition That Resonates," *Workforce Management Online,* April 1, 2008.

54. J. Stewart, "I'm Standing Up for the Industry. Are You?" *Restaurant Business,* February 2011, pp. 36-37; and M. Littman, "Best Bosses Tell All," *Working Woman,* October 2000, p. 54.

55. E. White, "Praise from Peers Goes a Long Way," *Wall Street Journal,* December 19, 2005, p. B3.

56. 同上

57. V. M. Barret, "Fight the Jerks," *Forbes,* July 2, 2007, pp. 52-54.

58. E. Krell, "All for Incentives, Incentives for All," *HR Magazine,* January 2011, pp. 35-38; and E. White, "The Best vs. the Rest," *Wall Street Journal,* January 30, 2006, pp. B1+.

59. R. K. Abbott, "Performance-Based Flex: A Tool for Managing Total Compensation Costs," *Compensation and Benefits Review,* March-April 1993, pp. 18-21; J. R. Schuster and P. K. Zingheim, "The New Variable Pay: Key Design Issues," *Compensation and Benefits Review,* March-April 1993, pp. 27-34; C. R. Williams and L. P. Livingstone, "Another Look at the Relationship Between Performance and Voluntary Turnover," *Academy of Management Journal* (April 1994), pp. 269-298; A. M. Dickinson and K. L. Gillette, "A Comparison of the Effects of Two Individual Monetary Incentive Systems on Productivity: Piece Rate Pay Versus Base Pay Plus Incentives," *Journal of Organizational Behavior Management* (Spring 1994), pp. 3-82; and C. B. Cadsby, F. Song, and F. Tapon, "Sorting and Incentive Effects of Pay for Performance: An Experimental Investigation," *Academy of Management Journal* (April 2007), pp. 387-405.

60. E. White, "Employers Increasingly Favor Bonuses to Raises," *Wall Street Journal,* August 28, 2006, p. B3.

61. "More Than 20 Percent of Japanese Firms Use Pay Systems Based on Performance," *Manpower Argus,* May 1998, p. 7; and E. Beauchesne, "Pay Bonuses Improve Productivity, Study Shows," *Vancouver Sun,* September 13, 2002, p. D5.

62. H. Rheem, "Performance Management Programs," *Harvard Business Review,* September-October 1996, pp. 8-9; G. Sprinkle, "The Effect of Incentive Contracts on Learning and Performance," *Accounting Review,* July 2000, pp. 299-326; and "Do Incentive Awards Work?" *HRFocus,* October 2000, pp. 1-3.

63. R.D. Banker, S.Y. Lee, G. Potter, and D. Srinivasan, "Contextual Analysis of Performance Impacts on Outcome-Based Incentive Compensation," *Academy of Management Journal* (August 1996), pp. 920-948.

64. S. A. Jeffrey and G. K. Adomza, "Incentive Salience and Improved Performance," *Human Performance,* 24, no. 1 (2011), pp. 47-59; T. Reason, "Why Bonus Plans Fail," CFO, January 2003, p. 53; and "Has Pay for Performance Had Its Day?" *McKinsey Quarterly,* no. 4 (2002), accessed at www.forbes.com.

第12章

1.『松下幸之助　夢を育てる－私の履歴書』、松下幸之助著、日本経済新聞社、2001年

2. パナソニック社ホームページ「松下幸之助物語：7-2. 椅子と机」より。　http://panasonic.co.jp/founder/story/7-2.html

3. ほとんどのリーダーシップ研究は、マネジャーの行動および責務に注目し、そこから一般的なリーダーおよびリーダーシップのあり方を導き出している。

4. 次の文献を参照。D. S. Derue, J. D. Nahrgang, N. Wellman, and S. E. Humphrey, "Trait and Behavioral Theories of Leadership: An Integration and Meta-Analytic Test of Their Relative Validity," *Personnel Psychology,* Spring 2011, pp. 7-52; T. A. Judge, J. E. Bono, R. Ilies, and M. W. Gerhardt, "Personality and Leadership: A Qualitative and Quantitative Review," *Journal of Applied Psychology* (August 2002), pp. 765-780; and S. A. Kirkpatrick and E. A. Locke, "Leadership: Do Traits Matter?" *Academy of Management Executive,* May 1991, pp. 48-60.

5. K. Lewin and R. Lippitt, "An Experimental Approach to the Study of Autocracy and Democracy: A Preliminary Note," *Sociometry* 1 (1938), pp. 292-300; K. Lewin, "Field Theory and Experiment in Social Psychology: Concepts and Methods," *American Journal of Sociology* 44 (1939), pp. 868-896; K. Lewin, R. Lippitt, and R. K. White, "Patterns of Aggressive Behavior in Experimentally Created Social Climates," *Journal of Social Psychology* 10 (1939), pp. 271-301; and R. Lippitt, "An Experimental Study of the Effect of Democratic and Authoritarian Group Atmospheres," *University of Iowa Studies in Child Welfare* 16 (1940), pp. 43-95.

6. B. M. Bass, *Stodgill's Handbook of Leadership* (New York: Free Press, 1981), pp. 298-299.

7. R. Tannenbaum and W. H. Schmidt, "How to Choose a Leadership Pattern," *Harvard Business Review*, May-June 1973, pp. 162-180.

8. R. M. Stodgill and A. E. Coons, eds., *Leader Behavior: Its Description and Measurement*, Research Monograph No. 88 (Columbus: Ohio State University, Bureau of Business Research, 1951). 次の文献も参照。S. Kerr, C. A. Schriesheim, C. J. Murphy, and R. M. Stodgill, "Toward a Contingency Theory of Leadership Based upon the Consideration and Initiating Structure Literature," *Organizational Behavior and Human Performance* (August 1974), pp. 62-82; and B. M. Fisher, "Consideration and Initiating Structure and Their Relationships with Leader Effectiveness: A Meta Analysis," in F. Hoy, ed., *Proceedings of the 48th Annual Academy of Management Conference* (Anaheim, CA, 1988), pp. 201-205.

9. R. Kahn and D. Katz, "Leadership Practices in Relation to Productivity and Morale," in D. Cartwright and A. Zander, eds., *Group Dynamics: Research and Theory,* 2nd ed. (Elmsford, NY: Pow, Paterson, 1960). (R・L・カーン、D・カッツ「生産性およびモラールとの関係からみたリーダーシップ」『グループ・ダイナミックス』第2版、ドーウィン・カートライト、アルヴィン・ザンダー編著、三隅二不二、佐々木薫共訳編、誠信書房、1970年)

10. R. R. Blake and J. S. Mouton, *The Managerial Grid III* (Houston: Gulf Publishing, 1984).

11. P. C. Nystrom, "Managers and the Hi-Hi Leader Myth," *Academy of Management Journal* (June 1978), pp. 325-331; and L. L. Larson, J. G. Hunt, and R. N. Osborn, "The Great Hi-Hi Leader Behavior Myth: A Lesson from Occam's Razor," *Academy of Management Journal* (December 1976), pp. 628-641.

12. W. G. Bennis, "The Seven Ages of the Leader," *Harvard Business Review,* January 2004, p. 52.

13. F. E. Fiedler, *A Theory of Leadership Effectiveness* (New York: McGraw-Hill, 1967).(『新しい管理者像の探究』フレッド・E・フィードラー著、山田雄一監訳、産業能率短期大学出版部、1970年)

14. R. Ayman, M. M. Chemers, and F. Fiedler, "The Contingency Model of Leadership Effectiveness: Its Levels of Analysis," *Leadership Quarterly,* Summer 1995, pp. 147-167; C. A. Schriesheim, B. J. Tepper, and L. A. Tetrault, "Lease Preferred Co-Worker Score, Situational Control, and Leadership Effectiveness: A Meta-Analysis of Contingency Model Performance Predictions," *Journal of Applied Psychology* (August 1994), pp. 561-573; and L. H. Peters, D. D. Hartke, and J. T. Pholmann, "Fiedler's Contingency Theory of Leadership: An Application of the Meta-Analysis Procedures of Schmidt and Hunter," *Psychological Bulletin,* March 1985, pp. 274-285.

15. 次の文献を参照。B. Kabanoff, "A Critique of Leader Match and Its Implications for Leadership Research," *Personnel Psychology,* Winter 1981, pp. 749-764; and E. H. Schein, *Organizational Psychology,* 3rd ed. (Upper Saddle River, NJ: Prentice Hall, 1980), pp. 116-117.

16. P. Hersey and K. H. Blanchard, Management of Organizational Behavior: Leading Human Resources, 8th ed. (Englewood Cliffs, NJ: Prentice Hall, 2001); and P. Hersey and K. Blanchard, "So You Want to Know Your Leadership Style?" Training and Development Journal (February 1974), pp. 1-15.

17. 次の文献などを参照。E. G. Ralph, "Developing Managers' Effectiveness: A Model with Potential," *Journal of Management Inquiry* (June 2004), pp. 152-163; C. L. Graeff, "Evolution of Situational Leadership Theory: A Critical Review," *Leadership Quarterly* 8, no. 2 (1997), pp. 153-170; and C. F. Fernandez and R. P. Vecchio, "Situational Leadership Theory Revisited: A Test of an Across-Jobs Perspective," *Leadership Quarterly* 8, no. 1 (1997), pp. 67-84.

18. V. H. Vroom and P. W. Yetton, *Leadership and Decision Making* (Pittsburgh: University of Pittsburgh Press, 1973).

19. V. H. Vroom and A. G. Jago, *The New Leadership: Managing Participation in Organizations* (Upper Saddle River, NJ: Prentice Hall, 1988). 特に第8章を参照。

20. 次の文献などを参照。R. H. G. Field and R. J. House, "A Test of the Vroom Yetton Model Using Manager and Subordinate Reports," *Journal of Applied Psychology* (June 1990), pp. 362-366; J. T. Ettling and A. G. Jago, "Participation Under Conditions of Conflict: More on the Validity of the Vroom Yetton Model," *Journal of Management Studies* (January 1988), pp. 73-83; C. R. Leana, "Power Relinquishment versus Power Sharing: Theoretical Clarification and Empirical Comparison of Delegation and Participation," *Journal of Applied Psychology* (May 1987), pp. 228-233; and R. H. G. Field, "A Test of the Vroom Yetton Normative Model of Leadership," *Journal of Applied Psychology* (October 1982), pp. 523-532.

21. リーダーとフォロワーとのやり取りについての詳しい説明は、次の文献を参照。A. S. Phillips and A. G. Bedeian, "Leader Follower Exchange Quality: The Role of Personal and Interpersonal Attributes," *Academy of Management Journal* 37, no. 4 (1994), pp. 990-1001; and T. A. Scandura and C. A. Schriesheim, "Leader Member Exchange and Supervisor Career Mentoring as Complementary Constructs in Leadership Research," *Academy of Management Journal* 37, no. 6 (1994),

pp. 1588-1602.
22. R. J. House, "Path-Goal Theory of Leadership: Lessons, Legacy, and a Reformulated Theory," *Leadership Quarterly,* Fall 1996, pp. 323-352; R. J. House and T. R. Mitchell, "Path-Goal Theory of Leadership," *Journal of Contemporary Business* (Autumn 1974), p. 86; and R. J. House, "A Path-Goal Theory of Leader Effectiveness," *Administrative Science Quarterly,* September 1971, pp. 321-338.
23. A. Sagie and M. Koslowsky, "Organizational Attitudes and Behaviors as a Function of Participation in Strategic and Tactical Change Decisions: An Application of Path-Goal Theory," *Journal of Organizational Behavior* (January 1994), pp. 37-47; and J. C. Wofford and L. Z. Liska, "Path-Goal Theories of Leadership: A Meta-Analysis," *Journal of Management* (Winter 1993), pp. 857-876.
24. L. Ma and Q. Qu, "Differentiation in Leader-Member Exchange: A Hierarchical Linear Modeling Approach," *Leadership Quarterly,* October 2010, pp. 733-744; C. P. Schriesheim, S. L. Castro, X. Zhou, and F. J. Yamarinno, "The Folly of Theorizing 'A' but Testing 'B': A Selective Level-of-Analysis Review of the Field and a Detailed Leader-Member Exchange Illustration," *Leadership Quarterly,* Winter 2001, pp. 515-551; R. C. Liden, R. T. Sparrowe, and S. J. Wayne, "Leader-Member Exchange Theory: The Past and Potential for the Future," in G. R. Ferris (ed.), *Research in Personnel and Human Resource Management,* vol. 15 (Greenwich, CT: JAI Press, 1997), pp. 47-119; G. B. Graen and M. Uhl-Bien, "Relationship-Based Approach to Leadership: Development of Leader-Member Exchange (LMX) Theory of Leadership Over 25 Years: Applying a Multi-Domain Perspective," *Leadership Quarterly,* Summer 1995, pp. 219-247; and R. M. Dienesch and R. C. Liden, "Leader-Member Exchange Model of Leadership: A Critique and Further Development," Academy of Management Review, July 1986, pp. 618-634.
25. J. B. Wu, A. S. Tsui, and A. J. Kinicki, "Consequences of Differentiated Leadership in Groups," *Academy of Management Journal* (February 2010), pp. 90-106; S. S. Masterson, K. Lewis, and B. M. Goldman, "Integrating Justice and Social Exchange: The Differing Effects of Fair Procedures and Treatment on Work Relationships," *Academy of Management Journal* (August 2000), pp. 738-748; S. J. Wayne, L. J. Shore, W. H. Bommer, and L. E. Tetrick, "The Role of Fair Treatment and Rewards in Perceptions of Organizational Support and Leader-Member Exchange," *Journal of Applied Psychology* (June 2002), pp. 590-598; R. C. Liden, S. J. Wayne, and D. Stilwell, "A Longitudinal Study of the Early Development of Leader-Member Exchanges," *Journal of Applied Psychology* (August 1993), pp. 662-674; and R. C. Liden and G. Graen, "Generalizability of the Vertical Dyad Linkage Model of Leadership," *Academy of Management Journal* (September 1980), pp. 451-465.
26. V. L. Goodwin, W. M. Bowler, and J. L. Whittington, "A Social Network Perspective on LMX Relationships: Accounting for the Instrumental Value of Leader and Follower Networks," *Journal of Management* (August 2009), pp. 954-980; R. Vecchio and D. M. Brazil, "Leadership and Sex-Similarity: A Comparison in a Military Setting," *Personnel Psychology,* vol. 60 (2007), pp. 303-335; M. Uhl-Bien, "Relationship Development as a Key Ingredient for Leadership Development," in S. E. Murphy and R. E. Riggio (eds.), *Future of Leadership Development* (Mahwah, NJ: Lawrence Erlbaum, 2003), pp. 129-147; R. C. Liden, S. J. Wayne, and D. Stilwell, "A Longitudinal Study of the Early Development of Leader-Member Exchanges"; and D. Duchon, S. G. Green, and T. D. Taber, "Vertical Dyad Linkage: A Longitudinal Assessment of Antecedents, Measures, and Consequences," *Journal of Applied Psychology* (February 1986), pp. 56-60.
27. 次の文献などを参照。F. O. Walumbwa, D. M. Mayer, P. Wang, H. Wang, K. Workman, and A. L. Christensen, "Linking Ethical Leadership to Employee Performance: The Roles of Leader-Member Exchange Theory, Self-Efficacy, and Organizational Identification," *Organizational Behavior & Human Decision Processes,* July 2011, pp. 204-213; K. J. Harris, A. R. Wheeler, and K. M. Kacmar, "The Mediating Role of Organizational Embeddedness in the LMX-Outcomes Relationship," *Leadership Quarterly,* April 2011, pp. 271-281; W. M. Bowler, J. R. B. Halbesleben, J. R. B. Paul, "If You're Close with the Leader, You Must Be a Brownnose: The Role of Leader-Member Relationships in Follower, Leader, and Coworker Attributions of Organizational Citizenship Behavior Motives," *Human Resource Management Review,* December 2010, pp. 309-316; G. Sears and C. Holmvall, "The Joint Influence of Supervisor and Subordinate Emotional Intelligence on Leader-Member Exchange," *Journal of Business & Psychology* (December 2010), pp. 593-605; V. Venkataramani, S. G. Green, and D. J. Schleicher, "Well-Connected Leaders' Social Network Ties on LMX and Members' Work Attitudes," *Journal of Applied Psychology* (November 2010), pp. 1071-1084; Z. Chen, W. Lam, and J. A. Zhong, "Leader-Member Exchange and Member Performance: A New Look at Individual-Level Negative Feedback-Seeking Behavior and Team-Level Empowerment Culture," *Journal of Applied Psychology* (January 2007), pp. 202-212; R. Ilies, J. D. Nahrgang, and F. P. Morgeson, "Leader-Member Exchange and Citizenship Behaviors: A Meta-Analysis," *Journal of Applied Psychology* (January 2007), pp. 269-277; and C. R. Gerstner and D. V. Day, "Meta-analytic Review of Leader-Member Exchange Theory: Correlates and Construct Issues," *Journal of Applied Psychology* (December 1997), pp. 827-844.
28. B. M. Bass and R. E. Riggio, Transformational Leadership, 2d ed. (Mahwah, NJ: Lawrence Erlbaum Associates, Inc., 2006), p. 3.

29. J. Seltzer and B. M. Bass, "Transformational Leadership: Beyond Initiation and Consideration," *Journal of Management* (December 1990), pp. 693-703; and B. M. Bass, "Leadership: Good, Better, Best," *Organizational Dynamics*, Winter 1985, pp. 26-40.
30. B. J. Avolio and B. M. Bass, "Transformational Leadership, Charisma, and Beyond." Working paper, School of Management, State University of New York, Binghamton, 1985, p. 14.
31. R. S. Rubin, D. C. Munz, and W. H. Bommer, "Leading from Within: The Effects of Emotion Recognition and Personality on Transformational Leadership Behavior," *Academy of Management Journal* (October 2005), pp. 845-858; T. A. Judge and J. E. Bono, "Five-Factor Model of Personality and Transformational Leadership," *Journal of Applied Psychology* (October 2000), pp. 751-765; B. M. Bass and B. J. Avolio, "Developing Transformational Leadership: 1992 and Beyond," *Journal of European Industrial Training* (January 1990), p. 23; and J. J. Hater and B. M. Bass, "Supervisors' Evaluation and Subordinates' Perceptions of Transformational and Transactional Leadership," *Journal of Applied Psychology* (November 1988), pp. 695-702.
32. M. Tims, A. B. Bakker, and D. Xanthopoulou, "Do Transformational Leaders Enhance Their Followers' Daily Work Engagement?" *Leadership Quarterly*, February 2011, pp. 121-131; X.-H. (Frank) Wang, and J. M. Howell, "Exploring the Dual-Level Effects of Transformational Leadership on Followers," *Journal of Applied Psychology* (November 2010), pp. 1134-1144; A. E. Colbert, A. L. Kristof-Brown, B. H. Bradley, and M. R. Barrick, "CEO Transformational Leadership: The Role of Goal Importance Congruence in Top Management Teams," *Academy of Management Journal* (February 2008), pp. 81-96; R. F. Piccolo and J. A. Colquitt, "Transformational Leadership and Job Behaviors: Twhe Mediating Role of Core Job Characteristics," *Academy of Management Journal* (April 2006), pp. 327-340; O. Epitropaki and R. Martin, "From Ideal to Real: A Longitudinal Study of the Role of Implicit Leadership Theories on Leader-Member Exchanges and Employee Outcomes," *Journal of Applied Psychology* (July 2005), pp. 659-676; J. E. Bono and T. A. Judge, "Self-Concordance at Work: Toward Understanding the Motivational Effects of Transformational Leaders," *Academy of Management Journal* (October 2003), pp. 554-571; T. Dvir, D. Eden, B. J. Avolio, and B. Shamir, "Impact of Transformational Leadership on Follower Development and Performance: A Field Experiment," *Academy of Management Journal* (August 2002), pp. 735-744; N. Sivasubramaniam, W. D. Murry, B. J. Avolio, and D. I. Jung, "A Longitudinal Model of the Effects of Team Leadership and Group Potency on Group Performance," *Group and Organization Management* (March 2002), pp. 66-96; J. M. Howell and B. J. Avolio, "Transformational Leadership, Transactional Leadership, Locus of Control, and Support for Innovation: Key Predictors of Consolidated-Business-Unit Performance," *Journal of Applied Psychology* (December 1993), pp. 891-911; R. T. Keller, "Transformational Leadership and the Performance of Research and Development Project Groups," *Journal of Management* (September 1992), pp. 489-501; and Bass and Avolio, "Developing Transformational Leadership."
33. M. Thompson and B. Tracy, "Building a Great Organization," *Leader to Leader*, Fall 2010, pp. 45-49; and F. Vogelstein, "Mighty Amazon," *Fortune*, May 26, 2003, pp. 60-74.
34. J. M. Crant and T. S. Bateman, "Charismatic Leadership Viewed from Above: The Impact of Proactive Personality," *Journal of Organizational Behavior* (February 2000), pp. 63-75; G. Yukl and J. M. Howell, "Organizational and Contextual Influences on the Emergence and Effectiveness of Charismatic Leadership," *Leadership Quarterly*, Summer 1999, pp. 257-283; and J. A. Conger and R. N. Kanungo, "Behavioral Dimensions of Charismatic Leadership," in J. A. Conger, R. N. Kanungo and Associates, *Charismatic Leadership* (San Francisco: Jossey-Bass, 1988), pp. 78-97.(ジェイ・A・コンガー、ラビンドラ・N・カヌンゴ「カリスマ的リーダーがとる行動とは？」『カリスマ的リーダーシップ』ジェイ・A・コンガー、ラビンドラ・N・カヌンゴ他共著、片柳佐智子、山村宜子、松本博之、鈴木恭子共訳、流通科学大学出版、1999年)
35. J. A. Conger and R. N. Kanungo, *Charismatic Leadership in Organizations* (Thousand Oaks, CA: Sage, 1998).
36. F. Walter and H. Bruch, "An Affective Events Model of Charismatic Leadership Behavior: A Review, Theoretical Investigation, and Research Agenda," *Journal of Management* (December 2009), pp. 1428-1452; K. S. Groves, "Linking Leader Skills, Follower Attitudes, and Contextual Variables via an Integrated Model of Charismatic Leadership," *Journal of Management* (April 2005), pp. 255-277; J. J. Sosik, "The Role of Personal Values in the Charismatic Leadership of Corporate Managers: A Model and Preliminary Field Study," *Leadership Quarterly*, April 2005, pp. 221-244; A. H. B. deHoogh, D. N. den Hartog, P. L. Koopman, H. Thierry, P. T. van den Berg, J. G. van der Weide, and C. P. M. Wilderom, "Leader Motives, Charismatic Leadership, and Subordinates' Work Attitudes in The Profit and Voluntary Sector," *Leadership Quarterly*, February 2005, pp. 17-38; J. M. Howell and B. Shamir, "The Role of Followers in the Charismatic Leadership Process: Relationships and Their Consequences," *Academy of Management Review*, January 2005, pp. 96-112; J. Paul, D. L. Costley, J. P. Howell, P. W. Dorfman, and D. Trafimow, "The Effects of Charismatic Leadership on Followers' Self-Concept Accessibility," *Journal of Applied Social Psychology* (September 2001), pp. 1821-1844; J. A. Conger, R. N. Kanungo, and S. T. Menon, "Charismatic Leadership and Follower Effects," *Journal of Organizational Behavior*, vol. 21 (2000), pp. 747-767; R. W. Rowden, "The Relationship Between Charismatic Leadership Behaviors and Organizational Commitment," *Leadership & Organization Development Journal* (January 2000), pp. 30-35; G. P. Shea and C. M. Howell, "Charismatic Leadership and Task Feedback: A Laboratory Study of Their Effects on Self-Efficacy," *Leadership*

Quarterly, Fall 1999, pp. 375-396; S. A. Kirkpatrick and E. A. Locke, "Direct and Indirect Effects of Three Core Charismatic Leadership Components on Performance and Attitudes," *Journal of Applied Psychology* (February 1996), pp. 36-51; D. A. Waldman, B. M. Bass, and F. J. Yammarino, "Adding to Contingent-Reward Behavior: The Augmenting Effect of Charismatic Leadership," *Group & Organization Studies,* December 1990, pp. 381-394; and R. J. House, J. Woycke, and E. M. Fodor, "Charismatic and Noncharismatic Leaders: Differences in Behavior and Effectiveness," in Conger and Kanungo, *Charismatic Leadership,* pp. 103-104. (ロバート・J・ハウス、ジェームズ・ウォイキ、ユージン・M・フォドー「アメリカの歴代大統領にみる、カリスマと非カリスマ」『カリスマ的リーダーシップ』ジェイ・A・コンガー、ラビンドラ・N・カヌンゴ他共著、片柳佐智子、山村宜子、松本博之、鈴木恭子共訳、流通科学大学出版、1999年)

37. B. R. Agle, N J. Nagarajan, J. A. Sonnenfeld, and D. Srinivasan,"Does CEO Charisma Matter? An Empirical Analysis of the Relationships Among Organizational Performance, Environmental Uncertainty, and Top Management Team Perceptions of CEO Charisma," *Academy of Management Journal* (February 2006), pp. 161-174.

38. R. Birchfield, "Creating Charismatic Leaders," *Management,* June 2000, pp. 30-31; S. Caudron, "Growing Charisma," *Industry Week,* May 4, 1998, pp. 54-55; and J. A. Conger and R. N. Kanungo, "Training Charismatic Leadership: A Risky and Critical Task," in Conger and Kanungo, *Charismatic Leadership,* pp. 309-323. (ジェイ・A・コンガー、ラビンドラ・N・カヌンゴ「カリスマ的リーダーを養成することは可能か？」『カリスマ的リーダーシップ』ジェイ・A・コンガー、ラビンドラ・N・カヌンゴ他共著、片柳佐智子、山村宜子、松本博之、鈴木恭子共訳、流通科学大学出版、1999年)

39. J. G. Hunt, K. B. Boal, and G. E. Dodge, "The Effects of Visionary and Crisis-Responsive Charisma on Followers: An Experimental Examination," *Leadership Quarterly,* Fall 1999, pp. 423-448; R. J. House and R. N. Aditya, "The Social Scientific Study of Leadership: Quo Vadis?" *Journal of Management,* 23, no. 3 (1997), pp. 316-323; and R. J. House, "A 1976 Theory of Charismatic Leadership."

40. この定義は次の文献を参考にしている。M. Sashkin, "The Visionary Leader," in Conger and Kanungo et al., *Charismatic Leadership,* pp. 124-125(マーシャル・サシュキン「組織を変革するビジョナリーリーダーとは？」『カリスマ的リーダーシップ』ジェイ・A・コンガー、ラビンドラ・N・カヌンゴ他共著、片柳佐智子、山村宜子、松本博之、鈴木恭子共訳、流通科学大学出版、1999年); B. Nanus, *Visionary Leadership* (New York: Free Press, 1992), p. 8(『ビジョン・リーダー 魅力ある未来像(ビジョン)の創造と実現に向かって』バート・ナヌス著、木幡昭、佐々木直彦、広田茂明共訳、産能大学出版部、1994年); N.H. Snyder and M. Graves, "Leadership and Vision," *Business Horizons,* January-February 1994, p. 1; and J. R. Lucas, "Anatomy of a Vision Statement," *Management Review,* February 1998, pp. 22-26.

41. Nanus, *Visionary Leadership,* p. 8. (『ビジョン・リーダー 魅力ある未来像(ビジョン)の創造と実現に向かって』バート・ナヌス著、木幡昭、佐々木直彦、広田茂明共訳、産能大学出版部、1994年)

42. S. Caminiti, "What Team Leaders Need to Know," *Fortune,* February 20, 1995, pp. 93-100.

43. 同上，p. 93.

44. 同上，p. 100.

45. D. S. DeRue, C. M. Barnes, and F. M. Morgeson, "Understanding the Motivational Contingencies of Team Leadership," *Small Group Research,* October 2010, pp. 621-651; B. Meredith, "Leader Characteristics: Is There a Shift in Requirements?" *Leadership Excellence,* September 2010, p. 19; B. Neal, "Heroes and Sidekicks: Ensuring Proper Followership," *T&D,* September 2010, pp. 76-77; R. D. Ramsey, "Preparing to Be Tomorrow's Leader Today," *Supervision,* January 2010, p. 79; N. Steckler and N. Fondas, "Building Team Leader Effectiveness: A Diagnostic Tool," *Organizational Dynamics,* Winter 1995, p. 20.

46. R. S. Wellins, W. C. Byham, and G. R. Dixon, *Inside Teams* (San Francisco: Jossey-Bass, 1994), p. 318.

47. Steckler and Fondas, "Building Team Leader Effectiveness," p. 21.

48. J. Fabre, "The Importance of Empowering Front-Line Staff," *Supervision,* December 2010, pp. 6-7; S. Raub and C. Robert, "Differential Effects of Empowering Leadership on In-Role and Extra-Role Employee Behaviors: Exploring the Role of Psychological Empowerment and Power Values," *Human Relations,* November 2010, pp. 1743-1770; N. D. Cakar and A. Erturk, "Comparing Innovation Capability of Small and Medium-Sized Enterprises: Examining the Effects of Organizational Culture and Empowerment," *Journal of Small Business Management* (July 2010), pp. 325-359; A. Srivastava, K. M. Bartol, and E. A. Locke, "Empowering Leadership in Management Teams: Effects on Knowledge Sharing, Efficacy, and Performance," *Academy of Management Journal* (December 2006), pp. 1239-1251; P. K. Mills and G. R. Ungson, "Reassessing the Limits of Structural Empowerment: Organizational Constitution and Trust as Controls," *Academy of Management Review,* January 2003, pp. 143-153; W. A. Rudolph and M. Sashkin, "Can Organizational Empowerment Work in Multinational Settings?" *Academy of Management Executive,* February 2002, pp. 102-115; C. Gomez and B. Rosen, "The Leader-Member Link Between Managerial Trust and Employee Empowerment," *Group & Organization Management,* March 2001, pp. 53-69; C. Robert and T. M. Probst, "Empowerment and Continuous Improvement in the United States, Mexico, Poland, and India," *Journal of Applied Psychology* (October 2000), pp. 643-658; R. C. Herrenkohl, G. T. Judson, and J. A. Heffner, "Defining and Measuring Employee Empowerment," *Journal of Applied Behavioral Science* (September 1999), p. 373; R. C. Ford and M. D. Fottler, "Empowerment: A Matter of Degree," *Academy of*

Management Executive, August 1995, pp. 21-31; and W. A. Rudolph, "Navigating the Journey to Empowerment," *Organizational Dynamics,* Spring 1995, pp. 19-32.

49. T. A. Stewart, "Just Think: No Permission Needed," *Fortune,* January 8, 2001, pp. 190-192.

50. F. W. Swierczek, "Leadership and Culture: Comparing Asian Managers," *Leadership & Organization Development Journal* (December 1991), pp. 3-10.

51.「テクノロジーとマネジャーの仕事」は K. D. Strang, "Leadership Substitutes and Personality Impact on Time and Quality in Virtual New Product Development Projects," *Project Management Journal* (February 2011), pp. 73-90; A. Rapp, M. Ahearne, J. Mathieu, and T. Rapp, "Managing Sales Teams in a Virtual Environment," *International Journal of Research in Marketing* (September 2010), pp. 213-224; M. Muethel and M. Hoegl, "Cultural and Societal Influences on Shared Leadership in Globally Dispersed Teams," *Journal of International Management* (September 2010), pp. 234-256; J. Grenny, "Virtual Teams," *Leadership Excellence,* May 2010, p. 20; L. A. Hambley, T. A. O'Neill, and T. J. B. Kline, "Virtual Team Leadership: The Effects of Leadership Style and Communication Medium on Team Interaction Styles and Outcomes," *Organizational Behavior and Human Decision Processes,* May 2007, pp. 1-20; and B. J. Avolio and S. S. Kahai, "Adding the 'E' to E-Leadership: How It May Impact Your Leadership," *Organizational Dynamics,* January 2003, pp. 325-338 に基づく。

52. I. Wanasika, J. P. Howell, R. Littrell, and P. Dorfman, "Managerial Leadership and Culture in Sub-Saharan Africa," *Journal of World Business* (April 2011), pp. 234-241.

53. House, "Leadership in the Twenty-First Century," p. 443; M. F. Peterson and J. G. Hunt, "International Perspectives on International Leadership," *Leadership Quarterly,* Fall 1997, pp. 203-231; and J. R. Schermerhorn and M. H. Bond, "Cross-Cultural Leadership in Collectivism and High Power Distance Settings," *Leadership & Organization Development Journal* 18, no. 4/5 (1997), pp. 187-193.

54. Wanasika, Howell, Littrell, and Dorfman, "Managerial Leadership and Culture in Sub-Saharan Africa"; R. J. House, P. J. Hanges, S. A. Ruiz-Quintanilla, P. W. Dorfman, and Associates, "Culture Specific and Cross-Culturally Generalizable Implicit Leadership Theories: Are the Attributes of Charismatic/Transformational Leadership Universally Endorsed?" *Leadership Quarterly,* Summer 1999, pp. 219-256; and D. E. Carl and M. Javidan, "Universality of Charismatic Leadership: A Multi-Nation Study," paper presented at the National Academy of Management Conference, Washington, DC, August 2001.

55. D. E. Carl and M. Javidan, "Universality of Charismatic Leadership," p. 29.

56. このパートの内容は、次の文献を参考にしている。D. Goleman, R. E. Boyatzis, and A. McKee, *Primal Leadership: Realizing the Power of Emotional Intelligence* (Boston: Harvard Business School Press, 2002) (『EQ リーダーシップ 成功する人の「こころの知能指数」の活かし方』ダニエル・ゴールマン、リチャード・ボヤツィス、アニー・マッキー共著、土屋京子訳、日本経済新聞社、2002 年); D. R. Caruso, J. D. Mayer, and P. Salovey, "Emotional Intelligence and Emotional Leadership," in R. E. Riggio, S. E. Murphy, and F. J. Pirozzolo (eds.), *Multiple Intelligences and Leadership* (Mahwah, NJ: Lawrence Erlbaum, 2002), pp. 55-74; J. M. George, "Emotions and Leadership: The Role of Emotional Intelligence," *Human Relations,* August 2000, pp. 1027-1055; D. Goleman, "What Makes a Leader?" *Harvard Business Review,* November-December 1998, pp. 93-102; and D. Goleman, *Working with Emotional Intelligence* (New York: Bantam, 1998). (『ビジネス EQ 感情コンピテンスを仕事に生かす』ダニエル・ゴールマン著、梅津祐良訳、東洋経済新報社、2000 年)

57. F. Walter, M. S. Cole, and R. Humphrey, "Emotional Intelligence: Sine Qua Non of Leadership or Folderol?" *Academy of Management Perspectives,* February 2011, pp. 45-59.

58. 次の文献を参照。Walter, Cole, and Humphrey, "Emotional Intelligence: Sine Qua Non of Leadership or Folderol"; L. A. Zampetakis and V. Moustakis, "Managers' Trait Emotional Intelligence and Group Outcomes: The Case of Group Job Satisfaction," *Small Group Research,* February 2011, pp. 77-102; H.-W. Vivian Tang, M.-S. Yin, and D. B. Nelson, "The Relationship Between Emotional Intelligence and Leadership Practices," *Journal of Managerial Psychology,* 25, no. 8 (2010), pp. 899-926; P. K. Chopra and G. K. Kanji, "Emotional Intelligence: A Catalyst for Inspirational Leadership and Management Excellence," *Total Quality Management & Business Excellence,* October 2010, pp. 971-1004; R. Boyatzis and A. McKee, "Intentional Change," *Journal of Organizational Excellence* (Summer 2006), pp. 49-60, and R. Kerr; J. Garvin, N. Heaton, and E. Boyle, "Emotional Intelligence and Leadership Effectiveness," *Leadership and Organizational Development Journal* (April 2006), pp. 265-279.

59. S. Simsarian, "Leadership and Trust Facilitating Cross-Functional Team Success," *Journal of Management Development* (March-April 2002), pp. 201-215.

60. J. M. Kouzes and B. Z. Posner, *Credibility: How Leaders Gain and Lose It, and Why People Demand It* (San Francisco: Jossey-Bass, 1993), p. 14. (『信頼のリーダーシップ こうすれば人が動く「6つの規範」』ジェームズ・M・クーゼス、バリー・Z・ポスナー共著、岩下貢訳、生産性出版、1995 年)

61. 次の文献を参考にしている。F. D. Schoorman, R. C. Mayer, and J. H. Davis, "An Integrative Model of Organizational Trust: Past, Present, and Future," *Academy of Management Review,* April 2007, pp. 344-354; G. M. Spreitzer and A. K.

Mishra, "Giving Up Control Without Losing Control," *Group & Organization Management,* June 1999, pp. 155-187; R. C. Mayer, J. H. Davis, and F. D. Schoorman, "An Integrative Model of Organizational Trust," *Academy of Management Review,* July 1995, p. 712; and L. T. Hosmer, "Trust: The Connecting Link Between Organizational Theory and Philosophical Ethics," *Academy of Management Review,* April 1995, p. 393.

62. P. L. Schindler and C. C. Thomas, "The Structure of Interpersonal Trust in the Workplace," *Psychological Reports,* October 1993, pp. 563-573.

63. H. H. Tan and C. S. F. Tan, "Toward the Differentiation of Trust in Supervisor and Trust in Organization," *Genetic, Social, and General Psychology Monographs,* May 2000, pp. 241-260.

64. J. H. Cho and E. J. Ringquist, "Managerial Trustworthiness and Organizational Outcomes," *Journal of Public Administration Research and Theory* (January 2011), pp. 53-86; R. C. Mayer and M. B. Gavin, "Trust in Management and Performance: Who Minds the Shop While the Employees Watch the Boss?" *Academy of Management Journal* (October 2005), pp. 874-888; and K. T. Dirks and D. L. Ferrin, "Trust in Leadership: Meta-Analytic Findings and Implications for Research and Practice," *Journal of Applied Psychology* (August 2002), pp. 611-628.

65. R. Zemke, "The Confidence Crisis," *Training* (June 2004), pp. 22-30; J. A. Byrne, "Restoring Trust in Corporate America," *BusinessWeek,* June 24, 2002, pp. 30-35; S. Armour, "Employees' New Motto: Trust No One," *USA Today,* February 5, 2002, p. 1B; J. Scott, "Once Bitten, Twice Shy: A World of Eroding Trust," *New York Times,* April 21, 2002, p. WK5; J. Brockner, P. A. Siegel, J. P. Daly, T. Tyler, and C. Martin, "When Trust Matters: The Moderating Effect of Outcome Favorability," *Administrative Science Quarterly,* September 1997, p. 558; and J. Brockner, P. A. Siegel, J. P. Daly, T. Tyler, and C. Martin, "When Trust Matters: The Moderating Effect of Outcome Favorability," *Administrative Science Quarterly,* September 1997, p. 558.

66. "Weathering the Storm: A Study of Employee Attitudes and Opinions," *WorkUSA 2002 Study,* Watson Wyatt, www.watsonwyatt.com.

67. S. Kerr and J. M. Jermier, "Substitutes for Leadership: Their Meaning and Measurement," *Organizational Behavior and Human Performance,* December 1978, pp. 375-403; J. P. Howell, P. W. Dorfman, and S. Kerr, "Leadership and Substitutes for Leadership," *Journal of Applied Behavioral Science* 22, no. 1 (1986), pp. 29-246; J. P. Howell, D. E. Bowen, P. W. Dorfman, S. Kerr, and P. M. Podsakoff, "Substitutes for Leadership: Effective Alternatives to Ineffective Leadership," *Organizational Dynamics,* Summer 1990, pp. 21-38; and P. M. Podsakoff, B. P. Niehoff, S. B. MacKenzie, and M. L. Williams, "Do Substitutes for Leadership Really Substitute for Leadership? An Empirical Examination of Kerr and Jermier's Situational Leadership Model," *Organizational Behavior and Human Decision Processes,* February 1993, pp. 1-44.

68. 『つきあい好きが道を開く-元気の出る交遊録』、樋口廣太郎著、日本経済新聞社、2000年

69. パナソニック社ホームページ「パナソニックミュージアム 松下幸之助歴史館 メモリアルウィーク特別展アーカイブ」より。http://panasonic.co.jp/rekishikan/tokubetsuten/2006/cnr02/cnr02_03.html

第１３章

1. B. J. Dunn, "Best Buy's CEO on Learning to Love Social Media," *Harvard Business Review,* December 2010, pp. 43-48; D. Brady, "Brian Dunn," *Bloomberg BusinessWeek,* December 6, 2010, p. 104; J. Castaldo, "Are You Sure You Really Want to Tweet That, Boss?" *Canadian Business,* November 22, 2010, p. 79; A. Scardillo, "Old Spice Guy's Lessons in Crisis Management," *Marketing Magazine,* August 30, 2010, p. 27; and J. Bernoff and T. Schadler, "Empowered," *Harvard Business Review,* July-August 2010, pp. 95-101.

2. D. K. Berlo, *The Process of Communication* (New York: Holt, Rinehart & Winston, 1960), pp. 30-32.

3. 同上、p. 54.

4. "Get the Message: Communication Is Key in Managing Change Within Organizations—Yet Ensuring Its Effectiveness at Times of High Concerns Can Be Tricky," *Employee Benefits,* February 2002, pp. 58-60 などを参照のこと。

5. 同上、p. 103.

6. L. R. Birkner and R. K. Birkner, "Communication Feedback: Putting It All Together," *Occupational Hazards,* August 2001, p. 9.

7. L. Hilton, "They Heard It Through the Grapevine," *South Florida Business Journal,* August 18, 2000, p. 53.

8. L. Talley, "Body Language: Read It or Weep," *HR Magazine,* July 2010, pp. 64-65; and M. Fulfer, "Nonverbal Communication: How to Read What's Plain as the Nose . . . Or Eyelid . . . Or Chin . . . On Their Faces," *Journal of Occupational Excellence* (Spring 2001), pp. 19-38.

9. 同上．; and T. Fernsler, "The Secrets and Science of Body Language," *Nonprofit World,* p. 25.

10. P. Mornell, "The Sounds of Silence," *Inc.,* February 2001, p. 117.

11. A. Warfield, "Do You Speak Body Language?" *Training and Development* (April 2001), p. 60.

12. S. Begley, "I Can't Think," *Newsweek,* March 7, 2011, pp. 28-33; D. Dean and C. Webb, "Recovering from Information Overload," *McKinsey Quarterly,* Issue 1, 2011, pp. 80-88; and "Information Overload," *Australian Business Intelligence,* April 16, 2002.
13. S. I. Hayakawa, *Language in Thought and Action* (New York: Harcourt Brace Jovanovich, 1949), p. 292.
14. "Jargon Leaves Us Lost for Words," *Australian Business Intelligence,* August 23, 2002; and W. S. Mossberg, "A Guide to the Lingo You'll Want to Learn for Wireless Technology," *Wall Street Journal,* March 28, 2002, p. B1.
15. "Gobbledygook Begone," *Workforce,* February 2002, p. 12; and "Business-Speak," *Training and Development* (January 2002), pp. 50-52.
16. J. Langdon, "Differences Between Males and Females at Work," *USA Today,* www.usatoday.com (February 5, 2001); J. Manion, "He Said, She Said," *Materials Management in Health Care,* November 1998, pp. 52-62; G. Franzwa and C. Lockhart, "The Social Origins and Maintenance of Gender Communication Styles, Personality Types, and Grid-Group Theory," *Sociological Perspectives,* 41, no. 1 (1998), pp. 185-208, and D. Tannen, *Talking From 9 to 5: Women and Men in the Workplace* (New York: Avon Books, 1995)(「Talking from 9 to 5 － 9時から5時までの会話－職場における男女」 D. タネン著、奥田隆一訳、松柏社、2000 年).
17. M. K. Kozan, "Subcultures and Conflict Management Styles," *Management International Review,* January 2002, pp. 89-106 などを参照のこと。
18. A. Mehrabian, "Communication Without Words," *Psychology Today,* September 1968, pp. 53-55.
19. W. L. Adair, T. Okumura, and J. M. Brett, "Negotiation Behavior when Cultures Collide: The United States and Japan," *Journal of Applied Psychology* (June 2001), p. 371 なども参照のこと。
20. C. H. Tinsley, "How Negotiators Get to Yes: Predicting the Constellation of Strategies Used Across Cultures to Negotiate Conflict," *Journal of Applied Psychology* (August 2001), p. 583.
21. S. P. Robbins and P. L. Hunsaker, *Training in Interpersonal Skills,* 4e (Upper Saddle River, NJ: Prentice Hall, 2006); M. Young and J. E. Post, "Managing to Communicate, Communicating to Manage: How Leading Companies Communicate with Employees," *Organizational Dynamics,* Summer 1993, pp. 31-43; J. A. DeVito, *The Interpersonal Communication Book,* 6th ed. (New York: HarperCollins, 1992); and A. G. Athos and J. J. Gabarro, *Interpersonal Behavior* (Upper Saddle River, NJ: Prentice Hall, 1978)などを参照のこと。
22. "Electronic Invective Backfires," *Workforce,* June 2001, p. 20; and E. Wong, "A Stinging Office Memo Boomerangs," *New York Times,* April 5, 2001, pp. C1+.
23. R. R. Panko, *Business Data Networks and Communications,* 4th ed. (Upper Saddle River, NJ: Prentice Hall, 2003) などを参照のこと。
24. "Virtual Paper Cuts," *Workforce,* July 2000, pp. 16-18.
25. J. Karaian, "Where Wireless Works," *CFO,* May 2003, pp. 81-83. 2009, p. B4 に基づく。
26. A. Cohen, "Wireless Summer," *Time,* May 29, 2000, pp. 58-65; and K. Hafner, "For the Well Connected, All the World's an Office," *New York Times,* March 30, 2000, p. D1 などを参照のこと。
27. J. S. Brown and P. Duguid, "Balancing Act: How to Capture Knowledge Without Killing It," *Harvard Business Review,* May-June 2000, pp. 73-80; and J. Torsilieri and C. Lucier, "How to Change the World," *Strategy and Business,* October 2000, pp. 17-20.
28. S. Luh, "Pulse Lunches at Asian Citibanks Feed Workers' Morale, Lower Job Turnover," *Wall Street Journal,* May 22, 2001, p. B11.
29. 「テクノロジーとマネジャーの仕事」は、S. Raposo, "Quick! Tell Us What KUTGW Means," *Wall Street Journal,* August 5, 2009, pp. D1+; and C. Tuna, "Corporate Blogs and Tweets Must Keep SEC in Mind," *Wall Street Journal,* April 27,
30. S. Shellenbarger, "Backlash Against Email Builds," *Wall Street Journal,* April 29, 2010, p. D6.
31. J. Eckberg, "E-mail: Messages Are Evidence," *Cincinnati Enquirer,* www.enquirer.com (July 27, 2004).
32. M. Scott, "Worker E-Mail and Blog Misuse Seen as Growing Risk for Companies," *Workforce Management,* www.workforce.com (July 20, 2007).
33. K. Byron, "Carrying Too Heavy a Load? The Communication and Miscommunication of Emotion by Email," *Academy of Management Review,* April 2008, pp. 309-427.
34. J. Marquez, "Virtual Work Spaces Ease Collaboration, Debate Among Scattered Employees," *Workforce Management,* May 22, 2006, p. 38; and M. Conlin, "E-Mail Is So Five Minutes Ago," *BusinessWeek,* November 28, 2005, pp. 111-112.
35. H. Green, "The Water Cooler Is Now on the Web"; E. Frauenheim, "Starbucks Employees Carve Out Own 'Space,'" *Workforce Management,* October 22, 2007, p. 32; and S. H. Wildstrom, "Harnessing Social Networks," *BusinessWeek,* April 23, 2007, p. 20.
36. J. Scanlon, "Woman of Substance," *Wired,* July 2002, p. 027.
37. B. A. Gutek, M. Groth, and B. Cherry, "Achieving Service Success Through Relationship and Enhanced Encounters," *Academy of Management Executive,* November 2002, pp. 132-144.

38. R. C. Ford and C. P. Heaton, "Lessons from Hospitality That Can Serve Anyone," *Organizational Dynamics,* Summer 2001, pp. 30-47.
39. M. J. Bitner, B. H. Booms, and L. A. Mohr, "Critical Service Encounters: The Employee's Viewpoint," *Journal of Marketing* (October 1994), pp. 95-106.
40. S. D. Pugh, J. Dietz, J. W. Wiley, and S. M. Brooks, "Driving Service Effectiveness Through Employee-Customer Linkages," *Academy of Management Executive,* November 2002, pp. 73-84.
41. J. Ewing, "Nokia: Bring on the Employee Rants," *BusinessWeek,* June 22, 2009, p. 50.
42. J. V. Thill and C. L. Bovee, *Excellence in Business Communication,* 9th ed. (Upper Saddle River, NJ: Prentice Hall, 2011), pp. 24-25.
43. 同上。
44. 同上。
45. 同上。
46. 同上。

第14章

1. P. Elkind and D. Whitford, "An Accident Waiting to Happen," *Fortune,* February 7, 2011, pp. 105-132; G. Chazan, "BP's Safety Drive Faces Rough Road," *Wall Street Journal,* February 1, 2011, pp. A1+; C. Hausman, "Report Says Lack of Oversight Contributed to the Gulf Spill Disaster," *Ethics Newsline Online,* January 11, 2011; B. Casselman, "Supervisor Says Flaw Was Found in Key Safety Device," *Wall Street Journal,* July 21, 2010, pp. A6; R. Gold, "Rig's Final Hours Probed," *Wall Street Journal,* July 19, 2010, pp. A1+; S. Lyall, "In BP's Record, a History of Boldness and Costly Blunders," *New York Times Online,* July 12, 2010; B. Casselman and R. Gold, "Unusual Decisions Set Stage for BP Disaster," *Wall Street Journal,* May 27, 2010, pp. A1+; H. Fountain and T. Zeller, Jr., "Panel Suggests Signs of Trouble Before Rig Explosion," *New York Times Online,* May 25, 2010; and R. Gold and N. King Jr., "The Gulf Oil Spill: Red Flags Were Ignored Aboard Doomed Rig," *Wall Street Journal,* May 13, 2010, p. A6.
2. "Domino's Delivered Free Pizzas," *Springfield, Missouri News-Leader,* April 3, 2009, p. 3B.
3. B. Hagenbaugh, "State Quarter's Extra Leaf Grew Out of Lunch Break," *USA Today,* January 20, 2006, p. 1B.
4. J. F. Van Niekerk and R. Von Solms, "Information Security Culture: A Management Perspective," *Computers & Security,* June 2010, pp. 476-486; T. Vinas and J. Jusko "5 Threats That Could Sink Your Company," *Industry Week,* September 2004, pp. 52-61; "Workplace Security: How Vulnerable Are You?" Special section in *Wall Street Journal,* September 29, 2003, pp. R1-R8; P. Magnusson, "Your Jitters Are Their Lifeblood," *Business Week,* April 14, 2003, p. 41; and T. Purdum, "Preparing for the Worst," *Industry Week,* January 2003, pp. 53-55.
5. A. Dalton, "Rapid Recovery," *Industry Week,* March 2005, pp. 70-71.
6. B. Nelson, "Long-Distance Recognition," *Workforce,* August 2000, pp. 50-52.
7. S. Kerr, "On the Folly of Rewarding A, While Hoping for B," *Academy of Management Journal* (December 1975), pp. 769-783; and N. F. Piercy, D. W. Cravens, N. Lane, and D. W. Vorhies, "Driving Organizational Citizenship Behaviors and Salesperson In-Role Behavior Performance: The Role of Management Control and Perceived Organizational Support," *Journal of the Academy of Marketing Science* (Spring 2006), pp. 244-262.
8. 「マネジメントいまむかし」は H. Min and H. Min, "Benchmarking the Service Quality of Fast-Food Restaurant Franchises in the USA," *Benchmarking: An International Journal* (April 2011), pp. 282-300; R. Pear, "A.M.A. to Develop Measure of Quality of Medical Care," *New York Times Online,* February 21, 2006; and A. Taylor III, "Double Duty," *Fortune,* March 7, 2005, pp. 104-110; C. Bogan and D. Callahan, "Benchmarking in Rapid Time," *Industrial Management,* March-April 2001, pp. 28-33; and L. D. McNary, "Thinking About Excellence and Benchmarking," *Journal for Quality and Participation* (July-August 1994)に基づく。
9. H. Koontz and R. W. Bradspies, "Managing Through Feedforward Control," *Business Horizons,* June 1972, pp. 25-36.
10. M. Helft, "The Human Hands Behind the Google Money Machine," *New York Times Online,* June 2, 2008.
11. B. Caulfield, "Shoot to Kill," *Forbes,* January 7, 2008, pp. 92-96.
12. T. Laseter and L. Laseter, "See for Yourself," *Strategy+Business,* www.strategy-business.com (November 29, 2007).
13. W. H. Newman, *Constructive Control: Design and Use of Control Systems* (Upper Saddle River, NJ: Prentice Hall, 1975), p. 33.
14. B. Molina and M. Snider, "PlayStation Breach Called One of the Largest Ever," *USA Today,* April 28, 2011, p. 2B; and D. Stout and T. Zeller Jr., "Vast Data Cache About Veterans Has Been Stolen," *New York Times Online,* May 23, 2006.
15. B. Grow, K. Epstein, and C-C. Tschang, "The New E-Spionage Threat," *Business Week,* April 21, 2008, pp. 32-41; S. Leibs, "Firewall of Silence," *CFO,* April 2008, pp. 31-35; J. Pereira, "How Credit-Card Data Went Out Wireless Door," *Wall Street Journal,* May 4, 2007, pp. A1+; and B. Stone, "Firms Fret as Office E-Mail Jumps Security Walls," *New York Times*

Online, January 11, 2007.

16. E. R. Iselin, J. Sands, and L. Mia, "Multi-Perspective Performance Reporting Systems, Continuous Improvement Systems, and Organizational Performance," ***Journal of General Management*** (Spring 2011), pp. 19-36; L. Elmore, "The Balanced Business," ***Women in Business,*** Spring 2011, pp. 14-16; D. Agostino and M. Arnaboldi, "How the BSC Implementation Process Shapes Its Outcome," ***International Journal of Productivity & Performance Management*** (January 2011), pp. 99-114; R. S. Kaplan and D. P. Norton, "How to Implement a New Strategy Without Disrupting Your Organization," ***Harvard Business Review,*** March 2006, pp. 100-109; L. Bassi and D. McMurrer, "Developing Measurement Systems for Managers in the Knowledge Era," ***Organizational Dynamics,*** May 2005, pp. 185-196; G. M. J. DeKoning, "Making the Balanced Scorecard Work (Part 1)," ***Gallup Brain,*** www.brain.gallup.com (July 8, 2004); G. M. J. DeKoning, "Making the Balanced Scorecard Work (Part 2)," ***Gallup Brain,*** www.brain.gallup.com (August 12, 2004); K. Graham, "Balanced Scorecard," ***New Zealand Management,*** March 2003, pp. 32-34; K. Ellis, "A Ticket to Ride: Balanced Scorecard," ***Training*** (April 2001), p. 50; and T. Leahy, "Tailoring the Balanced Scorecard," ***Business Finance,*** August 2000, pp. 53-56.

17. J. B. Butler, S. C. Henderson, and C. Raiborn, "Sustainability and the Balanced Scorecard: Integrating Green Measures into Business Reporting," ***Management Accounting Quarterly,*** Winter 2011, pp. 1-10; T. L. Gonzalez-Padron, B. R. Chabowski, G. T. M. Hult, and D. J. Ketchen, "Knowledge Management and Balanced Scorecard Outcomes: Exploring the Importance of Interpretation, Learning, and Internationality," ***British Journal of Management*** (December 2010), pp. 967-982; and T. Leahy, "Tailoring the Balanced Scorecard."

18. T. Leahy, "Tailoring the Balanced Scorecard."

19. Hoovers Online, www.hoovers.com (June 17, 2011)からの情報。N. Shirouzu and J. Bigness, "7-Eleven Operators Resist System to Monitor Managers," ***Wall Street Journal,*** June 16, 1997, p. B1.

20. S. Armour, "Companies Keep an Eye on Workers' Internet Use," ***USA Today,*** February 21, 2006, p. 2B.

21. B. White, "The New Workplace Rules: No Video-Watching," ***Wall Street Journal,*** March 4, 2008, pp. B1+.

22. 同上。

23. N. Lugaresi, "Electronic Privacy in the Workplace: Transparency and Responsibility," ***International Review of Law, Computers, & Technology,*** July 2010, pp. 163-173; P-W Tam, E. White, N. Wingfield, and K. Maher, "Snooping E-Mail by Software Is Now a Workplace Norm," ***Wall Street Journal,*** March 9, 2005, pp. B1+; D. Hawkins, "Lawsuits Spur Rise in Employee Monitoring," ***U.S. News & World Report,*** August 13, 2001, p. 53; and L. Guernsey, "You've Got Inappropriate Mail," ***New York Times,*** April 5, 2000, pp. C1+.

24. S. Armour, "More Companies Keep Track of Workers' E-Mail," ***USA Today,*** June 13, 2005, p. 4B; and E. Bott, "Are You Safe? Privacy Special Report," ***PC Computing,*** March 2000, pp. 87-88.

25. J. Greenberg, "The STEAL Motive: Managing the Social Determinants of Employee Theft," in R. Giacalone and J. Greenberg (eds.), ***Antisocial Behavior in Organizations*** (Newbury Park, CA: Sage, 1997), pp. 85-108.

26. M. S. Hershcovis, "Incivility, Social Undermining, Bullying . . . Oh My! A Call to Reconcile Constructs Within Workplace Aggression Research," ***Journal of Organizational Behavior*** (April 2011), pp. 499-519; B. E. Litzky, K. A. Eddleston, and D. L. Kidder, "The Good, the Bad, and the Misguided: How Managers Inadvertently Encourage Deviant Behaviors," ***Academy of Management Perspective,*** February 2006, pp. 91-103; "Crime Spree," ***BusinessWeek,*** September 9, 2002, p. 8; B. P. Niehoff and R. J. Paul, "Causes of Employee Theft and Strategies That HR Managers Can Use for Prevention," ***Human Resource Management,*** Spring 2000, pp. 51-64; and G. Winter, "Taking at the Office Reaches New Heights: Employee Larceny Is Bigger and Bolder," ***New York Times,*** July 12, 2000, pp. C1+.

27. このセクションは J. Greenberg, ***Behavior in Organizations,*** 10th ed. (Upper Saddle River, NJ: Prentice Hall, 2011)に基づく。

28. A. H. Bell and D. M. Smith, "Why Some Employees Bite the Hand That Feeds Them," ***Workforce Online,*** www.workforce.com (December 3, 2000).

29. B. E. Litzky et al., "The Good, the Bad, and the Misguided"; A. H. Bell and D. M. Smith, "Protecting the Company Against Theft and Fraud"; J. D. Hansen, "To Catch a Thief," ***Journal of Accountancy*** (March 2000), pp. 43-46; and J. Greenberg, "The Cognitive Geometry of Employee Theft," in ***Dysfunctional Behavior in Organizations: Nonviolent and Deviant Behavior*** (Stamford, CT: JAI Press, 1998), pp. 147-193.

30. L. D. Lieber, "HR's Role in Preventing Workplace Violence," ***Employment Relations Today*** (Wiley), Winter 2011, pp. 83-88.

31. J. McCafferty, "Verbal Chills," ***CFO,*** June 2005, p. 17; S. Armour, "Managers Not Prepared for Workplace Violence," July 15, 2004, pp. 1B+; and "Workplace Violence," OSHA Fact Sheet, U.S. Department of Labor, Occupational Safety and Health Administration, 2002.

32. "Research News Round-Up," ***Occupational Health,*** April 2011, p. 12.

33. C. Cosh, "Keep a Close Eye Out for the Signs," ***Macleans,*** December 27, 2010, p. 24; and R. McNatt, "Desk Rage,"

561

BusinessWeek, November 27, 2000, p. 12.
34. M. Gorkin, "Key Components of a Dangerously Dysfunctional Work Environment," *Workforce Online,* www.workforce.com (December 3, 2000).
35. L. D. Lieber, "HR's Role in Preventing Workplace Violencew"; C. Cosh, "Keep a Close Eye Out for the Signs"; "Ten Tips on Recognizing and Minimizing Violence"; A. C. Klotz and M. R. Buckley, "Where Everybody Knows Your Name: Lessons from Small Business About Preventing Workplace Violence," *Business Horizons,* November 2010, pp. 571-579; M. Gorkin, "Five Strategies and Structures for Reducing Workplace Violence"; "Investigating Workplace Violence: Where Do You Start?"; and "Points to Cover in a Workplace Violence Policy," すべて *Workforce Online,* www.workforce.com (December 3, 2000) の記事。

第15章

1. "Starbucks' Quest for Healthy Growth: An Interview with Howard Schultz," *McKinsey Quarterly,* no. 2 (2001), pp. 34-43; "Return to Glory," *Retail Traffic,* May/June 2011, p. 38; J. Jannarone, "Grounds for Concern at Starbucks," *Wall Street Journal,* May 3, 2011, p. C10; M. Morrison, "Bang for Its Starbucks: Hits No. 3 Despite Limited Ad Spending," *Advertising Age,* May 2, 2011, pp. 1+; W. Kendall, "A Long, Hard Grind," *Management Today,* May 2011, p. 27; "Howard Schultz, On Getting a Second Shot," *Inc.,* April 2011, pp. 52-54; "Starbucks Corp. Plans Retail Push," *Nation's Restaurant News,* April 4, 2011, p. 6; "Starbucks Marks 40th Anniversary," *Beverage Industry,* April 2011, p. 8; R. Lowenstein, "When Latte Lost Its Luster," *Wall Street Journal,* March 29, 2011, p. A17; H. Schultz, "How Starbucks Got Its Mojo Back," *Newsweek,* March 21, 2011, pp. 50-55; G. Charles, "Change Brewing at Starbucks," *Marketing,* January 2011, pp. 14-15; "Starbucks Outlines Strategies for Growth," *Beverage Industry,* January 2011, p. 14; and H. Edwards, "Howard Schultz's Tall Order," *Marketing,* January 2011, p. 19; and S. Berfield, "Starbucks: Howard Schultz vs. Howard Schultz," *BusinessWeek Online,* August 6, 2009; J. Jargon, "Latest Starbucks Buzzword: 'Lean' Japanese Techniques," *Wall Street Journal,* August 4, 2009, p. A1.
2. D. Eng, "Cheesecake Factory's Winning Formula," *Fortune,* May 2, 2011, pp. 19-20; and D. McGinn, "Faster Food," *Newsweek,* April 19, 2004, pp. E20-E22.
3. *World Factbook 2011,* http://www.cia.gov/library/publications/ the-world-factbook/.
4. 同上。
5. D. Michaels and J. L. Lunsford, "Streamlined Plane Making," *Wall Street Journal,* April 1, 2005, pp. B1+.
6. T. Aeppel, "Workers Not Included," *Wall Street Journal,* November 19, 2002, pp. B1+.
7. T. Ordonez, "McDonald's to Cut the Cooking Time of Its French Fries," *Wall Street Journal,* May 19, 2000, p. B2.
8. T. Vinas, "Little Things Mean a Lot," *IndustryWeek,* November 2002, p. 55.
9. P. Panchak, "Shaping the Future of Manufacturing," *IndustryWeek,* January 2005, pp. 38-44; M. Hammer, "Deep Change: How Operational Innovation Can Transform Your Company," *Harvard Business Review,* April 2004, pp. 84-94; S. Levy, "The Connected Company," *Newsweek,* April 28, 2003, pp. 40-48; and J. Teresko, "Plant Floor Strategy," *IndustryWeek,* July 2002, pp. 26-32.
11. T. Laseter, K. Ramdas, and D. Swerdlow, "The Supply Side of Design and Development," *Strategy & Business,* Summer 2003, p. 23; J. Jusko, "Not All Dollars and Cents," *IndustryWeek,* April 2002, p. 58; and D. Drickhamer, "Medical Marvel," *IndustryWeek,* March 2002, pp. 47-49.
10. 「マネジメントいまむかし」は "Honorary Members Form Impressive Lineup of Quality Thinkers," *Quality Progress,* March 2011, p. 17; "W. Edwards Deming," *Quality Progress,* November 2010, p. 17; R. Aguayo, *Dr. Deming: The American Who Taught the Japanese About Quality* (New York: Fireside Press, 1991); M. Walton, *The Deming Management Method* (New York: Penguin Group, 1986) (『デミング式経営　QC経営の原点に何を学ぶか』メアリー・ウォルトン著、熊谷鉱司、石川馨共訳、プレジデント社、1987年); and W. E. Deming, "Improvement of Quality and Productivity Through Action by Management," *National Productivity Review,* Winter 1981-1982, pp. 12-22に基づく。
12. Q. H. Soon and Z. M. Udin, "Supply Chain Management from the Perspective of Value Chain Flexibility: An Exploratory Study," *Journal of Manufacturing Technology Management* (May 2011), pp. 506-526; G. Soni and R. Kodali, "A Critical Analysis of Supply Chain Management Content in Empirical Research," *Business Process Management,* April 2011, pp. 238-256; and J. H. Sheridan, "Managing the Value Chain," *IndustryWeek,* September 6, 1999, pp. 1-4, available online in archives at www.industryweek.com.
13. "Supply Chain Management: A New Narrative," *Strategic Direction,* March 2011, pp. 18-21; and J. H. Sheridan, "Managing the Value Chain."
14. S. Leibs, "Getting Ready: Your Suppliers," *IndustryWeek,* www. industryweek.com (September 6, 1999).
15. 次の文献などを参照。J. Jusko, "Procurement—Not All Dollars and Cents," *IndustryWeek,* www.industryweek.com (April 4, 2002).
16. 2002年5月29日にイギリスのロンドンで開催された First European Aromatics and Derivatives Conference におけるアロマティックス&フェノール部長ナンシー・スリヴァンのスピーチ「News Item Future Challenges for the Aromatics Supply

Chain」を参照。17. D. Bartholomew, "The Infrastructure," *IndustryWeek,* September 6, 1999, p. 1.
18. G. Taninecz, "Forging the Chain," *IndustryWeek,* May 15, 2000, pp. 40-46.
19. T. Vinas, "A Map of the World: IW Value-Chain Survey," *IndustryWeek,* September 2005, pp. 27-34.
20. 次の文献を参照。J. H. Sheridan, "Now It's a Job for the CEO," *IndustryWeek,* March 20, 2000, pp. 22-30.
21. R. Norman and R. Ramirez, "From Value Chain to Value Constellation," *Harvard Business Review on Managing the Value Chain* (Boston: Harvard Business School Press, 2000), pp. 185-219.
22. S. Leibs, "Getting Ready: Your Customers," *IndustryWeek,* September 6, 1999, p. 4.
23. 次の文献などを参照。C. Lunan, "Workers Doing More in Less Time," *Charlotte Observer,* June 1, 2002, p. D1.
24. S. Leibs, "Getting Ready: Your Customers," p. 3.
25. 次の文献などを参照。 L. Harrington, "The Accelerated Value Chain: Supply Chain Management Just Got Smarter, Faster, and More Cost-Effective, Thanks to a Groundbreaking Alliance Between Intel and Technologies," *IndustryWeek,* April 2002, pp. 45-51.
26. 同上。
27. 同上。J. H. Sheridan, "Managing the Value Chain."
28. J. H. Sheriden, "Managing the Value Chain," p. 3.
29. S. Leibs, "Getting Ready: Your Customers," p. 4.
30. J. H. Sheriden, "Managing the Value Chain," pp. 2-3; S. Leibs, "Getting Ready: Your Customers," pp. 1, 4; and D. Bartholomew, "The Infrastructure," p. 6.
31. G. Taninecz, "Forging the Chain."
32. S. Leibs, "Getting Ready: Your Customers," p. 1.
33. 同上。
34. D. Drickhamer, "On Target," *IndustryWeek,* October 16, 2000, pp. 111-112.
35. S. Leibs, "Getting Ready: Your Customers," p. 2.
36. 同上。
37. "Top Security Threats and Management Issues Facing Corporate America: 2003 Survey of *Fortune* 1000 Companies," ASIS International and Pinkerton, www.asisonline.org.
38. J. H. Sheridan, "Managing the Value Chain," p. 4.
39. K. T. Greenfeld, "Taco Bell and the Golden Age of Drive-Thru," *Bloomberg BusinessWeek Online,* May 5, 2011; and S. Anderson, Associated Press, "Restaurants Gear Up for Window Wars," *Springfield, Missouri, News-Leader,* January 27, 2006, p. 5B.
40. T. Vinas, "Six Sigma Rescue," *IndustryWeek,* March 2004, p. 12.
41. J. S. McClenahen, "Prairie Home Companion," *IndustryWeek,* October 2005, pp. 45-46.
42. T. Vinas, "Zeroing In on the Customer," *IndustryWeek,* October 2004, pp. 61-62.
43. W. Royal, "Spotlight Shines on Maquiladora," *IndustryWeek,* October 16, 2000, pp. 91-92.
44. J. Heizer and B. Render, *Operations Management,* 10th ed. (Upper Saddle River, NJ: Prentice Hall, 2011), p. 193.
45. G. Hasek, "Merger Marries Quality Efforts," *IndustryWeek,* August 21, 2000, pp. 89-92.
46. J. Jusko, "An Elite Crew," *IndustryWeek,* March 2011, pp. 17-18; and M. Arndt, "Quality Isn't Just for Widgets," *BusinessWeek,* July 22, 2002, pp. 72-73.
47. E. White, "Rethinking the Quality Improvement Program," *Wall Street Journal,* September 19, 2005, p. B3.
48. M. Arndt, "Quality Isn't Just for Widgets."
49. プロジェクトマネジメントの概説については、次の文献を参照。S. Berkun, *The Art of Project Management* (Upper Saddle River, NJ: Prentice Hall, 2005)(『アート・オブ・プロジェクトマネジメント　マイクロソフトで培われた実践手法』スコット・バークン著、村上雅章訳、オライリージャパン、2006 年) または J. K. Pinto, *Project Management: Achieving Competitive Advantage and MS Project* (Upper Saddle River, NJ: Prentice Hall, 2007).
50. H. Maylor, "Beyond the Gantt Chart: Project Management Moving On," *European Management Journal* (February 2001), pp. 92-101.
51. クリティカルパス分析(CPM)についての詳しい説明は、次の文献を参照。W. A. Haga and K. A. Marold, "A Simulation Approach to the PERT/CPM Time-Cost Trade-Off Problem," *Project Management Journal* (June 2004), pp. 31-37.

用語解説

1
1回限りの計画
特殊な状況のニーズに合うよう特別に策定された1度だけの計画。p. 166

3
360度評価法
評価される従業員についてさまざまな関係者からフィードバックを求める評価方法。p. 233

3つの欲求理論
マクレランドが提唱した理論。達成、権力、親和という3つの後天的(先天的ではない)欲求が仕事の強い原動力となる。p. 353

I
ISO9000
一連の国際品質規格であり、製品が顧客の要望を満たしていることを確実にするための共通のガイドラインが設定されている。p. 487

P
PERT分析
フローチャートのようにプロジェクトの完成に必要な作業の流れと時間、あるいは各作業の費用を書き出す。p. 492

S
SWOT分析
外部分析と内部分析を合わせたもの。強み(Strengths)、弱み(Weaknesses)、チャンス(Opportunities)、脅威(Threats)を分析する。p. 150

X
X理論
従業員は仕事が嫌いで怠け者で、責任を避けたがるため、仕事を強要しなければならない、とする考え方。p. 351

Y
Y理論
従業員は創造的で、仕事を楽しみ、責任を求め、自ら方向を決定する、とする考え方。p. 351

あ
アイデアの先導者
新しいアイデアを前向きに全力で支援し、支援体制を構築して抵抗を克服し、イノベーションを成し遂げようとする人材。p. 276

アクティブ・リスニング
時期尚早の判断や解釈をすることなく意味を完全に理解しようと積極的に耳を傾ける行為。p. 420

圧縮労働日数
従業員の1日の勤務時間を長くして、1週間の勤務日数を減らす就労形態。p. 208

アファーマティブ・アクション・プログラム
保護を必要とする人々の採用、能力向上、維持のための取り組み。p. 218

歩きまわり管理
マネジャーが作業現場を訪れ、従業員と直接交流すること。p. 443

安定戦略
現状路線を維持する企業戦略。p. 152

起業家精神(アントレプレナーシップ)
一般的にはビジネスチャンスを求めて、新たな事業を始めるプロセスを言う。p. 500

い
意思決定基準
意思決定に関連するさまざまな要素。p. 95

意思決定に関わる役割
意思決定や選択を伴う役割。p. 13

意思決定のプロセス
問題の特定、代替案の選択、解決策の有効性の評価などから成る8つのステップ。p. 94

一般管理理論
マネジャーの仕事を構成している要素についての理論。p. 30

一般従業員
直接作業や仕事に携わる従業員。ほかの社員の仕事を監督する責任は負わない。p. 5

イノベーション
創造的なアイデアを生み出し、それを実用的な製品

やサービス、作業手法に変換するプロセス。p. 272
イベント
主要な作業が終わる完了時点。p. 493

う

「渦巻く急流」の比喩
組織変革を、激しい川を進行中の小型いかだに起こる変化に例える。p. 257

え

衛生要因
仕事の不満足を解消する要因であるが、モチベーションを与えることにはならない。p. 353

お

オープンシステム
環境と動的に作用し合うシステム。p. 35
オープンブック経営
組織の財務諸表（ブック）をすべての従業員が共有するモチベーション手法。p. 370
「穏やかな海」の比喩
組織変革を、大型船が穏やかな海を予定どおりに航行中、突然遭遇する嵐に例える。p. 257
オペラント条件づけ
行動とは因果関係の働きであるとする学習についての理論。p. 305
オペレーション・マネジメント
インプットをアウトプットに変換するプロセスについて検討を加え、活用していくこと。p. 468
オリエンテーション
新規採用者を組織と職務に適応させる活動。p. 228

か

海外子会社
本国の組織とは別の独立した施設あるいはオフィスを設立し、海外直接投資を行う。p. 69
解読する
受け取ったメッセージを翻訳すること。p. 412
概念化スキル
複雑な状況を分析・判断する能力。p. 14
外部環境
業績に影響する組織外の要因、力、状況、出来事。p. 40
科学的管理法
科学的方法を使って仕事をこなすための「唯一最善の方法」を見つけ出すこと。p. 10
確実性
すべての代替案の結果が明らかであるため、的確に意思決定を行うことができるような状況。p. 110

学習
経験の結果として起こった行動における相対的な永続的変化のこと。p. 305
学習する組織
継続して学び、受け入れ、変化する能力を生み出す組織。p. 204
過剰固執
以前の判断が間違っていたかもしれないのに、その判断に肩入れしてしまうこと。p. 104
家族思いの福利厚生
従業員が柔軟に仕事時間を決められるように大幅に日程調整の自由を認め、ワーク・ライフバランスに必要な要求を受け入れること。p. 86
カリスマ型リーダー
熱意と自信を持ち、その個性や行動によって人々を扇動する。p. 395
過労死
働きすぎによる突然死。世界でも「karoshi」と日本語を語源に使われる。p. 266
環境スキャニング
最新動向を見抜くために膨大な情報を精査する外部環境の分析方法。p. 171
環境の不確実性
組織の環境の変化・複雑さの度合い。p. 48
環境の複雑さ
組織の環境要素の数、およびそれらの要素について組織が持つ知識レベル。p. 48
感情的要素
態度の感情的部分のこと。p. 285
ガントチャート
計画策定ツール。棒グラフで、作業を完了すべき時期を視覚的にあらわし、それぞれの作業についての期日と実際の進行状況とを比較する。p. 489
管理の幅
マネジャーが効率的かつ効果的に管理できる従業員の数。p. 189

き

機械的組織
官僚的組織。専門化、定型化、集権が非常に進んでいる構造。p. 192
企業戦略
企業としてどんな事業を続け、どういった事業を新たに目指すか、またその事業で何を達成したいかを明確にする組織全体としての戦略。p. 151

記号化
メッセージを象徴的な形に変換すること。p. 410
技術スキル
作業を行うのに必要な特定の知識や技術。p. 14
規則
従業員がするべきこと、またはするべきではないことを明示したもの。p. 108
帰属理論
ある人のある行動を何に帰属させるかにより、人によってその人への判断が異なることを説明する理論。p. 301
期待理論
人は、行動によって一定の結果が得られるという期待、およびその結果に感じる魅力に基づいて、一定の方法で行動する傾向がある、とする理論。p. 361
機能横断型チーム
多様な部門の人材で構成され、従来の部門間の垣根を越えるチーム。p. 182, 328
機能するステージ
グループの発展過程における第4ステージ。グループは十全に機能し、グループの仕事に専念する。p. 318
機能戦略
競争戦略を支えるためさまざまに機能する部署がそれぞれに用いる戦略。p. 156
規範化するステージ
グループの発展過程の第3ステージ。親密な関係性が構築され、団結するようになるステージ。p. 317
基本的な是正行動
逸脱の要因を修正する前に、業績がなぜ、どのように逸脱したのかを調べる修正行動。p. 448
キャリア
一個人が生涯に就いた一連の職業。p. 246
休止するステージ
一時的な仕事をするグループにとって、グループの発展過程における最後のステージ。このステージでグループは解散の準備をする。p. 318
脅威
外部環境における不利な動向。p. 149
業績管理制度
従業員の業績を評価するため、業績基準を定める制度。p. 232
競争上の優位性
競合他社と差別化してくれるもの、つまり、特徴的な優位性。p. 154

競争戦略
ビジネスで勝ち抜くための企業戦略。p. 153
業務自己管理型チーム
ある業務のすべて、または一部について、マネジャーなしで全面的に責任を持ちながら機能するチーム。p. 328
業務チーム
前向きな相乗作用、個々および相互の責務、相補的な技能を利用し、その構成員が具体的な共通の目標を基に集中的にコラボレーションして仕事を行う小集団。p. 326
業務分析
業務と、業務を遂行するのに必要な行動を明確にする評価プロセス。p. 219
規律
組織の基準や規則を強化するためにマネジャーが認定する方針。p. 235

く

具体的計画
明確に規定され、解釈の余地のない計画。p. 164
口コミ
正式でない方法で行われるコミュニケーションのこと。p. 414
クリティカルパス
プロジェクトを最短時間で完了するために、イベントや作業のつながりが一番長い、あるいは一番時間がかかる経路のこと。p. 493
グループ
特定の目的を達成するために相互に関わり、依存しあう2人以上の個人の集団。p. 316
グループ間の関係強化
グループ間の連携を強化するための活動。p. 262
グループの団結
グループ構成員相互のつながりの強さや、グループの目標を共有している程度。p. 325
グローバル企業
MNCの一形態であり、マネジメントをはじめとする意思決定は、本国で一元的に行う。p. 66
グローバルソーシング
原材料や労働力を、世界で最も低価格の場所から調達すること。p. 67
グローバルな戦略的提携
海外のパートナー企業(1社または複数社)と協力関係を結び、資源や知識を共有して新製品の開発や生産施設の建設を進めること。p. 68

グローバルビレッジ
国境に関係なく財・サービスの生産や販売が行われている世界。p. 65

グローブ
現在のリーダーシップと文化についての新たな異文化研究。p. 70

け

経営情報システム（MIS）
マネジャーに必要な情報を定期的に提供するシステム。p. 454

計画
目標をどうやって達成していくかのあらましを文書化したもの。p. 158

計画する
目標を定め、戦略を策定し、活動を協調させるためのプランを立てるなど。p. 9

経済的発注量（EOQ）
発注と在庫に関連する費用のバランスをとるためのモデル。つまり、発注と在庫に関連する総費用を最小限に抑えることを目的としている。p. 135

形成するステージ
グループの発展過程の第1ステージ。人々がグループに加わり、その後グループの目的、構造、リーダーシップが明確になっていくステージ。p. 316

継続的計画
繰り返し行われる活動に指針を与える継続的な計画。p. 166

権限
命令を与え、その命令が実行されることを期待する、管理職のポストに固有の権利。p. 183

権限移譲
従業員側の意思決定の自由を増やす行為。p. 399

健康管理プログラム
組織が提供する従業員の健康維持のためのプログラム。p. 270

現実的な職務情報の事前開示（RJP）
職務の内容を示し、職務と組織のプラス面とマイナス面を知ってもらうこと。p. 227

限定合理性
マネジャーの情報処理能力の範囲内で、合理的に意思決定すること。p. 102

権利の倫理規範
個人のさまざまな自由や権利が尊重され、保護されていることが倫理的な判断基準になる。p. 77

権力
意思決定に及ぼす個人の持つ影響力。p. 186

権力欲求
ほかの人々に、何らかのきっかけがなければ起こらないような行動をさせたいという欲求。p. 353

こ

コア・コンピタンス
組織の価値を創造する能力のなかでも特に重要なもの。p. 149

公言目標
組織の主張、利害関係者に納得してもらいたい事柄、目標の具体的な内容についての公式の発表。p. 159

公式計画作成部門
組織のさまざまな計画の文書化をサポートすることを唯一の義務とする計画手続きの専門家集団。p. 168

構造化された問題
直接的で、なじみがあり、簡単に特定できる問題。p. 107

構造化されていない問題
未知または特殊な問題で、情報があいまいで不完全。p. 107

構造作り行動
リーダーが目標の達成に向けて、どれだけ自分自身の役割や従業員の職務を規定し、具体的に職務内容を決めようとしているかについての行動。p. 382

工程別部門化
業務あるいは顧客の流れに基づいて業務をグループ化すること。p. 182

行動
人々の振る舞いのこと。p. 282

行動規範
グループ構成員によって受け入れられ、かつ共有されている行動基準や期待されている行動。p. 320

行動形成
正の強化、負の強化を用いながら、段階的に学びを導くプロセス。p. 307

行動的要素
ある人物や事柄に対し、ある一定の行為をしようという意図のある態度のこと。p. 285

衡平理論
従業員は、自分の入力と出力の比を他人の入力と出力の比と比較して、不公平性を正そうとする。p. 360

功利主義的倫理規範
成果や結果が唯一の倫理的な判断基準になる。p. 77

効率性
作業を適切に行い、最小限のインプットで最大限のアウトプットを作り出すこと。p. 7

合理的な意思決定
一定の制約のなかで、価値を最大限にして一貫性のある選択をすること。p. 102

顧客別部門化
顧客によって業務をグループ分けすること。p. 181

心の知能指数（EI）
環境の要求や圧力に対処する個人の力量のうち感覚・感情にかかわる技能や能力のこと。p. 293

コスト・リーダーシップ戦略
業界最低コストを実現して競争力を発揮するための戦略。p. 154

固定点発注方式
プロセスのあらかじめ決められたポイントで、在庫を補充する必要があるという「合図」を出すシステム。p. 135

言葉の抑揚
口頭で意味を伝えるときに語句を強調すること。p. 414

コミットメント概念
計画は、計画が策定されたときになされたコミットメントを果たすのに十分な期間を設定するべきだとする考え方。p. 167

コミュニケーション
ある人間から別の人間へ理解と意味を伝えること。p. 410

コミュニケーション・プロセス
7つの部分からなる、意味を伝達し、理解するプロセス。p. 410

コミュニティー・オブ・プラクティス
懸念やいくつかの問題を共有するグループ、ある話題に熱中するグループで、人々は継続的に交流し、その分野における知識や技術を深める。p. 429

コンティンジェンシー・アプローチ（状況適合アプローチ）
組織、従業員、状況はそれぞれに異なり、それに合わせてマネジメントの方法も変える必要があるとする理論。p. 36

コントロール
業務が計画どおりに達成されるように監視し、計画から大きくそれているものがあれば修正するマネジメント機能。p. 440

コントロールする
業務を管理・監督し、目標から逸脱していないか確認し、大きなずれがある場合には軌道修正するなど。p. 11

コントロール・プロセス
実績の測定、実績と基準との比較、軌道修正するためのマネジメント行動という、3つのステップからなるプロセス。p. 442

コンペティティブ・インテリジェンス
マネジャーに競合他社の正確な情報を提供する環境スキャニングの1形態。p. 171

根本的な帰属の誤り
他人の行動について判断を下すとき、外的要因の影響を低く見積もり、内的要因の影響を高く見積もる傾向。p. 302

混乱するステージ
グループの発展過程の第2ステージ。グループ内において争いや衝突が起きるステージ。p. 317

さ

サービス業の組織
物的でないサービスという形式のものを生産する組織。p. 469

調査報告（サーベイフィードバック）
従業員が実際の変革にどのような態度を示し、どのように感じているのかの確認作業。p. 261

再生戦略
業績悪化に対処するための戦略。p. 153

在宅勤務
従業員が自宅で仕事をし、コンピュータで職場につながっている就労形態。p. 207

採用計画
適切な数の適切な人材を適切な場所に適切なタイミングで確保するプロセス。p. 218

作業
発生するさまざまな活動。p. 493

サスティナビリティ
事業戦略策定において経済、環境、社会面のメリットに配慮することによって、業績目標を達成し長期的な株主価値を向上させる企業力。p. 77

差別化戦略
消費者から広く支持される独自の製品を提供して競争力を発揮するための戦略。p. 154

産業革命
18世紀の終わりにイギリスで起こった機械化、大

量生産、効率的な輸送の始まりのこと。p. 29

し

指揮系統
組織の上層から下層へ広がる権限の経路で、誰が誰の部下であるかを明確にする。p. 182

事業計画書
ビジネスチャンスを簡潔にまとめ、その好機をとらえて利益につなげる方法をはっきりと具体的に説明する文書。p. 502

事業部制構造
個別のビジネス事業体あるいは事業部で作られた組織構造。P. 197

資金回収
ベンチャー企業への投資を現金化したいという起業家の思いが原因で、市場から撤退する行動。p. 512

自己効力感
自分は任務を達成する能力があると信じている状態。p. 356

仕事に対する満足度
従業員の仕事に対する一般的な態度。p. 284

自己奉仕バイアス
自分の成功を内的要因に帰し、失敗の責めを外的要因に帰する傾向。p. 302

自己観察
外部環境要因に行動を合わせることができる能力を判断するための、性格の特徴。p. 295

システムアプローチ
システムアプローチは、「一つの全体として、相互に関係・依存するパーツを配置したシステム」として組織を見る。p. 35

自尊感情（SE）
自分を好きな度合い、あるいは嫌いな度合い。p. 294

シックス・シグマ
100万個あるいは100万回の作業のなかで、不良品の発生を3.4回に抑えなければならない品質基準。p. 488

使命
組織の目標を書き表したもの。p. 148

社会的学習理論
人は、観察と直接体験を通して学ぶことができるとする理論。p. 306

社会的義務の履行
企業が一定の経済的および法的責任を理由に、社会活動に参加すること。p. 73

社会的責任（企業の社会的責任、CSR）
企業が、法的および経済的義務にとどまることなく正しく行動し、社会に役立とうとすること。p. 73

社会的責任の対処
社会的ニーズが高い事柄に対して企業が社会的行動を起こすこと。p. 73

社会的怠慢
グループ規模が大きくなると各個人が努力をしなくなっていく傾向。p. 324

従業員エンゲージメント
従業員と組織が良い関係にあり、従業員が仕事に満足し、熱心に仕事に取り組む状態。p. 23, 286

従業員カウンセリング
業績に関連する問題を従業員が克服するのをサポートする活動。p. 235

従業員研修
従業員の職務遂行能力を向上させることで、従業員に長期的な変化をもたらそうとする学習経験。p. 229

従業員支援プログラム（EAP）
組織が提供する、従業員の個人的な問題や健康に関する問題の解決支援プログラム。p. 270

従業員志向
対人関係を大切にするリーダー。p. 383

従業員による窃盗
従業員が個人的な利用のために会社の所有物を無断で盗むこと。p. 458

従業員の生産性
仕事の効率と効果の達成度を測るもの。p. 284

従業員表彰制度
優れた業績に対して配慮、関心、認定、感謝を表明する制度。p. 370

集権
意思決定が行われるのが、組織の上層であるかどうかの度合い。p. 189

集団思考
集団内で同意が形成されていると見せるため、異なる意見を控えるようにプレッシャーがかかること。p. 112

集中戦略
費用集中や差別化集中を用いて狭い区分やニッチ市場で競争力を発揮するための戦略。p. 155

需給調整可能型労働力
臨時、フリーランス、あるいは契約の労働者で、その雇用は企業側の需要しだいで決まる。p. 86, 209

手段・目的チェーン
高位の目標が下位の目標と結びつく目標の統合ネットワークで、目標達成の手段として機能する。p. 161

準備性
具体的な職務を遂行するために、どれだけ能力や意欲が持てている。p. 387

ジョイントベンチャー
戦略的提携のなかでも、何らかの事業目的で、パートナー企業間の合意に基づいて別の独立組織を作る形態。p. 68

小企業（零細企業）
従業員が500人未満の独立事業者であり、必ずしも新たなビジネス手法や画期的なビジネス手法に取り組んでいるわけではなく、業界内の影響力も比較的小さい。p. 501

状況対応型リーダーシップ理論（SLT）
フォロワーの成熟度に注目するリーダーシップ条件適応理論。p. 387

常習的欠勤
頻繁に仕事を休むこと。p. 284

情報過多
情報量が個人の処理能力を超えた状況のこと。p. 417

情報に関わる役割
情報の収集や受け取り、配信など。p. 12

職能別構造
職務上、類似するあるいは関係のある専門分野をグループにまとめる組織設計。p. 197

職能別部門化
実行される職務によって業務をグループ分けすること。p. 180

職場での不正行為
組織や構成員に潜在的な存在を与える従業員の意図的な行為のこと。p. 284

職務関与
従業員が、どの程度仕事を重要ととらえているか、仕事に積極的に関わっているか、職務遂行能力を自分の価値を決める重要な指針と考えているかということ。p. 286

職務記述書
職務について説明した資料。p. 219

職務充実
計画策定と評価の責任を加えることによって職務を垂直に拡大すること。p. 359

職務設計
さまざまな仕事を組み合わせて完全な職務になるように形成する方法。p. 357

職務特性モデル（JCM）
5つの中心的職務次元、これらの相関関係、結果に及ぼす影響を考慮して、職務を分析・設計する枠組み。p. 357

職務の専門化
組織の業務を個別の仕事に分割すること。分業とも言う。p. 179

職務明細書
特定の職務を首尾よく遂行するのに持つべき最低限の資格について説明した資料。p. 220

ジョブシェアリング
2人以上の従業員で常勤の仕事を分け合うこと。p. 209

人口構成
社会研究で用いられる人口の特性。p. 44

人材インベントリー
従業員の氏名、学歴、研修や訓練の履歴、スキル、使用言語などの重要な情報をまとめた管理表。p. 219

人的資源管理（HRM）
従業員を採用し、訓練し、やる気を与え、その能力を維持することに関連するマネジメントの機能。p. 216

人種
生物学的に受け継ぎ（皮膚の色など外見上の特徴や共通の習性など）、自らを特徴づけるもの。p. 83

真の目標
組織の構成員が行っていることによって示される、組織が実際に達成しようとしている目標。p. 159

信用
フォロワーが評価している誠意、能力、意欲。p. 403

信頼
リーダーの誠実さ、性格、能力を信じていること。p. 403

信頼性
ある選抜手段を使用した場合に同じ特性を一貫して示せること。p. 223

親和欲求
友好的で親密な人間関係を築きたいという要望。p. 353-354

す

スキルに基づく給与制度
従業員のスキルに対して報酬を与える制度。p. 237

スタッフ権限
ライン権限を持つマネジャーのために協力、支援、助言を行うポストに付随する権限。p. 184

ステータス
グループ内における威信の程度、位置付け、地位。p. 321

ステレオタイプ化
第三者が所属する集団の認知を基にその人を判断すること。p. 303

ストレス
並外れた要求や制約、チャンスによって生じる極端なプレッシャーに対する拒否反応。p. 266

ストレッサー
ストレスの誘因。p. 267

速やかな是正行動
業績を元に戻すために問題に速やかに対処する修正行動。p. 448

せ

性格
状況への対応方法や他者との付き合い方に影響を与える感情、考え、行動パターンの独自の組み合わせのこと。p. 290

成果主義の給与制度
個人の業績によって給与を決定する制度。p. 237

正義論の倫理規範
公正公平にルールを導入してそれに従うことが倫理的判断基準になる。p. 78

生産志向
職務の手法や課題に注目するリーダー。p. 383

政治スキル
権力基盤を築いてしっかりとした人脈を作り上げる能力。p. 14

製造業の組織
物的なものを生産する組織。p. 469

成長戦略
既存事業、新規事業に拘わらず、参入する市場数や提供する製品数を増やす企業戦略。p. 151

製品別部門化
主要な製品分野によって業務をグループ分けすること。p. 180

責任
割り振られた任務を実行する義務。p. 183

セクシャルハラスメント
明示的にも非明示的にも、雇用や業績や職場環境に影響を及ぼす性的特性を持つ迷惑な行為。p. 241

線形計画法
資源配分の問題を解決する数学的手法。p. 131

戦術的計画
全体的な目標の達成方法の詳細を具体的に示した計画。p. 164

専制型
権限を掌握するとともに作業手順を指示して一方的に判断し、従業員の参加を制限するリーダー。p. 380

選択的認知
人が見たものの一部のみを取り入れる傾向のことで、他者を「素早く解釈」することができる。p. 303

自分の必要性や動機、経験、背景、そのほかの個人的特徴に基づいてコミュニケーションを選択的に見たり聞いたり読んだりすること。p. 416

選抜プロセス
最適な応募者を雇用するために、応募者をふるいにかける。p. 222

戦略
目標を達成するため、ビジネスにおいて何を行い、いかにして競争に打ち勝ち、どうやって顧客を惹きつけ満足させるかについて組織が取り組む方法。p. 146

戦略的計画
組織全体に適用され、組織の全体的な目標を盛り込んだ計画。p. 164

戦略的ビジネスユニット（SBU）
独立した独自の競争戦略を策定する個別の事業のこと。p. 153

戦略的マネジメント
組織の戦略を立てるためにマネジャーが行う職務。p. 146

戦略的マネジメントのプロセス
戦略的計画手続きに始まり、計画の実施、評価にまで及ぶ6つのステップのプロセス。p. 147

そ

総合的品質管理（TQM）
一貫して継続的改善を行うことを目指し、顧客のニーズと期待に応える経営哲学。p. 34

創造性
斬新で役立つアイデアを生み出す能力。p. 117, 271

想定類似性
他者に対する認知が、観察される側の特徴ではなく、観察する人自身の特徴により大きく影響を受けることになること。p. 303

組織
ある特定の目的を達成するために集められた、人々を系統的に配置した集団。p. 4

組織開発（OD）
計画的な変革を行うことによって、組織構成員の変革に対する態度や意識をサポートする取り組み。p. 261

組織化する
どんな作業を誰が行い、仕事をどう色分けするか、報告系統をどうするか、誰が決定を下すのかを決めるなど。p. 9, 178

組織行動
職場での人々の振る舞いを研究する分野。p. 282

組織行動学（OB）
職場で働く人々の行動を研究する分野。p. 33

組織コミットメント
従業員の組織に対する忠誠心や組織との一体感、組織への関わり方の観点から見た従業員の態度のこと。p. 286

組織市民行動（OCB）
任意の行動のことで、従業員としての正式な職務要件に含まれてはいないが、組織の効果的な機能を促進する行動。p. 284

組織設計
マネジャーが組織構造を作り上げたり変更したりすること。p. 178

組織プロセス
組織業務の実施方法。p. 478

組織文化
共有されている価値基準、主義、慣習、そして、組織構成員の行動の仕方に影響を与える物事のやり方。p. 51

組織変革
組織内の人材、構造、技術に関するあらゆる変化。p. 254

損益分岐点分析
総費用と総収益がちょうど等しくなるポイントを明らかにする手法。p. 127

た

第一線マネジャー
非管理職従業員の日々の仕事を指示する責任を負う管理職。p. 6

対人関係における役割
部下や組織外の人々に関わることや儀礼的・象徴的役割など。p. 12

対人スキル
個人でもグループでも他者を理解し、指導し、士気を高め、協調して仕事ができる能力。p. 14

代替案の実行
意思決定を実行に移すこと。p. 98

態度
好意的、非好意的に関わらず、目的、人、出来事に関する何らかの評価の表明。p. 285

タイプ A の性格
いつも時間に追われ、競争心がきわめて強い人物。p. 268

タイプ B の性格
あせらず落ち着いていて、簡単に変革を受け入れる人物。p. 268

ダウンサイジング
職務を計画的に削減し同時に人員も削減すること。p. 238

多国籍企業（MNC）
数多くの国々で事業を行う国際企業の総称。p. 65

達成欲求
一定の標準に対して達成・成功しようとする動機。p. 353

妥当性
選抜手段と評価基準の関係が実証されていること。p. 223

短期的計画
期間1年以内の計画。p. 164

単純構造
部門化の程度が低く、管理の幅は広く、権限は1人に集中し、定型化はほとんどされていない組織設計。p. 196

ち

地域別部門化
地理・地域に基づいて業務をグループ分けすること。p. 181

チーム組織
全体が、作業チームでできている組織。p. 199

チームワークの強化（チームビルディング）
さまざまな活動によって、作業するグループ自身で目標を設定し、構成員同士の協力関係を築き、それぞれの役割と責任を明確にすること。p. 262

知識マネジメント
組織の構成員が組織的に知識を収集し、それをほかの構成員と共有するという学びの文化を醸成すること。p. 425

チャンス
外部環境における有利な動向。p. 149

中小企業
従業員 500 人未満で、必ずしも新事業や革新的事業を行っているわけではなく、業界に与える影響が比較的小さい独立した企業。p. 17

長期的計画
3 年以上の期間にわたる計画。p. 164

直感的な意思決定
経験、感情、蓄積された判断などに基づいて意思決定すること。p. 105

つ

強い組織文化
重要な価値基準が深く浸透し、かつ広く共有されているような組織文化。p. 55

強み
組織が得意とする活動や他社にないリソース。p. 149

て

定型化
組織の業務がどれほど標準化されているか、また、従業員の行動の手引きとなる規則と手続きがどれほど定められているかの度合い。p. 190

定型的な意思決定
決められた手法で対処できる反復的な意思決定。p. 107

ディシジョン・ツリー
意思決定の進行を分析する方法。図示したときに、枝分かれした 1 本の木（ツリー）に見える。p. 126

定量的アプローチ
より良い意思決定を行うために定量的技術を用いること。p. 34

手順
相互に関連する一連のステップであり、これに従って、構造化された問題に対応することができる。p. 108

手続き的公正
報酬の分配を決定するプロセスに見られる公平性。p. 360

電子会議
ノミナルグループ法の 1 つで、参加者はコンピュータで結ばれている。p. 115

伝統的な目標設定
トップマネジャーによる上意下達による目標設定で、組織内の各階層ではサブ目標となる。p. 160

と

動機づけ要因
仕事の満足を高め、モチベーションを与える要因。p. 353

同時コントロール
業務の進行中に行われるコントロール。p. 450

トップ・マネジャー
組織の方向性について決断を下し、組織の構成員全員が従うべき方針を定める責任を負う個人。p. 6

トランスナショナル組織（ボーダレス組織）
国際企業のなかで人為的な地理的国境を排除した組織編制。p. 66

取引型リーダー
主に社会における交換（つまり取引）を手段としてリーダーシップを発揮する。p. 394

に

二要因理論
ハーズバーグが提唱したモチベーション理論。内的要因は仕事の満足とモチベーションに関係し、外的要因は仕事の不満足に関係する。p. 352

認知
感覚的な印象を整理し、解釈することで、周囲の状況に意味を与えるプロセスのこと。p. 299

認知的不協和
人が自身の中で矛盾する認知を同時に抱えた状態。p. 287

認知的要素
その人間の考えや意見、知識や情報によって構成される姿勢。p. 285

ね

ネットワーク組織
業務の一部を担当する組織所属の従業員と、そのほかで必要な部品製品や業務プロセスを提供する外部サプライヤーのネットワークからなる組織。p. 202

の

能力
事業を行うなかで求められるスキルや能力。p. 149

能力給制度
成果の基準に照らして従業員に給与を支払う、変動的な報酬制度。p. 371

能力シミュレーションテスト
実際の職務行動に基づいて行われる選抜手段。
p. 224

ノミナルグループ法
集団の構成員が集まるが、実際には独自に行動する意思決定手法。p. 115

は

バーチャル型チーム
共通の目標を達成するために、物理的に広く拡散した場所にいる構成員を情報技術を使ってつないでいるチーム。p. 329

バーチャル組織
中核となる少数の常勤従業員と、プロジェクトの業務に必要なときに雇われる非常勤の外部専門家からなる組織。p. 202

配慮行動
リーダーが、互いの信頼関係や従業員のアイデアや思考の尊重といった良好な仕事上の関係を、どれだけ築こうとしているかについての行動。p. 382

バウンダリーレス・キャリア
自分のキャリアに対して自らが責任を負うこと。
p. 246

バウンダリーレス組織
過去に定義されてきた構造で示される「境界」では、定義も限定もできないような設計の組織。p. 201

パス・ゴール理論
リーダーの職務はフォロワーの目標達成を支援することであり、フォロワーの目標がグループや組織の目標と決して矛盾しないように方向性を示し、サポートすることだと考える理論。p. 390

バランスト・スコアカード
財務面だけに留まらずに組織の業績を測定する方法。
p. 454

価値(バリュー)
顧客が資源を手ばなしてもよいと思える財やサービスの持つ独自の性能、特徴、魅力など。p. 473

バリューチェーン
原材料から最終商品に至るまでの各ステップで、価値を付加する一連の作業活動全体。p. 474

バリューチェーン・マネジメント
バリューチェーンの一連の活動や情報をマネジメントするプロセス。p. 474

ハロー効果
1つだけの特徴に基づいた認知によって他者に対し全体的な判断を下すこと。p. 304

ひ

比較対象
公平性を評価するために比較する他人、システム、自身のこと。p. 360

ビジネスモデル
多種多様な戦略、組織プロセス、組織活動から利益を生み出そうとするためにの戦略上不可欠な仕組み。
p. 476

ビジョナリー・リーダーシップ
現状の改善につながるような現実的で説得力のある魅力的な将来ビジョンを作り上げ、具現化する能力。
p. 396

ビッグファイブ・モデル
「外向性」、「協調性」、「誠実性」、「情緒安定性」、「知的好奇心」の5つの性格因子を調べる性格モデル。
p. 291

非定型的な意思決定
繰り返し行われることのない独自の意思決定であり、問題に応じた解決策を必要とする。p. 109

ヒューリスティックス
意思決定のプロセスを簡素化するための判断の近道。経験則とも呼ばれる。p. 99

ふ

フィードバック
伝えられたメッセージがどの程度うまく伝えられたかをチェックすること。p. 412

フィードバック・コントロール
業務が完了した後に行われるコントロール。p. 451

フィードフォワード・コントロール
業務が始まる前に行われるコントロール。p. 450

フィードラーの条件適応理論
グループの業績は、リーダーシップスタイルとリーダーの統率力、影響力の状況との組み合わせが適切かどうかに左右されると考えるリーダーシップ理論。
p. 384

フィルタリング
受信者により好意的に捉えてもらえるよう発信者が情報を意図的に操作すること。p. 416

不確実性
結果が確実ではなく、意思決定者が可能性を適切に予測することができない状況。p. 111

負荷チャート
ガントチャートの応用版であり、縦軸がすべての部署あるいは具体的な資源になる。p. 490

福利厚生
従業員の生活を充実させるための、従業員限定の報酬的サービス。p. 237

部門化
業務をグループにまとめる方法。p. 180

フランチャイジング
ある組織が別の組織に対して、自社のブランドやオペレーション方法の利用を許可し、手数料を受け取る契約。p. 68

ブレインストーミング
代替案を批判せずに、代替案を出すよう促すアイディア創出プロセス。p. 114

フレックスタイム
従業員は1週間で一定時間の勤務を求められるが、一定の制限内で勤務時間を変更してもいいスケジュール制のシステム。p. 208

プロアクティブな性格
環境に影響を与える行動を率先する心理的傾向。p. 508

プロジェクト
一度限りの活動で、始まりと終わりが明確に決まっている。p. 489

プロジェクト組織
従業員が継続的にプロジェクト単位で働く組織。p. 201

プロジェクトマネジメント
プロジェクト活動を、時間どおりに、予算の範囲内で、仕様に従って行うようにすること。p. 489

進捗支援（プロセスコンサルテーション）
外部コンサルタントを活用し、作業手順、グループメンバー間の非公式な関係、正式なコミュニケーションチャネルなどの組織プロセスを評価する。p. 262

プロセス製造
連続フロー生産あるいはプロセス製造。p. 195

分業（仕事の専門化）
仕事を細かな繰り返し作業に分けること。p. 29

分権
下層のマネジャーが意見を出す度合い、あるいは実際に意思決定する度合い。p. 189

分配的公正
個人間に見られる報酬の額と配分の公平性。p. 360

へ

変革型リーダー
フォロワーがきわめて高い成果を達成するよう激励し、奮起させる（変質させる）。p. 394

変革推進者
組織変革の触媒役を演じ、変革プロセスを責任持って進める人物。p. 257

変換プロセス
資源を最終的なものやサービスに変えるプロセス。p. 469

偏狭主義
マネジャーが物事を自分自身の視点や考え方からしか見ない、視野の狭い状況。p. 70

ベンチマーキング
競合、非競合企業にかかわらず、優れた業績を達成している成功事例を調査する方法。p. 157

ベンチャー企業
ビジネスチャンスを追求する組織であり、画期的なビジネス手法を特徴とし、成長と利潤が最大の目標である。p. 500

変動の幅
業績と基準の差異として許容できる限界。p. 447

ほ

方向づけ計画
柔軟で全般的な指針が示された計画。p. 166

報酬管理
優秀な従業員を魅了・維持し、精力的に仕事を遂行するインセンティブを与え、その給与水準が公平だと認められるような人歌い効果のある給与体系を決定するプロセス。p. 236

方針
意思決定のためのガイドライン。p. 108

放任型
意思決定と職務手法の判断を完全に従業員に任せてしまうリーダー。p. 381

ホーソン研究
ウエスタン・エレクトリック社の技術者によって考案され、1920年代の終わりから1930年代の初めにかけて行われた、職場の異なる環境変化が従業員の生産性にもたらす影響を調べた研究。この研究によって、組織の機能の仕方や目標達成における人的要因が重要視されるようになった。p. 32

募集
能力のある応募者を見つけ、特定し、呼び込むプロセス。p. 220

ボディランゲージ
顔の表情や身振り、そのほかの体の動きといった非言語的コミュニケーションシグナル。P. 414

ま

マイヤーズ・ブリッグズ・タイプ指標（MBTI）
4つの性格指標を用いて異なる性格タイプを判断する性格テスト。p. 290

マキアベリズム度合い
実際的で感情に左右されず、結果は手段を正当化すると信じている度合いの尺度。p. 294

マス製造
大量生産。p. 195

待ち合わせ理論
待ち行列理論とも呼ばれ、行列ができたことで生じるコストと行列に提供するサービスのコストとのバランスを図る方法。経営陣は、窓口をできるだけ少なくしつつ顧客が行列に不満を持たない程度にオープンして、コストを最小限に抑えたいと考える。p. 134

マトリックス組織
異なる職能別部門に属する専門家が、プロジェクト・マネジャー率いるプロジェクトの業務に割り振られる組織。p. 200

マネジメント
人を動かし共に働いて、効率的かつ有効に物事を行うプロセス。p. 7

マネジメントにおける象徴的観点
組織の成功と失敗は、マネジャーがコントロールできない外部の力によってほぼ決まるとする見方。p. 43

マネジメントにおける万能的観点
マネジャーに組織の成功と失敗における直接的責任があるとする見方。p. 43

マネジメントの14の原理
マネジメントを実行するための根本的、すなわち普遍的原理。ファヨールが提唱した。p. 30

マネジャー
組織のほかの構成員たちの活動を指示・監督する立場にある個人。p. 5

マネジャーの役割
マネジャーの行動を特定のカテゴリーに分類したもの。「対人関係における役割」「情報に関する役割」「意思決定に関する役割」の3つに分類されることが多い。p. 12

マネジリアル・グリッド
リーダーシップスタイルを2つの側面からとらえる手法。p. 383

マルチドメスティック企業
MNCの一形態であり、マネジメントやさまざまな意思決定は、事業を行う現地の国に分散している。p. 66

満足
「まずまず」の解決策を受け入れること。p. 104

み

ミドル・マネジャー
トップ・マネジャーが設定した目標を具体的な形にして、第一線マネジャーが実施できるようにする責任を負う個人。p. 6

民主型
従業員も意思決定に加え、権限も委譲して、作業手順の判断にも従業員の参加を勧めるリーダー。フィードバックの機会を利用して従業員に指示を与える。p. 380

民族
特定の集団に共通する、文化的背景や忠誠心などの社会的特性。p. 83

め

命令の統一性
それぞれの従業員に上司が1人だけいる構造。p. 185

メッセージ
伝えられるべきコミュニケーションの目的。p. 411

も

目標（方針）
望まれる成果やターゲット。p. 158

目標設定理論
明確な目標は成果の向上につながり、難しい目標は、それに納得できると、簡単な目標よりも高い成果を生み出すという理論。p. 355

目標管理制度（MBO）
相互合意に基づいた目標設定をし、その目標を用いて従業員の仕事ぶりを評価する方法。p. 161

モチベーション
個人が活力を高め、方向性を持ち、目標達成に向けて粘り強く努力をするプロセスのこと。p. 348

最も苦手な同僚（LPC）調査票
リーダーが職務志向型か、人間関係志向型かを判定する調査票。p. 384

問題
現状と、望ましい状況のズレ。p. 94

問題解決型チーム
業務活動の改善や特定の問題の解決に取り組む、同

じ部門や機能分野から人が集められたチーム。p. 327

や
役割
ある社会的集団において一定の地位にいる個人に期待される行動パターン。p. 319
役割葛藤
両立が難しい仕事上の期待。p. 268
役割超過
制限時間内に終えられない量の仕事を抱えること。p. 268
役割の曖昧性
役割期待がはっきりと理解できない状態。p. 268

ゆ
有機的組織
専門化、定型化、集権の程度が小さい構造。p. 192
有効性
するべきことをし、組織の目標を達成できるよう業務を遂行すること。p. 8
輸出
国内で生産した製品を海外で販売すること。p. 68
ユニット製造
ユニット単位、すなわち少量の製品生産。p. 195
輸入
海外で生産された製品を購入して、国内で販売すること。p. 68

よ
欲求5段階説
人間には生理的欲求、安全の欲求、社会的欲求、承認の欲求、自己実現の欲求という5段階の欲求があると提唱したマズローの理論。p. 349
余裕時間
クリティカルパスとそれ以外の時間差。p. 494
弱み
組織が苦手とする活動や必要だが持っていないリソース。p. 149

ら
ライセンス供与
ある組織が別の組織に対して、自社の技術や製品規格を利用した製品の生産や販売を許可し、手数料を受け取る契約。p. 68
ライン権限
マネジャーに与えられる、従業員の職務を管理する権限。p. 183

り
リーダー
他人への影響力を持ち、マネジメント権限のある人物。p. 378
リーダー参加型モデル
さまざまな状況に応じて、リーダーが意思決定にどれぐらい参加するのかを判断するルールが決められているリーダーシップ条件適応理論。p. 389
リーダーシップ
リーダーが集団の先頭に立ち、集団の目標の達成に影響を与える行動プロセス。p. 378
リーダーシップの行動理論
有能なリーダーだけに見られる行動を分析する理論。p. 380
リーダーシップの特性理論
リーダーだけに見られる性格（特性）を分析する理論。p. 379
リーダーシップを発揮する
社員のやる気を引き出し、行動を指示し、最も効果的な意思疎通手段を選択し、スタッフ間のもめ事を解決するなど。p. 11
リーダー・メンバー交換理論（LMX理論）
リーダーが身内グループと外部者グループを作り、身内グループのほうが外部者グループに比べて業績評価が高く、離職率は低く、職務満足度は高くなると考える理論。p. 393
利害関係者
組織の環境における関係者のうち、組織が行う意思決定や行動によって影響を受けるあらゆる関係者。p. 49
離職
自主的あるいは非自主的に、完全に組織から去ること。p. 284
リスク
特定の結果が起こる可能性を意思決定者が予測できる状況。p. 111
リスクテイキング
進んでリスクを引き受ける性格的特徴。p. 295
リストラ残存者の負の心理
人員削減で残された従業員に生じる固有の態度、認識、行動。p. 239
リソース
製品の開発、製造、顧客への出荷に使われる組織の資産。p. 149

稟議制
日本で行われる、合意形成のための集団意思決定。p. 116
倫理
行動の善悪を決める基準や原則。p. 77
倫理規定
組織がマネジャーおよび従業員に守ってもらいたい基本的価値観や倫理基準を記した正式文書。p. 79
倫理的コミュニケーション
関連するすべての情報を開示し、それらがあらゆる意味で真実であり、何ら人を惑わすものではないということ。p. 431

る
ルート
メッセージが伝えられる伝達毛色。p. 412

ろ
労働力の多様性
職場の従業員に、性別、年齢、人種、性的指向、民族、文化的背景、身体的能力・障害の違いと類似点がある様子。p. 82
ローカス・オブ・コントロール
自分の人生は自分がコントロールしていると信じている度合いのこと。p. 294

索引

A
ADP　　　　　　　　　　184
AT&T　　　　　　　　　　255
B
BMW　　　　　　　65, 474
BP　　　　　　　　439, 463
C
CBS　　　　　　　　　　　72
D
DDB ストックホルム　　263
DFS グループ　　　　　153
E
eBay　　　　　　　　　　152
I
IBM　　　　53, 66, 74, 170, 250,
　　362, 427
IDEO　　　　　　　201, 428
K
KPMG　　　　　　　　　208
L
LVMH モエ・ヘネシー・ルイ・
　ヴィトン S.A.　　　　153
M
MTV　　　　　　　　　　49
N
NASA（米国宇宙航空局）
　　93, 94, 104, 120-122, 489
NVIDIA　　　　　　　　　451
S
SCAN ヘルスプラン　　207
U
US エアウェイズ　　　　229
Y
YouTube　　　388, 434, 457
あ
アームストロング、ニール　　95
アーレンツ、アンジェラ　　147
アーンスト・アンド・ヤング　425
アイオメガ　　　　　　　475
アイオワ大学　　　380, 382

アイガー、ボブ　　　　　　4
アインシュタイン、アルベルト
　　　　　　　　　　117-118
アクセンチュア　　　170, 206
アダムズ、J・ステーシー　　360
アッシュ、ソロモン　321, 322-323
アッシュ、メアリー・ケイ　　396
アップル　　　20, 22, 67, 155, 224,
　　250, 271, 290, 396, 495
アニマル・プラネット・アンド・サ
　イエンス・ネットワークス　55
アバクロンビー＆フィッチ　　84
アパッチ　　　　　　　　　56
アフラック　　　　　　　　65
アマゾン　　16, 109, 199, 209,
　　334, 365, 395, 484
アメリカ軍　　　　　　　290
アメリカ洞窟学会　　　　454
アメリカン・エキスプレス
　　　67, 125-126, 179, 488
アメリカン・スタンダード
　（・カンパニーズ）152, 479-481
アメリカン・メディカル・
　アソシエーション　　　446
荒蒔康一郎　　　　　　　142
アルセロール・ミタル　　329
アレニア・マルコーニ・システムズ
　　　　　　　　　　　　480
アンドラス、エルビス　　304
アンハイザー・ブッシュ・インベブ
　　　　　　　　　　　　68
い
イーライリリー　　　　　254
イェットン、フィリップ　389-390
イケア　　　　　　　460, 476
伊那食品工業　　　281, 311-312
イメルト、ジェフ・R　　451
インターナショナル・アソシエーション・
　オブ・ビジネス・コミュニケーターズ
　　　　　　　　　　　　432

インテル　　69, 315, 343-344
う
ヴァッレ、ディエゴ・デッラ
　　　　　　　　　　104-105
ヴァンデブルック、ソフィー　271
ウィプロ　　　　　　　　170
ウィルソン・スポーティング・グッズ
　　　　　　　　　　　　178
ウェーバー、マックス　30, 178
ウェルチ、ジャック　　　201
ウエスタン・エレクトリック　32
ウェルマーク・ブルークロス・
　アンド・ブルーシールド　488
ウェンディーズ　　　　　483
ウォールデン・ブックス　126
ウォルマート　　22, 65, 76-77,
　　147, 151, 154, 157, 446, 478
ウッズ、タイガー　　　　248
ウッドワード、ジョアン　194, 195
ヴルーム、ヴィクター
　　　　　　　　　361, 389-390
え
エアバス　　　　　　　　470
エイボン（・プロダクツ）65, 148
エヴァンス・ファインディングス・
　カンパニー　　　　　　470
エクソンモービル　65, 233, 290
エジソン、トーマス　118, 272
エツィオーニ、アミタイ　　42
エレクトロニック・データ・
　システムズ　　　　　　170
エンロン　　　　　73, 79, 427
お
オーウェン、ロバート　　32
オールダム、グレッグ・R　357
オグレスビ、ロジャー　　21
か
ガースナー、ルイス　　　53
カーン、ハニ　　　　　　84
カイザーアルミナム　　　189

ガス、ミシェル		275
カッツ、ロバート・L		14, 15
カプラン、マージョリー		55
ガント、ヘンリー		30, 489-491

き

キーバンク	228
キャタピラー	86, 486
キリンビール	68, 141-142
キリンビバレッジ	141-142
キリンホールディングス	141, 173
ギャラップ	22
ギルブレス、フランク	30
ギルブレス、リリアン	30

く

グーグル	20, 22, 199, 347, 373-374, 450, 454
クエーカーフーズ	150
グラクソ・スミスクライン	269
クラフトフーズ	6
クリーブランド・クリニック	4
グリーン・アース・ガーデニング・サプライ	447
クレイニアム	55
グローバル・エシックス研究所	79

け

ゲイツ、ビル	248, 250, 507
ケインズ、ジョン・メイナード	42
ゲラン	153
ケリー、ゲイリー	54
ケリーサービス	370
ケロッグ、W.K.	156
ケンタッキー・フライドチキン(KFC)	68, 370
ケン・ブランチャード	444

こ

コア・システムズ	442
コーチ	155
コーニング	328
ゴールドマン・サックス	78
ゴーン、カルロス	63, 88, 89, 157, 446
コカ・コーラ	65, 66, 181
国際原子力機関(IAEA)	341
国美電器	182
コダック	270
コンチネンタル航空	162
コンテナストア	399
コンパック	102

さ

サーナー	421
サイモン、ハーバート・A	106
ザイラテックス	261
サウスウエスト航空	53, 54, 154, 157
サクセスファクターズ	426
ザッポス	39, 59-60, 365
サブウェイ	68
サムスン電子	52-53
サレンバーガー、チェズレイ	229
サンゴバン	478

し

シアトル・ポスト-インテリジェンサー (P-I)	21
シアトルズベストコーヒー	275
ジーク・スクワッド	434
シーザーズ・エンターテイメント	158
シーメンス(AG)	79, 146, 473
シェイ、トニー	59, 60, 365
シェル・ケミカル・カンパニー	475
シスコシステムズ	21
ジッポー	48
シティバンク	425
しまむら	215, 243-244
シマンテック(・コーポレーション)	3, 16, 25-26
シモンズ、ラッセル	500
ジャニス、アービング	112
ジャン、エミリオ・アスカラガ	168
シュミット、ウォレン	381
シュルツ、ハワード	496
ジョーンズ、トッド	21
ジョブズ、スティーブ	250, 396
ジョンソン、カーラ	428
ジョンソン・エンド・ジョンソン	198, 488
ジンガ	218
シンプレックス・ネイルズ	471

す

スカイプ	255, 424
スキナー、バラス・F	305
スコットトレード	256
スターウッドホテル&リゾート	171
スターコム・メディアベスト・グループ	428
スターバックス	20, 156, 275, 424, 467, 496-498
スタッドネス、マーク	211, 212
スタッフ・ビルダーズ	184
スタンダード・オイル	270
スチュアート、ジュリア	370
ストロベリー・フロッグ	202
スプリングフィールド・リマニファクチャリング	369
スミス、アダム	29, 31
スリーエム	54, 155, 168, 290

せ

ゼネラル・エレクトリック(GE)	68, 189, 201, 233, 451, 488
ゼネラル・ケーブル・コーポレーション	486
ゼネラルモーターズ(GM)	41, 43, 238, 351
セフォラ	153
セブン&アイ・ホールディングス	456
セブン-イレブン	456
ゼロックス	150, 157, 199, 328, 446
ゼロックスイノベーショングループ	271

そ

ソニー	66, 137, 453, 488

た

ダイニンガー、アーヴィン	18
タグ・ホイヤー	153
タコベル	370
タタ(・グループ)	65, 152
ダナ・キャラン	153
タナー、クリス	447
ダラス・カウボーイズ	4
ダリ、サルバドール	118
ダルガード、ラース	426
タレオ・パーブ・テクノロジー	349
タワーズワトソン	23
ダン、ブライアン	409, 433-434

ダンキンドーナツ		156
タンネンバウム、ロバート		381

ち

チーズケーキ・ファクトリー		469
チェンバース、ジョン		21
チャンドラー、アルフレッド		193

つ

ツイッター	218, 409, 434	
塚越寛	281, 282, 311	

て

ディア・アンド・カンパニー		478
ディスカバリー・コミュニケーションズ		235
ディズニー		4, 59
テイラー、フレデリック・ウィンズロー	10, 30, 446	
テキサス・インスツルメンツ		397
テキサス・レンジャーズ		304
デフ・ジャム・レコード		500
デプリー、マックス		510
デミング、W・エドワーズ	34, 471, 472	
デュポン	242, 270	
デュラン、ジョゼフ・M		34
デル	14, 67, 182, 238, 396, 477, 481	
デル、マイケル		396
デルファイ		487
テレビサ		168

と

ドイツ銀行 AG		66
トッズグループ		104
ドナーズ・チューズ		22
ドミノ・ピザ		440
トムズシューズ		72
トムソン SA		67
トヨタ	238, 331, 470	
ドラッカー、ピーター	10, 165	
トリッピー、ベス		308
トンガル		209
ドン・ペリニヨン		153

な

ナイキ	22, 53, 180, 487	
ナショナル・フットボール・リーグ (NFL)	4, 178	
ナップ、ショーン		373

に

ニールセンメディアリサーチ		259
ニコロージ、ミシェル		21
日産(自動車)	4, 40, 61-62, 88-89, 157, 159, 412, 446	
二宮尊徳		311

ね

ネスレ	4, 66, 115-116	
ネスレアメリカ		479

の

ノースロップ・グラマン		486
ノードストロム	155, 189	
ノートン		108
ノキア	4, 221, 233, 256, 430, 488	

は

バークシャー・ハサウェイ		351
ハーシー、ポール		387
ハーズバーグ、フレデリック	352-353, 367	
バーナード、チェスター		35
バーナード・マドフ証券投資会社		73
バーバリー(・グループ)	146, 147	
ハーバード・ビジネス・スクール		154
ハーバード・ビジネス・レビュー		24
ハーマン・ミラー		510
バーンズ、サム		137
バーンズ・エレクトロニクス		137
ハウス、ロバート	70, 390	
バウワーマン、ビル		53
パターソン、ニール・L		421
ハックマン、J・リチャード		357
バックル		146
パテル、ケユール		206
バドワイザー		68
パナソニック	221, 377, 406	
バフェット、ウォーレン	351, 433	
パブリックス・スーパーマーケッツ		21
ハメル、ゲイリー		24
ハリントン、ベッキー		126
バンガ、アジェイ		271

バンガード・グループ		51
バング&オルフセン		155
バンクオブアメリカ		66

ひ

ピザ・インターナショナル	124-126	
ピザハット		370
ビスケル、オマー		304
ヒューレット・パッカード (HP)	8, 64, 68, 102, 199, 228, 240, 328	
ヒルトンホテル		171

ふ

ファイザー		233
ファイザー・コンシューマー・ヘルスケア		478
ファットファーム		500
ファヨール、アンリ	8, 11, 30, 31, 178	
ファン、ジェンスン		451
フィードラー、フレッド	36, 384-386	
フィオリーナ、カーリー		102
フィッツジェラルド、パトリック	3, 26	
フェイスブック	22, 50, 148, 218, 271, 328, 374, 434	
フェスティンガー、レオン		287
フエンテス、マッジーヌ		442
フォーシーズンズホテル		431
フォード、ヘンリー	28, 446	
フォード・オーストラリア		179
フォード・モーター	34, 43, 65	
フォックスコン		253
フォルクスワーゲン		238
フォルクスワーゲン・スウェーデン		263
フォレット、メアリー・パーカー		32
富士ゼロックス		157
フライ、アート		54
プラダ		158
ブラック・アンド・デッカー	182, 473	
フランステレコム	253, 276-278	
ブランチャード、ケン		387

フリー、マット		131-132	マクナブ、ウィリアム	51	ユニリーバ		228
ブリス		153	マグレガー、ダグラス	31, 351	ら		
フリトレー・ノースアメリカ	151	マクレランド、デイビッド		ライブ・オプス		209
ブリン、セルゲイ		373		353-354	ラザリディス、マイク	275
プロクター・アンド・ギャンブル		マケイン、ジョン	78	ラッセル・シモンズ・
		65	マサチューセッツ総合病院	67	アーガイルカルチャー	500
プロフェット、トニー		64	マスターカード	271	ラテンアメリカ・フーズ	151
フロン・カンパニー		476	マズロー、アブラハム		ラバット		68
へ				33, 349-350, 366	ランシャ・グループ	298
ペイジ、ラリー		373	松下幸之助	377-378, 406-407	り		
ベスト・バイ	308, 409, 433-434	マテル	271	リー、ジュリア	209
ベゾス、ジェフ	109, 334, 395	み		リサーチ・イン・モーション	275
ベックマン・コールター	151	ミシガン大学	380, 382	リチャード、ステファン	278
ベツレヘム・スチール	10	ミッドベール・スチール	10, 446	ザ・リッツ・カールトン	430
ペプシコ		151	ミネソタ・ツインズ	409	リンク・エクスチェンジ	59
ペプシコ・アメリカズ・ビバレッジ		ミュンスターバーグ、ヒューゴ	る		
		151		32	ルイ・ヴィトン	153, 199
ペプシコ・インターナショナル 150	ミンツバーグ、ヘンリー	ルノー		63, 88
ベライゾン	177, 211-212		11-13, 23	れ		
ベル、アレクサンダー・グラハム		む			レイマース・エレクトラ・
		118	ムルカイ、アン	150	スティーム	18
ほ			め		レヴィン、クルト	258, 260, 380
ボーイング		470	メアリー・ケイ・コスメティックス	レックライター、ジョン	254
ポーター、マイケル	154		396	レッドボックス	164
ホーム・デポ		255	メイヨー、エルトン	32	レブロン		197
ホールフーズ・マーケット	155	メキシコ・ディージェイ・	レベ、ビスマルク	373
ホールマーク		179	オーソペディクス	161	レベ、ベルササール	373
ボーン、ギャレット	399	メナーズ	255	ろ		
北米日産		451	メリター貯蓄銀行	241-242	ローズ		255
星野朝子		412	メリルリンチ	66	ロータス		240
ザ・ボディショップ	152	も		ローラーブレード	477
ボネージ		424	モータウン	166	ローン、シルビア	166
ホフステード、ヘールト		モーツアルト、ヴォルフガング・	ロジテック		116
		70-72, 74, 88	アマデウス	118, 248	ロジャース、ホワイト	481
ホランド、ジョン	296, 297	モートン・サイオコール	121	ロックウェル・オートメーション
ホリスター		84	モールス、サミュエル	36			327
ホワイトニング、スーザン	259	モデロ	68	ロッシャー、ピーター	79
本田技研(工業)	68	モトローラ	5, 199, 488	ロナウド、クリスチアーノ	487
ボン・マルシェ		153	や		ロレアル		152
ま			ヤゴ、アーサー	389-390	ロンバール、ディディエ	253
マイクロソフト	238, 250, 507	ヤフー	80-81, 424	わ		
マイコスキー、ブレイク	72-73	ヤム・ブランズ	370	ワトソン、トーマス	53
マイスペース		221	ゆ				
マキアベリ、ニコロ	294	ユナイテッド・ウェイ	4			
マクドナルド	65, 156, 159,	ユニバーサルミュージック	500			
	164, 450, 468, 470, 483	ユニラッシュ	500			

フォトクレジット

- 第1章　3 ZUMA Press／アフロ　28 Stephen Sudd/Getty Images USA, Inc.　29 Bridgeman Art Library, Getty Images USA, Inc.　30 Getty Images USA, Inc.　32 Hawthorne Digital Collection, Hawthorne Works Museum and Archives, Morton College, Cicero, Illinois.　34 Bert. Hardy/Getty Images USA. Inc, AP Images.　36 長田洋平／アフロ
- 第2章　39 Brad Swonetz/Redux Pictures.　44 読売新聞／アフロ　54 Matt Nager/Redux Pictures.
- 第3章　63 ZUMA Press, Inc./Alamy.　66 Frantisek Staud/Alamy.　69 LiPo Ching/Newscom.
- 第4章　93 Roberto Gonzalez/Getty Images News/Getty Images.　95 PhotoEdit.　108 Fabrice Coffrini/Newscom.
- 第5章　141 Everett Kennedy Brown/EPA/Landov.　147 Felipe T Garcia/Newscom.　155 Newscom.
- 第6章　177 Amana images inc./Alamy.　182 Ng Han Guan/AP Images.　189 Jeff Gritchen/Newscom.　199 John Cogill/AP Images.
- 第7章　215 Bloomberg/Getty Images.
- 第8章　253 Sebastien LaPeyrere/PhotoLibrary/Index Stock Imagery.　261 Randall Benton/Newscom.
- 第9章　281 読売新聞／アフロ　298 Zhang Jiancheng/Newscom.
- 第10章　315 Aida P Michaeli/Getty Images USA, Inc.　328 David Butow/Redux Pictures.　341 TEPCO/Newscom.
- 第11章　347 Walter Bieri/AP Images.　351 Nati Harnick/AP Images.
- 第12章　377 パナソニック株式会社提供。　388 LiPo Ching/Newscom.　395 Mark Richards/PhotoEdit.
- 第13章　409 Paul Sakuma/AP Images.　412 Newscom.　427 Steven Senne/AP Images.　431 フォーシーズンズホテル丸の内 東京提供。
- 第14章　439 Newscom.　451 Rogelio Solis/AP Images.　460 Ilvy Njiokiktjien/Newscom.
- 第15章　467 Yoshikazu Tsuno/Getty Images.　474 Durand Florence/Newscom.　484 Roland Weilhrauch/Newscom.　487 Ben Stansall/Newscom.

［著者］
スティーブン P. ロビンス（Stephen P. Robbins）
サンディエゴ州立大学の経営学名誉教授。組織内の衝突・権力・政治、行動的意思決定、効果的な対人能力の開発について研究してきた。また、経営学と組織行動学に関していくつもの教科書を作成し、世界的なベストセラーとなっている。彼の教科書は500万部以上も売られ、20言語に翻訳されている。現在は、アメリカ国内の1500以上の大学をはじめ、カナダ、南米諸国、オーストラリア、ニュージーランド、アジア、ヨーロッパ諸国の数百の大学でも使用されている。

デービッド A. ディチェンゾ（David A. DeCenzo）
サウスカロライナ州のコンウェイのコースタル・カロライナ大学学長。2002年にE・クレイグ・ウォール・シニア・カレッジの経営学部長に就任。彼の就任後、同カレッジは経済学部を設置してMBAプログラムを展開し、入学者数と教員数はほぼ倍増している。メリーランド州タウソン大学ビジネス経済学カレッジでは、パートナーシップ開発の責任者を務めていた。業界コンサルタント、企業研修トレーナー、講演者の経験もある。彼が執筆した多数の教科書は、国内外の多くの大学で使用されている。

メアリー・コールター（Mary Coulter）
ミズーリ州大学経営学部名誉教授。非営利芸術機関の競争戦略、教育課程における新しいメディアの利用などの研究を進めてきた。本書のほかに、『Management』（スティーブン P. ロビンスとの共著）、『Strategic Management in Action』『Entrepreneurship in Action』を出版している。

［監訳者］
髙木晴夫（たかぎ・はるお）
名古屋商科大学ビジネススクール 教授。1973年慶應義塾大学工学部管理工学科卒業、75年同大学院工学研究科修士課程、78年同博士課程修了。84年ハーバード大学経営大学院（ビジネス・スクール）博士課程卒業、同大学より経営学博士号を授与される。1978年、慶応義塾大学大学院経営管理研究科助手、85年助教授、94年教授。2014年法政大学経営大学院イノベーション・マネジメント研究科教授。2018年より現職。専門は組織行動学、組織とリーダーシップ。主要著作：『組織能力のハイブリッド戦略』（2012年、ダイヤモンド社）、『ケース・メソッド教授法』（訳、ダイヤモンド社、2010年）、『新版 組織行動のマネジメント』（訳、ダイヤモンド社、2009年）、『トヨタはどうやってレクサスを創ったのか』（ダイヤモンド社、2007年）ほか。

マネジメント入門
――グローバル経営のための理論と実践

2014年7月3日　第1刷発行
2023年6月29日　第7刷発行

著　者――スティーブン P. ロビンス、デービッド A. ディチェンゾ、
　　　　　メアリー・コールター
監　訳――髙木晴夫
日本版ケース執筆――八木陽一郎
発行所――ダイヤモンド社
　　　　　〒150-8409　東京都渋谷区神宮前6-12-17
　　　　　https://www.diamond.co.jp/
　　　　　電話／03·5778·7228（編集）03·5778·7240（販売）
装丁―――竹内雄二
翻訳―――武田玲子、百瀬美宇、岡村桂、岩川祐智、花垣智子、安藤貴子
翻訳協力――（株）トランネット
本文デザイン――相波恵デザイン事務所
編集協力――（株）Blueprint、髙橋京子
組版―――（株）森の印刷屋
製作―――Integra Software Service Private Limited
製作進行――ダイヤモンド・グラフィック社
印刷―――八光印刷（本文）・加藤文明社（カバー）
製本―――ブックアート
編集担当――前澤ひろみ

Ⓒ2014 Haruo Takagi, Yoichiro Yagi
ISBN 978-4-478-02816-2
落丁・乱丁本はお手数ですが小社営業局宛にお送りください。送料小社負担にてお取替えいたします。但し、古書店で購入されたものについてはお取替えできません。
無断転載・複製を禁ず
Printed in Japan

◆ダイヤモンド社の本◆

世界で最も読まれている組織行動学の教科書

グローバル化への対応、多様性のマネジメント、品質や生産性の改善、対人間関係スキルの向上、顧客サービスの改善、権限移譲、イノベーションの促進——組織行動学はさまざまな実践場面で役に立つ。待望の新版。

【新版】組織行動のマネジメント

スティーブン　P.　ロビンス［著］

髙木晴夫［訳］

●A5判並製●定価（本体2800円＋税）

http://www.diamond.co.jp/